Glücke Resi

Großes Gesundheitsbuch

Prof. Hademar Bankhofers

Großes Gesundheitsbuch

für das ganze Jahr

Bassermann

Der Text dieses Buches entspricht den Regeln der neuen deutschen Rechtschreibung.

ISBN 3 8094 1107 8

Register: Andreas Kirsch, Mainz
Redaktion für diese Ausgabe: Silke Kirsch
Herstellung für diese Ausgabe: Rose Dötsch

Satz: Sabine Vogt dtp, Freising
Druck: GGP Media, Pössneck

817 2635 4453 62
04 03 02

Inhalt

Habe ich heute schon etwas für meine Gesundheit getan?

Vorwort

Das Jahr hat 365 Tage. Und an jedem dieser Tage sollte sich jeder von uns spätestens mittags die Frage stellen: Habe ich heute schon etwas für meine Gesundheit getan? Lautet die Antwort „Nein!“, dann wird es höchste Zeit, dass Sie das nachholen. Wenn Sie gesund sind, dann gibt es viele Möglichkeiten, etwas zu tun, damit Sie auch gesund bleiben. Das beginnt bei einem Beitrag zur gesunden Ernährung, zum Stärken der natürlichen Abwehrkräfte, zum Aufbau der Knochen, zur körperlichen Bewegung. Und das endet mit ganz konkreten, einfachen Rezepten gegen bereits vorhandene Befindlichkeitsstörungen und Alltagsbeschwerden.

Wer ernsthaft krank ist, der geht zum Arzt oder ins Krankenhaus. Doch es gibt eine ganze Reihe von gesundheitlichen Störungen, die man mit einfachen Methoden selbst lindern oder ganz aus der Welt schaffen kann. Die moderne Medizin gibt uns da eine große Hilfestellung: Mit der entsprechenden Nahrung, mit dem gezielten Einsatz von Vitaminen, Mineralstoffen, Spurenelemeten, Enzymen, Aminosäuren und Ballaststoffen kann man viel erreichen, um erst gar nicht krank zu werden oder im Falle einer Erkrankung schnell wieder fit und vital zu sein. Uralte Naturheilrezepte, die von Ärzten unserer Zeit getestet und für gutgeheißen werden, feiern ein berechtigtes Comeback. Sie sind mitunter ganz einfach zuzubereiten und durchzuführen.

Glauben Sie mir: Es ist ein breites Aufgabengebiet, sich für die eigene Gesundheit einzusetzen. Und es kann enorm Spaß machen. Wenn Sie einmal damit beginnen, jeden Tag im Jahr eine kleine Aktion für Körper, Geist und Seele durchzuführen, dann werden Sie bald merken, wie wohl Sie sich dabei fühlen, welchen Erfolg Sie dabei verbuchen. Und Sie werden am Ende des Jahres zufrieden und beeindruckt feststellen, dass Sie viel weniger krank waren als in den Jahren zuvor. Das bedeutet: Sie haben durch Ihren persönlichen Einsatz ein stärkeres Immunsystem. Sie haben eine Reihe von Erkankungen verhindern können. Und Sie haben so manches Problem schneller wieder in den Griff gekriegt.

Schauen wir uns doch einmal gemeinsam den Ablauf eines Jahres an: Da gibt es ganz bestimmte Wettersituationen, Temperaturen, typische Saisonerkankungen, aktuelle gesundheitliche Gefahren. Wenn man über all das informiert ist, dann kann man sich rechtzeitig darauf vorbereiten und kann reagieren. Ich möchte Ihnen mit diesem Buch ein Brevier, eine Art Gesundheitskalender, an die Hand geben, der Ihnen dabei hilft. Sie können jederzeit nachlesen, welche gesundheitlichen Tücken zu welchem Zeitpunkt auf Sie ganz besonders zukommen, wie Sie sie verhindern und im Falle einer Erkrankung erfolgreich bekämpfen können.

Auf diese Weise kriegen Sie das Jahr besser in den Griff. Schnupfen- und Grippezeiten, Rheumasaison und Verdauungsstörungen verlieren ihren Schrecken, weil Sie davon nicht mehr überrascht werden.
Sie finden in diesem Buch für jeden Tag im Jahr nicht nur Ratschläge, sondern auch konkrete Tipps und Rezepte. Manche stammen aus alter Zeit und haben sich bis heute bewährt. Viele aber sind das Ergebnis moderner wissenschaftlicher Arbeit, wobei der Naturmedizin heute immer mehr Bedeutung eingeräumt wird.
Allerdings: Experimentieren Sie nicht mit Ihrer Gesundheit. Wenn Sie etwas nicht genau wissen, wenn Sie sich unsicher sind, wenn Sie ernsthaft krank sind, dann gehen Sie immer nur gemeinsam mit Ihrem Arzt gegen das vorliegende Problem vor.
Das Jahr hat 365 Tage.
Das sind 365 Chancen, selbst etwas für die Gesundheit zu tun. Eine wichtige Investition für Ihre Vitalität, Ihre Fitness und für Ihr Wohlbefinden. Wenn Sie noch nicht so ganz überzeugt davon sind, dass das auch wirklich klappt, dann mache ich Ihnen einen Vorschlag: Probieren Sie es doch einfach einmal aus!

Herzlichst
Ihr
Prof. Hademar Bankhofer

Die besten Gesundheitstipps für Januar

So meistern Sie den Silvesterkater

Für viele beginnt der 1. Januar mit einem zünftigen Silvesterkater. Wenn Sie mit einem dicken Kopf aufwachen und den „Kater" ganz schnell wieder loswerden wollen, sollten Sie unter den folgenden Rezepten wählen:

- Wenn die Alkoholfolgen nicht allzu groß sind: Pressen Sie 1/4 Liter Orangensaft, rühren Sie 4 Esslöffel Honig dazu. Langsam trinken. Nach 15 Minuten 1 Schnapsgläschen Artischockensaft (Reformladen) trinken.
- Ebenfalls gegen den „kleinen" Silvesterkater: Kauen Sie intensiv 2 Rollmöpse und eine Salzgurke. Auch ein 1/2 Salzhering leistet gute Dienste.
- Fällt der Kater etwas stärker aus, dann mixen Sie folgendes Rezept: In 1/4 Liter Tomatensaft werden 1 rohes Eigelb und 1 Teelöffel Worcestersoße eingerührt. Mit Pfeffer und Kräutersalz würzen. Zügig trinken.
- Es gibt auch einen sehr einfachen, aber wirkungsvollen Akupressurgriff gegen den Kater: Setzen Sie den Zeigefinger der rechten Hand genau im Nacken an und massieren Sie entlang der Mitte der Schädeldecke bis zur Stirn nach vorne.
- Besorgen Sie sich aus der Apotheke oder Drogerie japanisches Heilpflanzenöl, geben Sie alle 2 Stunden einen Tropfen auf die Zunge. Tief durch den Mund ein-, durch die Nase ausatmen.
- Und hier die Superwaffe gegen den Silvesterkater: Bereiten Sie einen Teller Haferflockensuppe, am besten aus Vollkornhaferflocken. Gießen Sie nun 1 Tasse Bohnenkaffee und den Saft von 1/2 Zitrone dazu. Umrühren. Essen. Schmeckt scheußlich, ist aber wirksam!
- Mischen Sie niemals Bier, Sekt, Wein und Schnaps. Bleiben Sie auch immer bei einer Sekt- oder Weinmarke. Trinken Sie keine kohlensäurehaltigen Getränke zum Alkohol. Kohlensäure verstärkt die Alkoholwirkung.
- Nehmen Sie im Laufe des Tages 3- bis 4-mal stündlich auf einem Stück Brot 5 Tropfen Nux vomica, die homöopathische Tinktur der Brechnuss (Apotheke).

Abspecktricks für das neue Jahr

Die Schlemmereien zu den Feiertagen haben sich auf unser Körpergewicht ausgewirkt. Kein Wunder also, wenn die meisten von uns in den ersten Januartagen einen ganz entscheidenden Wunsch haben: Sie wollen die Feiertagspfunde rasch wieder

loswerden. Das geht aber nur dann erfolgreich über die Bühne, wenn man über die ernährungswissenschaftlichen Gesetze des Abnehmens Bescheid weiß und darauf Rücksicht nimmt.
Hier die wichtigsten Abspecktricks fürs neue Jahr:

- Wer jetzt nach den Feiertagen eine kalorienreduzierte Diät durchführt, der sollte vorsichtig sein und nicht übertreiben. Wer nämlich die vorgegebene Kalorienanzahl von rund 1000 oder 900 Kalorien pro Tag übereifrig unterschreitet, der erlebt unter Umständen Böses: Er nimmt zu! Das gibt's: Bei dem kargen Angebot an Nahrung schaltet der Organismus auf Notzeiten und wertet das wenige, das er bekommt, intensiver aus. Die unglaubliche Folge: Er setzt Fett an.
- Vorsichtig sollten auch Frauen sein. Sie sollten bei einer Diät unbedingt vom Arzt Kalziumpräparate zugeführt bekommen. Diäten, die zu wenig Kalzium anbieten, können die Ursache für eine spätere verstärkte Osteoporose sein.
- Wer nach den Feiertagen abspecken will, sollte auch über die sportmedizinischen Erkenntnisse von Dr. Michael Reinprecht (Universität Graz) informiert sein. Wer bei einer Diät keinerlei körperliche sportliche Bewegung macht, der baut durch die reduzierte Nahrungsaufnahme Flüssigkeit und Muskelmasse ab. Gerade das ist schlecht für den Organismus und wirkt sich negativ auf den Stoffwechsel aus. Wer parallel zu einer Diät regelmäßig Freizeitsport betreibt, der wandelt Fett in neue Muskelmasse um. Das ist richtig und gesund. Ein Tipp: 4-mal die Woche 25 Minuten wandern oder flott gehen wäre ideal.
- Ganz wichtig fürs Schlankwerden: Essen Sie niemals beim Fernsehen. Stillen Sie grundsätzlich den ersten Hunger mit Obst oder Salat. Trinken Sie täglich 3 Liter Mineralwasser.

Abspecken: So bremsen Sie den Appetit

Nicht nur die Feiertage, auch die vielen Karnevalsveranstaltungen und die kalte Jahreszeit sind schuld daran, dass viele von uns zu Jahresanfang feststellen müssen: Ich bin zu dick; ich wiege zu viel. Man hätte gern ein paar Pfund weniger. Aber wer hat jetzt Zeit, Geld und Lust auf eine Diät? Nicht notwendig. Bauen Sie so genannte Appetitbremsen in Ihre tägliche Nahrung ein!
Früher war es üblich, dass man in solch einer Situation zu einem so genannten Appetitzügler aus der Apotheke griff. Heute weiß man, dass diese chemischen Medikamente gesundheitsschädlich und lebensgefährlich sein können. Daher: Hände weg davon. Die Natur bietet eine Menge Tricks, die ohne Nebenwirkungen Heißhunger und Appetit bremsen können.

- Starten Sie ab sofort jede Mahlzeit mit einem wertvollen Naturprodukt, das dem Organismus Vitamine, Mineralstoffe, Spurenelemente und Enzyme zuführt, aber schnell satt macht, sodass Sie dann nicht mehr viele Kalorienbomben essen können. Also: Vor jeder Mahlzeit $1/2$ Zuckermelone oder 2 bis 3 Äpfel. Vorsicht: Weniger davon regt den Appetit an.
- Besorgen Sie sich aus der Apotheke oder Drogerie getrocknete Salbeiblätter. Kauen Sie über den Tag verteilt 2 bis 3 Blätter und spucken Sie sie dann wieder aus. Sie haben dann keinen verführerischen Heißhunger.
- Das erreichen Sie auch, wenn Sie tagsüber mehrmals mit einem Mundwasser (Apotheke) gurgeln, das Menthol oder Pfefferminze enthält.
- Der wohl älteste Trick, wie man den Hunger bremst, stammt von Pfarrer Sebastian Kneipp und bewährt sich auch heute noch bestens. Trinken Sie zu jeder vollen Stunde tagsüber $1/4$ Liter Wasser, eventuell mit ein paar Tropfen Zitronensaft.
- Es gibt auch Kräutertees, deren Inhaltsstoffe in uns weniger Appetit aufkommen lassen. An erster Stelle eignet sich dazu der Matetee (Apotheke), den man früher das „flüssige Gold der Inkas“ genannt hat. Der Tee aus den Blättern des indianischen Matebaumes in Südamerika ist kein Schlankheitstee, wie oft fälschlicherweise angenommen wird. Er setzt allerdings das Hungergefühl herab. Das macht ihn zu einer wertvollen Unterstützung beim Abspecken. Man trinkt 2- bis 3-mal täglich 1 Tasse.
- Eine wunderbare Essbremse ist auch die frische Kresse, die Sie in jedem Gemüseladen bekommen. Die Kresse ist reich am Spurenelement Chrom. Und Chrom reguliert unser Gefühl des Sattseins. Wer täglich 1 Hand voll roher Kresse im Salat oder auf dem Brot isst, wird bald merken, dass er weniger Hunger hat.
- Einen ähnlichen Effekt erreicht man, wenn man am Tag eine ganze frische Ananas verzehrt.
- Man kann auch mit einem Akupressurgriff den Hunger bremsen. Suchen Sie mit dem Zeigefinger und dem Daumen in der linken Ohrmuschel den kleinen Knorpel vor dem Gehörgang. Das ist der Ohrpunkt Nr. 13. Massieren Sie diesen Knorpel 1 bis 2 Minuten lang. Pause machen. Mehrmals wiederholen.

Am Steuer: Natur statt gefährlicher Pillen

Der Jahresbeginn eignet sich ideal für gute Vorsätze in Sachen Gesundheit. Speziell wer Auto fährt, sollte darüber nachdenken. Laut einer jüngsten Meldung der Deutschen Verkehrswacht wird jeder vierte Autounfall durch den Einfluss eines Medikaments verursacht. Viele, die einen Wagen lenken, sind sich nicht bewusst, dass viele alltäglich eingenommene Präparate der pharmazeutischen Chemie die Konzentration und das Fahrverhalten des Autofahrers gravierend beeinflussen können. Auf

Grund der Nebenwirkungen mancher Medikamente wird das Reaktionsvermögen des Fahrers herabgesetzt, die Sehschärfe vermindert, das Entscheidungsvermögen außer Gefecht gesetzt.
Experten der Prüfstelle für Medikamenteneinflüsse beim TÜV Rheinland schätzen, dass bis zu 20 Prozent aller Medikamente das Autofahren gefährden können.
Welche Präparate nehmen Autofahrer, ehe sie sich ans Steuer ihres Wagens setzen? Tabletten gegen depressive Zustände, Beruhigungsmittel gegen Nervosität, gegen rheumatische und andere Schmerzen, Präparate gegen Erkältungen, zu hohen Blutdruck und gegen Allergien. An der Universität München wurde nachgewiesen: Besonders verhängnisvoll kann es werden, wenn jemand mehrere Medikamente gegen verschiedene Befindlichkeitsstörungen oder Krankheiten einnimmt.
Wie sollte nun auf Grund dieser Erkenntnisse der gute Vorsatz des Autofahrers fürs neue Jahr aussehen? Ganz einfach:

- Wer auf Grund einer Erkrankung vom Arzt aus ganz bestimmte Medikamente einnehmen muss, der sollte sich beim Arzt oder Apotheker erkundigen, ob dieses Präparat die Fahrtüchtigkeit beeinflusst. Das bedeutet auch: Immer genau den Beipackzettel lesen!
- Wenn das Medikament der Fahrsicherheit schaden kann, dann – Hände weg vom Steuer!
- Beachten Sie auch, dass Beruhigungs- und Schlafmittel, die man am Abend zuvor genommen hat, noch am nächsten Morgen wirken und den Autofahrer gefährden können.

Mancher wird jetzt sagen: Wenn ich ein Stimmungstief habe, wenn ich nervös bin, wenn ich unter entsetzlichen Kopfschmerzen leide, dann kann das doch auch zu einem Unfall führen, weil ich nicht richtig denken und reagieren kann.
In diesem Fall – so raten immer mehr Mediziner – ist es sinnvoll, zu Naturarzneien zu greifen, die wissenschaftlich exakt erforscht sind und die nachweislich keine Nebenwirkungen haben. Hier ein paar Beispiele:

- Gegen depressive Verstimmungen empfiehlt der Neurologe Prof. Dr. Helmut Woelk auf Grund von Studien an der Universität Gießen anstelle von Psychopharmaka Dragees aus dem Extrakt des Johanniskrauts (Apotheke).
- Die vom deutschen Wissenschaftministerium geförderte Euminz-Studie an der Universität Kiel von Doz. Dr. Hartmut Göbel hat bewiesen: Das äußerliche Einreiben von reinem Pfefferminzöl (Apotheke) kann erfolgreich gegen Kopfschmerzen eingesetzt werden.
- Als natürliches Mittel zur Beruhigung und zur Förderung des Schlafes ohne Nebenwirkungen hat sich in jüngsten Untersuchungen das hoch dosierte Extrakt aus der Baldrianwurzel bewährt, das in Drageeform (Apotheke) eingenommen werden kann.

Mit Lecithin gegen Adernverkalkung

Im Januar ist die Zeit, in der die meisten Menschen Herz-Kreislauf-Probleme haben. Die Erklärung dafür: Die Esssünden der vergangenen Feiertage haben bei vielen von uns die Cholesterin- und Blutdruckwerte in die Höhe getrieben. Die tiefen Temperaturen machen die Gefäße enger.

Jeder von uns möchte so lange wie möglich jung und vital bleiben. Ob wir das schaffen, das hängt zu einem entscheidenden Teil von unseren Blutgefäßen ab. Denn die darin entstehende Arterienverkalkung ist für unseren fortschreitenden Alterungsprozess mitverantwortlich. Die Frage ist daher: Was kann jeder gegen die Adernverkalkung tun? Man kann sie nicht verhindern. Doch man kann sie bremsen, hinauszögern.

Dazu muss man wissen: Die Frage nach der Adernverkalkung ist nicht ausschließlich das Thema für ältere Menschen. Das Baby hat absolut saubere Arterien. Doch ab dem 20. Lebensjahr kann man bereits im menschlichen Organismus eine beginnende Verkalkung der Gefäßwände feststellen.

Da ergibt sich nun die Frage: Wie kommt es denn zu dieser Adernverkalkung? Was passiert im Körper?

Unser Organismus benötigt Cholesterin für viele lebenswichtige Funktionen, zum Beispiel auch für die Produktion von Sexualhormonen. Zu diesem Zweck wird Cholesterin durch den Körper transportiert. Im Blut. Wenn nun aber dieses Cholesterin – aus vielen verschiedenen Gründen – aus sehr niedrigen HDL-Werten und sehr hohen LDL-Werten besteht, dann übernimmt das negative, schädliche LDL-Cholesterin unter Einwirkung von Sauerstoff und aggressiven Stoffwechsel- und Umweltmolekülen – den so genannten „freien Radikalen" – eine verhängnisvolle Aktion. Es fördert die Einlagerung von so genannten Plaques in die Gefäßwände. Damit wird die Adernverkalkung stark gefördert. Die Gefäße werden immer enger, verlieren an Elastizität.

In diesem Ablauf spielt Lecithin eine sehr wichtige Schutzrolle; es hat eine faszinierende Eigenschaft: Es kann die positiven Anteile des Cholesterins im Körper, das so genannten schützende HDL-Cholesterin, anheben und kann gleichzeitig das schädliche LDL-Cholesterin senken.

Das konnte in Studien nachgewiesen werden. Dabei zeigte sich durch die vierwöchige Einnahme von 3-mal täglich 1 Esslöffel flüssigem Lecithin eine Senkung des LDL-Cholesterins um 22 Prozent. Auch der Triglyceridspiegel wurde gesenkt. Alles Voraussetzungen, die vor frühzeitiger Adernverkalkung schützen und die das Risiko für deren Entstehung maßgeblich vermindern.

Das ist speziell in den nächsten Wochen und Monaten ein aktuelles Gesundheits-Thema: Im Winter steigt alle Jahre die Gefahr für Herz-Kreislauf-Erkrankungen. Durch die niedrigen Temperaturen ziehen sich die Blutgefäße zusammen. Wenn diese Gefäße nun durch arteriosklerotische Ablagerungen bereits belastet sind, dann kann das zur entscheidenden Katastrophe führen. Schon allein aus diesem Grund sollte in der kalten Jahreszeit der Lecithinhaushalt im menschlichen Organismus stimmen. Das bedeutet: lecithinreiche Nahrung – Weizenkeime, Vollkornprodukte, Erbsen, Linsen – oder Naturlecithin aus der Apotheke, das aus der biologisch gebauten Sojabohne gewonnen wird.

Die neuen Hörgeräte sind unsichtbar

Neueste Zahlen beweisen es: 16 Millionen Menschen in Mitteleuropa haben Probleme mit dem Hören, darunter auch schon junge Menschen. Aber nur 2,5 Millionen Betroffene tun etwas dagegen, entschließen sich für ein Hörgerät. Dafür gibt es nur eine Erklärung. Die meisten wissen nicht, welche Möglichkeiten sich heute für eine bessere akustische Lebensqualität bieten. Daher ein guter Vorsatz im neuen Jahr: Tun Sie etwas für Ihre Ohren.

Hörgeräte haben bei den meisten Menschen ein schlechtes Image. Man denkt: Das sind riesige, für jeden sichtbare Apparaturen an den Ohren. Man muss den Ton mühsam an einem Rädchen einstellen und hat doch nicht den gewünschten Hörerfolg.

Das war einmal. Die neue Generation der Hörgeräte sind kleine und kleinste Wunderwerke. Es ist heute möglich, mit diesen Geräten die Kapazität des natürlichen Ohres fast zu ersetzen. Menschen mit Hörproblemen können nahezu wieder naturgetreu Geräusche und Töne vernehmen.

Das ist das Verdienst von Wissenschaftlern im Weltzentrum der Hörgeräte-Forschung im amerikanischen Silicon Valley, Kalifornien. Man spricht von der Resound-Hörtechnologie. Sie hat das Tor zu einem neuen Zeitalter aufgestoßen.

Seit 1984 haben Experten an der Verbesserung der Hörgeräte gearbeitet. Sie stellen eine Revolution für die Bekämpfung von Hörproblemen dar. Und das ist das Ergebnis:

- Wer so ein Gerät trägt, der stellt nichts mehr ein, der dreht kein Rädchen mehr. Es wird einmal vom Hörgeräte-Akustiker individuell auf den Träger eingestellt. Der kleine Computer im Ohr hat eine vollautomatische Lautstärkenregulierung.
- Das bedeutet in der Praxis: Die neue Hörtechnologie hat es möglich gemacht, dass sich so ein Gerät bis zu 25-mal pro Sekunde auf alle Geräuschimpulse einstellt, die aus der Umwelt auf das Ohr einwirken. Der Betroffene kann also wieder optimal verstehen und am Leben teilnehmen.
- Die neuen Hörgeräte sind klein und unauffällig. Sie sind im Ohr oder hinter dem

Ohr dezent versteckt. Dazu kommt noch, dass die Im-Ohr-Geräte bei der Anfertigung der individuellen Hautfarbe des Trägers angepasst werden. Wenn nun bei Frauen Frisur und Ohrschmuck darauf abgestimmt sind, dann können diese Minigeräte von den Mitmenschen nicht wahrgenommen werden.

- Das ist möglich geworden, weil das Herzstück der Geräte ein Minichip ist, kleiner als ein Fingernagel.
- Die Forschung ist aber schon wieder ein Stück weiter und hat in den letzten Monaten einen absoluten Höhepunkt in der modernen Hörgerätetechnik erreicht. Damit wird ein lang gehegter Wunschtraum vieler Menschen wahr. Den US-Wissenschaftlern im kalifornischen Silicon Valley ist der entscheidende Schritt in die Zukunft gelungen. Es gibt nun Hörgeräte, die man überhaupt nicht mehr sehen kann.
  Es handelt sich dabei um einen Super-Mini-Chip IC 4, der nur 0,4 Gramm wiegt. Dieses nicht mehr sichtbare Hörgerät wird individuell für den Gehörgang angefertigt und dort hineingesetzt.
  Es braucht weniger Strom. Die Batterien müssen seltener ausgetauscht werden.

Wer eines Tages die ersten Anzeichen bemerkt, dass sein Gehörsinn beeinträchtigt ist, der sollte sich sofort an den HNO-Arzt oder an einen Hörgeräte-Akustiker wenden. Sie sind über die neueste Entwicklung der Hörtechnologie informiert.

So machen Sie Ihre Hände winterfit

Ganz ehrlich: Wenn von Körperpflege und Körpergesundheit die Rede ist, dann denken wir an alles, nur nicht an die Hände. Sie werden meist stiefmütterlich behandelt. Dabei werden sie besonders strapaziert. Speziell in der kalten Jahreszeit. Viele von uns tragen prinzipiell draußen keine Handschuhe. Die Folge: Wir leiden nach einer Reihe von besonders kalten Wintertagen an geröteten, geschwollenen, trockenen, rauen und rissigen Händen.
Das beweist: Gerade jetzt brauchen unsere Hände besondere Aufmerksamkeit und Pflege. Hier die wichtigsten Naturrezepte:

- Wer viel im Freien arbeiten muss, klagt im Winter oft über raue Haut an den Händen. Das sieht nicht nur hässlich aus, das fühlt sich auch unangenehm an. Mischen Sie 1 Esslöffel Puderzucker mit ein paar Tropfen Mandelöl (Apotheke). Damit reiben Sie nun mehrmals am Tag die Hände ein. Sie werden staunen, wie schnell Ihre Haut samtig weich wird.
- Durch den Einfluss der Kälte werden viele Hände trocken und schuppig. Da hilft ein altes Hausmittel aus Großmutters Zeiten: Raffeln Sie 7 Möhren ganz fein,

verrühren Sie sie mit etwas Olivenöl zu einem Brei und legen diesen auf die Hände auf. 10 Minuten lang einwirken lassen. Dann abwaschen.

- An sehr kalten Wintertagen kann man sich Frostbeulen an den Händen einhandeln. Bereiten Sie einen Tee aus Kalmuswurzeln oder aus Eichenrinde (Apotheke) und legen Sie die Hände 15 Minuten lang in dieses lauwarme – nicht zu heiße – Bad. Nun die Hände 30 Sekunden lang in kaltes Wasser tauchen, gut abtrocknen. Danach mit Propolissalbe aus dem Bienenstock (Apotheke) einreiben.
- Wenn Sie unter stark geröteten Händen leiden, dann bereiten Sie Eichenrindentee und legen die Hände 15 Minuten in die lauwarme Flüssigkeit. Dann abtrocknen, ganz dick Kampfersalbe (Apotheke) auftragen und über Nacht einwirken lassen. Wenn die geröteten Hände stark schmerzen, dann sollten Sie ein Erste-Hilfe-Rezept anwenden: Besorgen Sie sich Tonerde aus der Apotheke, vermischen Sie diese mit Ihrer Handcreme zu einem Brei und reiben Sie damit die Hände ein. 4 Minuten einwirken lassen, dann mit Kamillentee abwaschen.
- Wenn Sie immer wieder an eiskalten Händen leiden, dann bereiten Sie zwei Schüsseln vor. In die eine gießen Sie sehr warmes, in die andere kaltes Wasser. Nun legen Sie die Hände 5 Minuten lang in das warme Wasser, danach 30 bis 40 Sekunden ins kalte Wasser. Gut abtrocknen. Verrühren Sie in einer Schale 3 Tropfen Rosmarinöl mit 1 Teelöffel Arnikaöl und massieren Sie damit die Hände ein. Über Nacht wirken lassen. Von innen her ist es sinnvoll, im Kampf gegen ewig kalte Hände regelmäßig Knoblauchpräparate aus der Apotheke zu nehmen. Der Hauptwirkstoff Allicin im Knoblauch fördert die Durchblutung der Hände.
- Wenn Sie in den Händen auf Grund des kalten Wetters schmerzhafte Verspannungen spüren, dann baden Sie sie regelmäßig in lauwarmem Kamillentee.
- Geschwollene Hände müssen Sie immer wieder sanft von den Fingerspitzen bis zum Arm massieren. Verrühren Sie abends 5 Tropfen Zitronenöl in 1/4 Liter kalter Milch, tauchen Sie ein Tuch ein, wringen Sie es aus und schlagen Sie 10 Minuten lang die Hände darin ein.

So gesund ist die Winterkälte

Viele von uns haben die Winterkälte allmählich satt und sehnen sich nach wärmeren Temperaturen. Sie sollten sich über die Kälte nicht ärgern, sollten sie nicht verdammen. Im Gegenteil: Freuen Sie sich darüber. Sie bringt auch viel Positives für unsere Gesundheit:

- Solange tiefe, eisige Temperaturen herrschen, kann es nicht so leicht zu einer Grippeepidemie im Land kommen, weil sich in diesem Klima die Viren nicht so rasch und so leicht vermehren können.

- ❖ Frostige Winterluft ist für den Allergiker etwas Wunderbares. Er kann jetzt in unbelasteter Luft frei durchatmen. Dabei werden die Abwehrkräfte der Atemwege für das Frühjahr gestärkt.
- ❖ Für all jene, die gerne deftig essen und Angst haben, dass sie zu viel zunehmen, sind eisige Temperaturen ideal. Wer sich nämlich an kalten Tagen ein bis zwei Stunden im Freien aufhält, dessen Organismus verbrennt – je nach Körpergröße und Körpergewicht – täglich um etwa 300 bis 600 Kalorien mehr als sonst. An eisigen Wintertagen ist es somit kein Problem, eine Sahnetorte, ein paar Stück Kuchen oder Speckbrot zu genießen.

Allerdings kann man sich in der Winterkälte nur dann wohl fühlen und kann gesund bleiben, wenn man einige wichtige Voraussetzungen erfüllt:

- ❖ Gehen Sie niemals ohne Kopfbedeckung ins Freie. Unser Körper hat auf der Hautoberfläche Rezeptoren, die bei Kälte verhindern, dass zu viel Wärme den Organismus verlässt. Am Kopf allerdings haben wir nur ganz wenige solcher Rezeptoren. Daher verlieren wir bei tiefen Temperaturen ohne Kopfbedeckung über den Kopf – wie durch einen Schornstein – besonders viel Wärme. Wenn zu viel verloren geht, kann der Körper sie nicht mehr nachproduzieren. Das Immunsystem ist gefährdet.
- ❖ Ziehen Sie warme Schuhe an. Wenn Sie bloß eine Stunde in der Kälte mit kalten Füßen umherlaufen, dann sinkt im Mund die Temperatur bis zu 3 Grad Celsius. Das bedeutet eine Klimakatastrophe für den Organismus. Viren und Bakterien können leichter eindringen.
- ❖ Trinken Sie keinen Alkohol. Er weitet die Gefäße. Damit wird zu viel Wärme abgestrahlt. Im Extremfall kann es zu Erfrierungen kommen. Das ideale Getränk: warmer Lindenblütentee.
- ❖ In der Winterkälte brauchen wir mehr Vitamin E. Essen Sie Naturprodukte, die viel davon enthalten: Nüsse, Vollkornbrot, Milchprodukte.
- ❖ Wenn Sie bei eiskalten Temperaturen draußen wandern und laufen, dann binden Sie kein Tuch vor den Mund. Wichtig ist: Sie müssen durch die Nase atmen. Dann kommt die kalte Luft garantiert mit 37 Grad Celsius in die Bronchien. Der Mund muss geschlossen bleiben.
- ❖ Vergessen Sie nicht auf den „Frostschutz" für Ihre Gesichtshaut. Bei großer Kälte darf man keine Feuchtigkeitscremes verwenden. Sie vermitteln ein Gefühl der Kälte. Die Haut braucht Fettcremes und Öle. Auch die Lippen müssen mit einem Pflegestift geschützt werden. Ohrenschützer nicht vergessen.

Wenn Sie sich richtig auf die Kälte einstellen, dann können Sie sie richtig genießen.

Kreislaufservice für kalte Tage

Der Winter stellt bei fast allen Menschen eine Belastung des Kreislaufs dar. Das hat mehrere Gründe: Erstens machen die meisten von uns in der kalten Jahreszeit zu wenig Bewegung; das ist schlecht für den Kreislauf. Zweitens werden unsere Blutgefäße bei kalten Außentemperaturen enger; wieder schlecht für den Kreislauf. Drittens: Bei jeder Erkältung, die wir jetzt durchstehen müssen, kommt der Kreislauf in die Krise. Daher sollten wir vorbeugend darauf achten, dass wir mit einem stabilen und starken Kreislauf durch die kalte Jahrszeit gehen.

- Achten Sie darauf, dass Sie nicht zu viel wiegen. Übergewicht tut dem Kreislauf gar nicht gut.
- Trinken Sie täglich 2 Liter stilles Mineralwasser oder Leitungswasser. Unser Kreislauf braucht Flüssigkeit.
- Essen Sie jeden Tag 2 bis 3 Äpfel. Die Pektine des Apfels senken erhöhte Cholesterinwerte. Und das entlastet den Kreislauf. Das hat eine Studie von Prof. Dr. Sinzinger an der Universität Wien ergeben.
- Essen Sie regelmäßig Knoblauch. Oder nehmen Sie standardisierte Knoblauchpräparate aus der Apotheke. Knoblauch hält unsere Gefäße elastisch. Das ist wichtig für einen gesunden Kreislauf.
- Wichtig für den Kreislauf ist die ständige Versorgung des Körpers mit den Mineralstoffen Kalium und Magnesium. Magnesium liefern Naturreis, Vollkornprodukte, Hirse und Leinsamen. Kalium holen wir uns aus Bananen, getrockneten Feigen, roher Petersilie und Pellkartoffeln.
- Im Rahmen einer Studie der Weltgesundheitsorganisation in Basel hat Prof. Dr. Gey nachgewiesen: unser Kreislauf braucht Vitamin E. Wir holen es uns mit der täglichen Nahrung aus Weizenkeimen, Weizenkeimöl, aus Mais, Milchprodukten und Vollkornprodukten.
- Es gibt auch ein Heilkraut, das den Kreislauf stärkt: Weißdorn, auch Crataegus genannt. Aus Studien an der Freien Universtät Berlin weiß man: Die Wirkstoffe im Weißdorn – die Procyanidine – verbessern die Herzleistung, stärken die Herzkranzgefäße und stabilisieren den Kreislauf. Wenn jemand nach einer Erkältung abgeschlagen, müde und erschöpft ist, dann kann Weißdorn neue Kraft geben. Eine Kreislaufkur mit Weißdorn kann man mit Weißdorntee, mit Weißdornsaft, mit Weißdorntinktur oder mit einem Weißdornpräparat aus der Apotheke durchführen.
- Es ist wichtig, dass wir unseren Kreislauf durch Bewegung trainieren: mit Wandern, Laufen, Radfahren, Gymnastik, Treppensteigen: mindestens 3-mal in der Woche jeweils 20 Minuten lang.
- An der ersten medizinischen Akademie von Shanghai wurde eine Übung aus der

chinesischen Heilgymnastik erprobt. Sie eignet sich bestens zur Stärkung des Kreislaufs: Setzen Sie sich kerzengerade auf einen Stuhl ohne Seitenlehnen. Stellen Sie die Füße locker auf den Boden. Legen Sie die Handflächen links und rechts von sich auf die Sitzfläche. Nun drücken Sie mit der linken Handfläche 6-mal auf die Sitzfläche des Stuhls, danach mit der rechten Handfläche. Danach heben Sie zuerst die linke Hand – mit der Handfläche nach oben – empor, als wollten Sie eine Schale zur Decke heben. Und dann machen Sie das Gleiche mit der rechten Hand. Hände ausschütteln und die Übung wiederholen. Immer nur vor dem Essen.

Tricks gegen den Nachthunger

Vielen ist in diesen Tagen klar: Der Winterspeck muss weg. Man will ja, wenn der Frühling ins Land zieht, in leichter Kleidung gute Figur zeigen. Doch es gibt gerade jetzt viele Hindernisse, die es schwer machen, Pfunde abzubauen. Ein Beispiel: Man hält sich den ganzen Tag zurück, isst wenig und hält etlichen kulinarischen Verlockungen stand. Und dann war dennoch alles vergebens. Denn dann kommt die Nacht. Und mit ihr der verhängnisvolle Nachthunger. Ein gravierendes Problem für Millionen Menschen.

Ernährungswissenschaftler, Ärzte, Psychologen und Psychotherapeuten haben Analysen angestellt. Viele Frauen und Männer essen den ganzen Tag über gesund und zurückhaltend. Nachts aber schleichen sie sich aus dem Bett, gehen an den Kühlschrank und futtern hemmungslos in sich hinein, was sie nur in die Finger kriegen können.

Schuld daran ist das Stresshormon Cortisol. Es vermehrt sich bei beruflicher und seelischer Überbelastung und löst Heißhungerattacken auf Kohlenhydrate aus. Wir sehnen uns nach Süßem, weil dann unser Organismus das beruhigende Serotonin herstellen kann.

Die Katastrophe beim Nachthunger: Alles, was man zu später Stunde verzehrt, wird vom Körper nicht verarbeitet, sondern lediglich für den nächsten Tag gespeichert, wenn die Verdauung wieder auf vollen Touren läuft.

Es gibt eine Reihe von Maßnahmen und Tricks, die man beachten muss, wenn man den Nachthunger erfolgreich bekämpfen möchte:

- Lassen Sie tagsüber keine Mahlzeit aus. Ernähren Sie sich mit 5 kleinen Portionen. Wer auch nur eine Mahlzeit auslässt, senkt damit den Blutzuckerspiegel. Damit aber ist der nächtliche Heißhunger auf Süßes vorprogrammiert.
- Essen Sie fettarm. Fette Speisen am Tag machen nachts süchtig nach noch mehr Fett. Die Erklärung: Fett regt unter anderem im Organismus die Produk-

tion der Substanz Galanin an. Und dieses fördert den Wunsch nach noch mehr Fett.

- Beginnen Sie jeden Tag mit einem kräftigen, gesunden Frühstück. Es rächt sich, wenn man morgens ohne Mahlzeit das Haus verlässt. Wer mit leerem Magen in den Tag geht, fährt auf Sparflamme und neigt nachts zum Schlemmen. Das ideale Frühstück, das dem Nachthunger vorbeugt: Müsli oder Vollkornbrot, Milchprodukte, frisches Obst, rohes Gemüse.
- Setzen Sie das Abendessen nicht zu spät an und genießen Sie Leichtes und Gesundes: schonend zubereitetes Gemüse, Fisch, Salate mit Olivenöl.
- Trinken Sie abends niemals mehr als ein Glas Wein. Zu viel Alkohol senkt den Blutzucker und produziert daher nachts Heißhunger. Aus demselben Grund sollten Sie spätabends keine Süßigkeiten verzehren.
- Schlafen Sie ausreichend: mindestens acht Stunden. Wer übermüdet und unausgeschlafen ist, versucht instinktiv, das Schlafdefizit durch übermäßiges Essen auszugleichen.
- Achten Sie darauf, dass Sie niemals zu viele verlockende und kalorienreiche Vorräte im Kühlschrank haben.
- Machen Sie zwischen dem Abendessen und dem Zubettgehen Bewegung. Ideal: spazieren gehen.
- Konsumieren Sie vor dem Zubettgehen einen Apfel. Gut beißen. Das senkt das Risiko für eine mitternächtliche Kühlschrank-Fressorgie.

Naturrezepte gegen Augenbeschwerden

Viele Menschen klagen in dieser Jahreszeit über Augenbeschwerden. Das hat viele Gründe. Unseren Augen fehlt nach dem langen Winter der gesundheitsfördernde Blick ins Grün der Natur. Die trockene Luft in beheizten Räumen ist eine Strapaze für unsere Sehorgane. Dazu kommen noch die Arbeit am Computer, übermäßig langes Fernsehen und lange Autofahrten hinter dem Steuer.
Die Folge: Unsere Augen sind müde und trocken, mitunter auch entzündet. Die typischen Symptome dafür: Augenbrennen, schwere Lider, unscharfe, verschwimmende Bilder, das Gefühl, als hätte man einen Fremdkörper im Auge, weiters Kopfschmerzen.
Das können natürlich auch alles Anzeichen dafür sein, dass man eine Brille oder Kontaktlinsen braucht. Daher sollte man bei derartigen Augenbeschwerden in jedem Fall den Arzt aufsuchen.
Das müde Auge ist sehr oft auch ein trockenes Auge. Das ist verständlich. Beim Sehvermögen spielt die Tränenflüssigkeit eine entscheidende Rolle. Sie wird durch den Lidschlag in den Tränendrüsen produziert und im Auge verteilt. Die Tränen-

flüssigkeit schützt das Auge vor dem Austrocknen und vor Krankheitserregern. Wenn nun jemand stundenlang vor dem Computer oder vor dem Fernsehapparat sitzt, dann nehmen die Augen eine starre Haltung ein. Es gibt keinen Lidschlag, daher auch keine Tränenflüssigkeit.
Und das sind wirksame natürliche Maßnahmen gegen müde und trockene Augen:

- ❖ Verharren Sie nicht zu lange vor dem Computer oder vor dem TV-Gerät. Machen Sie Pausen. Lüften Sie den Raum öfter. Sorgen Sie für genügend Luftfeuchtigkeit. Gehen Sie oft ins Freie. Und zwinkern Sie so oft wie nur möglich, damit immer neue Tränenflüssigkeit produziert werden kann.
- ❖ Sehr wirksam sind Kompressen mit Augentrosttee. 1 Teelöffel Augentrost (Apotheke) wird mit 1 Tasse kochendem Wasser übergossen, 8 Minuten ziehen lassen, durchseihen. In den lauwarmen Tee einen Wattebauschen eintauchen und für 10 Minuten auf die geschlossenen Augen auflegen. Verwenden Sie niemals Kamillentee. Er trocknet das Auge noch mehr aus.
- ❖ Wenn es in erster Linie darum geht, eine entzündetes Auge zu beruhigen, dann bewähren sich auch Auflagen mit lauwarmem Salbeitee oder Eichenrindentee.
- ❖ In hartnäckigen Fällen muss der Augenarzt eine Therapie mit speziellen Augentropfen durchführen.

Und das sind sinnvolle vorbeugende Maßnahmen, mit denen man speziell in dieser Jahreszeit die Augen kräftigen, die Sehkraft stärken und müden Augen vorbeugen kann:

- ❖ Bauen Sie so oft wie nur möglich Möhren und Spinat in Ihren Speiseplan ein. Beide Gemüsesorten enthalten große Mengen an Karotinoiden, an Pflanzenfarbstoffen, die für die Bildung des Sehpurpurs und für die Abwehrkräfte des Auges notwendig sind.

Und hier zwei wichtige Übungen, die man möglichst oft tagsüber durchführen sollte:

- ❖ Halten Sie jeweils für 5 Minuten beide Handflächen vor die geöffneten Augen.
- ❖ Und stellen Sie sich ans Fenster, schauen Sie zuerst in die Ferne und dann ins Nichts – ins „Narrenkastel", wie man im Volksmund sagt. Das ist eine großartige Erholung fürs Auge, das heute fast nur mit Nahsehen belastet wird.

Mit dem Zeigefinger gegen Wetterfühligkeit

Jeder zweite Erwachsene in Österreich und Deutschland leidet unter Wetterfühligkeit. Zwei Drittel der Betroffenen sind Frauen. Dabei ist Wetterfühligkeit keine Krankheit, sondern eine besondere Empfindlichkeit gegenüber Veränderungen meteorologischer Einflüsse. Wetterfühligkeit entsteht, wenn die Reizschwelle des ve-

getativen Nervensystems gegenüber bioklimatischen Veränderungen herabgesetzt ist. Und in dieser Situation kommen all jene Befindlichkeitsstörungen und Alltagsbeschwerden, zu denen man neigt, zutage.
Die meisten leiden in unseren Regionen unter Wetterfühligkeit bei Föhn, Hochdruck-Randlage und warmen Luftmassen in höheren Schichten.
Die typischen Symptome: Kopfschmerzen, Migräne, Übelkeit, Schwindelanfälle, Erbrechen, Leistungsabfall, depressive Zustände.
Man kannte die Wetterfühligkeit bereits vor 5000 Jahren in China und in der Antike. Hippokrates schrieb darüber. Und namhafte Persönlichkeiten der Geschichte waren wetterfühlig: Columbus, Goethe, Mozart, Wagner, Martin Luther. Im 19. Jahrhundert bestätigten die Pariser Ärzte Dr. Leclerc und Dr. Trousseau, aber auch die Klosterfrau Maria Clementine Martin und Pfarrer Sebastian Kneipp, dass man mit Naturrezepten erfolgreich gegen Wetterfühligkeit vorgehen kann.
Das geriet vollkommen in Vergessenheit. In den letzten Jahrzehnten griffen Wetterfühlige meist zu schmerzstillenden Medikamenten. An die natürlichen Methoden erinnerte man sich erst wieder im Jahr 1988, als in Wien weltweit das erste Therapiezentrum für Wetterfühlige gegründet wurde, das heute in aller Welt Nachahmer gefunden hat.
Hier wurde in Studien und praktischen Behandlungsformen bewiesen: Naturkräfte sind die erfolgreichste Waffe gegen die Wetterfühligkeit.

- Man kann entscheidend den Organismus mit Vollwerternährung gegen Wetterfühligkeit stark machen. Mit Müsli, Haferkleie, Haferflocken, Weizenkeimen. Vielfach erprobt: Lassen Sie 1 Esslöffel goldgelben Leinsamen in $^1/_4$ Liter Wasser über Nacht stehen. Am nächsten Morgen den aufgequollenen Leinsamen gut kauen, die Flüssigkeit nachtrinken.
- Weitere sinnvolle Maßnahmen in der Ernährung:
  Äpfel, Möhren, Möhrensaft, $^1/_2$ Salzhering, Produkte mit reichlich Magnesium: Naturreis, Soja, ein kleines Stück Schokolade.
- Bei den Heilkräutern gibt es eine reiche Auswahl gegen die Wetterfühligkeit: Weidenrindentee, Kamillentee, Brennnesseltee, Baldrianwurzeltee, Johanniskrauttee. Die meisten Erfolge aber wurden in den Therapiezentren mit der Melisse erzielt, weil ihre ätherischen Öle unmittelbar auf das vegetative Nervensystem wirken. Die klassische Therapie bei Wetterfühligkeit: 1 Tasse lauwarmen Melissentee mit 2 Teelöffel Klosterfrau Melissengeist und 2 Teelöffel Honig in kleinen Schlucken trinken.
- Auch die Aromatherapie kann helfen: Geben Sie in eine Schale mit Wasser 20 Tropfen Sandelholzöl und atmen Sie aus der Raumluft die aufsteigenden ätherischen Öle ein.
- Schnell kann auch die chinesische Akupressur helfen: Suchen Sie mit dem

Zeigefinger der rechten Hand am linken Handrücken in der Mitte der Handgelenksfalte den Punkt E 4. Hier massieren Sie 1 bis 2 Minuten in kreisenden Bewegungen und wiederholen die Übungen mehrmals, auch an der linken Hand.

Hormontherapie erfordert gesundes Leben

Wir leben in einer Zeit, in der so viele Menschen genießen und nicht verzichten wollen. Sie streben Vorteile an und akzeptieren nicht die damit verbundenen Nachteile. Ein typisches Beispiel dafür gibt die Hormontherapie in der Medizin.
Seitdem es möglich ist, dass Mädchen und Frauen mit der Hormonpille sichere Empfängnisverhütung betreiben können, hat sich beim weiblichen sexuellen Verhalten in unserer Gesellschaft vieles verändert. Die Frau kann selbst darüber entscheiden, ob sie ein Kind möchte oder nicht. Zwei Drittel der deutschen Frauen nehmen die Pille.
Allerdings ignorieren viele die Empfehlungen und Warnungen der Ärzte. Seit Jahren weisen verantwortungsvolle Gynäkologen darauf hin: Mit dem Einnehmen der Pille muss auch akzeptiert werden, dass das Rauchen zum gefährlichen Risikofaktor wird. Es kann durch diese Kombination bei jungen Frauen zu Herzinfarkt oder Schlaganfall kommen. Viele Frauen setzen sich über diese Tatsache leichtfertig hinweg.
Ähnlich ist die Situation bei Frauen in den Wechseljahren. Sie haben früher oft viele Jahre unter den Begleiterscheinungen des Klimakteriums gelitten. Seit es die Möglichkeit gibt, nach Kontrolle des Hormonspiegels eine Therapie mit Östrogenen durchzuführen, gehen Millionen Frauen mit unvergleichbar besserer Lebensqualität durch die Wechseljahre.
Einer der führenden europäischen Hormonwissenschaftler, der österreichische Gynäkologe Prof. DDr. Johannes Huber, meint dazu: „Jede Frau, die mit einer Hormon-Behandlung beginnt, muss wissen: Die Östrogene bringen viele Vorteile, verlangen aber auch Konzessionen. Das bedeutet: gesunde Ernährung. Nicht zu viel essen. Nicht rauchen. Kein Alkohol."
Wohlfühlen und Gesundsein im Klimakterium erfordern ihren Preis. Die Frau, die sich während der Hormonbehandlung nicht ausgewogen und vollwertig ernährt, bekommt einen Mangel an Vitaminen, Mineralstoffen und Spurenelementen. Das wieder macht anfälliger für eine Reihe von Krankheiten. Frauen, die in dieser Phase ihres Lebens zu viel essen, nehmen gewaltig zu und geben dann die Schuld den Hormonen.
Und wie gefährlich der Alkohol während einer Östrogenbehandlung ist, das hat jetzt eine aktuelle Studie der amerikanischen Wissenschaftlerin Prof. Dr. Elisabeth S. Ginsburg an der Frauenklinik in Boston ergeben.

Wenn eine Frau gegen Wechseljahrbeschwerden und zur Vorbeugung von Osteoporose oder Herzinfarkt mit Östrogenen versorgt wird und an einem Tag Wein, Cognac oder Likör trinkt, dann steigt der Hormonspiegel auf das Dreifache! In dieser Überdosis aber werden die Östrogene gesundheitsschädlich und können nach Ansicht zahlreicher Mediziner das Risiko für Brustkrebs erhöhen. Ganz besonders gefährlich sind die harten Getränke.
Das gilt alles natürlich auch für jene Mädchen und Frauen, welche die Antibabypille nehmen. Im Klartext heißt das: Viele Errungenschaften der Medizin sind ein Segen. Doch sie setzen eine Selbstverständlichkeit voraus: einen vernünftigen, gesunden Lebensstil.

Atemkontrolle verlängert das Leben

Es ist eine unangenehme Tatsache, über die wir nicht hinwegsehen können: Die Qualität unserer Luft, die wir tagtäglich einatmen, ist im Januar schlechter denn je. Die Ursachen dafür sind vielfältig: der Schmutz, der aus den Schornsteinen der Häuser steigt, Auto- und Industrieabgase, die schlechten Wetterverhältnisse sowie die vielen unsichtbaren Umweltbelastungen. Schließlich in den Wohnräumen die oft zu trockene und schlechte Luft, und da wieder im Speziellen der Zigarettenrauch. Kein Wunder, wenn viele von uns ständig husten müssen und oftmals am Tag nach Luft ringen. Das sind Beweise dafür: Es steht verdammt schlecht um unsere Lungen.
Einer jüngsten Statistik zufolge haben fast 11 Millionen Deutsche und Österreicher defekte Atemwege. Und das Schlimme daran: 80 Prozent der Betroffenen sind sich dessen gar nicht richtig bewusst. Sie nehmen es nicht ernst, tun nichts dagegen. Sie haben sich einfach daran gewöhnt, dass sie immer wieder Hustenreiz haben, regelmäßig husten müssen und beim schnellen Gehen und beim Treppensteigen aus der Puste kommen. Sie finden das bereits ganz normal, sehr oft als natürliche Folge des Älterwerdens.
Das ist gefährlich. Denn schon das kleinste Atemproblem belastet im Laufe der Zeit, wenn es unbehandelt bleibt, den gesamten Organismus und gefährdet besonders Herz und Kreislauf. Viele Herzerkrankungen entstehen durch unerkannte und nicht therapierte Atemwegsdefekte.
Man muss sich das konkret vorstellen: Ein erwachsener Mensch besitzt rund 300 Millionen Lungenbläschen, die ihn mit lebenswichtigem Sauerstoff versorgen. Die Gesamtfläche dieser Lungenbläschen entspricht der Größe eines Fußballplatzes. Bei jedem kleinsten Infekt, der nicht behandelt wird, geht wertvolles Lungengewebe von dieser Fläche zugrunde und kann nur schwer regeneriert werden. Auf diese Weise wird die Atemkapazität des betreffenden Menschen vielfach immer kleiner.

Erste Folgen: Es kommt zu Bronchitis, Bronchialasthma, zu Lungenemphysem. Das alles kann man verhindern. Und man kann sein Leben um viele Jahre verlängern. Die Lösung: So, wie es heute für Millionen Menschen in Deutschland selbstverständlich geworden ist, in Abständen die Cholesterinwerte und den Blutdruck zu messen, so sollten wir uns angewöhnen, regelmäßig unseren Atemstoss zu kontrollieren.
Am besten macht man das einmal die Woche, vielleicht gleich am Morgen. Ist nämlich alles in Ordnung, dann geht man mit dem herrlichen Bewusstsein in den Tag: „Ich bin gut drauf!“ Gibt es Probleme mit dem Atem, dann ist das eine erste Mahnung: „Geh zum Arzt!“
Im Grunde genommen ist es ganz einfach, zu Hause selbst einen Atemtest durchzuführen. So messen Sie Ihr Atemvolumen:

- Singen Sie laut im Badezimmer bei der Morgentoilette. Wenn Sie ein Schlagerlied – etwa zur Musik im Radio – ohne Atemnot zu Ende singen können, dann sind Ihre Atemwege meist fit.
- Blasen Sie einen Luftballon komplett auf. Gelingt es ganz leicht, ist auch das ein Beweis, dass es um Ihren Atem gut bestellt ist.
- Stellen Sie in einer Entfernung von einem Meter auf einem Tisch eine brennende Kerze auf. Versuchen Sie nun, die Flamme auszublasen. Schaffen Sie es nicht, dann muss der Arzt den Atemstoß und die Lungen mit modernen medizinischen Diagnosegeräten untersuchen.
- Sie können Ihren Arzt aber auch beim nächsten Besuch in seiner Ordination fragen, ob er über ein so genanntes Peak-Flow-Meter verfügt. Das ist ein handliches kleines Kunststoffgerät, in das man einfach hineinbläst. Ein Zeiger gibt die Atemstärke an. Sie sollten bei einem gesunden Erwachsenen bei etwa 500 bis 600 liegen. Man kann so ein Gerät auch für sich zu Hause in der Apotheke kaufen.

Mit solchen regelmäßigen Tests kann man Atemwegserkrankungen frühzeitig erkennen und erfolgreich behandeln. Und wenn es erste Probleme mit den Lungen gibt, sollte man sofort etwas dagegen unternehmen.

Stärken Sie Ihre Atemwege mit Inhalationen

Wer seine Atemwege gegen Erkältungs- und Grippeviren, aber auch gegen Heiserkeit, Schnupfen, Bronchitis und Erkrankungen der Nasennebenhöhlen schützen und stärken möchte, oder aber wer etwas gegen vorhandene Atemwegserkrankungen und Erkältungen tun will, der kann zu Hause eine bewährte und erfolgreiche Therapie einsetzen: die Inhalation mit Wasserdampf und speziellen erkältungsspezifischen Pflanzenwirkstoffen.

Das regelmäßige Inhalieren bringt drei Vorteile in einem: Die Atemwege, welche die meiste Zeit im Jahr unter allzu trockener Luft leiden, werden ideal befeuchtet. Dadurch werden festsitzende, trockene Sekrete in den Bronchien aufgeweicht und können leichter aus- oder abgehustet werden.
Und schließlich: Die beigefügten natürlichen Pflanzenwirkstoffe im Wasserdampf hemmen die vorhandenen Entzündungen. Zusätzlich wird die Heilung entscheidend gefördert. Und wie schon gesagt: Die Inhalation ist auch als wunderbare Methode der Vorbeugung zu sehen. Wichtig ist, dass so eine Inhalation richtig durchgeführt wird:

- Sie sollte niemals länger als 10 bis 15 Minuten andauern.
- Man führt sie am besten zweimal am Tag durch, wobei man unmittelbar danach nicht ins Freie gehen darf. Man würde sich sonst sofort erneut erkälten. Also: möglichst eine Stunde warten.
- Der aufsteigende Wasserdampf muss heiß, darf aber nicht zu heiß sein. Man könnte sich sonst die Schleimhäute, Stimmbänder und Luftröhre verbrühen. Ideale Temperatur für die Inhalation: höchstens 50 Grad Celsius.

Für die Inhalation stellt man einen Topf mit Wasser auf den Herd, bringt das Wasser zum Kochen. Dann den Topf wegziehen, in etwa 1/2 Liter heißes Wasser 30 bis 40 Tropfen Eukalyptustinktur geben, etwas umrühren. Das Gesicht über die aufsteigenden Dämpfe halten, tief aus- und einatmen.
Noch praktischer: Man kann in der Apotheke einen so genannten Erkältungsbalsam-Inhalator aus weißem Kunststoff preiswert kaufen. Man nimmt das Mundstück ab, gibt 30 Tropfen Flüssigbalsam aus dem Eukalyptusblatt (Apotheke) ins Gefäß, gießt 1/4 Liter heißes Wasser darauf, setzt das Mundstück wieder auf und inhaliert. Beim Einatmen hält man Mund und Nase an das Mundstück, beim Ausatmen führt man das Gesicht vom Gerät weg.
Unsere Großmütter deckten beim Inhalieren den Topf über den Kopf mit einem Tuch oder einer Decke ab. Davor warnen die Ärzte heute ganz deutlich. Es kommt darunter zu einem starken Hitzestau, der zu Kreislaufbeschwerden und weiteren Komplikationen – vor allem bei Kindern und älteren Leuten – führen kann.
Die ideale Lösung, wenn Sie möglichst viel von den Inhalationsdämpfen abbekommen wollen: Setzen Sie sich vor den Topf und halten Sie während des Inhalierens einen Regenschirm knapp über den Kopf. So hindern Sie die Dämpfe, sich zu verflüchtigen, und haben rundum genügend Luft. Wenn Sie einen Kunststoffinhalator einsetzen, erübrigt sich das Problem.

Frostschutz für die Haut

In den meisten Gegenden Mitteleuropas herrscht im Januar Kälte. Sind Sie darauf vorbereitet? Haben Sie das Frostschutzmittel für den Wagen besorgt? Selbstverständlich! Aber: Sind Sie sich auch im Klaren darüber, dass Ihre Haut ebenfalls einen Frostschutz braucht, um gesund und attraktiv durch den Winter kommen zu können?
Unsere Haut kann durch die Kälte, den eisigen Wind oder durch Schnee beachtliche Schäden davontragen. Sie altert schneller, wird rauer. Und – wie eine Studie am Institut für experimentelle Dermatologie an der Universität Witten-Herdecke ergeben hat – graben sich in dieser Jahreszeit tiefere Falten ein.
Wie also sieht nun der vorbildliche Frostschutz für die Haut aus?

- Verwenden Sie im Januar bei tiefen Außentemperaturen überwiegend fetthaltige Cremes und Salben. Ein höherer Fettanteil schützt gegen das Austrocknen der Haut in stark geheizten Räumen mit niedriger Luftfeuchtigkeit.
- Es ist jetzt nicht sinnvoll, die Haut mit Cremes zu versorgen, die einen hohen Feuchtigkeitsanteil haben. Bei Frost ist das die falsche Pflege. Derartige Präparate verstärken nämlich das Kältegefühl im Freien.
- Sehr bewährt als Kälteschutz der Haut haben sich Öle, die aus den natürlichen Substanzen der Aloe vera, aus dem Bisabolol der Kamille, aus dem Jojobaöl und aus den Schutzvitaminen A und E bestehen.
- Sehr wertvoll für die Haut sind auch Salben, Cremes und Lotionen, die hoch dosiertes Vitamin E (Apotheke) enthalten. Das Vitamin E schafft einen so genannten Optolindeffekt, stärkt die natürlichen Abwehrkräfte in der Haut, macht sie geschmeidig und widerstandsfähig gegen Kälte, Schnee, Regen und Nebel.
- Um die Haut vor Erfrierungen zu schützen, darf man unmittelbar nach der Gesichtswäsche nicht ins Freie gehen. Damit die Haut nicht feucht ist, kann man sie mit einem Haarföhn rasch trocknen.
- Ganz wichtig dagegen ist es, dass man jetzt in der kalten Jahreszeit der Haut von innen reichlich Flüssigkeit zuführt. Trinken sie jeden Tag 2 bis 2 1/2 Liter Mineralwasser. Das trägt viel zum jugendlichen Aussehen der Haut bei und bekämpft neue Faltenbildung.
- Vergessen Sie niemals die Ohren gründlich einzucremen. Dort ist die Kälte am stärksten zu spüren.
- Denken Sie auch an Ihre Lippen: Ein Pflegestift – mehrmals am Tag verwendet – erhält sie geschmeidig und bewahrt sie vor Frostschäden und Rissen.
- Wenn Sie zum Schifahren gehen, dann vergessen Sie nicht den notwendigen Sonnenschutz, der auch bei Wolken und Nebel notwendig ist. Sie brauchen Sonnenschutzpräparate mit dem Schutzfaktor 15.

Gesund im Winter mit fünf Kräutertees

Es gibt gerade in der kalten Jahreszeit so viele lästige und quälende Befindlichkeitsstörungen, die man selbst mit einer gut eingerichteten Hausapotheke in den Griff bekommen kann. Ehe Sie zu starken Medikamenten greifen, sollten Sie es mit den Kräften der Natur versuchen. Unter der Devise, die viele Ärzte empfehlen: Nicht mit Kanonen auf Spatzen schießen! Im Grunde genommen benötigen Sie gegen die wichtigsten winterlichen Beschwerden nicht mehr als fünf Kräutertees. Diese sollten Sie immer zu Hause haben:

- Salbeitee ist besonders wertvoll gegen Entzündungen des Mund- und Rachenbereiches. Er hilft aber auch Husten und Heiserkeit bekämpfen und stärkt die natürlichen Abwehrkräfte der Atemwege. Die Zubereitung des Kräutertees fürs Gurgeln von Mund und Rachen: 1 Teelöffel Salbeiblätter (Apotheke, Drogerie) mit $^1/_4$ Liter kochendem Wasser überbrühen, 8 Minuten ziehen lassen, durchseihen. Zum Trinken gegen Bronchitis und andere Erkältungen: 2 bis 3 gehäufte Esslöffel Salbeiblätter in 1 Liter kaltes Wasser einrühren, zum Kochen bringen und 3 Minuten kochen lassen, dann durchseihen, abkühlen lassen, die ganze Menge ungesüßt über den Tag verteilt trinken.
- Wenn Sie mit kräftigem Schwitzen eine Erkältung austreiben wollen: Übergießen Sie 2 Teelöffel Lindenblüten (Apotheke, Drogerie) mit $^1/_2$ Liter kochendem Wasser, 10 Minuten ziehen lassen, durchseihen. 2 Esslöffel Honig und 2 Teelöffel Melissengeist einrühren. Schluckweise trinken. Dann ab ins Bett.
- Bei Magen- und Darmproblemen sowie bei eitrigen Mandeln setzen Sie Käsepappeltee, auch Malventee genannt, ein. 2 Teelöffel Käsepappeltee (Apotheke) mit 1 Tasse kochendem Wasser aufgießen, 10 Minuten ziehen lassen, durchseihen, ungesüßt verwenden. Gegen eitrige Mandeln und entzündetes Zahnfleisch mehrmals am Tag gurgeln. Gegen Magen- und Darmbeschwerden: 1 Tasse trinken, dann je 5 Minuten auf den Rücken, auf die rechte Seite, auf den Bauch und auf die linke Seite legen: Käsepappelrollkur.
- Bei starker Nervosität an kalten Wintertagen 1 Tasse Melissentee in langsamen Schlucken trinken: 1 Teelöffel Melissenblätter (Apotheke) mit 1 Tasse kochendem Wasser überbrühen, 8 Minuten ziehen lassen, durchseihen, mit etwas Honig süßen.
- Zum Entgiften der Leber und zum Beruhigen des Magens nach zu üppigem Essen: 3-mal täglich 1 Tasse Mariendisteltee. 1 Teelöffel Mariendistelfrüchte (Apotheke) mit 1 Tasse kochendem Wasser überbrühen, 10 Minuten ziehen lassen, ungesüßt oder mit wenig Honig trinken.

Grundsätzlich: Wenn Kräutertees gesüßt getrunken werden dürfen, ausschließlich Honig verwenden, weil er heilende Substanzen anliefert. Aber: Erst in den Tee geben, wenn dieser unter 40 Grad Celsius hat, sonst gehen die Vitalstoffe des Honigs zugrunde.

Die Banane macht fit und fröhlich

Zwei Jahre lang hat man am International Institute of Health in der amerikanischen Stadt Bethesda die Banane untersucht. Das Ergebnis: Sie ist eines der wertvollsten Nahrungsmittel für den Menschen. Mit Recht haben Ärzte der Weltgesundheitsorganisation – WHO – daher die Banane zur „Frucht des Lebens" ernannt, weil sie dem Organismus sämtliche lebensnotwendigen Vitamine, Mineralstoffe und Spurenelemente zuführt. Wir sollten also gerade im Winter Fitness und Vitalität mit täglich einer Banane tanken.

Und das sind die Super-Inhaltsstoffe der Banane: die Vitamine A, B_1, B_2, B_6, B_{12}, C, D und E, die Mineralstoffe Magnesium, Kalzium und Kalium, die Spurenelemente Eisen, Phosphor, Fluor und Jod. Die Banane enthält gerade so viel Fett, wie der Körper braucht. Sie ist nahezu salzfrei und liefert absolut kein Cholesterin. Das Zusammenspiel der Mineralstoffe Magnesium und Kalium hält Herz und Nerven jung und aktiv.

Die Banane ist schnell und leicht verdaulich, versorgt den Körper rasch mit Energie. Sie schafft einen basischen Ausgleich zu unserer übersäuerten Fleischkost. Besonders interessant ist das Ergebnis einer Forschungsarbeit von Prof. Dr. Kichi Kurijama vom Institut für Lebensmittelforschung in Tokio, Japan. Die Banane enthält in besonders reichem Maße die natürlichen Hormonstoffe Serotonin und Norepinephrin, Substanzen, die eine beruhigende Wirkung auf unser Nervensystem haben und mitverantwortlich für das positive Denken sind. Daher die Erkenntnis: Eine Banane am Tag macht gerade an tristen Wintertagen fröhlich.

Obendrein hat die Banane eine anregende Wirkung auf die Sexualität des Menschen. Sie macht müde Partner wieder „munter" und hilft bei leichteren Fällen von Potenzproblemen des Mannes und Liebesunlust der Frau. Obendrein weiß man: Die Banane gibt vor allem im fortgeschrittenen Alter neue Lebensfrische.

Allerdings muss die Banane ganz bestimmte Voraussetzungen erfüllen, um all diese Eigenschaften erfüllen zu können: Sie muss unmittelbar vor dem Verzehr geschält werden. Sie muss bei Zimmertemperatur an einem luftigen Ort aufbewahrt werden. Im Kühlschrank und in der Tiefkühltruhe wird sie wertlos. Sie ist reif, wenn sie eine gelbe Schale oder eine gelbe Schale mit kleinen braunen Tupfen hat. Zeigt sie schwarze, große Flecken, dann enthält sie keine Wirkstoffe und hat ernährungswissenschaftlich und gesundheitlich keine Bedeutung mehr.

Also dann: Genießen Sie täglich eine Banane!

Entschlacken und Entgiften im Januar

Der erste Monat im Jahr ist eine ideale Zeit, den Organismus zu entgiften und zu entschlacken. Dabei sind zwei Details sehr wichtig:

- Sie müssen bei so einer Kur reichlich gesunde Flüssigkeit zu sich nehmen, die keine Kalorien bringt. Nur dadurch können Gifte und Schlacken über die Haut und die Harnwege abtransportiert werden.
- Sie dürfen nur wenig essen, müssen aber ein Naturprodukt wählen, welches den Körper nicht belastet, ihn zugleich aber mit allen lebenswichtigen Stoffen wie Vitaminen, Mineralstoffen, Spurenelementen, Enzymen und Ballaststoffen versorgt.

Hier mein Vorschlag, den jeder leicht nachvollziehen kann:

- Wählen Sie zum Entschlacken und Entgiften ein Wochenende und nehmen Sie sich an diesen beiden Tagen keine anstrengende körperliche Arbeit vor.
- Besorgen Sie sich Kartoffeln und Mineralwasser. Sonst nichts.
- Und nun ernähren Sie sich jeweils am Sonnabend und am Sonntag von folgendem „Entschlackungsmenü“: Bereiten Sie im Topf an jedem Tag $1^1/_2$ Kilo Pellkartoffeln zu und essen Sie diese Menge Kartoffeln auf den Tag verteilt. Sie dürfen mit etwas Kräutersalz würzen. Butter und Quark sind nicht erlaubt.
- Parallel dazu trinken Sie – ebenfalls über den Tag verteilt – 2 bis 3 Liter Mineralwasser.

Sie werden sehen: Sie kriegen keinen Hunger, sind immer satt. Gehen Sie tagsüber ein wenig spazieren und sorgen Sie dafür, dass Sie nachts 10 Stunden schlafen. Am Montagmorgen wird Ihnen ein Blick auf die Waage beweisen, dass Sie in den zwei Tagen nicht nur entschlackt, sondern auch etwas abgenommen haben. Und das Wichtigste: Sie fühlen sich voll neuer Energie, haben wieder eine gute Verdauung und gehen mit Elan durchs Jahr.

Schauen Sie doch einmal in Ihre Galle!

Mancher, der an kalten Tagen zu üppig und zu fett gegessen hat, verspürt mehr oder minder heftige Gallenbeschwerden. In diesem Zusammenhang muss man sich vor Augen halten: Jeder vierte Mitteleuropäer hat Gallensteine. Auch junge und schlanke Menschen. Frauen sind davon häufiger betroffen.
Die typischen Symptome für Gallenbeschwerden: Fettunverträglichkeit, Völlegefühl, Unverträglichkeit von Eiern, kolikartige Bauchkrämpfe, Blähungen, ein Druck unter dem rechten Rippenbogen und im rechten Oberbauch, Schmerzen, die oft bis in den Rücken und unter das rechte Schulterblatt strahlen.

Es ist sehr wichtig, dass man bei den allerersten Anzeichen für Gallenprobleme den Arzt aufsucht. Auch wenn die Beschwerden bald wieder vergehen. Sie kommen nämlich wieder. Unbehandelte Gallensteine können böse Folgen haben: Gelbsucht, Gallenblasenentzündung mit tagelangen, permanenten Schmerzen, Fieber, Bauchspeicheldrüsenentzündung, Leberschäden und Gallenblasenkrebs, der fast unheilbar ist.
Auf Grund dieser massiven Gefahren raten Ärzte heute mehr und mehr: Auch Gesunde sollten in Abständen routinemäßig in die Galle schauen, um zu erfahren, ob alles in Ordnung ist. Viele haben Gallensteine und wissen es gar nicht, weil die Steine noch keine Probleme gemacht haben. So ein Gallen-Check ist vollkommen schmerzlos. Es handelt sich dabei um eine Ultraschalluntersuchung mit nüchternem Magen. Der Arzt rollt mit einem Gerät über den Bauch. Am Monitor ist die Gallenblase genau zu sehen.
Werden bei so einer Untersuchung Gallensteine entdeckt, so ist zu überlegen, ob man sie entfernen lässt. Dazu bietet sich heute eine ganz neue Eingriffsmethode an: die laparoskopische Operation. Anstelle eines großen Schnittes gibt es nur vier Löcher im Gewebe. Hier werden die medizinischen Geräte eingeführt. Der Eingriff wird mit Blick auf einen Monitor vorgenommen. Der Patient kann nach zwei bis drei Tagen das Krankenhaus verlassen. Früher musste er eine Woche bleiben. Und er ist nach sieben Tagen – statt nach vier Wochen – wieder voll einsatzfähig.
Wenn nun jemand weiß, dass er Gallensteine hat, noch keinen Operationstermin kennt oder sich noch Zeit lassen möchte, dann kann es jederzeit zu einer Kolik kommen. Für diesen Fall gibt es hilfreiche Hausmittel:

- Einen heißen Dunstwickel. Ein Tuch in heißes Wasser tauchen, etwas auswringen, auf den rechten Rippenbogen und Oberbauch auflegen, ein trockenes Tuch darüber legen. Ins Bett legen, flach atmen.
- Man kann auch heiße Pellkartoffeln zerdrücken, in ein Tuch einschlagen, auflegen.
- Auch eine mit heißem Wasser gefüllte Gummiwärmflasche oder ein über Dunst erhitzter Heublumensack (Apotheke) sind sinnvoll.
- Von innen her hilft folgender Kräutertee entkrampfend: Pfefferminzblätter und Kamillenblüten werden zu gleichen Teilen gemischt. 2 Teelöffel davon mit 2 Tassen kochendem Wasser übergießen, 10 Minuten zugedeckt ziehen lassen, durchseihen. Beide Tassen schluckweise trinken.

Wer vorbeugen möchte, dass die Galle gesund bleibt, der sollte die Kräfte aus dem Artischockenblatt nützen. Die darin enthaltenen Hepar-Schutzstoffe stärken nicht nur die Leber, sondern fördern den Gallenfluss. Hoch dosierten Artischockenextrakt gibt es in Kapseln in der Apotheke. Man nimmt einige Zeit 3-mal täglich 2 Stück.

Die heilende Kraft aus dem Rotwein

Sicher ist es Ihnen auch aufgefallen: In den letzten Jahren befassen sich die Ernährungswissenschaft, Biochemie und Medizin mehr und mehr mit dem Rotwein und seinen positiven Eigenschaften. Seit Beginn der Neunzigerjahre sind auf diesem Gebiet die Forschungsarbeiten in vollem Gang. Man weiß heute: Im Rotwein gibt es wertvolle Substanzen für die Gesundheit des Menschen.

Wissenschaftler haben vor ein paar Jahren beobachtet, dass die Franzosen ein um 50 Prozent geringeres Risiko für Herz-Kreislauf-Erkrankungen haben. Und dass sie auch viel später als die Deutschen Arteriosklerose bekommen. Dabei essen die Franzosen auch viel Fleisch und nehmen tierische Fette zu sich. Bald war des Rätsels Lösung gefunden: die Vorliebe der Franzosen für Rotwein.

Man hat also die besten Rotweine mit modernsten biochemischen Methoden untersucht. Und hat dabei erstaunliche Beobachtungen gemacht. Im Rotwein befinden sich hochwertige biologische Blaustoffe. Es handelt sich dabei in erster Linie um Flavonoide – das sind Pflanzenfarbstoffe – und um Polyphenole, wie zum Beispiel Anthocyanidine, Procyanidine und Gerbstoffe. Und da wieder gibt es eine ganz spezielle Gruppe von Polyphenolen, die man als Resveratrole bezeichnet.

Zahlreiche Studien in Frankreich und in den USA haben ergeben: Wenn man den Rotwein mäßig und regelmäßig trinkt, dann können seine wertvollen Substanzen positiven Einfluss auf das Herz-Kreislauf-System ausüben, aber auch auf die Verdauungsorgane, auf das zentrale und periphere Nervensystem, auf den Bewegungsapparat, auf die Haut sowie auf das Immun- und auf das Hormonsystem.

Mancher wird fragen: Warum sind diese Polyphenole nur im Rotwein in so beachtlichen Mengen enthalten? Das lässt sich einfach erklären: Erstens werden diese Substanzen im roten Farbstoff des Weines in größeren Mengen produziert. Und zweitens ist das auch auf das Herstellungsverfahren zurückzuführen. Bei den roten Trauben werden die Schalen vor der Gärung nicht entfernt. So kann der Alkohol die gesundheitsfördernden Stoffe lösen und aufnehmen.

All diese euphorischen Erkenntnisse dürfen uns allerdings nicht vergessen lassen: Auch der edelste und beste Rotwein ist Alkohol. Und als solcher – regelmäßig konsumiert – kann er unserer Leber, dem Gehirn und anderen Organen schweren Schaden zufügen. Wer also die wertvollen Polyphenole aufnehmen will, der muss regelmäßig Rotwein trinken.

Aus diesen Überlegungen heraus ist eine neue Idee entstanden. Biochemiker und medizinische Wissenschaftler haben die Natur ausgetrickst, was allerdings so manchem Rotweinfan nicht so sehr gefallen wird. Man hat ein schonendes Verfahren entwickelt: Aus besten französischen Rotweinen werden die für unsere Gesundheit so wichtigen Substanzen zu 85 Prozent herausgefiltert und schonend analysiert.

Das heißt: Die positiven Stoffe aus dem Rotwein werden vom Alkohol getrennt und zu Pulver verarbeitet, das in Form von Kautabletten oder Kapseln (Apotheke) eingenommen wird.
Wissenschaftliche Studien mit den alkoholfreien Rotweinpräparaten von Prof. Dr. Folts und von Dr. Fitzpatrick in den USA haben ergeben, was die deutsche Ärztin Dr. Ulrike Klimpel-Schöffler bestätigt: „Herz und Kreislauf werden gestärkt. Der Blutdruck, die Blutfließeigenschaften und das Cholesterin werden positiv beeinflusst!"
Die meisten werden dennoch lieber beim geliebten Gläschen Wein bleiben.

Besser schlafen mit Magnesium

Fast jeder Zweite in unserem Land hat Einschlaf- und Durchschlafprobleme. Die Folgen: Die Betroffenen erwachen morgens wie gerädert, leiden tagsüber an Kopfschmerzen, Magen- und Darmproblemen sowie an Konzentrationsstörungen und Leistungsabfall.
Viele Deutsche greifen – meist ohne einen Arzt zu befragen – zu Schlaftabletten und handeln sich damit starke Nebenwirkungen ein. Davor warnen namhafte Mediziner und empfehlen: „Nicht gleich mit Kanonen auf Spatzen schießen! Immer zuerst natürliche Rezepte anwenden!"
Dafür bieten sich viele Möglichkeiten an:

- ❖ Lassen Sie 1 Tasse Milch in einem Topf ziehen. Nicht kochen. Schälen Sie eine große Zwiebel, schneiden Sie sie in zwei Hälften und legen Sie diese mit den Schnittflächen nach unten in die Milch. Zugedeckt 15 Minuten ziehen lassen. Dann die Zwiebelhälften herausnehmen, die Milch in eine Tasse gießen, mit Honig süßen und vor dem Zubettgehen schluckweise einnehmen.
- ❖ Trinken Sie abends 1 Tasse Baldrianwurzeltee.
- ❖ Trinken Sie 1 Glas lauwarme Milch mit Honig.
- ❖ Massieren Sie vor dem Zubettgehen intensiv beide Fußsohlen.
- ❖ Betten Sie den Kopf nicht auf ein Kissen, sondern auf eine Nackenrolle.
- ❖ Träufeln Sie 20 Tropfen Lavendelöl auf Ihr Kissen.
- ❖ Gehen Sie nicht unmittelbar nach dem Fernsehen zu Bett. Ihre Nerven sind dann noch zu sehr überreizt.

Allerdings: Viele, die an Schlafproblemen leiden, haben all dies im Laufe ihres Lebens bereits ausprobiert; ohne oder mit wenig Erfolg.
Nun aber gibt es neue Hoffnung für all diese Betroffenen. Die neue Wunderwaffe für einen ruhigen, ausgeglichenen und gesunden Schlaf heißt Magnesium. Die Erkenntis ist im Grunde genommen ganz logisch. Denn: Der Mineralstoff Magnesium

entspannt, baut Stress ab, beruhigt und gibt dem Herz-Kreislauf-System Kraft. Dennoch ist bisher niemand draufgekommen.
Nun hat eine wissenschaftliche Studie am angesehenen Max-Planck-Institut erstmals bewiesen: Magnesium hat einen verblüffend stabilisierenden Einfluss auf den Organismus und führt daher zu einer besseren Schlafqualität. Für diese Entdeckung erhielt der 33-jährige Mediziner Dr. Harald Muck vom Max-Planck-Institut in München den international begehrten Hermes-Mineralstoff-Preis, der alle zwei Jahre an einen verdienten Forscher verliehen wird. An der Studie nahmen Probanden im Alter zwischen 20 und 30 Jahren teil. Jeder bekam vor dem Zubettgehen einmal ein Placebo und ein anderes Mal – wieder zum Vergleich – 1/4 Liter Wasser mit 1 Brausetablette Magnesium, 240 Milligramm ohne Zucker (Apotheke). Diese Forte-Dosierung zeigte Wirkung. Das konnte Nacht für Nacht in der Zeit von 23 bis 7 Uhr an Hand von Hirnstromaufzeichnungen gemessen werden.
Das Studienergebnis ließ keinen Zweifel: Magnesium in dieser höheren Dosierung verhilft zu einem tiefen Schlaf mit allen wichtigen Traumphasen. Das Geheimnis: Der Körper wird nach einem hektischen Tag ruhiger, weil durch den Magnesiumeinfluss weniger vom Stresshormon ACTH ausgeschüttet wird.

Zu hohe Cholesterinwerte? Essen Sie sie einfach weg

Wenn jemand im Zuge einer routinemäßigen Untersuchung beim Arzt erfährt, dass er erhöhte oder zu hohe Cholesterinwerte hat, dann befürchtet er meist: „Jetzt muss ich Tabletten nehmen!“
Keine Angst. Wenn die Werte nicht so hoch sind, dass Gesundheit und Leben des Betroffenen massiv gefährdet werden, dann entscheidet der Arzt fast immer: Zuerst sollte man mit natürlichen Mitteln, am besten über die Nahrung, versuchen, die überhöhten Cholesterinwerte abzubauen. Das bedeutet: Essen Sie sich das Cholesterin einfach weg!
Dazu die wichtigsten allgemeinen Grundregeln:

- Essen Sie nicht zu viel und nicht zu üppig. Meiden Sie tierische Fette, aber auch zu große Mengen an Eiern.
- Meiden Sie Zucker und weißes Mehl.
- Bauen Sie Übergewicht ab.
- Meiden Sie Stress und machen Sie regelmäßig körperliche Bewegung: Rad fahren, wandern, laufen.
- Geben Sie das Rauchen auf. Meiden Sie Alkohol.

Und das sind die Naturprodukte, mit denen man in der täglichen Nahrung zu hohe Cholesterinwerte senken kann:

- Da wäre zuerst der Knoblauch. Sowohl Prof. DDr. Holger Kiesewetter von der Humboldt Universität in Berlin als auch Prof. Dr. Günter Siegel von der Freien Universität Berlin haben nachgewiesen: Knoblauch senkt zu hohe Cholesterinwerte. Die Studien wurden mit Knoblauchdragees durchgeführt.
- Interessant ist es auch, täglich bis zu 5 Äpfel zu verzehren. Das Pektin im Apfel bindet Blutfette und senkt damit die Werte im Körper. Das hat eine Studie von Prof. Dr. Sinzinger an der Universität Wien ergeben.
- Der regelmäßige Einsatz von kaltgepresstem Olivenöl und anderen Pflanzenölen, die reich an ungesättigten Fettsäuren sind, helfen im Kampf gegen erhöhtes Cholesterin: Weizenkeimöl, Maiskeimöl, Sonnenblumenöl.
- Die Meeresfische Lachs, Makrele und Hering wirken sich positiv auf unsere Cholesterinwerte aus, weil sie große Mengen an Omega-3-Fettsäuren enthalten.
- Vollkornhaferflocken und Haferkleie haben eine cholesterinsenkende Wirkung. Das ist auf die Substanz Betaglukan zurückzuführen. Entdeckt wurde dieser Mechanismus am deutschen Ernährungsforschungsinstitut in Potsdam-Rehbrücke.
- Wer oft frische, rohe Petersilie konsumiert, kann erhöhte Cholesterinwerte senken.
- Es macht auch Sinn, einige Wochen lang – bei reduzierter Kost – täglich 1 Liter Diätmolke über den Tag verteilt zu trinken.
- Neueste Forschungen in den USA haben ergeben: Der körpereigene Fettstoff Lecithin senkt zu hohes Cholesterin. Es hat eine hervorragende Eigenschaft: Es steuert den Transport des Cholesterins im Blut. Und es verhindert dabei, dass sich Cholesterin in die Zellwände einlagert. Lecithin ist sozusagen die „Kanalbrigade“ in unseren Blutgefäßen. Ist zu wenig Lecithin vorhanden, dann gibt es keine Kontrolle über das Cholesterin. Ein Zuviel setzte sich an den Gefäßwänden ab.

Lecithin liefern in der täglichen Nahrung Weizenkeime, Vollkornbrot, Erbsen, Linsen, vor allem aber in höchster Qualität Sojabohnen. Daher wird aus der biologisch gebauten Sojabohne jenes Naturlecithin gewonnen, das man in flüssiger Form, als Kompaktfaszikel oder Granulat (Apotheke), bei Lecithinmangel im Kampf gegen zu hohe Cholesterinwerte nimmt.

Fit im Flieger auf der Flucht in die Sonne

Wer Zeit und Geld gespart hat, der flüchtet jetzt gern in die Sonne, um unserem Wetter zu entgehen. Allerdings: Wer jetzt Badeurlaub machen möchte, der muss einen Langstreckenflug von mehreren Stunden auf sich nehmen. Und viele fühlen sich nach so einem Flug krank und elend. Das muss nicht sein.

Viele haben bereits während des Fluges oder Tage danach Halsschmerzen oder leiden an Heiserkeit. Die Erklärung dafür: Im Flugzeug herrscht auf Grund der Klimaanlage eine Luftfeuchtigkeit von nur 10 Prozent. Wir brauchen aber für unsere Gesundheit 45 bis 60 Prozent. Dadurch trocknen im Flieger die Schleimhäute von Mund und Rachen aus und werden zu Tummelplätzen für Viren und Bakterien, die man aus der Klimaanlage in großen Mengen ins Gesicht geblasen bekommt. Die Folge: Man wird schneller krank. Das können Sie dagegen tun:

- ❖ Trinken Sie während eines langen Fluges etwa 3 Liter Wasser oder verdünnte Fruchtsäfte, damit die Mundschleimhäute immer feucht bleiben.
- ❖ Vorsicht: Meiden Sie Mineralwasser mit viel Kohlensäure. Das kann in luftiger Höhe zu Blähungen führen.
- ❖ Nehmen Sie eine kleine Zerstäuberflasche mit Salzwasser – einen Sole-Spray – aus der Apotheke mit und sprühen Sie sich die Lösung alle 30 Minuten in Mund und Rachen. Das sollten Sie auch noch einige Tage lang nach dem Flug an Ihrem Ferienort tun.

Es ist sicher sinnvoll, wenn nervöse Menschen, die nicht gern fliegen, sich nach dem Essen zurücklehnen und schlafen. Im Schlaf wird der Organismus bei einem Langstreckenflug am wenigsten belastet.

Es ist aber gesundheitsschädlich, wenn man ein Schlafmittel nimmt und vielleicht gar noch Alkohol trinkt. Man liegt dann nämlich viele Stunden wie narkotisiert in seinem Sitz, noch dazu in einer unveränderten Position. Dadurch kann es zu einem Blutstau und einem Blutgerinnsel kommen.

Ein weit verbreitetes Problem: Auch gesunde Menschen haben nach einem Langstreckenflug Wadenkrämpfe, Venenbeschwerden und Durchblutungsstörungen in den Beinen. Das können Sie dagegen tun:

- ❖ Ernähren Sie sich bereits drei Wochen vor dem Flug mit überwiegend Vollkornprodukten. Richten Sie Salate mit Weizenkeimöl an. Knabbern Sie Nüsse. Sie tanken damit Vitamin E. Eine Studie der amerikanischen Flugbehörde hat ergeben: Vitamin E hält im Flieger das Blut flüssiger, fördert die Durchblutung, schützt die Venen. Nehmen Sie daher auf der Reise täglich 1 Kapsel natürliches Vitamin E, 200 internationale Einheiten (Apotheke).
- ❖ Lockern Sie während des Fluges Kleider und Gürtel. Meiden Sie enge Jeans und Mieder.
- ❖ Ziehen Sie im Flugzeug die Schuhe aus, lagern Sie die Beine hoch, am besten auf einer Reisetasche. Massieren Sie die Füße und machen Sie mit den Zehen Gymnastikübungen. Stehen Sie immer wieder auf und gehen Sie umher.

Viele fühlen sich nach einem langen Flug wie gerädert, weil sie mit der Zeitverschiebung nicht zurechtkommen. Man spricht vom Jetlag. Wenn Sie landen, ist der Körper oft auf Nachtruhe programmiert. An Ihrem Zielort aber ist ein strahlender Tag. Sie sind müde, gereizt, unkonzentriert, lustlos. Das können Sie dagegen tun:

- Riechen Sie immer wieder an einem Fläschchen mit Rosmarinöl oder Pfefferminzöl. Und reiben Sie die Fußsohlen mit Rosmarinöl ein, das macht fit.

Mit Thymian und Eukalyptus gegen Husten

Viele rund um uns laufen derzeit mit Husten umher. Egal, um welche Form des Hustens es sich handelt: in jedem Fall sind Atemwege und Bronchien gereizt – durch Fremdkörper, die der Organismus entfernen möchte. Es kann sich um Staub, um Schleim, um Gase oder um Kälte handeln. Wenn dadurch in der Schleimhaut ein Reiz entsteht, werden Signale zum Hirn weitergeleitet. Und vom Gehirn werden Befehle an die Muskeln, des Oberkörpers, des Rückens und des Bauches gegeben, die Atemwege wieder freizuhusten.

Es gibt verschiedene Arten von Husten: den Reizhusten, meist der Vorbote einer Erkältung; das nervlich und seelisch bedingte Hüsteln oder Räuspern; den tief sitzenden Husten mit Schleimauswurf und den krampfartigen Husten, der meist auf eine asthmatische Erkrankung zurückzuführen ist.

Eines aber muss man immer bedenken: Husten ist selbst keine Erkrankung, sondern immer ein Symptom für eine Erkrankung.Das bedeutet: Wenn auch ein harmloser Husten nach siebenTagen nicht wieder weg ist, muss man zum Arzt. Dasselbe gilt, wenn man beim Husten Schmerzen hat und wenn es in der Brust rasselt und pfeift.

Gegen den einfachen Husten gibt es eine Reihe von wirksamen Naturrezepten:

- Bei Kräutertees haben sich vor allem Thymian und Eibischwurzel bewährt. Für den Thymiantee wird 1 Teelöffel Thymian mit 1 Tasse kochendem Wasser übergossen, 10 Minuten ziehen lassen, durchseihen. Für den Eibischwurzeltee 1 Esslöffel Eibischwurzeln in 1/4 Liter kaltem Wasser 4 Stunden ansetzen, durchseihen. Etwas erwärmen, mit wenig Honig süßen.
- Bei Hustensäften aus der Apotheke sollte man jene bevorzugen, die mit Thymian und Spitzwegerich zubereitet sind. Kinderärzte empfehlen: 1 Teelöffel Fenchelhonig langsam im Mund zergehen lassen.
- Hier ein Rezept für einen selbst gemachten Hustensirup: 1 große rohe Zwiebel schälen, fein hacken, 150 Gramm Honig darüber gießen. Mehrere Stunden stehen lassen.Von dem Saft, der dabei entsteht, jede Stunde 1 Teelöffel einnehmen.
- Im ersten Stadium eines leichten Hustens helfen auch Hustenbonbons. Sie fördern die Speichelproduktion. Und das wieder beruhigt die gereizte Rachenschleimhaut. Besonders hilfreich sind Eukalyptus- und Eibischbonbons.

- ❖ Sehr sinnvoll gegen Husten sind auch Einreibungen von Brust und Rücken mit dem flüssigen Hautpwirkstoff Soledumcineol aus dem Eukalyptusblatt (Apotheke). Aber auch Franzbranntwein-Gel und asiatischer Tigerbalm haben sich bewährt. Wichtig ist, dass man sich mit der Einreibung ins Bett legt und gut zudeckt. Dabei wird die Durchblutung im Bereich der Atemwege gefördert.

Gegen Husten sollte man auch Inhalationen einsetzen :

- ❖ Geben Sie 2 Esslöffel Kamillenblüten und 2 Esslöffel Thymian in 2 Liter kochendes Wasser. Einmal aufkochen, dann 10 Minuten ziehen lassen. Und 10 Minuten lang die aufsteigenden Dämpfe – nicht zu heiß – einatmen.
- ❖ Oder träufeln Sie 30 Tropfen Eukalyptus-Tinktur in einen Topf oder Inhalator, 1/2 Liter heißes Wasser aufgießen und die aufsteigenden Dämpfe einatmen.

Wer seinen Husten rasch wieder loswerden will, der sollte reichlich Brokkoli, Paprika, Spinat und Sauerkraut essen. Das Betacarotin und das Vitamin C dieser Gemüsesorten stärkt die Atemwege.

Wer dem Husten vorbeugen möchte, der sollte nicht rauchen, sollte oft in die freie Natur gehen und muss darauf achten, dass er keine kalten Füße hat.

Keime und Sprossen für die Gesundheit

Gerade jetzt ist es wichtig, dass wir uns regelmäßig mit Vitaminen, Mineralstoffen, Spurenelementen und Enzymen versorgen. Doch bis zum Freilandgemüse dauert es noch lange. Und Glashausgemüse ist oft recht belastet. Wir können uns aber das gesündeste Gemüse der Welt selbst zu Hause in der Küche züchten. Die Lösung lautet: Produzieren Sie frische Keime und Sprossen.

Diese sind ein Kraftpaket mit ungeheuren Mengen an Vitalstoffen für unsere Gesundheit. Und das ist eigentlich ganz logisch: In den winzig kleinen Samenkörnern, die man zum Keimen bringt, schlummert die gesamte Energie für eine neue Pflanze. Und wenn das Samenkorn mit Wasser in Berührung kommt und zu keimen beginnt, dann stellt es alles, was es hat, zur Verfügung.

Der Vitamin-C-Gehalt vieler Keime und Sprossen steigt bis zu 500 Prozent und mehr, der Gehalt am Provitamin A Betacarotin bis zu 300 Prozent. Auch Mineralstoffe und Spurenelemente vermehren sich gigantisch. Und diese Superkraft sollten wir nützen.

Sehr wertvoll sind Weizenkeime. Sie liefern B-Vitamine und Magnesium für unsere Nerven. Linsensprossen versorgen uns mit den Vitaminen C und E sowie mit Eisen. Die Sprossen der kleinen, grünen Sojabohne sind reich an Kalzium für die Knochen, an Phosphor und Lecithin fürs Gehirn. Kichererbsen versorgen uns mit Vitamin D, das wir sonst nur durch Sonnenbestrahlung bilden können. Kressesprossen stärken die Schilddrüse, Sonnenblumenkeimlinge liefern Zink für die Immunkraft,

Kürbiskernsprossen sind reich an ungesättigten Fettsäuren, wichtig für Herz und Kreislauf.
Und so einfach ist es, selbst Sprossen und Keime herzustellen:

- ❖ Besorgen Sie ein Einweckglas, eine Schüssel oder am besten eine Keimbox (Reformhaus). Und Sie brauchen keimfähige Samenkörner oder Hülsenfrüchte.
- ❖ Große Körner werden 12 Stunden, kleine Körner 6 Stunden in kaltem Wasser bei Zimmertemperatur angesetzt.
- ❖ Dann gut waschen und in dem Gefäß verteilen. Die Keimbox hat viele Vorteile: Man muss das Wasser, mit dem die Samen gegossen werden, nicht abgießen. Es läuft von selbst ab. Und man kann in den drei Etagen der Box drei verschiedene Sprossen und Keime zugleich ansetzen.
- ❖ Von nun an muss man die Samen und Hülsenfrüchte zweimal am Tag mit kaltem Wasser gießen, sodass sie immer feucht sind. Sie brauchen eine Zimmertemperatur von 22 bis 24 Grad. An den ersten beiden Tagen sollten sie im Dunkeln stehen. Dann holt man sie ans Licht, damit sich auch immunstärkendes Chlorophyll bildet.
- ❖ Am 4. oder 5. Tag ist Erntezeit. Da haben die Keime und Sprossen die meisten wertvollen Inhaltsstoffe für unsere Gesundheit. Man darf sie aber niemals gleich so aus der Schüssel, aus dem Glas oder aus der Box essen. Man muss sie zuerst gründlich in einem Sieb unter laufendem Wasser waschen. Während des Keimens haben sich Bakterien, Pilze und Sporen gebildet, die Verdauungsprobleme hervorrufen könnten.
- ❖ Nach dem Waschen kann man die Keime und Sprossen gleich so knabbern. Man kann sie in den Salat mischen oder daraus einen Sprossensalat anrichten. Man kann sie ins Müsli oder ins Jogurt rühren, auf die Suppe und aufs Butterbrot streuen oder in eine Omelette einschlagen. Man sollte sie aber niemals erhitzen, weil dann all die wertvollen Vitalstoffe kaputtgehen.

So gefährlich ist Zahnstein: weg damit!

Sicher haben Sie das auch schon erlebt: Man blickt morgens beim Zähneputzen in den Spiegel und sieht, was man mit der Zunge schon längst ertastet hat: An etlichen Zähnen haftet Zahnstein. Man nimmt sich vor, zum Zahnarzt zu gehen. Doch man schiebt es immer wieder auf. Denn im Grunde genommen nimmt man den Zahnstein nicht so ernst. Das sollte man aber. Zahnstein ist gefährlicher, als viele denken.
Bevor es in unserem Mund zum Zahnstein kommt, bildet sich einige Stunden nach

dem Essen, aber auch nach dem Zähneputzen in einem sauberen Mund an den Zähnen eine zähflüssige, klebrige Masse.
Diesen Belag nennt man die Plaque. Sie ist das Ergebnis eines regen Stoffwechsels im Mund. Sie wird von Bakterien gebildet: mit Nahrungsresten, mit Zucker und Stärke, aber auch mit Mineralien im Speichel und mit Schuppen aus der Schleimhaut. Auch wenn wir abends eifrig die Zähne putzen, morgens haben wir bereits wieder Plaque.
Wer regelmäßig und gründlich die Zähne säubert, der kann den Großteil der Plaque rechtzeitig entfernen. Wenn das nicht geschieht, dann wird die Plaque fester, widerstandsfähig und gefährlich. Eine sieben Tage alte Plaque enthält pro Milligramm 100 bis 300 Millionen Mikroorganismen, Krankheitserreger, die unsere Gesundheit auf vielfältige Weise belasten können. So werden zum Beispiel Zuckerreste zu Säuren umgewandelt. Und diese verursachen Karies.
Nach und nach wird die nicht entfernte Plaque härter und entwickelt sich zum Zahnstein. Der kann nur mehr vom Zahnarzt entfernt werden, denn er ist hart wie Kesselstein. Er lagert sich an Naturzähnen ebenso ab wie an Prothesen, Kunststoff- und Porzellanzähnen. Und selbst bei braven Zähneputzern bleibt er an unzugänglichen Backenzähnen und Zahnhälsen haften.
Wie rasch und wie viel Zahnstein sich bei dem einen oder anderen bildet, hängt von der Zusammensetzung des Speichels und von der Ernährung ab.
Wenn dieser Zahnstein längere Zeit nicht entfernt wird, dann wird er dicker und wächst nach allen Seiten, auch ins Zahnfleisch hinein. Hier entstehen Entzündungen und permanente Reize. Das Zahnfleisch bildet sich zurück. Die Zähne werden locker und fallen im Zuge einer fortgeschrittenen Parodonditis aus.
Es ist daher wichtig, dass man alle sechs Monate zum Zahnarzt geht, damit dieser etwaigen Zahnstein entfernen kann. Dies geschieht im Verlauf einer etwa einstündigen Mundhygiene, die eine speziell ausgebildete Mundhygienikerin durchführt. Mit Ultraschall wird der gröbste Belag entfernt. Dann werden Zahnränder und Zwischenräume mit Spezialinstrumenten manuell von Zahnsteinresten befreit. Danach müssen die etwas rau gewordenen Zahnoberflächen mit Bohrer und Paste poliert werden. Dabei wird auch der Zahnschmelz gehärtet.
Wenn man nun weitere Zahnsteinbildung verhindern oder zumindest gering halten möchte, dann sollte man nach jeder Mahlzeit gründlich – also etwa 3 Minuten lang – die Zähne putzen: mit einer normalen Zahnbürste oder mit einer elektrischen Bürste, zusätzlich mit Zahnseide, mit Interdentalbürsten und mit einer gründlichen Mundddusche. Die Zahnbürste sollte alle drei Monate – nach einer Erkältung sofort – erneuert werden. Denn da sind jede Menge Viren und Bakterien drauf. Und jeder in der Familie muss eine eigene Zahnbürste haben.
Auch Mundwässer zum Gurgeln sind sinnvoll. Sie ersetzen aber niemals das Zähneputzen.

Von Schnupfen bis Rheuma: Enzyme greifen helfend ein

Ohne Enzyme könnten wir nicht leben. Sie steuern jede Sekunde zahllose Stoffwechselvorgänge in unserem Körper und viele andere lebenswichtige Abläufe. Ein einziges Enzym kann 36 Millionen Reaktionen auslösen. Man spricht daher auch von Biokatalysatoren. Zwei Beispiele: Enzyme helfen unserem Immunsystem bei der Abwehr von Krankheitserregern. Sie sorgen dafür, dass das Blut nach einer Verletzung zügig gerinnt.
Viele gesundheitliche Störungen entstehen, weil im Organismus zu wenig Enzyme aktiv werden. Im Laufe des Lebens lässt die Enzymproduktion nach. Vor allem ältere und kranke Menschen haben einen Enzymmangel.
Aus dieser Erkenntnis heraus hat die moderne Medizin die Enzymtherapie entwickelt. Mit von außen zugeführten Enzymen in Form von Enzymkombinationspräparaten (Apotheke) wird eine Reihe von Krankheiten und Alltagsbeschwerden erfolgreich bekämpft. Die Enzyme werden als Dragees eingenommen, gelangen über den Darm in den Blutkreislauf und werden von dort im ganzen Körper verteilt. Die Behandlungsmethode ist nebenwirkungsfrei.

- Herkömmliche Medikamente unterdrücken chronische Entzündungen. Mit Enzymgaben wird der natürliche Ablauf der Entzündung unterstützt und beschleunigt. Die Selbstheilungskräfte werden mobilisiert.
- Enzyme stärken die natürlichen Abwehrkräfte.
- Bei einem zünftigen Schnupfen schwellen die Schleimhäute schneller ab. Die Nasennebenhöhlenentzündung wird gründlich ausgeheilt. Kopf- und Gliederschmerzen bei einer Erkältung gehen rasch zurück.
- Die entzündungshemmende Wirkung von Enzymen ist auch nach einem heftigen Zahnarzteingriff nützlich. Wer etwa vor dem Ziehen eines Weisheitszahnes Enzyme nimmt, bekommt keine „dicke Backe".
- Bei aktivierter Arthrose helfen Enzyme, dass die Schmerzen schneller abklingen.
- Die Blutfließeigenschaften werden verbessert. Dadurch kann man kalte Füße und andere Durchblutungsstörungen verbessern. Dadurch sind Enzyme aber auch ein sinnvoller Einsatz gegen Venenbeschwerden. Schwellungen gehen zurück, das unangenehme Spannungsgefühl in den Beinen, ziehende Schmerzen und nächtliche Wadenkrämpfe werden bekämpft.
- Die Heilung einer Sehnenscheidenentzündung – im Speziellen Tennisarm genannt – wird mit Enzymgaben beschleunigt. Die Entzündung von Gewebe, Sehnen und Schleimbeuteln wird gestoppt.
- Unser Abwehrsystem kann verrückt spielen und sich gegen den eigenen Körper wenden. Man spricht – wie etwa bei Rheuma und Allergien – von einer Auto-

immunerkrankung. Enzyme wirken direkt auf die Schaltstellen der Abwehrkraft und bringen wieder Ordnung in das System.

- Die Medizinische Enzymforschungsgesellschaft in München hat nachgewiesen: Auch bei Sportverletzungen haben sich Enzyme bewährt. Prellungen, Muskelkater, Schwellungen, Verstauchungen und Zerrungen heilen schneller aus. Profisportler werden bereits vorbeugend mit Enzymen versorgt.

Mancher wird jetzt fragen: Woher kommen die Enzyme, die man als Dragees einnimmt? Enzymkombinationspräparate werden überwiegend aus exotischen Früchten – wie zum Beispiel aus dem Herzstück der Ananas oder aus der Papaya – gewonnen.

Die Traubensilberkerze stoppt viele Wechseljahrbeschwerden

Für all jene Frauen in den Wechseljahren, die eine Hormontherapie konsequent ablehnen, und für alle, die synthetische Östrogengaben vom Arzt nicht vertragen, gibt es eine neue und doch zugleich uralte Behandlungsmethode. Sie basiert auf einer Heilpflanze mit dem Namen Traubensilberkerze, mit dem lateinischen Namen Cimicifuga racemosa. Sie war bereits bei den Indianern Nordamerikas bekannt.

Die Wirkstoffe der Heilpflanze, die bis zu zwei Meter hoch wächst, befinden sich in den getrockneten Wurzeln und im Wurzelstock.

Die Traubensilberkerze wird in der Volksheilkunde seit Jahrhunderten als Mittel gegen Frauenleiden geschätzt. Nun ist sie von der Gynäkologie wieder entdeckt worden.

Der Einsatz der Traubensilberkerze hat zu neuen Erkenntnissen in der Frauenmedizin geführt. Bisher wusste man: Wenn die Hormonproduktion bei der Frau in den Wechseljahren zurückgeht, so kommt es durch ein Defizit an Östrogen zu den typischen Beschwerden wie Hitzewallungen, Schweißausbrüchen und Schlafproblemen. Daher kombinierte man: Es ist nur möglich, mit einer Östrogenzufuhr die Beschwerden wegzukriegen oder zu lindern.

Neueste Forschungen haben nun nachgewiesen: Zwischen dem Östrogendefizit und den Wechseljahrbeschwerden gibt es noch weitere Mechanismen. In einem Teil des Gehirns – dem Hypothalamus – liegt das Temperaturzentrum des Menschen. Bei der Frau wird dieses Zentrum durch die körpereigenen Östrogene jahrzehntelang gebremst und kontrolliert. Wenn es nun im Klimakterium zu einem Östrogenmangel kommt, dann fällt diese Kontrolle weg. Das Temperaturzentrum wird hochaktiv. Dadurch entstehen die Hitzewallungen und viele andere Beschwerden.

Wissenschaftler haben nun entdeckt: Man kann diesen Teil des Gehirns durch Östrogene, aber auch durch Nervenbotenstoffe – speziell durch Dopamin – wieder zu einer normalen Funktion bringen.

Und diese Aufgabe erfüllt die Traubensilberkerze. Wenn der hoch dosierte Extrakt aus dieser Heilpflanze, der auch als Jinda-Extrakt bezeichnet wird, in den Organismus der Frau gelangt, dann bindet er sich an vorhandene Nervenbotenstoffe – und zwar an Dopaminrezeptoren – und regt deren Produktion an. Dieser Vorgang führt zu einer Beruhigung des Temperaturzentrums im Gehirn. Die automatische Folge: Hitzewallungen, Schweißausbrüche, Schlafprobleme und andere typische Wechseljahrstörungen werden gelindert oder verschwinden ganz.
Bei der Behandlung von Problemen im Klimakterium mit der Traubensilberkerze gibt es keine Nebenwirkungen. Risiken, wie sie bei einer Versorgung mit Östrogenen auftreten können, fallen weg.
Den hoch dosierten Extrakt aus der Traubensilberkerze gibt es seit kurzer Zeit in Form von Tabletten in der Apotheke. Frauen mit Wechseljahrbeschwerden nehmen täglich 1 Tablette. Das sind 45 Milligramm Heilpflanzenextrakt. Da es sich um eine Naturtherapie handelt, darf man nicht mit einem Blitzerfolg rechnen. Die Wirkung tritt nach 8 bis 14 Tagen ein.

So besiegen Sie Bakterien im Krankenhaus

Immer mehr Menschen werden im Krankenhaus durch gefährliche Bakterien zusätzlich krank. Und es gibt gegen diese hartnäckigen Erreger immer weniger wirksame Arzneimittel.
Besonders gefährlich ist das Bakterium „Staphylococcus aureus“. Jeder zweite Mensch hat es zwar in seinem Körper. Doch normalerweise wird es von einem intakten Immunsystem in Schach gehalten.
Problematisch wird es, wenn jemand krank ist oder nach einer Operation eine geschwächte Abwehrkraft aufweist. Da können sich die Bakterien ungehindert ausbreiten und Unheil anrichten.
Am Robert-Koch-Institut für Infektionskrankheiten in Berlin schätzt man: Rund 150.000 Menschen werden jedes Jahr im Krankenhaus Opfer von Infektionen mit Staphylococcusbakterien. Sie erkranken an Lungenentzündung, der so genannten Staphylokokkenpneumonie. Sie kann lebensgefährlich sein. 20 Prozent der Patienten sterben daran, vor allem ältere und geschwächte Personen.
Früher hat man gegen die Bakterien mit Erfolg Antibiotika eingesetzt. Doch gegen viele Bakterienstämme bringt das keinen Erfolg mehr. Die Erreger sind bereits resistent geworden. Auch die stärksten Antibiotika versagen. Die Wissenschaft sucht fieberhaft nach einem neuen Super-Antibiotikum.
Diese Tatsache gibt in jüngster Zeit Anlass zu Panikmeldungen. Dr. Irmgard Niestroj, Chefärztin am Europäischen Zentrum für Immun-Therapie und Immun-Training an der Schwarzwald-Privatklinik Obertal in Baiersbronn, sieht das genau

umgekehrt. Sie betont: „Ob ein Patient im Krankenhaus noch zusätzlich an einer Infektion erkrankt oder nach relativ kurzer Zeit wieder gesund nach Hause kommt, hängt davon ab, wie gut sein Immunsystem funktioniert. Wir sollten daher keine Angst gegen gefährliche Bakterien in uns aufbauen, sondern sollten unser Immunsystem stärken und pflegen!"
Das gilt im Alltag ebenso wie für einen Krankenhausaufenthalt. Wenn unsere Abwehrkräfte stark sind, dann kann der Organismus all die gefährlichen Bakterien von sich aus besiegen.
Der beste Schutz gegen solche verhängnisvollen Infektionen ist ein gut funktionierendes Immunsystem. Das bedeutet für jeden von uns:

- Gesunde Ernährung mit reichlich Obst, Gemüse, Fisch, wenig Fett, wenig Fleisch. Unbedingt muss Rohkost dabei sein.
- Regelmäßige körperliche Bewegung, am besten in freier Natur.
- Ein ausgeglichener Lebensstil: kein Niktoin, nicht zu viel Alkohol, Ruhephasen, Unterhaltung.
- In Ausnahmesituationen wie Krankheit, mangelhafte Ernährung, Schwangerschaft, Alter muss man verstärkt etwas für die Immunkraft tun. Das bedeutet: eine zusätzliche Zufuhr von Vitaminen, Mineralstoffen, Spurenelementen und Aminosäuren aus der Apotheke. Man spricht in diesem Zusammenhang von einer ausgewogenen Vital-Plus-Therapie. Besonders wichtig für die Immunkraft sind die Vitamine C und E, alle B-Vitamine, die Mineralstoffe Magnesium, Kalzium und Kalium sowie die Spurenelemente Zink und Selen.

Das Europäische Zentrum für Immun-Therapie und Immun-Training geht mit gutem Beispiel voran: Hier können alle, die eine Operation vor sich haben, ihre Abwehrkräfte stärken, damit sie fit ins Krankenhaus gehen und dort dem Stress sowie den Bakterien Widerstand leisten können.

Wenn Kinder an Kopfschmerz leiden: Natur statt Tabletten!

Kopfschmerzen sind das am meisten verbreitete Alltagsleiden in Deutschland und Österreich. Der Kopfschmerz ist die Volkskrankheit Nr. 1. Dazu gehört in erster Linie der chronische Spannungskopfschmerz, von dem rund 29 Millionen Bundesbürger betroffen sind. Es gibt viel zu wenig spezialisierte Gesundheitseinrichtungen zur Behandlung dieses Leidens. Es ist daher kein Wunder, dass viele Betroffene zur Selbsthilfe greifen.
Die Selbstmedikation ist meist das Schlucken einer Tablette. Der Beweis: Alljährlich werden in Deutschlands Apotheken Schmerzmittel im Wert von 1,1 Milliarden Mark gekauft. 50 Prozent und mehr werden gegen Kopfschmerzen eingesetzt.

Das alarmierende Problem dabei: Kopfschmerzerkrankungen sind bereits im Kindes- und Jugendalter vorhanden. Nach neuesten nationalen und internationalen Untersuchungen gehören Kopfschmerzen heute bereits zu den Hauptgesundheitsproblemen von Schulkindern. Bei einer jüngsten repräsentativen Befragung haben – je nach Schultyp – 20 bis 40 Prozent der Schüler als hartnäckiges Gesundheitsproblem Kopfschmerzen angegeben.
Das Erschreckende dabei: Die meisten werden im Kampf gegen ihre quälenden Kopfschmerzen von Eltern und Großeltern mit Schmerztabletten versorgt. Und damit können nach Ansicht namhafter Ärzte Kopfschmerzen der erste Ansatzpunkt für ein späteres Suchtgiftverhalten sein.
Dieser Tatsache hat nun die European Headache Federation in Zusammenarbeit mit den Kopfschmerz-Forschungsgruppen der Klinik für Neurologie und der Abteilung für medizinische Psychologie an der Unversität Kiel den Kampf angesagt.
Dazu hat ein deutscher Wissenschaftler Alternativen anzubieten: Priv.-Doz. Dr. Hartmut Göbel von der Universität Kiel. Er verweist bei der Langzeitbehandlung auf Erfolge mit Muskelrelaxation nach Jacobsen, mit Biofeedback, autogenem Training und mit der Musiktherapie. Als Sofortbehandlung gegen Kopfschmerzen und Migräne bei Kindern sieht er die größte Chance im Einsatz der Heilpflanze Pfefferminze.
Schon Plinius der Ältere riet in der Antike, bei Kopfschmerzen frische Pfefferminzblätter auf Stirn und Schläfen aufzulegen. Da es bislang aber über die Wirkung der Pfefferminze gegen Kopfschmerzen keine wissenschaftliche Untersuchung gab, ging Doz. Dr. Hartmut Göbel im Rahmen eines Forschungsprojektes an die Arbeit, das vom Bundesminsterium für Bildung, Wissenschaft, Forschung und Technologie gefördert wurde.
Bei dieser Studie stellte sich heraus: 10-prozentiges, reines Pfefferminzöl in alkoholischer Lösung – äußerlich aufgetragen – hat eine optimale Wirkung gegen Kopfschmerzen, und das ohne Nebenwirkungen. Ohne Gefahr für Sucht und Abhängigkeit.
Und so einfach ist es für Kinder, die unter Kopfschmerz leiden: Man nimmt einfach aus der Apotheke ein Fläschen mit einem Schwämmchen, in dem sich 10-prozentiges Pfefferminzöl befindet. Das Öl wird direkt über das Schwämmchen auf die schmerzenden Stellen – Stirn, Schläfen, Nacken – aufgetragen.
Die ätherischen Öle der Pfefferminze lösen auf der Haut ein Kältegefühl aus. Botenstoffe, die den Schmerz verursachen, werden gehemmt. Die Muskulatur im Stirn- und Nackenbereich wird entspannt, die Kopfhaut besser durchblutet.

Die besten Gesundheitstipps für Februar

Essen Sie im Winter – Sonne

Mediziner haben ausgerechnet, dass es sehr gesund wäre, wenn im Winter jeder von uns täglich 5 bis 10 Minuten in der Sonne spazieren gehen würde. Was aber, fragen viele, kann man tun, wenn im Winter tage-, mitunter wochenlang keine Sonne scheint?
In solchen düsteren, bewölkten und sonnenlosen Zeiten können keine ultravioletten Strahlen auf unsere Haut auftreffen. Gerade das aber wäre wichtig, damit sich in unserem Körper als Folgereaktion das lebenswichtige Vitamin D bilden kann. Dieses Vitamin D wieder beeinflusst die Aufnahme von Kalzium und von Phosphor in den Zähnen, Knochen und Knorpeln. Ein Mangel an Vitamin D bringt schwache, deformierte Knochen, Knochenerweichung, häufige Knochenbrüche und beträchtliche Zahnschäden.
Außerdem gibt es viele Menschen, die ausgesprochen sonnenhungrig sind. Sie brauchen das Vitamin D, um sich grundsätzlich wohl zu fühlen. Wenn sie die Sonne längere Zeit nicht spüren, leiden sie auch seelisch darunter.
Wie also kann man an sonnenlosen Tagen Vitamin D tanken? Der Körper kann es aus der Nahrung holen. Es kommt in kleinen Mengen im Fisch und im Geflügel vor. In interessanter Menge befindet sich das „Sonnenvitamin“ in Pilzen. Da aber auf Grund der wachsenden Umweltbelastung vor dem Genuss von allzu vielen Pilzen aus freier Natur gewarnt wird, bleiben als optimale Vitamin-D-Lieferanten in der sonnenlosen Winterszeit die umweltsauberen Champignons, die in Kellern gezüchtet werden.
Champignons sind an düsteren Wintertagen ein idealer Sonnenersatz. Ernährungswissenschaftler haben es genau ausgerechnet:

- Der Genuss von 100 g Champignons liefert dem menschlichen Organismus so viel Vitamin D, dass damit der Bedarf für etwa 2 Tage gedeckt werden kann.
- Man könnte daher in einem sehr griffigen Vergleich sagen: 100 g Champignons ersetzen genau 2 Tage Sonnenschein im sonnenarmen Winter.

Setzen Sie daher gerade jetzt immer wieder Champignons auf Ihren Speiseplan. Champignons sind ein wertvoller Bestandteil der gesunden Ernährung. Sie sind kalorienarm und leicht verdaulich. Und sie schmecken köstlich. Das Vitamin D in den Champignons wird wirksam, wenn Sie die Pilze roh in einem Salat essen, aber auch wenn Sie daraus eine warme Mahlzeit zubereiten.
Tanken Sie also im Winter Ihr Sonnenvitamin D aus Champignons.

Die Grippewelle rollt: Zink stoppt die Erkältungsviren

Seit Wochen rollt in Europa die Erkältungswelle. Millionen Menschen leiden an Schnupfen, grippalem Infekt oder an der Virusgrippe. Studien an der weltberühmten Mayo-Klinik in den USA haben ergeben: Als Schutz für all diese Erkältungen spielt das Spurenelement Zink eine bedeutende Rolle. Neueste Erkenntnis: Zink ist nicht gleich Zink. Es sollte in einer ganz bestimmten Zusammensetzung aufgenommen werden.

Entdeckt hat man das Spurenelement Zink als wichtige Waffe gegen Erkältungen, als man vor einigen Jahren an der Mayo-Klinik Großmutters uraltes Hausmittel gegen Grippe analysierte: die Hühnersuppe. Da stellte sich heraus: Die Wirkung dieses Rezepts beruht auf der Tatsache, dass sich im Hühnerfleisch interessante Mengen von Zink befinden, die in einer speziellen Zusammensetzung besonders schnell und wirksam aufgenommen werden können, weil es an den Eiweißbestandteil Histidin gebunden ist. Aus Obst und Gemüse kann Zink oft gar nicht richtig resorbiert werden. Zink bildet mit den Obst- und Pflanzensäuren eine stabile Verbindung, aus der es schwer zu lösen ist.

Wissenschaftler und Ärzte zogen aus den Erfahrungen mit der Hühnersuppe den Schluss: Wenn man Zink zum Schutz vor Erkältungen einnimmt, dann muss es eine Zinkform sein, wie man sie im Hühnerfleisch findet. Daher kombiniert man Zink mit dem Eiweißbaustein Histidin. Damit wird es zu Curazink-Histidin. Durch die Bioverfügbarkeit wird die Zinkwirkung um das Dreifache gesteigert.

Es hat noch einen enormen Vorteil, wenn Zink an Histidin gebunden ist. Es regelt auch die Ausscheidung von zu viel Zink aus dem Körper. Dadurch kann es zu keiner Überdosierung kommen. In dieser Form also ist Zink die optimale Geheimwaffe gegen Erkältungen und der Supertipp zur Stärkung der Immunkraft.

Zink mit Histidin gibt es in Form von Kapseln in der Apotheke. Das ist sozusagen die „Hühnersuppe aus der Apotheke“. Mit der regelmäßigen Einnahme von täglich einer Kapsel nimmt man genau die Tagesdosis von 15 Milligramm Zink auf, die auch die Deutsche Gesellschaft für Ernährung für gesunde Menschen zur Abwehr empfiehlt. Wer bereits an einer Erkältung leidet, braucht entsprechend mehr.

Forschungen in den USA haben erst kürzlich ergeben: Wer rechtzeitig zu Beginn einer Erkältung Zink zuführt, stoppt die eindringenden Erkältungsviren, bremst ihre Vermehrung, verhindert ihr Eindringen in die Schleimhäute und kann damit die Dauer der Erkrankung erheblich verkürzen. Das ist vor allem für jene eine wichtige Erkenntnis, die an einem Zinkmangel leiden.

Das sind die typischen Symptome für einen Zinkmangel: Haarausfall, erhöhte Infektanfälligkeit, Potenz- und Libidostörungen, Probleme mit Haaren und Nägeln, schlecht heilende Wunden, schlechte Laune, Gereiztheit, Hauterkrankungen, trockene Haut.

Und so sieht zur Grippezeit das Vorsorgeprogramm aus: Meiden Sie Menschenansammlungen. Da werden viele Viren übertragen. Vergessen Sie für einige Zeit Umarmungen, Händeschütteln und Bussi, Bussi. Schlafen Sie jede Nacht 8 bis 9 Stunden. Trinken Sie tagsüber 3 Liter Wasser.

Abends, wenn Sie nach Hause kommen, geben Sie 10 Tropfen Teebaumöl oder 20 Tropfen Propolistinktur (Apotheke) in 1 Glas lauwarmes Wasser, gurgeln Sie damit. Das desinfiziert die Mundhöhle, macht sie frei von Viren, die Sie tagsüber eingefangen haben.

Nehmen Sie – nach Absprache mit dem Arzt oder Apotheker – täglich 1 bis 2 Kapseln Zink ein. Parallel dazu ist es sinnvoll, 2-mal täglich 500 Milligramm Vitamin C zuzuführen.

Karnevalslachen als Medizin

Die turbulenten Karnevalstage zählen für viele Menschen zu den Höhepunkten des Winters. Hunderttausende haben sich schon ein Jahr lang auf diese unbeschwerten Stunden mit Gesang, Musik, Tanz und Humor gefreut. Lachen ist wieder angesagt. Grund genug, dass wir uns einmal vor Augen halten: Lachen ist nicht nur wunderbar befreiend. Es ist gesund. Man kann nach dem neuesten Stand der Wissenschaft sagen: Lachen ist Medizin.

Vor Jahren stellte der damalige Chefarzt der Schwarzwald-Privatklinik Obertal, Dr. Hermann Geesing, erstmals sein Immuntraining vor. Ein wesentlicher Punkt in dem Gesundheitsprogramm: einmal am Tag herzhaft lachen. Damals mögen das viele als Gag angesehen haben. Inzwischen ist es medizinisches Wissensgut.

Namhafte Ärzte, Psychologen und Psychiater sind heute einer Meinung: Lachen stärkt das Immunsystem. Interessante Untersuchungen und Studien in diese Richtung stammen von dem französischen Arzt Dr. Henry Rubinstein aus Paris sowie von dem deutschen Arzt Dr. Karl Pflugbeil, dem nunmehrigen Leiter der Schwarzwald-Privatklinik Obertal, das inzwischen zum europäischen Zentrum für Immun-Therapie und Immun-Forschung geworden ist. Und das weiß man jetzt über die Heilkraft des Lachens:

- ❖ Lachen ist ein ideales Muskeltraining. Es mobilisiert fast alle Muskeln, angefangen vom Gesicht bis zum Unterleib. Dadurch werden auch Herz und Kreislauf aktiviert. Das Lachen kann sogar ein Ersatz für mangelnde tägliche Bewegung sein.
- ❖ Wer lacht, aktiviert im Gehirn die Bildung von so genannten Katecholaminen. Das sind anregende Hormone, die den Körper schützen. Sie bekämpfen Aggressionen ebenso wie Entzündungen. Sie erhöhen die Produktion von Endorphinen, körpereigenes Morphium, welches auf natürliche Weise Schmerzen bekämpft.

- Nicht zu unterschätzen ist die Wirkung des Lachens auf unsere Atemtechnik. Die Bronchien werden gestärkt, weil wir beim Lachen intensiver atmen und verstärkt Sauerstoff aufnehmen. Dadurch werden gleichzeitig Magen und Darm besser durchblutet.
- Lachen verbessert die Leberfunktionen, steigert damit auch die Leistungsfähigkeit.
- Lachen bekämpft Schlafprobleme, stärkt die Nerven und hilft Stress abbauen.
- Durch Lachen wird das vegetative Nervensystem saniert, Migräne kann geheilt werden.

Vergessen Sie das alles nicht, wenn Sie sich in den Karnevalstrubel stürzen. Mit jedem Lachen tun Sie auch etwas für Ihre Gesundheit.

So gesund ist Tanzen

Der Tanz ist von jeher für den Menschen jeder Altersgruppe ein Ausdruck der Freude, der Entspannung: Kinder tanzen ebenso gern wie Jugendliche, aber auch Senioren. Tanzen steckt an und macht Spaß. Der Rhythmus der Musik dazu regt an, reißt mit. Ganz besonders aktuell wird das Thema Jahr für Jahr im Karneval.

Jeder kann das Tanzbein schwingen, wenn er gesunde Beine und etwas Gefühl für Musik hat. Das Tempo und die Dauer des Tanzens bestimmt das Paar selbst: je nach Kondition und Temperament. Tanzen macht nicht nur müde und lässt manchen erschöpft nach einem Sitzplatz suchen. Tanzen ist gesund:

- Durch die rhythmischen Bewegungen werden die Muskeln gelockert.
- Dadurch werden die Gedanken abgelenkt, und es kommt zu einem perfekten Abbau von Alltagsstress.
- Der ganze Körper wird einer notwendigen Belastung ausgesetzt, die kaum jemals als Anstrengung empfunden wird.
- Die Tätigkeit von Herz und Kreislauf wird angeregt.
- Haltungsschäden an der Wirbelsäule können beim Tanzen vermieden und sogar kontrolliert werden.
- Die Bauch- und Rückenmuskeln werden gestärkt.
- Die Durchblutung im Unterleib sowie in den Beinen, die in unserer heutigen zivilisierten Welt durch mangelnde Bewegung und durch Zigarettenrauchen gefährdet ist, wird gefördert.
- Bein- und Fußmuskeln werden gestärkt.
- Die Hüften werden gelenkiger.

Allerdings sollte man beim Tanzen nicht übertreiben und Ruhepausen einlegen.

- Wer schwach auf den Beinen ist, sollte vorsichtig sein, dass er auf zu glattem Parkett nicht ausrutscht und sich verletzt. Das gilt vor allem für Kinder und ältere Menschen.
- Wer unter Fußbeschwerden leidet, wer Hüft- und Kniegelenkprobleme hat, der sollte nicht regelmäßig tanzen.
- Auch wer an Lendenschmerzen laboriert, sollte selten aufs Parkett gehen.
- Wer Probleme mit dem Herzen und einen zu hohen Blutdruck hat, sollte vorher mit dem Arzt sprechen.

Eines aber wird einem klar, wenn man guten Tänzern zusieht: Tanzen führt zu einer optimalen Körperbeherrschung, es macht beweglich und hilft zweifelsohne auch Kilos abzubauen. Zum Beispiel: Beim Foxtrott verliert man in 1 Stunde 300 Kalorien, beim Wiener Walzer 350 und beim Rock 'n' Roll sogar 600 Kalorien.

Sodbrennen muss nicht sein

Wenn der Magen oft überfüllt ist, zu viel Fett und zu viel Süßes aufnehmen musste, wenn parallel dazu die Verdauung gestört ist, dann kommt es zum Sodbrennen, in der Medizin Pyrosis genannt. Übergewichtige Menschen leiden mehr darunter. Und auch im fortgeschrittenen Alter tritt Sodbrennen häufiger auf. Wenn man ununterbrochen von Sodbrennen gequält wird, sollte der Arzt eine gründliche Magenuntersuchung durchführen. In Einzelfällen dagegen kann man sich selbst mit einer Reihe von natürlichen Maßnahmen und Rezepten helfen:

- Essen Sie tagsüber lieber kleinere Portionen, dafür aber öfter.
- Sparen Sie mit Fett. Zu viel Fett lähmt den Muskel des Mageneinganges. Nehmen Sie genügend Eiweiß mit einer Mahlzeit auf. Sonst fehlen dem Verschlussmechanismus beim Mageneingang anregende Stoffe. Ideal: Vollkornbrot mit magerem Käse.
- Meiden Sie Alkohol. Er lähmt den Muskel der unteren Speiseröhre, ganz besonders abends.
- Geben Sie unmittelbar nach einer Mahlzeit 1 Teelöffel Heilerde für den inneren Gebrauch (Apotheke) in ein Glas, gießen Sie 1/4 Liter stilles Mineralwasser auf, gut umrühren und zügig trinken.
- Oder aber Sie trinken 15 Minuten vor der Hauptmahlzeit 1 Schnapsgläschen Kartoffelsaft (Reformladen). Nicht selbst pressen, weil Sie nicht wissen, ob die Kartoffeln aus biologischem Anbau kommen.
- Oder Sie nehmen vor jeder Mahlzeit 1 Messerspitze Ingwerpulver (Apotheke).
- Trinken Sie zur Anregung der Verdauung jede Stunde ein Glas mildes Mineralwasser oder 1 Tasse Schlehentee. 1 Esslöffel Schlehenblüten (Apotheke, Droge-

rie) mit $^1/_2$ Liter kochendem Wasser übergießen, 10 Minuten zugedeckt ziehen lassen, durchseihen.

- Vermeiden Sie alles, was den Bauchinnendruck verstärkt. Also: keine beengende Kleidung, kein Gürtel, nicht zu weit vorbeugen. Nichts Schweres heben.
- Versuchen Sie es mit folgendem Akupressurgriff: Massieren Sie kräftig mit dem Zeigefinger der rechten Hand linkes und rechtes Schlüsselbein und das Brustbein dazwischen.

Trotz Pille schwanger – das gibt's!

Seit mehr als 30 Jahren gibt es die Pille als bewährte Form der Empfängnisverhütung. Und dennoch ist mitunter Vorsicht am Platz. Gerade im Winter, wenn viele Frauen sich eine zünftige Erkältung oder eine andere Infektionskrankheit einhandeln, die vom Arzt mit Medikamenten behandelt werden muss. Immer wieder kommt es vor, dass Mädchen und Frauen korrekt die Pille nehmen und – dennoch schwanger werden. Neueste Untersuchungen weisen nach: Antibiotika können die Wirkung der Pille total aufheben.

Bisher kannte man zwei Gefahren bei der Pille: wenn die Betreffende vergaß sie zu nehmen oder wenn eine starke Durchfallerkrankung auftrat. Jetzt aber bestätigen deutsche und österreichische Ärzte eine neue Gefahr: eine Behandlung mit Antibiotika, besonders bedenklich, wenn die Frau sich ohne ärztliche Beratung mit einem Antibiotikum versorgt. Die gängigen Mittel von heute sind Penicillin, Streptomycin, Tetracyclin und Chloramphenicol.

Univ.-Prof. DDr. Johannes Huber, von der I. Universitäts-Frauenklinik in Wien, einer der führenden Gynäkologen und Hormonexperten Europas, erklärt den Mechanismus: Antibiotika zerstören nicht nur krankheitserregende Bakterien, Pilze und Viren im menschlichen Organismus, sondern – wenn sie über den Mund als Tabletten eingenommen werden – auch die gesunden Darmbakterien. Dadurch können bestimmte Nahrungsmittel, aber auch die Pille nicht mehr optimal aufgenommen werden. Außerdem: Antibiotika aktivieren im Körper der Frau Enzyme, welche die Substanzen der Pille schneller abbauen und nicht zur Wirkung kommen lassen.

Das bedeutet in der Praxis:

- Wenn ein Mädchen oder eine Frau die Pille nimmt, mit einer Infektionserkrankung zum Arzt muss, dann unbedingt den behandelnden Mediziner über die Einnahme der Pille informieren, wenn er nicht ohnehin davon Kenntnis hat.
- Während der Therapie mit Antibiotika auf eine andere empfängnisverhütende Methode zurückgreifen.

- Wenn Sie vom Arzt gewarnt wurden und dennoch darauf vergessen haben: Erstes Alarmzeichen, dass die Pille bei Einnahme von Antibiotika nicht wirkt, sind auftretende Zwischenblutungen.
- Oder sprechen Sie nach der Diagnose der Erkrankung mit Ihrem Arzt, ob es wirklich notwendig ist, Antibiotika einzunehmen.

Mit der Klimatherapie gegen Hautleiden

Es gibt drei verhängnisvolle Hautkrankheiten, die den Betroffenen körperlich und seelisch besonders zu schaffen machen: Psoriasis, auch Schuppenflechte genannt, Neurodermitis und Vitiligo, auch Weißfleckenkrankheit genannt. Frauen, Männer und Kinder, die davon betroffen sind, fühlen sich mitunter wie Aussätzige, haben Angst, in die Öffentlichkeit zu gehen und versuchen verzweifelt alles, um wieder schöne, gesunde Haut zeigen zu können. Eine Zahl: 2,5 Millionen Menschen leiden in Deutschland und Österreich an Psoriasis.
Gegen die drei genannten Hautleiden, die speziell in den Wintermonaten den Betroffenen besonders zu schaffen machen, werden viele Therapien eingesetzt: Bestrahlungen, Salben, Säurepräparate, Cortison, Zytostatika. Zum Teil mit schädlichen Nebenwirkungen. Jetzt aber gibt es neue Hoffnung. Die natürliche Klimatherapie am Toten Meer. Die Erfolge sind beachtlich. Große Untersuchungen von israelischen und jordanischen Wissenschaftlern sind abgeschlossen. Und darin liegt das Geheimnis der Klimatherapie, wie sie in Kurzentren von En Bokek in Israel und in Salt Land Village in Jordanien durchgeführt wird:

- Das Wasser des Toten Meeres ist unvergleichlich reich an Magnesium, Kaliumchlorid, Kalzium und Brom. Dadurch werden die Hautentzündungen und Schuppungen bekämpft.
- Die Luft am Toten Meer enthält das beruhigende Element Bromid, extrem reichlich Sauerstoff und wenig Luftfeuchtigkeit.
- Der Schlamm vom Toten Meer ist reich an entzündungshemmende Bitumen und Brom.
- Die Sonne am Toten Meer scheint mehr als 300 Tage im Jahr. Durch die tiefe Lage – 400 Meter unter dem Meeresspiegel – werden die schädlichen UV-B-Strahlen gefiltert. Die Gefahr des Sonnenbrandes ist kaum möglich.

Diese Kräfte schaffen bei Psoriasis und Vitiligo staunenswerte Erfolge. Bis vor einigen Jahren mussten sich Patienten den Flug, den Aufenthalt und die Kurbetreuung am Toten Meer selbst bezahlen. Heute ist das anders. Viele Krankenkassen haben erkannt, dass diese Ausgaben im Grunde immer noch billiger kommen als endlose andere Therapien, die angeboten werden und sehr oft nicht zum Erfolg führen.

Das Deutsche Medizinische Zentrum in München und das Osterreichische Medizinische Zentrum in Wien haben kostenlose Beratungsstellen eingerichtet, leisten Hilfestellung bei der Beantragung für die Kostenübernahme eines Aufenthaltes am Toten Meer durch Krankenkassen, stehen Ärzten und Patienten beratend zur Seite.

Gesund durch den Winter mit Heilerde

Die kalte Jahreszeit ist von ganz typischen Krankheitssymptomen gekennzeichnet. Viele Menschen leiden auf der einen Seite an Magenproblemen, auf der anderen Seite an Gelenkbeschwerden. Für beide gesundheitlichen Störungen kann man eine Naturarznei einsetzen, die sich seit Jahrtausenden bewährt hat. Es ist die Heilerde.
Es handelt sich dabei um naturreinen Löss, entstanden aus Gesteinen, die mit den Gletschern der Eiszeit aus Skandinavien nach Deutschland transportiert und dabei in der Natur zu feinem Pulver zerrieben wurden und unter Einfluss von Wasser verwittert sind. Heilerde ist reich an Mineralstoffen und Spurenelementen.
Die Naturmedizin kennt zwei Formen von Heilerde: jene für den äußeren Gebrauch, und die besonders feine für den inneren Gebrauch.
Die Heilerde für die äußere Anwendung kann man vielfach einsetzen: bei Gelenkbeschwerden, Verstauchungen, Blutergüssen, Verrenkungen, Zerrungen, Prellungen, rheumatischen Beschwerden, aber auch bei Akne, Pickeln und Ekzemen. Und so wird die Heilerde in diesem Fall eingesetzt:

❖ Geben Sie nach Bedarf das trockene Heilerdepulver in eine Schüssel und gießen Sie Wasser dazu. Rühren Sie einen Brei an.
❖ Diesen Brei tragen Sie nun bei Pickeln und Akne direkt auf die Gesichtshaut auf, lassen ihn 20 Minuten einwirken. Dann mit warmem Wasser abspülen.
❖ Bei Gelenkbeschwerden bringen Sie den Heilerdebrei auf ein Leinentuch auf und legen ihn mit dem Tuch auf die schmerzenden Stellen. Lassen Sie den Brei über Nacht einwirken. Das Angenehme: Je nachdem, ob man besser Wärme oder Kälte verträgt, kann man die Heilerde mit warmem oder kaltem Wasser anrühren.

Die Heilerde für den inneren Gebrauch kann man bei Magenbeschwerden, Sodbrennen, Aufstoßen, Blähungen, bei Völlegefühl, Mundgeruch, nach übermäßigem Genuss von Alokohol, Nikotin und fetten Speisen ebenso einsetzen wie bei Durchfall. Die faszinierende Wirkung wird nicht nur durch die wertvollen Inhaltsstoffe der Heilerde ausgelöst, sondern durch die Feinheit der Erde. Sie bildet nämlich in Magen und Darm eine riesige Oberfläche. Und dadurch werden Krankheitserreger, Gifte, Umweltschadstoffe und schädliche Fettverbindungen aufgesaugt, gebunden und durch den Darm abtransportiert, sodass sie durch die Darmwände nicht in den Organismus gelangen können. Und so wird die Heilerde eingesetzt:

- Geben Sie unmittelbar nach einer Mahlzeit 1 gehäuften Teelöffel Heilerde für den inneren Gebrauch in ein Glas und gießen Sie mit 1/4 Liter stillem Mineralwasser oder Leitungswasser auf.
- Gut umrühren und dann zügig das Ganze trinken.
- Sie dürfen diese Prozedur – je nach dem Grad der Beschwerden – ein- bis zweimal täglich durchführen.

Die Papaya: das beste Service für den Magen

Man nennt sie die Energiebombe aus dem Dschungel, das Lebenselixier aus den Tropen: die Papaya, eine Frucht, die vorwiegend in Mexiko, Kenia, Thailand und auf den Philippinen auf Bäumen und Sträuchern wächst. Sie schmeckt köstlich. Sie ist aber auch eine Naturarznei und ein Schönheitsmittel.
Das sind die wertvollen Inhaltsstoffe der Papaya: Vitamin C für die Immunkraft und gegen Stress, Vitamin B_5 – auch Pantothensäure genannt – für kräftiges Haar und für unsere Zellenergie, Betacarotin für die Sehkraft, Kalium für Herz, Muskeln und Nerven, Kalzium für die Knochen. Die entscheidenden Hauptwirkstoffe in der Papaya aber sind die Enzyme Papain, Chymo-Papain und Papaya-Lysozym.
Diese Enzyme wirken antibakteriell und können Krankheitserreger ausschalten. Sie aktivieren die Hormonproduktion im menschlichen Organismus, kräftigen Herz und Kreislauf, stärken die natürlichen Abwehrkräfte, aktivieren die Muskelbildung, machen Haut und Haare attraktiver.
Die wichtigste Eigenschaft aber: Die Papayaenzyme spalten Nahrungseiweiß in einzelne Aminosäuren auf. Das ist wichtig für all jene Menschen, die Probleme mit der Eiweißverdauung haben, die viel Fleisch essen und die zu wenig körpereigene Eiweiß spaltende Enzyme haben. Wer Papayas isst, spart viele Verdauungsstörungen.
Die Papaya ersetzt in vielen Fällen auch die Hausapotheke:

- Bei Schnittverletzungen oder Insektenstichen reiben Sie die betroffenen Stellen mit einem Stück Papayafruchtfleisch ein. Das fördert die Heilung.
- Ein Superrezept gegen Mundschleimhautentzündung: täglich 2 Papayas essen.
- Frauen, die an ihren monatlichen Tagen starke Schmerzen haben, sollten anstelle von Tabletten täglich 3 Papayas verzehren.
- Wer immer müde und lustlos ist, sollte eine Woche lang täglich 2 Papayas essen. Schon am dritten Tag ist man vitaler und besser gelaunt.

Die Papaya ist aber auch ein Schönheitsmittel: Bei rauer Haut oder Hornhaut reibt man die betroffenen Stellen mit der Innenseite einer Papayaschale ein. Bei Altersflecken massiert man die Haut zweimal die Woche mit einem Stück Papayafruchtfleisch.

Die Medizin hat längst die Kraft der Papaya erkannt. Bei Enzymkombinationspräparaten – etwa bei Wobenzym – werden die Grundsubstanzen aus der Papaya gewonnen. Und im Reformhaus sowie in der Drogerie gibt es Papayakraut, getrocknete Schnetzel des Fruchtfleisches. Man kaut einige Zeit täglich 1 Esslöffel davon und trinkt tagsüber 2 Liter Wasser: zum Entsäuern und Entgiften des Körpers, aber auch gegen Rheuma.
Wer frische Papayas genießen möchte, muss reife Früchte kaufen. Man darf sie zu Hause nur kurz im Gemüsefach des Kühlschrankes aufbewahren. Eine Papaya, die aufgeschnitten wurde, muss sofort gegessen werden. Am besten genießt man sie zum Frühstück. Da holt man Kraft für den ganzen Tag.
Die klassische Art, eine Papaya zu genießen: schälen, der Länge nach halbieren, mit einem Löffel die Kerne ausschaben, das Fruchtfleisch in Scheiben schneiden. Auf einem Teller anrichten, mit etwas Zitronensaft und Grapefruitsaft beträufeln.
Ein schmackhaftes Dessert: Verrühren Sie 1/4 Liter Biojogurt, 1 Esslöffel Zitronensaft und 2 Esslöffel Honig und gießen Sie die Masse über die Papayascheiben. Als Vorspeise serviert man die Fruchtscheiben mit Hüttenkäse.

Kampf den Feinden im Schlafzimmer

Jeder Dritte leidet an Einschlaf- und Durchschlafstörungen. Viele nehmen – ohne mit einem Arzt gesprochen zu haben – starke Medikamente mit Nebenwirkungen. Dabei wäre es besser und gesünder, zuerst Umschau zu halten, ob nicht äußere Einflüsse den Schlaf stören. Viele ahnen es nicht: Es gibt viele Feinde im Schlafzimmer. Ihnen muss man zuerst den Kampf ansagen.

- Wer vor den Fenstern keine Vorhänge oder Jalousien hat, der wird oft die ganze Nacht durch Lichteinfall von draußen gestört: von Scheinwerfern, Straßenbeleuchtung oder Leuchtreklamen. Andere wieder haben am Nachttisch eine Lampe brennen. Das alles ist schlecht. Eine Studie am Nationalen Institut für Gesundheit in Bethesda, USA, hat bewiesen: Licht während des Schlafes stört den Tag-und-Nacht-Rhythmus des Menschen. Die Produktion des Schlafhormons Melatonin wird gestört.
- Trockene Luft im Schlafzimmer trocknet die Mund- und Nasenschleimhäute aus. Damit können Viren und Bakterien leichter in den Organismus. Das Immunsystem läuft auf Hochtouren und stört den tiefen Schlaf.
- Sensible Menschen sollten im Schlafzimmer kein Fernsehgerät stehen haben. Die elektromagnetischen Wellen können den Schlaf behindern. Dasselbe gilt für einen Radiowecker, der zu nahe beim Kopf steht. Wer sich durch elektrischen Strom gestört fühlt, kann sich vom Elektriker eine Anlage montieren lassen, die

es ihm ermöglicht, mit einem Knopfdruck beim Zubettgehen den Strom aus dem Schlafzimmer zu verbannen.

- Es kann sich sehr auf die Schlafqualität auswirken, wenn man abends einen allzu aufregenden oder brutalen Film im Fernsehen sieht. Das Riechen an einem Fläschchen mit Orangenblütenöl oder Lavendelöl kann da sehr beruhigen.
- Man sollte aber auch Streit und nervende Diskussionen vor dem Zubettgehen vermeiden. Der Mensch braucht beim Einschlafen Harmonie.
- Pflanzen im Schlafzimmer können den Schlaf gehörig stören: alle stark riechenden Blumen wie etwa Orchideen, Hyazinthen und Lilien. Rosen können den Schlaf fördern. Aber auch Aloe vera, Bogenhanf und Alpenveilchen sind fürs Schlafzimmer zu empfehlen. Sie wandeln nämlich auch nachts schlechte Luft in Sauerstoff um, was alle anderen Pflanzen nur tagsüber tun.
- Oft kann man bloß nicht schlafen, weil Kopf und Schultern auf zu hohen Kissen gebettet sind. Eine sinnvolle Alternative ist eine Nackenrolle.
- Achten Sie darauf, dass Sie auf einer guten Matratze liegen. Sie darf nicht durchhängen, darf auch nicht zu hart sein. Matratzen sollten alle 8 bis 10 Jahre erneuert werden. Sie nehmen viel Schweiß auf und sind über und über mit Hausstaubmilben besiedelt.
- Vor dem Zubettgehen darf man nicht zu viel und nicht zu üppig essen. Man sollte zwei Stunden vorher nicht rauchen. Im Schlafzimmer selbst sollte überhaupt nie geraucht werden.
- Bettzeug und Nachtkleidung müssen leicht und atmungsaktiv sein.
- Wer am Kopf unter Kälte leidet, sollte mit einer Wollmütze oder Leinenhaube zu Bett gehen.

Ein altes Imkerrezept für einen gesunden, tiefen Schlaf: 1 Glas warmes Wasser mit 4 Esslöffel Honig, 2 Teelöffel Blütenpollen und 3 Teelöffel Apfelessig. Langsam trinken.

Avocados gegen Streit und schlechte Laune

In jeder Partnerschaft und Familie gibt es hin und wieder mal Streit und schlechte Laune. Aus ganz harmlosen Situationen heraus kommt es – auch bei Kindern – zu Aggressionen, lautstarken Meinungsverschiedenheiten. Vor allem, wenn die Mädchen und Jungen in die Pubertät kommen. Da kann jedes Beisammensein zur großen Auseinandersetzung führen. In dieser Jahreszeit kommt das besonders oft vor. Gute Ratschläge von anderen – „Nehmt euch doch zusammen!“ – nützen da wenig. Viel besser können da die Kräfte der Natur helfen. Wenn „dicke“ Luft herrscht, eilen Sie in die Küche und servieren Sie – Avocados.
Avocados sind birnenförmige Früchte vom tropischen Avocadobaum. Sie gelten

botanisch als Beeren und kommen aus Israel und Südafrika zu uns. Sie sind reich an Vitamin C für die Abwehrkraft sowie gegen Stress, reich an Vitamin E für Herz und Kreislauf und an Vitamin B_6 für Muskeln und Blut. Die Kombination dieser Vitamine mit Mineralstoffen, Spurenelementen, Enzymen und ätherischen Ölen wirkt beruhigend auf aufbrausende Gemüter und gereizte Nerven. Voraussetzung: Die Früchte müssen roh verzehrt werden.
Und so werden Avocados am besten zubereitet:

- ❖ Schneiden Sie eine Avocadobirne der Länge nach auseinander und entfernen Sie den großen Kern. Dann schaben Sie das Fruchtfleich mit einem Löffel heraus und verrühren dieses mit frischen oder tiefgekühlten Kräutern und etwas Kräutersalz. Dann bestreichen Sie damit eine Schnitte Vollkornbrot ganz dick.
- ❖ Und hier das Rezept für einen Avocado-Fruchtsalat: 2 Avocados halbieren, entkernen. Das Fruchtfleisch auslösen, in Stücke schneiden. In einer Schüssel mit 3 geschälten Orangen, in Spalten zerteilt, mit 2 Esslöffel Honig, 1 Päckchen Vanillinzucker und 1 Prise Ingwer mischen. Zugedeckt stehen lassen. 125 Gramm Erdbeeren (frisch oder tiefgekühlt) halbieren, etwas zuckern, zugedeckt stehen lassen. Schließlich 2 Bananen in Rädern mit den Orangen, Erdbeeren und mit dem Avovadofleisch verrühren. In die ausgehöhlten Avocadohälften füllen. Servieren.

Doch die Avocadobirne kann nicht nur erfolgreich gegen aggressive Stimmungen eingesetzt werden. Ihre Inhaltsstoffe haben sich auch im Rahmen von ernährungswissenschaftlichen Untersuchungen in den USA, in Italien und in Frankreich gegen verschiedene gesundheitliche Probleme bewährt:

- ❖ Avocados wirken gegen Menstruationsstörungen und eignen sich ideal zur Vorbeugung gegen Darminfektionen.
- ❖ Durch den außergewöhnlich hohen Gehalt an Pantothensäure – auch Vitamin B_5 genannt – wirkt die Avocadobirne positiv auf die Haut und auf die Haare.
- ❖ Außerdem gilt die Frucht als natürliches Mittel, das bei Mann und Frau die Liebeslust anregt.
- ❖ Avocados enthalten auch große Mengen an der Fettsubstanz Lecithin. Sie ist wichtig für starke Nerven, aber auch für eine Spitzenleistung des Gehirns. Autofahrer, die regelmäßig Avocados essen, fahren konzentrierter, haben weniger Unfälle, bewahren im Stau länger die Nerven.

Avocados wirken nur positiv auf unsere Gesundheit, wenn sie reif sind. Man kann das mit dem Finger testen. Die Schale muss sich mit dem Daumen leicht eindrücken lassen. Unreife Avocados reifen schneller, wenn man sie gemeinsam mit einem Apfel in ein Stück Papier einwickelt.

Mit Spitzwegerich gegen Husten und Bronchitis

Viele sind in den vergangenen Wochen mit einem grippalen Infekt im Bett gelegen. Andere wieder hatten einen zünftigen Schnupfen. Zurückgeblieben sind bei fast allen Atemwegsprobleme wie Husten oder gar Bronchitis. Es gibt viele Erkältungsmittel, mit denen man diese Symptome unterdrücken, aber nicht bekämpfen kann. Es ist jedoch wichtig, dass man die Ursachen so einer Atemwegserkrankung aus der Welt schafft. Und dazu eignet sich in hervorragender Weise das Heilkraut Spitzwegerich.
Der Spitzwegerich ist in der ganzen Welt verbreitet. Die Pflanze ist genügsam und vermehrt sich schnell. Sie wächst am Wegesrand, neben Feldern, auf Wiesen, ja sogar in Mauerritzen. In der Naturheilkunde verwendet man das ganze Kraut.
Man kannte die Wirkung des Spitzwegerichs bereits im Mittelalter und nannte die Pflanze mit einem anderen Namen „Hustenkraut".
Der heilsame, erfolgreiche Einsatz des Spitzwegerichs ist auf drei Wirkstoffgruppen zurückzuführen:

- Schleimstoffe lindern den Hustenreiz in den Bonchien, wirken infektionshemmend auf Schleimhäute und auf den Rachenraum.
- Gerbstoffe entziehen den krank machenden Bakterien auf den Schleimhäuten die Nährstoffe, sodass diese zugrunde gehen.
- Die Substanz Aucubin im Spitzwegerichblatt ist ein natürliches Antibiotikum.

Das Zusammenspiel dieser drei Wirkstoffgruppen macht es möglich, dass man mit Spitzwegerich Husten mit starker, zäher Verschleimung, eine hartnäckige Bronchitis, aber auch Entzündungen im Mund- und Rachenbereich ausheilen kann. Entzündungen in den Bronchien werden bekämpft, Schmerzen in der Brust werden gelindert.
Erst kürzlich hat eine Studie von Dr. Karin Kraft an der Universität Bonn mit 500 Patienten ergeben: Im Falle einer Erkältung kann man mit Spitzwegerich die Lebensqualität enorm verbessern.
Die klassische Art, Spitzwegerich für die Atemwege einzusetzen, ist der Heilkräutertee: 2 Teelöffel getrocknete Spitzwegerichblätter (Apotheke, Reformhaus) werden mit 1 Tasse kochendem Wasser übergossen. Dann zugedeckt 10 Minuten ziehen lassen, durchseihen. Man trinkt täglich 3 bis 4 Tassen, lauwarm mit etwas Honig gesüßt.
Man kann auch einen Saft selbst zubereiten: 50 Gramm Spitzwegerichblätter in einem Mörser zerstoßen, mit etwas Wasser zum Kochen bringen, etwas Honig dazugeben, 1 Stunde stehen lassen, dann durchseihen. Jede Stunde 1 Teelöffel davon langsam im Mund zergehen lassen.
Sehr beliebt – vor allem bei Kindern – ist der Spitzwegerichsirup. 50 Gramm

getrocknete Spitzwegerichblätter werden mit 1 Liter kochendem Wasser übergossen. 30 Minuten zugedeckt ziehen lassen. Duchseihen, die Heilkräutermasse in einem Tuch fest ausdrücken. Dann den Aufguss so lange erhitzen, bis nur mehr die halbe Menge der Flüssigkeit übrig ist. Nun rührt man 300 Gramm Honig dazu, füllt die Flüssigkeit in dunkle Flaschen und nimmt davon nach jeder Mahlzeit 3 bis 4 Teelöffel Sirup.
Wer sich die Arbeit nicht antun möchte, wer keine Zeit für so ein aufwendiges Rezept hat, der holt sich einfach aus der Apotheke einen fertigen, hochwertigen und wohlschmeckenden Spitzwegerichsirup. Es handelt sich dabei um den hoch dosierten Fluidextrakt aus dem Spitzwegerichkraut.
Im Rahmen einer so genannten Bronchoserntherapie mit diesem Fluidextrakt nehmen Erwachsene einige Zeit 3-mal täglich 1 Esslöffel, Kinder 3-mal täglich 1 Teelöffel. Damit kann man rasch Katarrhen der oberen Luftwege beikommen. Diabetiker müssen darauf achten, dass der Spitzwegerichsirup zuckerfrei ist.

Mit Sauerkraut kommt man gut in den Frühling

Ganz ehrlich: Die meisten von uns essen Sauerkraut immer nur als Beilage zu einer Fleischspeise. Dabei ist Sauerkraut allein ein Stück Naturmedizin. Es bringt so viele wertvolle Impulse in unseren Organismus, wenn wir es regelmäßig essen. Und speziell im Frühling, wenn es noch viel zu wenig Freilandgemüse gibt, hilft es uns, gesund zu bleiben.
Ähnlich wie Biojogurt hat Sauerkraut eine interessante Wirkung: Es fördert die Bildung von positiven Darmbakterien und stärkt damit die Immunkraft. Eine bedeutende Rolle dabei spielt:
Sauerkraut hat einen hohen Anteil an Vitamin C. Es macht uns daher stark gegen Erkältungen und gegen Stress. Es ist aber auch reich am Vitamin B_{12}, das nur sehr selten in pflanzlicher Kost vorkommt, das aber sehr wichtig im Kampf gegen die Adernverkalkung ist. Vitamin B_{12} ist aber auch ein sehr wichtiger Baustein für unsere geistige Frische, für starke Nerven und für die Versorgung unserer Zellen mit Sauerstoff.
Sauerkraut kann aber auch mit viel Vitamin B_6 aufwarten, nach dem Eiweiß einer der wichtigsten Nährstoffe.
Der beachtliche Anteil am Mineralstoff Kalium sorgt dafür, dass unser Körper entwässert und auch entsäuert wird. Magnesium stärkt das Herz. Und das Zink im Sauerkraut bekämpft Hauterkrankungen und fördert die Liebeslust.
All diese Substanzen zusammen sorgen dafür, dass man mit Sauerkraut sehr viel für die Gesundheit tun kann: Wer regelmäßig Sauerkraut isst, fühlt sich frischer, vitaler. Sauerkraut macht widerstandsfähiger gegenüber Stresssituationen. Es aktiviert den

Gehirn- und den Nervenstoffwechsel. Es fördert die Eisenaufnahme, hält unsere Zellen jung und stärkt den Knochenbau. Es reguliert den Fettstoffwechsel, kann zu hohe Cholesterinwerte senken, verbessert die Eiweißverwertung und stärkt das Bindegewebe.
Kaufen Sie mildes Sauerkraut. Es ist nicht sinnvoll, zu kräftiges Sauerkraut zu wässern. Dabei gehen nämlich wertvolle Biostoffe verloren.
Am gesündesten ist Sauerkraut, wenn man es roh isst. Wer es aber lieber gekocht mag, der sollte es niemals länger als 25 Minuten köcheln lassen. Sonst wird das Kraut weich und inhaltslos. Vom rohen Sauerkraut genügt es, im Winter jeden Tag 2 bis 3 Gabeln voll zu essen. Gut kauen. Vom gekochten sollte man eine Portion von 125 Gramm verzehren.
Es gibt aber einen Trick, wie man das gekochte Sauerkraut gesünder machen kann: Geben Sie einfach auf die Portion gekochtes Kraut 2 Gabeln fein geschnittenes rohes obendrauf, bevor Sie servieren.
Wie wäre es mit einem Sauerkrautsalat? Hier das Rezept für 2 Personen: 500 Gramm Sauerkraut (Reformhaus) klein schneiden, mit etwas Kümmel und Wacholderbeeren würzen. Dann 2 geraffelte Äpfel und 1 Esslöffel geriebenen Meerrettich dazurühren. Mit etwas Zitronensaft, gehackten Kräutern wie Dille, Kerbel und Bohnenkraut würzen. In einer kleinen Dessertschale mit einem Klacks Sauerrahm und ein paar geriebenen Walnüssen servieren. Man isst dazu 1 Scheibe Vollkornbrot mit ganz wenig Butter.
Testen Sie es einmal: Wenn Sie regelmäßig Sauerkraut essen, werden Sie sich wohler fühlen und gesünder in die schöne Jahreszeit kommen.

Honig: Naturmedizin für Nerven, Magen & Darm

Honig ist nicht nur eines der ältesten Nahrungsmittel, sondern auch eine der ältesten Naturarzneien aus der Küche. Das sollten wir nicht vergessen, wenn wir mit einem Löffel Honig süßen, oder wenn wir etwas Honig naschen. Bei den Sumerern, Ägyptern, Indern, Griechen, Römern und Germanen galt Honig gleichermaßen als Lebenselixier. Im Mittelalter wurde er wie andere Arzneien von Ärzten und Apothekern gegen eine Reihe von Krankheiten verordnet.
Und das sind die Inhaltsstoffe, die den Honig zum Naturheilmittel machen: die Vitamine B_1, B_2, B_4, B_5, B_6, H und PP, die Mineralstoffe Kalzium und Magnesium, die Spurenelemente Eisen, Kupfer, Phosphor, Mangan und Silicium, die Enzyme Diastase, Katalase, Phosphatase und Glykose-Oxydase, pflanzliche Hormonstoffe, die sich positiv auf Herz, Nerven und Vitalität auswirken, weiters antibakterielle Substanzen, auch Inhibine genannt, schließlich zellschützende Säuren, beruhigende Duft- und Aromastoffe sowie 14 Aminosäuren.

Und so wirkt dieses köstliche Produkt aus dem Bienenstock:

- Ein Teelöffel Honig, den man langsam auf der Zunge zergehen lässt, beruhigt bei Nervosität und gibt neue Kraft bei Erschöpfungszuständen.
- Wer Sport betreibt, kann mit Honig verbrauchte Energie schnell zurückholen.
- Wer regelmäßig lauwarme Milch mit Honig trinkt, ist weniger anfällig gegen Infektionskrankheiten.
- Honig stärkt das Herz, fördert die Durchblutung des Herzens.
- Kleine tägliche Honiggaben wirken nach Ansicht von Prof. Dr. William G. Peterson in Oklahoma, USA, wie Mini-Impfungen zur Stärkung der allgemeinen Abwehrkraft.
- Honig stärkt die Nieren und desinfiziert die Harnwege.
- Mit Honig können Magen- und Darmbeschwerden nachweislich gelindert werden.
- Rollkuren mit Honigwasser haben schon manchem bei Gastritis Erleichterung gebracht.
- Honig hilft bei Schlafstörungen.
- Mit Honigwasser kann man wunderbar entzündete Mundschleimhäute durch Gurgeln ausheilen und desinfizieren. Dasselbe gilt auch für Halsschmerzen.
- An der Universität Frankfurt entdeckte man den Honig als Schutz gegen Strahlenschädigungen nach Röntgenaufnahmen.
- Und hier ein klassisches Hausmittel gegen Erkältungen: $^1/_4$ Liter warme Milch mit 2 Esslöffel Honig und 2 Teelöffel Melissengeist. Das hat schon die legendäre Klosterfrau Maria Clementine Martin, Naturheilerin aus Köln, angewendet.
- Ein wirksames Rezept gegen Husten: 2 Zwiebeln in Scheiben schneiden, 3 Esslöffel Honig darübergießen, 2 Stunden ziehen lassen. Den Saft, der dabei entsteht, schluckweise einnehmen.
- Ein Tipp gegen rissige Lippen nach dem ersten, starken Sonneneinfluss zum Winterende: mehrmals am Tag mit Honig einreiben.

Bei all den positiven Eigenschaften des Honigs darf man nicht vergessen: Man sollte niemals beim Konsum dieses süßen Naturelixiers übertreiben. Und nach dem Genuss ist – wie bei allen Süßigkeiten – gründliches Zähneputzen angesagt.

Kava-Kava: die natürliche Hilfe gegen Angst und Unruhe

Immer mehr Menschen leiden unter Angst. Die Sorge um den Arbeitsplatz, um den Erhalt der Wohnung, um die Gesundheit und um die Zukunft im Allgemeinen: Das alles trägt dazu bei, dass viele von uns Gefühle der Angst und der Unruhe entwickeln.

Ein gewisses Maß an Angst ist völlig natürlich, ja sogar lebenswichtig. Angst ist der Motor, dass wir uns in gefährlichen Situationen richtig verhalten, um uns zu schützen. Zum Problem wird Angst, wenn sie in Situationen auftritt, in denen wir uns eigentlich sicher fühlen sollten.

Auslöser dieser Angst sind oft berufliche, finanzielle oder private Probleme. Dauerstress kann zu Angst führen. Oft sind die Angstgefühle auch mit Herzrasen, Atemnot, einem Engegefühl in der Brust, mit Magenbeschwerden, Gereiztheit, Nervosität und Leistungsabfall verbunden.

Das Problem unserer Zeit: Nur etwa 20 Prozent aller Betroffenen, die unter Angst leiden, gehen zum Arzt. Und sie bekommen von ihren Mitmenschen nur den Rat: „Reiß dich zusammen!“ Das geht nicht. Der Angstpatient braucht Hilfe.

Und so entsteht Angst in unserem Organismus: Wir nehmen mit unseren Sinnesorganen aus der Umwelt viele Reize auf. Nur ein kleiner Teil ist uns bewusst. Der Rest wird unterbewusst verarbeitet oder gar nicht verwendet. Dafür besitzen wir ein Reizfilter im Gehirn. Es schützt uns vor Reizüberflutung. Man nennt es GABA-Filter. Es besteht aus Gamma-Amino-Buttersäure. Wenn nun jemand ständig überfordert ist, dann ist das Gehirn überlastet, die GABA-Filter-Funktion vermindert und gestört. Es kommt zur Angst.

Es gibt nun verschiedene Möglichkeiten, die Angst zu bekämpfen: Man kann ein Glas Wein trinken. Dabei besteht die Gefahr der Abhängigkeit. Leistung und Konzentration sind stark herabgesetzt. Man kann auch Benzodiazepinmedikamente einnehmen. Sie wirken sofort. Auch hier besteht die Gefahr der Abhängigkeit, der herabgesetzten Leistung und des verminderten Reaktionsvermögens.

Der neue Trend ist eine Therapie aus der Natur: mit dem hoch dosierten Laitan-Extrakt WS 1490 aus der Kava-Kava-Pflanze. Kava-Kava ist ein etwa 2 Meter hoher Strauch mit dichtem Blätterwuchs. Er verfügt über einen mächtigen Wurzelstock, der oft bis zu 10 Kilo wiegt. Der Kava-Kava-Strauch wächst in der Südsee auf den Inseln Mikronesiens und Polynesiens. Seit jeher bereitet man dort aus der Kava-Kava-Wurzel ein Getränk zu, das bei rituellen Zusammenkünften als beruhigendes Mittel verwendet wird. Früher hat man die Wurzel gekaut und mit Wasser aufgegossen. Seit 1990 kann man aus der Wurzel den hoch dosierten Laitan-Extrakt gewinnen.

Die entspannende Wirkung, mit der man Ängste und Unruhe besiegen kann, beruht auf den Inhaltsstoffen Kavain und vielen anderen Substanzen. Das Zusammenspiel dieser Wirkstoffe kommt nur dann zur Geltung, wenn der Extrakt 70 Prozent Kavain mit den nötigen Begleitstoffen enthält. Aus 15 Kilo Wurzelstock wird 1 Kilo Extrakt gewonnen. Es gibt den Extrakt in Kapselform in der Apotheke. Man nimmt 1 Kapsel pro Tag.

Der Kava-Kava-Extrakt wirkt angstlösend, seelisch entspannend und baut Unruhezustände ab. Die geistige und körperliche Leistungskraft, die Fahrtüchtigkeit und

Reaktionsfähigkeit werden dabei nicht eingeschränkt. Im Gegenteil: Aufmerksamkeit und Konzentration werden erhöht. Die Schlafqualität verbessert sich. Es kann zu keiner Abhängigkeit kommen.
Da es sich bei Kava-Kava um ein natürliches Arzneimittel handelt, kann man nicht mit einer Sofortwirkung rechnen. Die ersten Erfolge zeigen sich erst nach einer Woche.

Schluss mit dem schwitzenden Fuß: Das müssen Sie tun!

Es gibt Menschen, die haben Angst, vor anderen die Schuhe auszuziehen. Sie leiden an Fußschweiß. Ganz besonders im Winter, wenn man warme Schuhe tragen muss und wenn man sich in gut beheizten Räumen aufhält. Manche leiden nur zeitweise an einer verstärkten Schweißbildung an den Füßen. Doch es gibt auch Leidtragende, deren Socken und Strümpfe tagtäglich durchnässt sind und einen üblen Geruch verbreiten.
Schwitzen an sich ist gesund und wichtig, weil dabei Giftstoffe und Stoffwechselschlacken aus dem Körper transportiert werden. Zum Problem wird dieser natürliche Vorgang, wenn die Schweißdrüsen übermäßig arbeiten.
Die Ursache für Fußschweiß ist eine Veranlagung. Gesteuert wird die vermehrte Schweißabsonderung vom vegetativen Nervensystem im Zwischenhirn und im Rückenmark. Ausgelöst werden diese biochemischen Vorgänge meist durch äußere Anlässe: durch Wärme, Sportschuhe, Gummistiefel, Freude, Angst, Ärger, Stress, durch bestimmte Medikamente wie Kortikoide und Salizylsäure, durch Nervosität und Aufregungen.
Aus ärztlicher Sicht ist Fußschweiß keine Krankheit, sondern eine harmlose Störung: eine Überfunktion der Schweißdrüsen, auch Hyperhidrosis genannt.
Fußschweiß besteht aus Wasser, Mineralsalzen, Chloriden, Hydrocarbonaten, Sulfaten, Ammoniak, Kalium, Kalzium, Magnesium, Harnstoff, Harnsäure, Glucose, Michsäure, Aceton, Kreatin, aus Aminosäuren und Fettsäuren. Fußschweiß riecht nicht. Erst wenn er aus den Poren austritt und mit Keimen – meist sind es harmlose Staphylokokken – zusammentrifft, entsteht ein unangenehmer Geruch, der durch den Konsum von Zwiebel und Knoblauch verstärkt wird.
Und so muss man gegen den Fußschweiß vorgehen:

- Treiben Sie Sport, damit der ganze Körper ins Schwitzen kommt. Das entlastet die Schweißdrüsen an den Füßen.
- Laufen Sie oft barfuß umher.
- Meiden Sie Alkohol, Nikotin und zu viel Kaffee. Das alles fördert den Fußschweiß.

- Die Füße müssen täglich gewaschen oder geduscht werden. Verwenden Sie nur ph-neutrale Seife. Sehr sinnvoll sind heiß-kalte Fußwechselbäder.
- Verwenden Sie Fußdeos an den Füßen und in den Schuhen. Oder verwenden Sie Fußpuder.
- Sie sollten mehrere Paar Schuhe haben und jeden Tag ein anderes Paar tragen, damit sie austrocknen können. Wer orthopädische Einlagen braucht, sollte ebenfalls mehrere davon besitzen.
- Laufen Sie nicht den ganzen Tag in Turn- oder Joggingschuhen umher.
- Tragen Sie niemals Schuhe ohne Strümpfe. Strümpfe und Socken müssen aus Naturfaser sein: aus Baumwolle oder Seide.
- Bauen Sie Übergewicht ab. Dicke leiden stärker an Fußschweiß.

Und hier ein paar spezielle Naturrezepte:

- Gießen Sie $^1/_2$ Liter Tomatensaft ins lauwarme Fußbad. In dieser roten Lauge baden Sie die Füße 15 Minuten. Dann abduschen, abtrocknen.
- 2 Hand voll Salbeiblätter (Apotheke) mit 1 Liter kochendem Wasser übergießen, 10 Minuten ziehen lassen, durchseihen, ins Fußbad gießen. Zusätzlich ist es sinnvoll, einige Zeit täglich 3 Tassen Salbeitee zu trinken.
- Gehen Sie regelmäßig in die Sauna. Da lernt der Körper besser, seine Schweißdrüsen zu regulieren.

Vorsicht: Plötzlich auftretender starker Fußschweiß kann auch das Alarmsignal für Keislaufschwäche, Bluthochdruck, eine Schilddrüsenüberfunktion und für ein Leberleiden sein.

Die Rote Bete schützt uns vor Erkältungen, stärkt die Leber

Die Rote Bete ist speziell im Winter sehr wichtig für unsere Gesundheit. Dafür gibt es zwei wesentliche Gründe:

- Der Farbstoff der Wurzel, das Betanin, gehört zur Gruppe der Anthocyane. Er kann Krankheitserreger, die mit einer Erkältung einhergehen, bekämpfen. Das Betanin macht Viren und Bakterien inaktiv und fördert ihren Abtransport aus dem Körper. Dadurch können die natürlichen Abwehrkräfte wieder Oberhand gewinnen.
- Außerdem befindet sich in der Roten Bete das Betain, ein Eiweißbaustein. Er stärkt die Leber und baut Fettpölsterchen im Körper leichter ab.

Außerdem stecken in der Roten Bete noch viele Bioaktivstoffe: die Spurenelemente Kupfer für bessere Konzentration und gesunde Gelenke, Eisen fürs Blut, Chrom gegen Übergewicht, Mangan zur Vorbeugung von Rheuma, Zink und Selen für die Immunkraft.

Die Rote Bete ist eher arm an Vitaminen. Einsame Spitze ist sie allerdings, was die Vitamine B_{12} und Folsäure betrifft. Daher schützt die Rote Bete vor zu hohen Homocysteinwerten und damit vor frühzeitiger Arteriosklerose und vor Herz- und Kreislauferkrankungen.

Und das alles können Sie mit dem regelmäßigen Konsum von Roter Bete erreichen:

- ❖ Sie verstärkt die Wirkung von Vitamin C, das wir von anderswo aufnehmen.
- ❖ Sie stärkt unsere Nerven.
- ❖ Sie fördert die Blutbildung. Wer Medikamente einnehmen muss, die das gesunde Blutbild stören, sollte regelmäßig Rote-Bete-Saft trinken.
- ❖ Die Rote Bete vertreibt Müdigkeit und schützt vor Infektanfälligkeit.
- ❖ Sie schafft positive Stimmung, weil die Folsäure jene Botenstoffe im Gehirn aktiviert, die für Glücksgefühle verantwortlich sind.
- ❖ Haut, Haare und Nägel werden fester und schöner.
- ❖ Rote Bete kann Verstopfung bekämpfen.

Und so kann man die Rote Bete am besten genießen:

- ❖ Wenn sie zart ist, kann man sie roh schälen, reiben und mit etwas Zitronensaft und ein paar Tropfen Olivenöl essen.
- ❖ Meist wird sie im Wasser zwischen 20 und 40 Minuten gekocht. Größere Rüben sind oft erst nach eineinhalb Stunden gar. Danach schält man die Rote Bete, schneidet sie in Räder oder in kleine Stücke und bereitet daraus einen Salat zu: mit einer Marinade aus Olivenöl, Salz, Pfeffer, Kümmel und Meerrettich. Anstelle von Essig sollte man unbedingt Zitronensaft nehmen. Das Vitamin C verhindert, dass Nitrate aus der Roten Bete beim Essen in Krebs erregende Nitrosamine umgewandelt werden.

Man sollte vorwiegend nitratarme Rote Bete aus biologischem Anbau kaufen, weil die Rübe aus dem Boden wie ein Schwamm auch alle schädlichen Substanzen aufsaugt.

- ❖ Die beliebteste Form, die Vorteile der Roten Bete zu genießen, ist der Rote-Bete-Saft.

Wer sich vor Erkältungen schützen will und wer – bereits erkrankt – schneller gesund werden möchte, der sollte einige Zeit jeden Tag 1/4 Liter Rote-Bete-Saft trinken oder jeden Tag 1 Dessertschale mit Rote-Bete-Salat konsumieren.

Was Sie noch im Interesse der Gesundheit beachten sollten: Kaufen Sie kleine Rüben. Sie sind zarter und haben weniger Nitratgehalt. Meiden Sie weiche Rüben mit dunklen Flecken. Stechen Sie die Rüben niemals beim Kochen an, weil da sonst viele Wirkstoffe ausfließen. Der Supertrick für die Gesundheit: Geben Sie auf den Salat aus gekochter Roter Bete ein wenig roh geriebene.

Wer zu Nierensteinen neigt, muss sehr sparsam mit der Roten Bete umgehen. Sie enthält nämlich steinbildende Oxalsäure.

Jetzt anerkannt: Fumarsäure hilft gegen Schuppenflechte

Seit Jahrhunderten kennt man eine Heilpflanze mit dem Namen Blausporn, auch Erdrauch genannt. Man hat Tee daraus zubereitet und gegen Gallenleiden eingesetzt. Der Hauptwirkstoff in diesem Kraut ist die Fumarsäure. Jüngste Forschungen beweisen, was viele Wissenschaftler schon lange behauptet haben: Die Fumarsäure ist nicht nur ein wichtiger Baustein für den Stoffwechsel, sondern kann auch erfolgreich gegen Erkrankungen des Immunsystems eingesetzt werden. Im Rahmen einer bundesweit vernetzten Studie an zwölf deutschen Universitäten konnte jetzt bestätigt werden: Die Fumarsäure ist ein hervorragendes Mittel gegen die Schuppenflechte.

Zum ersten Mal berichtete der schwäbische Chemiker Walter Schweckendieck im Jahr 1959 über einen Selbstversuch: Nach einer Behandlung mit Fumarsäure verschwand seine schwere Schuppenflechte vollkommen. Er konnte aber die Medizin vom Einsatz dieser Substanz nicht überzeugen. Die Fumarsäure war jahrelang umstritten und wurde von Psoriasispatienten nur unter dem Ladentisch gekauft. Nun aber ist die Wirkung wissenschaftlich untermauert.

Eine gute Nachricht für die rund 3 Millionen Menschen in Deutschland, die an Schuppenflechte leiden. An der Wake Forest University in Winston-Salem in North Carolina, USA, hat eine Patientenbefragung ergeben: Der Leidensdruck der Menschen mit Schuppenflechte ist oft größer als bei Krebspatienten.

Die Fumarsäure wird gegen Schuppenflechte im Rahmen einer Fumadermtherapie angewendet. Die Patienten bekommen den Wirkstoff in Form von Tabletten.

Dazu berichtet Prof. Dr. Peter Altmeyer, Direktor der Dermatologischen Klinik der Ruhr-Universität in Bochum: „Wir haben bereits mehrere tausend Psoriasispatienten mit der Fumadermtherapie behandelt. In den meisten Fällen verschwand die Schuppenflechte komplett.“

Prof. Dr. Enno Christophers, Direktor der Hautklinik in Kiel, einer der international renommiertesten deutschen Dermatologen, betont, dass die Fumarsäure ausgesprochen geringe Nebenwirkungen zeigt, wenn man sie mit Psoriasispräparaten vergleicht, die Cortison oder Ciclosporin enthalten.

Die Schuppenflechte ist eine chronisch entzündliche Erkrankung, die sich an der Haut abspielt. Voraussetzung sind bestimmte Gene des Immunsystems, die den Impuls für diese Entzündung geben. Auslöser können sehr oft bakterielle Infektionen sein. Oder äußere Reize. Die meist lebenslange Behandlung kann oft nur zeitweise Linderung von Schmerzen, Juckreiz oder Hautausschlägen bringen, erkauft durch neue gesundheitliche Risiken von den Nebenwirkungen.

Daher ist der Nürnberger Prim. Doz. Dr. Ekkehard Jecht aus dem Vorstand des Deutschen Psoriasis-Bundes der Fumadermtherapie gegenüber so positiv eingestellt. Grund dafür sind nicht nur die geringen Nebenwirkungen, sondern vor allem die Behandlungserfolge.

Das hat andere Wissenschaftler neugierig gemacht. Und so meint Prof. Dr. Thomas Bieber, Chef der Dermatologischen Universitätsklinik Bonn: „Da die Fumarsäure derart erstaunlich gegen Erkrankungen des Immunsystems wirkt, ist anzunehmen, dass man die Fumarsäure auch gegen andere Immunerkrankungen wie Neurodermitis, Rheuma und Arthritis einsetzen kann."
Die Therapie mit Fumarsäure gegen Schuppenflechte muss in Absprache mit dem Arzt erfolgen und dauert in der Regel 26 Wochen. Die Behandlung beginnt mit einer Tablette täglich und wird gesteigert. Die Dosierung wird individuell bestimmt. Der Patient muss in dieser Zeit viel Flüssigkeit zuführen.

Die Yamswurzel bremst das Alter, erhält uns jung

Wir alle wollen in unserem Leben möglichst lange jung, fit und vital bleiben. Daher ist der Mensch von jeher auf der Suche nach einem Jungbrunnen. Die Wissenschaft hat sehr bald erkannt: Zu einem entscheidenden Teil sind Hormone für unsere Jugend, für die Sexualität, für ein gutes Gedächtnis und für eine positive Stimmung verantwortlich. Und da gibt es einen Hormonstoff, der von amerikanischen Wissenschaftlern als „Schlüssel zur lange währenden Jugend" bezeichnet wird: Es ist das DHEA. Das ist die Abkürzung für Dehydroepiandrosteron. DHEA bremst den Alterungsprozess und hilft uns, lange jung zu bleiben. DHEA kommt in natürlicher Form in unserem Körper vor. Die Substanz wird in der Nebenniere gebildet. Sie ist unter anderem die Vorstufe für unsere Geschlechtshormone. Ohne DHEA gibt es praktisch keinen Sex.
Das DHEA kann aber noch viel mehr: Jüngste Studien lassen darauf schließen, dass es mithilft, Herz- und Kreislauferkrankungen, einem zu hohen Cholesterinspiegel, Diabetes, Osteoporose, Übergewicht und Gedächtnisschwäche vorzubeugen.
Durch unser modernes Leben, durch Stress, Bewegungsmangel und falsche Ernährung wird die Produktion des körpereigenen DHEA massiv gebremst. Das ist auch die Erklärung dafür, dass wir mit zunehmendem Alter immer weniger DHEA in uns herstellen.
Viele Menschen wollen es sich sehr einfach machen. Sie besorgen sich auf Umwegen aus dem Ausland synthetisch hergestelltes DHEA. Und sie denken, dass sie damit die ewige Jugend schlucken. Davor warnen Ärzte mit Recht. Die unkontrollierte Zufuhr von so einem künstlichen Hormon kann böse Nebenwirkungen haben. Man kann derzeit noch gar nicht abschätzen, welche Folgen das in einigen Jahren für den menschlichen Organismus haben könnte. Darum wird synthetisches DHEA in Deutschland und Österreich in Apotheken nicht abgegeben.
Es gibt aber einen viel besseren Weg, das „Jungmacherhormon" zu nützen. Man kann einiges tun, um den eigenen DHEA-Spiegel auf natürliche Weise zu erhöhen

und damit den Körper zum Jung- und Vitalbleiben anzuregen, wobei auch die Liebeskraft bei Mann und Frau gestärkt wird. Das alles aktiviert die körpereigene Produktion von DHEA: körperliche Bewegung, Nikotin – auch Passivrauchen – meiden, Alkohol nur in kleinen Mengen, Stress aus dem Weg gehen, genügend Schlaf, meditieren, oft entspannen, schlank bleiben und Übergewicht abbauen, den Körperfettanteil niedrig halten, viel Obst und Gemüse essen, viel Ballaststoffe, wenig Fett, wenig Zucker, wenig Weißmehl,

Die wohl interessanteste Maßnahme: Nützen Sie die Kraft der Yamswurzel. Das ist die Wurzel einer Pflanze, die in Nordamerika und in Mexiko wächst. Sie enthält einen Stoff mit den Namen Diosgenin. Er ist in seiner Struktur dem Progesteron sehr ähnlich. Und er ist der Roh- und Grundstoff, den der Körper braucht, um sein körpereigenes DHEA verstärkt herzustellen. Das ist der sinnvolle Weg: Der Organismus bekommt eine Natursubstanz und produziert damit seine lebensnotwendigen Hormone selbst. Das bedeutet: Es gibt kein Risiko, keine Nebenwirkungen.

Den natürlichen Extrakt aus der Yamswurzel gibt es in Kapseln (Apotheke, Reformhaus). Man braucht täglich nur 1 Kapsel zu nehmen, um die körpereigene Produktion des DHEA anzukurbeln. Und das bedeutet: mehr Chancen, bis ins hohe Alter geistig und körperlich jung und vital bleiben zu können.

Kaugummi hält geistig fit und hilft beim Abnehmen

Es gibt ihn schon seit der Antike. Er ist heute bei vielen Menschen überaus beliebt: der Kaugummi. Doch speziell ältere Semester empfinden Kaugummi kauen als Unsitte. Zu Unrecht, wie jüngste medizinische Studien bewiesen haben. Der Kaugummi leistet sehr oft einen positiven Beitrag für die Gesundheit.

Bereits die alten Griechen haben sich Kaugummi zwischen die Zähne geschoben. Man nannte ihn Mastika, weil er aus dem Harz der Rinde vom Mastixstrauch gewonnen wurde. Griechische Frauen und Männer kauten Kaugummi, um die Zähne zu reinigen und um den Atem zu erfrischen.

Zu Beginn des 19. Jahrhunderts wurde es auch in Mitteleuropa Mode, Kaugummi zu kauen. Man erzeugte ihn aus Harz vom Fichtenbaum. 50 Jahre später wählte man als Rohstoff süßes Paraffinwachs.

Heute besteht der moderne Kaugummi aus Maissirup, Zucker, Weichmachern und Geschmacksstoffen. Die Grundsubstanz ist immer noch Harz, meistens aus der Rinde von Pinienbäumen. Oder man verwendet Chicle, eine Latexart vom Sapotillbaum. Zum Teil wird aber bereits synthetisches Material verwendet. Als Weichmacher setzt man überwiegend Gemüseölprodukte oder Glycerin ein. Der beliebteste Geschmacksstoff ist bei Jung und Alt Pfefferminze. Danach rangieren Erdbeere, Apfel und Menthol.

Besonders gefragt ist heute zuckerfreier Kaugummi. Er hat weniger Kalorien und bringt für die Zähne keine Kariesgefahr. Als Zuckerersatzstoffe verarbeitet man Aspartam, Mannitol und Sorbitol. Aspartam ist ein hoch konzentrierter Süßstoff, der aus der Aspartamsäure und Phenylalanin – zwei natürlichen Aminosäuren – gewonnen wird. Mannitol und Sorbitol werden meistens aus Mais erzeugt.
So kann man den Kaugummi für die Gesundheit einsetzen:

- Wenn man unterwegs ist und nach einer Mahlzeit keine Gelegenheit hat, die Zähne zu putzen, kann die Aufgabe ersatzweise vom Kaugummi übernommen werden. Erstens mechanisch und zweitens durch die Tatsache, dass die Säuren, die nach dem Essen im Mund entstehen, neutralisiert werden. Allerdings: Der Kaugummi kann aber generell niemals das Zähneputzen ersetzen.
- Eine Studie der Universität Erlangen hat ergeben: Kaugummi kauen kann Stress abbauen. Es ist daher sinnvoll, vor einer Prüfung Kaugummi zu kauen.
- In derselben Studie wurde nachgewiesen: Durch Kaugummikauen wird die Gedächtnisleistung bis zu 20 Prozent verbessert. Das intensive Kauen fördert die Hirndurchblutung. Man sollte daher Kindern nicht das Kaugummikauen verbieten.
- An der Columbia-Universität, USA, hat man herausgefunden: Kaugummi kauen entspannt die Muskeln, steigert die Konzentration und hält länger wach. Außerdem steigert es das Selbstbewusstsein.
- Man kann mit zuckerfreiem Kaugummi bei einer Diät den Heißhunger bremsen.
- Wer sich immer wieder aus schlechter Gewohnheit mit der Zunge die Lippen leckt oder aus Nervosität mit den Zähnen in die Lippen beißt, der sollte Kaugummi kauen. Man kann sich damit die Unart abgewöhnen und verhindert, dass die Lippen rissig, spröde und entzündet sind.
- An kalten Wintertagen kann man mit Kaugummikauen einer Ohrenentzündung entgegenwirken. Durch die Kaubewegungen öffnet sich die Eustachische Röhre zwischen Mittelohr und Mundhöhle. Das Ohr wird entlüftet, bleibt trocken. Bakterien, die eine Entzündung auslösen, können sich erst gar nicht ansiedeln.

Kauen Sie aber nicht zu viel zuckerfreien Kaugummi. Man kann davon Durchfall bekommen.

Zitrusfrüchte: Naturarzneien für kalte Tage

Wenn es draußen kalt und ungemütlich ist, wenn viele rund um uns erkältet sind, dann sollten wir viel Vitamin C aufnehmen. Die beste Lösung: Genießen Sie oft Zitrusfrüchte. Sie sind eine ideale gesunde Abwechslung zu den Festtagsschlemmereien. Und man kann sie in gewisser Weise als Naturarzneien betrachten.

Es gibt viele Zitrusfrüchte. Daher wird mancher fragen: Ist es egal, ob ich eine Orange, Mandarine, Grapefruit oder Zitrone konsumiere?
Alle diese Zitrusfrüchte haben eines gemeinsam: die interessanten Mengen an Vitamin C. Unsere Abwehrzellen – vor allem die Killerzellen – brauchen Vitamin C als Nahrung, damit sie gegen Krankheitserreger aktiv werden können. Da dieses Vitamin C im Körper aber schnell verbraucht und abgebaut wird, muss man es mehrmals am Tag aufnehmen. Wer morgens ein paar Orangen isst, der hat keineswegs für den ganzen Tag einen guten Schutz mit Vitamin C.
Was wenige wissen: Vitamin C schützt uns nicht nur gegen Erkältungen und andere Infektionsgefahren. Vitamin C macht auch stark gegen Stress, stoppt Zahnfleischbluten und aktiviert unsere Glückshormone.
Alle Zitrusfrüchte haben aber noch etwas gemeinsam: wertvolle Pflanzenfarbstoffe, auch Bioaktivstoffe oder Bioflavonoide genannt. Allerdings hat der Nobelpreisträger Albert Szent-Györgyi entdeckt: Die meisten dieser wichtigen Substanzen befinden sich nicht im Fruchtfleisch, sondern in dem schwammigen, weißen Gewebe, das sich zwischen dem Fruchtfleisch und der Schale befindet und das die meisten von uns abziehen und wegwerfen. Das sollten wir in Zukunft nicht tun.
Die Bioaktivstoffe der Zitrusfrüchte schützen unsere Zellen vor Umweltschadstoffen, vor den so genannten freien Radikalen. Sie senken das Krebsrisiko, helfen uns, dass wir nicht zu früh altern. Und durch das Mitessen der Bioaktivstoffe wird die Wirksamkeit des Vitamin C um ein Vielfaches verstärkt.
Und das sind nun die speziellen Eigenschaften der einzelnen Zitrusfrüchte und ihre optimale Einsatzmöglichkeit für unsere Gesundheit:
Die Zitrone fördert die Produktion der Magensäure, kräftigt das Zahnfleisch, Haare und Nägel. Zitronenlimonade ist ein wertvolles Begleitgetränk zu einer Diät. Die Wirkstoffe der Zitrone helfen Fettpolster abbauen.
Eine besonders wichtige Aufgabe aber erfüllt die Zitrone im Winter im Rahmen der Ernährung. Kopfsalat aus dem Treibhaus enthält, weil jetzt zu wenig Sonne scheint, viele Nitrate. Sie werden beim Essen des Salates in unserem Körper zu Krebs erregenden Nitrosaminen. Wenn man die Marinade des Salates statt mit Essig mit Zitrone anrichtet, verhindern die Wirkstoffe der Zitrone die Umwandlung der Nitrate in Nitrosamine.
Die Orange, die beliebteste Zitrusfrucht der Deutschen, macht geistig rege, stärkt die Konzentration. Kinder sollten daher in der Schule zwischendurch Orangen essen. Aber bitte, niemals die Orange bereits abgeschält mitgeben: Sie verliert dann sehr schnell ihre Wirkstoffe.
Orangen stärken den Kreislauf, fördern die Produktion von Sexualhormonen, vertreiben ganz schnell Müdigkeit und Erschöpfung und können – etwa nach der Silvesternacht – den Alkoholkater vertreiben.
Es ist sehr sinnvoll, nach einer Mahlzeit mit viel Fleisch eine Orange zu essen. Ihre

Wirkstoffe helfen, dass das Eiweiß vom Fleisch schneller und besser verarbeitet wird.
Mandarinen enthalten als einzige Zitrusfrucht sehr viel vom Pflanzenfarbstoff Rutin. Dieser festigt das Bindegwebe und hilft Frauen und Mädchen, der Cellulitis vorzubeugen.
Grapefruits stärken die Venen, beugen Krampfadern vor und fördern – wie die Zitrone – den Abbau von Fettpolstern.

Hühnersuppe und Ingwer vertreiben den Schnupfen

Der Schnupfen hat jetzt Hochsaison. Niesen und Schneuzen sind bei Jung und Alt an der Tagesordnung. Und wir alle wissen: Ein zünftiger Schnupfen kann die Lebensqualität erheblich beeinträchtigen. Daher sollte man so früh wie möglich etwas dagegen tun. Sie werden staunen, was für ungewöhnliche, ja kuriose Rezepte es da gibt. Mein Rat: einfach ausprobieren!

- Mischen Sie 1/8 Liter Holundersaft (Reformhaus) mit 1/8 Liter heißem Wasser. Rühren Sie 1 Teelöffel Honig ein und geben Sie 2 Gewürznelken dazu. Erhitzen Sie das Ganze noch einmal kurz. Dann in kleinen Schlucken trinken.
- Gießen Sie in einen Topf 1/4 Liter Apfelessig und 1/8 Liter Wasser. Erhitzen Sie die Mischung und atmen Sie 15 Minuten lang die aufsteigenden Essigdämpfe ein.
- Schälen Sie eine große Zwiebel und schneiden Sie diese in kleine Würfel. Geben Sie die Zwiebelstücke in einen Topf mit 1 Liter Wasser und lassen Sie das Ganze einmal kräftig aufkochen. Dann atmen Sie die aufsteigenden Dämpfe 10 Minuten lang ein.
- Besorgen Sie sich aus der Apotheke Allium cepa D2, die homöopathische Tinktur aus dem Zwiebelsaft. Nehmen Sie einige Tage 3- bis 5-mal täglich – je nach Stärke des Schnupfens – 15 Tropfen auf ein kleines Stück Vollkornbrot. Sie müssen lange und intensiv kauen.
- Bereiten Sie Hühnersuppe zu und essen Sie zweimal täglich 1 Teller. Die Suppe muss mit Gemüse und vor allem mit dem Fleisch der Hühnerbrust zubereitet sein. Sie sollte sehr warm gegessen werden. Das Geheimnis der Wirkung: In der Hühnerbrust befinden sich interessante Mengen vom Spurenelement Zink. Und Zink, das haben jüngste Studien an der Universität Oxford, England, und an der Universität Philadelphia, USA, ergeben, ist eine sehr wirksame Waffe gegen den Schnupfen.
- Sie sollten unterwegs immer ein Fläschchen japanisches Heilpflanzenöl oder Eukalyptustinktur dabeihaben. Öffnen Sie die Flasche immer wieder und schnuppern Sie daran.

- Trinken Sie eine Woche lang jeden Tag einen Anti-Schnupfen-Cocktail. Das Rezept ist für 2 Personen: Gießen Sie in einen Glaskrug 1/4 Liter frisch gepressten Orangensaft (Vitamin C), 1/8 Liter Möhrensaft (Vitamin A und Betacarotin), 1/8 Liter Rote-Bete-Saft (Farbstoff Betanin, wirkt antiviral und antibakteriell) und 1 Teelöffel Weizenkeimöl (Vitamin E). Sie können mit etwas Honig süßen. Gut durchmixen und in kleinen Schlucken trinken.
- Kauen Sie in regelmäßigen Abständen eine Ingwerwurzel (Apotheke), die Sie vorher in frisch gepressten Zitronensaft getaucht haben.
- Essen Sie 5-mal am Tag 1 gehäufte Gabel mit rohem, frischem Sauerkraut. Gut und lange kauen.
- Trinken Sie gegen den Durst Hagebuttentee. Essen Sie zum Frühstück Hagebuttenkonfitüre. Überall ist viel Vitamin C drinnen. Das stärkt die Abwehrkräfte.
- Ein uraltes Bauernrezept: Kochen Sie 3 Esslöffel Vollkorngerste in 1/4 Liter Milch. Durchseihen. Die Milch mit 1 Teelöffel Honig und 2 Teelöffel Melissengeist nach dem klassischen Klosterfrau-Rezept verrühren. Vor dem Zubettgehen lauwarm trinken.

Mit Wärme und viel Flüssigkeit gegen die Mandelentzündung

Derzeit leiden viele Menschen an einer Mandelentzündung. Man nennt sie in der Medizin auch Angina. Das heißt nichts anderes als Enge. Gemeint damit ist das beklemmende Gefühl der Enge im mächtig angeschwollenen Hals.

Die typischen Symptome: Schluckbeschwerden, starke Halsschmerzen, Fieber – und zwar eine Körpertemperatur über 37,7 Grad –, mitunter sogar Schüttelfrost, Kopfschmerzen, allgemeines Unwohlsein und sehr oft auch Heiserkeit oder Stimmverlust. Ist die Mandelentzündung bereits etwas fortgeschritten, kann man bei einem Blick in den Spiegel sehen, dass die Mandeln dunkelrot und angeschwollen sind, oft mit weißen Tupfen bedeckt. Das sind kleine Eiterpusteln.

Es kann sein, dass die Erkrankung innerhalb von drei Tagen vorbeigeht. Ist das nicht der Fall, dann muss der Arzt eingeschaltet werden.

Wichtig ist, dass man beim ersten Anzeichen einer Mandelentzündung selbst sofort aktiv wird. Das muss man tun: Bleiben Sie im Bett. Die Bettwärme liefert die gleichmäßige Wärme, die der Körper jetzt braucht, um rasch wieder gesund zu werden. Nehmen Sie nur weiche oder flüssige Nahrung zu sich. Etwas anderes schaffen Sie bei einem stark angeschwollenen Hals gar nicht. Trinken Sie viel, am besten warme Kräutertees. Heiße Getränke verstärken die Schmerzen! Meiden Sie Fruchtsäfte. Sie reizen den Hals. Gurgeln Sie mit Salzwasser. Dazu verrühren Sie 2 Teelöffel Salz in 1/4 Liter lauwarmem Wasser. Es ist auch sehr sinnvoll, warmen Salbei-

tee zu trinken und mit einem Teil davon zu gurgeln. Das lindert die Schmerzen und lässt die Entzündung schneller abklingen.
Legen Sie einen warmen Wickel an: Tauchen Sie ein Leinentuch in $^1/_2$ Liter warmen Essig, wringen Sie es aus und wickeln Sie es um den Hals. Darüber kommt ein trockenes Leinentuch und ein Wollschal. Sie können aber das Tuch auch nur in sehr warmes Wasser tauchen und um den Hals legen.
Mancher wird fragen: Wie kommt es denn nun eigentlich zu einer Mandelentzündung? In den meisten Fällen ist zuerst einmal eine Erkältung vorhanden. Das Immunsystem ist also geschwächt. In dieser Phase bekommt man durch Tröpfcheninfektion von einem kranken Mitmenschen Bakterien übermittelt: durch Niesen, Husten, durch eine flüssige Aussprache und durch Händeschütteln.
So können Sie das Risiko für eine Mandelentzündung senken: Gehen Sie viel an die frische Luft. Ernähren Sie sich vitaminreich. Atmen Sie immer nur durch die Nase, niemals durch den Mund. Bei einer Begegnung mit erkälteten Menschen schützen Sie Mund und Nase mit einem Schal. Nach der Begegnung: Hände waschen und die Mundhöhle desinfizieren. Geben Sie einige Tropfen Propolistinktur aus dem Bienenstock oder australisches Teebaumöl in ein Glas lauwarmes Wasser und gurgeln Sie damit.
Die Mandeln im Gaumen sind dazu da, im Rachenraum krank machende Bakterien abzuwehren. Wenn jemand bis zu 4-mal im Jahr an Angina erkrankt und wenn seine Mandeln schon sehr zerklüftet und zerstört sind, dann wird der Arzt zu einer Entfernung der Mandeln raten. Ihr Verlust ist aus zwei Gründen nicht so schlimm: Mit zunehmendem Alter wird die Abwehr der Mandeln schwächer. Außerdem übernehmen dann die Rachenmandeln, die Zungengrundmandeln und der Seitenstrang die Aufgabe der Abwehr.
Es gibt auch ein kurioses, angenehmes Hausmittel bei einer Mandelentzündung, das allerdings nur nach Einwilligung des Arztes angewendet werden sollte: Essen Sie Vanilleeis. Kein Fruchteis. Die Kälte wirkt schmerzlindernd.

Ginseng: die tägliche Energie für Frau und Mann

Wer in unserer heutigen Zeit mitten im Leben steht, Familie hat und im Berufsleben Erfolg haben möchte, der braucht in erster Linie jeden Tag aufs Neue geistige und körperliche Energie. Die traditionelle asiatische Medizin kann ihm da eine wertvolle Hilfe sein. Die Ginsengwurzel, eine der ältesten Heilpflanzen der Welt, hat sich als ideale Energiequelle erwiesen. Dazu kommt noch, dass sich die asiatische Naturmedizin seit einiger Zeit bei uns großer Beliebtheit erfreut.
Die Ginsengwurzel war bereits 2000 Jahre vor unserer Zeitrechnung im Osten eine anerkannte Heilpflanze. Sie wurde damals mit Gold aufgewogen und war nur Herr-

schern vorbehalten. In Europa entdeckte man die heilsame Wirkung von Ginseng im 17. Jahrhundert. Aber erst um das Jahr 1920 begann man die Wirkung zu untersuchen. In alter Zeit hat man die Wurzel an Waldesrändern gesucht und geerntet. Heute gibt es fast nur kultivierten Ginseng.

Ginseng ist nicht gleich Ginseng. Das hochwertigste Naturprodukt kommt aus Korea: nämlich Panax-Ginseng C. A. Meyer. Es gibt roten und weißen Ginseng. Beide Arten stammen aus derselben Pflanze. Sie werden bloß unterschiedlich verarbeitet. Weißer Ginseng wird mit Schwefeldioxyd gebleicht und dann getrocknet. Roter Ginseng wird mit heißem Wasserdampf behandelt. Dadurch behält die Wurzel ihre Farbe. Chemisch und pharmakologisch gibt es keinen Unterschied. In jedem Fall kommt amerikanischer Ginseng an die Wirkungsweise des Korea-Ginseng nicht heran. Die Hauptwirkstoffe in der Ginsengwurzel sind die Ginsenoside. Man kennt heute 29 verschiedene Ginsenoside.

Und so wird Ginseng für die Naturmedizin gewonnen: Es dürfen nur Wurzeln von Pflanzen verwendet werden, die fünf bis sechs Jahre alt sind. Da sind die Wirkstoffe am intensivsten. Die Wurzeln werden gereinigt, getrocknet. Nur Wurzeln, die keine Bakterien, Pilze oder Umweltschadstoffe enthalten, werden zerkleinert und verarbeitet. Handelt es sich um puren Ginsengextrakt aus bestem, weißem koreanischen Panax-Ginseng, pharmazeutisch streng kontrolliert, dann spricht man vom Gerimax-Ginsengextrakt.

Es gibt diesen Extrakt in zwei Formen in der Apotheke: als Tabletten und als Tonikum. Der Extrakt ist standardisiert. Das bedeutet: Während in jeder Wurzel nicht die gleiche Wirkstoffmenge zu finden ist, enthalten Tabletten und Tonikum immer die Ginsenoside in gleicher Qualität und Quantität.

Welche Möglichkeiten bietet Ginseng? Da gibt es eine breite Palette. Es sind dazu von 1993 bis 1996 intensive wissenschaftliche Studien durchgeführt worden. Hier die Ergebnisse:

- Ginseng steigert die Kozentration um 18 Prozent. Aber auch die Reaktionsfähigkeit im täglichen Leben wird verbessert.
- Man wird leistungsfähiger.
- Wer Ginseng nimmt, bringt mehr Energie an den Tag. So kann man zum Beispiel die gefürchtete Frühjahrsmüdigkeit mit Ginseng spielend in den Griff bekommen. Erschöpfungszustände werden rasch beseitigt. Man kann ihnen aber auch von vornherein vorbeugen.
- Ginseng macht stressfest.
- Nach einer Krankheit oder nach einer Operation kann sich der Organismus mit Ginseng rasch wieder erholen.
- Man kann mit Ginseng die Immunkraft aufbauen.
- Ginseng hatte immer den Ruf, für den Mann potenzfördernd zu sein. Lange Zeit

gab es dafür aber keine wissenschaftliche Bestätigung. Jüngste Labortests in Schweden haben ergeben: Die Ginsengwirkstoffe greifen positiv in den Stoffwechsel von Stickoxidul im männlichen Organismus ein. Diese Substanz ist am Aufbau der Liebeslust und Liebeskraft beteiligt.

Wenn Sie zum Winterende aus der Ginsengwurzel Energie holen wollen, sollten Sie eine Kur von sechs bis acht Wochen damit durchführen. Die erste Wirkung zeigt sich erst nach sieben Tagen und wird danach immer deutlicher spürbar. Die Dosis: Man nimmt vom Gerimax-Ginsengextrakt täglich 1 Tablette oder einen halben Messbecher flüssiges Tonikum.

Basilikum, Salz & Zehenreiben für eine Superkonzentration

Geht es Ihnen auch so? Es gibt Tage, an denen ist das Gehirn wie blockiert. Man erinnert sich weder an Namen, Adressen oder Telefonnummern. Man kann sich nicht konzentrieren. Das ist kein Zeichen von Alter, das passiert auch ganz jungen Menschen. Und wenn das nur fallweise passiert, dann kann man mit natürlichen Kräften etwas dagegen tun. Es gibt sogar sehr ausgefallene Rezepte. Mein Rat: einfach ausprobieren!

- Für den Fall, dass Sie einen Tag mit Konzentrationsstörungen haben, sollten Sie eigentlich immer in einem Topf frisches Basilikum am Fensterbrett stehen haben, dort hegen und pflegen. Kauen Sie dann ein paar gut gewaschene Basilikumblätter. Oder genießen Sie Mozzarella mit Tomaten und Basilikum. In diesem beliebten Küchenkraut befinden sich die ätherischen Öle Eugenol und Estragol. Sie wirken direkt auf das Denkzentrum in unserem Gehirn.
- Wer morgens nach dem Aufwachen zerstreut und vergesslich ist, sollte sich eine alte Sitte der japanischen Zen-Mönche angewöhnen. Setzen Sie sich unmittelbar nach dem Aufwachen in Ihrem Bett auf, greifen Sie mit den Fingern nach den Zehen und reiben Sie nun jede Zehe einzeln ganz fest. Dann ziehen Sie an jeder Zehe intensiv. Schließlich reiben Sie mit dem Innenrand der großen Zehe des einen Fußes die Fußsohle des anderen Fußes. Sie aktivieren damit Nervenbahnen, die direkt ins Denkzentrum des Gehirns führen.
- Wenn Sie das Gefühl haben, Ihr Gehirn braucht etwas Kraft und Hilfe, dann machen Sie eine ganz spezielle Birnen-Nuss-Kur, die um die Jahrhundertwende viele Hausärzte Schulkindern und alten Leuten empfohlen haben: Essen Sie eine Woche lang jeden Tag 1 Kilo saftige Birnen und dazu 10 Walnüsse. Nüsse und Birnen enthalten alle Spurenelemente, die das Gehirn für eine gute Arbeit benötigt.
- Es ist auch sehr sinnvoll, jeden Tag ein paar Rechenübungen im Kopf durchzu-

führen. Vergessen Sie endlich einmal wieder auf den elektronischen Taschenrechner. Lernen Sie ein Gedicht auswendig. Auch das macht geistig wieder fit.

- In den letzten Jahren haben viele Ärzte immer davor gewarnt, dass Menschen mit hohen Blutdruckwerten auf Salz verzichten oder zumindest nur ganz wenig davon beim Würzen der täglichen Speisen einsetzen sollten. Inzwischen revidieren viele Mediziner und Ernährungsfachleute diese Meinung. Wer ganz auf Salz verzichtet oder zu wenig zu sich nimmt, kann Konzentrationsstörungen bekommen. An der Bonner Universitätsklinik hat man nachgewiesen: Wenn Menschen lange Zeit zu wenig Salz konsumiert haben, sinkt die Hirnleistung ab. Sie ist sofort wieder da, wenn die Salzzufuhr wieder stimmt.
- Jeder von uns sollte für alle Fälle den Akupressurgriff gegen Konzentrationsstörungen aus der chinesischen Medizin kennen: Der dafür zuständige Energiepunkt heißt LG 20 und liegt genau in der Mitte der Schädeldecke an der höchsten Stelle des Kopfes. Hier massieren Sie mit dem Zeigefinger der rechten Hand in kreisenden Bewegungen mit leichtem Druck, etwa 1 bis 2 Minuten. Kurze Pause machen und die Übung so lange wiederholen, bis Sie sich geistig wieder fit fühlen.

Mit Gemüsesäften, Pfefferminzöl und Petersilie gegen Migräne

Millionen Menschen – Erwachsene und Kinder – leiden in regelmäßigen Abständen unter Migräneanfällen. Die meisten greifen in ihrer Verzweiflung zu starken Medikamenten, oft ohne den Arzt zu fragen. Sie gefährden damit ihre Gesundheit. Daher sollte man zuerst immer versuchen, die Migräne mit Naturrezepten zu bekämpfen. Man sollte es nicht glauben: Aber die kuriosesten und ungewöhnlichsten Rezepte bringen da oft – und noch dazu nebenwirkungsfrei – die schnellste Hilfe. Mein Rat: einfach ausprobieren!

- Setzen Sie Wärme ein: Legen Sie eine mit heißem Wasser gefüllte Gummiwärmflasche auf den Kopf. Oder lassen Sie die heiße Luft Ihres Haarföhns auf die schmerzenden Stellen auftreffen. Tragen Sie ein paar Stunden lang – auch in der Wohnung – eine dicke, warme Wollmütze. All diese Wärmemaßnahmen fördern die Durchblutung der Kopfgefäße.
- Kauen Sie 3 Esslöffel klein gehackte frische, rohe Petersilie.
- Kauen Sie 1 gehäuften Esslöffel Sonnenblumenkerne.
- Legen Sie sich für 30 Minuten in ein abgedunkeltes Zimmer und entspannen Sie sich mit geschlossenen Augen.
- Trinken Sie 1/4 Liter Gemüsesaft: Rote-Bete-Saft, Sauerkrautsaft, Möhrensaft oder Kartoffelsaft. Sie können auch einen Cocktail aus allen diesen Säften – zu gleichen Teilen – mixen.

- Gehen Sie schwimmen. An der Universität Essen hat der Neurologe Prof. Dr. Hans Christoph Diener herausgefunden: Speziell bei Frauen werden Migräneanfälle seltener, wenn sie regelmäßig Schwimmsport betreiben.
- Bei Migräne am Morgen nach dem Aufwachen: Bleiben Sie auf dem Rücken im Bett liegen. Beine in die Höhe. Hände in den Hüften abstützen. Und dann Radfahrbewegungen in der Luft machen. 10 Minuten lang.
- Vertreiben Sie die Migräne mit Fingermassage: Massieren Sie mit allen Fingern Stirn, Schläfen und Nacken. Sie können auch eine Naturborstenbürste dazu verwenden. Reiben Sie Franzbranntwein-Gel oder Melissengeist in die Haut ein.
- Geben Sie 5 Tropfen Lavendelöl (Apotheke, Drogerie, Reformhaus) auf ein Stück Würfelzucker und lassen Sie den Zucker langsam im Mund zergehen. Die ätherischen Öle vom Lavendel wirken beruhigend.
- Essen Sie 3 saure, knackige Äpfel. Damit kann man sehr rasch einen Migräneanfall lindern. Das hat schon vor Jahren der österreichische Arzt Dr. Ewald Riegler herausgefunden.
- Schneiden Sie eine rohe Kartoffel in dünne Scheiben und legen Sie diese auf Stirn und Schläfen. 15 Minuten einwirken lassen.
- Trinken Sie beim Migräneanfall Majorantee: 1 Teelöffel Majoran mit 1 Tasse kochendem Wasser übergießen. 8 Minuten ziehen lassen. Durchseihen. Nicht süßen.
- Drücken Sie mit dem Daumennagel der rechten Hand die Unterseite der großen Zehe am rechten Fuß, genau dort, wo die Fußsohle beginnt. Über Nervenbahnen werden Selbstheilreaktionen im Schmerzzentrum des Kopfes aktiviert.
- Besorgen Sie sich Kampferöl (Apotheke), tränken Sie damit etwas Watte und stecken Sie je ein Stück in jedes Ohr. 30 Minuten einwirken lassen.

Warzen: Zwiebel, Salz und Bananenschalen helfen

Im Winter, wenn viele von uns regelmäßig in öffentliche Schwimmbäder oder in die Sauna gehen, werden ganz besonders leicht Warzen durch Viren übertragen. Wer sich einmal so eine Warze eingehandelt hat, der kriegt sie sehr schwer wieder los. Der Arzt setzt hornhautaufweichende Medikamente ein, die einige Tage aufgetragen werden. Oder er vereist die Warzen. Niemals dürfen Sie Warzen selbst aufschneiden oder aufkratzen! Wenn Sie selbst etwas tun wollen, dann versuchen Sie es doch mit einem von vielen ungewöhnlichen, kuriosen Naturrezepten, die zur Verfügung stehen. Mein Rat: einfach ausprobieren!

- Besorgen Sie sich eine Flasche Rizinusöl (Apotheke) und reiben Sie mehrmals am Tag die Warze damit ein. Bei vielen wirkt es besser, wenn sie anstelle von Riziniusöl Löwenzahn-Frischpflanzensaft (Reformhaus) einreiben.

- ❖ Holen Sie sich aus der Apotheke die homöopathische Tinktur der Thuje und bestreichen Sie 3-mal täglich die Warze mit jeweils 5 Tropfen.
- ❖ Ein besonders ungewöhnliches Rezept im Kampf gegen Warzen: Schälen Sie eine goldgelbe, reife Banane und genießen Sie sie. Was Sie brauchen, ist die Schale. Schneiden Sie davon ein kleines Stück ab und legen Sie dieses mit der weißen, weichen Innenseite der Schale auf die Warze. Binden Sie es mit einem Stück Mullbinde fest. Über Nacht einwirken lassen. Sie müssen das über einen längeren Zeitraum durchführen. Immer mit einer frischen Bananenschale!
- ❖ Sie können aber auch mit zwei Naturprodukten aus Ihrer Küche, die Sie fast täglich verwenden, Warzen erfolgreich bekämpfen: Zwiebel und Knoblauch. Schneiden Sie eine Zwiebel oder eine Knoblauchzehe in hauchdünne Scheiben. Legen Sie immer eine Scheibe auf die Warze und kleben Sie ein Heftpflaster darüber. 3-mal am Tag muss die Knoblauch- oder Zwiebelauflage gewechselt werden. Die antiviralen Substanzen in den beiden Gewürzen greifen die Warze an. Aber Vorsicht: Sie dürfen diese Naturtherapie in keinem Fall durchführen, wenn Sie eine Kontaktallergie auf Zwiebel oder Knoblauch haben. Dann kann es zu bösen Hautentzündungen kommen. Fragen Sie am besten vor dieser Kur Ihren Arzt.
- ❖ Eine ganz besonders raffinierte Art, eine Warze wegzubekommen, ist der Trick mit dem Vitamin E. Diese Methode haben Hautärzte in der Schweiz erprobt. Besorgen Sie sich aus der Apotheke eine Packung Kapseln mit natürlichem Vitamin E in der hohen Dosierung von 500 internationalen Einheiten. Stechen Sie 3-mal täglich eine Kapsel mit einer Nadel an zwei Stellen auf, drücken Sie das flüssige Vitamin E heraus und reiben Sie damit die Warze ein.
- ❖ Unsere Großmütter haben sehr oft Ameisensäure (Apotheke) auf die Warze aufgetragen. Die Warze wird jeden Abend damit betupft und anschließend mit einem Mullverband für die Nacht abgedeckt.
- ❖ Sehr beliebt in der bäuerlichen Bevölkerung ist die Salztherapie: Reiben Sie die Warze mit etwas Rizinusöl ein und streuen Sie dann etwas Kochsalz aus der Küche drauf. Legen Sie einen Mullverband darüber.

Heiße Kartoffeln und Kürbis heilen den Blasenkatarrh aus

Jetzt ist wieder die Zeit, in der viele Menschen – vor allem Frauen und Mädchen – auf Grund der Wintertemperaturen und des nasskalten Wetters an einem hartnäckigen Blasenkatarrh oder an einer schmerzhaften Blasenentzündung leiden. Es ist sinnvoll, beim allerersten Anzeichen für die Erkrankung den Arzt aufzusuchen. Aber auch er wird Ihnen raten, zuerst natürliche Mittel einzusetzen. Und speziell im Einsatz gegen Blasenentzündung und Blasenkatarrh gibt es recht ungewöhnliche, kuriose Rezepte. Mein Rat: einfach ausprobieren!

- ❖ Nützen Sie die Heilkraft der Bettwärme. Legen Sie sich für mindestens zwei bis drei Tage ins Bett. Legen Sie zusätzlich eine mit heißem Wasser gefüllte Gummiwärmflasche auf den Unterleib. Das fördet ganz enorm die Genesung.
- ❖ Ein Rezept, das viele nicht anwenden, weil es ihnen zu wenig medizinisch erscheint. Doch es wirkt erstaunlich und wird daher auch von vielen Hausärzten empfohlen: Bereiten Sie in einem Topf mit ganz wenig Wasser 3 Kilo Pellkartoffeln zu. Zerdrücken Sie diese, solange sie ganz heiß sind, mit einer Gabel, schlagen Sie den Brei in ein Leinentuch ein und legen Sie dieses auf die Blasengegend. Die Erklärung für die Wirkung: Die Pellkartoffeln strahlen eine besonders intensive und lang anhaltende Wärme aus. Und genau das ist wichtig für die Ausheilung der Blasenentzündung.
- ❖ Eine sinnvolle Alternative aus vergangenen Zeiten ist der Heublumensack. Man füllt einen kleinen Leinensack mit einigen Händen voll Heublumen (Apotheke) und erhitzt den Sack über Wasserdampf. Dann legt man den heißen Heublumensack auf.
- ❖ Trinken Sie, wenn Sie Probleme mit der Blase haben, einige Zeit jeden Tag $^1/_2$ Liter Rote-Bete-Saft. Der Farbstoff Betanin in der Roten Bete stoppt Viren und Bakterien, die bei der Blasenentzündung im Körper aktiv werden.
- ❖ Auch der tägliche Konsum von $^1/_4$ Liter Traubensaft fördert das Gesundwerden.
- ❖ Großmutters altbewährtes Sitzbad gegen Blasenkatarrh hat auch heute noch medizinische Bedeutung. Setzen Sie sich zweimal die Woche in die Wanne. Während der Badezeit von 20 Minuten sollte die Wassertemperatur von 35 auf 42 Grad Celsius durch den Zulauf von Heißwasser gesteigert werden. Nach dem Sitzbad ab ins Bett. Mindestens eine Stunde ruhen.
- ❖ Es hat sich in der ärztlichen Praxis gezeigt, dass eine Blasenentzündung oder ein Blasenkatarrh schneller auskuriert sind, wenn man einige Zeit jeden Tag ein Kürbisgericht isst. Im Fruchtfleisch des Kürbisses befinden sich entzündungshemmende Substanzen: so genannte Delta-7-Sterole. Sie sind in hoher Konzentration – gemeinsam mit dem Wirkstoff Sytosterin – auch in den weichschaligen Kürbiskernen aus der Apotheke oder Drogerie zu finden. Darum ist es auch empfehlenswert, jeden Tag 1 Esslöffel von diesen Kürbiskernen zu knabbern.
- ❖ Trinken Sie drei Wochen lang täglich 3 Tassen Brennnesselwurzeltee (Apotheke).

Mit Haferschleim & Zitrone gegen den Karnevalskater

Die tollen Tage gehen auch wieder vorbei. Und viele, die sich im Karneval – oder Fasching – voll dem Singen, Tanzen, Schunkeln, Essen und Trinken hingegeben haben, die fühlen sich am Aschermittwoch und die Tage danach nicht sonderlich gut. Vor allem der Alkohol hat Spuren hinterlassen. Wenn man allerdings sofort etwas gegen den Karnevalskater unternimmt, dann ist das Problem schnell wieder aus der Welt. Es gibt eine Reihe von wirkungsvollen und sehr ungewöhnlichen Rezepten. Mein Rat: einfach ausprobieren!

- Wenn die Folgen des Alkohols nicht gar so schlimm sind, dann genügt ein sehr sanftes Hausmittel: Gießen Sie 1/4 Liter frisch gepressten Orangensaft in ein Glas und rühren Sie 5 Esslöffel Artischockensaft (Reformhaus) und – nach Geschmack – 2 bis 3 Teelöffel Honig dazu. Trinken Sie das Ganze in kleinen Schlucken. Das Vitamin C macht wieder frisch und fit. Der Wirkstoff Cynarosid aus der Artischocke, der 1958 von dem bulgarischen Wissenschaftler Prof. Dr. Maros entdeckt wurde, regeneriert die Leber und baut, wie Studien bewiesen haben, bereits angegriffene Leberzellen wieder auf. Außerdem wird der Abbau des Alkohols aus der Leber beschleunigt.
- Sehr wirksam sind ein paar Tipps aus dem Fischladen: Kauen Sie intensiv 2 Rollmöpse, 2 Salzgurken oder einen halben Salzhering mit einem Stück Vollkornbrot. Alle diese pikanten Genüsse liefern dem Organismus Mineralsalze, die mit dem Alkohol aus dem Körper ausgeschieden worden sind.
- Trinken Sie 4-mal am Tag 1/8 Liter Rote-Bete-Saft (Reformhaus) in kleinen, langsamen Schlucken. Der Eiweißbaustein Betain in der Roten Bete beeinflusst positiv den Fettstoffwechsel und entlastet dadurch die Leber bei ihrer Arbeit.
- Eine ähnliche Aufgabe erfüllt auch der Selleriesaft. Man trinkt 3-mal am Tag 1/8 Liter davon.
- Wenn der Karnevalskater etwas stärker ausgefallen ist, dann sollten Sie mit folgendem Rezept versuchen, schnell wieder auf die Beine zu kommen: Gießen Sie 1/4 Liter Tomatensaft ein und rühren Sie 1 rohes Eigelb und 1 Teelöffel Worcestersoße ein. Würzen Sie mit Pfeffer und Kräutersalz und trinken Sie das Ganze zügig.
- Das wohl kurioseste Rezept gegen den Karnevalskater: Bereiten Sie aus 1/8 Liter Wasser, 1 Gemüsebrühewürfel und 3 Esslöffel Vollkornhaferflocken eine Haferschleimsuppe zu. Gießen Sie nun 1 Tasse starken, ungesüßten Bohnenkaffe in die Suppe und pressen Sie den Saft von 1/2 Zitrone dazu. Umrühren. Mit Todesverachtung essen. Es sieht schrecklich aus. Es schmeckt schrecklich. Aber es wirkt.
- Es gibt auch einen einfachen, hilfreichen Akupressurgriff gegen den Karnevalskater. Setzen Sie den Zeigefinger der rechten Hand genau in der Mitte des Nackens an und massieren Sie nun entlang der Schädeldecke bis zur Stirn nach vorn. Wiederholen Sie die Massage immer wieder.

Schutz vor Zeckenbissen: Jetzt muss geimpft werden

Jetzt ist es wieder so weit: Die Temperaturen steigen an. Viele von uns arbeiten wieder im Garten, wandern durch die Natur, betreiben Sport im Freien. Und damit sind die Menschen einer großen Gefahr ausgesetzt: der Infektion durch einen Zeckenbiss, in der Medizin auch Frühsommer-Meningoenzephalitis genannt. Durch umfangreiche wissenschaftliche Forschungen der letzten Jahre weiß man: Ein einziger Zeckenbiss kann zu Gehirnhautentzündung mit all ihren Folgen, zu Lähmungen, zu geistiger Debilität oder zum Tod führen.

Erfahrene Ärzte betonen daher: Es gibt gegen diese schreckliche Gefahr, die in der Natur des Frühlings lauert, einen Schutz durch die vorbeugende Zeckenimpfung. Und diese sollte unbedingt jetzt durchgeführt werden, solange die Zecken noch nicht aktiv sind.

Die Zecken – es gibt davon sieben Arten in Europa – überwintern im Boden unter abgestorbenem Laub. Klettern nach dem Winter die Temperaturen auf +8 Grad Celsius, dann werden die Tierchen lebendig und suchen ein Opfer für ihre „Blutmahlzeiten“. Sie lauern im Unterholz von Wäldern, auf Sträuchern oder Gräsern in der Wiese auf Tiere und Menschen. Sie werden im Vorbeigehen abgestreift und setzen sich meist an Beinen, Armen, im Haarbereich, hinter den Ohren, ja sogar an den Geschlechtsteilen fest. Da der Speichel der Zecke eine betäubende Flüssigkeit enthält, spürt man oft den Biss nicht.

Und so kommt es zur gefährlichen Zeckenkrankheit: Der Holzbock, so wird die Zecke auch genannt, beißt den Menschen, um ihm Blut abzusaugen. Im Augenblick des Bisses gelangt ein Serum aus dem Körper des Tieres ins menschliche Blut. Handelt es sich nun um eine mit Viren infizierte Zecke, dann gelangen Viren in die Blutbahn des Menschen. Ein verhängnisvoller Krankheitsverlauf beginnt. Innerhalb von 2 bis 14 Tagen, mitunter auch erst innerhalb von 28 Tagen kommt es zu Erscheinungen, die einer Grippe ähnlich sind: Fieber, Abgeschlagenheit. Dann folgen beschwerdefreie Tage. Dann aber treten plötzlich in einer zweiten Phase schwerere Krankheitssymptome auf: hohes Fieber, Kopfschmerzen, Lichtempfindlichkeit, steifer Nacken, Lähmungen von Gliedmaßen oder Atemlähmungen. Der Patient kann dabei sterben. Oder aber es bleiben ihm ein Leben lang Lähmungserscheinungen, Depressionen, geistige Störungen. Sehr oft entsteht durch einen kleinen Zeckenbiss furchtbares Leid für den Betroffenen sowie für die ganze Familie. Junge Menschen sind plötzlich bis an ihr Lebensende pflegebedürftig und behindert.

Osterreichische und amerikanische Wissenschaftler und Virologen haben im Jahr 1973 einen vorbeugenden Impfstoff entwickelt, der in den letzten Jahren verbessert wurde und nun gegen alle Zeckenviren, die in Europa vorkommen, wirksam ist.
Bei der so genannten FSME-Impfung wird ein Totimpfstoff – also keine lebendigen Viren – in den Organismus injiziert. Dadurch bilden sich Antikörper, welche die gefährlichen Viren nach einem Zeckenbiss unschädlich machen. Die Impfung besteht aus drei Teilimpfungen. Die erste Impfung sollte noch in der kalten Jahreszeit erfolgen, damit man geschützt ist, wenn die Zecken aktiv werden. Die zweite Teilimpfung erfolgt 14 Tage bis zu drei Monate nach der ersten Impfung und bietet einen Schutz von 90 Prozent. Die dritte Teilimpfung – neun bis zwölf Monate später – bringt einen Schutz von 100 Prozent. Die Auffrischungsimpfung erfolgt alle drei Jahre.

Mit Bauchlage, Kümmel und Schweigen gegen Blähungen

So viele Menschen leiden an Blähungen, aber keiner spricht gern darüber. Es ist ein Tabuthema. Dabei können Blähungen sehr schmerzhaft und lästig sein. Blähungen entstehen, wenn zu viel Luft im Darm eingeschlossen ist. Der Darm wird aufgebläht. Es entstehen die gefürchteten, übel riechenden Darmwinde.
Blähungen entstehen sehr oft durch schwer verdauliche Speisen wie Kohl, Hülsenfrüchte, Müsli, Beeren, Feigen, Trauben, Vollkornbrot und Rettich. Blähungen entstehen aber auch, wenn zu viel Zucker konsumiert wird, wenn Menschen beim Essen viel reden und dadurch zu viel Luft schlucken oder wenn sie zu hastig essen. Zu Blähungen kann es auch kommen, wenn man zu wenig Bewegung macht. Es können aber auch Darmstörungen oder seelische Konflikte wie Stress, Ärger und Ängste schuld daran sein.
Blähungen darf man nicht als gegeben hinnehmen. Man muss etwas dagegen tun. Möglichst früh. Es gibt viele Rezepte dagegen, darunter oft recht ungewöhnliche.

- Halten Sie sich an Großmutters Mahnung: „Sprich nicht beim Essen!“
- Kauen Sie jeden Bissen lange und intensiv.
- Ziehen Sie viele kleine Mahlzeiten drei großen am Tag vor.
- Meiden Sie Getränke mit viel Kohlensäure.
- Weichen Sie Hülsenfrüchte vor dem Zubereiten zwölf Stunden in Wasser ein und garen Sie sie dann unter Dampf. Kohlgemüse sollten Sie vor dem Zubereiten tieffrieren.
- Kauen Sie nach dem Essen frische, klein gehackte Petersilie.
- Legen Sie eine mit heißem Wasser gefüllte Gummiwärmflasche auf den Bauch.

- Legen Sie sich in Bauchlage auf eine harte Unterlage, am besten auf den Fußboden.
- 1 Teelöffel Fenchel wird mit 1/4 Liter kochendem Wasser überbrüht, 10 Minuten ziehen lassen. Durchseihen. Lauwarm vor den Mahlzeiten trinken. Das Rezept hat sich auch bei Kindern bewährt, wird von Kinderärzten empfohlen.
- Kauen Sie Kümmelkörner. Oder bereiten Sie Kümmeltee zu. 1 Tasse nach dem Essen trinken.
- Auch Salbeitee oder Anistee haben sich sehr bewährt.
- Nehmen Sie 3-mal täglich 2 Esslöffel Artischockensaft (Reformhaus) mit etwas Wasser verrührt.
- Ein uraltes Rezept ist der Dillwein: 2 Esslöffel Dillesamen wird in 1/4 Liter Weißwein aufgekocht. Abkühlen lassen. Durchseihen. Bei Blähungen jeweils ein Schnapsgläschen in kleinen Schlucken trinken.
- Mischen Sie 2 Liter heißes Wasser mit 1 Liter Apfelessig. Tauchen Sie ein Leinentuch ein, wringen Sie es aus und legen Sie es auf den Bauch. Wenn es kühl wird, ein neues, heißes Tuch auflegen.
- Geben Sie in eine Schale 3 Esslöffel Mandelöl und rühren Sie jeweils 3 Tropfen Pfefferminzöl und Basilikumöl dazu. Damit massieren Sie sanft, in kreisförmigen Bewegungen, mit beiden Händen den Bauch.

Wenn all diese Rezepte nicht helfen, dann sollten Sie auch mit Blähungen zum Arzt gehen. Es könnte eine Erkrankung des Darmes vorliegen.

Kartoffelwasser und Milchbrötchen zaubern den Reizhusten weg

Fast jede Erkältung greift auch die Atemwege an. Das ist die Erklärung, warum der Husten sowohl eine typische Begleiterscheinung als auch eine Folge eines grippalen Infektes sein kann. In den meisten Fällen handelt es sich um einen Reizhusten. Wenn es beim Husten in der Brust rasselt, pfeift und schmerzt, wenn die Atemwege stark verschleimt sind, dann muss unbedingt der Arzt aufgesucht werden. In allen anderen Fällen macht es Sinn, mit natürlichen Hausmitteln gegen den Husten anzukämpfen. Es gibt da recht ungewöhnliche Rezepte. Mein Rat: einfach ausprobieren!

- Besorgen Sie sich aus dem Reformhaus 1 Flasche Holundersaft und trinken Sie einige Zeit jeden Tag 1/4 Liter. Die Farbstoffe im Holunder stärken die angegriffenen Bronchien.
- Lassen Sie 50 Gramm braunen Kandiszucker in 1 Tasse Kartoffelwasser, das Sie nach dem Garen von Pellkartoffeln aufgehoben haben, einmal aufkochen. Dann trinken Sie die Flüssigkeit in kleinen Schlucken. Machen Sie das einige Tage lang. Das wirkt schleimlösend.

- Sehr bewährt gegen den Husten hat sich Thymiantee: 1 Teelöffel Thymian wird mit 1 Tasse kochendem Wasser übergossen, 10 Minuten ziehen lassen, durchseihen. 3 Tassen täglich trinken.
- Besorgen Sie sich Senfpulver aus der Apotheke oder Drogerie. Rühren Sie es mit heißem Wasser zu einem Brei an und machen Sie damit eine Auflage auf die Brust. Tragen Sie den Brei fingerdick auf die Haut auf und geben Sie ein Leinentuch darüber. Über Nacht einwirken lassen.
- Sehr kurios, aber höchst wirksam: Erhitzen Sie ¹/₄ Liter Milch, kochen Sie darin 2 weiße Brötchen und rühren Sie sie mit der Milch zu einem dicken Brei an. Diesen Brei tragen Sie auf Brust und Hals auf, lassen ihn 20 Minuten einwirken.
- Schälen Sie eine große Zwiebel, hacken Sie sie ganz klein. Bedecken Sie die Stücke in einer Schüssel fingerdick mit Honig. Lassen Sie das Ganze zugedeckt 12 bis 24 Stunden stehen. Von dem Sirup, der dabei entsteht, nehmen Sie jede Stunde 1 Teelöffel voll ein.
- Sehr bewährt hat sich der gute alte Ölfleck aus Großmutters Rezeptbuch. Erwärmen Sie etwas Olivenöl. Vorsicht: Es darf nicht heiß werden! Dann tauchen Sie ein Leinentuch ein, wringen es etwas aus und legen es auf die Brust. Darüber kommt ein trockenes Leinentuch und ein Wolltuch. Lassen Sie den Ölfleck über Nacht einwirken.
- Was wenige wissen: Wer unter Husten leidet, der braucht reichlich Vitamin C und das Provitamin A Betacarotin, damit die Genesung schnell vorangeht. Vitamin C liefern Sauerkraut, Paprikaschoten, Orangen, Mandarinen, Grapefruits. Betacarotin holt man sich aus Spinat, Möhren und Brokkoli.
- Versuchen Sie es auch mit der chinesischen Akupressur. Der dafür wichtige Energiepunkt heißt KG 22. Er liegt genau in der kleinen Vertiefung am oberen Rand des Brustbeines, zwischen den beiden Schlüsselbeinenden. Hier drücken Sie mit dem Zeigefinger in kreisenden Bewegungen 30 Sekunden, machen Pause und wiederholen die Übung.

Nasenbluten: Ein Gummiring, Tampons & Apfelessig helfen

Schneller, als man denkt, bekommt man Nasenbluten. Diese Erfahrung haben Sie sicher auch schon gemacht. Nasenbluten kann durch einen extremen Wetterwechsel, durch eine Verletzung, einen Sturz oder durch heftiges Schnäuzen hervorgerufen werden. Wer immer wieder an Nasenbluten leidet, sollte mit dem Arzt abklären, ob nicht ein Nasengeschwür, Bluthochdruck, ein Nieren- oder Leberleiden vorliegt. Gegen fallweise auftretendes Nasenbluten gibt es viele, mitunter sehr ungewöhnliche Rezepte.

- Wenn Nasenbluten auftritt, dann setzen Sie sich sofort hin und beugen Sie den Oberkörper nach vorn. Jetzt halten Sie mit einem Finger den betreffenden Nasenflügel so lange zu, bis der Blutfluss anhält. Sie dürfen sich einige Zeit nicht schnäuzen.
- Legen Sie sich flach auf den Rücken und stützen Sie den Nacken mit einem Tuch ab, das Sie zuvor in kaltes Wasser getaucht und etwas ausgewrungen haben.
- Legen Sie kalte Wickel um beide Waden.
- Binden Sie für 30 bis 60 Sekunden – auf keinen Fall länger! – mit einem Gummiring das oberste Segment eines kleinen Fingers ab. Kommt Blut aus dem rechten Nasenloch, dann ist der kleine Finger der rechten Hand dran. Kommt Blut aus dem linken Nasenloch, dann muss die Aktion am kleinen Finger der linken Hand durchgeführt werden. Hört das Nasenbluten nicht gleich auf, müssen Sie eine Pause machen und das Ganze wiederholen.
- Nehmen Sie ein Fußbad: Gießen Sie in einen Eimer 3 Liter heißes Wasser und geben Sie 4 Esslöffel Weizenkleie sowie 2 Esslöffel Apfelessig dazu. Lassen Sie das Bad 15 Minuten auf die Füße einwirken. Massieren Sie dabei intensiv die Kniekehlen. Danach reiben Sie die Fußsohlen mit Arnikatinktur ein.
- Wenn das Nasenbluten besonders heftig ist, verschließen Sie für ganz kurze Zeit den betreffenden Nasenausgang mit einem Tampon oder mit zusammengerollter Verbandsgaze.
- Versuchen Sie es mit dem Zwiebeltrick: Schneiden Sie 2 große Zwiebeln in jeweils 2 Hälften. Legen Sie 2 Hälften mit den Schnittflächen zur Haut in den Nacken. Die anderen beiden Zwiebelhälften pressen Sie für einige Zeit an die Nasenlöcher.
- Wenn Sie ein Löschblatt oder Zellstoff zu Hause haben, schneiden Sie ein kleines Stück davon ab und legen Sie es unter die Zunge. Dabei werden Reize ausgelöst, welche die kleinen Gefäße der Nasenschleimhaut zusammenziehen. Das stoppt die Blutung.
- Auch eine Nasenspülung mit Heilkräutertee kann helfen: 1 Esslöffel Eichenrinde und 1 Esslöffel Blutwurz werden in einem Topf mit 2 Tassen Wasser übergossen. 5 Minuten kochen lassen, durchseihen, dann abkühlen lassen. Der lauwarme Tee wird sanft durch die Nase hochgeschnupft.
- Mischen Sie 2 Esslöffel Wasser mit 1 Teelöffel Apfelessig. Geben Sie die Flüssigkeit in die hohle Hand und schnupfen Sie sie in die Nase hoch.

Wenn Sie oft Nasenbluten haben, sollten Sie nicht rauchen, einige Zeit keine Medikamente mit Acetylsalizylsäure, keine Knoblauchpräparate nehmen. Frauen und Mädchen sollten nur eine Antibabypille nehmen, die ganz wenig Östrogen enthält.

Nervosität: Lavendelöl, Honig und Champignons als Arznei

Es gibt Tage, da ist man sehr angespannt, steht unter Druck und muss sich selbst eingestehen: „Heute bin ich wieder so nervös!" – Dagegen sollte man sofort etwas tun. Es gibt eine Reihe von natürlichen Rezepten gegen Nervosität. Manche sind recht kurios.

- Hätten Sie gedacht, dass man sich die Nervosität einfach wegessen kann? Unsere Nerven brauchen Vitamin B_1. Das liefern Naturreis und Bohnen. Aber auch Vitamin B_2 ist wichtig: Das finden wir in Milchprodukten, im Hering und in der Forelle. Champignons sind sehr wichtig zum Stärken der Nerven, denn sie enthalten Vitamin B_5. Tanken Sie aber auch Vitamin B_6 mit Nüssen, Hefeflocken und Kartoffeln sowie Vitamin B_{12} mit Quark, Sauerkraut und Makrele.
- Wer nervös ist, sollte eifrig Trockenfrüchte kauen: Rosinen, Feigen, Datteln. Sie enthalten reichlich vom Antistressmineral Magnesium.
- Sehr nützlich ist es, 1 Teelöffel Honig langsam im Mund zergehen zu lassen, damit die Mundschleimhäute die Wirkstoffe intensiv aufnehmen können. Die Vitamine, Mineralstoffe, Spurenelemente sowie Enzyme wirken beruhigend.
- Essen Sie ganz langsam eine Banane und kauen Sie jeden Bissen 30-mal.
- Nehmen Sie 1 Teelöffel Bienenblütenpollen (Apotheke) in den Mund und lassen Sie das gelbe Pulver aus dem Bienenstock langsam zergehen.
- Kauen Sie Kardamomkörner. Das ist praktisch für unterwegs.
- Ein sehr bewährtes Rezept aus alter Zeit: Besorgen Sie sich aus der Apotheke 1 Fläschchen Lavendelöl. Geben Sie 10 Tropfen in ein Textiltaschentuch und schnuppern Sie tagsüber immer wieder daran. Sie können aber auch direkt am geöffneten Fläschchen riechen. Die ätherischen Öle der Lavendelblüten wirken sehr beruhigend.
- Trinken Sie in kleinen Schlucken 1 Glas Milch mit 1 Teelöffel Honig.
- Ein Rezept, das unsere Großmütter gerne anwendeten: Schneiden Sie einen Apfel mit Schale in kleine Stücke und übergießen Sie diese in einem Topf mit $^1/_2$ Liter kochendem Wasser. 1 bis 2 Stunden zugedeckt ziehen lassen. Diesen „Apfeltee" trinken Sie dann – mit Honig gesüßt – über den Tag verteilt.
- Stärken Sie Ihre Nerven mit Johanniskraut: Trinken Sie 1 Tasse Johanniskrauttee. Oder nehmen Sie 2 Esslöffel Johanniskrautsaft (Reformhaus) in etwas Wasser aufgelöst. Bei besonders starker, lange andauernder Nervosität macht es Sinn, hoch dosierten Johanniskrautextrakt in Drageeform (Apotheke) zu nehmen.
- Eine praktische Übung, mit der man ganz schnell die Nervosität abbauen kann: Setzen Sie sich aufrecht hin, drücken Sie die Zungenspitze gegen den Gaumen. Atmen Sie dabei durch die Nase ein und durch den Mund aus. Und legen Sie

dabei die Fingerspitzen beider Hände fest aneinander. Die Ubung sollte etwa eine Minute dauern und muss wiederholt werden.

- Knabbern Sie Popcorn gegen leichte Nervosität. Da ist Lecithin drinnen. Wenn Sie allerdings sehr nervös sind, ist es besser, Sie nehmen 1 Esslöffel flüssiges Naturlecithin (Apotheke), das aus der biologisch angebauten Sojabohne gewonnen wird.

Richtig heilfasten: Das alles muss man wissen

Jetzt ist sie wieder da, die Zeit, in der viele Menschen das Bedürfnis haben, eine mehr oder minder umfangreiche Fastenkur durchzuführen, um nach dem Winter so richtig zu entschlacken. Man muss einiges dazu wissen, damit man es richtig macht.

Eine klassische Heilfastenkur dauert 4 Wochen: 3 Wochen fasten, 1 Woche Aufbaudiät. So eine Kur muss immer unter ärztlicher Aufsicht durchgeführt werden. Es gibt aber die Möglichkeit für kleine Heilfastenkuren daheim. Auch diese sollte man aber mit dem Arzt absprechen.

Viele glauben: Fasten heißt hungern. Das ist falsch. Beim Heilfasten nimmt man keine feste Nahrung auf, dafür viele verschiedene Flüssigkeiten.

Wenn man heilfastet, geschieht in unserem Körper eine Menge: Der Darm wird gereinigt, überflüssige Stoffwechselschlacken werden abgebaut, Fettpolster werden gelöst. Der Körper ist normalerweise auf Speichern programmiert. Jetzt ist sein Hauptziel: Ausscheiden. Unsere „Müllabfuhr" wird in Schwung gebracht.

Beim Heilfasten ist ganz wichtig, dass wir uns Ruhe gönnen, nicht zur Arbeit gehen, Lärm und Stress meiden. Dafür aber sollten wir viel Bewegung machen. Am besten: spazieren gehen, wandern.

Wer zum ersten Mal eine Heilfastenkur durchführt, darf nicht erschrecken. Es treten einige Nebenerscheinungen auf: starker Körpergeruch, Mundgeruch, Zungenbelag, rinnende Nase, Frieren, Müdigkeit, die Monatsregel kann sich verzögern, langsamere Reaktionen beim Autofahren, Stimmungsschwankungen, dunkel gefärbter Harn.

Man muss also ganz besonders auf Körperhygiene achten, öfter die Zähne und die Zunge putzen, sollte viel ins Freie gehen und nicht Auto fahren.

Nach dem Heilfasten fühlt man sich wohler. Die Haut ist schöner und glatter. Man fühlt sich jünger, kann mehr leisten und hat ein gestärktes Immunsystem. Und man nimmt ab.

Man muss beim Fasten auf einige Alltagsgewohnheiten verzichten. Dazu gehören: Rauchen, Alkohol, Bohnenkaffee, Schwarztee, Süßigkeiten, kein Abführmittel, kein Fernsehen, kein Radio, keine Zeitung.

Eine Fastenkur zu Hause sollte so ablaufen: 1 Entlastungstag, 5 Fastentage, 3 Aufbautage. Am Entlastungstag isst man 1,5 Kilo, aufgeteilt auf 3 Mahlzeiten: Äpfel,

Birnen, Kiwis. Eine Alternative: morgens 1 Birne, 5 Haselnüsse; mittags und abends je 300 Gramm Pellkartoffeln, Kopfsalat mit Kräutern.
An den Fastentagen trinkt man morgens 2 Tassen Pfefferminztee oder Matetee. Vormittags lesen, spazieren gehen, Tee trinken. Mittags gibt es die Fastensuppe, abends einen Abendtrunk.
Das Rezept der Fastensuppe: 1 Kilo Kartoffeln, 1 Kilo Gemüse – Möhren, Sellerie, Petersilienwurzel, Kohl, Zwiebel, Tomaten, Paprika – und nach Geschmack Kümmel, Muskat, Pfefferkörner, Lorbeerblatt, Liebstöckel, Ingwerpulver, 3 Esslöffel geschroteten Dinkel mit kaltem Wasser zustellen, 30 Minuten kochen. Ohne Salz. Dann einige Zeit stehen lassen. Durchseihen. Trinken. Die Suppe ist basisch und baut die Übersäuerung des Körpers ab.
Das Rezept für den Abendtrunk: $^1/_8$ Liter Orangensaft mit $^1/_8$ Liter Wasser mischen. Man kann auch im selben Verhältnis einen biologischen Gemüsesaft oder einen anderen Obstsaft trinken.
An den folgenden 3 Aufbautagen isst man jeweils: 1 Apfel, 1 Möhre, 1 Walnuss, 2 Haselnüsse, Kartoffelsuppe, Getreidesuppe, Hirsesuppe.
Wenn man zwischendurch vom Hunger übermannt wird, darf man $^1/_2$ Tasse Buttermilch trinken.
Die ideale Zeit fürs Fasten ist der März zum abnehmenden Mond.

Neu entdeckt: Bei fettfreier Diät ist die Leber in Gefahr

Jetzt geht es endlich der schönen, warmen Jahreszeit entgegen. Bald können wir wieder leichte Kleidung tragen. Allerdings gibt es damit auch ein Problem: Viele haben in der kalten Jahreszeit Übergewicht angesetzt.
Die wenigsten wenden sich an ihren Arzt oder ziehen sich für eine Schlankheitskur in eine Klinik zurück, wo sie ihre überschüssigen Pfunde unter medizinischer Aufsicht loswerden können. Die meisten versuchen es zu Hause in Eigenregie mit einer Diät.
Da werden viele Fehler gemacht. Man vergisst, dass man Monate gebraucht hat, um Fett anzusetzen. Man kann daher nicht in 14 Tagen gertenschlank werden. Schnelles Abnehmen ist immer gesundheitsbelastend, oft sogar gesundheitsschädlich und gefährlich.
Nun hat der bekannte amerikanische Wissenschaftler Prof. Dr. Steven H. Zeisel, Leiter des Institutes für Ernährungswissenschaften an der Universität von North Carolina in Chapel Hill, eine wichtige Entdeckung gemacht.
Die meisten, die ihrem Übergewicht den Kampf ansagen, streichen das Fett aus ihrem Speiseplan. Das Modewort der letzten Jahre heißt: fettfreie Diät. In vielen Restaurants und Schnellimbissstuben kann man zu diesem Zweck auch fettfreie Speisen verlangen.

Prof. Dr. Steven H. Zeisel meint dazu: „Damit beginnt ein verhängnisvoller Teufelskreis. Die Betroffenen nehmen ab, sind dann schlank. Aber sie müssen bei einer ärztlichen Untersuchung erfahren: Sie haben Leberprobleme, leiden mitunter sogar an einer beginnenden Fettleber …!"
Wie ist es dazu gekommen?
An der Universität von North Carolina hat man das genau untersucht: Wenn der Mensch absolut kein Fett konsumiert, dann kann er auch kein Lecithin aufnehmen. Der fettähnliche Stoff Lecithin kommt in unserer täglichen Nahrung hauptsächlich im Fett vor.
Wenn nun kein Lecithin zur Leber gelangt, dann kann unsere Entgiftungszentrale aus dem Lecithin auch kein Cholin gewinnen. Dieses Cholin ist aber für die Leber von großer Bedeutung. Ohne Lecithin und Cholin kann die Leber nicht gesund bleiben, kann nicht mehr ihre Arbeit leisten.
Hat die Leber plötzlich kein Cholin zur Verfügung, dann beginnen einzelne Leberzellen abzusterben. Wenn man in diesem Stadium ganz schnell Lecithin zuführt, dann kann dieser Prozess gestoppt werden. Die Zellen erholen sich wieder. Die Leber arbeitet wieder normal. Wenn man der Leber längere Zeit kein Lecithin zuführt, kann das zu einer Reihe von Lebererkrankungen bis zur Fettleber führen.
Es gibt nun zwei Möglichkeiten, im Rahmen einer Diät die Leber zu schützen und vor einem Leiden zu bewahren:

- Bauen Sie in Ihre Diät Naturprodukte ein, die Lecithin enthalten und nicht zu viel Fett enthalten: Maiskeime, Hanfsamen, Raps, Leinsamen, Sonnenblumenkerne, Weizenkeime, Erbsen, Vollkornprodukte, Linsen und Sojabohnen. Die Sojabohne enthält Lecithin in höchster Qualität, wird daher auch die „Königin des Lecithins" genannt.
- Prof. Dr. Steven H. Zeisel rät: „Die beste Lösung, um die Diät nicht zu gefährden, wäre: Man nimmt Naturlecithin aus der Sojabohne zu sich, am besten in Form von Granulat oder von Kompaktfaszikeln, die man einfach kaut."
- Die richtige Dosis zum Schutz der Leber: 3-mal täglich 1 Esslöffel Granulat oder 3-mal täglich 1 bis 2 Kompaktfaszikel (Apotheke). Das beliebte flüssige Naturlecithintonikum ist in diesem Fall für die Leber nicht sinnvoll, weil es Alkohol enthält.

Schleudertrauma am Steuer: So können Sie vorbeugen!

Mit Beginn der schönen Jahreszeit sind auch wieder viele Autos auf unseren Straßen unterwegs. Das bedeutet: mehr Unfallgefahr. Bei Fahrten ins Wochenende oder in den Urlaub kommt es an erster Stelle zu Auffahrunfällen. Eine Notbremsung

hat oft Nackenschmerzen, Benommenheit oder Schwindelzustände zur Folge. Nehmen Sie das nicht auf die leichte Schulter. Gehen Sie sofort zum Arzt. Es kann sich um ein Schleudertrauma, auch Peitschenschlagsyndrom genannt, handeln.
Bei einem Auffahrunfall wird die Wirbelsäule enorm strapaziert. Es kommt nämlich durch das plötzliche Bremsen zu einer blitzschnellen Knickung der Halswirbelsäule. Vor allem, wenn zu diesem Zeitpunkt der Kopf zur Seite gedreht war, können viele Komplikationen entstehen.
In den meisten Fällen sind die Beschwerden eines Schleudertraumas nach einigen Wochen vorbei. Es kann aber auch zu längeren, zu chronischen Schmerzen, zu motorischen Behinderungen und zu Hirnverletzungen kommen.
Die meisten spüren unmittelbar nach dem Unfall die Folgen: Der Nacken ist steif und schmerzt. Die Schmerzen strahlen in den Kopf und in die Schultern aus. Die Hände sind zeitweise gefühllos. Es kommt zu Ohrensausen, Sehstörungen und Schwindel. Es können auch Schmerzen in der Brust- und der Lendenwirbelsäule auftreten.
Allerdings können die Beschwerden oft auch erst Tage später auftreten. Der Betroffene macht eine unglückliche Bewegung. Und dann sind all die Schmerzen plötzlich da.
Der Arzt wird die Wirbelsäule genau untersuchen. Er wird Medikamente gegen die Muskelverspannungen verordnen. Und nur er kann entscheiden, ob es sinnvoll ist, einige Wochen eine Halskrause zu tragen.
Und das sind einfache Maßnahmen, die man parallel zur ärztlichen Behandlung beachten sollte: Zugluft meiden, einige Zeit nicht fernschauen, nicht lesen, nicht am Computer arbeiten.
Das Wichtigste aber sind vorbeugende Maßnahmen, damit es zu einem Schleudertrauma erst gar nicht kommt:

- Achten Sie auf die Sitzposition im Auto. Die Rückenlehne sollte so aufrecht wie möglich gestellt sein.
- Geben Sie der Kopfstütze die richtige Position. Das ist wichtig zum Schutz der Halswirbelsäule. Das Alarmierende: Nur einer von 50 deutschen Autofahrern achtet darauf. Das haben im vergangenen Jahr Kontrollen der Autofahrerclubs ergeben. Die meisten Kopfstützen sind viel zu tief eingestellt. Das ist gefährlich. Bei einem Aufprall wird der Lenker leicht aus dem Sitz gehoben. Der Kopf prallt dann auf die zu niedrige Kopfstütze auf. Das kann tödlich enden.
- Kopf und Kopfstütze müssen zumindest auf einer Linie abschließen. Noch besser ist es, wenn die Stütze über den Kopf hinausragt.
- Der Abstand des Hinterkopfes zur Kopfstütze sollte so gering wie möglich sein.

Wer ein Schleudertrauma verhindern will, muss auch wissen, wie die ideale Haltung des Autofahrers sein sollte: Er muss mit leicht angewinkelten Knien und

Armen so hinter dem Lenkrad sitzen, dass die Schulterblätter auf der Lehne aufliegen und sich der Kopf knapp vor der Kopfstütze befindet.
Und noch etwas wäre wichtig: Halten Sie genügend Abstand vom vorderen Wagen und werfen Sie immer wieder einen Blick in den Rückspiegel, damit Sie den Wagen hinter sich unter Kontrolle haben.

Kombucha schafft Ordnung in unserem Körper

Der Frühling ist die ideale Zeit für ein „Großreinemachen" in unserem Organismus. Stoffwechselschlacken und Umweltgifte, die sich über den Winter im Körper angesammelt haben, müssen abtransportiert werden. Das ist aber nur dann möglich, wenn man weniger isst und reichlich Flüssigkeit aufnimmt. Und da bewährt sich ein uraltes, geheimnisvolles Getränk, das bereits Rasputin den Mitgliedern der Zarenfamilie im alten Russland empfohlen hat: Kombucha.
Die einen nennen es „Gärgetränk". Die anderen sprechen auch heute noch von einem „Wundertrank". Gemeint ist der so genannte Kombuchatee, ein Gebräu aus Schwarztee und Zucker, vergoren durch eine schwabbelige Flechte mit dem Namen Kombucha. Man kannte dieses Getränk schon vor rund 2000 Jahren in China. Schon damals wurde es als Naturheilmittel verwendet.
Viel später – nämlich 1913 – gelangte der Kombuchatee über Russland nach Europa. Er geriet dann in Vergessenheit und wurde nach dem Zweiten Weltkrieg wieder entdeckt. Und zwar von dem Arzt Dr. Rudolf Sklenar aus Oberhessen. Er sammelte im Zweiten Weltkrieg bei russischen Bauern Erfahrungen. Wieder nach Hause zurückgekehrt, setzte Dr. Sklenar das Getränk zur ärztlichen Behandlung ein. Er empfahl Kombuchatee vorwiegend gegen Stoffwechselkrankheiten, Rheuma, Gicht, Magen-Darm-Leiden, gegen Bluthochdruck, erhöhte Cholesterinwerte und Diabetes. Dr. Rudolf Sklenar betonte immer wieder: „Kombucha bewirkt eine eminente Entgiftung und Entschlackung des Organismus. Stoffwechsel und Drüsenaktivität werden gefördert. Der Fettstoffwechsel wird positiv beeinflusst."
Bei der Kombuchaflechte – auch Teeschwamm genannt – handelt es sich um eine quallenartige, gallertige Lebensgemeinschaft von Essigsäurebakterien und Hefepilzen, die gezuckerten Tee innerhalb weniger Tage – durch Vergären – zu einem moussierenden, erfrischenden Getränk werden lassen. Zuerst wandelt die Hefe einen Teil des gelösten Zuckers in Alkohol und Kohlendioxyd um. Der andere Teil des Zuckers wird in Zellulose verwandelt. Dadurch wächst der Teepilz. Und die Bakterien vergären den Alkohol zu Essigsäure.
Vorerst bestand nur die Möglichkeit, dieses Gebräu unter strengsten hygienischen Maßnahmen zu Hause selbst anzusetzen. Seit vielen Jahren gibt es das Kombuchagetränk auch fertig in Apotheken, Reformhäusern und Drogerien.

Studien und Untersuchungen haben das traditionelle Wissen über Kombucha bestätigt: Dr. Erich Rebholz, Leiter des Naturheilzentrums Gaggenau, konnte die Wirkung des Getränkes auf den gesamten Verdauungstrakt sowie den Entschlackungseffekt nachweisen. Und in der Sportschule der Bundeswehr in Warendorf hat man unter der Leitung von Prof. Dr. Simon gemessen, dass Kombucha bei Sportlern leistungssteigernd wirkt und das allgemeine Wohlbefinden deutlich verbessert.
Eine Entschlackungskur mit dem Kombuchagetränk im Frühling dauert vier Wochen. Dr. Erich Rebholz rät: jeden Tag 3-mal 1/4 Liter in kleinen Schlucken. In dieser Zeit sollte man überwiegend Obst, Gemüse und Fisch essen, den Konsum von Fleisch, tierischen Fetten und Zucker reduzieren.
Der absolute Hit für Gesundheitsfans: die grüne Bio-Kombucha. Das Rezept stammt nach wie vor von Dr. Rudolf Sklenar. Aber als Grundlage wird grüner Tee aus biologischem Anbau verwendet.

So schützen Sie Ihre Achillessehne

Jetzt beginnt wieder die schöne Jahreszeit, in der rund 22 Millionen Deutsche und Österreicher Freizeitsport in freier Natur treiben. Die meisten machen – laut sportmedizinischer Statistik – viele Fehler dabei, muten sich zu viel zu, übertreiben maßlos. Es kommt daher zu Unfällen und schmerzhaften Verletzungen. Besonders gefährdet ist die Achillessehne. Eine Sehne der Wadenmuskulatur, die am Fersenhöcker ansetzt und die für die Fußbewegung wichtig ist.
Chronische Überlastungsschmerzen gehören zu den häufigsten Schäden bei Freizeitsportlern. Dazu gehört die Entzündung der Achillessehne. Dabei ist die Sehne selbst nicht direkt entzündet, sondern das Gleitgewebe rundherum. Die Beschwerden sind lästig, hartnäckig und können dazu führen, dass man keinen Sport mehr treiben darf.
Doch es gibt erste Alarmzeichen, auf die man hören sollte: ein unangenehmes Ziehen im Sehnenbereich, verbunden mit einer starken Druckempfindlichkeit. Die Schmerzen treten vor allem morgens nach dem Aufstehen auf, sodass man die ersten Schritte kaum gehen kann. Wenn man darauf nicht reagiert, dann wird die Entzündung chronisch. Die Sehne schwillt an, wird schwach und kann reißen. Das passiert oft bei Menschen, die viel laufen.
So können Sie jetzt im Frühling Ihre Achillessehnen schützen:

- Tragen Sie beim Freizeitsport entsprechend gesunde Schuhe.
- Laufen Sie nicht zu lange auf weichem Waldboden. Auf etwas festeren Böden ist nach neuesten Untersuchungen die Lauftechnik besser.
- Machen Sie mit den Beinen regelmäßige Dehnungsübungen. Zum Beispiel:

Stellen Sie sich vor einem Tisch auf und stützen Sie sich mit den Händen an der Tischkante auf. Nun stellen Sie ein Bein mit gestrecktem Knie nach hinten, sodass ein Zug in der oberen Wadenmuskulatur entsteht. 10 Sekunden anhalten, dann das zweite Bein zurückstellen. Eine andere Übung: Sie gehen in den Liegestütz, wobei aber die Fußsohlen auf dem Boden bleiben müssen. Einige Sekunden in dieser Stellung verharren.

- Wenn bereits die ersten Anzeichen einer Achillessehnenreizung spürbar sind, dann schlagen Sie 3-mal täglich einige Eiswürfel in ein Tuch ein und legen es 10 bis 15 Minuten lang auf die schmerzende Stelle. Kälte kann in diesem Stadium viel bringen.
- Über Nacht lohnen sich Einreibungen mit Franzbranntwein-Gel (Apotheke) oder mit rotem asiatischem Tigerbalm.
- Zur Vorbeugung von Problemen mit der Achillessehne ist eine spezielle Kneipp-Anwendung sinnvoll: Zuerst werden die Beine 5 Minuten lang in sehr warmes Wasser gestellt, dann 10 Sekunden in kaltes Wasser. Der Vorgang muss mehrmals wiederholt werden.
- Wann immer Sie Zeit haben, sollten Sie in streichenden Bewegungen das Bein massieren: von der Ferse entlang der Sehne aufwärts in Richtung Kniekehle. Sie können dazu auch eine weiche Bürste verwenden.
- Auch die Ernährung spielt eine wichtige Rolle, wenn man die Achillessehne gesund erhalten will. Der Körper darf nicht übersäuert sein. Zu viel Säuren im Organismus schwächen das Bindegewebe. Wichtig: Versorgen Sie sich regelmäßig mit basischen Produkten. Dazu gehören: reichlich Obst, Gemüse und Vollkornprodukte. Sparen Sie beim Zucker, beim Weißmehl, bei Fleisch und Wurst.
- Und treiben Sie den Freizeitsport mit Maß und Ziel.

Gartenarbeit: So vermeiden Sie Unfälle

Wer einen eigenen Garten hat, der muss jetzt wieder fest anpacken, damit das kleine grüne Paradies im bevorstehenden Sommer schöne Stunden bereiten kann. Die Wiese, die Sträucher, Blumenbeete, aber auch der Gemüse- und Kräutergarten brauchen optimale Fürsorge. Alle Jahre in diesen Wochen gibt es speziell bei diesen Gartenarbeiten immer wieder Unfälle und Missgeschicke, die nicht sein müssen. Man kann diese Pannen verhindern. Dazu einige Anregungen:

- Ziehen Sie bei Gartenarbeiten festes und wasserdichtes Schuhwerk an. Es sollten geschlossene Schuhe mit Kunststoffsohle sein. Die Fußbekleidung muss auch vor Verletzungen mit Gartengeräten schützen.
- Überfordern Sie bei den Gartenarbeiten nicht Ihren Rücken. Meiden Sie eine

allzu lange nach vorn gebeugte Haltung. Die beste Lösung: Verwenden Sie moderne Gartengeräte mit langen Stielen, sodass Sie sich aufrecht bewegen können.

- Sie sollten besonders schwere, große Säcke mit Düngemittel, mit Torf oder mit Saatgut nicht einfach heben und schleppen. Bedienen Sie sich einer Schubkarre. Oder kaufen Sie kleine Säcke. Und wenn Sie etwas heben, dann nur senkrecht aus der Hocke. Sonst belasten Sie die Wirbelsäule und handeln sich einen Hexenschuss ein.
- Wenn Sie sich für die Gartenarbeit anziehen, dann sollte es helle, gut sitzende Kleidung sein, die Sie nicht behindert. Meiden Sie zu kräftige Farben. Diese locken lästige Insekten an.
- Apropos Insekten: Aus diesem Grund sollten Sie auch bei Gartenarbeiten keinen Haarspray, keine Deos und kein Parfum oder Eau de Cologne verwenden. Das alles macht Bienen, Wespen und Mücken stichfreudig. Sie müssen sich auch sofort umziehen gehen, wenn Sie verschwitzt sind. Denn auch Schweißgeruch lockt die Tiere an.
- Wenn Sie nach dem langen Winter die Holzleiter aus dem Schuppen nehmen, dann überprüfen Sie vor dem Gebrauch, ob man sie ohne Gefahr besteigen kann, ob die Sprossen trittfest sind.
- Wenn die elektrischen Gartengeräte gereinigt werden müssen, dann ziehen Sie zuvor den Stecker aus der Steckdose und unterbrechen Sie die Stromzufuhr. Sie begeben sich sonst in tödliche Gefahr.
- Hantieren Sie am Rasenmäher nur dann, wenn der Motor ausgeschaltet ist. Und wenn Sie das Gerät benützt haben und mit Benzin und Motoröl frisch auftanken müssen, dann lassen Sie es einige Minuten auskühlen. Auf keinen Fall dürfen Sie bei dieser Arbeit rauchen. Es herrscht Explosionsgefahr.
- Wenn Sie den Rasen mähen, dann vermeiden Sie nach Möglichkeit das Rückwärtsgehen mit dem Gerät vor sich. Dabei kommen die scharfen Rotationsmesser des Gerätes sehr leicht mit den Füßen in Kontakt. Die Gefahr, dass Zehen verletzt oder abrasiert werden, ist größer, als man denkt.
- Gehen Sie vorsichtig mit chemischen Substanzen um. Überlegen Sie, ob Sie nicht besser alternative natürliche Pflanzenschutzmittel einsetzen. Wenn Chemikalien in die Augen gelangen oder mit der Haut in Kontakt kommen, dann kann das zu starken Reizungen führen.
- Wenn Sie mit einer elektrischen Schere die Hecken schneiden, dann müssen Sie ganz konzentriert arbeiten, damit Sie sich nicht verletzen. Speziell, wenn Sie dabei auf einer Leiter stehen.

Das kleine Glück erhält uns gesund

Viele von uns träumen immer wieder vom „ganz großen Glück": von einem Lottogewinn, von einer Weltreise, von einer reichen Erbschaft. Und sie denken: „Wenn ich so ein Glück hätte, dann würde ich mich besser fühlen. Dann würde es mir seelisch und körperlich besonders gut gehen!" Das ist ein Irrtum. Das hat kürzlich eine Langzeitstudie eines amerikanischen Psychologenteams an der Medizinischen Schule der Harvard-Universität in Boston ergeben.

Das große Glück, von dem so viele träumen, bleibt meistens unerreicht. Weil man selbst nichts dazu beitragen kann, dass es passiert. Und wenn es dann überraschend da ist, dann bringt es nur einige Zeit vorübergehend euphorische Stimmung ins Leben. Bald vergeht die Hochstimmung wieder.

Aus diesem Grund beeinflusst das große, sensationelle Glück in Wahrheit kaum das seelische und körperliche Wohlbefinden. Psychologen sagen: „Weil es ein unverdientes Glück ist!"

Die wissenschaftliche Beobachtung von 5000 Menschen über zehn Jahre hat ergeben:

- Glück kann der Mensch nur dann genießen, Glück kann nur dann zu einer „Arznei" gegen Stress und andere gesundheitliche Störungen werden, wenn man es selbst angestrebt, selbst herbeigeführt hat. Dann ist es auch „verdient" und kalkulierbar.
- Das Warten auf das große Glück bringt zusätzlich eine enorme Gefahr mit sich: Die Menschen vergessen dabei auf die vielen, kleinen und alltäglichen Glückserlebnisse.
- Und genau das wollen die Psychologen damit sagen: Gesundheitsförderndes Glück, das uns stark gegen Krankheiten und viele andere Belastungen im Leben macht, erleben wir mit kleinen Anlässen. Das sind die einfachen Erlebnisse, die wir viel mehr genießen sollten, die viele nicht wahrnehmen und nicht nützen.
- Glückliche Menschen, die aus einfachen, bescheidenen Höhepunkten des Tages ständig Vitalität schöpfen und ihre Immunkraft stärken, sind Lebenskünstler. Für sie bedeutet es Glück, wenn sie sich mit einem lieben Menschen zum Kaffee oder Tee setzen, ein ruhiges, entspannendes Gespräch führen. Wenn sie sich Zeit für ein festliches Essen nehmen können. Wenn sie schöne Musik hören, in einem Buch lesen und dabei ungestört bleiben. Das Positive daran: Diese Art von Glück kann jeder von uns jeden Tag erleben und nützen.
- Zu diesem alltäglichen Glück der kleinen Höhepunkte gehört auch der Sinn für Humor. Wer von Herzen lachen und sich über Alltagssituationen amüsieren kann, der wird Stressbelastungen und Krankheiten besser meistern. Man muss daher den kleinen Erlebnissen des Tages mehr Aufmerksamkeit schenken und

darf nicht alles so tierisch ernst nehmen. Auch das ist ein Baustein fürs Glücklichsein.

Ähnlich muss man den Ärger im Leben sehen. Große Ärgernisse sind zwar unangenehm, gehen aber vorüber und lassen sich verhältnismäßig rasch bewältigen. Viel gefährlicher für unsere Gesundheit sind die vielen, kleinen täglichen Ärgernisse: der Stau, Mobbing am Arbeitsplatz, Streit mit dem Partner. Diese muss man zu verhindern wissen. 50 Prozent unserer Erkrankungen werden – so eine Untersuchung an der Universität Zürich – davon verursacht.

Rezepte gegen die Frühlingsheiserkeit

Es gibt auch jetzt noch kalte Tage und kalte Nächte. Doch viele wollen das nicht wahrhaben. Das ist die Erklärung dafür, dass derzeit Millionen Deutsche an Heiserkeit leiden. Mancher, der jetzt bereits nachts bei offenem Fenster schläft, wacht damit auf. Die Heiserkeit hat aber noch andere Ursachen: eine Überanstrengung der Stimmbänder, übermäßiger Alkoholgenuss, eine Erkältung. Aber auch übermäßiger Stress, Ärger und Kummer können Heiserkeit auslösen, weil vom vegetativen Nervensystem aus mitunter die Durchblutung der Stimmbänder gestört wird.

Wenn die Heiserkeit bei Anwendung von Naturrezepten einige Tage anhält, dann muss unbedingt ein Arzt aufgesucht werden. Es könnte sein, dass die Stimmbänder geschädigt sind. Und damit ist für immer die Stimme gefährdet.

Wenn Heiserkeit auftritt, gibt es wichtige Sofortmaßnahmen:

- Man muss zwei bis drei Tage absolut schweigen. Ganz schlecht ist Flüstern. Das belastet die Stimmbänder noch viel mehr.
- Sofort mit dem Rauchen aufhören.
- Nichts Kaltes und nichts Heißes trinken. Nur lauwarme Flüssigkeiten.

Und das sind bewährte Naturrezepte gegen die Heiserkeit:

- Der Quarkwickel: Tragen Sie auf ein feuchtes Leinentuch ganz dick kalten Quark auf. Dann legen Sie den Quark mit dem Tuch an den Hals, wickeln ein weiteres Tuch und ein Wolltuch darüber. Über Nacht einwirken lassen.
- Der Zwiebelwickel: 5 Stück im Backrohr erwärmte Zwiebeln werden geschält und klein gehackt, dann fingerdick auf ein Leinentuch aufgetragen. Schlagen Sie die Zwiebelstücke in das Tuch ein und legen Sie das Tuch um den Hals. Darüber kommt ein zweites Tuch. So lange tragen, bis die Zwiebelstücke kalt geworden sind.
- Der Kartoffelwickel: 5 heiße Pellkartoffeln zerdrücken, auf ein Leinentuch auftragen, ins Tuch einschlagen und auf den Hals auflegen. Darüber ein zweites Tuch binden. So lange tragen, bis der Wickel kalt ist.

- Man kann die Heiserkeit auch mit Gurgeln bekämpfen. Dazu eignen sich ideal 3 Elixiere. Australisches Teebaumöl: 10 Tropfen in ein Glas lauwarmes Wasser, gut umrühren. Salbeitee: 2 Esslöffel Salbeiblätter mit 1/2 Liter Wasser zum Kochen bringen, dann 10 Minuten ziehen lassen, durchseihen, lauwarm zum Gurgeln verwenden. Eibischwurzeltee: 1 Esslöffel Eibischwurzel in 1/4 Liter kaltes Wasser geben, 1 Stunde ziehen lassen, durchseihen, erwärmen.
- Zum Inhalieren eignet sich Salzwasser am besten. Es gibt zwei Möglichkeiten: Verrühren Sie in 2 Liter sehr warmes Wasser eine Hand voll Kochsalz und atmen Sie durch den Mund die aufsteigenden Dämpfe ein. Oder besorgen Sie sich aus der Apotheke einen Inhalationsspray mit einer Heilsalzlösung und sprühen Sie damit mehrmals am Tag in den Mund.
- Ein altes Bauernrezept wirkt oft ganz fabelhaft: Bereiten Sie im Backofen 3 Bratäpfel mit etwas Honig zu und essen Sie alle drei in lauwarmem Zustand ganz langsam. Dabei werden Enzyme frei, die sich positiv auf die Stimmbänder auswirken.

Zwei Hausrezepte aus alten Zeiten sind aus medizinischer Sicht gegen Heiserkeit nicht sinnvoll, sollten daher nicht angewendet werden. Das Trinken von heißer Honigmilch: Sie verschleimt die Stimmhäute und behindert die Heilung. Das Gurgeln mit Kamillentee: Er trocknet die Mundschleimhäute aus.

So schalten Sie die gute Laune ein

Wissenschaftliche Studien haben in den vergangenen Jahren oftmals ergeben: Wer gute Laune hat, wer einmal am Tag von Herzen lachen kann, der verfügt auch über ein starkes Immunsystem. Viele von uns waren bisher der Meinung: Schlechte Laune und depressive Verstimmungen muss man bis zu einem gewissen Grad als schicksalsgegeben hinnehmen, muss warten, bis das Tief oder der Ärger wieder vorbei sind. Oder man schafft es, die auslösende Ursache zu erkennen und zu bekämpfen. Nun aber belehrt uns der Wiener Psychiater Dr. Stephan Rudas, Leiter des Institutes für Psychosoziale Forschung in Wien, eines Besseren. Er betont: „Es gibt in unserem Gehirn einen Schalter, mit dem wir die gute Laune wieder anknipsen können. Mit ein paar Tricks lässt sich dieser Schalter aktivieren."

- Wir müssen erkennen: Es gibt keine Lebensphase, in der wir nur traurig oder glücklich sind. Selbst wenn man sich ungeheuer wohl fühlt, so schwingt fast immer im Hintergrund auch eine Sorge mit. Und so ist es auch umgekehrt. In einer Phase der schlechten Stimmung gibt es irgendwo tief drinnen in unserer Seele auch eine Freude, einen positiven Aspekt. Unsere Verfassung hängt immer gerade davon ab, welche Stimmung überwiegt.

Und das kann man beeinflussen, indem man in Zeiten großer Argernisse gezielt Positives hervorholt. Es gibt doch immer irgendetwas, was man im Leben besonders gern tut. Konzentrieren Sie sich darauf, wenn Sie Ärger haben. Machen Sie sich sozusagen selbst ein Geschenk. Kaufen Sie sich ein Buch, das Sie schon lange lesen wollten. Genießen Sie Ihre Lieblingsspezialität.

Aktivität ist angesagt. Dr. Stephan Rudas meint dazu: „Je passiver man in einer Phase des Ärgers ist, desto fester sitzt man in schlechter Laune fest."

- Viele machen einen großen Fehler. An Tagen, an denen sie verärgert sind, weisen sie jedes Gespräch mir einem Freund zurück und sagen: „Ich bin heute schlechter Laune. Lass uns ein anderes Mal sprechen." – Das ist ganz falsch. Speziell jetzt ist das Gespräch mit anderen wichtig und heilsam. Aussprachen können die Stimmung schnell verbessern.
- Wenn Sie schnell wieder aus einem Ärger herauskommen wollen, dann gehen Sie viel ins Licht: Machen Sie in allen Räumen, in denen Sie sich aufhalten, sämtliche Lichtquellen an. Gehen Sie hinaus ins Freie. Sonnenschein vertreibt den Ärger.
- Essen Sie viel Obst und Gemüse, kein Fleisch. Nahrung, die den Organismus nicht belastet, fördert die gute Laune.
- Wichtig für den Ausstieg aus dem Ärger: Aktivieren Sie Ihre Leber. Eine gut funktionierende Leber ist die beste Basis für gute Stimmung. Dazu folgende Übungen: Lassen Sie sich den Rücken an der Wirbelsäule entlang bürsten oder kratzen. Oder reiben Sie die Handballen beider Hände aneinander. In beiden Fällen werden Nerven- und Energiebahnen aktiviert, die direkt zur Leber führen.
- Treiben Sie Freizeitsport. Ideal: Laufen. Dabei werden im Gehirn Glückshormone freigesetzt, die jeden Ärger schnell vergessen lassen.
- Werden Sie aktiv. Unternehmen Sie etwas. Langeweile verstärkt Ärger und Traurigkeit. Ein Beispiel: Flirten Sie eifrig.
- Umgeben Sie sich mit der Farbe Gelb.
- Unterstützen Sie Ihren Kampf gegen Ärger und Traurigkeit mit der Kraft eines Heilkrautes. Nehmen Sie einige Zeit jeden Tag 3 Dragees mit hoch dosiertem Extrakt aus dem Johanniskraut (Apotheke).

So machen Sie Ihre Muskeln & Gelenke fit für den Sport

Wenn es draußen wieder so richtig warm wird, dann treiben immer mehr Erwachsene, Jugendliche und Kinder unter freiem Himmel Freizeitsport. Das ist die Zeit, in der viele Menschen, die den ganzen Winter keine Bewegung gemacht haben, Probleme mit Gelenken und Muskeln bekommen. Sie erleiden Muskelkater, Muskelkrämpfe, Zerrungen und Verstauchungen.

Das muss nicht sein: Wir sollten uns alle besser auf unsere sportlichen Tätigkeiten vorbereiten.

- ❖ Übertreiben Sie nicht. Versuchen Sie nicht, auf Anhieb wie ein Profisportler zu agieren. Gewöhnen Sie Ihren Körper sanft und langsam an die Bewegung. Dazu eine Faustregel: Man sollte beim Sport bequem mit dem Partner sprechen können, ohne dabei außer Atem zu kommen.
- ❖ Beginnen Sie beim Radfahren und Wandern mit 2 Stunden, beim Laufen mit 30 Minuten.
- ❖ Wer Freizeitsport treibt, braucht mehr Vitamine und Mineralstoffe: Essen Sie verstärkt Gemüse und Obst. Sparen Sie beim Fleisch und bei Süßigkeiten.
- ❖ Wer Freizeitsport treibt, muss viel Wasser trinken: mindestens 3 Liter über den Tag verteilt. Wer viel ins Schwitzen kommt, muss noch mehr Flüssigkeit zuführen. Sonst kann es zu Kreislaufproblemen und zur Nierensteinbildung kommen.
- ❖ Jedesmal, bevor man mit Sport beginnt, müssen Muskeln und Gelenke aufgewärmt werden. Aufwärmen heißt: leichte Gymnastik- und Dehnübungen durchführen. Drei Beispiele: Stellen Sie sich locker hin, ballen Sie die Hände zu Fäusten und schwingen Sie diese nun bis zur Schulter hoch. Machen Sie ein paar Kniebeugen. Wenn Sie zu zweit sind, stellen Sie sich im Schritt gegenüber, legen Sie die Handflächen aufeinander. Und pressen Sie nun 6 Sekunden lang mit aller Kraft und Anspannung die Handflächen gegeneinander. Danach Arme und Beine lockern, die Übung wiederholen.
- ❖ Zum Aufwärmen gehören aber auch Massagen: Kneten Sie Ihre Muskelpartien mit bloßen Händen. Klopfen Sie sich leicht mit den Fingern ab. Oder bürsten Sie die Muskeln und Gelenke mit einer Naturborstenbürste, bis sie richtig warm und gut durchblutet sind.
- ❖ Sehr bewährt haben sich Einreibungen. Massieren Sie Franzbranntwein oder Franzbranntwein-Gel (Apotheke) in die Muskeln und Gelenke ein. Die Natursubstanzen Kampfer und Menthol fördern schnell und intensiv die Durchblutung. Diese Einreibungen hat übrigens schon im vergangenen Jahrhundert zur Stärkung der Muskeln die Klosterfrau Maria Clementine Martin, Naturheilerin aus Köln, empfohlen.
- ❖ Damit es beim Tennis nicht zum gefürchteten, schmerzhaften Tennisarm kommt, sollte man mit einer Übung vorbeugen und die Sehne stärken: Kneten Sie, so oft es geht, ganz fest mit den Fingern der rechten Hand einen Tennisball. Und massieren Sie den Arm mit Propolissalbe aus dem Bienenstock (Apotheke) ein.

Wenn es allerdings beim Freizeitsport bereits zu einer Zerrung, Verstauchung und Verkrampfung gekommen ist, dann helfen folgende Naturrezepte:

- ❖ Geben Sie Enelbin-Kaolin-Tonerde, die Sie als fertige Paste in Tuben (Apotheke) bekommen, messerrückendick auf ein Tuch, legen Sie die Paste auf die betroffene Schmerzstelle auf, geben Sie ein trockenes Tuch darüber und lassen Sie das Ganze über Nacht einwirken. 3-mal die Woche.

- ❖ Reiben Sie die betroffenen Stellen mit Kamillenöl oder Johanniskrautöl (Apotheke) ein.
- ❖ Nehmen Sie ein Wannenbad mit einem Medizinalbad aus Wacholderöl (Apotheke).

Vor dem Urlaub zum Zahnarzt: Enzyme verhindern Schmerzen

Haben Sie schon erste Vorbereitungen für Ihren Sommerurlaub getroffen? Es ist nicht nur wichtig, dass man auf notwendige Impfungen für das Reiseland achtet, dass man sich vom Apotheker eine Reiseapotheke einrichten lässt, dass man Geld umwechselt und jemand findet, der für das Haustier und die Zimmerpflanzen sorgt. Ganz besonders wichtig ist ein Kontrollbesuch beim Zahnarzt. Vielleicht haben Sie es ja schon selbst erlebt. Es ist sehr schmerzhaft und nervend, wenn man in den Ferien von Zahnschmerzen gepeinigt wird. Die schönste Zeit des Jahres kann dadurch erheblich gestört werden.
Wer alle 6 Monate zur Routineuntersuchung geht, der braucht diesen Besuch vor Urlaubsantritt voraussichtlich nicht. Aber wer geht schon freiwillig jedes halbe Jahr zum Doktor?
Der Zahnarzt sieht auf den ersten Blick, ob im Mund alles in Ordnung ist oder ob da vielleicht Schwachstellen sind, die schon in allernächster Zeit Probleme machen könnten: eine Entzündung am Zahnfleisch, übermäßiger Zahnstein, eine lockere Zahnfüllung, ein tiefes Loch im Zahn oder gar ein kaputter Zahn, der unbedingt entfernt werden muss.
Es bleibt keinem Menschen erspart, dass ihm irgendwann ein Zahn gezogen oder operativ entfernt werden muss, dass Zahnfleischentzündungen große Schmerzen verursachen. Doch man kann etwas tun, damit diese Probleme möglichst schmerzfrei und komplikationslos über die Bühne gehen. Die moderne Naturmedizin macht es möglich, dass das Zahnziehen nicht gar so weh tut und dass man danach keine schmerzhafte, dicke Backe hat.
Die Lösung: Vor und nach einem kieferchirurgischen Eingriff werden hoch dosiert so genannte hydrolytische Enzyme aus der Apotheke – das sind Enzymkombinationspräparate – eingenommen. Dadurch sind die bei der ärztlichen Behandlung entstehenden Schmerzen und Schwellungen an der Wange deutlich geringer und bilden sich schneller wieder zurück.
Die Gabe von Enzympräparaten hat viele Vorteile:

- ❖ Wenn eine Extraktion von mehreren Zähnen auf einmal notwendig ist, so war das früher ausschließlich im Rahmen eines längeren Aufenthaltes in der Zahnklinik möglich. Mit einer Enzymtherapie können die Eingriffe in einer einzigen Sitzung durchgeführt werden.

- Die Patienten können nach dem Zahnziehen oder nach einer Parodontosebehandlung nach kurzer Zeit wieder beschwerdefrei essen. Ohne Enzyme dauern diese Einschränkungen oft mehr als eine Woche.
- Wundinfektionen und Eiterbildung im Mund durch auftretende Keime sind durch Enzymgaben deutlich verringert. Und sehr oft ist die Zufuhr von Penicillin nicht mehr nötig.
- Univ.-Doz. Dr. K. Vinzenz, Chefarzt am Evangelischen Krankenhaus Wien, hat in einer zweijährigen wissenschaftlich-klinischen Studie nachgewiesen: Mit täglich 4 bis 5 Enzymdragees können fast alle Beschwerden nach einer Zahnextraktion verhindert werden. Verschiedene dieser Enzymkombinationspräparate, vom Arzt verschrieben, werden von den Kassen erstattet.
- Führende deutsche Kieferchirurgen bestätigen diese Erkenntnisse. Es gehört heute zum neuesten Stand der zahnärztlichen Praxis, dass man auch beim Einbau von Implantaten – also von künstlichen Zahnwurzeln – Enzyme verabreicht.

Schlank in den Sommer mit einer Apfelessigkur

Der Apfelessig ist als Naturmedizin und Hausmittel im Einsatz gegen viele Alltagsbeschwerden und Befindlichkeitsstörungen längst wieder entdeckt worden. Das Zusammenspiel von Vitaminen, Mineralstoffen, Spurenelementen und Essigsäure kann den Kreislauf stärken, die Verdauung in Schwung bringen, kann Schluckauf und Heiserkeit kurieren.
Hier ein paar Rezeptbeispiele, die jeder ganz einfach anwenden kann:

- Wer morgens Mühe hat, in Schwung zu kommen, sollte auf nüchternen Magen 1/4 Liter Wasser mit 2 Teelöffel Apfelessig und 2 Teelöffel Honig trinken.
- Wer erhöhte Cholesterinwerte senken möchte, trinkt einige Zeit jeden Morgen 1 Glas Wasser mit 2 Teelöffel Apfelessig, diesmal ohne Honig.
- Wer heiser ist oder Halsschmerzen hat, der verrührt 4 Teelöffel Apfelessig in 1 Glas lauwarmes Wasser und gurgelt damit jede Stunde.
- Wer an Schluckauf leidet, gibt 10 Tropfen Apfelessig auf 1 Stück Würfelzucker und lässt dieses langsam im Mund zergehen.

Doch das ist nicht alles, was diese Naturarznei alles kann.
Was bereits unsere Großmütter behauptet haben, das konnte jetzt von amerikanischen Wissenschaftlern nachgewiesen werden: Apfelessig eignet sich ideal zum

Abnehmen. Eine gute Nachricht für alle, die zu Sommerbeginn etwas für ihre Figur tun wollen. Mit dieser speziellen Wirkung hat sich in jüngster Zeit intensiv die deutsche Ärztin Dr. Ulrike Klimpel-Schöffler aus Plankstadt befasst.

Und sie bestätigt die amerikanischen Erkenntnisse voll und ganz: „Die Essigsäure im Apfelessig unterstützt den Fettabbau, wirkt entschlackend, verdauungsfördernd und entwässernd. Vor allem aber bremst sie den Appetit und den Heißhunger. Viele Abnehmversuche scheitern ja immer wieder an Heißhungerattacken. Apfelessig verringert außerdem die Lust auf Süßes. Man isst weniger, wird schneller satt."

Man kann – ohne den Organismus zu belasten – pro Woche 1 bis 2 Kilo abnehmen. Das ist eine vernünftige Form des Abspeckens. In den USA ist inzwischen auf Grund dieser Erkenntnisse eine große Modewelle ausgebrochen. Überall hört man einen originellen Slogan, der in der Übersetzung etwa heißt: „Essig dich fit!"

Und so wird eine Apfelessigkur durchgeführt:

- Man trinkt 6 bis 8 Wochen lang jeden Tag vor jeder Mahlzeit 1 Glas Wasser mit 2 Teelöffel naturtrübem Apfelessig.
- Für alle, die viel unterwegs sind oder die es einfach nicht fertig bringen, regelmäßig so ein Glas mit Apfelessig zu trinken, gibt es eine bequeme und geschmacklich angenehme Lösung: Man kaut oder lutscht stattdessen 1 bis 2 Apfelessigtabletten aus der Apotheke. Danach trinkt man 1 Glas Wasser. In jeder Tablette ist die exakt gleiche Menge an Apfelessigwirkstoffen.

Es macht auch Sinn, die Apfelessigtabletten in den Urlaub auf Reisen mitzunehmen. Untersuchungen haben ergeben: Man kann damit einer Darminfektion vorbeugen, die man sich im Ausland leicht bei Fisch, Meeresfrüchten, Geflügel, Eiern und unsauberem Wasser zuzieht.

Außerdem helfen die Apfelessigtabletten, wenn man nach einem arbeitsreichen, anstrengenden Tag abgespannt und erschöpft ist und rasch wieder neue Kräfte aufbauen möchte.

Die heilende Kraft in der Grapefruit

Speziell in der schönen, warmen Jahreszeit ist die Grapefruit – auch Pampelmuse genannt – bei uns ein sehr beliebtes Obst. Sie liefert reichlich Vitamin C. Ihr bittersüßer Geschmack löscht wunderbar den Durst. Die Frucht stammt aus den subtropischen Ländern Mittelamerikas und wird heute in Israel, Griechenland, Spanien und Südafrika geerntet.

Der hohe Gehalt an Vitaminen, Mineralstoffen, Spurenelementen, Pflanzenfarbstoffen und Enzymen macht die Grapefruit zu einem besonders gesundheitsfördernden Obst:

- Grapefruits sind die ideale Begleitnahrung beim Abnehmen. Der Saft fördert den Abbau von Fettzellen im Körper.
- Grapefruits helfen das Immunsystem stärken.
- Die Hormonproduktion wird angekurbelt.
- Man kann sich damit vor Sommererkältungen schützen.
- Grapefruits entgiften den Darm und schützen die Darmflora.
- Sie wirken sich positiv auf Venenprobleme wie Krampfadern und Hämorrhoiden aus.

Vorsichtig im Umgang mit Grapefruits und Grapefruitsaft müssen all jene sein, die zu Nierensteinen, zu Sodbrennen, zu saurem Aufstoßen neigen und die auf Zitrusfrüchte allergisch sind.

Nunmehr aber hat die Naturmedizin etwas von der Grapefruit entdeckt, dem man bisher keinerlei Beachtung schenkte. Es handelt sich um die Kerne der Frucht. Entdeckt wurden die gesundheitsfördenden Kräfte der Grapefruitkerne von dem amerikanischen Wissenschaftler Prof. Dr. Jacob Harich. Er machte eine interessante Beobachtung: In einem Berg aus Biomüll verrottete alles. Nicht die Grapefruitkerne. Er untersuchte die Kerne und fand darin Substanzen, die das Wachstum von Bakterien und Pilzen hemmen: Glykoside und Polyphenole. Und er fand Bioflavonoide, welche Entzündungen bekämpfen.

Die Folge dieser Entdeckung: Dr. Harich gewann aus den Grapefruitkernen einen Extrakt, der schon sehr bald als natürliches Konservierungsmittel für Lebensmittel eingesetzt wurde.

Inzwischen aber wird das Grapefruitkern-Extrakt bereits gezielt in der Naturmedizin angewendet. Es liegen interessante Erfahrungen vor:

- Er wirkt rasch gegen Zahnfleischentzündungen. Man gibt 10 Tropfen in 1/4 Liter lauwarmes Wasser und gurgelt damit.
- Mit demselben Rezept kann man rasch Halsschmerzen lindern.
- Bei einer Darminfektion verrührt man 3-mal täglich 7 Tropfen Grapefruitkern-Extrakt in einem Glas Wasser und trinkt die Mischung in kleinen Schlucken.
- Wer starken, üblen Körpergeruch verbreitet, sollte täglich nach dem Duschen die Achselhöhlen, Nacken und Rücken mit einem Gemisch aus 20 Tropfen Grapefruitkernextrakt und 1/2 Liter Wasser einreiben.
- Man kann sich mit dem Kernextrakt auch stark machen gegen Akne, Fußpilz und gegen Schuppenbildung im Haar. In diesem Fall gibt man täglich ein paar Tropfen Grapefruitkern-Extrakt ins Duschbad, in die Waschlotion oder ins Haarshampoo.

Vorsicht: Unverdünnt kann der Extrakt, der man in der Apotheke und in Reformhäusern bekommt, in den Augen Bindehautreizungen hervorufen. Und er ist in größeren Mengen giftig.

Urlaub und Fitnesstraining für die Hände

Viele von uns stöhnen in diesen Tagen: „Ich habe bereits dringend meinen Urlaub nötig!" Es besteht kein Zweifel: So ein Urlaub ist wichtig für die Gesundheit. Hätten Sie sich aber gedacht, dass ganz speziell auch Ihre Hände Urlaub brauchen? Hände können abgearbeitet, ungepflegt, fleckig, alt, verbraucht und müde wirken. Sicher ist Ihnen das an manchen Mitmenschen – auch an jüngeren – schon aufgefallen. Sehen Sie: Damit das mit Ihren Händen nicht passiert, sollten Sie ihnen Urlaub und ein regelmäßiges Fitnesstraining gönnen.
Urlaub: das heißt in diesem Fall – Ruhe. Haben Sie schon einmal überlegt, wie viele Stunden unsere Hände am Tag in Aktion sind? Wie flink sie sich bewegen müssen? Mit welchen Substanzen sie in Berührung kommen? Unsere Hände haben viel Stress.
Kein Wunder also, dass 20 Prozent der Bevölkerung an trockenen, rissigen oder geröteten Händen mit brüchigen, splitternden Fingernägeln leiden. Die Haus- und Büroarbeit strapaziert die schützende Hornhaut unserer Hände ebenso wie Klavierspielen, Gartenarbeit oder Freizeitsport.
Achten Sie daher darauf, dass Ihre Hände mittags und dann abends wieder Zeit haben, sich auszuruhen. Jeweils ein bis zwei Stunden genügen. Sie können dabei lesen, plaudern oder fernsehen. Dazu sind folgende Voraussetzungen wichtig:

- Waschen Sie die Hände, trocknen Sie sie ab und cremen Sie sie mit einer regenerierenden Creme oder Lotion ein. Dabei sollten Sie jeden einzelnen Finger von der Fingerspitze nach unten massieren, die Sehnen entlang des Handgelenks streichen und die Handballen mit sanftem, kreisendem Druck massieren.
- Zweimal die Woche sollten Sie auf Ihre Hände eine „Pflegemaske" auflegen. Dafür eignet sich ideal eine Nährcreme oder eine fette Nachtcreme. Tragen Sie die Creme dick auf die Hände auf, ziehen Sie dann Baumwollhandschuhe über und lassen Sie die Inhaltsstoffe der Creme 2 Stunden auf die Haut einwirken.
- Es gibt in der Apotheke spezielle flüssige Handcremes mit einem hohen Anteil an Vitamin E aus pflanzlicher Herkunft – nämlich 5 Prozent. Dadurch bremst die Creme das Altwerden der Haut, verhindert die Bildung von Altersflecken und bietet Schutz gegen die UV-Strahlen der Sonne. Sie können aber auch Körperlotions, Salben, Cremes und Intensivgesichtscremes mit einem hohem Anteil an natürlichem Vitamin E für die Hände verwenden.

Vergessen Sie nicht auf das tägliche Fitnesstraining, auf die Gymnastik für Ihre Hände:

- Setzen Sie sich vor einen Tisch und stellen Sie die Fingerspitzen auf die Tischplatte auf. Dann tun Sie so, als würden Sie Klavier spielen und Tasten drücken.

- Stellen Sie die Fingerspitzen auf die Tischplatte und spreizen Sie sie dabei immer wieder.
- Oder setzen Sie jeden Finger einzeln auf und drehen Sie ihn, indem Sie auf der Tischplatte immer engere Kreise ziehen.
- Eine sehr wichtige Übung: Heben Sie beide Hände hoch und lassen Sie nun die Daumen in rollenden Bewegungen in die Handfläche hinein- und dann wieder herausgleiten. Das geht ganz einfach. Sie müssen den Daumen nur um seine eigene Achse drehen.
- Sehr sinnvoll ist es auch, neben dem Trockentraining regelmäßig Fingerübungen in warmem Wasser durchzuführen.

Elternliebe macht klug und gesund

Für Millionen Kinder bedeuten die nächsten Wochen bis zu den Sommerferien enormen Stress in der Schule. Es gibt jede Menge entscheidende mündliche und schriftliche Prüfungen. Für viele Mädchen und Jungen ist es eine harte Tortur. Sie leiden, fühlen sich schlecht, mühen sich ab und sind zwischendurch immer wieder krank. Andere wieder tun sich leicht, sind fröhlich und gesund.
US-Wissenschaftler an der Universität von Arizona unter der Leitung des Psychologen Prof. Dr. Gary Schwartz wissen, worauf dieser Unterschied zurückzuführen ist. Eine Langzeitstudie, die seit dem Jahr 1961 durchgeführt und jetzt abgeschlossen wurde, hat ergeben: Kinder, die von ihren Eltern geliebt und zärtlich behandelt werden, sind gesünder und klüger. Sie haben mehr Erfolg in der Schule und später auch im Berufsleben.
Vor 35 Jahren wurden Schüler von einem Psychologenteam nach ihrer Beziehung zu den Eltern befragt: Wie sehr sie umsorgt wurden. Die Kinder gaben damals die verschiedensten Angaben. Wenn man diese Aussagen heute analysiert, so ergibt sich daraus klar und deutlich:

- Jene Mädchen und Jungen, die sich bei ihren Eltern damals geborgen fühlten, von Mutter und Vater fürsorglich behandelt und ins Leben begleitet wurden, sind heute gesunde, erfolgreiche Menschen in den verschiedensten Berufen.
- Jene, die damals als Schlüsselkinder aufwuchsen, sich über mangelnde Zuneigung und Zuwendung beklagten, hatten es in der Schule schwer, waren als Kinder öfter krank als die anderen und haben auch jetzt Probleme mit der Gesundheit und mit dem Beruf.
- Prof. Dr. Schwartz betont: „Es gibt keinen Zweifel: Elternliebe spielt eine ungeheuer wichtige Rolle für die Gesundheit des Menschen und für die Entwicklung seiner Intelligenz.“

❖ Frauen und Männer, die an dieser Studie teilnahmen und sich in Kindertagen nicht liebevoll behandelt fühlten, leiden heute an Herz-Kreislauf-Störungen, haben Probleme mit Magen und Darm.

Dazu gibt es eine parallele Untersuchung am Baylor College of Medicine in Washington. Die beiden Entwicklungsforscher Dr. John Kennell und Dr. Marshall Klaus haben beobachtet: Babys, die von ihren Müttern oft und intensiv berührt werden, die mit ihren Eltern oft Kuschelstunden erleben, verfügen über einen weitaus höheren Intelligenzquotienten als Kinder, die nicht so liebevoll umsorgt werden.

Prim. Dr. Hans Zimprich von der Kinderabteilung am Wihelminenspital in Wien weiß dazu: „Vom ersten Tag an, an dem die Kinder auf der Welt sind, wollen sie sich mit all ihren Sinnen orientieren. Sie haben viel mehr Interessen als nur an der Mutterbrust zu saugen. Am Mienenspiel und an den Bewegungen der Eltern nehmen sie Gefühle wahr, die ihnen entgegengebracht werden."

Das alles prägt das Gehirn. Zornesausbrüche, depressive Phasen und Gefühlskälte der Eltern wirken sich während der ganzen Kindheit auf Herz und Kreislauf aus. Das schafft Stress.

Die Studie in den USA hat ergeben: Kinder brauchen für ihre Gesundheit und für ihre geistige Fitness ruhige, zärtliche Eltern.

Kleinigkeiten können dazu beitragen. Ein Kind meistert beispielsweise problemloser und erfolgreicher einen Schultag, wenn es nach dem Frühstück zum Abschied von Vater oder Mutter ein paar Streicheleinheiten erlebt und noch ein liebevolles Küsschen bekommt. Das macht körperlich und geistig stark.

Rezepte gegen Schlafprobleme

Wenn die Temperaturen ständig wechseln, wenn man die ersten Anzeichen eines nahenden Frühjahrs spürt, dann leiden viele von uns an Schlafproblemen. Entweder können sie abends nach dem Zubettgehen lange nicht einschlafen, liegen mitunter die ganze Nacht lang wach, oder aber sie schlafen ein, wachen allerdings nach kurzer Zeit wieder auf und finden danach keine Ruhe mehr. Das ist für den Organismus gesundheitsschädlich. Zum Regenerieren sämtlicher Organe brauchen wir Nacht für Nacht einen tiefen und entsprechend langen Schlaf.

Viele, die an Schlafproblemen leiden, greifen zu starken Medikamenten, ohne zu wissen, dass sie damit in einen Teufelskreis eintreten, weil sie mit der Zeit immer stärkere Tabletten brauchen und im Endeffekt doch nicht einen gesunden Schlaf finden.

Die ideale Lösung. Versuchen Sie es doch grundsätzlich zuerst mit den Kräften der Natur. Hier einige wirksame, bewährte Hausmittel:

- Gießen Sie 1/4 Liter Milch in einen flachen Topf. Erwärmen Sie die Milch, dass sie zieht – aber nicht kocht! Dann schälen Sie eine große Zwiebel, schneiden sie mittendurch und legen die beiden Hälften mit den Schnittflächen nach unten in die Milch. So können die ätherischen Öle der Zwiebel in die Milch abfließen. Zugedeckt 15 Minuten ziehen lassen, wieder nicht kochen. Nun die Zwiebelhälften herausnehmen, die Milch in eine Tasse gießen, mit Honig süßen, schluckweise vor dem Zubettgehen trinken.
- Oder bereiten Sie sich einen Schlaftee zu: 1 Teelöffel Hibiskusblüten (Apotheke, Drogerie) werden mit 1 Tasse kochendem Wasser überbrüht, 10 Minuten ziehen lassen, durchseihen, mit 2 Teelöffel Honig und 2 Teelöffel Melissengeist verrühren. Langsam trinken.
- Manchem hilft es, wenn er vor dem Zubettgehen 2 Baldrian-Beruhigungskapseln mit etwas Flüssigkeit zu sich nimmt.
- Oder Sie holen sich aus einem Blumenladen einen Tannenzweig, lösen die Tannennadeln herunter und waschen sie gut. Dann 1 Teelöffel Tannennadeln mit 1 Tasse kochendem Wasser überbrühen, nur 2 Minuten zugedeckt ziehen lassen, durchseihen, mit Honig süßen und langsam vor dem Zubettgehen trinken.

Studien an der Universität Düsseldorf unter der Leitung von Prof. Dr. Günter Willuhn haben übrigens schon vor längerer Zeit ergeben, dass der Einsatz von Tee mit 2 Teelöffel Melissengeist gezielt die erste Stufe der Schlafstörungen bekämpft, die so genannte Schlafnervosität: Man schläft zwar, wälzt sich dabei nachts ruhelos auf dem Bett umher und erwacht morgens wie gerädert. Wenn man dagegen nichts unternimmt, kommen die großen Schlafprobleme.

So meistern Sie die Frühjahrsmüdigkeit

Bereits im März haben viele Menschen das gleiche Problem: Sie fühlen sich müde und schlapp, würden sich am liebsten tagsüber hinlegen. Ihr Schlafbedürfnis ist enorm. Leistungsfähigkeit und Konzentration sind stark herabgesetzt. Das typische äußere Anzeichen: Sie schleppen sich gähnend durch den Tag.
Dazu gibt es nur einen Kommentar: Sie ist eben wieder da – die Frühjahrsmüdigkeit. Man sollte sie jedoch – was viele tun – nicht schicksalsgegeben hinnehmen. Man sollte unverzüglich etwas dagegen tun.
Viele fragen mit Recht: Was ist eigentlich die Ursache für dieses Phänomen der Frühjahrsmüdigkeit? Internationale Wissenschaftler sind verschiedener Meinung.

- Die einen sagen: Dahinter steckt nach den langen Wintermonaten ein erhebliches Vitamindefizit, vor allem an Vitamin C und E.

- Verhaltensforscher glauben: Unser Urinstinkt hat immer noch ein Restbewusstsein für einen notwendigen Winterschlaf, das wir aber nicht durchführen.
- Außerdem fehlt uns nach vielen trüben Wintertagen die entsprechende Sonnenenergie. Überdies belastet das trostlose Grau der Natur die Seele.
- Hormonexperten wieder sind der Ansicht: Das Auge des Menschen tankt nach dem Winter plötzlich wieder mehr Licht und Sonne. Dadurch stellt sich der Körper auf Sommer um und beginnt mehr Hormone zu produzieren. Dadurch aber wird der Organismus gestresst und macht schlapp.

Und so können Sie die Frühjahrsmüdigkeit besiegen und wieder rasch in den Griff bekommen:

- Überwinden Sie die Müdigkeit mit Vitamin C und bekämpfen Sie damit nachweislich den Frühjahrsstress des Körpers. Reichlich Vitamin C macht munter. Essen Sie regelmäßig Zitrusfrüchte, Sauerkraut, Paprikaschoten, Kiwis. Trinken Sie Hagebuttentee und Sanddornsaft. Nehmen Sie täglich 1 Vitamin-C-Brausetablette ohne Zucker aus der Apotheke in 1/8 Liter Mineralwasser.
- Prof. Dr. Jeffrey Bland, der Leiter des Linus-Pauling-Instituts in Washington State, des wohl größten Ernährungsforschungsinstituts der Welt, konnte nachweisen, dass frühjahrsmüde Menschen einen erheblichen Mangel an Vitamin E aufweisen. Mit Gaben von Vitamin E kann die Schlappheit ganz schnell wieder aus der Welt geschafft werden. Daher: Essen Sie Weizenkleie, Weizenkeime, Weizenkeimöl, Milch und Milchprodukte, Nüsse, Vollkorn, Eier. Konsumieren Sie im Rahmen einer so genannten Optovit-Kur unterstützend Vitamin-E-Präparate: Nehmen Sie einige Zeit täglich 1 Kapsel mit 200 Milligramm Vitamin E aus der Apotheke mit etwas Flüssigkeit.
- Wer frühjahrsmüde ist, hat meist zu wenig Eisen im Blut. Essen Sie daher Sojaprodukte, Sonnenblumenkerne, Rote Rüben und Hühnerfleisch. Oder machen Sie eine so genannte Blut-Quick-Kur (Apotheke), indem Sie diese entweder mit einem Eisen-Vitamin-Tonikum oder mit Eisen-Vitamin-Dragees durchführen. Die beigegebenen Vitamine bewirken, dass das natürliche Eisen ohne jegliche Alkoholzugabe schnell und leicht vom Organismus aufgenommen und verarbeitet wird.
- Sorgen Sie für ausreichend Schlaf, vor allem Vormitternachtsschlaf. Dabei regeneriert sich der Körper schneller.
- Gehen Sie viel spazieren. Machen Sie regelmäßig Gymnastik.
- Machen Sie eine Kräuterteekur: Trinken Sie eine Woche lang 3-mal täglich 1 Tasse Brennnesseltee, dann 1 Woche lang 3-mal täglich Löwenzahnwurzeltee aus der Apotheke oder Drogerie.
- Und hier mein Spezialcocktail gegen Frühjahrsmüdigkeit: 6 Esslöffel Fenchelsaft, 6 Esslöffel Sanddornsaft, 1 Esslöffel Zitronensaft und 1/4 Liter frisch gepressten Orangensaft verrühren. Langsam trinken.

❖ Ganz wichtig: Reduzieren Sie für die nächsten Tage den Genuss von Fleisch, Alkohol und Nikotin.

So besiegen Sie den Muskelkater

Wenn es draußen wieder schöner und wärmer wird, dann wächst bei vielen von uns plötzlich wieder die Begeisterung für den Freizeitsport, für die regelmäßige Bewegung in freier Natur. Allerdings: Viele vergessen dabei, dass sie die Monate zuvor kaum hinter dem Ofen hervorgekommen sind und keinen Finger gerührt haben. Deshalb muss der Körper auf die körperliche Betätigung umgestellt werden. Das bedeutet: leichtes Vortraining, Lockerungsübungen, Hand- und Bürstenmassagen, Gymnastik. Das Hauptziel dabei ist das schrittweise Aufwärmen der Muskeln.
Wer das nicht tut und sich auf Anhieb zu viel beim Freizeitsport zumutet, vielleicht sogar aus einer Frühlingseuphorie oder aus falschem Ehrgeiz übertreibt, der handelt sich ganz schnell einen lästigen, schmerzhaften und mitunter langwierigen Muskelkater ein.
Es ist daher gerade um diese Jahreszeit wichtig, dass der Freizeitsportler weiß, wie er einen Muskelkater so rasch wie möglich in den Griff bekommt. Es hat sich in Untersuchungen internationaler Sportmediziner als besonders sinnvoll erwiesen, gegen den Muskelkater ein Doppelprogramm einzusetzen: eine Behandlung von außen und zugleich aber auch eine von innen her.
Dazu muss man wissen, was beim Muskelkater in den Muskelgeweben vor sich geht: Durch die Überbeanspruchung und durch die ungewohnten Aktivitäten kommt es zu einer Anhäufung verschiedener Säuren, vor allem von Milchsäure. Gleichzeitig wird der Mineralstoff Magnesium abgebaut. Das Magnesiumdefizit verursacht dann die Verkrampfung.
Man muss also dem Organismus ganz schnell wieder Magnesium zuführen. Für den Freizeitsportler eignet sich da am besten eine Magnesiumkautablette aus der Apotheke mit dem hoch dosierten Magnesiumanteil Mg 5. Ein bis zwei Kautabletten können den Muskelkater aus der Welt schaffen.
Äußerlich müssen die strapazierten Muskelgewebe durch eine gezielte Einreibung oder Massage gelockert, entspannt und durchblutet werden. Dafür bewährt sich im Rahmen der Sportmedizin eine asiatische Naturarznei: der Tigerbalm, der in Singapur hergestellt wird. Seine Bedeutung liegt in der Kombination von Kampfer, Cajeputöl, Menthol, Pfefferminzöl, Nelkenöl und einer Reihe von asiatischen Kräutern. Die Wirkstoffe dringen tief ins Gewebe, leiten eine Entkrampfung ein und lösen eine Selbstheilreaktion aus.
Zusätzlich muss der Muskelkatergeschädigte wissen: Wer rastet, rostet. Man muss trotz Muskelkater weiter Bewegung machen. Dann ist man ihn schneller los.

Unfälle und Pannen lassen sich vermeiden

Mit jedem Tag, der uns der warmen und sonnigen Jahreszeit entgegenbringt, fahren wieder mehr Autos und zweirädrige Fahrzeuge auf unseren Straßen. Die Folge: Es kommt – vor allem an schönen Wochenenden – in zunehmendem Maße zu Verkehrsunfällen. Und in den Berichten darüber liest man dann die Ursache: menschliches Versagen. Wir geben uns meist damit zufrieden.
Haben Sie aber schon einmal überlegt: Was steckt eigentlich hinter diesem „menschlichen Versagen"? Ist das denn wirklich ausschließlich schicksalsgegeben, hevorgegangen aus Überarbeitung, Konzentrationsstörung und Unachtsamkeit. Ist denn außer der Mahnung zur Vorsicht tatsächlich nichts dagegen zu machen?
Psychologen, Psychiater, Mediziner und Ernährungsexperten sagen eindeutig: Ja, es ist etwas zu machen. Jeder von uns kann eine Menge dazu beitragen, dass er nicht so schnell einen Unfall, eine Panne, eine Fehlleistung verursacht, mit der er sich und auch andere gefährdet.

- Ursache Nr. 1: Viele von uns sind Frühstücksmuffel. 48 Prozent der Bevölkerung gehen morgens ohne gesundes Frühstück aus dem Haus. Die meisten davon kaufen sich unterwegs nur ganz schnell ein Stück Schokolade, eine Wurststulle, einen Kaugummi. Sie tanken zum Start in den Tag keinen wertvollen „Sprit". Das macht anfällig für Fehler.
  Die Lösung: Essen Sie morgens wie ein „Kaiser": Obst, rohes Gemüse, Milch, Milchprodukte, Vollkornbrot, Müsli. Das alles gibt geistige und körperliche Kraft.
- Ursache Nr. 2: Viele von uns kippen meist hastig zwischen Tür und Angel starken Bohnenkaffee als Erstgetränk hinunter. Das macht nervös, fahrig, anfällig für Stress.
  Die Lösung: Nehmen Sie sich Zeit für Essen und Trinken am Morgen. Trinken Sie Kräutertee. Oder nehmen Sie Milch in den Kaffee.
- Ursache Nr. 3: Viele sind morgens sehr oft unausgeschlafen. Sie gehen zu spät ins Bett, schauen zu lange fern.
  Die Lösung: Zumindest dreimal die Woche vor Mitternacht zu Bett gehen. Tagsüber zwischendurch auf einer Parkbank in der Mittagspause ein paar Minuten schlafen.
- Ursache Nr. 4: Viele von uns beginnen in der Partnerschaft oder mit den Nachbarn und Verwandten den Tag mit Streit, sind daher nervlich überfordert, überreizt.
  Die Lösung: Wenn schon Streit, dann 3 Minuten Pause einlegen. Dann erst ans Steuer des Autos setzen oder an gefährlichen Geräten hantieren. Dieses Abreagieren kann viele Unfälle und Pannen verhindern helfen.

- ❖ Ursache Nr. 5: Die meisten von uns hören kaum noch auf ihre innere Stimme. Sie verdrängen erlebte Vorwarnungen, etwa das erste Müdewerden am Steuer des Wagens.

  Die Lösung: Horchen Sie wieder in sich hinein. Befolgen Sie innere Warnungen.

Wenn Sie das alles berücksichtigen, werden Sie vitaler, erfolgreicher und unfallfreier durch den Tag gehen.

Rede deine Krankheit weg

Die Lebenserwartung der Frauen ist nach wie vor bis zu 10 Jahre höher als die der Männer. Und aus Statistiken niedergelassener Ärzte kann man deutlich entnehmen, dass die Frauen im Falle einer Erkrankung auch schneller wieder gesund werden. Eine groß angelegte Untersuchung hat bewiesen, warum das so ist.
Das international angesehene Institut für Sozialmedizin an der Universität Wien unter der Leitung von Univ.-Prof. Dr. Michael Kunze hat eine umfassende und ungewöhnliche Studie durchgeführt. Es galt die Frage zu beantworten: Wie gesund sind die Mitteleuropäer? Insgesamt nahmen an der Befragung 100.000 Menschen teil, eine ungewöhnlich hohe Zahl für eine derartige Untersuchung.
Das Ergebnis brachte interessante Details an den Tag:

- ❖ Jeder Dritte leidet an Schlafstörungen.
- ❖ Jeder Vierte wird von Kopfschmerzen oder Migräne geplagt.
- ❖ Drei von vier Erwachsenen leiden an Rückenschmerzen.

Und dann kam bei der ersten Sichtung der Befragung ein unerwartetes Ergebnis zutage: Viel mehr Frauen als Männer sind krank. Das wissenschaftliche Team – Univ.-Prof. Dr. Michael Kunze, Dr. Ingrid Kiefer und Dr. Anita Rieder-Schmeiser – konnten sich das nicht erklären. Das war ein Widerspruch zur längeren Lebenserwartung.
Bei einer gründlichen Analyse der Befragung kam dann die Sensation an den Tag:

- ❖ Wie erwartet: Die Männer laborieren weit mehr an mehr oder minder schweren Erkrankungen. Aber: Sie reden nicht darüber. Bei einer Überprüfung von Aussagen der Befragung ergab sich, dass die Männer Beschwerden verschweigen, Befindlichkeitsstörungen für sich behalten.
- ❖ Die Frauen hingegen haben eine ganz andere Philosophie für den Umgang mit der Krankheit: Sie reden darüber. Mit Verwandten, Bekannten, Freunden, Arbeitskollegen, Chefs und Fremden.

Dadurch entsteht der Eindruck, dass die Frauen weitaus mehr krank sind. In Wahrheit aber beherrschen die Frauen den Supertrick: Sie stehen zu ihrer Krankheit, sehen ihr sozusagen ins Auge, reden sich das gesundheitliche Problem von der

Seele und geben damit – wie Psychologen bestätigen – wertvolle Impulse zum Gesundwerden. Das Gespräch über die Krankheit oder über die Beschwerden geben der Frau wertvolle Kraft, um mit einem Leiden schneller fertig zu werden.
Ähnlich der Auffassung „Ein Mann darf nicht weinen!“ denken viele Männer: „Ein Mann darf nicht krank sein, also darf er über seine Krankheit nicht reden!“ Jeder, der so denkt, erweist seiner Gesundheit keinen guten Dienst.

Migräne durch Kopfschmerzmittel

Rasch wechselnde Wettersituationen, Umweltschadstoffe, Lärmeinfluss, beruflicher und privater Stress sind schuld daran, dass zwei ganz spezielle Formen des chronischen Kopfschmerzes zunehmen: die Migräne und der Spannungskopfschmerz. In beiden Fällen leiden Frauen dreimal häufiger darunter als Männer. Manche Menschen laborieren bis zu 10 oder 20 Jahren daran. Mit den immer wiederkehrenden pulsierenden, pochenden Schmerzen, die oft in Attacken von mehreren Stunden bis zu drei Tagen auftreten, verlieren viele die Lebensfreude.
Doch Millionen Menschen, die davon gequält werden, machen einen gravierenden Fehler. Sie gehen nicht zum Arzt, sondern holen sich starke Kopfschmerzmedikamente und nehmen diese regelmäßig ein.
Sie sind sich nicht bewusst, wie verantwortungslos und verhängnisvoll sie damit mit ihrer Gesundheit umgehen. An der Universität Essen und an der Universität Wien hat man nachgewiesen: Falsch genützte Kopfschmerzmittel können erst recht Migräne auslösen! Wer diese Medikamente regelmäßig nimmt, auch zwischen den Migräneattacken, beschwört damit neue Schmerzen herauf, nimmt daraufhin noch mehr und gerät in einen Teufelskreis. Er wird süchtig und merkt es nicht.
Viele, die in diesem Stadium zum Arzt kommen, müssen vorerst eine Entziehungskur von ihren Tabletten machen. Daher warnen Ärzte: Wenn die Migräne immer wieder kommt und wenn man für sich kein natürliches Hausmittel gefunden hat, das hilft, dann kann nur der Mediziner nach einer klaren Diagnose Medikamente verschreiben. Und diese sind dann auch exakt nach seinen Angaben einzunehmen.
Die Gefahr unkontrolliert eingenommener Kopfschmerzmittel zeigt wieder, wie sinnvoll es sein kann, vorerst wirksame Naturrezepte bei Migräne einzusetzen:

- ❖ Hervorragende Erfolge werden mit der Einnahme des natürlichen Mineralstoffes Magnesium erzielt: in Form von Magnesiumkautabletten oder Magnesiumgranulat aus der Apotheke in der Dosierung Mg 5.
- ❖ Wer einen Migräneanfall erleidet, sollte sich in ein abgedunkeltes Zimmer zurückziehen. Ein Leinentuch in 24 Stunden abgestandenes Wasser tauchen und über die geschlossenen Augen und auf die Stirn legen.

- Aber auch folgende Kräutertees können helfen: Baldriantee, Majorantee, Fencheltee, Kümmeltee und Liebstöckeltee.
- Sehr oft genügt heißes oder kaltes Duschen von Nacken und Kopf. Oder Kopfmassagen mit Einreibungen von Melissengeist sowie Franzbranntwein-Gel.

Osterfreuden ohne Reue

Die Osterfeiertage bedeuten für Millionen Menschen: ein wenig von der Arbeit ausspannen, für die Familie Zeit haben, Urlaub machen und Osterbräuche genießen. Ja, und für viele Erwachsene, noch mehr aber für die Kinder ist Ostern ohne Süßigkeiten und Ostereier im Grunde genommen undenkbar.
Daher werden zu den Osterfeiertagen ungeheure Mengen von hart gekochten Eiern, Schokoladehäschen und Bonbons verzehrt. Da uns Ernährungswissenschaftler und Mediziner in den letzten Jahren überzeugt haben, wie gesundheitsschädlich einseitige Ernährung, vor allem aber cholesterinreiche und zuckerreiche Genüsse sind, gehen viele mit schlechtem Gewissen in die Osterfeiertage. Und sie fragen sich mit Recht: Wie kann man die Osterfreuden ohne Reue genießen? Dazu ein paar Tipps:

- Es ist unvernünftig, im Osterei ein gesundheitsschädliches Nahrungsmittel zu sehen. Im Gegenteil: Das Ei liefert dem Organismus die Vitamine A, C, D, E und K, die Vitamine der Gruppe B, die Mineralstoffe Natrium, Kalium, Kalzium, Magnesium, die Spurenelemente Chlor, Phosphor, Schwefel, Eisen, Mangan, Zink, Kupfer, Jod und Fluor. Außerdem enthält das Ei reichlich Lecithin, die wichtigste Nahrung für unser Gehirn.
- Und denken Sie nicht, das gefürchtete Cholesterin im Ei sei ausschließlich etwas Böses. Im Gegenteil: Cholesterin baut das Nervengewebe auf und ist für die Bildung der Sexualhormone wichtig.
- Beim Osterei ist immer nur das Problem: Wie viel? Ein gesunder Mensch, der das ganze Jahr über höchstens 1 bis 2 Eier die Woche gegessen hat, kann zu Ostern schon etwas sündigen. Wer Probleme mit dem Cholesterinspiegel hat, sollte darüber mit dem Arzt reden.
- Das nächste Problem sind die Ostersüßigkeiten: Im Allgemeinen liefern sie viel Kalorien – machen also dick –, verursachen Karies an den Zähnen und sind für Diabetiker tabu. Das muss nicht sein. Wissenschaftlern ist es vor ein paar Jahren gelungen, aus der Zuckerrübe mit einem neuen Verfahren – dem Isomalt-Verfahren – den neuen, gesunden Zucker der Zukunft herzustellen. Er verursacht keine Karies, hat nur halb so viele Kalorien und eignet sich im Rahmen der Broteinheiten auch für Diabetiker.

Für gesündere Osterleckereien sollte man Schokolade und Bonbons aus Isomaltzucker besorgen. Sie sind – weil zahnfreundlich – oft mit einem Zahnmännchen gekennzeichnet.

Die Pollenallergie nimmt immer mehr zu

Wenn es draußen so richtig warm wird, wenn die Sonne vom Himmel strahlt, dann herrscht bei Jung und Alt nicht nur Freude. Die jüngste Statistik verrät eine erschreckende Zahl: Für 15 bis 20 Prozent der Menschen ist damit die Schonzeit vorbei. Es beginnt wieder das große Leiden: die Pollenallergie. Und die Zahl der Betroffenen steigt und steigt von Jahr zu Jahr.
Die typischen Symptome für die meistverbreitete Allergie: laufende Nase, starker Niesreiz, juckende, tränende und gerötete Augen. Die Lebensqualität des Pollenallergikers ist mitunter den ganzen Sommer über schwer beeinträchtigt.
Manche werden jetzt fragen: Wann weiß ich, ob ich eine harmlose Frühlingserkältung habe oder ob es sich um eine Pollenallergie handelt? Auch als medizinischer Laie kann man das erkennen: Ist das Sekret aus Nase und Bronchien wässrig und klar und sind dabei die Augen gerötet und tränen, dann ist es meist eine Allergie.
Bis vor kurzer Zeit machten Mediziner die Beobachtung: Die meisten Pollenallergiker gibt es zwischen dem 20. und dem 50. Lebensjahr. Dann nimmt die Allergieanfälligkeit wieder Schritt für Schritt ab. Davon ist plötzlich keine Rede mehr. Auf der einen Seite nimmt die Allergie bei Kindern enorm zu. Auf der anderen Seite erleben viele Menschen um die 40 oder 50, die ein Leben lang gesund waren, dass sie plötzlich stark unter den Pollen leiden. Im Allergieambulatorium in Wien hat man sogar festgestellt, dass Senioren um die 70 erstmals erkranken und sehr darunter leiden.
In diesem Zusammenhang stellen sich viele von uns zwei wesentliche Fragen:

- Frage Nr. 1: Warum erkranken immer mehr Menschen an der Pollenallergie, und zwar aus heiterem Himmel?
  Die Antwort: Wir sind in zunehmendem Maße großen Umwelteinflüssen ausgesetzt. Wir nehmen täglich – zum Teil unkontrollierbar – mit der Luft, mit dem Wasser und mit der Nahrung – Gifte und Schadstoffe auf. Eine Zeit lang verkraftet das der Organismus. Aber eines Tages ist für jeden Menschen das Maß voll. Und dann wehrt er sich. Und dann bricht das Immunsystem der Pollen wegen zusammen. Schuld aber ist die Summe der Einflüsse.
- Frage Nr. 2: Warum werden die allergischen Reaktionen beim Heuschnupfen immer stärker, immer folgenschwerer und gefährlicher?
  Die Antwort: Durch die verschmutzte Luft sind unsere Atemwege geschwächt. Die Pollen können tiefer eindringen. Gleichzeitig sind die Pollen selbst von vie-

len Giften und Schadstoffen belastet. Und obendrein schicken viele Pflanzen – um zu überleben – mehr Pollen als früher in Umlauf.

Und so sieht die wichtigste Selbsthilfe für den Pollenallergiker aus: Nicht bei geöffnetem Fenster schlafen. Und wenn, dann um 4 Uhr früh die Fenster schließen. Da beginnt der Pollenflug. Nicht ins Grüne gehen. Autofenster geschlossen halten. Nicht die Lüftung einschalten – oder Pollenfilter einbauen lassen. Keine Blumen im Schlafzimmer. Urlaub in pollenfreien Gebieten verbringen: im Hochgebirge, am Mittelmeer, auf einer Nordseeinsel. In jedem Fall ärztliche Betreuung suchen.

Eine Fitnesskur mit Löwenzahn

Im Frühling ist die richtige Zeit für ein Generalservice für Blut, Leber, Galle und Nieren. Unser Organismus braucht neue Impulse, um gesund, fit und aktiv in den Sommer gehen zu können. Nur dann bleiben wir in Schwung und können unseren Körperzellen genug vom lebensnotwendigen Sauerstoff liefern. Vielleicht spüren Sie es mitunter selbst, dass Sie eine Fitnesskur brauchen: wenn Sie müde, lustlos, abgeschlagen, antriebslos und gereizt sind.

Die Bewegung in freier Natur ist jetzt wichtig. Doch sie allein hilft nicht. Organisieren Sie für Ihr Blut eine Superreinigung und neue Kräfte. Dafür eignet sich in nahezu idealer Weise der Löwenzahn in freier Natur, von vielen Menschen als „Unkraut" verfolgt. Jetzt sind die Säfte des Löwenzahns am wertvollsten. Es darf allerdings kein Löwenzahn sein, der an einer Autostraße oder in einem Industriegebiet wächst. Da ist die gesamte Pflanze schwer von Umweltgiften belastet. Holen Sie Ihren Löwenzahn aus möglichst unberührter Natur oder aus dem eigenen Garten.

Der Löwenzahn hat viele faszinierende Eigenschaften. In erster Linie sind seine Bitterstoffe und Spurenelemente dafür verantwortlich: Der Genuss von Löwenzahn aktiviert Galle, Leber und Nieren. Er reinigt das Blut von Stoffwechselschlacken und regt zugleich den gesamten Stoffwechsel an. Das Nervensystem wird gestärkt. Die allgemeinen Abwehrkräfte werden aufgebaut.

Es gibt verschiedene Möglichkeiten, die Kraft des Löwenzahns zu nützen:

- Schneiden Sie sich frische, junge Löwenzahnblätter und bereiten Sie daraus einen Salat. Essen Sie 4 Wochen lang jeden dritten Tag eine Portion davon, jeweils frisch zubereitet. Hier das Rezept für 1 Person: 70 g Löwenzahnblätter nudelig schneiden. Marinade aus 1 Esslöffel Distelöl, 1 Esslöffel Apfelessig, ein Schuss Zitronensaft, etwas Honig, Pfeffer, Kräutersalz, 1 Esslöffel Jogurt und dem Saft von 2 zerdrückten Knoblauchzehen. Marinade, Löwenzahnblätter und 1 Esslöffel angebratene Speckwürfel verrühren.
- Wenn Sie keine Möglichkeit für frischen Löwenzahn haben, dann besorgen Sie

sich aus der Apotheke oder Drogerie Löwenzahnwurzeltee. Und trinken Sie 3 Wochen lang täglich 3 Tassen.

- Oder Sie holen sich aus dem Reformladen Löwenzahnsaft und nehmen 4 Wochen lang 3-mal täglich jeweils 2 Esslöffel davon mit etwas Wasser verrührt zu sich. Am besten vor den Mahlzeiten.
- Und wenn Sie nicht genügend frische Löwenzahnblätter in der Natur gefunden haben, um Salat zuzubereiten, dann hacken Sie die wenigen ganz klein und streuen Sie diese auf eine Schnitte Vollkornbrot mit etwas Butter.

Köstlichkeiten – ohne Cholesterin

Geht es Ihnen auch so? Sie haben über die Osterfeiertage genüsslich Ostereier, Osterschinken und viele Süßigkeiten genossen. Lauter Nahrungsmittel, die reichlich Cholesterin anliefern. Und jetzt wollen Sie als Ausgleich cholesterinarm oder cholesterinfrei essen. Wissen Sie eigentlich, dass es eine Menge Köstlichkeiten gibt, die vollkommen cholesterinfrei sind?
Jeder zweite in Mitteleuropa stirbt an einem Herz-Kreislauf-Versagen. Arteriosklerose und Herzinfarkt sind im Ansteigen begriffen. Und die Ärzte warnen: Achtet auf eure Cholesterinwerte. Wer einen Blutfettwert von über 240 aufweist, was zum erhöhten Bereich zählt, ist mehr oder minder gefährdet. Seit sich das herumgesprochen hat, beginnen viele von uns bewusster zu essen, bewusster ihre tägliche Nahrung auszusuchen. Die Angst vor zu hohen Cholesterinzufuhren ist gewachsen.
Viele denken, dass sie mit allem, was ihnen schmeckt, automatisch Cholesterin zuführen. Das stimmt nicht. Es ist in der täglichen Ernährung überhaupt keine Panik notwendig. Denn – wie schon gesagt – es gibt viele Köstlichkeiten, die überhaupt kein Cholesterin enthalten.
In der ganzen Cholesterin- und Herzdiskussion gibt es einen gravierenden Fehler. Die Patienten erfahren immer, welche Cholesterinbomben sie nicht essen dürfen. Sie erfahren viel zu wenig über die Lebensmittel, die absolut kein Cholesterin beinhalten, die man also mit einem erhöhten Blutfettwert unbedenklich genießen kann.

- Unter Getreideprodukten gibt es kein Cholesterin in Buchweizen, Cornflakes, Gerste und Gerstenflocken, Grünkern, Haferflocken, Haferschrot, Müslisorten ohne Zucker, Hirse, Hirseflocken, Mais, Maismehl, Popcorn, Naturreis, Roggenmehl, Weizenmehl, Müslikeksen, Vollkornkeksen, eierfreiem Zwieback.
- Während das Ei für alle Cholesterinbewussten als Feind Nummer eins gilt, kann man das Eiweiß unbedenklich essen. Es enthält kein Cholesterin. Dieses ist ausschließlich im Eigelb zu finden.
- Frisches Obst und rohes Gemüse sollte zur Hauptnahrung bei einem erhöhten

Cholesterinspiegel gehören. Es gibt darin kein Cholesterin. Auch Trockenfrüchte sind frei davon. Wenn man Obst allerdings als Kompott oder mit Speiseeis anrichtet, dann liefert es Cholesterin. Gemüse – zu einer Suppe verarbeitet – enthält ebenfalls Cholesterin, wenn auch nur in geringen Mengen. Rohkostsalate enthalten ebenfalls kein Cholesterin, wenn sie mit kaltgepressten, pflanzlichen Ölen zubereitet werden.

- ❖ Auch Bohnen, grüne Erbsen, Edelkastanien, Haselnüsse, Walnüsse, Leinsamen, Oliven, Sonnenblumenkerne und Sesam sind cholesterinfrei.
- ❖ Bei Kartoffeln sind Pellkartoffeln und Salzkartoffeln cholesterinfrei.
- ❖ Bei Milch und Milchprodukten ist die Sache schwierig. Da gibt es zwar cholesterinarme, aber keine cholesterinfreien Lebensmittel. Am wenigsten Cholesterin liefern Magerquark und Kochkäse.
- ❖ Unter den Fetten sind unbedenklich Distelöl, Halbfettmargarine, Maiskeimöl, Olivenöl, Sojaöl, Sonnenblumenöl.
- ❖ Unter den Süßwaren finden Sie keine Cholesterinwerte in Gummibärchen, Kaugummi, Lakritze, Karamellbonbons und Marzipan.
- ❖ Bei Fisch, allen Fleischsorten und Wurstwaren gibt es keine cholesterinfreie Alternative. Da muss man die cholesterinärmeren Waren konsumieren. Rollmöpse, Heringe, gekochter Rindertafelspitz und Hühnerbrust haben sehr wenig Cholesterin. Ein Geheimtipp für alle, die mit Naturprodukten zu hohe Cholesterinwerte positiv beinflussen wollen: Kauen Sie so oft wie möglich gut gewaschene, gehackte rohe Petersilie, oder essen Sie über einen längeren Zeitraum täglich 3 Knoblauchzehen.

Treppensteigen für Herz und Kreislauf

Nach dem Slogan „Essen und Trimmen – beides muss stimmen" sollen wir alle daran erinnert werden, dass unser Organismus neben der gesunden, vernünftigen Ernährung auch die regelmäßige körperliche Bewegung braucht.
Man weiß aus medizinischen Untersuchungen: Das ständige Sitzen in der Schule, am Arbeitsplatz und in der Freizeit kann der Gesundheit schaden, wenn nicht für die nötige Ausgleichsbewegung gesorgt wird. Wir sollen uns immer vor Augen halten: Leben ist Bewegung, Bewegung ist Leben.
Inzwischen ist man darauf gekommen: Es ist ganz falsch, die Leistungen von Spitzensportlern nachzuahmen, bis zur Erschöpfung Freizeitsport zu betreiben. Das bringt dem Organismus noch mehr Stress und Belastung. Die gesundheitsfördernde Bewegung muss Freude bereiten, muss als angenehm empfunden werden. Zu empfehlen sind Radfahren, Wandern, Schwimmen, Gymnastik. Und alles sollte man so durchführen, dass man dabei bequem mit dem Partner reden kann. In den USA hat

man einen neuen Modesport entdeckt: Treppensteigen. In Fitnesszentren stehen Geräte, an denen man sozusagen „im Stand" Treppen erklimmen kann. Jugendliche, Berufstätige und Senioren sind begeistert und bewegen Beine und Arme zu heißen Rhythmen. Auch bei uns wird die so genannte „Steppgymnastik" in Clubs bereits angeboten.
Wenn diese neue Freizeitsportart so viel Spaß macht und so gesundheitsförderlich ist, dann können wir alle – ohne eine Mark auszugeben – mitmachen. Wir sollten uns nämlich wieder angewöhnen, auf den Lift zu verzichten und im richtigen Leben so viel wie möglich Treppen hochzusteigen. Sportmediziner bestätigen, dass dies ein ideales Training für Herz und Kreislauf darstellt.
Wie gesund die regelmäßige, körperliche Bewegung sein kann, ist heute in Studien nachgewiesen:

- Man kann damit einem späteren Herzinfarkt vorbeugen und man senkt das Risiko für Herzerkrankungen.
- Das „gute" HDL-Cholesterin wird erhöht, das so genannte „böse" LDL-Cholesterin wird gesenkt.
- Stress wird abgebaut.
- Die Fließeigenschaften des Blutes und die Durchblutung werden verbessert.
- Die Sauerstoffzufuhr in unsere Zellen wird erhöht.
- Die körperliche und geistige Fitness, aber auch die positive Lebenseinstellung werden gefördert.

Also: Auf zur nächsten Treppe!

Die besten Gesundheitstipps für April

Der Osterspaziergang als Gesundheitstraining

Die Osterfeiertage – manchmal im März, manchmal im April – sind für viele von uns sehr oft der Anlass, dass man nach den langen kalten Monaten endlich wieder in der Freizeit die Wohnung verlässt und mit freudiger Erwartung in die Natur hinausgeht. Der Osterspaziergang hat damit nicht nur Eingang in die Literatur gefunden. Er ist auch in unserer heutigen Zeit ein beliebtes Wochenendvergnügen.
Mehr noch: Dieser Osterspaziergang sollte für uns alle zum Symbol für den Spruch „Bewegung ist Leben – Leben ist Bewegung!" werden. Denn unsere moderne Zeit krankt daran, dass wir uns alle viel zu wenig bewegen. Und das schadet unserer Gesundheit. Wir sollten daher den Osterspaziergang nicht als harmloses, kleines Vergnügen sehen, sondern als wertvolles Gesundheitstraining. Mit dem guten Vorsatz verbunden, dass wir uns den ganzen Frühling, Sommer und Herbst wieder regelmäßig bewegen wollen.
Denn sämtliche gesunden, harmonischen Abläufe in unserem Organismus sind nur dann garantiert, wenn wir uns regelmäßig bewegen. Bewegung heißt nicht: extreme Leistungen zu vollbringen. Gerade das ist falsch. Der Körper soll gefordert werden, aber in Maßen.
Und das sind die gesundheitlichen Vorteile von regelmäßiger Bewegung in guter Luft in der freien Natur: Man kann das Risiko für Herz-Kreislauf-Erkrankungen senken. Man kann den Fettstoffwechsel verbessern. Zu hohe Cholesterinwerte lassen sich senken, in erster Linie das so genannte „böse" LDL-Cholesterin. Stressbelastungen und Stressfolgen werden durch Freizeitsport abgebaut. Die geistige und körperliche Leistungsfähigkeit wird verbessert. Die einzelnen Körperzellen bekommen mehr Sauerstoff angeliefert. Die Fließeigenschaft des Blutes wird verbessert. Das allgemeine Wohlbefinden wird erhöht. Depressive Stimmungen werden besiegt. Es kommt zu einer positiven Lebenseinstellung.
Eines steht fest: Beim Osterspaziergang muss es sich ja nicht unbedingt um einen Spaziergang handeln. Im Gegenteil: Sportmediziner haben errechnet, dass der Organismus nur dann Gesundheit bei der sportlichen Bewegung tankt, wenn er zumindest 5 Minuten dabei ins Schwitzen gerät. Das heißt in der Praxis: Wer beim Spazierengehen etwas für seine Vitalität, Fitness und seine gesundheitlichen Werte tun will, der muss zumindest eine längere Wegstrecke zügig und flott gehen.
Daher bieten sich zum klassischen Osterspaziergang folgende andere Freizeitsportarten an: Wandern, Laufen, Radfahren, Ballspielen. Das kann man alles, wenn man einigermaßen gesund ist, in jedem Alter tun.

Laufen aktiviert das Herz und stärkt die Atemwege. Die Arterien werden wieder elastischer. Der Kreislauf verbessert sich. Allerdings muss man richtig laufen lernen. Man darf sich nicht verkrampft bewegen, muss einen natürlichen Laufstil finden. Wichtig ist, dass man dabei richtig atmet.
Radfahren – ein besonders beliebter Sport im Frühling – bringt den Kreislauf so richtig in Schwung. Auch dabei werden die Atemwege gestärkt. Die Wirbelsäule wird entlastet, das Rückrat gefestigt. Radfahren stärkt das gesamte Immunsystem, verbessert die Verdauung, trainiert die Muskeln und ist Balsam für das vegetative Nervensystem.
Wandern ist ein hervorragendes Beintraining für Menschen, die sonst den ganzen Tag sitzen oder stehen müssen und eine eintönige Arbeit leisten müssen. Bänder, Gelenke und Sehnen werden schonend gestärkt. Schultern und Nacken werden entspannt. Lunge und Herz werden aktiviert. Auch beim Wandern wird optimal Stress abgebaut.
Wer nach den Wintermonaten abnehmen möchte, kann auch mit einer Osterwanderung dazu beitragen. Wer flott dahinwandert, kann in einer Stunde 300 bis 320 Kalorien abbauen.
Was man zusätzlich unbedingt wissen sollte: Eine kürzlich erstellte Studie von Sportmedizinern in Oslo hat ergeben: Wenn man beim Wandern und beim flotten Gehen die Arme so richtig weit mitschwingen lässt, so ist das nicht nur gesund für die Wirbelsäule. Die Atemwege werden besser gestärkt. Und man verbraucht dabei um fast 50 Prozent mehr Kalorien.
Was speziell nach den bewegungsarmen Wintermonaten auch nicht zu unterschätzen ist: Kräftige Schritte aktivieren die Becken- und Darmmuskulatur. Damit wird eine blockierte Verdauung gefördert.
Ostern sollte vor allem die Eltern motivieren, gemeinsam mit den Kindern zum Wandern und Laufen zu gehen. Jüngste Untersuchungen an deutschen Schülern haben eine erschreckende Bilanz ergeben: Mädchen und Jungen können nicht mehr richtig wandern und laufen. Sie haben keine Kondition mehr. Sie fahren zu viel im Auto, sitzen zu oft vor dem Spielcomputer und dem TV-Gerät, treiben zu wenig Sport in der Schule und in der Freizeit. Das ist auch die Erklärung für weit verbreitete Wirbelsäulenschäden und mangelnde natürliche Abwehrkräfte.
Wichtig für Erwachsene und Kinder: Wer Freizeitsport treibt, braucht reichlich Flüssigkeit, am besten Wasser. In vielen Fällen aber braucht der Organismus verstärkt die Zufuhr von Vitaminen, Mineralstoffen und Spurenelementen: entweder aus reichlich Obst, Gemüse, Vollkornprodukten und Milchprodukten oder durch ergänzende entsprechende Präparate aus der Apotheke.

Das Vitaltraining für den Frühling

Jetzt ist der Frühling endgültig da. Wenn wir ihm gewachsen sein wollen, dann müssen wir jetzt ganz schnell wieder fit werden. Das ist nicht ganz einfach: Wir haben Körpergewicht zugelegt, wir waren viele Tage faul. Wir sind aus dem Rhythmus gekommen. Das muss schnell anders werden. Das Vitaltraining wird Ihnen dabei helfen. Ein ganz einfaches Programm, bei dem jeder mitmachen kann:

- Vorerst sollten wir einmal kräftig entschlacken. Dazu bietet sich ideal ein Wochenende an. Nehmen Sie einen Sonnabend und den darauf folgenden Sonntag nichts anderes zu sich außer täglich 3 Liter Mineralwasser und 2 Kilo Pellkartoffeln, und zwar über den Tag verteilt. Das entwässert, transportiert Feiertagsschlacken ab und bringt meist 2 Pfund Gewichtsverlust.
- Danach sollten Sie in den nächsten 14 Tagen zum Salatfan werden. Essen Sie mittags einen großen Teller Salat als Hauptmahlzeit, eventuell dazu eine Schnitte Vollkornbrot.
- Überhaupt sollten Sie den Einstieg in die Vollkornernährung probieren: Morgens Müsli oder Vollkornbrot, tagsüber verschiedene andere Vollkornprodukte. Das Erfolgsgeheimnis für gute Figur und Vitalität: Das Vollkorn liefert dem Organismus alle lebenswichtigen Stoffe für Fitness und Gesundheit. Und man findet ohne große Diät mit der Zeit zu einem idealen Körpergewicht.
- Verzichten Sie darauf, Kaffee und Tee mit Zucker zu süßen. Und reduzieren Sie radikal Ihren Alkoholkonsum. Das hilft viele Kalorien einsparen.
- Widmen Sie nicht jeden Abend dem Fernsehprogramm. Gehen Sie wieder früher zu Bett. Dann können Sie problemlos am nächsten Morgen früher aufstehen, haben mehr Zeit für ein gemütliches Frühstück. Das schafft gute Laune und Vitalität.
- Machen Sie es wie die Chinesen vor 5000 Jahren. Sie kannten damals schon einen Akupressurtrick, um schnell wieder in Schwung zu kommen. Verzahnen Sie die Finger beider Hände ineinander und reiben Sie die Handballen aneinander. So lange, bis die Reibezonen ganz heiß sind. Damit werden über ganz bestimmte Nervenlinien Leber und Gemüt aktiviert, eine Grundvoraussetzung für Vitalität und Fitness.
- Zum Vitaltraining gehören auch Safttage mit Gemüsesäften aus biologischem Anbau (Reformladen). Essen Sie an so einem Tag so wenig wie möglich und halten Sie eine ganz bestimmte Reihenfolge von Gemüsesäften ein. Morgens: eine kleine Portion Müsli mit 1/8 Liter Möhrensaft. Vormittags: 1/8 Liter Tomatensaft. Mittags: 1/4 Liter Rote-Bete-Saft und etwas Salat. Nachmittags: 1/8 Liter Möhren- oder Tomatensaft. Abends: 1/4 Liter Sauerkrautsaft mit Knäckebrot.
- Keine Frage: Zum Vitaltraining gehört auch, mit dem Rauchen aufzuhören.

Helfen Sie sich eventuell mit einem Anti-Raucher-Pflaster oder einem Anti-Raucher-Kaugummi (Apotheke).

- Ganz besonders wichtig: Jetzt ist endlich wieder Bewegung angesagt. Man kann auf die Dauer nur vital, fit und gesund bleiben, wenn man den Körper bewegt. Körperliches Training ist im Grunde genommen die beste Medizin fürs Abnehmen und fürs Wohlfühlen. Das müssen keine sportlichen Spitzenleistungen sein. Die einzige Bedingung: Sie müssen sich regelmäßig bewegen. Täglich 30 Minuten. Das bewirkt wahre Wunder für Herz, Kreislauf, Blutdruck und Cholesterinwerte. Am Wochenende ist das kein Problem. Und wenn Sie die Woche über berufstätig sind, dann nützen Sie 30 Minuten der Mittagspause für einen Spaziergang durch den nahen Park.
- Lernen Sie richtig atmen: Beim Ausatmen Bauch einziehen, damit alle schlechte, verbrauchte Luft aus den Bronchien gepresst wird. Beim Einatmen Bauch heraus, damit im Brustraum viel Platz für die gute, neue Luft ist.

Kuscheln: So gesund wie Morgengymnastik

Laut einer jüngsten Umfrage des GEWIS-Institutes sind die Mitteleuropäer ausgesprochene Gymnastikmuffel am Morgen. 80 Prozent der Frauen und Männer zwischen 40 und 55 Jahren kommen nach dem Aufstehen nur langsam „in Fahrt“. Doch nur 18 Prozent versuchen mit Bodenübungen, mit Joggen oder mit dem Heimtrainer in Schwung zu kommen. 92 Prozent begnügen sich mit einem heißen Getränk, um lebendig zu werden. 84 Prozent wählen das heiße Wannenbad oder die heiße Dusche. Und: 36 Prozent aller Erwachsenen bleiben faul im Bett und kuscheln mit dem Partner.

Das ist aber gar nicht so verkehrt. Zärtlichkeiten unmittelbar nach dem Aufwachen aktivieren nämlich in erstaunlichem Maße alle Lebensgeister. Das hat kürzlich in einer Langzeitstudie der amerikanische Wissenschaftler und Arzt Prof. Dr. Edward Lawrey in Los Angeles herausgefunden. Er hat fünf Jahre lang 50 Paare betreut und untersucht. Und er hat regelmäßig mit ihnen Gespräche geführt. Vor allem aber nahm er medizinische Messungen an ihnen vor. Das grundsätzliche Ergebnis der Studie: Kuscheln am Morgen ist ebenso gesund wie Gymnastik. Das Kuscheln hat genau dieselben medizinischen Effekte im Organismus. Prof. Dr. Edward Lawrey meint dazu: „Es ist im Grunde genommen vollkommen egal, ob jemand morgens nach dem Aufstehen kuschelt oder Gymnastik betreibt. Beides ist sehr gesund!“

Wer also unmittelbar nach dem Aufwachen noch im Bett bleibt, sich dem Partner zuwendet, ihn mit einem zärtlichen Kuss oder Küsschen begrüßt und sich an ihn schmiegt, wer den anderen intensiv streichelt und die Wärme des anderen verspürt,

der kann sicher sein, dass alle Lebensgeister geweckt werden. Nach etwa 15 Minuten Kuscheln ist man nach Ansicht der amerikanischen Ärzte „fit fürs Alltagsleben“.
Was passiert nun alles im Organismus, wenn zwei Menschen morgens Zärtlichkeiten austauschen und intensiv kuscheln? Prof. Dr. Edward Lawrey hat es ganz genau gemessen:

- Der Kreislauf wird auf besonders gesunde Weise angeregt: nicht zu schnell, nicht zu langsam. So, wie es für den Organismus nach dem erholsamen Schlaf richtig ist.
- Morgenstress wird verhindert. Ängstliche und nervöse Gedanken über all das, was man heute zu tun hat, kommen vorerst gar nicht auf oder werden auf angenehme Weise sanft verdrängt.
- Die Fließeigenschaften des Blutes werden aktiviert. Damit wird automatisch der Adernverkalkung vorgebeugt.
- Das Herz wird entlastet, aber dennoch in seiner Aktivität angeregt.
- Die Leber bekommt einen Impuls und wird damit gleich morgens enorm bei ihrer Entgiftungsarbeit unterstützt.
- Bei vielen Paaren, die morgens regelmäßig den Tag mit Kuscheln begannen, zeigten sich überaus zufrieden stellende Cholesterin- und Blutdruckwerte. Fast alle gingen auch mit sehr guten Triglyzeridwerten in den Tag.
- Kuscheln regt aber auch sehr intensiv die Atemwege an. Wer morgens kuschelt, hat den ganzen Tag über weniger Atemprobleme.
- Wer kuschelt, kommt danach viel schneller auch geistig in Fahrt, kann sich im Straßenverkehr und am Arbeitsplatz besser konzentrieren.
- Die gesamte Leistungsfähigkeit wird gesteigert.

Etwas, was bei der Studie deutlich zutage kam: Gymnastik am Morgen macht fit, aber doch müde, wenn man übertreibt, mitunter sogar erschöpft. Nach dem Kuscheln waren die Testpersonen besonders fit. Ihre Lebensfreude war größer als jene der Frauen und Männer, die Gymnastik trieben.
Prof. Dr. Lawrey zieht daraus den Schluss: „Kuscheln am Morgen ist ein Lebenselixier und Medizin für den ganzen Tag!“

Schokolade macht glücklich

Die Ernährungswissenschaft kann heutzutage gemeinsam mit der Medizin längst nachweisen, dass ganz bestimmte Naturprodukte und Speisen den menschlichen Organismus positiv beeinflussen, Schmerzen lindern und Beschwerden heilen oder zumindest bessern können. Überwiegend handelt es sich bei diesen Speisen um Obst, Gemüse, Kräuter und Vollkornprodukte. Schokolade ist in diesem Zusammen-

hang bisher nie genannt worden. Im Gegenteil: Schokolade gilt im Allgemeinen als nicht gerade gesundheitsfördernd und wird auf Grund des Gehaltes an Kakaopulver und Zucker kaum jemals in ein gesundes Ernährungsprogramm eingebaut.
Hautärzte verbieten ihren Patienten, die von Hautproblemen geplagt werden, den Genuss von Schokolade. Wer abnehmen möchte, muss die Schokolade aus seinem Speiseplan streichen oder zumindest auf ein Minimum reduzieren. Dasselbe gilt für all jene, die unter Verdauungsproblemen und Darmstörungen leiden. Ja, und für Diabetiker ist Schokolade selbstverständlich tabu.
Trotz alledem greifen wir immer wieder mit magischer Sehnsucht nach einem Stückchen Schokolade. Viele geben es offen zu: Sie haben einen Heißhunger auf Schokolade und holen sich bei anstrengender körperlicher oder geistiger Arbeit mit einem Stückchen Kraft. Dazu gehört beispielweise auch Schauspielerin Barbara Wussow.
Es gibt Frauen und Männer, die in einem Stück Schokolade eine Belohnung für berufliche oder private Leistungen sehen. Und es gibt welche, die mitunter das Gefühl haben, dass sie schokoladesüchtig sind.
Des Rätsels Lösung: Schokolade macht glücklich! Der Konsum von Schokolade beeinflusst positiv unsere Stimmungen und Gefühle. Mehr noch: Schokolade ist imstande, depressive Zustände wegzuzaubern. Diese Wechselwirkung von Schokolade und seelischer Stimmung ist keine bloße Spekulation. Sie ist wissenschaftlich nachgewiesen. Dahinter gekommen ist der amerikanische Mediziner Dr. Michael Liebowitz aus Los Angeles. Er hat in jahrelangen Untersuchungen die Substanz gefunden, welche die Schokolade zu so einem süßen Stimulator macht.
Es handelt sich um ein biogenes Amin mit dem Namen Phenyläthylamin. Die Substanz wird zwar vom Körper auch selbst erzeugt, aber in sehr kleinen Mengen. Wozu benötigt nun der Organismus dieses Phenyläthylamin?

- Es gelangt übers Blut ins Gehirn und hilft, positive Nervenimpulse weiterzuleiten.
- Es beeinflusst das limbische System des Gehirns und steuert von hier aus positive Emotionen.
- Phenyläthylamin wirkt auf diese Weise wie ein Aufputschmittel bei Niedergeschlagenheit, aber auch in der Liebe.

Damit ist das Geheimnis gelüftet, warum Schokolade glücklich machen kann. Das Phenyläthylamin macht's möglich. 1 Gramm Schokolade enthält rund 6 Mikrogramm von dieser Substanz. Dr. Michael Liebowitz betont, dass 10 Gramm Schokolade unter Umständen genügen, damit man sich seelisch besser fühlt. Diese ernährungswissenschaftlich hochinteressante Entdeckung ist somit kein Freibrief für kiloweises Schokoladeessen.
Kein Wunder also, dass sich die Menschen – jung und alt – seit rund 1000 Jahren

vom Zauber der Schokolade verführen lassen. Ein kleines Stück ist gut für manches lebensnotwendige Glücksgefühl.
Und hier ein Schokoladedessert zum Aufmöbeln der seelischen Stimmung: Das Rezept ist für 1 Person berechnet:
1 Eigelb mit 15 g Honig schaumig schlagen, 1/8 Liter Milch, etwas Salz und 20 g Vollmilchschokolade dazugeben. Im Wasserbad alles zu einer cremigen und steifen Masse schlagen. Nicht kochen lassen! 2 Blatt weiße Gelatine in etwas kaltes Wasser einweichen, ausdrücken, in die heiße Creme rühren, ein paar Tropfen Cognac dazugeben. Unter Rühren kalt werden lassen. 30 Minuten im Kühlschrank stehen lassen. 1/32 l Schlagsahne schlagen, 1 Eiweiß schlagen. Beides in die Creme einrühren. Mit einem Schlagsahneklacks und ein paar Schokosplittern servieren.

Frühlingsservice für die Haut

Die kalte Jahreszeit ist nun endgültig vorbei. Wir befinden uns bereits mitten im Frühling. Die Natur wird von Tag zu Tag schöner und faszinierender. Wir dagegen sind mit unserem Aussehen gerade jetzt nicht sehr zufrieden. Viele von uns – vor allem die Frauen – haben kosmetische Sorgen, wenn sie sich morgens im Badezimmer in den Spiegel schauen. Es hat den Anschein, als ob man über den Winter älter geworden ist. Die Falten im Gesicht sind tiefer und markanter.
Kein Grund zur Panik: Das heißt nicht, dass man in den letzten Monaten schneller gealtert ist. Am Institut für experimentelle Dermatologie an der Universität Witten-Herdecke hat man im Rahmen einer Studie eindeutig nachgewiesen: Jahr für Jahr werden unsere Gesichtsfalten in der kalten Jahreszeit tiefer.
Die Ursachen dafür sind vielfältig. Mitschuld sind die kalten Temperaturen, der Wechsel zwischen kalt außen und warm in den Räumen, weiters Eis, Schnee, Nässe, Wind, aber auch die viel zu trockene Luft in überheizten Räumen, wobei Zentralheizungsanlagen und Klimaanlagen die Situation noch verschlimmern. Zu alledem kommt die weitaus größere Umweltbelastung im Winter aus dem Straßenverkehr und aus Schornsteinen.
Man kann mit Recht sagen: Die Haut zeigt im Frühling die Strapazen des Winters. Und wenn man sofort mit einer gezielten Hautpflege einsetzt, kann man die „frischen" Fältchen und Falten erfolgreich bekämpfen. Experten betonen: Es ist heute wichtiger als früher, der Haut ein Frühlingsservice zukommen zu lassen. Denn im Sommer unserer modernen Zeit kann sich die Haut nicht erholen. Da kommen neue Gefahren und Belastungen auf sie zu: Extreme Temperaturschwankungen, die Zunahme von schädlichen Teilen der Sonnenstrahlen durch das Dünnerwerden der schützenden Ozonschicht hoch über uns, die Einflüsse des bodennahen Ozons auf den gesamten Organismus.

Dermatologen in den USA haben ausgerechnet, dass unsere Haut durch die zunehmende Umweltbelastung täglich bis zu 20.000-mal von aggressiven Substanzen – den so genannten „freien Radikalen“ – angegriffen wird. Die Haut hat zur Abwehr ein eigenes Immunsystem. Das muss gerade jetzt im Frühling gestärkt und aufgebaut werden. Damit erhält man die Haut gleichzeitig jugendlich und attraktiv.
Namhafte Wissenschaftler haben in den letzten Jahren in unabhängig voneinander durchgeführten Studien herausgefunden: Die Abwehrkräfte der Haut gegen frühzeitiges Altern, gegen Trockenheit, Stoffwechselstörungen und Faltenbildung werden am wirkungsvollsten durch natürliche Maßnahmen gestärkt.
Und so sieht das ideale Frühlingsservice für die Haut aus:

- Reinigen Sie Ihre Haut morgens und abends sofort nicht mehr mit einer herkömmlichen Seife, sondern mit einer Cremeseife aus der Apotheke, alkalifrei mit einem pH-Wert von 5,5.
- Gönnen Sie Ihrem Gesicht zweimal die Woche 10 Minuten lang den aufsteigenden Dampf von Kamillentee.
- Achten Sie darauf, dass gerade jetzt, wenn es draußen wärmer wird, Ihre Haut nicht von innen her austrocknet. Trinken Sie täglich konsequent 2 bis 3 Liter Mineralwasser oder Kräutertees. Diese Flüssigkeitszufuhr fördert die Elastizität der Haut bis in ihre tiefsten Schichten.
- Massieren Sie täglich Ihr Gesicht mit bloßen Händen, sanft, und zwar einige Minuten lang.
- Verwöhnen Sie den ganzen Körper morgens und abends unter der warmen Dusche mit Bürstenmassage. Das fördert die Durchblutung des Hautgewebes.
- Stärken Sie den Selbstschutz der Haut durch eine gesunde, naturnahe Ernährung: mit Vollkornprodukten, mit frischem Obst, mit rohem Gemüse. Reduzieren Sie den Anteil der tierischen Fette in Ihrer Nahrung und auch das Fleisch.
- Ein Geheimtipp für viele Frauen im Frühling: Essen Sie in den nächsten zwei Monaten ein bis zweimal die Woche eine Mahlzeit mit Hirse aus dem Reformladen: Hirseflocken in der Suppe, Hirsebrei, Hirseauflauf, Hirsefrikadellen. Mit der Hirse liefern Sie der Haut das Spurenelement Silicium, auch Kieselsäure genannt, wichtig für den natürlichen Säureschutzmantel der Haut.

Wissenschaftliche Studien- und Testergebnisse an der Universitäts-Hautklinik von Philadelphia, USA, haben bewiesen: In erster Linie eignen sich im Kampf gegen Fältchen und Falten, gegen Sonnenschäden und Umweltbelastungen für die Hautpflege im Frühling natürliche Substanzen. Dazu gehören die Wirkstoffe der Aloe vera, der Jojobanuss, des Borretschs, des Nachtkerzenöls sowie das Bisabolol aus der Kamille, unbedingt aber auch die Schutzvitamine A und E. Vor allem als Wirkstoffkombination fördern diese Natursubstanzen die Zellerneuerung, die Regulierung des Feuchtigkeitshaushaltes, den Schutz vor UV-Strahlen und die Neubildung

von Collagen. Aber auch Cremes, Lotions und Salben mit hoch dosiertem Anteil an Vitamin E aus der Apotheke bewähren sich fürs Frühlingsservice.
Jetzt wird auch klar, warum der Apotheker mehr und mehr zum vertrauten Berater in Sachen Kosmetik wird. Die Haut braucht hochwertige, wissenschaftlich perfekt geprüfte Pflegeprodukte, wobei natürliche Basisstoffe bevorzugt werden. Egal, ob es sich um eine Creme, ein Öl, eine Lippenpflege, eine Cremeseife oder um eine Waschcreme handelt.

Heilkraft aus dem Reich der Gerüche

Sicher haben Sie das schon selbst erlebt: Sie erleben einen Duft und fühlen sich danach besonders wohl. Bauen Sie diese Erkenntnis aus! Nützen Sie Düfte und Gerüche, die uns die Natur zur Verfügung stellt, für Ihre Gesundheit. Die Heilkraft aus dem Reich der Gerüche kann nämlich beachtlich sein. Man muss nur wissen, wie man sie einsetzt.
Viele Pflanzen und Gewürze enthalten ätherische Öle. Es handelt sich dabei um flüchtige Substanzen, die schnell verdunsten und dabei einen ganz typischen, meist sehr angenehmen Duft verbreiten. Über die Haut und über die Atemwege gelangen diese Substanzen in unseren Organismus. Dort rufen sie eine ganz bestimmte Wirkung hervor: Sie hemmen Entzündungen, töten Keime ab, wirken antibiotisch, stärken das körperliche und geistige Wohlbefinden.
Und so wird die Duftttherapie durchgeführt:
Sie besorgen sich in der Apotheke, in der Drogerie, im Naturkost- oder Reformladen Geruchstinkturen, ätherische Öle in flüssiger Form, Pflanzen- oder Gewürzöle. Es müssen unbedingt Tinkturen auf reiner Naturbasis sein. Sie können nur ein paar Tropfen davon in eine Wasserschale geben oder auf einen nassen Wattebausch, damit die Öle verdunsten können. Sie können ein paar Tropfen auf das Kopfkissen träufeln. Sie können sie beim Wannenbad der Wasseroberfläche zusetzen und sie dann entspannt während des Bades einatmen. Die heute am meisten verbreitete Art der Aroma- und Duftttherapie: Sie geben ein paar Tropfen des Öles in eine Duftlampe. Besonders wirksam wird der Geruch, wenn Sie die gewünschte Ölmenge mit einem Teelöffel Honig verrühren und dann erst warmes Wasser dazugeben.
Und so kann man verschiedene Düfte für die Gesundheit erfolgreich einsetzen:

- Zum Anregen und Verjüngen von alternder Haut sollte man regelmäßig Lavendelöl oder Rosenöl einatmen. Man kann zusätzlich abends Gesicht und Hals damit einmassieren.
- Gegen depressive Stimmungen atmen Sie ein Gemisch von Salbeiöl und Bergamottöl zu gleichen Teilen ein.

- Nach wie vor ist die beste Methode, die Atemwege bei Erkältungen zu stärken, den Duft der Tinktur aus dem Eukalyptusblatt einzuatmen. Da sich im Saft des Eukalyptusblattes auch Reizstoffe befinden, ist man in den letzten Jahren dazu übergegangen, nur den isolierten Hauptwirkstoff des Eukalyptus, das Soledum-Cineol, einzusetzen, vor allem bei Kindern.
- Die Widerstandskraft gegen Erkältungen kann man durch regelmäßiges Einatmen von Lavendelöl stärken.
- Wer unter zu hohem Blutdruck leidet, der sollte ebenfalls Lavendelöl, aber auch Majoranöl verdunsten lassen und die Gerüche auf den Organismus einwirken lassen.
- Viele von uns leiden an Nackenverspannungen und in der Folge an Kopfschmerz. Dagegen kann man etwas tun. Reiben Sie mit Lavendelöl den Nacken ein und atmen Sie übers Kopfkissen die Dämpfe von Pomeranzenöl ein.
- Wer an Übergewicht leidet, sich zu einer Reduktionskost oder einer sinnvollen Diät entschlossen hat, der kann den Erfolg verstärken, wenn er parallel regelmäßig die Düfte von Salbeiöl und von Wacholderöl einatmet.
- Wenn die Füße schmerzen, dann geben Sie 5 Tropfen Kampferöl oder Pfefferminzöl ins warme Wasser, baden Sie die Füße 15 Minuten darin und genießen Sie dabei den Duft der Öle.
- Gegen Konzentrationsschwäche wirkt der Duft von Basilikumöl und von Nelkenöl.
- Schlafstörungen bekämpft Melissenöl, Rosen- und Kamillenöl.
- Ängste kann Orangenöl vertreiben.
- Kreislaufprobleme kann man mit Nelkenöl verbessern.

Aber Vorsicht: Zu hohe Mengen von ätherischen Ölen können zu Kopfschmerzen führen. Es dürfen immer nur ein paar Tropfen eingesetzt werden. Und setzen Sie zwischendurch die Dufttherapie wieder ab. Sonst wirkt sie nicht mehr.

Ohrenreiben stärkt die Aufmerksamkeit

Sie kennen sicher die Situation: Man hat viel gearbeitet, ist müde, abgespannt. Man kann sich nicht konzentrieren, ist ausgebrannt. Obendrein ist man verspannt und lustlos. Viele glauben, jetzt könnte eine Tasse mit starkem Kaffee oder eine Zigarette helfen. Es gibt aber viel Besseres und Gesünderes. Sie machen ein paar ganz einfache Übungen mit Ihren Händen an Ihrem Körper. Und schon sind Sie geistig und körperlich wieder fit und vital. Das ist das Geheimnis der Kinesiologie, das im Grunde genommen jeder kennen sollte.

Die Kinesiologie ist die Lehre von der Bewegung. Sie war bei uns bis vor wenigen Jahren absolut unbekannt. Und viele, die nach und nach davon hörten, machten sich lustig darüber. Heute ist diese einfache und nebenwirkungsfreie Therapie medizinisch anerkannt. Mehr und mehr befassen sich auch Pädagogen, Psychologen und Kinderärzte damit. Und viele Lehrer führen mit ihren Schülern regelmäßig in Pausen zwischen dem Unterricht die Übungen durch, damit die Jungen und Mädchen mit mehr Elan und Freude wieder weiterlernen können. Bei der Kinesiologie für Kinder spricht man von der Edu-Kinesthetik.

Die Kinesiologie wurde vor rund 30 Jahren von dem amerikanischen Arzt Dr. George Goodheart entwickelt. Der Sinn: Man bekämpft mit einfachen und sanften Übungen am eigenen Körper viele Befindlichkeitsstörungen im Alltag, um schnell wieder auf Vordermann zu kommen.

Mancher wird sich jetzt fragen: Wie funktioniert denn diese Kinesiologie? Was geht dabei im Organismus vor? Das ist einfach erklärt: Durch das Massieren bestimmter Körperstellen und durch ganz bestimmte rhythmische Bewegungen werden nicht nur Muskeln, sondern auch das zentrale Nervensystem entspannt. Das Gehirnmittelfeld wird aktiviert, Gedächtnis und Konzentration werden gefördert. Stress wird abgebaut, das Selbstwertgefühl wird gestärkt. Man hört besser, sieht besser, spricht leichter. Man hat wieder mehr Spaß am Leben.

Hier einige Übungen aus der Kinesiologie, die jeder ganz leicht nachvollziehen kann und die in vielen Lebenssituationen helfen:

- ❖ Wenn Sie Ihre Aufmerksamkeit stärken wollen, dann machen Sie einfach die „Denkmütze“: Setzen Sie sich entspannt hin und massieren Sie mit dem Daumen und dem Zeigefinger die Ränder Ihrer Ohren von oben nach unten. Sie müssen die Übung oft wiederholen.
- ❖ Wenn Sie sehr gestresst und erschöpft sind und sich in Gesellschaft befinden, können Sie eine sehr wirkungsvolle und ganz unauffällige Übung durchführen. Sie tun so, als würden Sie nachdenken, stellen die Ellenbogen auf den Tisch vor sich und massieren mit dem Zeigefinger und dem Mittelfinger beider Hände jeweils das Stirnbein genau über den Augen. Am besten in kreisenden Bewegungen. So lange, bis Sie wieder stressfrei sind.
- ❖ Wenn Sie nach langen Gesprächen im Beruf oder Privatleben durch intensive Gehirnarbeit geistig ausgebrannt sind und gleichzeitig voll von negativen Spannungen, dann machen Sie den „Blitzableiter“: Sie öffnen Mittelfinger und Zeigefinger der rechten Hand wie eine Schere und reiben nun gleichzeitig mit dem Zeigefinger die Stelle oberhalb der Oberlippe und mit dem Mittelfinger die Stelle unterhalb der Unterlippe. Gleichzeitig reiben Sie mit dem Zeige- und Mittelfinger der linken Hand den Bauchnabel. Man muss die Übungen wiederholen, sollte dazwischen aber immer drei tiefe Atemzüge machen.
- ❖ Wenn Sie sehr müde sind, an sich selbst zweifeln und neue Kraft brauchen, dann setzen Sie sich aufrecht hin und drücken Sie die Zungenspitze gegen den

Gaumen. Durch die Nase ein-, durch den Mund ausatmen. Dabei legen Sie die Fingerspitzen Ihrer Hände fest aneinander. Eine Minute lang. Sie werden sehen: Sie sind danach wieder selbstsicher und könnten Bäume ausreißen.

Mit Naturkräften gegen Durchblutungsstörungen

Millionen Menschen in Mitteleuropa leiden in zunehmendem Maße an Durchblutungsstörungen. Sie sind in den meisten Fällen auf Gefäßverengungen zurückzuführen. In erschreckendem Maße sind dabei die Fälle von Raucherbein zu beobachten. Da es sich dabei nicht immer um die Folge des Rauchens handelt, spricht man auch im Volksmund von der „Schaufensterkrankheit“, weil der Betreffende auf Grund seiner zunehmenden Schmerzen in den Beinen bei jedem Schaufenster stehen bleibt, um neue Kräfte zu sammeln. Jeder soll denken, er bleibt stehen, um das Schaufenster zu betrachten.

Seit langer Zeit sind internationale Wissenschaftler und Mediziner bemüht, Natursubstanzen zu entdecken, mit denen man den Durchblutungsstörungen ohne Nebenwirkung erfolgreich beikommen kann. In den letzten Jahren konzentrierte man sich dabei, was die Durchblutungsstörungen in Händen und Beinen betrifft, mehr und mehr auf die Wirkstoffe des Knoblauchs. Und jetzt hat ein Ärzteteam an der deutschen Universität Homburg/Saar am Beispiel des Raucherbeins mit Knoblauch sensationelle Erfolge verzeichnet.

Man weiß: Unbehandelt oder zu spät behandelt können diese Durchblutungsstörungen mit schweren, offenen Geschwüren, mit dem Absterben der Gliedmaßen und mit einer Beinamputation enden. Es macht daher Sinn, so früh wie nur möglich bei den ersten Anzeichen einer Durchblutungsstörung etwas zu unternehmen.

Die jüngste, umfangreiche Studie an der Universität des Saarlandes in Homburg an der Saar unter der Leitung von Univ.-Prof. DDr. Holger Kiesewetter hat ein beachtliches Ergebnis gebracht.

An der Studie nahmen 80 Patienten im Alter zwischen 40 und 75 Jahren teil, alle mit nachweisbaren Gefäßverengungen im fortgeschrittenen Stadium im Bereich der Beinarterien. Eine Gruppe erhielt zwölf Wochen lang 3-mal täglich 2 Knoblauchpulverdragees, die anderen ein Placebo, also ein Leerpräparat.

Jene Patientinnen und Patienten, die im Rahmen dieser Kwai-Studie mit den Knoblauchdragees versorgt wurden, konnten ihre schmerzfreie Gehstrecke um 50 Prozent verbessern. Das waren im Durchschnitt etwa 46 Meter mehr als zuvor. Bei den Placebopatienten zeigten sich die üblichen Verschlechterungen der Situation, zumindest gab es nicht die geringste Besserung.

Zusätzlich ergaben die regelmäßigen Untersuchungen und Messungen an den Patienten, dass durch die regelmäßigen Knoblauchgaben auch andere gesundheitliche

Vorteile zu beobachten waren: Zu hoher Blutdruck- und Cholesterinwerte gingen zurück. Dickes Blut wurde flüssiger. Dazu meint Univ.-Prof. DDr. Kiesewetter: „Eine längerfristige Therapie mit Knoblauchpräparaten kann noch viel bessere Erfolge für Herz, Kreislauf, für die Cholesterinwerte, für den Blutdruck und für die Durchblutungsstörungen ergeben. Das Wichtigste aber ist für die betroffenen Patienten zweifelsohne das wiedererlangte schmerzfreie Gehen."

Immer wieder wird die Frage aufgeworfen: Warum werden solche Studien immer mit Knoblauchpräparaten und nicht mit frischem Knoblauch durchgeführt? Dazu Prof. Dr. Heinz Schilcher vom Institut für Pharmazeutische Biologie an der Freien Universität Berlin: „Die Präparate aus der Apotheke sind standardisiert. Jedes Dragee hat die gleiche Qualität und Quantität an Knoblauchwirkstoffen. Beim frischen Knoblauch weiß man nie, wie viel Wirkstoffe und ob überhaupt Wirkstoffe enthalten sind!"

Univ.-Prof. DDr. Kiesewetter fasste das Ergebnis seiner Studie für uns alle zusammen: „Unsere Untersuchungen geben Mut, dass jeder, der kleinste Durchblutungsstörungen verspürt, bereits mit 3-mal täglich 2 Knoblauchdragees entscheidend vorbeugen und seine Situation verbessern kann."

Der Wunsch aller beteiligten Fachleute am Symposium in Berlin: dass sich viele Ärzte viel mehr der faszinierenden Wirkung des Knoblauchs widmen mögen ...

Keine Panik vor der „neuen Sonne"!

Millionen Menschen haben sehnlichst auf den Frühling gewartet, freuen sich auf die wärmeren Temperaturen und auf die Sonne. Es gibt kein Leben ohne Sonne. Ihre Strahlen lösen in unserem Organismus wertvolle Funktionen aus: Depressive Stimmungen und schlechte Laune verschwinden. Die Sexualhormonbildung wird angeregt. Das wertvolle Vitamin D für die Knochen wird im Körper gebildet. Sauerstoffversorgung, Durchblutung und Stoffwechsel werden verbessert.

Trotz all dieser positiven Einflüsse haben viele von uns seit kurzem Angst vor der Sonne. 15 bis 20 Kilometer über uns gibt es die Ozonschicht, die uns vor den schädlichen Strahlen der Sonne schützt. Sie wird durch die zunehmende Umweltbelastung – vor allem durch Fluorchlorkohlenwasserstoffe – immer dünner. Man merkt es: Die Sonne brennt bereits viel schärfer auf uns nieder. Die Folge: Der Hautkrebs nimmt zu.

Es hat keinen Sinn, in Panik zu verfallen, die Sonne für immer zu meiden. Wir müssen allerdings umdenken und entsprechende Maßnahmen setzen:

- Braten Sie nicht stundenlang in der Sonne.
- Verwenden Sie nur mehr Sonnenschutzpräparate ab dem Faktor 14 oder 15.

- Schützen Sie Nase, Lippen, Schultern und Brustwarzen extra mit Sunblockern aus der Apotheke.
- Meiden Sie Sonnenbrände. Jeder einzelne erhöht das Hautkrebsrisiko.
- Gehen Sie an sengend heißen Tagen zwischen 11 und 15 Uhr nicht in die pralle Sonne. Und wenn, dann nur mit Kopfbedeckung. Tragen Sie Baumwollkleidung. Sie lässt nur 6 Prozent des UV-Lichtes durch. Bei Kunstfaserkleidung sind es 50 Prozent.
- Schwimmen und tauchen Sie nicht im seichten Wasser. Hier spüren Sie nicht die Kraft der Sonne. Hier holt man sich schnell einen Sonnenbrand.
- Vorsicht mit Selbstbräunungspräparaten. Sie sind kein Sonnenschutz!
- Tragen Sie in der grellen Sonne spezielle Sonnenbrillen mit starkem UV-Filter, am besten mit Schutz vor seitlicher Einstrahlung. Zu starkes Sonnenlicht kann schwere Augenerkrankungen auslösen.
- Wenn Sie Medikamente nehmen müssen: nicht in die Sonne. Viele Arzneien machen lichtempfindlich. Es können Sonnenbrand und Allergien auftreten.
- Kinder brauchen mit ihrer empfindlichen Haut besonderen Sonnenschutz.
- Ein Trost für Großstädter: Die Smogglocke hält – ähnlich der Ozonschicht – Teile der UV-Strahlung ab. Außerhalb der Großstadt ist Sonnen gefährlicher.

Mit Zink gegen die Nachtblindheit

In der schönen Jahreszeit sind wieder – vor allem am Wochenende – mehr Autofahrer unterwegs. Bei langen Fahrten ins Grüne kommen viele erst spätabends oder nachts nach Hause zurück. Und da stellt sich heraus, dass relativ viele Menschen hinter dem Steuer mit Einbruch der Dunkelheit Sehprobleme haben: angefangen von Sehstörungen bis zur Nachtblindheit.

Man wusste bisher: Unsere Augen brauchen zum Aufbau des Sehpurpurs ständig die Zulieferung von Vitamin A. Bei einem Vitamin-A-Mangel haben die Augen Schwierigkeiten, sich der Dunkelheit anzupassen. Man sieht schlechter und ist sehr empfindlich gegen Blendungen. Das bringt große Gefahren im Straßenverkehr. Viele Unfälle in der Dämmerung und nachts sind darauf zurückzuführen.

Der österreichische Arzt Dr. Wolfgang Gruber machte die Beobachtung, dass allerdings Frauen und Männer mit regelmäßiger Vitamin-A-Versorgung dennoch Sehstörungen beim Autofahren aufwiesen. Im Verlaufe einer Studie kam er hinter das Geheimnis: Das Vitamin A im Organismus kann nur für die Sehkraft der Augen genützt werden, wenn genügend vom Spurenelement Zink im Körper vorhanden ist. Die Nachtblindheit ist somit eine Mangelerscheinung von Zink und Vitamin A.

Mit Haaranalysen konnte bei Reihenuntersuchungen festgestellt werden: Patienten

mit Nachtblindheit wiesen einen starken Mangel an Zink und Vitamin A auf. Für ein problemloses Sehen in der Dunkelheit braucht ein Erwachsener 1,4 bis 2,1 Gramm Zinkvorrat, vor allem gespeichert in den Augen und im Sperma. Täglich ist eine Aufnahme von 15 Milligramm Zink notwendig.
Dr. Wolfgang Gruber – und mit ihm eine Reihe anderer Ärzte – raten im Falle von Sehstörungen in der Dunkelheit zur gezielten Aufnahme von Zink in Form von Spargel, Austern, Weizenkeimen, Haferflocken, Schwarztee und zur Aufnahme von Vitamin A in Form von Möhren und Milchprodukten. Es besteht aber auch die Möglichkeit einer Kur mit Zink-A-Kapseln aus der Apotheke. Dr. Wolfgang Gruber hat damit rasche Erfolge gegen Nachtblindheit erzielt.

So wird das Bett zum Fitnessstudio

Wenn es draußen immer wärmer wird, wenn die Sonne unser Schlafzimmer in ein goldenes Licht taucht, dann fällt uns morgens zweifelsohne das Aufstehen viel leichter als im Winter. Dennoch aber macht uns das Aufstehen keinen besonderen Spaß. Und wir vermissen den nötigen Elan, den richtigen Schwung, den wir für den bevorstehenden Tag brauchen.
Ich kann Ihnen sagen, woran das liegt. Sie beherrschen nicht die Kunst des Aufstehens. Wer lustlos und rasch aus dem Bett springt, weil der Wecker zur Eile mahnt, der macht bereits den ersten großen Fehler. Das führt oft zu Kopfschmerzen, Migräne, Kreislaufproblemen, Rückenschmerzen und schwachen Beinen.
Wer fröhlich und mit Schwung in den Tag gehen will, der muss ein spezielles Aufstehprogramm beherrschen. Zu diesem Zweck muss man einfach kurz nach dem Aufwachen das eigene Bett zum Fitnessstudio umfunktionieren. Das geht einfacher, als Sie denken:

- Wie schon gesagt: Springen Sie nicht wie gehetzt aus dem Bett. Räkeln Sie sich. Dehnen Sie sich. Strecken Sie sich. Wenn Sie einen Hund oder eine Katze haben, dann schauen Sie diese Kunst Ihrem Tier ab. Die machen das vorbildlich.
- Atmen Sie im Liegen kräftig durch.
- Bleiben Sie auf dem Rücken liegen und bewegen Sie Ihre Beine in der Luft wie beim Radfahren.
- Jetzt setzen Sie sich auf. Strecken Sie die Wirbelsäule kräftig durch. Dann kreisen Sie zuerst die rechte Schulter nach vorn und zurück. Dann machen Sie das Gleiche mit der linken Schulter.
- Danach dehnen Sie sanft den Kopf mehrmals nach links, dann nach rechts. Abschließend legen Sie den Kopf einmal auf die rechte, dann auf die linke Schulter.

- Versuchen Sie, mit Ihren Zehen kleine Gegenstände zu angeln: Strümpfe, Socken, ein Handtuch. Das ist ein Supertraining für Ihre Gehwerkzeuge.
- Nun erst stehen Sie auf, stellen sich neben das Bett, stellen sich auf die Zehenspitzen, heben die Arme hoch und strecken sich, so hoch Sie können. Tun Sie so, als würden Sie die Decke des Schlafzimmers erreichen wollen.

Es ist nachgewiesen, dass mit so einem Fitnessprogramm am Morgen erfolgreich Kopfschmerzen, Migräne, Rückenschmerzen, Nackenschmerzen und Kreislaufschwäche bekämpft und verhindert werden können.

Indianertricks gegen Sommerverletzungen

Die schöne Jahreszeit rückt immer näher. Eine Reihe von Feiertagen und das warme Wetter laden uns ein, die Freizeit draußen zu verbringen. Die einen widmen diese Freizeit einer sportlichen Betätigung vom Wandern bis zum Tennis. Andere werden zu Sonnenanbetern. Und wieder andere wenden sich der Gartenarbeit zu. Was immer wir tun: Jetzt ist die Gefahr für kleine Alltagsverletzungen weitaus größer als in der kalten Jahreszeit. Wir ziehen uns schnell eine Schnitt- oder Schürfwunde zu und sollten wissen, was wir schnell und erfolgreich dagegen tun müssen.

Man sollte es nicht glauben: 75 Prozent der Erwachsenen tun im Falle einer Verletzung das Falsche. Eines ist klar: Bei großflächigen oder tiefer gehenden Defekten an der Haut muss man unbedingt ärztlichen Rat einholen. Auch bei Bisswunden ist der Weg zum Arzt unumgänglich. Außerdem sollten Sie zu Beginn des Sommers darauf achten, dass Ihr Tetanusschutz noch ausreichend vorhanden ist. Die Impfung gegen Wundstarrkrampf muss alle 5–10 Jahre erneuert werden.

Für die vielen Schürf- und Schnittwunden sollten wir auf die Erfahrung der Indianer zurückgreifen. Sie haben bereits vor vielen hunderten Jahren die Heilkraft der Hamamelispflanze genützt, gegen Hautverletzungen, Entzündungen, Verbrennungen und spröde Haut.

Heute weiß man, dass die entzündungshemmende, hautstärkende und sanft heilende Wirkung der indianischen Heilpflanze auf den Hametumwirkstoff zurückzuführen ist. Dieser Wirkstoff aus der Hamamelispflanze wird in destillierter Verarbeitung in Form von Cremes und Salben in der Apotheke angeboten.

Wenn Sie sich nun eine Schürf- und Schnittwunde zugezogen haben, müssen Sie diese sofort, gerade in der warmen Jahreszeit, gegen gefährliche Keime schützen. Ist die Wunde verschmutzt, muss man sie vorsichtig säubern. Sehr sinnvoll ist da lauwarmer Kamillentee. Kleinere Schnittwunden sollte man durchaus etwas bluten lassen. Dann muss sauberer Verband aufgelegt werden. Sobald sich die Verletzung beruhigt hat, Hamamelisextrakt in Salben- oder Cremeform dünn auftragen. Dadurch wird die Entzündung gehemmt, die Wundheilung gefördert.

Ubrigens: Diese Indianertherapie ist eine ideale Soforthilfe gegen Sonnenbrand sowie gegen spröde, rissige Haut.

Die einfachste Entschlackungskur mit Wasser

Gehören Sie auch zu jenen Menschen, die vor dem Sommer den Organismus entschlacken und entgiften wollen, aber nicht das Geld und die Zeit dazu haben? Keine Sorge: Sie müssen nicht unbedingt eine teure Kur machen, um Leber, Galle, Nieren und Darm zu aktivieren. Sie müssen nicht tage- oder wochenlang in einem Kurhaus verbringen, um neue Kräfte für den Sommer aufzubauen und etwas abzuspecken. Probieren Sie doch einmal die einfachste und preiswerteste Entschlackungs- und Entgiftungskur der Welt. Entdeckt und erarbeitet hat sie bereits im 18. Jahrhundert der deutsche Arzt und Naturheiler Dr. Siegmund Hahn, der von 1664 bis 1742 lebte und als Wegbereiter von Pfarrer Sebastian Kneipp angesehen werden muss.
Dr. Siegmund Hahn hat nachgewiesen: Wenn der Organismus sich selbst von abgelagerten Schlackenstoffen und Giften befreien soll, dann genügt der Reiz von regelmäßig getrunkenem Wasser. Das bedeutet: Für die einfachste Entschlackungskur der Welt muss man einfach tagsüber jede Stunde 1/4 Liter Leitungs- oder Quellwasser oder mildes Mineralwasser trinken. Am besten in kleinen, langsamen Schlucken. Auch in modernen Arztpraxen konnte beobachtet werden, dass man mit dieser Methode – etwa 14 Tage bis 3 Wochen durchgeführt – den Erfolg der Kur beobachten kann. Es lassen sich nämlich damit Verstopfung, Kopfschmerzen, Migräne und Müdigkeit besiegen. Pfarrer Kneipp hat sogar bei besonders sensiblen Patienten festgestellt, dass es bereits genügt, wenn der Betreffende jede Stunde bloß einen Esslöffel Wasser zu sich nimmt.
Sie sehen: Bei so einfachen Kuranwendungen, die wirklich jeder mitmachen kann, gibt es keine Ausflüchte. Dafür hat wohl jeder Zeit, wo immer er sich gerade aufhält.
Allerdings: Die Entschlackungs- und Entgiftungskur mit Wasser hat nur dann Sinn, wenn man parallel dazu den Organismus nicht zu sehr belastet. Das bedeutet: weniger essen, keine tierischen Fette, wenig Fleisch, reichlich Obst und Gemüse, Vollkornprodukte, Milchprodukte. Trinken Sie drei Wochen lang 3-mal täglich eine Tasse Birkenblätter- oder Brennnesseltee. Und trinken Sie drei Wochen lang täglich zwischen den Mahlzeiten 2-mal jeweils 1/8 Liter Rote-Bete-Saft, Sauerkrautsaft oder einen Gemüsemischsaft (Reformladen). Ideal dazu: täglich morgens wassertreten und 1 Stunde spazieren gehen oder Rad fahren.

Unbehandelte Pollenallergie kann Herz und Lunge gefährden

Der Heuschnupfen – die Pollenallergie – ist ein besonders lästiges und qualvolles Leiden. Viele, die davon betroffen sind, machen einen großen Fehler und gefährden sich damit selbst. Sie unterschätzen die Symptome und denken: Das Niesen, die tränenden Augen, das Husten – alles ist sehr unangenehm, aber harmlos. Weit gefehlt! Der allergische Schnupfen ist der heimtückische Beginn einer verhängnisvollen Krankheitslawine, die im Endeffekt auch das Leben kosten kann. Daher ist so früh wie möglich der Weg zum Arzt notwendig.

Viele werden jetzt fragen: Was geschieht denn, wenn ich zur Pollenzeit niese, schnäuze und huste und nichts dagegen unternehme? Ganz einfach: Zuerst spielen sich die allergischen Reaktionen tatsächlich nur im Bereich der Augen, der Nase und der oberen Luftröhre ab.

Als Nächstes aber greift die Krankheit auf die Bronchien über, belastet die gesamte Lunge. Als Nächstes wird daraus allergisches Asthma mit oft beängstigenden Anfällen. Im weiteren Verlauf wird die chronische Bronchitis zu einem Lungenemphysem, einer Blählunge. Große Teile der Lunge geben ihre Funktion auf. Durch diese Luftnot kann es zum Versagen des rechten Herzmuskels kommen.

Das bedeutet: Vom ersten Augenblick an, da jemand entdeckt, dass er an einer Pollenallergie leidet, muss er sofort etwas dagegen unternehmen. Die wirksamste und ungefährlichste Waffe ist nach wie vor: Man geht den bedrohlichen Pollen aus dem Weg. Das setzt voraus, dass man Detektiv spielt und am besten selbst herausfindet, auf welche Pollenarten man so schlimm reagiert.

Beobachten Sie sich genau: Rinnt die Nase immer dann besonders, wenn Sie an einem ganz bestimmten blühenden Strauch vorbeigehen? Fühlen Sie sich besonders elend, wenn Sie in einem Garten, in einem Blumenladen neben ganz bestimmten Blüten stehen?

Selbst wenn Sie wissen, auf welche Pollen Sie allergisch sind: Sie können sich nicht den ganzen Sommer in Ihre Wohnung zurückziehen. Aber beachten Sie: Wenn Sie in die Natur gehen, dann ziehen Sie einen Laubwald vor. Er filtert die Pollen der Wiese. Wenn Sie unterwegs waren, waschen Sie gleich die Haare. Sie haben keine Ahnung, wie viel Pollen sich darin verfangen haben. Nicht Rasenmähen. Keine anstrengenden Arbeiten im Freien durchführen. Zu Hause Luftreiniger mit speziellen Filtern laufen lassen.

Wenn das alles nichts nützt, dann muss eine medizinische Behandlung eingeleitet werden: Man setzt heute kaum noch Kortison ein. Es gibt nebenwirkungsarme Arzneimittel. Viele Allergologen bieten heute eine Immuntherapie an. Die klassische Methode: eine Aufbautherapie mit Thymosand-Faktoren aus der Thymusdrüse, die sich seit Jahren im Europäischen Zentrum für Immuntherapie der Schwarzwald-Privatklinik Obertal unter Dr. Karl Pflugbeil bewährt hat.

Auch Mohrrüben, Kiwis und Curry quälen den Pollenallergiker

Vielen ist nicht bekannt: Der Pollenallergiker muss sich nicht allein vor bestimmten Pollen fürchten. Es gibt so genannte „pollenassoziierte" Nahrungsmittel, Naturprodukte, die zwar mit Pollen selbst nichts zu tun haben, aber durch ihre Inhaltsstoffe eine vorhandene Allergie verstärken oder eben auslösen.
Hier eine wichtige Tabelle:

- Wer unter den Pollen von Birke, Haselnuss und Erle leidet, sollte – ganz besonders zur Zeit des Pollenfluges – folgende Naturprodukte meiden: Äpfel, Birnen, Pflaumen, Pfirsiche, Aprikosen, Haselnüsse, Paranüsse, Walnüsse, Erdnüsse, Mandeln, Kiwis, aber auch die Gewürze Curry und Anis.
- Wer unter den Pollen von Beifuß leidet, sollte Sellerie, Mohrrüben, Paprika, Knoblauch, Kamille, Curry, Anis, Muskat, Pfeffer, Ingwer und Zimt meiden.
- Wer auf blühende Gräser und Roggenfelder allergisch ist, muss Sojamehl, Getreidemehl und Erdnüsse meiden.

In der Medizin kennt man einen klassischen Weg bei Verdacht auf Pollenallergie. Man unterzieht den Patienten einem Allergietest. Und wenn eine eindeutige Diagnose feststeht, wenn exakt der Allergieauslöser feststeht, dann verabreicht man Medikamente oder führt eine Hyposensibilisierung durch. Das heißt: Man versorgt den Organismus kontrolliert mit kleinsten Mengen des Allergieauslösers, damit Abwehrkörper gebildet werden können. Sehr oft werden Medikamente und die Therapie kombiniert.

Die sinnvollste Art, selbst etwas gegen die Allergie zu tun, lautet: den Allergieauslöser erkennen und meiden. Dazu sollte man wissen, zu welcher Jahreszeit welche Pollen eine Allergie auslösen können:

- Birkenpollen von Anfang März bis Ende Mai.
- Erlenpollen von Mitte Januar bis Anfang April.
- Haselnuss: bis Ende April.
- Eiche von Mitte April bis Ende Mai. Ebenso die Rotbuche.
- Hainbuche, Pappel, Weide, Ulme und Esche: März, April und Mai.
- Linde: Juni, Juli, August, September.
- Nessel: von Mai bis September.
- Gänsefuß: Anfang Juni bis Anfang September.
- Sauerampfer: Mai bis Juli.
- Spitzwegerich: Mai bis Anfang September.

Eines ist klar: Wenn Betroffene an ihrer Pollenallergie leiden, dann dürfen sie absolut keinen Honig und keine Kräutertees konsumieren. Die darin in kleinsten Mengen enthaltenen Pollen können sehr gefährlich werden.

Sekt und Champagner als – Medizin

Haben Sie am vergangenen Wochenende vielleicht ein Fest gefeiert, Freunde bewirtet und Sekt oder gar Champagner serviert? Und haben Sie dabei – was die Gesundheit betrifft – ein schlechtes Gewissen bekommen? Vergessen Sie es! Sie brauchen sich absolut keine Gedanken in diese Richtung zu machen. Die Weltgesundheitsorganisation – kurz WHO genannt – hat mit einem Team von internationalen Ärzten eine Studie abgeschlossen.
Es ist eine Sekt- und Champagnerstudie. Das Ergebnis der Untersuchung mag vielleicht manchen erstaunen. Aber es ist mit wissenschaftlichen Zahlen und Fakten belegt. Demnach ist es ganz und gar nicht übertrieben, wenn man sagt: Sekt und Champagner sind im Grunde genommen mitunter eine Art – Medizin oder Hausmittel.
Und das sind die Gründe, warum namhafte Ärzte gegen das prickelnde Getränk keine Einwände haben, ja es bis zu einem gewissen Grad als „Universalarznei" in manchen Lebenslagen bezeichnen:

- Wer morgens nicht aus dem Bett kommt, weil der Kreislauf nur langsam in Fahrt kommt, der kann mit ein paar Schluck Sekt oder Champagner das Problem lösen. Das elegante Getränk kurbelt nämlich – unterstützt von der darin enthaltenen Kohlensäure – den Kreislauf in kurzer Zeit an. Die Betonung liegt gerade am Morgen allerdings bei „ein paar Schluck".
- Wer unter Durchblutungsstörungen im Herzmuskelbereich leidet, der wird von seinem Arzt in vielen Fällen die Erlaubnis bekommen, hin und wieder ein Gläschen Sekt oder Champagner zu trinken. Die edle Flüssigkeit fördert die Durchblutung, übrigens auch in Händen und Beinen.
- Viele von uns sind heutzutage durch berufliche und private Überforderung unter Stress. Die Folge: Rücken- und Nackenmuskeln verkrampfen sich. Es kommt sehr oft zu Beklemmungen in der Brust. Ganz wenig Sekt oder Champagner kann diese Verkrampfungen und Verspannungen abbauen. Für alle, die darunter leiden, allerdings in dieser Situation keinen Alkohol trinken wollen oder dürfen: Es genügt von der medizinischen Wirkung her einen kräftigen Schluck zu nehmen, ihn lange im Mund zu lassen, sodass die Mundschleimhäute davon etwas abbekommen. Dann wieder ausspucken. Da kommen so manchem Champagnerfreund die Tränen …
- Zusätzlich wurde im Rahmen der WHO-Studie untersucht, dass Sekt und Champagner die Verdauung beschleunigen.
- Und schließlich soll der Perlwein auch schlank machen. Er regt nämlich die Schilddrüsentätigkeit an und beschleunigt so den Stoffwechsel.

All diese Wirkungen kommen nicht vom Alkohol allein, sondern von rund 39 fest-

gestellten Substanzen in Sekt und Champagner, überwiegend Mineralstoffe, und sekundäre Spurenelemente.
Eines aber geht aus der Studie deutlich hervor: Sekt und Champagner können nur in Maßen, in kleinen Mengen genossen die genannten Vorteile bringen.

Mit einfachen Tricks gegen den Elektrosmog

Internationale Wissenschaftler betonen immer wieder: Träger von Herzschrittmachern sollten im Umgang mit Mikrowellenherden, Mobilfunkgeräten, mit Induktionskochplatten und den Boxen von großen Stereoanlagen vorsichtig sein oder nach Möglichkeit ganz darauf verzichten, denn zu enge Tuchfühlung mit diesen Geräten kann den Herzschrittmacher stören. Diese Meldung berechtigt natürlich auch alle vollkommen gesunden Menschen unter uns zu der Frage: Ist Elektrizität in unserem Alltagsleben grundsätzlich gefährlich?
Wo immer wir uns befinden, in freier Natur oder in der Großstadt, wir sind heutzutage im Privat- und Berufsleben fast immer von elektrischen Leitungen oder elektrischen Geräten umgeben. Viele dieser Geräte sind für uns unverzichtbar geworden.
In diesem Zusammenhang ist nun in letzter Zeit ein eigenes Wort entstanden: Elektrosmog. Gemeint damit sind die unsichtbaren elektromagnetischen Strahlen und Wellen, die von elektrischen Geräten ausgehen, egal, ob es sich um Hochspannungsleitungen oder um ein Küchengerät handelt.
In zunehmendem Maße fragen viele unsicher und ängstlich: Wie gefährlich ist dieser Elektrosmog? Welchen Einfluss hat er auf die Gesundheit?
Internationale Studien sowie Untersuchungen am Institut für Physiologie an der Universität Witten-Herdecke haben ergeben: Die Behauptung, elektromagnetische Felder könnten Krebs auslösen, beschleunigen oder sonst eine andere Krankheit verursachen, konnte bisher nicht bestätigt werden. Allerdings meint Dr. Jörg Reißenweber vom Institut: „Allein die Angst vor den unsichtbaren Strahlen kann zweifelsohne krank machen!“
Prof. DDr. Jörg Birkmayer vom Institut für Labormedizin in Wien kann in einem speziellen Messverfahren nachweisen, dass elektromagnetische Felder vorhandenen Stress verstärken und Stress verursachen können.
Unabhängig von Studien, die in Zukunft noch dazu gemacht werden, ist es besonders für empfindliche und sensible Menschen sinnvoller, im Umgang mit elektrischen Geräten und Leitungen besondere Maßnahmen zu beachten. Und hier einige Tipps gegen den Elektrosmog:

- Meiden Sie Spezialschalter, mit denen man die Stärke des Lichtes variieren kann. Sie haben besonders starke elektromagnetische Felder.

- Verwenden Sie nicht zu oft den Haarföhn. Halten Sie ihn nicht zu nahe an den Kopf. Im Sommer ist Lufttrocknen zwischendurch für Haare und Kopfhaut ohnehin gesünder.
- Wenn Sie bei der Elektrorasur Kopfschmerzen bekommen, steigen Sie auf Nassrasur um.
- Ihr Fernsehgerät sollte nicht an der Wand zum Schlafzimmer stehen. Die ganze Wand kann dadurch zu einem elektromagnetischen Feld werden.
- Der Radiowecker sollte nicht zu nahe bei Ihrem Kopf platziert sein.
- Sie können mit einem so genannten Netzfreischalter Ihr Schlafzimmer während der Nacht stromfrei halten.
- Bei Wanderungen und beim Picknick meiden Sie Hochspannungsleitungen.
- Neueste Studien haben ergeben: Tragbare Funktelefone lösen keinen Krebs aus. Man sollte sich allerdings beim Telefonieren in Grenzen halten, weil die Erwärmung des Gerätes den Glaskörper des Auges beeinflussen kann. Da er keine Blutgefäße hat, kann er die Wärme nicht ableiten. Das könnte im Laufe von vielen Jahren – nach Vermutungen mancher Wissenschaftler – die Gefahr für einen grauen Star verstärken.

Also: Keine Angst vor der Elektrizität. Aber: Gehen Sie vorsichtig und sensibel damit um.

Fieberblase: Gefahr für Herz und Adern

Stress am Arbeitsplatz, Ärger in der Familie, die monatlichen Tage der Frau, die ersten Sonnenstrahlen im Frühling. Das alles kann der Auslöser dafür sein, dass sie plötzlich wieder da ist: die juckende, hässliche, lästige und schmerzhafte Fieberblase an der Oberlippe. Viele erleben das, ärgern sich darüber, tun aber konkret nichts dagegen. Sie wissen: In ein paar Tagen ist alles wieder vorbei. Und sie denken: Die Fieberblase ist unangenehm, aber eher harmlos.
Ärzte und Wissenschaftler am New Yorker „American Health Center“ warnen vor dieser Einstellung. Die Fieberblase – in der Medizin Herpes simplex genannt – ist gefährlicher, als man vermutet. Der Bläschenausschlag wird von Viren ausgelöst. Und diese Viren sind nicht bloß – wie vielfach angenommen – ein kosmetisches Problem. Die aktuellen Studien beweisen:

- Wenn Herpesbläschen nicht sofort behandelt und eingedämmt werden, dann greifen die Viren in ihrer aktiven Phase auch das Herz an. Die Folge können nach Jahren Herzerkrankungen sein.
- Wenn die Viren der Fieberblase aktiv sind und nicht bekämpft werden, dann nehmen sie Einfluss auf verstärkte Ablagerungen in den Arterien. Das Risiko der

Adernverkalkung, der vorzeitigen Alterung, auch einer bedrohenden Herz-Kreislauf-Erkrankung wird erhöht.

- Die Viren können von der Fieberblase aus auf Nervenbahnen übergreifen und können die Augenhornhaut belasten. Dadurch kann es zu Nervenstörungen und zu einer Gefährdung des Augenlichtes kommen.

Diese neuen Erkenntnisse sind so besonders alamierend, weil 90 Prozent der Bevölkerung in Abständen an einer Fieberblase leiden. Herpes simplex ist nicht heilbar. Die Viren bleiben im Organismus und werden immer dann aktiv, wenn das Immunsystem geschwächt wird. Daher kommt die Fieberblase immer dann, wenn man Stress hat, erkältet ist, zu lange in der Sonne war, wenn Frauen hormonellen Schwankungen ausgesetzt sind oder ihre monatlichen Tage haben.
Wer die Folgebelastung durch die Herpes-simplex-Viren so gering wie möglich halten möchte, muss beim ersten Anzeichen einer Fieberblase (Spannen und Jucken an der Haut) sofort eingreifen:

- Prof. Dr. Willuhn an der Universität Düsseldorf rät: Reiben Sie mehrmals am Tag die betroffene Stelle mit Melissengeist ein.
- Dr. Werner Salomon aus Hamburg rät: Reiben Sie die Stellen mit Propolistinktur (Apotheke) aus dem Bienenstock ein.

Die Terpene im Melissengeist und in der Propolistinktur wirken antiviral und bringen deshalb Erfolg. Man kann damit die Fieberblase rasch in den Griff bekommen. Wer sehr oft Herpesbläschen bekommt, muss unbedingt zum Arzt.

Natürliche Rezepte gegen Hämorrhoiden

An und für sich spricht man nicht darüber. Aber immerhin: Jeder dritte Erwachsene hat schon einmal in seinem Leben damit Probleme gehabt. Daher sind viele Menschen dankbar für jeden wertvollen Ratschlag, wenn es eine Chance gibt, etwas dagegen zu unternehmen. Gemeint sind die lästigen und gefürchteten Hämorrhoiden. Medizinisch gesehen handelt es sich dabei um eine – den Krampfadern vergleichbare – Erweiterung von Venen. Die Ursache dafür sind sehr oft zu wenig Bewegung, sitzende Lebensweise, chronische Verstopfung, Unterleibsentzündungen, kalte Füße.
Typische Beschwerden: Brennen, Jucken, Schmerzen, Blutungen, Knotenbildung und Entzündungen. Ein hartnäckiges, lästiges unangenehmes Leiden. Es gibt heute eine Reihe von Möglichkeiten, mit natürlichen Rezepten dagegen anzukämpfen.
Grundsätzlich muss man im Kampf gegen Hämorrhoiden einige wesentliche Dinge beachten: Ernähren Sie sich mit reichlich frischem Obst und rohem Gemüse sowie mit Vollkornprodukten. Auch aufgeweichtes Dörrobst ist sinnvoll. Das alles fördert einen regelmäßigen Stuhlgang. Machen Sie Bewegung: Radfahren, Laufen, Wan-

dern, Schwimmen. Und unternehmen Sie sofort etwas gegen die Verstopfung. Ein altes Hausmittel zur Unterstützung der Hämorrhoidenbehandlung von innen her: Trinken Sie jeden Tag 1/4 Liter Apfelmost oder naturtrüben Apfelsaft.
Äußerlich haben sich immer wieder Sitzbäder bewährt, in die man 3 Liter Eichenrindentee oder Zinnkrauttee dazugießt. Auch heiße Kompressen mit Schafgarbentee können Erfolg bringen. Auch zweimal am Tag Kamillendämpfe wirken sich positiv aus. All das erfordert allerdings viel Geduld.
Nun aber hat die moderne Medizin eine faszinierende Naturkraft im Kampf gegen Hämorrhoiden entdeckt: Es ist der Wirkstoff Eulatin aus der uralten indianischen Heilpflanze Hamamelis. Jüngste Studien haben ergeben, dass man damit in kürzester Zeit hervorragende, bleibende Erfolge erzielt.
Bei der Patientengruppe, die 21 Tage gezielt mit der Natursubstanz behandelt wurde, zeigten sich bereits am dritten Tag deutliche Besserungen, was den Juckreiz, das Brennen, die Schmerzen und die Blutungen betraf. Das unangenehme Nässen und die Entzündungen verschwanden. Und das ohne Anwendung von Kortikoiden, die wegen ihrer Nebenwirkungen nur im Akutstadium streng zeitlich begrenzt werden müssen. Den Wirkstoff Eulatin aus der Hamamelispflanze gibt es in der Apotheke als Zäpfchen und als Salbe.
Da gerade um diese Jahreszeit Fälle von Hämorrhoiden sprunghaft ansteigen, sollte jeder im Anfangsstadium sofort mit dem Arzt darüber sprechen.

So gesund ist Radfahren

Mehr als 20 Millionen Menschen in Mitteleuropa besitzen ein Fahrrad. Dieser Freizeitsport erlebt in den letzten Jahren eine faszinierende Renaissance. Städte, die etwas auf sich halten, verfügen über ein Netz von Fahrradwegen. Und gerade jetzt im Frühling beginnt wieder die Radsaison. Es war ein weiter Weg von der Laufmaschine des Forstmeisters Karl Freiherr von Drais bis zu den heutigen Superrädern mit Gangschaltung und aufwendigem Sicherheitskomfort.
Lange Zeit belächelten die Mediziner den gesundheitlichen Wert des Radfahrens. Heute denkt die Sport- und Allgemeinmedizin ganz anders darüber. Radfahren ist für uns die optimale Ausdauerbelastung für den Organismus. Rad fahren können Kinder ebenso wie Erwachsene. Ja, sogar Senioren mit Gelenkproblemen können mitmachen, weil bei dieser Art von Bewegung das eigene Körpergewicht nicht zum Tragen kommt. Grundsätzlich kann man sagen:
Radfahren bringt auf schonende Weise Herz und Kreislauf in Schwung. Die Lunge wird gestärkt, die gesamte Atmung angeregt. Die Wirbelsäule wird entlastet, das Rückgrat gefestigt. Das vegetative Nervensystem wird positiv beeinflusst. Radfahren stärkt das Immunsystem gegen Infektionskrankheiten und Gefäßveränderun-

gen. Die Muskeln werden trainiert. Es wird viel Energie verbraucht. Die Verdauung wird verbessert, weil die Bauchmuskeln rhythmisch gereizt werden. Die allgemeine Leistungsfähigkeit des Menschen wird durch das Radfahren erhöht.
Allerdings muss man beim Radsport einige Grundsätze beachten, damit er wirklich unserer Gesundheit dient:

- Wenn Sie das Radfahren erst erlernt haben oder lange nicht mehr im Sattel gesessen sind, dann übertreiben Sie anfangs nicht. Beginnen Sie mit ebenen Strecken. Fahren Sie nicht länger als eine Stunde am Tag.
- Fahren Sie nicht zu schnell. Das richtige Tempo für die Gesundheit ist dann gegeben, wenn Sie dabei bequem mit Ihrem Radfahrpartner sprechen können. Wenn Sie müde werden, wenn Sie ein Muskelzittern spüren oder Atemnot: sofort absteigen und eine längere Pause einlegen.
- Essen Sie vor einer Radtour nicht zu viel. Trinken Sie keinen Alkohol. Rauchen Sie 3 Stunden vor der Tour keine Zigarette.
- Während des Radausfluges stärken Sie sich mit einer Banane, einem Apfel, einem Müsliriegel, mit Vollkornkeksen.
- Ganz wichtig ist die Flüssigkeitszufuhr: Trinken Sie Mineralwasser, Kräutertee oder ein Elektrolytgetränk. Ein ideales, altbewährtes Radfahrergetränk, das viele Elektrolyte liefert: Himbeersaft.

Schöne Haut durch Stutenmilch

Bei vielen Menschen treten im Frühling deutlich die Schäden des abgelaufenen Winters auf: müde, unreine Haut, Magen- und Darmprobleme, schlechte Laune, Leistungsabfall. Der Hauptgrund dafür: Es haben sich in unserem Organismus Stoffwechselschlacken und Umweltgifte abgesetzt. Die müssen abgebaut werden. Daher ist jetzt die ideale Zeit zum Entgiften und Entschlacken mit den Kräften der Natur.
Der österreichische Arzt Dr. Gustav Skreiner hat in jahrelanger Forschungsarbeit eine Therapie aufgebaut und in Studien ihre Wirksamkeit bewiesen. Im Mittelpunkt steht die Stutenmilch, ein Lebenselixier für Leber, Magen, Darm und besonders für die Haut.
Stutenmilch galt bereits in der Antike als kostbare Naturarznei. Die ersten wissenschaftlichen Forschungen damit führte der russische Arzt Dr. Postnikow durch. Er eröffnete im Jahr 1858 bei Samara die erste Stutenmilch-Kurklinik. Heute gibt es in Russland über 100 Stutenmilch-Kurzentren.
Stutenmilch ist in ihrer Zusammensetzung der menschlichen Muttermilch am ähnlichsten. Sie enthält über 40 lebenswichtige Substanzen: essenzielle Aminosäuren,

ungesättigte Fettsäuren, Vitamine, Mineralstoffe, Spurenelemente, Fermente, leicht verdaulichen Milchzucker, zellschützende Säuren und wertvolle Bakterien, die den Magen und Darm stärken, den Verdauungsprozess fördern und von innen her die Haut verschönern und stärken.
Die Wirkung ist allerdings nur dann gegeben, wenn die Stutenmilch von höchster Qualität ist: von biologisch versorgten Stuten, naturbelassen, streng kontrolliert.
Dr. Gustav Skreiner war sich bewusst, dass es für eine Kur mit Stutenmilch im Frühling gerade in den Städten Probleme bei der Beschaffung der frischen Stutenmilch geben kann. Gemeinsam mit internationalen Wissenschaftlern hat er die Lösung gefunden.
Durch die Spezialverfahren kann hochwertige Stutenmilch zu einem schonend zubereiteten, haltbaren Trockenkonzentrat verarbeitet und in Apotheken in Kapseln angeboten werden. Eine Stutenmilchkapsel enthält 200 Milligramm Stutenmilchkonzentrat und entspricht einem Esslöffel frischer Stutenmilch. Zusätzlich sind 8 Milligramm Kieselerde für Haut, Haare und Nägel enthalten. Alle Substanzen sind frei von Konservierungsstoffen.
Und so wird die Kur durchgeführt: Man sollte in den nächsten zwei bis drei Monaten täglich 3-mal 1 Stutenmilchkapsel aus der Apotheke mit etwas Flüssigkeit einnehmen. Sinnvoll ist es in dieser Zeit, täglich 2 Liter Mineralwasser zu trinken und überwiegend Obst und Gemüse, dafür weniger Fleisch und Wurst zu konsumieren.
Auf diese Weise wirkt die Stutenmilch regenerierend, kräftigend und zugleich für die Haut als – Kosmetik von innen.

Zink für Schwung und gute Laune

Seit dem Jahr 1950 kennt die Wissenschaft die Existenz der Spurenelemente neben den lebenswichtigen Vitaminen und Mineralstoffen. Und wie der Name schon sagt, genügt oft die Spur so einer Substanz, dass wir uns wohler fühlen, und bewirkt ein Mangel, dass wir leichter gesundheitlichen Störungen ausgesetzt sind. Eine ganz besonders wichtige Rolle spielt das Spurenelement Zink. Es ist neben dem Eisen im menschlichen Organismus am meisten vertreten.
In einem gesunden Körper sollten immer 2 bis 4 Gramm Zink gespeichert sein: vor allem im Blut, in den Knochen, im Auge und in der Bauchspeicheldrüse. Die tägliche Zinkzufuhr sollte 15 Milligramm betragen, bei Schwangeren 20 und bei stillenden Müttern 25 Milligramm.
Das Zink erfüllt eine Reihe von wesentlichen Aufgaben in unserem Körper: Es aktiviert viele Enzyme, ist ein Bestandteil des Insulins. Es festigt unsere Immunkraft, gibt uns körperlichen und geistigen Schwung und ist ein wesentlicher Antrieb für die Liebeskraft.

Bei Zinkmangel kommt es zu Antriebslosigkeit, zu depressiven Stimmungen, zu Liebesunlust, Impotenz, Verschlechterung von Diabetes, verstärkten Monatsschmerzen bei der Frau, verstärkter Rheumaanfälligkeit und schlechter Wundheilung. Es kann zu Sehstörungen und Hauterkrankungen kommen. Mitunter treten Schlafprobleme und Störungen im Zentralnervensystem auf. Schlechte Ernährungsgewohnheiten, ständiger Stress verstärken ein vorhandenes Zinkdefizit, das man im Labor durch Blut- oder Haaranalyse feststellen kann.
Man weiß heute aus Patientenstudien, dass impotente Männer, Diabetiker, Rheumapatienten, Psoriatiker, Patienten mit Morbus Crohn schwere Zinkmängel im Blut aufweisen.
Und wie können wir nun darauf achten, dass wir regelmäßig Zink zu uns nehmen? Ganz einfach: Wir sollten in unseren Speiseplan Naturprodukte aufnehmen, welche reich an Zink sind. Dazu gehören: Roggenkeime, Weizenkeime, Weizenkleie, Datteln, Haferflocken, Käse, Geflügel, Austern, aber auch alle anderen Meeresfische, Nüsse. Man weiß heute, das Zink aus Fleisch und Fisch besser vom Organismus verwertet wird als Zink aus Pflanzen.
Da aber durch Kunstdündungen und durch moderne Futtermethoden in der Landwirtschaft in Getreide und Fleisch weniger Zink als früher vorhanden ist, kann man sich auch zeitweise mit dem Spurenelement Zink in Form von Kapseln aus der Apotheke versorgen. Bei bestimmten Mangelerkrankungen ist das sogar ein wesentlicher Teil einer gezielten Zinktherapie.

Wer sich bewegt, braucht Vitamin E

Die Freizeit des berufstätigen Menschen in unserer Zeit nimmt zu. Und da in der Freizeit viele gesundheitliche Gefahren lauern – durch zu viel Essen, zu viel Rauchen, zu viel Alkohol und zu wenig Bewegung –, ist es erfreulich, dass mehr und mehr Frauen und Männer den Freizeitsport entdeckt haben. Das Wochenende und auch der Urlaub wird vielfach zum Aktiverlebnis. Man liegt nicht mehr untätig im Garten oder am Badestrand, um dem süßen Nichtstun zu frönen. Man sucht die körperliche Ertüchtigung. Man will fit und schlank sein. Wandern, Joggen, Radfahren, Schwimmen, Tennis, Squash und Gerätetraining im Fitnesscenter sind in.
Das bedeutet aber: Vor allem all jene, die sich im Beruf nicht so stark körperlich verausgaben oder nur eintönige Bewegung machen, unterziehen ihren Körper in der Freizeit gewaltigen Strapazen.
Wer sich also für eine aktive, sportliche Freizeit entscheidet und damit wirklich etwas für seine Gesundheit tun will, der muss zugleich auch gewisse vorbeugende Maßnahmen setzen. Dazu muss man wissen:

- ❖ Wer viel Freizeitsport betreibt, ermüdet schneller.
- ❖ Das aber wieder setzt voraus: Wer beim Freizeitsport nicht gleich schlappmachen will, muss schrittweise seine Leistungsfähigkeit steigern.
- ❖ Man muss für ein intaktes Muskelgewebe sorgen.
- ❖ Herz und Kreislauf brauchen eine gezielte Stärkung.

Für all diese Voraussetzungen kennt die moderne Sport- und Bewegungsmedizin ein Elixier: das Vitamin E, in der Fachsprache auch Tocopherol genannt. Die Erfahrungswerte, die mit diesem Vitamin bei Freizeitsportlern gemacht wurden, sind beachtlich.

- ❖ Das Vitamin E erhöht die Eigenschaft des Blutes, lebensnotwendigen Sauerstoff in die Zellen zu transportieren. Das bewirkt eine kolossale Leistungssteigerung.

Der tägliche Bedarf eines Freizeitsportlers an Vitamin E ist 5- bis 6-mal so hoch wie jener der untätigen Menschen. Das bedeutet für alle, die eifrig Freizeitsport betreiben: umsteigen auf Vollwertkost mit Vollkornbrot, Müsli, Milchprodukten, Weizenkeimen, Nüssen.
Oder – vor allem, wenn die Kalorienanlieferung nicht zu hoch werden darf – eine Ernährungsergänzung mit täglich 1 bis 2 Vitamin-E-Kapseln, je 200 internationale Einheiten, aus der Apotheke. Diese Lösung ist vor allem im Sommerurlaub in fernen Ländern ideal, wo keine Vollwertkost zur Verfügung steht.

Gesundheitsrezepte aus der Küche

In jeder Frau steckt der Wunsch, möglichst lange gesund, vital, fit und schön zu bleiben. Doch nur wenige haben das Geld und die Zeit, mehrmals im Jahr auf eigene Kosten ein Kurzentrum oder eine Schönheitsfarm zu besuchen, um sich dort gegen eine Reihe von alltäglichen Befindlichkeitsstörungen aufzubauen. Beruf, Haushalt, Familie und das Budget machen das unmöglich. Doch jetzt ist ganz groß ein neuer Trend im Kommen: die Gesundheitstherapie in der Küche.
Ist das nicht ideal? Sie bereiten für Ihre Lieben oder für sich allein in der Küche köstliche Speisen zu. Und dabei tun Sie etwas für Ihre Gesundheit, Vitalität und Schönheit. Sie brauchen dazu keine speziellen teuren Tinkturen, keine Salben, keine Medizinaltees oder Arzneien und Kosmetika. Sie nehmen einfach all das, was Sie für die Zubereitung Ihrer Speisen vorrätig haben. Das ist Naturheilkunde aus der Küche.

- ❖ Haarausfall: Ei mit Rum
  Verrühren Sie ein Eigelb mit 5 Esslöffel Olivenöl und 10 Esslöffel Rum (40-prozentig). Reiben Sie die Kopfhaut damit ein. Erst am nächsten Morgen abwaschen.

- ❖ Zu wenig Haare: Zwiebel
  Schneiden Sie eine große, rohe Zwiebel in dünne Scheiben. Legen Sie diese ins Haar, binden Sie ein Leinentuch darüber. Diese Packung lassen Sie einmal die Woche über Nacht einwirken.
- ❖ Dünnes Haar: Eier
  Gießen Sie 1/2 Flasche Bier in das Wasser zum Haarespülen. Machen Sie das nach jeder Haarwäsche.
- ❖ Sprödes Haar: Cognac
  Mixen Sie 1 Eigelb mit 1 großen Cognac, reiben Sie damit die Haare ein. 20 Minuten einwirken lassen. Mit lauwarmem Wasser – mit dem Saft einer Zitrone – spülen.
- ❖ Damenbart: Gurkenwasser
  Lästige Haare im Gesicht werden ganz hell und nicht so sichtbar, wenn Sie die Haut regelmäßig mit frischem Gurkenwasser oder frisch gepresstem Apfelsaft oder mit Zitronensaft einreiben.
- ❖ Gerötete Augen: Bratäpfel
  Wenn die Augen durch Zigarettenrauch oder zu wenig Schlaf gerötet und entzündet sind: Legen Sie das warme Fruchtfleich eines Bratapfels auf die geschlossenen Augen. Nach dem Auskühlen abwaschen.
- ❖ Müde Augen: das Weiße vom Ei
  Bereiten Sie ein hart gekochtes Ei oder ein Spiegelei. Drücken Sie das sehr warme Eiweiß, das Sie vorher in Stücke hacken, für 15 Minuten auf die geschlossenen Augen. Dann raffeln Sie 2 Möhren, mischen 10 Tropfen Weizenkeimöl dazu und essen das Gemisch.
- ❖ Hautjucken: Weizenkeimöl
  Massieren Sie die Haut mit Weizenkeimöl (Reformladen) ein. Trinken Sie täglich 1/4 Liter Milch.
- ❖ Raue Hände: Puderzucker
  Mischen Sie 4 Esslöffel Puderzucker mit 1 Esslöffel Mandelöl. Reiben Sie damit einige Zeit die Hände ein.
- ❖ Warzen: Knoblauch
  Schneiden Sie eine Knoblauchzehe in dünne Scheiben, legen Sie diese auf die Warze und kleben ein Heftpflaster darüber. Geben Sie jeden Tag neue Knoblauchscheiben auf die Warze.
- ❖ Rote Nase: Erdbeeren
  Zerdrücken Sie ein paar frische Erdbeeren oder aufgetaute Tiefkühlfrüchte und legen Sie den Brei auf die Nase. Eine Stunde einwirken lassen.
- ❖ Akne: Möhren und Sahne
  Reiben Sie eine Möhre, rühren Sie etwas saure Sahne dazu und reiben Sie damit die Aknehaut ein. Zwei Stunden einwirken lassen.

Naturrezepte gegen zu niedrigen Blutdruck

Alle reden immer wieder vom Bluthochdruck, weil er so gefährlich ist, zu Herzinfarkt und Schlaganfall führen kann. Kaum jemand spricht vom zu niedrigen Blutdruck, obwohl so viele darunter leiden. Ganz besonders jetzt in den ersten Frühlingswochen. Zu niedriger Blutdruck ist mit sehr unangenehmen Beschwerden verbunden. Aber er ist nicht gefährlich.
Man spricht von einem zu niedrigen Blutdruck, wenn er sich permament unter 100 zu 80 bewegt. Die internationale Medizin nennt diese gesundheitliche Störung die „Krankheit der Österreicher und der Deutschen". Das sagt aber nicht, dass man nur in diesen beiden Ländern unter zu niedrigem Blutdruck leidet. Das tun die anderen auch. Nur in anderen Ländern wie etwa in England und in den USA ist das kein gesundheitliches Problem. Der Arzt gratuliert dem Betroffenen. Menschen mit zu niedrigem Blutdruck sind viel seltener herzkrank, haben eine hohe Lebenserwartung.
Die Veranlagung zum niedrigen Blutdruck ist meist angeboren. Betroffen sind gleichermaßen Frauen und Männer. Die typischen Symptome: Man kommt morgens schwer aus dem Bett. Wenn man zu rasch aufsteht, wird man schwindelig. Abends wird man sehr früh müde. Nachmittags gibt es einen enormen Tiefpunkt. Es können auch Atemprobleme auftreten.
Und das sind die wirkungsvollsten Naturrezepte gegen zu niedrigen Blutdruck:

- Verteilen Sie Ihr Essen auf 5 kleine Mahlzeiten am Tag. Nach üppigen Mahlzeiten fällt der Blutdruck ab.
- Stärken Sie Ihren Kreislauf durch Bewegung im Freien: mit Spazierengehen, Schwimmen, Gymnastik.
- Stellen Sie das Bett schräg. Bocken Sie die Kopfseite 20 Zentimeter auf, sodass der Kopf höher liegt. Der Kreislauf muss sich dann anstrengen, den Kopf mit Blut zu versorgen. Man steht morgens leichter auf.
- Nehmen Sie einmal am Tag ein ansteigendes Fußbad: Beginnen Sie mit 35 Grad Celsius und erhöhen Sie die Temperatur binnen 20 Minuten auf 42 Grad.
- Trinken Sie 3 Tassen Misteltee pro Tag. 6 Teelöffel Mistelkraut (Apotheke) mit 3 Tassen kaltem Wasser über Nacht ansetzen. Am nächsten Morgen durchseihen, leicht erwärmen und ungesüßt in kleinen Schlucken trinken. Die Mistel reguliert den Blutdruck: Zu hoher wird gesenkt, zu niedriger angehoben.
- Nehmen Sie ein lauwarmes Wannenbad mit 1 Liter Rosmarintee oder 10 Tropfen Rosmarinöl.
- Sehr hilfreich: 3-mal täglich 2 Esslöffel Weißdornsaft (Reformhaus) in etwas Wasser.
- Auch die Aromatherapie ist sinnvoll: Massieren Sie Pfefferminzöl, Kampferöl

oder Thymianöl in die Haut. Oder geben Sie 20 Tropfen in eine Schale mit Wasser. Das Riechen dieser Düfte kann den Blutdruck anheben.

- ❖ Auch mit einer isometrischen Übung kann man gegen den niedrigen Blutdruck vorgehen: Legen Sie vor dem Gesicht die Handflächen wie zum Gebet zusammen und pressen Sie sie 1 Minute lang ganz fest gegeneinander. Gleich nach dem Aufwachen am Morgen und auch tagsüber mehrmals.
- ❖ Eine Akupressurübung: Reiben Sie zugleich an beiden Händen mit dem Daumen die Spitze des Mittelfingers so lange und so fest, bis ein Wärmegefühl entsteht. Pause machen. Wiederholen.

Das Frühlingstraining für den Autofahrer

Wenn unsere Straßen im Frühling trocken und sauber sind, wenn das Wetter immer schöner wird, dann nimmt die Zahl der Autofahrer von Tag zu Tag wieder rasant zu. Viele, die in der kalten Jahreszeit ihren Wagen in einer Garage stehen hatten, setzen sich wieder ans Steuer. Kein Wunder, wenn auch die Verkehrsunfälle zunehmen. Experten sagen: Man könnte sie reduzieren.

Viele Sicherheitsfachleute in Autofahrerclubs betonen: Etliche Autofahrer sind schlecht für den Straßenverkehr gerüstet. Sie bringen die schlechtesten Voraussetzungen mit. Das Schlimme daran: Sie sind sich dessen meist nicht bewusst.

Daher wäre es im Grunde genommen wichtig, wenn jeder Autofahrer ein spezielles Trainingsprogramm absolvieren würde. In der Praxis bedeutet das: Gefahren im Straßenverkehr vorbeugen, Risikofaktoren senken, beste Voraussetzungen für die Präsenz am Steuer schaffen.

Wer sich auf Grund des Wetters im Frühling nicht ganz gesund fühlt, unter Kopfschmerzen und Migräne leidet und dagegen Medikamente nimmt, der sollte nicht hinter dem Lenkrad sitzen. Sowohl Arzneien gegen Erkältungen als auch gegen Schmerzen können die Fahrtüchtigkeit erheblich beeinträchtigen und daher die Unfallgefahr verstärken.

Sprechen Sie mit Ihrem Arzt und Apotheker darüber. Experten kennen die betreffenden Medikamente und können Ihnen auch Präparate nennen, die keine Gefahr für den Autofahrer darstellen.

Untersuchungen haben ergeben, dass sich viele Fahrzeugbesitzer nach dem Winter in schlechter nervlicher Verfassung auf die Straße wagen. Das ist zum Teil eine Folge von falscher Ernährung im Winter, die eine Reihe von Mangelerscheinungen im Organismus verursacht hat. Eine erschreckend hohe Zahl von Autofahrern leidet an Magnesiummangel. Und der lebenswichtige Mineralstoff Magnesium ist ein ganz wesentliches Antistressmineral für Herz, Kreislauf und Nerven.

Das bedeutet: Wer ein Auto lenkt, der sollte Vollkornprodukte, Sojaprodukte und

Naturreis essen, sollte zwischendurch Trockenfrüchte wie Datteln, Feigen und Aprikosen kauen. All diese Produkte liefern Magnesium. Oder aber Sie sprechen mit Ihrem Arzt und Apotheker über die Zufuhr von Magnesium in Form von Präparaten, am besten täglich 2 Magnesium-Kautabletten in der longoralen, hohen Dosierung Mg 5.

In diesem Zusammenhang: Viele Autofahrer gehen morgens ohne Frühstück aus dem Haus, trinken bloß hastig eine Tasse Kaffee. Wer Auto fährt, sollte Müsli essen, Obst, rohes Gemüse, Vollkornbrot, Milchprodukte zu sich nehmen. Ein Super-Fitness-Drink für die Fahrt: 1/4 Liter frisch gepresster Orangensaft mit 2 Esslöffel Sanddornsaft und 1 Teelöffel Honig.

Eine Testaktion des Kuratoriums „Gutes Sehen" hat im Jahr 1994 ergeben: Rund 30 Prozent der Autofahrer sehen schlecht und gefährden damit sich selbst und andere. Daher sollte jeder, der einen Wagen lenkt, einmal im Jahr zur ärztlichen Augenkontrolle gehen.

Die ersten Alarmzeichen für mangelnde Sehkraft: Man muss die Augen zusammenkneifen, um Schriften und Verkehrszeichen erkennen zu können. Man fühlt sich von grellen Scheinwerfern geblendet. Man hat Mühe, den Straßenverlauf bei Dunkelheit abzuschätzen.

Brillenträger müssen auch ihre Brillen regelmäßig überprüfen lassen. Außerdem sollte der Autofahrer ganz bestimmte Brillen tragen. Ideal sind entspiegelte Gläser, weil man durch Lichtreflexe nicht irritiert werden kann. In der Dämmerung darf man keine getönten Gläser verwenden. Die Fassungen sollten dünn sein, damit man ein weites Blickfeld hat. Wer an Altersweitsichtigkeit leidet, sollte Brillen mit zwei Sehstärken tragen, damit er die Straße und das Armaturenbrett beherrscht.

Die Menschen werden immer älter und bleiben vital. Daher wollen auch Senioren nicht aufs Autofahren verzichten. Sie sollten sich aber in Abständen medizinisch testen lassen, ob sie noch geeignet fürs Steuer sind. Viele spüren es selbst, wenn sie sich nicht mehr ans Steuer setzen sollten. Falsche Eitelkeit ist hier fehl am Platz.

Wer nach dem langen Winter wieder zum Lenker wird, sollte von Anfang an aufs Rauchen im Wagen verzichten. Es belastet die Atemwege sehr, fördert Kopfschmerzen und verstärkt das Risiko für Lungenkrebs und Durchblutungsstörungen. Daher: Rauchen nur auf Fahrtpausen außerhalb des Autos.

Apropos Atemwege: Sie sollten vor jeder Fahrt den Wagen gründlich durchlüften. Im Inneren des geparkten Autos sammeln sich Abgase. Und in fabrikneuen Fahrzeugen geben auch die Kunststoffteile in den ersten Wochen Gase ab, die man ablüften sollte.

Zum Frühlingstraining des Autofahrers gehört auch die Lärmvermeidung. Keine zu laute, dröhnende Musik aus dem Autoradio oder CD-Player. Keine lautstarken Auseinandersetzungen mit Mitfahrenden. Lärm bei der Fahrt schwächt die Konzentration, schädigt das vegetative Nervensystem, belastet Herz und Kreislauf und stört

Magen und Darm. Der Straßenverkehr rundum ist laut genug. Sorgen Sie daher im Wagen selbst für Ruhe und Harmonie. Das ist wichtig für die Gesundheit und die Sicherheit am Steuer.

Gestörte Darmflora im Frühling: Das ist zu tun

Im Frühling spüren wir es oft an uns selbst: Die Sünden, die wir einen ganzen Winter lang beim Essen und Alkoholtrinken begangen haben, rächen sich jetzt und schlagen sich sehr oft auf Magen und Darm. Das wechselhafte Wetter mit Kälteeinbrüchen trägt dazu ebenfalls bei. Viele leiden an Verstopfung oder an Durchfall. Andere wieder haben Probleme, die aufgenommene Nahrung entsprechend zu verarbeiten. Die Folge sind Magenbeschwerden.
Dahinter steckt häufig eine gestörte Darmflora. Und unsere Gesundheit hängt wesentlich von einer intakten und leistungsfähigen Darmflora ab. Das haben Wissenschaftler und Ärzte in zahllosen Studien bewiesen.
Eine gestörte Darmflora kann eine Reihe von Erkrankungen verursachen. Und diese Erkrankungen können erst dann behoben werden, wenn man den Darm wieder saniert hat. So eine Darmsanierung nennt man in der Medizin eine Symbioselenkung.
Symbiose: Das bedeutet Zusammenleben. Gemeint ist das Zusammenleben unseres Körpers mit lebenswichtigen Bakterien. Diese „Gesundheitsbakterien" erfüllen nämlich entscheidende Aufgaben in unserem Magen- und Darmbereich:

- Sie bauen etliche Vitamine in uns auf, die wir zum Teil unbedingt aus „eigener Produktion" benötigen. So wird beispielsweise aus dem Provitamin A – Betacarotin genannt – das körpereigene Vitamin A hergestellt.
- Die Gesundheitsbakterien erschließen die aufgenommene Nahrung und verwerten sie optimal.
- Sie entgiften und neutralisieren schädliche Stoffe und Substanzen, die mit der Nahrung in den Körper gelangen oder die bei der Verwertung der Nahrung entstehen. Beispiel: Gärgase.
- Sie machen den Organismus widerstandsfähiger gegen Krankheitserreger, die über den Magen in den Körper gelangen. Diese positiven Bakterien, die den Darm mit seinen 300 Quadratmetern Oberfläche besiedeln, sind ein wichtiger Bestandteil des menschlichen Immunsystems. Ohne sie kann die körpereigene Abwehr nicht funktionieren.

Eine gestörte Darmflora – in der Medizin auch Dysbiose genannt – entsteht durch fehlerhafte Ernährung, durch zu wenig Ballaststoffe im Essen, durch Konservierungsstoffe in den Nahrungsmitteln, durch Umweltbelastungen, sehr oft aber auch durch die langfristige Aufnahme bestimmter Medikamente, wie etwa Antibiotika.

In all diesen Fällen werden die Gesundheitsbakterien zerstört oder verringert. Damit bekommen die gesundheitsschädlichen Bakterien und Pilze Oberhand. Es entstehen rheumatische Erkrankungen, Hautprobleme, Allergien und Darmprobleme aller Art.
Und so kann die gestörte Darmflora wieder aufgebaut werden:

- In ganz leichten Fällen genügt es mitunter, über einen längeren Zeitraum Biojogurt mit rechtsdrehender Milchsäure zu trinken. Von manchen Ärzten wird der Erfolg dieser Maßnahme angezweifelt.
- Sehr sinnvoll ist es, ballaststoffreiche Nahrung aufzunehmen: Obst, Gemüse, Weizenkleie, Hirsegerichte.
- Wenn das aber alles keinen Erfolg bringt, dann raten Ärzte zu der sinnvollsten Methode. Im Rahmen einer Kur werden dem Darm biologische Kulturen – so genannte Biocult-Kulturen – zugeführt. Dazu gehören das Bifidum Bakterium Longum und der Lactobazillus Acidophilus. Man bekommt solche Kulturen mit Gesundheitsbakterien in Tablettenform (Apotheke), die im Kühlschrank aufbewahrt werden müssen, weil sie nur eine begrenzte Haltbarkeit haben. Man nimmt mehrere Wochen lang vor oder zu den Mahlzeiten 3-mal täglich 2 Tabletten. Auf diese Weise kann die geschädigte Darmflora wieder regeneriert werden. Sprechen Sie mit Ihrem Arzt darüber.

Fröhliche Farben erfreuen die Seele

Gerade im April lässt der Frühling – was das Wetter betrifft – oft noch auf sich warten. Kein Wunder: Viele leiden dann stimmungsmäßig unter den oft trostlosen Tagen mit Regen und Wolken. Es ist keine Frage des Alters: Viele fühlen sich nicht so richtig wohl. Und wenn dann noch vorübergehend der Winter zurückkehrt, dann kommen bei etlichen Menschen sogar depressive Stimmungen auf. Dagegen sollte man rasch etwas tun. Und wenn man einem französischen Ärzteteam glauben darf – geht das ganz einfach. Nämlich mit der eigenen Garderobe.
Im Auftrag einer Gruppe von namhaften Modedesignern hat der Pariser Arzt, Psychiater Prof. Dr. Pierre Emailleur eine Studie durchgeführt. Sie hat ein ebenso interessantes wie ungewöhnliches Ergebnis erbracht: Unsere Kleider, die wir tragen, können für Körper und Seele eine Art Arznei sein.
Prof. Dr. Pierre Emailleur betont: „Man kann mit den Farben der Kleidung ein wenig Wärme und Freude in den Alltag zaubern. Und das hat nicht nur Bedeutung für die Seele, sondern auch für die allgemeine Gesundheit!“
Der Arzt ist der Meinung: Farben, die wir an uns tragen, sind mehr als eine verzichtbare Äußerlichkeit. Sie wirken viel mehr auf uns, als wir vermuten wollen. Wir können mit den Farben unserer Kleider die Haut, die inneren Organe, die gesamte Vitalität sowie die seelische Verfassung beeinflussen.

Eindeutig haben die Untersuchungen ergeben: In erster Linie wirken die Farben der Garderobe auf jene Menschen, die sie tragen. Wenn aber jemand anders lange genug damit konfrontiert ist, so verspürt auch er die Wirkung bis zu einem gewissen Grad. Und das sind Details aus der besagten Studie, die jeder im alltäglichen Leben für sich nützen kann:

- Lindgrüne Kleider, Sakkos oder Anzüge üben eine entspannende und beruhigende Wirkung auf den Menschen aus. Sie helfen rascher, vorhandenen Stress abzubauen.
- Dunkelgrüne Kleidung stärkt die natürlichen Abwehrkräfte des Organismus. Die Zahl der Abwehrkörper steigt an. Wer eine Erkältung hinter sich hat, der sollte regelmäßig die Farbe Grün tragen. Das fördert die Genesung sowie die Heilungsprozesse.
- Blaue Kleidung kann – wie Beobachtungen ergeben haben – helfen, Zahnschmerzen, Kopfschmerzen und Migräne zu lindern. Es hat sich auch gezeigt, dass innere Hektik schneller und besser wieder abgebaut werden kann.
- Wer unter Hyperaktivität leidet, leicht aus der Fassung gerät, zu den nervösen Typen zählt, der sollte braune Sachen tragen. Die Farbe Braun wirkt beruhigend.
- Schwarze Kleidung verleiht innere Sicherheit, gibt Kraft, vor allem dann, wenn man mit überlegenen Menschen zu tun hat und zur Unsicherheit neigt.
- In orangefarbenen Kleidern fühlt man sich besonders geborgen und behaglich. Man kann damit Ärger vorbeugen. Die Leistung von Nieren und Blase wird angeregt, die Atemwege werden gekräftigt, alle Drüsen werden aktiviert.
- Mit roter Kleidung steigert man die Pulsfrequenz, verbessert die Durchblutung und fördert den gesamten Stoffwechsel. Herz und Kreislauf werden dabei gestärkt.
- Violette Kleidung wirkt beruhigend auf das vegetative Nervensystem.

Aus all diesen Erfahrungen heraus empfehlen französische Modedesigner: Man sollte nicht allein aus einer Laune heraus die Farbe der Garderobe wählen, sondern auch nach psychologischen und gesundheitlichen Aspekten.

Neue Studie: Eukalyptus kann Kortison ersetzen

Bedingt durch nasse Tage und zwischendurch sinkende Temperaturen im Frühling sind Atemwegserkrankungen bei Jung und Alt in diesen Wochen stark verbreitet. An der Spitze der gesundheitlichen Störungen: Bronchitis und Bronchialkatarrh. Verstärkt werden diese Erkrankungen durch die zunehmende Umweltverschmutzung und durch das Zigarettenrauchen. Bei all diesen Störungen in den Atemwegen kommt es zu Entzündungen. Bisher musste man gegen all diese entzündlichen Prozesse chemisch-synthetische Substanzen mit stärkeren Nebenwirkungen einsetzen,

wie zum Beispiel das Kortison. Neue Studien zeigen jetzt die Möglichkeit einer nebenwirkungsfreien Therapie mit einer Natursubstanz auf, die das Eukalyptusblatt liefert.
Soeben hat der Arzt und Wissenschaftler Dr. Uwe Jürgens von der Universitäts-Poliklinik in Bonn eine sensationelle Untersuchung abgeschlossen. Daraus geht eindeutig hervor, dass der Hauptwirkstoff Soledum-Cineol aus dem Eukalyptusblatt weit mehr kann, als man bisher angenommen hatte. Man kann mit dem gereinigten und gefilterten Soledum-Cineol in etlichen Fällen Kortison sparen oder zumindest den Einsatz reduzieren. Zu dem selben Ergebnis kamen parallel die Wissenschaftler und Mediziner Dr. P. Kaspar, Dr. R. Repges, Dr. G. Habich, Dr. U. Dethlefsen und Dr. W. Petro in der Klinik Aachen sowie am Institut für Klinische Forschung in Hamburg.
Bisher war allgemein aus der naturheilkundlichen Tradition und aus der ärztlichen Praxis nachgewiesen:

- ❖ Der Hauptwirkstoff aus dem Eukalyptus schafft bei Atemwegserkrankungen Erleichterung.
- ❖ Er fördert den raschen Abtransport von Schleim aus den Bronchien.
- ❖ Reizhusten wird gelindert.
- ❖ Die Austrocknung der Lungenbläschen wird verhindert.
- ❖ Das Atemvolumen wird erhöht.
- ❖ Druck und Krämpfe in der Brust werden gelindert.

Zu diesen vielseitigen Wirkungen des Eukalyptus haben nun die Experten für Lungen- und Atemwegserkrankungen entscheidende neue Beobachtungen gemacht, die in der Medizin eine Sensation darstellen:

- ❖ Die körpereigenen Abwehrkräfte in den Atemwegen werden deutlich gestärkt.
- ❖ Die schützende Auskleidung der Atemwege wird aufgebaut und regeneriert.
- ❖ Die entscheidende Entdeckung aber ist: Der Hauptwirkstoff Soledum-Cineol aus dem Eukalyptusblatt wirkt entzündungshemmend. Die mehr oder weniger starken Entzündungen bei Atemwegserkrankungen werden nicht nur verhindert und gemindert, sondern auch ausgeheilt. Da man bisher für diese Aufgaben ausschließlich klassische, schulmedizinische Pharmaprodukte eingesetzt hat, könnte diese neue Erkenntnis eine Revolution in der Atemwegstherapie bedeuten. In leichteren Fällen könnte das Kortison durch Cineol ersetzt werden. In schweren Fällen könnte man durch Eukalyptusbehandlungen die Kortisonmengen geringer halten.

Angewendet wird der Hauptwirkstoff aus dem Eukalyptusblatt in flüssiger Form zum Inhalieren und in Kapseln für unterwegs. Beide Formen gibt es ausschließlich in der Apotheke.
An der Poliklinik in Bonn erreicht man die entzündungshemmende Wirkung des Eukalyptus durch regelmäßige Inhalationen: 30 Tropfen Soledum-Cineol in sehr warmes Wasser. Dann 10 Minuten lang die Dämpfe einatmen. Oder durch die regel-

mäßige Einnahme von Kapseln. Das wären beispielsweise zwei empfehlenswerte Dauertherapien gegen die entzündeten Atemwege von Rauchern.
Mit diesen Ergebnissen rückt die Medizin wieder ein Stück in Richtung Natur.

Mit Maß und Ziel durch den Frühling

Alle Jahre wieder geht im Laufe des Frühlings in unserem Organismus eine große Veränderung vor. Wir sind hungrig nach Luft, Sonne und Natur. Wenn wir unsere Frühjahrsmüdigkeit überwunden haben, fühlen wir uns voller Tatendrang. Kein Wunder: Unser Hormonhaushalt wird angekurbelt. Die Drüsen arbeiten auf vollen Touren. Viele von uns wollen sich übereifrig in Aktivitäten stürzen, die dem Organismus nicht zuträglich sind. Gerade im Frühling nach dem bewegungsarmen Winter lautet die Regel: Was immer man tut – Übertreiben schadet der Gesundheit. Es macht nur Sinn und Freude, wenn man mit Maß und Ziel in den Frühling geht. Dann kann man auch die Jahreszeit gesund und vital genießen.

- Übertreiben Sie nicht beim Großreinemachen!
  Vor allem die Frauen glauben oft, im Frühling muss die gesamte Wohnung einem Generalputz unterzogen werden. Da wird tagelang geputzt, gewaschen, Staub gewischt. Bis zur Erschöpfung wird gearbeitet. Die Folge: schlechte Stimmung in der Familie, Kreuzschmerzen, eine geschwächte Immunkraft. Sauber machen ja. Aber keinen Kult damit treiben.
- Übertreiben Sie nicht bei der Gartenarbeit!
  Dasselbe gilt für die Gartenarbeit. Egal, ob jemand einen großen Garten, ein kleines Gärtchen vor dem Haus oder eine grüne Terrasse hat: Man kann die Sträucher, den Rasen, die Beete nicht in wenigen Tagen frühlingsfit machen. Das dauert seine Zeit. Und die meisten von uns sind die Arbeit auch gar nicht gewohnt. Tragen Sie keine zu schweren Lasten. Und gehen Sie beim Heben in die Knie, damit Sie die Wirbelsäule nicht zu sehr strapazieren. Steigen Sie nicht zu hoch auf die Leiter, vor allem, wenn Sie allein sind. Machen Sie alles langsam, nicht im Rekordtempo. Gartenarbeit soll doch Freude bringen und nicht krank machen.
- Freizeitsport ist nicht immer gesund!
  Der Sportwissenschaftler Prof. Dr. Joseph Keul von der Universität Freiburg betont immer wieder: Wer körperlich aktiv ist, regelmäßig Freizeitsport betreibt, kann damit das Risiko für Herzinfarkt und andere Herz-Kreislauf-Erkrankungen senken. Blutdruck und Cholesterinwerte können gesenkt, Stress und Spannungszustände abgebaut werden.
  Allerdings gilt das nur, wenn man nicht übertreibt, wenn man keine olympischen Ziele erreichen möchte. Stoffwechsel und das vegetative Nervensystem können

beim Sport nur dann positiv beeinflusst werden, wenn man sich nicht überfordert, wenn man die Aktivität richtig dosiert.
Wer sich beim Sport zu viel zumutet, ist danach erschöpft, überhaupt nicht vital, hat Muskelschmerzen oder zumindest einen zünftigen Muskelkater. Das kommt von den zu hohen Laktatwerten im Körper. Laktat ist das Salz der Milchsäure. Es wird im Muskel gebildet. Bei unvernünftiger sportlicher Betätigung wird zu viel Laktat produziert. Der Muskel ist übersäuert. Arme und Beine werden schwer. Das wieder bedeutet verstärkte Verletzungs- und Unfallgefahr. Profisportler messen daher ihre Laktatwerte regelmäßig mit speziellen Akkusport-Laktat-Messgeräten.

- Hände weg von extremen Diäten!
  Wenn es Frühling wird, wollen viele Menschen Winterübergewicht loswerden, wünschen sich eine gute Figur. Sie lassen sich dann oft zu extremen, verrückten und einseitigen Diäten hinreißen. Sie essen dann tagelang ausschließlich Eier, Bananen oder Steaks. Oder sie essen absolut nichts. Ärzte warnen: Damit werden Herz und Kreislauf schwer gefährdet. Solche Diäten können krank machen. Man kann nur mit einer ausgewogenen Ernährung, mit einer Vollwertdiät mit reichlich Obst und Gemüse und viel Flüssigkeit Erfolg haben.
- Kräutertee: nicht über drei Wochen
  Im Frühling wollen viele ihre Stoffwechselschlacken abbauen und entschließen sich zu einer Kräuterteekur. Besonders beliebt: Löwenzahnwurzeltee, Brennnesseltee, Mariendisteltee, alle nur aus der Apotheke. Allerdings: Es ist sinnlos, maßlos viele Wochen lang so eine Teekur durchzuziehen. Die Regel besagt: Ein Kräutertee sollte niemals länger als drei Wochen getrunken werden. Danach gewöhnt sich der Organismus daran. Die Wirkung bleibt aus.
- Übertreiben Sie nicht bei der Frühlingskleidung. Es ist mitunter für die leichte Garderobe noch viel zu kalt. Die Folge: Blasenkatarrh und andere unangenehme Erkältungen. Eine Zwischenlösung: Wählen Sie bunte, frühlingshafte Kleidung. Darunter aber bleiben Sie bei der warmen Unterwäsche.
- Die erste Sonne: mit Vorsicht genießen. Monatelang haben wir uns auf die Sonne gefreut. Jetzt schickt sie uns endlich ihre wohlig warmen Strahlen. Übertreiben Sie nicht bei den ersten Sonnenbädern. Zu viel des Guten schwächt die Immunkraft, bringt hässliche Fieberbläschen an der Lippe, kann gefährliche Hautveränderungen hervorrufen. Daher: Genießen Sie die ersten Sonnenstrahlen in begrenzten Dosen. Versorgen Sie die Haut mit Sonnenschutzpräparaten aus der Apotheke, und zwar mit hohen Lichtschutzfaktoren.
- Übertreiben Sie nicht beim Autofahren: Wenn auch so mancher Frühlingstag zu einer Fahrt ins Grüne einlädt, so sollten Sie Ihre Lust fürs Schnellfahren zähmen. Die vielen Unfalltoten und Verletzten auf den Straßen sollten eine Mahnung sein.

Also dann: Gehen Sie mit Maß und Ziel in die schöne Jahreszeit. Dann wird es für Sie ein besonders schöner Frühling!

Die besten Gesundheitstipps für Mai

Erdbeeren: köstlichste Arznei gegen Schmerzen

Sie sind in diesen Tagen die beliebteste Obstsorte. Gerade jetzt duften sie besonders intensiv und werden in Märkten und Lebensmittelläden massenhaft in leuchtend sattem Rot angeboten: die Erdbeeren aus heimischem Anbau. Wir kaufen und verzehren sie, weil sie einfach köstlich schmecken. Kaum aber jemand weiß, dass die Erdbeeren eine wertvolle „Medizin aus dem Obstgarten“ sind.

- Die Erdbeere hat mehr Vitamin C als die Zitrone oder die Orange. 150 Gramm Erdbeeren decken den Tagesbedarf an diesem Vitamin und haben bloß 53 Kalorien. Die Erdbeere liefert aber auch große Mengen an Folsäure für ein gesundes Blut sowie den Mineralstoff Kalium gegen zu hohen Blutdruck. Das Mangan in der Erdbeere ist wichtig für den Stoffwechsel, für die Nerven, das Gehirn, für die Liebe.
- Die Erdbeere ist außerdem für sensible Menschen ein ideales Antischmerzmittel, vor allem gegen Kopfschmerzen, Migräne, Rheuma und Gicht. Die Erklärung dafür: Die Erdbeere enthält eine natürliche Substanz mit dem Namen Methylsalizylsäure, welche den Inhaltsstoffen des Aspirins verwandt ist. Es kann daher der Genuss von etwa 10 saftigen, frischen Erdbeeren in manchen Fällen Kopfschmerzen oder Migräne vertreiben. Da es sich um eine sanfte Naturmedizin handelt, kann man Erdbeeren natürlich nicht gegen starke, lang anhaltende Schmerzen einsetzen.
- Die Erdbeere stellt aber auch mit ihren Gerbstoffen, Schleimstoffen, Säuren und ätherischen Ölen ein natürliches Antibiotikum dar, das entzündlichen Prozessen im Organismus entgegenwirkt. Gemeinsam mit dem reichen Gehalt an Vitamin C stärken Erdbeeren die natürliche Abwehrkraft gegen lästige Erkältungen im Frühsommer.
- Erdbeeren wirken aber auch harntreibend. Das häufige Erdbeerenessen transportiert vorhandenen Harnsand, Nierensand und Nierensteine schneller aus dem Organismus.
- Im Rahmen einer britischen Studie konnte nachgewiesen werden, dass die antibiotischen Substanzen in der Erdbeere sogar noch in 19facher Verdünnung die Kraft haben, Thyphuserreger abzutöten.
- Die deutschen Ärzte Dr. Norden und Dr. Heupke haben Erdbeeren mit großem Erfolg gegen die tropische Verdauungskrankheit Sprue eingesetzt.
- Der reiche Gehalt der Erdbeere an Mineralstoffen und Spurenelementen sowie

Enzymen macht sie zu einem hervorragenden Muntermacher am Morgen. Daher sind diese Früchte ideal zum Frühstück vor der Schule und der Arbeit.

- Zahnärzte empfehlen oft den regelmäßigen Genuss von Erdbeeren, weil die Gerbstoffe der Frucht das Zahnfleisch festigen und dem Zahnfleischschwund vorbeugen können.
- Erdbeeren eignen sich gut für eine Entschlackungskur zum Sommeranfang. Sie geben Vitalität und Aktivität, entgiften den Darm, stoppen Durchfall.

All diese medizinischen Wirkungen kommen nur dann zum Tragen, wenn die Erdbeeren frisch, saftig und süß sind. Und wenn man nicht dagegen allergisch ist. Es gibt Menschen, die nach dem Genuss von Erdbeeren Hautausschläge sowie Bläschen an den Lippen und im Mund bekommen. Treten diese Reaktionen auch bei Bioware auf, dann handelt es sich um eine Unverträglichkeit der Gerbstoffe in den Erdbeeren.

So geht Kaffee nicht an die Nieren

Immer wieder werden Freunde und Genießer von Bohnenkaffee mit warnenden Nachrichten konfrontiert: Kaffee schadet dem Herzen, Kaffee greift den Magen an. Mediziner sind sich in den letzten Jahren darüber einig geworden, dass das Kaffeetrinken nur dann auf die Dauer gesundheitsschädlich sein kann, wenn man dabei übertreibt. Zwei bis vier Tassen am Tag werden durchaus als unbedenklich bescheinigt.

Nun aber tauchen in letzter Zeit neue Meldungen auf. Darin heißt es: Bohnenkaffee belastet und gefährdet die Nieren. Mit Recht fragen sich Kaffeetrinker: Warum ist das so? Welche Schäden kann der Kaffee an den Nieren anrichten?

Dazu muss gesagt werden: Die Meldung ist so nicht richtig. Kaffeetrinker haben ein Recht darauf, den wahren Sachverhalt zu erfahren. Denn so, wie sich die Sache tatsächlich verhält, kann jeder trotz Kaffeegenuss eine Belastung der Nieren verhindern:

- Der Nierenexperte und Begründer der ersten europäischen Nierenpatientenschule, Primarius Dr. Bernhard Zirm, hat es im Rahmen einer Studie genau berechnet: Bohnenkaffee wirkt auf Grund des Koffeingehaltes stark harntreibend.
- In der Praxis sieht das so aus: Wenn man eine Tasse Kaffee trinkt, werden über die Nieren 2 Tassen Flüssigkeit aus dem Organismus ausgeschieden.
- Wenn also jemand pro Tag 1 Liter Kaffee trinkt, verliert er 2 Liter Flüssigkeit.
- Trinkt er sonst keine andere Flüssigkeit, gerät der Körper in ein bedrohliches Flüssigkeitsdefizit. Das kann mit der Zeit zu Nierensteinbildung und zu anderen Nierenerkrankungen führen.

Was also muss der Kaffeetrinker tun, damit seine Nieren gesund bleiben? Ganz einfach: Er muss dafür sorgen, dass er mindestens pro Tag die Menge an Mineralwasser oder Kräutertee aufnimmt, die er an Kaffee konsumiert.
Wenn man sich an diese einfache Regel hält, kann einem der Bohnenkaffee nicht an die Nieren gehen.

Mit Kirschen gegen Gicht, Rheuma und Verstopfung

Jetzt sind sie besonders rot und leuchtend, besonders süß und saftig: die deutschen Kirschen. Sie schmecken einfach köstlich. Haben Sie aber gewusst, dass Kirschen ganz spezielle wertvolle Naturkräfte für unsere Gesundheit besitzen? Sie sind „Arzneien vom Kirschbaum".
Bereits in der Antike setzte der griechische Arzt Hippokrates auf der Insel Kos Kirschen als Medizin ein: gegen Epilepsie.
Im Jahr 1920 wurden Kirschen in Deutschland, Frankreich und England von vereinzelten Ärzten bei Nierensteinen und Gallenblasenerkrankungen eingesetzt.
Heute sind Kirschen bei Ärzten der Ganzheitsmedizin geschätzt: gegen verschiedene gesundheitliche Alltagsprobleme:

- Kirschen liefern dem Körper reichlich Ballaststoffe, welche im Darm aufquellen und die Verdauung in Schwung bringen. Gegen Verstopfung ist es sinnvoll, täglich zur Erntezeit eine Hand voll Kirschen zu essen.
- Am amerikanischen Forythe Dental Center für Zahnheilkunde hat man in den Kirschen antibakterielle Substanzen und Enzyme gegen Karies und Parodontose entdeckt. Die Enzyme verhindern die Bildung von Zahnbelag, der dann in der Folge bei mangelnder Zahnhygiene Karies und Zahnfleischprobleme auslöst. Zur Vorbeugung derartiger Erkrankungen im Mund: Zur Kirschenzeit nach jeder Mahlzeit 10 bis 15 Früchte genießen.
- Im Jahr 1950 unternahm der in Texas lebende, aus Deutschland stammende Arzt Dr. Ludwig Blau einen interessanten Selbstversuch. Er litt an starker Gicht mit furchtbaren Schmerzen und musste teilweise im Rollstuhl sitzen. Keine der bekannten Therapien half. Da begann er im Sommer reichlich Kirschen zu essen. Und siehe: Die Gichtschmerzen wurden deutlich gelindert. Daraufhin startete Dr. Blau eine Studie mit Gichtpatienten. Das Ergebnis: Täglich 1500 Gramm erntefrische Kirschen wirken sich positiv auf Gichtschmerzen aus. Inzwischen haben andere Ärzte nachgewiesen, dass durch Kirschengenuss Rheumabeschwerden zurückgehen können. Die Erklärung: Die Inhaltsstoffe der Kirschen – vor allem das Spurenelement Molybdän – senken den Harnsäurespiegel.
- Kirschen sind reich an Vitamin C und E sowie an den Vitaminen der Gruppe B.

- Mit ihren Schutzsäuren und dem Fruchtzucker regen Kirschen den Magen- und Darmtrakt, besonders die Bauchspeicheldrüse an.
- Weil Kirschen auch entwässern, können sie Herz und Kreislauf entlasten und unterstützen die Leber sowie die Nieren bei ihrer Arbeit.
- Eine ganz besondere Kraft haben die Farbstoffe in der Kirsche: die Anthozyane und die Anthozynidine. Sie bauen das Bindegewebe auf, vernichten schädliche Enzyme, welche unsere Haut alt, welk und faltig machen. Daher wirken Kirschen verjüngend. Und sie neutralisieren aggressive Moleküle aus der Umwelt – so genannte freie Radikale –, die unsere Zellen angreifen und die Immunkraft stören.

Interessant ist, dass die dunkleren Kirschensorten wertvoller sind, weil sie alle Inhaltsstoffe in höherer Konzentration enthalten als die hellen Sorten.
Wir sollten zur Erntezeit nicht darauf vergessen: Kirschen helfen unserer Gesundheit, egal, ob aus dem Laden, aus dem eigenen oder aus – Nachbars Garten …

Kartoffeln vertreiben Müdigkeit und senken hohen Blutdruck

Endlich sind die da: die neuen Kartoffeln aus der heimischen Landwirtschaft. In Österreich liebevoll die „Heurigen“ genannt. Es lohnt sich, sie oft und regelmäßig in den Speiseplan einzubauen. Denn sie bringen so viele Vorteile für unsere Gesundheit. Und sie machen – entgegen längst überholten Behauptungen – nicht dick. Allerdings sind sie nur dann eine wertvolle Nahrung, wenn man sie als Pellkartoffeln genießt. Als Bratkartoffeln oder Pommes werden sie zur Kalorienbombe.
Schon bei den Inkas waren Kartoffeln Hauptnahrungsmittel. Erst 100 Jahre nach der Entdeckung Amerikas kamen sie nach Spanien und viel später nach Deutschland. Preußenkönig Friedrich der Große machte die Kartoffel zur Volksnahrung.
Die Kartoffel ist kalorienarm, nährstoffreich und gehört zu den vielseitigsten Lebensmitteln. Sie enthält hochwertiges pflanzliches Eiweiß, das sich ideal mit Käse, Quark und Eiern kombinieren lässt. Außerdem ist die Kartoffel ein klassischer Lieferant für basische Substanzen und daher eine ideale Beilage zum Fleisch, welches dem Körper reichlich Säuren zuführt. Auf diese Weise entschärft die Kartoffel die Belastung von zu viel Fleisch.
In der Kartoffel sind nahezu alle wichtigen Vitalstoffe enthalten: sämtliche lebenswichtigen Mineralstoffe und Spurenelemente. Die Kartoffel verfügt nicht nur über reichlich Stärke, sondern über Magnesium fürs Herz, Kalium für Nerven, Muskeln und Verdauung sowie Kalzium für die Knochen.
Beachtlich ist der hohe Anteil an Vitamin C, der – dank einer speziellen biochemischen Verbindung – auch beim Dämpfen der Kartoffeln nicht kaputtgeht. Daher kann man mit dem regelmäßigen Genuss von Kartoffeln Erkältungen und anderen Infektionen vorbeugen, kann sich stark gegen Stress machen.

Wer an zu hohem Blutdruck leidet, der sollte ebenfalls regelmäßig Kartoffeln essen. Das kann bei leicht erhöhten Werten Medikamente ersetzen, kann bei höherem Blutdruck auf ideale Weise die ärztliche Therapie ergänzen.
All jene Menschen, die auf Grund einer Erkrankung vom Arzt aus Medikamente einnehmen müssen, scheiden sehr viel Kalium aus und bekommen mit der Zeit Verdauungsprobleme. Wenn Sie oft Pellkartoffeln essen, dann wird dieses Defizit ausgeglichen. Außerdem reguliert das Kalium ausgezeichnet den Wasserhaushalt des Körpers.
Viele von uns essen und trinken zu viel Süßes und konsumieren zu viele Lebensmittel aus Weißmehl. Durch all diese Nahrungsgewohnheiten wird aus dem Körper zu viel vom Spurenelement Chrom ausgeschieden und abgebaut. Über Jahre kann das zu einem zu niedrigen Blutzuckerspiegel mit ständiger Müdigkeit, Gereiztheit, zu Unruhe und Schlafstörungen führen. Mit 5 Pellkartoffeln kann der Tagesbedarf des Organismus an Chrom gedeckt werden.
Das Besondere an der Kartoffel: Der hohe Gehalt an Stärke wird durch Enzyme im Darm langsam abgebaut und daher dem Körper ebenso langsam in kleinen Glukoseportionen zur Energiegewinnung zur Verfügung gestellt. Dadurch wird die Bauchspeicheldrüse nicht überfordert, wie das beim Essen von Süßigkeiten geschieht. Durch diesen Vorgang werden Nerven und Gehirn gestärkt. Das ist auch die Erklärung, warum Menschen, die regelmäßig Kartoffeln essen, selten über Müdigkeit und Mangel an Konzentration klagen.

Bier gegen Nierensteine & schütteres Haar

Wenn die Temperaturen steigen, dann macht mancher gern tagsüber eine kleine Pause und erfrischt sich mit einem kühlen Bier. Und da stellt sich nun die Frage: Wie gut oder wie schlecht ist Bier eigentlich für unsere Gesundheit? In letzter Zeit haben sich Wissenschaftler, Mediziner und Ernährungsexperten mit dieser Frage befasst. Dabei sind viele positive Aspekte für das Bier zutage gekommen:

- Bier ist ein ganz besonders umweltsauberes Getränk. Das hat eine Studie an der Münchner Weihenstephan-Universität ergeben: Man hat Gerste und Hopfen an einem Autobahndreieck auf besonders belastetem Boden – zum Teil mit Klärschlamm – angebaut. Die Ernte war für den menschlichen Genuss nicht zumutbar, weil mit vielen Giften belastet. Davon braute man Bier. Und siehe da: Im Bier selbst gab es keinerlei Umweltschadstoffe. Sie wurden beim Gärvorgang gefiltert. Der Rückstand – Trub genannt – war voll von Giften. Was die Umweltbelastung betrifft, kann man Bier mit gutem Gewissen und ohne Angst trinken.
- Großvaters Spruch „Bier ist flüssiges Vollkornbrot!“ ist nicht übertrieben. Bier

enthält die Vitamine B_1, B_2 und B_3 für Nerven, Augen und Energie. Dazu kommen viele Mineralstoffe und Spurenelemente, die Hefe und der beruhigende Hopfen.

- Der pH-Wert des Bieres liegt bei 6, also nahe am Neutralpunkt. Ideal für den Organismus.
- Bier regt den Kreislauf an und fördert die Verdauung.
- Bier ist stark harntreibend, spült kräftig die Nieren durch. Viele Ärzte raten ihren Patienten, die zu Nierensand und Nierensteinen neigen: regelmäßig ein heißes Wannenbad nehmen und Bier trinken. Das weitet die Harnleitergefäße und entwickelt eine Treibkraft, sodass Sand und Nierensteine abtransportiert werden können.
- An der Sporthochschule Köln hat man im Rahmen einer Studie festgestellt: Alkoholfreies Bier ist als Durstlöscher mit hochwertigen isotonischen Sportgetränken zu vergleichen , weil es nicht nur den Flüssigkeitsverlust deckt, sondern dazu auch den Bedarf des Organismus an Vitaminen, Mineralstoffen und Spurenelementen.
- Bier ist aber auch ein bekanntes Hausmittel bei Schilddrüsenüberfunktion. Wenn der Betroffene jeden Tag ein Glas dunkles Bier trinkt, dann wird damit die übermäßige Funktion der Schilddrüse gedämpft.
- Wer nach durchzechter Nacht einen verdorbenen Magen hat, der kann im Organismus oft allein schon mit einem Glas Bier Ordnung im Verdauungstrakt schaffen.
- Wer abends Einschlafprobleme hat, dem hilft oft ein Glas Bier, genussvoll getrunken. Das ist allemal besser als ein starkes Schlafmittel.
- Aber auch äußerlich angewendet kann Bier nützlich sein. Gegen schütteres Haar spült man nach dem Haarewaschen mit 1 Flasche Bier. Mancher Bierfan wird allerdings denken: Schade um das gute Getränk.

Über all diese positiven Seiten des beliebten Gerstensaftes hinweg darf man allerdings nicht vergessen: Bier ist Alkohol. Im Übermaß getrunken ist es schädlich. Da belastet es den Kreislauf und die Leber. Und es macht dick, weil es den Appetit angeregt und – wie wir alle wissen – verantwortlich für den typischen „Bierbauch“ ist.

Übersäuerung: Ursache für viele Erkrankungen

Viele Menschen haben ein gesundheitliches Problem, rätseln nach der Ursache und ahnen nicht, dass es sich oft einzig und allein um eine Übersäuerung des Organismus handelt. Die Auswirkungen einer Bindegewebsübersäuerung können mitunter erschreckend sein. Daher ist es ganz wichtig, dass wir alle ein „saures Milieu“ in unserem Körper so rasch wie möglich bekämpfen.

Dazu muss man wissen: In einem gesunden Organismus befindet sich das Stoffwechselgeschehen der Zellen und Organe in einem natürlichen Gleichgewicht zwischen Säuren und Basen. Das ideale Verhältnis: 80 Prozent Basen, 20 Prozent Säuren.

Nun gibt es viele Gefahren im Leben des Menschen, welche den Säureanteil erhöhen und das richtige Verhältnis Säuren – Basen stören: falsche, einseitige Ernährung mit säurebildenden oder sauren Lebensmitteln und Getränken, übermäßiger, ständiger Stress, aber auch Schadstoffe aus der Umwelt.

Solange die Basen im Körper überwiegen, können die Säuren von ihnen neutralisiert werden. Wenn nun die Säuren in zu großen Mengen vorhanden sind, dann setzen sie sich im Bindegewebe ab. Sie blockieren den Abtransport von Schlacken- und Giftstoffen. Die Körperzellen ersticken förmlich in diesem Müll und können ihre Aufgaben nicht mehr erfüllen. Der erste Schritt für eine Reihe von gesundheitlichen Störungen ist getan. Vor allem reagieren Enzyme und Hormone sehr empfindlich auf eine Übersäuerung.

Wenn der Körper mit Säuren überlastet ist, dann können folgende Erkrankungen und Alltagsbeschwerden auftreten: entzündetes Zahnfleisch, schlechter Atem, eine deutliche Empfindlichkeit der Zähne gegen Kälte, Hitze und Saures, verstärkte Infektanfälligkeit, brüchige, weiche Fingernägel, häufige Müdigkeit, kalte Füße und Hände, trockene, rissige Haut, glanzloses Haar, Haarausfall, depressive Zustände, Parodontose, Migräne, erhöhte Leberwerte, Blähungen und Völlegefühl, Brennen beim Harnlassen, Ischias, Gelenkbeschwerden, Osteoporose, nächtliche Muskelkrämpfe.

Wer sich ausschließlich von Obst und Gemüse ernährt, wer weder Alkohol noch Kaffee trinkt, der muss sich über eine Übersäuerung keine Sorgen machen. Sie entsteht aber im Laufe der Jahre, wenn jemand oft Fleisch und Innereien isst, Produkte aus Weißmehl und Zucker genießt, viel Süßes nascht und überdies ständig Stress hat. Auch viele Eier, Fertiggerichte aus Konserven und aus der Tiefkühltruhe, Erdnüsse, Essig und Senf tragen dazu bei.

In diesem Fall gibt es nur eine wirksame Möglichkeit: Sofort die tägliche Ernährung umstellen und dem Körper im Rahmen einer Kur lebenswichtige, basische Substanzen – Mineralien und Pflanzenstoffe – zuführen. Es handelt sich dabei um eine Kombination von so genannten Basosyxstoffen oder Mikronährstoffen (Apotheke) wie Kalziumkarbonat, Magnesiumhydroxidkarbonat, Kaliumzitrat, Magnesiumstearat, Spirulina-Algenpulver, Spargelpulver und Kartoffelstärke.

Bei Übersäuerung des Organismus nimmt der Betroffene über einen längeren Zeitraum 3-mal täglich Mikronährstofftabletten beim oder nach dem Essen. Damit wird eine optimale Entsäuerung des Organismus eingeleitet.

Zugleich aber muss die Umstellung der täglichen Nahrung gestartet werden: Vollkornprodukte, viel Obst und Gemüse, reichlich Kartoffeln. Sie gelten als die klassischen Basenlieferanten und sind damit auch die ideale Beilage zum säurebildenden Fleisch. Weiters braucht unser Körper als Bollwerk gegen die Säuren: Gemüsebrühe, Molke sowie Trockenfrüchte. Weitere Basenspender: kohlensäurearme Mineralwässer, Milch, Gewürz- und Wildkräuter.

„Ich bin so erschöpft! Was tun?"

Wenn es heiß und schwül wird, wenn es zu starken Temperaturschwankungen kommt, dann stöhnen viele in dieser Jahreszeit: „Ich bin so erschöpft. Ich fühle mich kaputt!" Die typischen Symptome: Man wird bei der geringsten Anstrengung müde, kann nur wenig leisten und hat auch keine Lust dazu. Daran ist natürlich nicht nur das Wetter schuld. Erschöpfung ist immer ein Zeichen von Energieverlust. Oft ist man erschöpft, weil man sich nach einer anstrengenden Arbeit nicht ausreichend erholt hat, weil man an einem Eisenmangel leidet, wenn man zu viel Akohol getrunken, zu viele Medikamente genommen hat. Es kann auch ein Mangel am Mineralstoff Magnesium dahinter stecken. Allerdings können auch seelische Ursachen die Erschöpfung auslösen. Wenn man sich geistig zu sehr angestrengt hat, wenn man einen Misserfolg hatte oder wenn man mit Menschen beisammen sein muss, die man nicht mag. Wenn nun diese Erschöpfungszustände lange Zeit anhalten und immer wieder kommen, wenn einfache Rezepte nicht helfen, dann sollte der Arzt das Herz und die Schilddrüse untersuchen.

Viele denken: Wenn man erschöpft ist, dann muss man ruhen, um wieder zu Kräften zu kommen. Im Gegenteil: Man sollte sich an der frischen Luft bewegen. Ideal sind Spaziergänge in freier Natur. Wichtig ist, dass man dabei nicht übertreibt. Anstrengende Sportarten sind nicht geeignet.

Man kann auch über die Ernährung gegen die Erschöpfung ankämpfen: mit frischem Obst, rohem Gemüse und Vollkornbrot. Sehr wichtig: 2 Liter Wasser am Tag. Ein einfaches Rezept gegen die Erschöpfung: Trinken Sie eine Tasse lauwarme Gemüsebrühe in kleinen Schlucken. Die gibt schnell neue Kraft. Oder streichen Sie 1 Esslöffel Senf auf ein Stück Vollkornbrot. Langsam essen. Oder genießen Sie eine saure Gurke. Wichtig ist auch Nahrung, die reich an Magnesium ist: Naturreis, Nüsse, Rosinen.

Führen Sie dem Körper Eisen zu. Streuen Sie auf ein Stück Vollkornbrot mit etwas Butter 5 Esslöffel klein gehackten Schnittlauch. Sehr viel Kraft geben auch Pellkartoffeln mit Quark. Das Geheimnis dabei: Stecken Sie in den Topf, in dem die Kartoffeln mit wenig Wasser gepellt werden, einen frischen Pfefferminzezweig.

Sie können die sommerliche Erschöpfung auch mit Gerüchen bekämpfen: mit Rosmarinöl, Rosenöl oder Bergamottöl. Man gibt jeweils 20 Tropfen in ein Textiltaschentuch und schnuppert tagsüber immer wieder daran.

Es gibt auch sehr wirksame Getränke gegen Erschöpfung:

- Rezept Nr. 1: Ein uraltes indisches Hausmittel. Kochen Sie 1/4 Liter Wasser einmal auf und trinken Sie es dann sehr warm in kleinen Schlucken. Flüssigkeit und Wärme geben neue Energie.
- Rezept Nr. 2: Verrühren Sie 1 Esslöffel Honig und 1 Prise Salz in etwas heißem Wasser. Geben Sie 1 Esslöffel frisch gepressten Orangensaft und 2 Esslöffel Zitronensaft dazu. Gießen Sie mit kaltem Wasser auf 1/4 Liter auf.
- Rezept Nr. 3: Trinken Sie etwas Himbeersirup mit Wasser aufgegossen. Der Himbeersaft, den unsere Großmütter oft zubereiteten, liefert viele Elektrolyte.

Es gibt auch eine spezielle Übung gegen Erschöpfung: Nehmen Sie einen Tennisball zwischen Ihre Handflächen, die Sie wie zum Gebet halten, und rollen Sie den Ball an den Handflächen hin und her. 3 Minuten lang. Sie aktivieren dabei wichtige Energiepunkte und Energiebahnen auf der Haut.

Küssen: Medizin für Herz und Kreislauf

Im Wonnemonat Mai ist Hochsaison für Kuscheln und Zärtlichsein. Ja – und wenn man der Statistik glauben darf – wird in diesem Monat mehr geküsst als sonst. Internationale Wissenschaftler und Mediziner finden das großartig. Denn sie sind nach neuesten Studien der Meinung: Küssen ist die beste Medizin gegen viele gesundheitliche Probleme in unserem Leben.

- Prof. DDr. Johannes Huber von der 1. Wiener Universitäts-Frauenklinik bestätigt: Der Kuss hilft, Stress zu besiegen. Die dazu nötigen Neurotransmitter im Gehirn werden beim Küssen vermehrt gebildet.
- An der McGill-Universität in Montreal, Kanada, hat man festgestellt: Jeder Kuss bremst die Entstehung von so genannten Glukokortikoiden. Das sind schädliche Stresshormone, die viele Erkrankungen auslösen. Auf diese Weise bekämpft das Küssen Bluthochdruck, Muskelschwund, zu hohe Cholesterinwerte. Man hat beobachtet: Wenn Patienten von ihren Partnern regelmäßig zärtlich geküsst werden, können sie schneller gesund werden.
- Die Akademie für Zahnheilkunde in Chikago hat offiziell verkündet: Küssen regt die Speichelbildung an. Das im Speichel enthaltene Mineral Kalzium und das Spurenelement Phosphor werden vom Zahnschmelz aufgenommen und machen ihn hart und stark gegen Karies.
- Beim Deutschen Schmerztag im Frühjar 1992 wurde bereits von Ärzten betont: Intensives Küssen und Kuscheln ist eine hervorragende Arznei gegen viele Alltagsbeschwerden. Es können damit sogar Schmerzen gelindert werden.

- Ärzte der Weltgesundheitsorganisation (WHO) behaupten: Wer viel küsst, bleibt widerstandsfähiger gegenüber vielen Krankheiten und altert langsamer.
- Einen ganz neuen Aspekt sieht man an der Akademie für Ganzheitsmedizin auf Schloss Freyenthurn in Kärnten, Österreich. Dr. Ulf Böhmig hat herausgefunden: Der Kuss ist eine Art Schluckimpfung, die sich zwei Liebende gegenseitig verabreichen. Der Speichel enthält vielfältige Bakterien. 80 Prozent sind bei allen Menschen gleich. 20 Prozent sind verschieden. Beim intensiven, langen Kuss werden nun Bakterien übertragen. Sie verursachen bereits im Mund große Aufregung im Organismus des Partners. Und sie geben im Mund und später im Magen Impulse zur Bildung von Abwehrkräften und Antikörpern. Das sind Reaktionen wie bei einer medizinischen Schluckimpfung. Wissenschaftler nennen den Kuss auch eine „kreuzweise Immunitätstherapie".
- 10 Jahre Kussforschung in Los Angeles haben ergeben: Küssen steigert den Herzschlag. Kreislauf und Durchblutung kommen in Schwung. Der Kuss ist aber auch das beste Training für die Lungen: Statt normalen 20 Atemzügen pro Minute sind es beim Kuss und einige Zeit danach bis zu 60. Das verbessert enorm die Sauerstoffzufuhr und stärkt die Atemwege.
- Auch Verspannungen werden durch Küssen gelöst. Das erklärt, warum ein intensiver Kuss ganz schnell lästigen Schluckauf besiegen kann.
- Selbstverständlich aktiviert der Kuss bei beiden Partnern die Produktion der Sexualhormone. Vor allem, wenn sich dabei die Zungenspitzen der beiden Küssenden berühren. Von Zunge und Lippen gehen Nervenimpulse an die Geschlechtsorgane.
- Wer viel küsst, hat seltener Kreislaufbeschwerden, Gallen- und Magenprobleme. Auch die Adernverkalkung wird wegen der besseren Durchblutung gebremst.
- Küssen verscheucht depressive Stimmungen, macht gute Laune.
- Wichtig für Frauen: Bei einem langen Kuss werden 38 Gesichtsmuskeln aktiviert. Dadurch wird die Haut bis zu 30 Prozent mehr durchblutet. Erste, zarte Fältchen werden komplett geglättet. Und grundsätzlich wird die Bildung von Falten unterbunden.

Was will man mehr: Küssen wird durch diese medizinischen Erkenntnisse zur schönsten Arznei der Welt.

So wichtig sind Träume für unsere Gesundheit

Die Schlafforschung ist einen entscheidenden Schritt weitergekommen. Man wusste bisher, dass ein ruhiger, tiefer, ungestörter Schlaf wichtig für die Gesundheit ist. Nun aber liegen auch Beweise vor: Ebenso wichtig für unsere Gesundheit sind – die Träume. Sie kann man als Naturarznei ganz besonderer Art bezeichnen.

Von jeher galten Träume als etwas Geheimnisvolles, Unheimliches. Zuerst sorgte die Traumdeutung des Mittelalters dafür, später die Traumanalysen von Sigmund Freud, dem Vater der Psychoanalyse. Nun aber sehen amerikanische, französische und deutsche Wissenschaftler den Traum sehr realistisch: Jeder Mensch träumt jede Nacht. Das ist für ihn lebenswichtig. Wenn jemand sagt: „Ich habe heute Nacht nicht geträumt!“, so stimmt das nicht. Tatsache ist: Er kann sich bloß an die Träume nicht erinnern.

Man weiß heute ganz genau: Jeder hat jede Nacht mehrere Träume. Und jeder Traum erfüllt eine ganz wesentliche Aufgabe: Das Gehirn wird mit diesen Erlebnissen von geistigen Abfallprodukten und Schlackenstoffen gesäubert. Dr. Karl M. Kirch nennt Träume die „Müllabfuhr des Gehirns“. Gleichzeitig werden mit den Träumen unbewältigte Probleme des Tages verarbeitet und aufbereitet.

Forscher nehmen an, dass sich über den Tag im zentralen Nervensystem eine schädliche biochemische Substanz ansammelt. Sie wird mit den Träumen wieder abgebaut. Der Mensch braucht somit nicht nur für seine geistige und körperliche Gesundheit den regelmäßigen, ungestörten Schlaf, sondern ebenso die Träume.

Studien und Laborversuche in den USA haben das bewiesen. Versuchspersonen wurden an Elektroden angeschlossen. All ihre Reaktionen, ihr Denken wurde in einen Computer gespeichert und auf einem Monitor sichtbar gemacht. Man ließ die Frauen und Männer einschlafen. Immer dann, wenn die Betroffenen von der Tiefschlafphase in die so genannte anschließende REM-Schlafphase eintraten, wo wir die meisten Träume erleben, wurden sie geweckt. Die Folgen waren erschreckend: Ohne Traumphasen zeigten sich bald Symptome, die man als Vorboten von körperlichen und seelischen Erkrankungen bezeichnen kann. Ergebnis: Ein Lebewesen, das nicht träumen darf, ist nicht lebensfähig.

Daraus lässt sich eindeutig schließen: Wenn Menschen in lärmbelasteten Gegenden leben, die nicht nur den Schlaf, sondern auch die Traumphasen stören, so können die Betroffenen binnen weniger Jahre sehr krank werden. Die typischen Leiden: Kopfschmerzen, Migräneanfälle, Nervosität, Aggressivität, depressive Stimmungen, Atemnot, Herz-Kreislauf-Störungen, Durchblutungsstörungen.

Die Untersuchungen haben auch ergeben: Es ist sehr schlecht, mit Hilfe von Alkohol oder Medikamenten Schlaf zu suchen. Durch diese Gifte werden die Traumphasen gestört und verkürzt. Gedanken und Eindrücke des vergangenen Tages können nicht verarbeitet werden, belasten den nächsten Tag.

Jeder von uns kann selbst eine Menge dazu beitragen, dass er ruhig und tief schläft, dass er aber auch ungestört seine Traumphasen erleben kann. Zu einem gesunden Schlaf gehören im Laufe einer Nacht von 23 Uhr bis 7 Uhr früh insgesamt fünf bis sechs Tiefschlafphasen und fünf REM-Traumphasen. Und so können Sie diesen idealen Rhythmus ansteuern:

Essen Sie 2 Stunden vor dem Zubettgehen nichts mehr. Gehen Sie möglichst immer zur gleichen Zeit schlafen. Lüften Sie das Schlafzimmer. Rauchen Sie abends nicht mehr, und schon gar nicht im Schlafraum. Tragen Sie Nachtkleidung aus Naturfasern. Schlafen Sie auf einer Gesundheitsmatratze. Benützen Sie eine leichte, atmungsaktive Bettdecke. Die ideale Raumtemperatur: 18 bis 20 Grad Celsius. Wenn Sie schwer einschlafen, dann setzen Sie nur natürliche Schlafhilfen ein: Honigmilch, Baldriantee oder Baldrianberuhigungskapseln, 1 Tasse Melissentee mit nur 2 Teelöffel Melissengeist, 1 Tasse Lavendeltee.

Die besten Tricks gegen Verstopfung

Eine gesundheitliche Störung hat Hochsaison: Man weiß, dass viele an Verstopfung – in der Medizin Ostipation genannt – leiden. Die Ursache liegt in mangelnder Bewegung und in der einseitigen Ernährung. Gegen Verstopfung muss sofort etwas unternommen werden. Wenn der ausgewertete Speisebrei zu lange im Darm verweilt, entstehen schwere Gifte, die zu einer Reihe von Krankheiten führen können: Magen- und Darmkrebs, Hämorrhoiden, Gallenprobleme, Leber- und Nierenleiden, Herz- und Kreislaufprobleme.
Eine sinnvolle Chance, die Verstopfung erfolgreich und sinnvoll zu bekämpfen, liegt in natürlichen Therapien. Hier die besten Tricks gegen die leidige „Darmblockade“:

- Trick Nr. 1: Bewegung. Gehen Sie regelmäßig zum Radfahren, Wandern, Schwimmen. Machen Sie Bodengymnastik. Ideal: Auf den Rücken legen, Hände in die Hüften, Beine hoch und Radfahrbewegungen in der Luft machen. Auch Training auf dem Trimmrad bringt Erfolg.
- Trick Nr. 2: Massage. Legen Sie sich zweimal oder mehrmals am Tag auf den Boden und massieren Sie sanft mit beiden Händen den Bauch. Oder: Massieren Sie im Sitzen mehrmals am Tag vom Steißbein weg mit beiden Händen die Wirbelsäule und die Muskelflächen nach links und rechts.
- Trick Nr. 3: Wasser. Gießen Sie abends vor dem Zubettgehen $^1/_4$ Liter Leitungswasser in ein Glas. Lassen Sie es zugedeckt im Zimmer stehen. Trinken Sie das abgestandene Wasser unmittelbar nach dem Aufstehen am Morgen auf nüchternen Magen.
- Trick Nr. 4: Kräutertherapie. Trinken Sie einige Zeit täglich $^1/_2$ Liter Salbeitee. $^1/_2$ Liter kaltes Wasser mit 1 gehäuften Esslöffel Salbeiblätter (Apotheke) 3 Minuten kochen lassen. Ungesüßt in 3 Portionen trinken. Oder machen Sie eine Kur mit Matetee (Apotheke).
- Trick Nr. 5: Ernährung. Essen Sie 1 Becher Jogurt mit 1 Esslöffel goldgelben Leinsamen (Drogeriemarkt). Weichen Sie abends 5 Dörrpflaumen in 1 Tasse

lauwarmem Wasser ein, zudecken. Am nächsten Morgen trinken Sie die Flüssigkeit und essen die Pflaumen auf nüchternen Magen. Gut kauen!

- Wenn das alles keinen Erfolg bringt, muss man zu stärkeren Maßnahmen greifen. Und da sollte man – das muss offen und ehrlich ausgesprochen werden – ausschließlich entsprechende Substanzen aus der Apotheke einnehmen, die den Darm nicht träge machen, sondern im Gegenteil seine notwendige Eigenbewegung anregen. Diese Substanzen dürfen erst im Dickdarm zur Wirkung kommen. Magen, Leber, Herz und Kreislauf müssen unbelastet bleiben. Jeder soll die Möglichkeit haben, seine Verstopfung individuell zu bekämpfen. Und keiner soll so eine Kur zu lange durchführen. Sie soll ja nur ein Impuls sein.

Um diesen Ansprüchen und Forderungen gerecht zu werden, hat die internationale Wissenschaft eine spezielle Generation von Verdauungshilfen geschaffen. Man spricht von so genannten „intelligenten" Abführmitteln, von so genannten Dulcolax-Präparaten, die es in der Apotheke in Form von Dragees, Zäpfchen und als Tropfen gibt. Auch bei Verstopfung wird heute Verantwortung gefordert und geboten.

Und das sind zusätzlich die 5 goldenen Regeln gegen Verstopfung: 1. Machen Sie täglich 30 Minuten Bewegung, vor allem wenn Sie viel sitzen. 2. Trinken Sie nur selten Schwarztee oder starken Bohnenkaffee. 3. Verzichten Sie auf Schokolade. 4. Kauen Sie beim Essen jeden Bissen lange und intensiv. 5. Trinken Sie niemals zu große Mengen unverdünnte Obst- und Gemüsesäfte. Auch das führt zu Verstopfung. Die ganze Frucht ist für den Darm wichtig, wegen der Ballaststoffe.

Gesundheit in aller Munde

Es ist überaus notwendig, dass wir alle viel mehr für unsere Zahngesundheit tun. Die aktuellen statistischen Zahlen sehen erschreckend aus: Von 100 Mitteleuropäern sind nur zwei im Mund gesund. Zwei wesentliche Probleme belasten unsere Zähne: Karies und Parodontose. Wir dürfen diese gesundheitlichen Störungen nicht als Schicksal hinnehmen. Wir müssen dagegen etwas tun. Und wir können eine Menge selbst dazu beitragen.

Die zwei Grundpfeiler einer vorbildlichen Mundpflege sind die perfekte, richtige Zahnhygiene und eine gesunde, ausgewogene Ernährung. Nur beide Faktoren zusammen garantieren gesunde Zähne und ein gesundes Zahnfleisch.

Jeder Mitteleuropäer verbraucht im Jahr nur 1,9 Zahnbürsten. Das ist alarmierend, wenn man bedenkt, dass die Zahnbürste in kurzer Zeit zum Tummelplatz von Millionen Bakterien wird und sich daher rasch verbraucht. Richtig wäre: Für jedes Familienmitglied eine eigene Zahnbürste und alle zehn Wochen eine neue Zahnbürste verwenden. Und: Die Zahnbürste immer mit den Borsten nach oben und dem Griff

nach unten in den Zahnbecher stecken, damit Wasser abrinnen kann. In der feuchten Zahnbürste vermehren sich Krankheitserreger besonders schnell.
Sie sollten eine Zahnbürste wählen, mit der Sie alle Zahnzwischenräume erreichen können. Es lohnt sich aber, zusätzlich Zahnseide zum Reinigen der Zahnzwischenräume zu verwenden. Auch elektrische Zahnbürsten und Mundduschen mit einem feinen, kräftigen Wasserstrahl können sehr nützlich sein. Sie erfüllen zwei wichtige Aufgaben: Sie fördern die Durchblutung des Zahnfleisches und säubern optimal die Zahnfleischtaschen und Zwischenräume.
Wichtig ist auch, dass man sich fürs Zähneputzen zwischen 3 und 5 Minuten Zeit nimmt. Ideal wäre: Zähneputzen nach jeder Hauptmahlzeit. Der Einsatz von einem Mundwasser bringt zusätzliche Hilfe.
Was jeder in seinen Terminplan einbauen sollte: 2-mal im Jahr einen routinemäßigen Besuch beim Zahnarzt. Ganz besonders wichtig: vor einem längeren Urlaub.
Das zweite Standbein gegen Karies und Parodontose ist die Ernährung: Bauen Sie regelmäßig Naturprodukte mit reichlich Vitaminen, Mineralstoffen und Spurenelementen in den Speiseplan ein. Dazu gehören frisches Obst, rohes Gemüse, Milch und Milchprodukte:
Jüngste Untersuchungen haben ergeben, dass der Genuss von Käse am Schluss einer Mahlzeit den Zahnschmelz gegen Karies und das Zahnfleisch gegen Parodontose stärkt. Vor allem verhindern die Inhaltsstoffe des Käses die Säureproduktion von Bakterien, welche die Zahnkrankheiten verursachen. Ärzte empfehlen auch, nach jeder Mahlzeit mit Salbeitee oder mit Heidelbeertee zu gurgeln und etwas davon zu trinken. Die Gerbstoffe greifen schützend ein.
Im Kampf gegen Karies hört man oft: nur keine Süßigkeiten. Diese Meldung ist heute überholt. Wenn man zum richtigen Bonbon, zum richtigen Kaugummi und zur richtigen Schokolade greift, kann man damit sogar vorbildliche Kariesvorbeugung betreiben.
Es muss sich um Süßes handeln, das aus dem so genannten „neuen Zucker", aus dem Isomaltzucker hergestellt wurde. Zu erkennen am kleinen Zahnmännchen auf der Packung. Der neue Zucker wird wie gewohnt aus der klassischen Zuckerrübe gewonnen. Durch ein Spezialverfahren bei der Herstellung, durch den Einsatz von Enzymen wird die Zuckerlösung zur Isomaltuloselösung, aus der wieder Isomaltkristalle entstehen. Die Moleküle Fructose und Lactose sind dadurch bei der Verdauung untrennbar. Der Vorteil des neuen Zuckers und der Süßwaren: Sie haben halb so viel Kalorien, verursachen keine Karies und eignen sich auch für Diabetiker. Und so bekommt plötzlich ein Satz Bedeutung, der paradox klingt: Man kann mit süßen Köstlichkeiten Karies bekämpfen!

Die einfachen Tricks, jung zu bleiben

Noch niemals sind die Menschen so alt geworden wie heute. Das ist zweifellos ein Verdienst der modernen Medizin mit ihren Diagnose- und Behandlungsmethoden. Doch alt zu sein allein ist noch nicht erstrebenswert. Es macht nur Spaß, das Alter zu genießen, wenn man möglichst lange körperlich und geistig jung bleiben kann. Ärzte und Wissenschaftler betonen: Das ist keine Schicksalsfrage. Wir können selbst eine Menge dazu beisteuern.

Eines steht fest: Wir können den Prozess des Alterns nicht verhindern, nicht aufhalten. Aber wir können ihn mit ein paar einfachen Tricks kolossal bremsen.

Wir wissen heute: Der Mensch ist – abgesehen von der Anzahl seiner Lebensjahre – immer so jung wie seine Gelenke, wie seine Blutgefäße, seine Haut, sein Herz, sein Gehirn. Also wüssen wir versuchen, das alles möglichst lange jung zu erhalten.

Da stellt sich zuerst die Frage: Warum altern wir überhaupt? Dazu gibt es zwei wissenschaftliche Ansichten. Die erste: Im Laufe des menschlichen Lebens kommt es durch Störungen von äußeren und inneren Umständen zu Verschleiß und Abbauprozessen. Bis dann eines Tages der Organismus zu sehr verbraucht ist. Die zweite Ansicht: Weder Fehler noch die Lebensweise können unser Lebensende allzu sehr beeinflussen, denn dieses ist genetisch genau festgelegt.

Die Wahrheit des Alterns liegt vermutlich irgendwo zwischen diesen beiden Meinungen. Zweifelsohne spielt die Vererbung eine Rolle, ob man für gewisse Krankheiten anfälliger ist. Doch es kommt entscheidend darauf an, wie man sein Leben lebt.

Vom Tag der Geburt an beginnt jeder Mensch zu altern. Dieses Altern wird durch Risikofaktoren entscheidend beschleunigt. Nikotin, Alkohol, zu wenig Bewegung, falsches und zu üppiges Essen tragen dazu eine Menge bei. Auch der Missbrauch von Medikamenten gehört dazu, wenn jemand – ohne den Arzt zu fragen – bei jedem kleinsten Wehwehchen zu starken Schmerztabletten greift. Viele Ärzte, die sich intensiv mit älteren Menschen beschäftigen, sind der Meinung: Die so genannten Alterskrankheiten sind meist die Folge einfacher Ernährungsfehler. Eine ausgewogene, vielfältige Kost hält jung.

Es gibt zwei Gefahren bei älteren Menschen: Entweder sie essen zu wenig oder sie essen viel zu viel. Ein typischer Fall unter allein stehenden Senioren: Der betreffende alte Mensch lebt tagelang von Kaffee und Brötchen, bildet sich ein, er braucht sonst nichts. Diese falsche Bescheidenheit und katastrophale ernährungswissenschaftliche Unkenntnis führt dann zu gravierenden Mangelerscheinungen. Dem betreffenden Menschen fehlen Vitamine, Mineralstoffe, Spurenelemente, Enzyme, Ballaststoffe. Der Mangel löst Krankheiten aus, fördert das Altern.

Wenn Senioren allzu sehr beim Essen zulangen, vor allem Fleisch und Fett genießen, dann leiten sie damit Bluthochdruck, Zuckerkrankheit, vorzeitige Arterienverkalkung, Gicht und Rheuma ein. Und es ist inzwischen erwiesen: Menschen, die in

zunehmendem Alter frisches Obst und rohes Gemüse in ihren Speiseplan einbauen, erkranken viel seltener an Magen- und Darmkrebs.
Das sind die wichtigsten Regeln, die jeder beherzigen sollte, um möglichst lange jung zu bleiben:

- ❖ Damit die Atemwege jung bleiben: Machen Sie regelmäßig viel Bewegung in sauerstoffreicher Luft, am besten draußen in der Natur. Wandern, Radfahren, Gymnastik und Atemübungen sind ein Lebenselixier. Ganz wichtig: nicht rauchen!
- ❖ Damit die Knochen und Gelenke jung bleiben: Sorgen Sie für die Zufuhr des Mineralstoffes Kalzium. Machen Sie Bewegungsübungen. Frauen müssen für einen gesunden Hormonhaushalt sorgen.
- ❖ Damit die Leber jung bleibt: nicht zu viel Alkohol. Medikamente nur, wenn sie der Arzt für notwendig hält. Kuren mit Artischockensaft und Artischockenpräparaten machen.
- ❖ Damit das Gehirn jung bleibt: Machen Sie regelmäßig Gedächtnistraining und Konzentrationsübungen. Nützen Sie dabei die Kraft des ältesten Baumes der Welt, des Ginkgobaumes, und machen Sie eine Kur über mehrere Monate hinweg mit Dragees aus der Apotheke, die den Wirkstoff „Ginkgo 405“ enthalten. Dieser Wirkstoff fördert die Durchblutung des Gehirns.
- ❖ Damit das Herz jung bleibt: Gehen Sie regelmäßig zu Fuß. Tun Sie etwas gegen zu hohe Cholesterinwerte. Stärken Sie Herz und Kreislauf unterstützend mit Präparaten (Kapseln) aus der Apotheke, welche die wertvollen Wirkstoffe des Weißdorns, weiters Vitamin E und den Herzschutzmineralstoff Magnesium enthalten. Man spricht dabei von so genannten Protecorpräparaten. Das Wort kommt aus dem Lateinischen und heißt so viel wie Herzschutz.
- ❖ Damit die Nieren jung bleiben: Meiden Sie Gifte, starke Gewürze. Spülen Sie die Nieren durch. Trinken Sie täglich 2 Liter Mineralwasser oder Kräutertee.
- ❖ Damit die Haut jung bleibt: Gehen Sie nicht übertrieben in die Sonne. Pflegen Sie die Haut mit Ölen und Intensivcremes, die der Haut die schützenden Vitamine A und E zuführen.
- ❖ Damit die Augen jung bleiben: Erholen Sie die Augen in der Natur. Wenn Sie schlecht sehen, entscheiden Sie sich für eine Brille oder für Kontaktlinsen. Wer gut sieht, ist jünger.
- ❖ Damit die Ohren jung bleiben: Tun Sie alles, was die Adernverkalkung bremst. Wenn Sie schlecht hören, haben Sie den Mut zu einem Hörgerät. Sie fühlen sich älter, wenn Sie keines haben und akustisch nichts wahrnehmen.
- ❖ Damit die Verdauung jung bleibt: Vollkorn, Gemüse, Obst genießen. Vitamine, Mineralstoffe und Spurenelemente zuführen.

Und nicht vergessen: Hören Sie niemals auf, mit Zärtlichkeit, Liebe und Sex zu leben. Auch das sind Lebenselixiere!

Gesundheitsfalle Auto: So schützen Sie sich

Wenn jetzt die Temperaturen ständig ansteigen, dann zieht es – vor allem am Wochenende – viele Menschen aus den Städten in die Natur. Schlagartig sind mehr Autos als vorher unterwegs. Viele, die in der kalten Jahreszeit ihren Wagen in der Garage stehen hatten, setzen sich wieder ans Steuer. Dazu kommen Jahr für Jahr Neuanmeldungen von Fahrzeugen.

Eine Studie der Weltgesundheitsorganisation (WHO) in Genf hat ergeben: Ganz abgesehen von der steigenden Unfallgefahr im sommerlichen Straßenverkehr gibt es im Auto selbst für den Menschen viele gesundheitliche Gefahren, an die oft kaum jemand denkt und die von etlichen stark unterschätzt werden.

Nehmen wir zum Beispiel den Paradefall: Jemand kauft sich für die schöne Jahreszeit voll Stolz und Freude ein funkelnagelneues Auto. Er muss damit rechnen, dass er wochenlang gesundheitlich stark belastet ist. Die verwendeten Kunststoffe im Inneren des Autos dünsten schädliche Gase aus. Davor warnt eingehend das Bundesgesundheitsamt in Berlin. Das kann vor allem für schwangere Frauen und all jene Menschen gefährlich werden, die ohnehin schon von anderer Seite Umweltgiften ausgesetzt sind. Einer der Kunststoffbestandteile – das Dimethylformamid – kann zum Beispiel in hohen Konzentrationen zu schwerer Übelkeit führen.

Die Lösung des Problems: Sie sollten ein neues Auto immer gut durchlüften, vor allem vor und bei längeren Fahrten. Drei bis vier Monate nach der Herstellung geben die Kunststoffe keine Gase mehr ab.

Doch auch in anderer Weise kann das Auto für Lenker und Mitfahrer zur Gesundheitsfalle werden. Es entstehen nämlich auch noch andere Giftgase im Wageninneren. Beim Starten des Autos sind sehr oft im Fahrzeug selbst die klassischen Auspuffgase wie Kohlenmonoxid und Stickoxide höher konzentriert als in der Luft außerhalb des Wagens. Und 92 von 100 Autofahrern – das geht aus einer Studie hervor – haben eine verhängnisvolle, unterbewusste Gewohnheit: Sie atmen beim Starten und Anfahren des Wagens tief durch. Und holen sich damit große Mengen an Giften in die Lungen. Wer schwache Atemwege hat oder gerade an einem Bronchialkatarrh leidet, spürt bereits nach ein bis zwei Stunden die Folgen. Die Beschwerden verstärken sich, die Leistungsfähigkeit ist eingeschränkt.

Die Lösung des Problems: Atmen Sie vor dem Einsteigen in den Wagen tief durch. Und stärken Sie Ihre Atemwege auch in der schönen Jahreszeit durch regelmäßige Inhalationen, zum Beispiel mit Eukalyptusdämpfen, welche die Bronchien von innen her stärken.

Zur absoluten Giftkammer wird das Autoinnere, wenn der Fahrer oder ein Mitfahrer rauchen. Ganz besonders dramatisch kann das auf weiten Fahrten werden. Der Zigarettenrauch, voll von hochaggressiven Substanzen, greift die Körperzellen an und steigert das Risiko für eine Krebserkrankung. Und zwar für alle Auto-

insassen. Viele Menschen bekommen von dem Rauch auch unerträgliche Kopfschmerzen.
Die Lösung des Problems: Im Wagen sollte grundsätzlich nicht geraucht werden. Notorische Raucher sollten eine Rauchpause einlegen und ihre Zigarette auf dem Rastplatz im Freien konsumieren.
Eine nicht zu unterschätzende Gefahr stellt der Lärm im Wagen dar. Da es im Straßenverkehr rundum grundsätzlich laut ist und der Motor des eigenen Wagens auch nicht gerade sehr leise arbeitet, so stellt jede zusätzliche Lärmbelastung eine Gefahr für die Gesundheit und für die Sicherheit dar. Dazu gehört laute, dröhnende Musik aus dem Radio, dem Kassettenrekorder oder dem CD-Player. Dazu gehören aber auch lautstarke Auseinandersetzungen während der Fahrt. Lärm im Wagen greift das Nervensystem an, stört die Konzentration, den Magen-Darm-Trakt sowie das Herz-Kreislauf-System.
Die Lösung des Problems: keine allzu laute Musik im Wagen, aber auch keinen Streit.
Ärzte und Autofahrerclubs weisen immer wieder darauf hin: Ganz bestimmte Medikamente – manche Arzneien gegen Erkältungen und Kopfschmerzen zum Beispiel – können die Fahrtüchtigkeit beeinträchtigen und die Unfallgefahr verstärken.
Die Lösung des Problems: Nehmen Sie vor langen Autofahrten ganz bestimmte Medikamente nicht. Und wenn Sie sie unbedingt benötigen, dürfen Sie nicht ans Steuer eines Wagens. Sprechen Sie vertrauensvoll mit Ihrem Apotheker oder Arzt darüber. Apropos Fahrtüchtigkeit: Viele starten lange Urlaubsfahrten nachts. Das ist gefährlich: Nachtfahrten sind für den Organismus Schwerstarbeit. In der Zeit von 1 bis 5 Uhr ist die Unfallgefahr 15-mal höher als bei Tag. Die Ursache: der Biorhythmus, der auf Schlaf ausgerichtet ist.
Arzt und Apotheker können wertvolle Tipps geben, wenn es um sicheres, gesünderes Fahren geht. Sie wissen über die Bedeutung des Antistressminerals Magnesium für den Autofahrer ebenso Bescheid wie über Naturarzneien, mit denen man Nervosität und Müdigkeit bekämpfen kann. Außerdem wäre da noch ein Vitamincocktail zu empfehlen, der Sie während der Fahrt fit hält: $1/4$ Liter frisch gepresster Orangensaft, 2 Esslöffel Sanddornsaft, 1 Teelöffel Honig. Ebenso wichtig ist es, während der Fahrt Trockenfrüchte zu kauen. Sie liefern dem Organismus Mineralstoffe und Spurenelemente, welche Nerven und Aufmerksamkeit beim Fahren stärken.

Johanniskraut gegen depressive Stimmung

Depressive Verstimmungen und manch seelisches Tief, diese beiden Probleme sind gerade in der schönen Jahreszeit mehr verbreitet, als man denkt. Man schätzt, dass 20 Prozent der Bevölkerung mehr oder minder oft darunter leiden. In den meisten Fällen sind es Frauen zwischen 20 und 60 Jahren. Im Vergleich zu schweren

Depressionen, die unbedingt in die Hand des Arztes, Psychiaters, Neurologen oder Psychotherapeuten gehören, handelt es sich bei den depressiven Verstimmungen um eine momentane Befindlichkeitsstörung mit Chancen zur Besserung. Meist wird der Zustand durch ein Ereignis, ein Problem oder durch Mitmenschen ausgelöst. Dahinter stecken oft Geldprobleme, Arbeitslosigkeit, Einsamkeit, Angst vor der Zukunft.

Oft greifen Frauen und Männer, die darunter leiden, zum Alkohol oder zu starken Medikamenten mit erheblichen Nebenwirkungen, ohne einen Arzt zu fragen.

Nun haben Wissenschaftler ein uraltes Heilkraut als Superwaffe gegen depressive Belastungen wieder entdeckt: das Johanniskraut. Man schätzte es schon in der Antike und im Mittelalter. Man nannte es damals „Sonnenschein für die Seele". Jetzt haben wissenschaftliche Studien die traditionelle Überlieferung nicht nur bestätigt, sondern sogar übertroffen. Man weiß nunmehr: Der Johanniskrautextrakt in seiner natürlichen Wirkstoffkombination Kira mit dem Hauptwirkstoff Hypericin und vielen anderen Substanzen ist die ideale Lösung gegen Ängste und seelische Verstimmungen.

Die jüngste und spektakulärste Studie hat Prof. Dr. Helmut Woelk, ärztlicher Direktor am Akademischen Landeskrankenhaus der Universität Gießen durchgeführt. Vier Wochen lang wurden Patienten mit Depressionen mit Johanniskrautdragees versorgt. Ihre Situation verbesserte sich ohne Nebenwirkungen bis zu 75 Prozent. Dies und andere Untersuchungen waren mit ausschlaggebend, dass das Bundesgesundheitsamt das Johanniskraut in seiner Wirkung gegen depressive Zustände voll bestätigt. Die Hauptwirkstoffe Hypericin und Kira aus dem Johanniskraut bieten daher Millionen Menschen neue Behandlungsmöglichkeiten. Allerdings sollte man nach neuesten Erkenntnissen Johanniskrautpräparate nie zusammen mit blutverdünnenden Arzneien einnehmen!

Alle Studien haben eindeutig ergeben: Die regelmäßige Einnahme von Johanniskrautdragees (Apotheke) macht nicht süchtig und beeinträchtigt nicht die Fahrtüchtigkeit am Steuer eines Autos, wie das ja bei manchen Psychopharmaka der Fall sein kann. Der einzige Nachteil, der beobachtet wurde: Sehr hellhäutige Menschen können vorübergehend lichtüberempfindlich werden.

Wer weint, macht viel für seine Gesundheit

Seit Jahren gibt es in Wissenschaftlerkreisen immer wieder heftige Diskussionen über die Frage: Ist Weinen gesund? Nachdem nun kürzlich ein Ärzteteam am Psychologischen Institut der Berkeley-Universität behauptet hatte, wer weint, verstärkt seinen Seelenschmerz, meldete sich nun Prof. Dr. William Frey von der Universität Minnesota, der international als „Tränen-Papst" gilt. Er verweist auf seine jahrzehntelangen Beobachtungen und betont: „Das ist Unsinn. Wer weint, tut viel für

seine Gesundheit!“ Genau derselben Meinung ist Prof. Dr. Walter Pöldinger von der Psychiatrischen Universitätsklinik Basel in der Schweiz.
Prof. Dr. Frey ist der Ansicht: „So, wie wir mit Wasser, Kräutertees, Gymnastik und Diäten den Körper entschlacken, so übernehmen die Tränen die ‚Müllentsorgung‘ für die Seele. Tränen sind eine notwendige Überlebensstrategie. Leid, Schmerz und Anspannung können mit den Tränen zu einem Großteil ausgeschieden werden!“
Prof. Dr. Frey und sein Team haben die Tränen genau untersucht. So eine Träne mit nur 15 Milligramm Gewicht enthält drei chemische Substanzen: das schmerzlindernde Mittel Leuzin-Enkophalin, antibakterielle Enzyme mit Namen Lysozyme und dann das Hormon Prolaktin, das eine sehr starke positive Wirkung auf die Seele hat. Diese Substanzen üben allerdings ihre Wirkung erst dann aus, wenn der Betreffende weint und die Tränen mit den Schleimhäuten in Berührung kommen. Interessant ist außerdem: Nur in echten Tränen nach starker Erregung sind diese Stoffe festzustellen, nicht in so genannten „Krokodilstränen“ und auch nicht in den Tränen, die beim Zwiebelschneiden aus den Augen quellen.
Wenn jemand weint, dann geschieht im Organismus Folgendes: Zuerst drücken Kummer, Schmerz oder Kränkung. Es schnürt uns die Kehle zu. Der ganze Körper erbebt. Die Unterlippe zittert. Das wieder löst im Gehirn einen Nervenreiz aus, der den Tränendrüsen den Befehl zur Arbeit gibt. Es öffnen sich alle Schleusen. Und wenn der Tränenfluss vorbei ist, fühlt man sich leichter.
Prof. Dr. Frey und Prof. Dr. Pöldinger sind der Ansicht: „Wer nie weint, wer ein tränenloses Leben führt, der staut in sich ungeheure Emotionen und Aggressionen auf. Wer weinen kann, der ist ein viel angenehmerer Mitmensch: toleranter, friedlicher, ausgeglichener!“
Wer alles im Leben „hinunterschluckt“, in sich hineinfrisst und seine Tränen unterdrückt, weil er sich geniert zu weinen, der lebt gefährlich. Der Wiener Psychotherapeut Dr. Alfred Fritz nennt konkrete Beispiele. Wer niemals mit Tränen seinen Gefühlen freien Lauf lässt und Frustrationen, Trauer und Aggressionen abbaut, der verstärkt enorm sein Risiko für Kopfschmerzen und Migräne, für Verdauungserkrankungen aller Art und für Herzleiden. Ohne Tränen ist man auch der Gefahr eines Herzinfarktes näher.
Damit ist es bewiesen: Tränen sind eine Medizin. Und der Ausspruch „Ein Indianer zeigt keinen Schmerz!“ sollte in der heutigen Kindererziehung keinen Platz mehr haben.

Gesunde Kinder durch Märchen!

Gesundheitliche Probleme bei Kindern im Kindergarten- und im Schulalter nehmen in unserer Zeit immer mehr zu. An erster Stelle stehen Nervosität, Schlafstö-

rungen, Depressionen, Aggressivität, Allergien, Atemwegsbeschwerden, Verdauungsprobleme und eine erhöhte Infektanfälligkeit. Ärzte, Psychologen und Psychiater in Deutschland und Österreich haben einen Weg gefunden, um derartige gesundheitliche Störungen erfolgreich zu bekämpfen oder sie sogar zu verhindern. Das Geheimnis lautet: Märchen vorlesen!

Viele Ärzte und Kinderpsychologen sind überzeugt: Wenn in den Familien die Kinder von den Erwachsenen wieder mehr Märchen präsentiert bekommen würden, gäbe es weniger seelische und körperliche Erkrankungen bei vielen Kindern.

Wie aber sieht die Alltagskommunikation unserer Kleinen heutzutage in der Regel aus? Vater und Mutter sind berufstätig. Die Großeltern sind im Altenheim. Die Kinder sind tagsüber allein. Und abends hören sie von den Eltern: „Lass uns in Ruhe. Wir sind müde!" Die Folge: Mädchen und Jungen verbringen von frühmorgens bis spätabends ihre Freizeit vor dem Fernsehapparat. Das macht – im Übermaß – seelisch krank und bringt schwere Haltungsschäden, ganz abgesehen von den unkontrollierten Ernährungssünden, die beim Fernsehen begangen werden.

An der Psychiatrischen Uni-Klinik in Freiburg und an der Uni-Klinik für Neuropsychiatrie des Kindes- und Jugendalters in Wien hat man in Untersuchungen nachgewiesen:

- Es ist für die Gesundheit der Kinder nicht nur sehr wichtig, dass sie einen eigenen, ungestörten Schlafplatz haben, ein eigenes Bett, das nicht in der Nähe von Radio- und TV-Geräten stehen soll. Es ist wichtig, dass Kinder jeden Abend vor dem Einschlafen einen Elternteil an ihrem Bett haben und Probleme des Tages besprechen können.
- Es ist ebenso wichtig, dass sich jeden Abend eine „Schmuse-Viertelstunde" vollzieht. Das heißt: 15 Minuten lang zärtliche, liebevolle Worte von Vater oder Mutter. Ein Streicheln durchs Haar. Ein Küsschen auf Stirn und Wange.
- Und dann die absolute Supermedizin: jeden Tag 15 Minuten lang ein Märchen, vorgelesen von einem Elternteil oder von der Großmutter beziehungsweise dem Großvater. Es sollte allerdings kein grausames Märchen sein, das ausschließlich von Gräueltaten, Hexen und Bösewichten handelt. Vielmehr ein romantisches Märchen mit Happyend, am besten eines aus der Sammlung von den Gebrüdern Grimm.

Psychologen bestätigen: Grimms Märchen haben sich bereits bewährt. Sie sind bereits „ausgetestet". Seit Jahrhunderten.

Daher der Vorschlag: Schenken Sie Ihrem Kind zu festlichen Anlässen oder zu Geburtstagen keine technischen Geräte, keine teuren Geschenke, sondern Zeit: täglich 15 Minuten Märchen vorlesen oder Märchen erzählen.

Und das erreichen Eltern und Großeltern damit:

- Eine liebevoll erzählte Geschichte macht glücklich, sorgt für gesunden Schlaf und gibt dem Kind Kraft für den nächsten Tag.
- Das regelmäßige Märchen regt die Phantasie der Kinder für den Alltag an, macht kreativ und baut Aggressionen ab.
- Märchen beugen depressiven Stimmungen vor, steigern die Lernfreudigkeit der Kinder in der Schule.
- Märchen stärken den Verdauungstrakt, Herz und Kreislauf.
- Kinder, die täglich ein Märchen vorgelesen bekommen, haben weniger Allergie- und Hautprobleme. Kinder mit Neurodermitis weisen eine deutliche Verbesserung ihres Leidens auf, wenn sie jeden Abend Märchen vorgelesen bekommen.

Neue Erkenntnis: Spinat schützt unsere Augen

Überall gibt es bereits frisch geernteten Spinat der heurigen Saison. Er wird auf Märkten und in Gemüseläden angeboten. Daher kommt Spinat in diesen Tagen bei vielen Familien auf den Speiseplan. Die beste Motivation dafür kommt aus den USA. Die weltberühmte Harvard-Universität in Boston hat in einer jüngsten Studie nachgewiesen: Spinat ist eine Superarznei.
Jahrzehntelang galt dieses grüne Gemüse in erster Linie als wertvoller Lieferant für das Spurenelement Eisen. Millionen blasser Kinder wurden von ihren Eltern dazu angehalten, Spinat zu essen, obwohl sie ihn absolut nicht mochten. Heute weiß man, dass der Spinat diese angeblich riesigen Mengen an Eisen gar nicht enthält. Die Behauptung beruhte schlicht und einfach auf einem Kommafehler in einem wissenschaftlichen Labor. Heute ist es erwiesen: Für Kinder ist Spinat gar nicht so wichtig. Im Gegenteil: Die darin enthaltenen Pflanzensäuren können bei den Kleinen mitunter allergische Reaktionen hervorrufen. Hingegen ist Spinat ein wertvoller Bestandteil der Erwachsenenernährung. Und das sind die nachgewiesenen gesundheitlichen Vorteile des Spinats:

- Ernährungswissenschaftler nennen ihn neuerdings das „Antistressgemüse", weil er reichlich vom Antistressmineral Magnesium und vom Nervenvitamin B_1 anliefert.
- Da Spinat beachtliche Mengen an Folsäure – auch Vitamin B_4 genannt – enthält, ist er ein Jungmacher. Die Folsäure bremst die Adernverkalkung.

Was aber die Studien über Spinat an der Harvard-Universität so interessant macht: Das grüne Gemüse ist besonders wichtig für unsere Augen.

- Spinat enthält grundsätzlich reiche Mengen an Vitamin A und am Provitamin Betacarotin. Beide Substanzen sind sehr wichtig für die Sehkraft, und zwar für die Bildung des Sehpurpurs im Auge.

- ❖ Außerdem hat man im Spinat große Mengen an Pflanzenfarbstoffen entdeckt, die so genannten Karotinoide. Sie schützen unsere Augen. Wer häufig und regelmäßig Spinat isst, der verringert damit nachweislich die Gefahr, im Laufe des Lebens an einem sehr verbreiteten Augenleiden zu erkranken. Es handelt sich dabei um die so genannte Makula-Degeneration, bei der der zentrale Netzhautbereich des Auges zerfällt. Der Betroffene kann in der Folge erblinden.

Die Karotinoide im Spinat machen die Netzhaut stark gegen die Angriffe von aggressiven Molekülen, die als „freie Radikale" bezeichnet werden. Sie entstehen in unserem Körper bei den eigenen Stoffwechselvorgängen, gelangen aber auch aus der belasteten Umwelt in unseren Organismus.

Nützen Sie daher immer wieder aufs Neue die Chance, wenn im Laufe des Jahres Spinat geerntet und angeboten wird. Genießen Sie ihn als Cremespinat, Blattspinat oder – wie ihn wenige kennen – roh als Spinatsalat. Sie können damit eine Menge für Ihre Gesundheit tun.

Wollen Sie vielen Krankheiten vorbeugen? Dann streiten Sie!

Ganz ehrlich: Hat das Wort „streiten" für Sie nicht auch eine durchaus negative Bedeutung? Das sollte sich sofort ändern. Denken Sie endlich um: Eine Auseinandersetzung ist nichts Schlechtes. Untersuchungen an der Universitätsklinik für Medizinische Psychologie und Psychotherapie in Graz, Österreich, haben ergeben: Streiten ist gesund. Streiten ist eine optimale Art der Krankheitsvorsorge, sozusagen eine wertvolle Präventivmaßnahme.

Das gestörte Verhältnis der Menschen zum Streit ist auf unsere Erziehung zurückzuführen. Wir werden angehalten, „brav" zu sein. Und Streiten gilt nicht als brav.

Die Ärzte, die an dieser Studie beteiligt waren, sind der Überzeugung: Speziell in einer Partnerschaft ist der Streit etwas Klärendes und Reinigendes. Bei einem Paar, das niemals eine Auseinandersetzung hat, ist etwas nicht in Ordnung.

Man hat genau beobachtet: Wenn zwei Menschen niemals streiten, dann bauen Sie mit nicht ausgetragenen Meinungsverschiedenheiten, die immer vorhanden sind, unterbewusste Aggressionen auf. Wer nun Konflikte ständig unterdrückt, wird mit der Zeit krank. Man spricht in der Medizin auch von so genannten „Ärger-Erkrankungen". Dazu gibt es international konkretes Zahlenmaterial. Wer niemals streitet, handelt sich besonders leicht durch aufgestauten Frust folgende gesundheitliche Störungen ein: Kopfschmerzen, Depressionen, Herz- und Kreislaufbeschwerden, Verdauungsprobleme, Magengeschwüre, erhöhten Blutdruck, ein geschwächtes Immunsystem, Verkrampfungen und Verspannungen des Bewegungsapparates, Gallenbeschwerden und Lebererkrankungen.

Anders gedacht heißt das: Wer streitet, der verhindert in vielen Fällen diese Erkran-

kungen, kann ihnen durch die Diskussion, durch den Abbau von Aggressionen vorbeugen. Daher ist es sinnvoll, Konflikten nicht aus dem Weg zu gehen, sondern sie auszutragen.
Allerdings rufen Mediziner und Psychologen in diesem Zusammenhang zu einer Streitkultur auf und sind der Meinung: Wir alle sollten lernen, richtig zu streiten. Dazu gehören ein paar ganz wesentliche Fakten, wenn Streit ein Beitrag zum Gesundbleiben sein soll: Man muss fair streiten können, muss dem anderen zuhören. Gedankenloses Herumschreien, der Einsatz von Schimpfwörtern oder ordinären Ausdrücken verletzt und hat bei einem konstruktiven Streit nichts zu suchen. Beleidigtsein und Rachegedanken müssen abgebaut werden. Keiner darf sich im Streit zurückziehen. Tagelanges Schweigen klärt niemals die Meinungsverschiedenheit. Sie müssen wissen: Streit ist keine Abwertung der eigenen Person. Im Gegenteil: Er beweist, dass es hier zwei Persönlichkeiten miteinander zu tun haben, die ihre Probleme sinnvoll ausdiskutieren müssen.

Bienenpollen für den Mann mit Wechseljahrbeschwerden

Es wurde lange darüber diskutiert, jetzt ist es medizinisch nachgewiesen: Ab dem 45. Lebensjahr treten auch beim Mann Wechseljahrbeschwerden auf, die man mit dem Klimakterium der Frau durchaus vergleichen kann. Man spricht beim Mann von der Andropause. Exakte Analysen dazu wurden jetzt von Prof. Dr. Markus Metka an der Universitäts-Frauenklinik in Wien erstellt.
Auch der Mann – speziell ab dem 55. Lebensjahr – leidet an Müdigkeit, Lustlosigkeit, Reizbarkeit, an Konzentrations- und Schlafstörungen, an Hitzewallungen und Kopfschmerzen. Er hat Schmerzen in der Brust, im Rücken und in den Gelenken. Seine Liebeskraft lässt nach. Bisher wurden diese gesundheitlichen Störungen des Mannes dem Beruf und dem Stress zugeschrieben.
In Wien ist im Jahr 1999 die erste Wechseljahr-Ambulanz für den Mann eröffnet worden. Und die interdisziplinäre Gesellschaft „Androx" – abgeleitet von Andropause – hat auch in mehreren deutschen Städten derartige Institutionen ins Leben gerufen.
Wie kommt es nun zu den Wechseljahren des Mannes? Die Produktion der Hormone Testosteron, Androstendion und DHEA sowie auch gewisser Mengen an Östrogenen nimmt ab. Damit verändert sich das bisherige Verhältnis von Testosteron zum Östrogen.
30 Prozent der Männer leiden in ihren Wechseljahren unter Beschwerden, die medizinisch behandelt werden müssen. Wenn das nicht geschieht, so kann das böse Folgen haben: Knochenschwund, Depressionen, ein gestörtes Sexualleben, Verlust des Selbstwertgefühls, ganz abgesehen von der schwer beeinträchtigten Lebensqualität.
Damit die Lebensqualität, die körperliche, seelische und sexuelle Harmonie wieder

hergestellt sind, wird der Mann nach eingehender Untersuchung vom behandelnden Arzt mit Hormonen versorgt. Wie das bei Frauen oft der Fall ist, so lehnen auch Männer oft die Versorgung mit künstlichen Hormonen ab.
Und da hat Prof. Dr. Metka in Wien eine faszinierende Entdeckung gemacht: Bienenblütenpollen aus dem Bienenstock mit Gelée royale. Man kennt sie seit der Antike neben Ambrosia, dem Göttertrank, auch als Melbrosia, die Götterspeise. Sie sind eine wirksame Waffe gegen die Wechseljahre des Mannes. Die Aufsehen erregende Melpromenstudie an der Wiener Universität hat das eindeutig bewiesen. Der Mann mit Wechseljahrbeschwerden nimmt über einen langen Zeitraum jeden Morgen auf nüchternen Magen 3 Bienenpollenkapseln (Apotheke) mit reichlich Flüssigkeit.
Die Bienenpollen haben viele wertvolle Inhaltsstoffe:

- Vitamine, Mineralstoffe, Spurenelemente, Enzyme und Eiweißstoffe. Sie geben dem gesamten Organismus neue Kraft, bauen ihn auf und machen ihn stark gegen etwaige Wechseljahrbeschwerden.
- Das Gelée royale, das Lebenselixier der Bienenkönigin, ist auch für den Mann ein Jungbrunnen.
- Bienenpollen sind reich an Flavonoiden. Das sind heilsame Pflanzenfarbstoffe. Besonders wichtig für den Mann im Wechsel sind dabei die Isoflavone. Sie haben hormonähnliche Wirkung und greifen sanft in die Störungen des männlichen Klimakteriums ein.

Bereits nach ein bis zwei Monaten bringt die Melpromentherapie aus Österreich mit Bienenpollen Erfolg. Der Mann verspürt eine deutliche Verbesserung seiner Wechseljahrbeschwerden. Er hat mit Stressbelastung und Potenz keine Probleme mehr, fühlt sich wieder vital und voll Energie.

Neue Liebeskraft aus dem Bienenstock

Es steht schlecht mit der Liebe in Europa. Eine jüngste Statistik verrät: Rund 8 Millionen Männer – mitunter bereits unter 25 Jahren – haben Probleme mit der Potenz. Das bestätigen Psychotherapeuten, Psychiater, Urologen und Hausärzte. Die Probleme mit der Liebe nehmen zu. Kein Wunder, dass internationale Wissenschaftler in den letzten Jahren fieberhaft nach einer Lösung suchen. Nun gibt es endlich Hilfe aus der Natur. Die einzigartige Kombination von Bienenpollen und Gelée royale aus dem Bienenstock – seit der Antike Melbrosia genannt – bringt neue Liebeskraft und Fruchtbarkeit.
Das ist die Situation, vor der heute viele Männer stehen: Stress, Leistungsdruck, Umweltbelastungen wie Lärm, Schadstoffe, Nahrungsmittelzusätze, Existenzsorgen wirken sich in starkem Maße auf die Libido aus. Viele Männer haben Potenz-

schwierigkeiten. Das hat schwerwiegende Auswirkungen auf die Partnerschaft, weiters aber auf das gesamte Privat- und Berufsleben.
Was viele Männer in diesem Zusammenhang gar nicht wissen: Selbst wenn Potenzvermögen vorhanden wäre, sie hätten Probleme mit der Zeugungsfähigkeit. Umweltgifte haben die Qualität des männlichen Samens schwer beeinträchtigt. Eines steht außer Frage: Wenn man dagegen etwas unternehmen kann, dann ist das nur mit Hilfe der Natur möglich. Und diese Naturkraft ist nun endlich gefunden. Sie kommt aus dem Bienenstock und wird von Wissenschaftlern und Medizinern als Melbrosia exekutive oder Melpromen – Melbrosia für den Mann – bezeichnet. Es handelt sich dabei um die geniale Naturkombination von Bienenblütenpollen und Gelée royale. Darin stecken gewaltige Kräfte wie etwa die Spurenelemente Zink und Selen, aber auch das Fruchtbarkeitsvitamin E. Zusätzlich aber wirken alle anderen Mineralstoffe, Spurenelemente, Vitamine und natürlichen Hormonstoffe mit.
Und das sind die konkreten und verblüffenden Ergebnisse, die namhafte Experten mit den Bienenpollen gemacht haben:
Die wohl wichtigste und interessanteste Studie stammt von dem ungarischen Urologen Dr. Bajor Gabor in Budapest. Er versorgte Männer mit psychogenen Erektionsstörungen – also nicht mit organischen Störungen – im Alter von 27 bis 63 Jahren. Sie bekamen täglich 3 bis 5 Kapseln Pollen aus der Apotheke morgens auf nüchternen Magen.
Das Ergebnis der Melbrosia-Studie: Bereits nach wenigen Tagen war wieder die Lust auf Liebe vorhanden. Es kam wieder zu einem regelmäßigen, erfolgreichen Sex. Grundsätzlich konnte man eine Steigerung der allgemeinen Vitalität bei den Männern beobachten.
Zur Samenqualität hat der libanesische Urologe Prof. Dr. Mohamad A. Chimaitilly in Beirut eine interessante Studie abgeschlossen. Aus ihr geht deutlich hervor: Männer, die unter mangelnder Libido litten und sehr schlechte Samenqualität aufwiesen, wurden acht Monate lang mit den Bienenpollen in Kapseln versorgt. Das Ergebnis war hervorragend.
Ähnliche Beobachtungen konnte auch der Hamburger Arzt Dr. Ferenc Biel in Deutschland machen. Aus Gesprächen mit Patientinnen kann auch der bekannte Hamburger Frauenarzt Dr. Werner Salomon die Verbesserung von Libido und Potenzproblemen durch die Einnahme von Bienenblütenpollen bestätigen.
Der italienische Arzt Prof. Dr. Francesco Corletto hat sich in zwei Untersuchungen am Centro Studi Medicini Orientali in Venedig mit der Wirkung von Melbrosia exekutive aus dem Bienenstock auf den Mann befasst. Er kam dabei klar und deutlich zu dem Ergebnis: Eine Kur mit den Bienenpollen stellt für den Mann in der modernen Zeit eine ideale Vitaltherapie dar. Die Einnahme der Pollen bekämpft erfolgreich Schlaflosigkeit, Stressfolgen, Konzentrationsstörungen, Frustrationen, Arbeitsunlust und Probleme mit Potenz und Libido. Die Männer erhielten 3-mal

täglich 1 Kapsel der natürlichen Pollenkombination aus der Apotheke. All diese wissenschaftlichen Ergebnisse geben Hoffnung: Endlich ist eine Naturkraft gefunden, mit der für Millionen Männer und ihre Partnerinnen Liebe und Sex wieder zu einem Erlebnis voll Erfüllung und Erfolg werden können.

Wer nicht abschalten kann, wird krank

Ist Ihnen das auch schon aufgefallen? Es gibt Menschen, die machen wenig Urlaub, gehen fast nie oder gar nicht auf Reisen, bleiben zu Hause und sind im Grunde genommen immer topfit, erholt und voll Energie. Und dann gibt es andere, die machen oft und reichlich Ferien. Und gerade die sind immer müde, lustlos und wirken ganz und gar nicht erholt. Psychologen und Mediziner haben längst herausgefunden, was dahinter steckt. Das ist eine Frage des „Abschaltens“.

In diesem Zusammenhang muss man sich die Frage stellen: Was macht uns denn müde und urlaubsreif? Was laugt uns aus? Es ist auf der einen Seite anstrengende Arbeit, eine eintönige Tätigkeit, die keine Freude macht, aber auch Intrigen, Missgunst und Neid am Arbeitsplatz. Das alles verursacht körperlichen und seelischen Stress.

Wenn wir neue Kräfte tanken, uns erholen wollen, dann müssen wir uns vom Alltag lösen können. Wir müssen etwas ganz anderes machen. Und das ist gar nicht so leicht, wie man glaubt. Viele schaffen das nie, wenn sie es nicht gezielt lernen.

Das Problem dabei: Millionen Menschen in Europa verbringen die ganze Woche an ihrem Arbeitsplatz, kommen abends müde nach Hause und setzen sich vor den Fernsehapparat. Vielleicht blättern sie noch in der Zeitung. Sonst tun sie nichts. Das bedeutet: Sie schalten nicht richtig ab. Das Fernsehen bietet dazu viel zu wenig Kreativität.

Und wie wird dann das Wochenende in vielen Fällen verbracht? Man schläft viel, ruht sich angeblich aus, verfällt dabei aber in eine Art Langeweile. Oder, was noch schlimmer ist: Man redet von der anstrengenden Arbeit, die man die ganze Woche leisten muss.

Eine medizinische Statistik der Weltgesundheitsorganisation besagt: Mehr als die Hälfte aller Mitteleuropäer lebt zum Wochenende und im Urlaub gesundheitsgefährdender als während der Arbeit. In der Freizeit wird mehr geraucht, mehr Alkohol und Bohnenkaffee getrunken, und meist noch weniger Bewegung gemacht. Man sitzt viel zu viel „gemütlich“ beisammen.

Die Grundregel fürs richtige Abschalten lautet: Mach etwas ganz anderes! In der Praxis bedeutet das: Wer tagtäglich Schreibtischarbeit verrichtet, sollte Freizeitsport betreiben, sich bewegen. Wer harte körperliche Arbeit verrichtet, sollte sich zwar ausruhen, dann aber einer geistigen Tätigkeit nachgehen.

Und das ist die Hitliste fürs Abschalten, von Ärzten und Psychologen getestet:

- Wer die Woche über geistig arbeitet, viel sitzt oder steht, der kann sich mit folgenden Tätigkeiten erholen: Gartenarbeit, Rad fahren, wandern, schnell gehen, Laufen, Federball spielen, Gymnastik, am besten in freier Natur.
- Wer sich die ganze Woche über körperlich anstrengen muss, sollte mit folgenden Tätigkeiten Abwechslung und Erholung in sein Leben bringen: Rad fahren, wandern, Kräuter sammeln, Gesellschaftsspiele spielen, lesen, fotografieren, Fotos oder Dias ordnen, hobbyfilmen.

Viele berichten immer wieder: Sie kommen vom Alltag nicht los. Sie müssen immer an ihre Pflichten, an die Verantwortung, an die Probleme, an den Stress denken, der danach wieder auf sie zukommt.

Es gibt da so kleine Tricks, symbolisch in eine „neue Haut" zu schlüpfen, all diese Gedanken vorübergehend von sich zu schieben: Schalten Sie unmittelbar nach der Arbeit vor dem Wochenende oder vor dem Urlaub einen „Verwöhntag" ein. Gehen Sie nicht ans Telefon. Widmen Sie sich nur der eigenen Person. Legen Sie sich ins Wannenbad. Hören Sie dabei Musik. Oder ziehen Sie sich auf den Balkon, auf die Terrasse, in den Garten oder in die freie Natur zurück und lesen Sie einen schönen Roman, einen spannenden Krimi. Versinken Sie in eine andere Welt.

Wenn Sie einen Partner haben, dann suchen Sie positive Gespräche mit ihm. Flirten Sie miteinander, verwöhnen Sie einander. Träumen Sie gemeinsam von schönen Dingen, die Sie an diesem Wochenende oder in den bevorstehenden Ferien verwirklichen werden.

Sie werden mit einem Mal erkennen, dass Sie so viele private Dinge Ihrer Zweisamkeit im Alltag verdrängt, unterbewertet und dafür unwichtige Dinge überbewertet haben. Schaffen Sie eine neue Wertigkeit. Und schon sind Sie mitten im Erholen.

Es gibt so viele scheinbar banale Dinge, die Kraft geben, glücklich machen: Laufen oder gehen Sie über eine blühende Wiese. Legen Sie sich ins Gras und schauen Sie den Wolken zu. Schließen Sie die Augen und erinnern Sie sich an Düfte, die Sie aus Ihrer Kindheit kennen. Setzen Sie sich ans Ufer eines Flusses oder eines Sees und vergessen Sie rundum alles. Genießen Sie einen Sonnenauf- oder einen Sonnenuntergang, ohne an später zu denken. Wer das Glück des Augenblicks genießen kann, der hat gelernt, abzuschalten.

Wer sich nicht bemüht abzuschalten, der wird krank. WHO-Wissenschaftler betonen, dass in erster Linie die Gefahr für Magenerkrankungen, Kopfschmerzen, Migräne, Verspannungen, Nervosität, Atemwegsprobleme, Schlaflosigkeit, erhöhte Infektanfälligkeit besteht. Keine Frage: Auch Herz und Kreislauf werden belastet.

Wer erst lernen muss abzuschalten, findet beim Apotheker kleine natürliche Hilfen: Präparate aus Baldrian, Melisse, Johanniskraut, aus der Kava-Kava-Wurzel und aus dem Mineralstoff Magnesium. Mit diesen Naturarzneien – ohne Nebenwirkungen – fällt es leichter, Ruhe zu finden, sich zu entspannen, vom Alltagsstress loszukommen.

Hobbys wirken oft wie eine Medizin

Wenn es dem Sommer entgegengeht, so führen dennoch viele von uns ein nicht besonders gesundes Leben. Sie halten sich viel in der Wohnung oder in anderen Räumen auf. Diese sind gerade in dieser Jahreszeit oft überheizt, weil es draußen schon relativ warm wird, aber ohne Heizung in den Räumen doch noch zu kalt ist. Das bedeutet in Summe: Wir atmen schlechte Luft ein, kriegen von anderen jede Menge Bakterien und Viren. Außerdem machen wir viel zu wenig Bewegung. Kein Wunder, wenn viele da allzu leicht krank werden.

Also sollten wir gerade jetzt nach Möglichkeiten Ausschau halten, die wir sowohl in der Wohnung als auch draußen nützen, um Krankheitsvorsorge zu betreiben. Ein hervorragender Weg ist da ein Hobby.

„Ein Hobby?", wird mancher verwundert fragen. „Ein Hobby ist eine nette Beschäftigung in der Freizeit, entspannt, macht Spaß. Aber – ein Beitrag zur Gesundheit?" Darauf kann man mit einem klaren Ja antworten. Hobbys können sehr viel zur Vorsorge und zum Gesundwerden beitragen.

Das grundsätzliche Geheimnis dabei: Wer einem Hobby mit besonderer Hingabe und Begeisterung nachgeht, der kann dabei total abschalten, kann Sorgen, Kummer und Stress vollkommen vergessen. Das wieder tut nicht nur unserem Gehirn und unserer Seele gut, sondern beruhigt auch das vegetative Nervensystem. Blutdruck und Cholesterinwerte werden positiv beeinflusst. Herz und Kreislauf werden entlastet. Positive Gedanken erfüllen uns.

Diese Erfahrung haben beispielsweise niedergelassene Ärzte mit Sammlern gemacht: und zwar mit Briefmarkensammlern, Münzensammlern, Bierdeckelsammlern und Postkartensammlern. Wobei die Mediziner bei der ganzen Sammlerleidenschaft ein Problem sehen: Die Betreffenden sitzen viel zu viel, sehr oft auch in einer für Wirbelsäule und Venen ungesunden Stellung. Daher die Aussage von Ärzten: Der Sammler sollte unbedingt noch eine gesundheitsfördernde Ausgleichsbewegung machen. Ideal: Rad fahren in freier Natur.

Man könnte natürlich aus diesem Grund gleich den Freizeitsport zum Hobby machen. Dazu sollte man wissen: Jede Sportart fördert auf ihre Weise die Gesundheit. Was immer man auch tut, die Durchblutung wird angeregt, das allgemeine Wohlbefinden erhöht. Die körperliche und geistige Leistungsfähigkeit wird gesteigert. Stress wird abgebaut. Das „böse" LDL-Cholesterin wird gesenkt. Das „gute" HDL-Cholesterin wird angehoben. Das alles funktioniert aber nur dann, wenn man mindestens täglich 15 Minuten mit dem Sport Herz und Kreislauf in Schwung bringt.

Ein paar Beispiele: Laufen aktiviert das Herz, liefert den Zellen mehr Sauerstoff, macht die Arterien elastischer. Radfahren und Wandern bringen den Kreislauf in Schwung, verbessern die Verdauung. Schwimmen stärkt die Atemorgane. Tanzen verbessert die Durchblutung in Beinen und Unterleib.

Zahlreiche Studien in aller Welt haben in den letzten Jahren bewiesen, dass Tiere eine Supermedizin sind. Sie stärken durch die Liebe und Zuneigung, die sie dem Menschen schenken, das Immunsystem. Sie geben dem Leben von einsamen Menschen Sinn, schützen vor Herz- und Kreislauferkrankungen, im Speziellen vor Herzinfarkt. Außerdem konnte nachgewiesen werden, dass Herzinfarktpatienten, die mit einem Tier leben, ein viel geringeres Risiko haben, einen weiteren Infarkt zu erleiden. Die ersten Untersuchungen in diese Richtung hat bereits vor 15 Jahren der inzwischen verstorbene Nobelpreisträger Prof. DDr. Konrad Lorenz aus Österreich gemacht. Er wurde damals noch belächelt. Inzwischen hat die Medizin seine Behauptungen voll bestätigt.
Auch Kinder, die mit Tieren aufwachsen, haben seelisch und körperlich viel weniger gesundheitliche Probleme.
Menschen, die zu Nervosität neigen und in der Folge unter Magen- und Darmproblemen leiden oder über starke Verspannungen in der Wirbelsäule neigen, fühlen sich wieder topfit und ausgeglichen, wenn sie sich ein Aquarium in die Wohnung stellen und die Fische inmitten ihrer Mini-Meereswelt bewundern.
Denselben Effekt bringen noch zwei andere Hobbys: Malen und Zeichnen. Mehr noch: Die Erfahrung in Arztpraxen zeigt, dass Menschen, die in ihrer Freizeit Pinsel und Bleistift schwingen, fast nie Halsschmerzen haben und heiser sind. Zu hoher Blutdruck kann bis zu einem gewissen Grad gesenkt werden. Auch Kopfschmerzen und Migräne lassen sich auf diese Weise erfolgreich in den Griff kriegen.
Wer unter Konzentrationsschwierigkeiten leidet, der sollte mit einem Hobby „Gehirnjogging“ machen: nämlich mit dem regelmäßigen Auflösen von Kreuzworträtseln. Und wer gern aktiv oder passiv seine Freizeit mit Musik verbringt – also an einem Instrument oder am Plattenschrank –, der kann eine Menge für die Gesundheit tun. Das haben Studien an der Universität Wien und Untersuchungen der Weltgesundheitsorganisation (WHO) ergeben: Mit Schubertliedern bekämpft man Stressfolgen, mit Johann Sebastian Bach stärkt man die Nerven. Der Bolero von Ravel kann depressive Zustände lindern. Sanfte Barmusik beruhigt die Magenschleimhäute. Mozartmusik kann Zahnschmerzen vertreiben.
Sie sehen: Es lohnt sich, einem Hobby nachzugehen. Haben Sie auch schon eines?

Die sieben Fehler bei der gesunden Ernährung

Jetzt, mitten im Frühling, wenn es draußen von Tag zu Tag immer schöner und wärmer wird, haben viele von uns den Wunsch, zu entschlacken, zu entgiften und Übergewicht abzubauen. Und dabei nehmen sich etliche zusätzlich vor, sich künftig gesünder zu ernähren. Sie steigen dann auch mit den besten Vorsätzen in die neue Ernährung um und – haben dann leider Probleme damit: Blähungen, ein unan-

genehmes Völlegefühl, Ubelkeit. Die Folgen: Sie hören sofort wieder auf damit. Und sie argumentieren: „Gesund essen tut mir nicht gut!"
Die wirkliche Ursache: Die Betroffenen haben beim Einstieg in die gesunde Ernährung einige kleine Fehler gemacht. Diese Fehler, die unweigerlich zu Pannen im Rahmen der Verdauung führen, lassen sich allerdings leicht vermeiden. Man muss die Einstiegsprobleme nur kennen.
1. Fehler: Eine der wesentlichen Grundlagen der ausgewogenen, gesunden Ernährung sind Vollkornspeisen. Überfordern Sie nicht Magen und Darm, wenn Sie jahrelang nur Produkte aus weißem Industriemehl verzehrt haben. Greifen Sie nicht gleich zu ganzen oder geschroteten Körnern. Verarbeiten Sie – etwa beim Müsli – Vollkornflocken: Hafer-, Gerste-, Weizen-, Roggen- und Hirseflocken. Sie sind leichter verdaubar und enthalten dennoch alle Wirkstoffe des vollen Korns.
2. Fehler: Bauen Sie nicht gleich von Anfang an schwer verdauliches Korn in den Speiseplan ein, wie etwa Roggen. Beginnen Sie mit Mahlzeiten aus Hirse. Sie wird vom Verdauungsapparat am besten vertragen. Gedünstete Hirse ist, wie Reis, eine herrliche Beilage. Köstlich sind auch Hirseflocken in der Suppe, Hirsefrikadellen, Hirseauflauf oder der gute, alte Hirsebrei.
3. Fehler: Wer auf Vollkornprodukte umsteigt, der muss seinen Zuckerkonsum entweder ganz streichen oder auf ein Mindestmaß reduzieren. Vollkorn und Zucker, das verträgt sich nicht. Es kommt dabei zu enormen Gärungen im Darm. Und die wieder führen zu schmerzhaften Blähungen.
4. Fehler: Viele denken, Honig ist gesund. Den kann man bedenkenlos genießen. Falsch. Man muss sparsam damit umgehen. Zu viel schadet ebenfalls dem gesamten Organismus. Außerdem kann man auch vom Honig Karies bekommen und sollte daher nach dem Honignaschen gründlich die Zähne reinigen.
5. Fehler: Viele denken, bei der gesunden Ernährung ist Fleisch strikte verboten. Unsinn. Der Mensch ist ein Mischkostesser. Eine ausgewogene Ernährung erfordert nur weniger Fleisch: also 2- bis 3-mal die Woche. Genießen Sie als Alternative öfter Fisch.
6. Fehler: Es ist nicht gesund, immerzu rohes Gemüse oder Salate zu essen. Nach 19 Uhr reduziert die Leber ihre Arbeit. Das Gemüse bleibt bis in den Morgen im Darm liegen, wird dann erst fertig verdaut. Inzwischen gärt es. Dabei entstehen Alkohole, die die Leber belasten. Und es kommt zu Blähungen und einem unangenehmen Bauchhochstand.
7. Fehler: Man kann Kräutertee nicht unbedenklich immer trinken. Von einer Kräuterteeart darf man nur 3 Wochen trinken. Sonst gewöhnt sich der Körper daran. Der Tee wirkt nicht mehr. Nach einer kurzen Pause von etwa ein bis zwei Wochen kann man dann die Teekur wieder durchführen.
Es lohnt, all diese Fehler zu vermeiden. Denn: Die gesunde Ernährung macht fit,

liefert Vitalstoffe, fördert die Verdauung und verändert den gesamten Stoffwechsel zum Positiven. Das bedeutet aber auch: Wer sich mit ausgewogener, vollwertiger Kost ernährt, der erreicht im Laufe der Zeit ganz ohne Diät sein Idealgewicht.

Unsere Lippen brauchen Sahne, Butter und Honig

Viele haben derzeit Probleme mit den Lippen. Sie sind rau, rissig, spröde und aufgesprungen. Kein Wunder: Kälte und Wind haben in den letzten Monaten die Haut unserer Lippen ständig gereizt und ausgetrocknet. Und die trockene Luft in beheizten Räumen hat da noch einiges dazu beigetragen. Und wehe, wenn sich jemand im Freien die Lippen mit der Zunge befeuchtet hat! Da sind sie nämlich sofort rissig geworden. Und in diesen kleinen Hauteinrissen siedeln sich sofort jede Menge Krankheitserreger an und verursachen unangenehme Infektionen. Kommt dann noch die erste starke Sonne hinzu, gibt es die lästigen Fieberbläschen am Mund.
Mancher wird sich fragen: Warum sind unsere Lippen so besonders empfindsam? Es fehlt ihnen der natürliche Schutz, den unsere Haut sonst hat. Die Lippen haben keine Schweiß- und keine Talgdrüsen. Sie können nur ganz wenig von dem Hautpigment Melanin bilden, haben daher keinen Sonnenschutz. Die dünne Hornschicht der Lippen ist leicht verletzbar, kann sich nicht wehren, wenn ihre Feuchtigkeit wegdunstet.
Und gerade diese zarten, schutzlosen Lippen werden von uns stiefmütterlich vernachlässigt. Es ist daher höchste Zeit, dass wir sie fürsorglich pflegen. Dazu eignen sich einige ganz einfache Naturrezepte:

- ❖ Wenn die Lippen aufgesprungen sind, dann bestreichen Sie sie einige Tage lang mit frischer Sahne oder mit Butter. Sie darf aber nicht gesalzen sein.
- ❖ Bei rissigen Lippen schneiden Sie eine Zwiebel oder eine Knoblauchzehe in dünne Scheiben und reiben damit die betroffenen Stellen ein. Da das nicht allzu gut riecht, sollten Sie das nur tun, wenn Sie allein zu Hause sind.
- ❖ Trockene Lippen kann man herrlich auffrischen, wenn man eine Gurke für Salat in Räder schneidet und mit einigen davon die Lippenhaut einmassiert.
- ❖ Wenn die Lippen besonders rau sind, dann kann man dieses Problem wunderbar mit dem Einreiben von Kakaobutter beseitigen.
- ❖ Wenn die Lippen allzu spröde sind und bald wieder samtig werden sollen, dann reiben Sie sie jeden Abend vor dem Zubettgehen mit etwas Honig ein und lassen diesen über Nacht einwirken.

Ja, und wenn Ihre Lippen dann wieder so sind, wie Sie es sich wünschen, dann sollten Sie vorbeugende Pflegemaßnahmen setzen: Gehen Sie bei schlechtem Wetter niemals aus dem Haus, ohne einen Lippenschutzstift oder eine Lippenpflegecreme verwendet zu haben. In der Apotheke gibt es da eine reiche Auswahl. Wer Freizeitsport treibt und viel der Sonne ausgesetzt ist, wer regelmäßig Sonnenbäder nimmt, der muss die Lippen zusätzlich noch mit Sonnenschutz versorgen, und zwar mit Schutzfaktor 8 bis 15.

Sanfte Medizin für den „verdorbenen Magen“

Millionen Mitteleuropäer, die absolut an keiner Magenerkrankung leiden, haben dennoch zeitweise – speziell in dieser Jahreszeit – Probleme mit ihrem Verdauungsorgan. Die Symptome: Magendrücken, Völlegefühl, Aufstoßen, allgemeines Unwohlsein, Appetitlosigkeit, Übelkeit nach jeder Mahlzeit. Man spricht im Volksmund vom „verdorbenen Magen“. Nichts Gefährliches oder Außergewöhnliches, aber höchst unangenehm.
Die Ursache: Stress, zu viel Alkohol, zu fettes und zu üppiges Essen, Fertigmahlzeiten aus der Tiefkühltruhe oder aus der Konserve, zu viel Süßes, seelische Konflikte und Aufregungen, unbeständiges Wetter mit wechselnden Temperaturen, nicht mehr ganz frische Nahrungsmittel, Medikamente.
Man sollte auch bei leichten Beschwerden, wenn diese länger als zwei Tage anhalten, zum Arzt. Auch er wird, wenn keine ernsthafte Erkrankung dahinter steckt, vorrangig zu sanften Rezepten raten.

- Wenn ein übermäßiger Alkoholkonsum zu den Magenbeschwerden geführt hat, dann trinken Sie Mariendisteltee (Apotheke). Im Mariendistelsamen gibt es die Substanz Silymarin. Sie transportiert rasch Alkoholgifte aus dem Magen und stärkt zugleich die Leber. Trinken Sie 3-mal täglich 1 Tasse Tee oder nehmen Sie 3 Mariendistel-Kräutertabletten (Reformhaus) mit reichlich Flüssigkeit.
- Wenn Sie zu fett und zu üppig gegessen haben, dann geben Sie 1 Teelöffel Heilerde in ein Glas, gießen 1/4 Liter stilles Mineralwasser auf, gut umrühren und zügig trinken. Die feine Heilerde saugt Fette und Gifte der Mahlzeit auf und transportiert sie durch den Darm ab.
- Wenn Sie zu viel Süßes konsumiert haben, dann trinken Sie einige Tage vor jeder Mahlzeit 1/8 Liter Kartoffelsaft (Reformhaus). Er bindet die Säuren, die durch den Zucker gebildet werden.
- Wenn Sie zu viel Mahlzeiten aus Konserven oder vorgefertigte Speisen konsumiert haben und ein flaues Gefühl im Magen haben, dann nehmen Sie einige Tage 3-mal täglich 2 Esslöffel Artischockensaft (Reformhaus), in etwas Wasser verrührt. Der Hauptwirkstoff Cynarin aus der Artischocke stärkt die Leber und schafft rasch Schadstoffe aus dem Darmbereich: Farbstoffe, Nahrungsmittelzusatzstoffe, Haltbarkeitssubstanzen und anderes mehr.
- Hat der Stress die Magenstörung ausgelöst, dann sollten Sie 3-mal täglich

1 Tasse von ganz bestimmten Kräutertees trinken: Kamillentee, Odermennigtee oder Pfefferminztee.

- Wenn Sie Aufregungen hatten, dann machen Sie eine Rollkur mit Malventee. trinken Sie 1/4 Liter lauwarmen Tee und legen Sie sich dann jeweils 5 Minuten auf den Rücken, auf die linke Seite, auf den Bauch und auf die rechte Seite.
- Wenn Sie zu viel Eiweiß zu sich genommen haben, dann genießen Sie ein paar Scheiben von einer frischen Ananas.
- Wenn Medikamente die Magenaktivitäten gestört haben, dann trinken Sie einige Zeit täglich 2 Becher Jogurt mit lebenden Bakterienkulturen. Das bringt die Darmflora wieder in Ordnung.

Freizeitsport kann krank machen: Und so können Sie es verhindern

Wenn im Mai draußen das Wetter immer schöner wird, dann verlassen viele in ihrer Freizeit gern ihre Wohnungen und drängen hinaus in die Natur. Freizeitsport ist wieder angesagt, vor allem wenn die Sonne scheint. Ganz oben in der Beliebtheitsskala: Wandern, Laufen und Radfahren.

Das ist allerdings für viele Ärzte ein Anlass, massiv zu warnen. Denn die meisten Menschen – egal, ob Erwachsene oder Kinder – können mit dem Freizeitsport nicht richtig umgehen. Es wäre ja im Grunde genommen sehr gesund, sich zu bewegen. Aber die Praxis sieht so aus: Gerade jene, die das ganze Jahr über aus Zeitgründen oder aus Bequemlichkeit keinen Finger gerührt haben und daher überhaupt nicht in Übung sind, benehmen sich plötzlich ein paar Tage oder Wochen wie Hochleistungssportler. Sie überfordern ihren Körper, muten sich zu viel zu. Und sie vergessen, dass ein Körper, der Sport treibt, auch entsprechend mit dem nötigen „Sprit" versorgt werden muss. Die Folge: Mehr Menschen, als man vermutet, werden durch ihren Freizeitsport – krank.

Das soll jetzt anders werden. Die beiden Fachärzte für Sportmedizin, Dr. Volker Smasal aus München und Dr. Cornelius Reinke aus Berlin, wollen nun möglichst vielen Freizeitsportlern die Augen öffnen. Sie wollen Erwachsene und Kinder warnen und vor gesundheitlichen Schäden bewahren. Und sie wollen damit erreichen, dass jegliche sportliche Betätigung auch wirklich fit und vital macht.

Zu diesem Zweck haben die beiden Bewegungsmediziner eine umfassende Studie an deutschen Eisschnellläufern ausgewertet. Die Ergebnisse mit den Profisportlern sind leicht auf Freizeitsportler umzusetzen. Für all diejenigen, die sich untrainiert wie wahnsinnig im Urlaub bewegen, kommt auch die harmloseste Sportart der Belastung eines Hochleistungssportlers beim Spitzentraining gleich.

Und daraus ergibt sich:

- Bei extremer Trainingsbelastung – auch über einen kurzen Zeitraum – sinkt beim Profisportler wie beim Freizeitsportler dramatisch der Vitamin-C-Spiegel im Organismus. Das bedeutet: Die Gefahr für Erkältungskrankheiten oder andere Infektionen steigt enorm. Das Immunsystem wird durch die sportliche Tätigkeit geschwächt. Der nichts ahnende Laie vermutet gerade das Gegenteil.
- Gleichzeitig entstehen im Körper bedeutende Mängel an Vitamin B_6 für die Muskeln und an Vitamin B_{12} für Blut und Nerven.
- In der Folge kommt es auch zu Störungen im Eiweißstoffwechsel.
- Deutlich messbar sind bei ungewohnten sportlichen Anstrengungen extreme Mängel an den Mineralstoffen Magnesium und Kalium.

Im Laufe der Studie stellte sich eindeutig heraus: Die Ursache für die beachtlichen Mangelerscheinungen beim Sport liegt in der Ernährung, nämlich in unserer gewohnten alltäglichen Ernährung. Dazu meint Dr. Cornelius Reinke: „Wir haben herausgefunden, dass eine extreme Belastung im Profi- wie im Freizeitsport nur durch eine extreme, gezielte gesunde Ernährung abzufangen und auszugleichen ist. Man müsste bereits Wochen, bevor man mit dem Sport beginnt, die herkömmliche Kost umstellen und mit reichlich frischem Obst und rohem Gemüse dem Organismus Vitamine, Mineralstoffe und Spurenelemente als geballte Ladung zuführen. Aber ehrlich: Wer macht das schon?

Weil eben die wenigsten Menschen den Körper für ihren Freizeitsport aufbauen, kommt es leicht zu Verletzungen, zu Muskelverspannungen, zu Kopfschmerzen, depressiven Stimmungen, schlechter Laune und Krankheitsanfälligkeit. So entsteht sehr oft die paradoxe Situation: Man treibt Sport und erlebt danach einen allgemeinen Leistungsabfall anstelle von Vitalität.

Den Beweis dafür erbrachte die Schlussphase der Studie: Als man den Profisportlern im Laufe von acht Wochen über die Ernährung und als Nahrungsergänzung eine so genannte Topfiz-Kombination, nämlich die Vitamine A, C, E, Biotin, alle der Gruppe B sowie die Mineralstoffe Kalzium, Kalium und Magnesium zuführte, wurde die allgemeine Abwehrkraft wieder gesteigert. Die Leistungsfähigkeit war wieder da.

Und so vermeidet man sportlichen Stress, Trainingsfrust und Herz-Kreislauf-Probleme: Schon einige Zeit vor der sportlichen Tätigkeit zu Hause Gymnastik betreiben, das Rauchen aufgeben, reichlich Obst und Gemüse essen, auf Fett und fettes Fleisch verzichten, ganz langsam mit dem Sport beginnen, keine zu hoch gesteckten Ziele setzen, nicht übertreiben. Man muss sich dabei wohl fühlen, Spaß haben. Reichlich Mineralwasser trinken.

Wer allerdings parallel zum Freizeitsport im Frühling und Sommer den Umstieg auf gesündere Ernährung nicht schafft, der sollte Vitamine, Mineralstoffe und Spurenelemente in Form von nahrungsergänzenden Präparaten – zumindest für einige Zeit – zu sich nehmen.

Das Frühlingsmineral Magnesium gegen viele Beschwerden

Alle Jahre, wenn im Frühling die Sonne vom Himmel lacht und die Temperaturen steigen, wenn die Natur wieder zu grünen und blühen beginnt, dann treten bei vielen Menschen ganz typische Erkrankungen und Alltagsbeschwerden auf: Wadenkrämpfe, verstärkte Stress- und Lärmanfälligkeit, Kreislaufschwäche, chronische Müdigkeit. Scheinbar lauter ganz verschiedene Gesundheitsprobleme. Bei genauerer medizinischer Betrachtung stellt sich aber dann sehr oft heraus: Sie alle werden durch einen Mineralstoffmangel hervorgerufen. Damit hat man aber auch die Lösung, wie man erfolgreich dagegen vorgehen kann.

- Nicht nur Sportler, sondern auch schwangere Frauen, junge Leute im Wachstum und Senioren klagen im Frühling besonders oft über Wadenkrämpfe, die sich wieder speziell nachts bemerkbar machen. Wenn sich der Mensch nach den langen Wintermonaten wieder mehr bewegt, dann werden seine Muskeln jedes Mal angespannt und zusammengezogen. Danach muss wieder eine Erholphase eintreten. Diese Phase kann aber nur eingeleitet werden, wenn genügend Magnesiumvorräte im Organismus vorhanden sind. Ist das nicht der Fall, kommt es zu Muskelzuckungen und zu Krämpfen. Und da wir alle im Alltag und beim Freizeitsport die Beine bewegen, treten in den meisten Fällen Wadenkrämpfe auf.
- Im Frühling verstärkt sich rund um uns die Lärmbelastung: Der Autoverkehr auf den Straßen explodiert. Überall treten Baumaschinen, Presslufthämmer und Gartengeräte in Aktion. Man weiß heute: Bei Lärmbelastung stößt der Körper über Harn und Schweiß verstärkt Magnesium ab. Damit wird der Organismus stressanfälliger, Herz und Kreislauf sind mehr gefährdet.

Durch das wechselhafte Wetter sind Herz und Kreislauf ohnehin verstärkt belastet. Verfügen wir nicht über genügend Magnesium, dann kann das problematisch werden.

Es ist daher ganz besonders im Frühling notwendig, dass wir für eine sinnvolle, gesundheitsfördernde Magnesiumzufuhr sorgen. Auf diese Weise können wir gezielt etlichen Beschwerden vorbeugen, oder wenn wir sie bereits haben, können wir sie schnell wieder loswerden.

Die wichtigste Maßnahme: Ernähren Sie sich mit Lebensmitteln, die reich an Magnesium sind. Dazu gehören: alle Vollkornprodukte wie Müsli, Vollkornbrot und Vollkornteigwaren, Naturreis, Weizenkleie, Weizenkeime, Leinsamen, Pistazienkerne, Sojaprodukte, Trockenfrüchte, Schokolade.

Durch moderne Düngemethoden ist heute leider nicht immer die Garantie gegeben, dass all diese Produkte auch tatsächlich noch interessante Mengen an Magnesium enthalten. Außerdem kann man nicht zu viel davon konsumieren, weil es sich ja um recht kalorienreiche Lebensmittel handelt. Daher raten viele Ärzte und Ernährungs-

fachleute: Speziell im Frühling kann man oft einem Magnesiummangel und seinen Folgen nur konkret begegnen, wenn man den Mineralstoff Magnesium zusätzlich zur Ernährung aus der Apotheke zuführt.
Man nimmt einige Zeit täglich 2 Magnesiumkautabletten oder 1 Säckchen Magnesiumgranulat in $^1/_4$ Liter Wasser. Mediziner betonen aber: Damit das Magnesium schnell und leicht von den menschlichen Zellen aufgenommen, verarbeitet und rationell gespeichert werden kann, muss man unbedingt die höhere Longoral-Dosierung Mg 5 wählen, weil dann die Wirkung rasch eintritt, ein Magnesiummangel rasch aufgefüllt werden kann.

Entschlacken und Abspecken mit Spargel

Alle Jahre kommt sie wieder – die Spargelzeit. Wann und wo immer wir die Chance haben, dieses köstliche Gemüse zu genießen, sollten wir es tun. Denn Spargel ist nicht nur für unseren Gaumen etwas Gutes. Spargel ist für den menschlichen Organismus von außerordentlicher Bedeutung.
Seit mehr als 2000 Jahren werden Spargel angebaut. Seither gibt es Aufzeichnungen über den Ernährungswert und über die medizinische Wirkung. Gegessen werden die Spargeltriebe. Sie sind überaus kalorienarm, zugleich aber reich an Mineralstoffen und Spurenelementen. Bereits gekochter Spargel enthält Proteine, leicht verdauliche Pflanzenfette, Kalzium für die Knochen, Phosphor fürs Gehirn, Eisen fürs Blut, für Haare, Haut und Nägel, Kalium für Muskeln Nerven und Herz, die Vitamine A, C, E, B_1 und B_2.
Eine ganz besondere Bedeutung in der modernen Ernährungswissenschaft kommt dem Spargel durch seinen reichen Gehalt an den Spurenelementen Zink und Molybdän zu. Beide sind mitverantwortlich für das Funktionieren des Sexuallebens. Zink allein gilt als Schutz gegen Umweltgifte zur Stärkung der Immunkraft. Molybdän ist wichtig für den Säuren-Basen-Haushalt des Körpers.
Der Hauptwirkstoff vom Spargel ist eine wertvolle Aminosäure mit Namen Asparagin. Sie können diesen Wirkstoff erkennen. Er gibt nach der Spargelmahlzeit dem Harn einen stechenden Geruch. Asparagin regt die Aktivität der Nieren an, bringt zugleich aber auch Leber und Galle in Schwung. Mit dieser Unterstützung der körpereigenen, natürlichen Entgiftung des Organismus werden verstärkt Gift- und Schlackenstoffe abtransportiert.
Und das sind die Wirkungen, die man heute dem Spargel wissenschaftlich nachweisen kann:

- Er entwässert und entschlackt den Körper optimal in kurzer Zeit.
- Er bringt den gesamten Stoffwechsel in Schwung.

- Er macht fit und stärkt bis zu einem gewissen Grad die natürlichen Abwehrkräfte.
- Spargel beruhigt die Nerven.
- Er kann Ischiasschmerzen lindern helfen.
- Und schließlich ein ganz wichtiger Aspekt: Spargel ist eine ideale Diätmahlzeit zum Abnehmen, weil man mit wenig Kalorien schnell satt wird und lange keinen Hunger bekommt. Daher ist es auch kein Zufall, dass sich in all den derzeit so beliebten Fun-&-Slim-Diäten aus der Apotheke neben den Wirkstoffen des Matetees, der Konjakwurzel und der Süßkartoffel überwiegend die Substanzen des Spargels befinden. Eine Möglichkeit für die spargellose Zeit.

In der Wirkung von weißem und grünem Spargel besteht kein Unterschied.
Wer mit Spargel abnehmen möchte, sollte 14 Tage lang bei jeder Hauptmahlzeit etwa 200 Gramm Spargel anrichten und dafür auf Fleisch verzichten.

Schonkost & Wutanfälle gegen Gastritis

Oft hört man jemand speziell im Frühling und dann wieder im Herbst klagen: „Ich spüre schon wieder meine Gastritis!“ Das bedeutet: Der Betroffene hat unmittelbar nach dem Essen im linken Oberbauch krampfartige Schmerzen. Er verspürt ein unangenehmes Völlegefühl, hat Kopfschmerzen, Sodbrennen oder Aufstoßen. Es kommt zu Blähungen und Verstopfung. Die Beschwerden treten auf, vergehen wieder und kommen abermals.
Wer unter Magenschleimhautentzündung oder Gastritis leidet, der hat sehr oft auch ein seelisches Problem: zu viel Stressbelastung, Kummer, Ängste, unterdrückte Aggressionen. Auch eine Überproduktion der Magensäure kann die Ursache sein. Aber auch die wird sehr oft von seelischen Störungen gesteuert. Es gibt auch ein Bakterium, welches die Magenwände angreift: Es ist der Helicobacter pylori.
Früher hat man Gastritis mit speziellen Diäten bekämpft. Davon ist die moderne Medizin längst abgekommen. Auch das Trinken von Milch wird längst nicht mehr empfohlen. Milch neutralisiert zwar direkt nach dem Genuss ein Zuviel an Magensäure. Doch schon 30 Minuten später gibt sie Kalziumionen an die Magenschleimhäute ab. Und damit wird die Bildung der Magensäure wieder angekurbelt.
Das sind nun die wirksamsten Naturrezepte gegen Gastritis:

- Der Betroffene sollte essen, was er möchte, allerdings nur wenig. Das gilt für Zeiten, in denen er keine Beschwerden hat. Ideal sind 6 kleine Mahlzeiten am Tag anstelle von 3 großen. Dadurch wird der Magen nicht so belastet. Wenn Beschwerden auftreten, dann sollte man sich für eine kurzfristige Schonkost entscheiden: Haferschleimsuppe, Gemüsebrühe, Dinkelgrießbrei, Kamillentee, trockene Brötchen.

- Sehr sinnvoll ist, ehe man zu Medikamenten greift, eine klassische Rollkur mit Kamillentee. 1 gehäufter Esslöffel mit Kamillenblüten aus der Apotheke wird mit 1/4 Liter kochendem Wasser übergossen, 8 Minuten zugedeckt ziehen lassen. Durchseihen, lauwarm werden lassen. Dann die ganze Menge zügig trinken. Danach hinlegen und für jeweils 5 Minuten zuerst auf den Rücken legen, dann auf die linke Seite, danach auf den Bauch und schließlich auf die rechte Seite. Auf diese Weise können die heilenden ätherischen Öle der Kamille sanft auf die Magenwände einwirken.
- Oder trinken Sie folgenden Heilkräutertee: Mischen Sie jeweils 1 Teelöffel Kamillenblüten, Pfefferminzblätter und Melissenblätter. Überbrühen Sie alles mit 1/4 Liter kochendem Wasser. 10 Minuten ziehen lassen, duchseihen. Der Tee sollte lauwarm und ungesüßt in kleinen Schlucken zu den Mahlzeiten getrunken werden.
- Sehr sinnvoll ist es, dass all jene, die zu Gastritis neigen, regelmäßig Spinat, Kürbisgerichte, Grünkohl oder gedünstete Möhren essen. Überall ist sehr viel Provitamin A Betacarotin drinnen. Und das kann angegriffene Magenwände wieder regenerieren.
- Ein bewährtes Mittel zur raschen Linderung von Gastritisbeschwerden: Besorgen Sie sich aus dem Reformhaus milchsauer-vergorenen Kartoffelsaft und trinken Sie einige Zeit 15 Minuten vor jeder Mahlzeit 1/16 bis 1/8 Liter davon in kleinen Schlucken.
- Stressabbau ist sicher eine gute Möglichkeit, Gastritis erfolgreich zu bekämpfen. Sie sollten regelmäßig beruhigende Atemübungen machen. Auch Freizeitsport wirkt beruhigend. Und echte Erholung am Wochenende sowie Ferien ohne Urlaubsstress.

Eine wesentliche vorbeugende Maßnahme: Wenn Sie Ärger haben, schlucken Sie ihn nicht runter. Im Gegenteil: Machen Sie Ihrem Ärger Luft. Schreien Sie alles aus sich heraus. Scheuen Sie sich nicht vor Wutanfällen. Reagieren Sie alles nach außen ab.

So leben Sie um sieben Jahre länger

Am 31. Mai ruft die Weltgesundheitsorganisation (WHO) alljährlich zum Welt-Nichtraucher-Tag auf. Dieser Tag soll uns ein wenig zum Nachdenken anregen: Ob es für manche von uns nicht sinnvoll wäre, weniger zu rauchen oder vielleicht ganz mit dem Rauchen aufzuhören. Vor allem aber soll dieser Tag jenen Mut machen, die ohnehin längst von der Zigarette loskommen wollen. Und das sind in Mitteleuropa immerhin 60 Prozent der Raucher.

Die gegenwärtigen Zahlen zum Thema Rauchen sind alles andere als erfreulich: In Mitteleuropa rauchen 40 Prozent der Männer im Alter zwischen 25 und 60 Jahren. Bei den Frauen in diesen Altersgruppen sind es 29 Prozent. Aber gerade bei den Frauen ist die Tendenz zum Rauchen steigend. Mediziner vermuten, dass diese Tatsache eine Erklärung für das Zunehmen von Herzinfarkt und vorzeitiger Arteriosklerose beim weiblichen Geschlecht ist.
Man muss davon ausgehen, dass in Mitteleuropa pro Jahr rund 100.000 Menschen an den Folgen des Rauchens sterben. Das sind umgerechnet 300 Tote pro Tag. Dabei spielt Krebs eine wesentliche Rolle. Wer zwischen 15 und 20 Jahren mit dem Rauchen begonnen hat und ein Leben lang raucht, verkürzt auf Grund statistischer Daten sein Leben um 12 bis 15 Jahre. Und besonders wichtig: Wenn jemand um das 40. Lebensjahr vom Rauchen loskommt, kann er damit sieben kostbare Lebensjahre gewinnen.
Mancher fragt: Was ist denn so gefährlich an der Zigarette? Hier die Antwort zum Welt-Nichtraucher-Tag: Sie enthält rund 4000 chemische Substanzen im Zigarettenrauch. 50 davon haben eine nachweislich Krebs erregende Wirkung. Die Schädlichkeit hängt jeweils von der unterschiedlichen Konzentration der Stoffe ab.
Für einen sensiblen Menschen mit nicht so robuster Konstitution ist es daher auch gefährlich, über einen langen Zeitraum bloß fünf Zigaretten pro Tag zu rauchen. Die Schadstoffe der Zigarette belasten nicht nur die Atemwege, die Lunge. Sie konzentrieren sich auch im Blut. Deswegen wird die Zigarette der schwangeren Frau der Kindesfrucht im Mutterleib bereits gefährlich.
In einer Zeit, in der täglich über steigende Umweltbelastungen diskutiert wird, muss man sagen: Die Luft in Wohn- und Büroräumen gerät durch Zigarettenrauch in einen katastrophalen Zustand.
Wer sich das Rauchen abgewöhnen möchte, hat heute als Hilfestellung das Raucherpflaster, den Anti-Raucher-Kaugummi, Hafertee oder Hafertinktur, alles aus der Apotheke.
Und wer dennoch weiterraucht, der sollte zumindest als Gegenmaßnahme täglich 1 Vitamin-C-Brausetablette ohne Zucker in Wasser und 1 Kapsel natürliches Vitamin E, 200 internationale Einheiten (Apotheke), zu sich nehmen.

Die Heilpflanze Kudzu hilft beim Rauchen-Abgewöhnen

Seit Sommer 1999 macht eine Heilpflanze von sich reden, die – ganz ohne Nikotin – eine hervorragende Hilfe beim Rauchen-Abgewöhnen ist. Ärzte und Wissenschaftler an der Medizinischen Fakultät der berühmten Harvard-Universität in Boston, USA, sind von der Wirkung der Pflanze begeistert.
Es handelt sich um eine Pflanze mit dem Namen Kudzu. Sie wird in der traditionel-

len sino-japanischen Pflanzenheilkunde – auch Campo-Medizin genannt – seit Jahrtausenden verwendet. Man kennt sie auch in China und Korea.
Kudzu – mit dem lateinischen Namen Pueraria lobata – ist durch ihre beiden Hauptwirkstoffe interessant. Das sind die Isoflavone Daidzin und Daidzein. In früheren Zeiten hat man die Blätter und Wurzeln der Pflanze als Tee verwendet, um vom Alkohol loszukommen. Neueste Studien haben bewiesen, dass sich Kudzu viel besser dazu eignet, wenn man sich das Rauchen abgewöhnen will.
Und das sind die positiven Wirkungen der Heilpflanze:

- Sie entgiftet den Organismus in einer erstaunlichen Schnelligkeit.
- Sie senkt zu hohen Blutdruck und aktiviert den Blutfluss.
- Die Durchblutung von Gehirn und Beinen wird gefördert.

Nikotin kann zu Durchblutungsstörungen, vorzeitiger Arteriosklerose, zu Lungenkrebs und Magengeschwüren führen. Es entfaltet seine Wirkung im Körper über so genannte Nikotinrezeptoren. Wenn nun jemand plötzlich das Rauchen einstellt, bleiben diese Nikotinrezeptoren unbesetzt. Das führt zu den bekannten Entzugserscheinungen wie Unruhe, Reizbarkeit und gesteigertes Verlangen nach Nikotin.
Amerikanische und französische Forscher haben nun herausgefunden: Die in der Heilpflanze Kudzu enthaltenen Wirkstoffe besetzen sofort die Nikotinrezeptoren, so wie ein Nikotinersatz. Das Verlangen nach Nikotin wird damit entscheidend unterbunden. Amerikanische Ärzte haben deshalb der Pflanze mit dem schwer auszusprechenden Namen Kudzu den Beinamen Nico-free (frei von Nikotin) gegeben.
Ein Geheimnis des Erfolges ist sicher auch die Tatsache, dass die Blätter der Kudzupflanze fast alle harmlosen, ungefährlichen Inhaltsstoffe der Tabakblätter enthalten, nur nicht die belastenden Substanzen, die zur Rauchersucht führen können und gesundheitliche Schäden anrichten. Es besteht also eine gewisse Ähnlichkeit.
Jüngste Studien am Hospital Bichat in Paris haben ergeben: Mit der Kudzutherapie haben 81 Prozent der Probanden das Rauchen komplett aufgegeben. Der Rest konnte den Zigarettenkonsum entscheidend senken.
Blätter und Wurzeln der Kudzupflanze werden zerrieben, zu einem Instantgetränk verarbeitet und in kleine Säckchen verpackt. Wer sich das Rauchen abgewöhnen möchte, löst 3-mal täglich 1 Säckchen aus derApotheke in einem großen Glas warmem oder kaltem Wasser auf und trinkt den Inhalt in kleinen Schlucken.

Die besten Gesundheitstipps für Juni

Kauen Sie sich schlank & gesund!

Viele von uns wollen jetzt vor Sommerbeginn abnehmen, Übergewicht abbauen. Die meisten aber haben weder Zeit noch Geld, noch Lust, aufwendige Diäten in einem Kurzentrum durchzuführen. Und vor unkontrollierten, einseitigen Radikaldiäten zu Hause muss eindringlich gewarnt werden. Sie sind sehr oft gesundheitsschädlich und bringen in vielen Fällen keinen Erfolg. Im Gegenteil: Sehr oft nimmt man dann nach der Diät sogar noch zu.
„Vergessen Sie all diese Diätexperimente!", rät der Wiener Ernährungswissenschaftler Wolfgang M. Bereuter und propagiert eine Philosophie, die er nun drei Jahre lang mit Erfolg getestet und analysiert hat: „Kauen Sie sich schlank und gesund!"
Man braucht zu dieser neuen, ungefährlichen Abspeckmethode nichts anderes einzubringen als eine vollkommen neue Einstellung zur Nahrungsaufnahme. Das sind die Geheimnisse der Methode:
Sagen Sie sich jeden Tag mehrmals: Ich werde mein Wunschgewicht ganz automatisch erreichen, weil ich alles, was ich esse, intensiv für meinen Körper erschließen möchte.

- Sie müssen lernen, das Kauen als erste Stufe des Genießens zu sehen. Dann werden Sie auch Kraft und schließlich Lust finden, sich dafür Zeit zu nehmen. Man muss aber ehrlich sagen: Die praktische Anwendung für Wolfgang M. Bereuters Studie hat ergeben, dass man dazu oft bis zu einem Jahr braucht.
- Wenn Sie sich eine Mahlzeit vorbereiten, dann wählen Sie eine kleine Portion, die Hälfte oder zwei Drittel von dem, was Sie bisher verzehrt haben. Ein praktisches Beispiel: Wer gewohnt war, sich für einen Fernsehabend 4 Wurststullen oder 4 Stück Kuchen vorzubereiten, der darf jetzt nur 1 Stulle oder 1 Kuchenstück nehmen.
- Nächstes Gebot. Gehen Sie damit weit weg vom Kühlschrank, damit Sie nicht in Versuchung kommen, ihn zu plündern.
- Und nun das Wichtigste: Es muss Ihnen gelingen, dass Sie für das Essen dieser Wurststulle genauso viel Zeit benötigen, wie Sie früher für die 4 Stück brauchten. Das bedeutet: Jeden Bissen oftmals kauen. Zuerst 25-mal, später 50- bis 60-mal.

Das Wunderbare ist: Sie brauchen keine spezielle Auswahl an Nahrungsmitteln zu treffen. Es kommt nicht darauf an, was Sie essen, sondern wie Sie es essen. Aller-

dings führt die Kautherapie automatisch mit der Zeit zur gesünderen Ernährung mit hochwertigen Produkten. Wer nämlich gepökelte, billige Wurst und Produkte mit Konservierungsmitteln, Farbstoffen und zu viel Salz so oft kaut, wird entdecken, wie grauenhaft sie schmecken. Und Sie werden erleben, welche Geschmackserlebnisse ein Stück Vollkornbrot, rohes Gemüse und harter Käse bietet.
Die Wiener Studie von Wolfgang M. Bereuter hat auch gezeigt, welchen Erfolg man erzielt, wenn man vom Schlinger zum Kauer wird: Man nimmt im Laufe eines Jahres bis zu 8 Kilogramm ab und belastet dabei nicht den Organismus. Und da durch das Kauen im Mund bereits eine wertvolle Vorverdauung geleistet wird, werden Verdauung und Stoffwechsel positiv beeinflusst.

Der Shiitakepilz kann zu hohes Cholesterin senken

In jüngster Zeit findet man auf Märkten, in Supermärkten und in Restaurants verstärkt eine Pilzart aus Asien: den Shiitakepilz. Es ist nicht nur ein wohlschmeckendes Nahrungsmittel. Er ist auch eine interessante Naturarznei.
Der Shiitakepilz ist in China so verbreitet wie bei uns die Austernpilze oder Champignons. Die ersten Aufzeichnungen über diesen Pilz stammen aus dem Jahr 1368. Der chinesische Arzt Wu Shui berichtet, dass man mit dem regelmäßigen Genuss des Pilzes lange lebt und gesund bleibt.
Was bewirkt der Shiitakepilz im menschlichen Organismus, wenn man ihn regelmäßig konsumiert?

- Im Shiitakepilz findet man die Substanz Lentinan. Sie regt – zum Beispiel im Falle einer Erkältung – die Produktion von Abwehrzellen an: der Lymphozyten und der Killerzellen. Sie aktiviert auch Immunbotenstoffe, welche Krankheitserreger zerstören.
- Im Shiitakepilz findet man den Wirkstoff Eritradin. Er senkt zu hohe Cholesterinwerte, und zwar das schädliche LDL-Cholesterin. Er wandelt es zum Teil in das schützende HDL-Cholesterin um.
- Der Shiitakepilz enthält das Spurenelement Zink für die Haut, die gute Stimmung und die Immunkraft.
- Er ist reich am Mineralstoff Kalium für Muskeln, Nerven und Herz.
- Der Shiitakepilz liefert Vitamin B_1 für die Nerven, B_2 für die Abwehrkraft und Folsäure für Herz und Kreislauf. Aber auch Vitamin D_2 für die Immunkraft. Dieses Vitamin D_2 ist vor allem aber auch für Vegetarier wichtig, weil sie oft einen Mangel haben. Darum nennt man den Shiitake auch oft das „Fleisch aus dem Wald“.

Und das alles kann man mit dem regelmäßigen Essen von Shiitakepilzen erreichen:

- Der Shiitakepilz senkt nicht nur zu hohe Cholesterinwerte, sondern auch zu hohen Blutdruck.
- Er kann gegen Migräne eingesetzt werden.
- Gelenkentzündungen und rheumatische Beschwerden gehen schneller wieder zurück.
- Man kann mit dem Pilz erfolgreich Magenverstimmungen bekämpfen.
- Er hilft gegen Schwächezustände.
- Die wichtigste Aufgabe für gesunde Menschen: Er hilft beim Aufbau der natürlichen Abwehrkräfte.
- Der Shiitakepilz ist reich an speziellen Hemicellulose-Ballaststoffen, die stark aufquellen. Dadurch wird die Nahrung rasch weitertransportiert, die Verdauung gefördert. Krebs erregende Stoffe und andere Gifte in der Nahrung werden rasch aus dem Körper abtransportiert.
- Man kann mit dem Shiitakepilz schlank bleiben und schlank werden. 100 Gramm haben bloß 42 Kalorien. Außerdem: Der Shiitakepilz macht schnell satt.

Wenn man die heilenden Kräfte des Shiitakepilzes nützen will, dann muss man 2- bis 3-mal die Woche jeweils 4 bis 5 Stück genießen. In der Naturmedizin setzt man aber weder den frischen noch den getrockneten Pilz ein. Der hoch dosierte Extrakt aus dem Shiitakepilz wird in Form von Kapseln (Apotheke) eingenommen.
Wer den Pilz regelmäßig in seinen Speiseplan einbauen möchte, der hat zwei Möglichkeiten: Er kann den Shiitakepilz getrocknet aus Asien beziehen. Der frische Pilz kommt heutzutage meistens aus Österreich. Hier wurde nämlich von dem Shiitake-Experten Dr. Mathias Stampfer ein neues Zuchtverfahren entwickelt, das es ermöglicht, den asiatischen Shiitake von höchster Qualität auf Sägespänen, Maisschrot und Weizenkleie anzubauen.

So schützen Sie sich vor dem Hitzestress im Auto

Heiße Sommertage können für den Autofahrer zur Qual und zu einer großen Gefahr werden, wenn er sich nicht entsprechend darauf einstellt. Viele unterschätzen die Situation. Der Autofahrer ist in seinem Wagen einem enormen Hitzestress ausgesetzt. Das Fahrzeug wird zum Backofen. Es herrschen Zustände wie in den Tropen oder wie in einer Biosauna. Durch die schrägen Front- und Heckscheiben kommt es durch die Sonneneinstrahlung zu einem Glashauseffekt. Er kann auch mit einer guten Lüftung nicht ausgeglichen werden.
Medizinmeteorologen, Ärzte und Verkehrspsychologen der Universität Wien haben dazu eine Untersuchung durchgeführt. Das Ergebnis ist alarmierend:

- ❖ Wenn es draußen 31 Grad Celsius hat, dann kann man im Inneren des Autos in Kopfhöhe des Fahrers bis zu 55 Grad messen.
- ❖ Diese extreme Hitze im Wagen hat negative Auswirkungen auf die Fahrtüchtigkeit des Lenkers. Bereits bei 35 Grad Innentemperatur im Auto wird die Fahrleistung um 30 Prozent schlechter.
- ❖ Der Autofahrer reagiert wie unter Alkoholeinfluss. Die Bewegungsabläufe werden langsamer. Kritische Situationen werden nicht so schnell erfasst. Die Kombinationsfähigkeit lässt nach. Die Gefahr für Fehlreaktionen steigt.
- ❖ Der Fahrer steht unter einem starken seelischen Druck. Er hat aber auch körperliche Probleme. Bei etwa 55 Grad Celsius im Auto verliert der Organismus mit dem Schweiß innerhalb von nur einer Stunde bis zu drei Liter Flüssigkeit. Das bringt für die Nieren und für den Kreislauf erhebliche Probleme. Es kommt zu Schwindel, Herzbeschwerden, mitunter auch zu einem Hitzekollaps und Sonnenstich. Weitere Folgen der Hitze im Auto sind Reizbarkeit, Erschöpfung, depressive Zustände, Ängste.

Wer das ganze Jahr über viel mit dem Wagen unterwegs ist, der muss damit rechnen, dass er etwa 60 bis 80 Tage während des Sommers diesem Hitzestress ausgesetzt ist. Und so kann man sich schützen :

- ❖ Ideal: ein Auto mit Klimaanlage. Da kann es nicht zum Hitzestress kommen.
- ❖ Wer keine Klimaanlage besitzt, der muss vorsichtig sein. Wenn der Wagen stundenlang auf einem Parkplatz in der Sonne abgestellt war: niemals sofort einsteigen und wegfahren. Zuerst alle Fenster öffnen, wenn vorhanden auch das Schiebedach. Schalten Sie die Lüftung voll ein, lassen Sie sie einige Zeit laufen. Dann erst einsteigen und losfahren.
- ❖ Wenn Ihnen auf der Fahrt im überhitzten Auto übel wird: Stellen Sie den Wagen ab, fahren Sie mit dem Taxi oder mit einem öffentlichen Verkehrsmittel weiter. Oder: aussteigen, einen kühlen Ort aufsuchen. Erst weiterfahren, wenn Sie sich besser fühlen.
- ❖ Sehr vorteilhaft ist es, wenn man in der Hitze mit einem hellfarbenen Wagen unterwegs ist. Die Sonnenstrahlen werden besser reflektiert. Die Innentemperatur in einem hellen Auto im Sommer beträgt 6 Grad weniger.
- ❖ Sie sollten im Auto immer Mineralwasser, einen ungesüßten Kräutertee oder verdünnte Fruchtsäfte dabeihaben. Trinken Sie in kleinen Abständen. Damit gleichen Sie den enormen Flüssigkeitsverlust schnell aus.
- ❖ Steigen Sie an heißen Tagen niemals mit vollem Magen ins Auto. Essen Sie vor einer längeren Fahrt frische Früchte.
- ❖ Wählen Sie lockere, leichte und atmungsaktive Kleidung, am besten aus Leinen oder Baumwolle.

So gefährdet Kaffee nicht das Cholesterin

Wer belohnt sich nicht gern am Arbeitsplatz oder zu Hause zwischendurch mit einer Tasse Bohnenkaffee? Wer sitzt nicht gern gemütlich in der Freizeit mit Freunden bei einer Tasse Kaffee beisammen?
Irgendwie aber schwingt oft auch ein schlechtes Gewissen mit. Und die Frage: Wie gesund oder gesundheitsschädlich ist Kaffee?
Viele Studien in den letzten Jahren haben ergeben: Bohnenkaffee – in Maßen getrunken – ist keine Gefahr für die Gesundheit. Im Gegenteil: Man muss unbedingt auch mit einkalkulieren, dass das Genießen einer Tasse Kaffee einen positiven Einfluss auf Körper und Seele hat. Man kann damit die natürlichen Abwehrkräfte stärken, Stress abbauen.
Es ergibt sich nun die berechtigte Frage: Was heißt eigentlich – Kaffee in Maßen? Ernährungsexperten meinen: Etwa vier Tassen Kaffee am Tag sind bei einem gesunden Menschen eine akzeptable Menge.
Im Grunde genommen sollte jeder selbst beobachten und herausfinden, wie viel Kaffee er verträgt. Wer unentwegt Stress und Ärger hat, wer obendrein raucht und keine Bewegung macht, der sollte nicht noch extra große Mengen Kaffee trinken.
Es gibt sogar Situationen, in denen der Arzt dem Patienten das Kaffeetrinken durchaus gestattet, sozusagen als „Arznei“. Nämlich bei zu niedrigem Blutdruck, bei Kreislaufproblemen und bei Durchblutungsstörungen im Gehirn.
In den letzten Jahren wurde immer wieder behauptet: Bohnenkaffee fördert die Adernverkalkung, hebt die Cholesterinwerte. Um diese Frage ein für alle Mal zu klären, hat man am Institut für Ernährungswissenschaften in Utrecht eine Studie durchgeführt. Sie wurde kürzlich veröffentlicht und besagt: Es kommt darauf an, wie man den Kaffee zubereitet.
Wer täglich fünf bis sechs Tassen starken Kaffee trinkt, der mit Papierfilter zubereitet wurde, weist nur eine minimale, nicht nennenswerte Erhöhung des Cholesterins auf, oft sogar überhaupt keine.
Wer allerdings den Kaffee aus einer Maschine ohne Filter zubereitet und trinkt, bei dem kommt es zu einer Erhöhung des Cholesterinspiegels um etwa 10 Prozent und mehr.
Und das ist die Erklärung dazu: Bohnenkaffee enthält außer Koffein noch weitere Aktivsubstanzen. Zwei davon sind das Cafestol und das Kahweol. Die beiden Wirkstoffe verändern den Fettstoffwechsel der Leber. Dadurch steigt der schädliche Anteil des LDL-Cholesterins im Organismus.
Die beiden Substanzen dringen ungehindert durch die Metall- oder Kunststoffsiebe von Kaffee- und Espressomaschinen. Sie bleiben aber im feinporigen Papierfilz der Kaffeefilter zurück. Weiters interessant für alle, die sich ihren Kaffee ganz schnell

zubereiten: Instantkaffees enthalten Cafestol und Kahweol in unbedeutenden Mengen, weil die bei der Herstellung abgebaut werden.
Man muss immer wieder betonen. All die negativen Wirkungen von Kaffee kommen nur zum Tragen, wenn man einfach zu viel davon trinkt. Und wenn man einige Tassen knapp hintereinander trinkt. Es ist sinnvoll, den Kaffeegenuss über den Tag zu verteilen. Allein eine Pause von 15 Minuten zwischen 2 Tassen Kaffee macht den Kaffeekonsum bekömmlicher.

Gesund und fit – ohne Fleisch

Laut einer Umfrage im Rahmen der Europäischen Union nimmt die Zahl der Menschen, die kein Fleisch essen, ständig zu. Allein in England ist der Anteil der Vegetarier von 1984 bis 1996 von 2 auf 7 Prozent angestiegen. In Österreich gibt es derzeit 1 Prozent, in Deutschland 5 Prozent. Im Sommer fällt es vielen Menschen am leichtesten, auf Fleisch zu verzichten.
Es gibt drei Formen der vegetarischen Ernährung:

- Die Ovo-Lacto-Vegetarier essen kein Fleisch, aber Milch, Käse und Eier.
- Die Lacto-Vegetarier essen auch Milch und Käse, aber keine Eier.
- Die Veganer hingegen essen keinerlei Speisen, die vom Tier kommen.

Der ansteigende Trend, sich fleischlos zu ernähren, ist zu einem Teil auch auf die Fleischskandale zurückzuführen. Rinderwahnsinn, Medikamente in Geflügel und Schweinefleisch, Hormone im Fleisch haben die Konsumenten verunsichert, haben ihnen Angst gemacht. Nicht jeder hat einen Fleischermeister seines Vertrauens, bei dem er erstklassiges, unbelastetes Fleisch mit bekannter Herkunft kaufen kann.
Viele, die mit dem Gedanken spielen, sich – zumindest zeitweise – vegetarisch zu ernähren, wollen wissen, ob sie ohne Fleisch genügend lebenswichtige Stoffe aufnehmen. Hier die Ergebnisse jüngster Untersuchungen:

- Fleisch ist eine gute Eiweißquelle, aber nicht die einzige. Man kann bedenkenlos den Eiweißbedarf aus Milch und Eiern decken. Man sollte aber auch da nicht zu viel konsumieren.
- Mit dem Weglassen von Fleisch und Wurst reduziert man die tägliche Aufnahme von schädlichen Fetten, welche die Cholesterinwerte hochtreiben.
- Wer kein Fleisch isst, der muss reichlich Gemüse, Salat, Obst und Vollkornteigwaren, Naturreis, Mais, Vollkornbrot, Kartoffeln und kaltgepresste Öle konsumieren.
- Eiweiß ist auch in bestimmten Pflanzen zu finden. Vor allem die lebensnotwendigen Eiweißbausteine, auch Aminosäuren genannt, kann man aus Pflanzen tanken. Wer kein Fleisch isst, der muss regelmäßig Sojaprodukte und andere

Hülsenfrüchte, Sesamsamen, Sonnenblumenkerne, Nüsse und Kürbiskerne in den Speiseplan einbauen.

- Veganer müssen Obacht geben, dass sie keinen Mangel an den Vitaminen B_{12} und D erleiden. Vitamin B_{12}, das wir alle hauptsächlich aus Eiern, Quark und Fisch aufnehmen, müssen Veganer aus Sauerkraut und Vollkornprodukten tanken. Vitamin D erzeugt der Körper, wenn Sonne auf die Haut auftrifft. Daher müssen Veganer regelmäßig Sonne tanken und Pilze essen, denn Pilze liefern Vitamin D.

Wenn schwangere Frauen, stillende Mütter, Kinder und Jugendliche den Wunsch haben, sich fleischlos zu ernähren, dann sollten sie das allerdings vorher mit dem Arzt besprechen.

Interessant sind drei große Studien, die an der Universität Gießen, am Krebsforschungs-Institut Heidelberg und am Bundesgesundheitsamt Berlin durchgeführt wurden. In allen drei Fällen hat man die Vorteile und Nachteile vegetarischer Lebensweisen untersucht. Das Ergebnis: Vegetarier weisen günstigere Blutdruckwerte und Cholesterinwerte auf, haben weniger Gewichtsprobleme und sind weniger infektanfällig. Sie haben sehr oft eine längere Lebenserwartung und ein herabgesetztes Krebsrisiko.

Interessant ist, dass fast alle, die sich für eine vegetarische Lebensweise entscheiden, mit dem Rauchen aufhören und wenig Alkohol trinken.

Gesunde Kost für heiße Sommertage

Egal, ob wir heiße und schwüle Sommertage erleben, oder ob wir von extrem wechselnden Temperaturen gequält werden: Damit unser Organismus diese Situationen besser meistert, sollten wir uns gezielt ernähren. Es ist gar nicht schwer, eine gesunde Kost für anstrengende Sommertage zusammenzustellen.

In der schönen Jahreszeit kann unser Körper besonders intensiv aus Naturprodukten Vitamine, Mineralstoffe und Spurenelemente aufnehmen. Daher sollten wir die Erntezeit nützen und möglichst oft zum reifen, heimischen Obst und Gemüse greifen.

Das heißt aber nicht, dass wir ausschließlich frisches Obst und rohes Gemüse essen müssen. Im Gegenteil: Die Sommerkost sollte ausgewogen und vielfältig sein. Ideal:eine Ernährung, wie sie im Mittelmeerraum üblich ist. Leicht und gesund. Eine Studie am Institut für Sozialmedizin an der Universität Wien hat ergeben: In den Mittelmeerländern ist die Zahl der Herz-Kreislauf-Erkrankungen viel geringer als bei uns. Die Menschen haben auch eine viel höhere Lebenserwartung.

Und das sind die wichtigsten Faktoren der Mittelmeerküche:

- ❖ Als Vorspeise knackige Salate aus rohem Gemüse, angerichtet mit kaltgepresstem Olivenöl. Dieses besteht aus 70 Prozent ungesättigten Fettsäuren und senkt das schädliche LDL-Cholesterin.
- ❖ Wenig mageres Fleisch, dafür mehr Meeresfisch. Die Omega-3-Fettsäuren im Fisch beugen der frühzeitigen Adernverkalkung vor.
- ❖ Nudeln. Sie geben Energie, machen nur dann dick, wenn sie mit fettem Fleisch oder fetten Soßen gegessen werden. Ein gesundes Beispiel: Spagetti mit Olivenöl und Knoblauch.
- ❖ Zum Dessert: frische Früchte oder Fruchtsalat aus Äpfeln, Kiwis, Birnen, Trauben, Papayas.

Wichtig speziell an heißen Sommertagen: fünf kleine Mahlzeiten statt drei große. Das belastet den Organismus nicht so sehr.

Früher war es üblich, dass man im Sommer – der Haltbarkeit wegen – sehr oft und gerne geräucherte oder gepökelte Lebensmittel in den Speiseplan eingebaut hat, vor allem Wurst und Räucherspeck. Auch heute mögen das viele gern. Aber wir wissen: Beim Räuchern und Pökeln werden Nitratsalze eingesetzt. Sie werden im Organismus bei der Verdauung in Nitrosamine umgewandelt. Und das sind Krebs erregende Substanzen.

Das bedeutet aber nicht, dass wir nie mehr Räucherspeck und Wurst genießen dürfen. Aber wir sollten dabei einen Trick anwenden: Essen Sie rohe Tomaten dazu oder ein großes Stück Wassermelone hinterher. Diese Naturprodukte enthalten den Pflanzenfarbstoff Lycopen. Er kann die Umwandlung von Nitraten und Nitriten in Nitrosamine verhindern. Das können übrigens auch rohe Paprikaschoten mit ihrem Wirkstoff Phenolsäure.

Grundsätzlich sollten wir an Sommertagen – speziell zur Erntezeit – täglich $^1/_2$ Kilo Obst und $^1/_2$ Kilo Gemüse essen. Und zwar in den Farben Rot, Grün, Gelb und Orange. Mit so einer Mischung nimmt man 1,5 Gramm heilsame Pflanzenfarbstoffe auf, etwa 5000 verschiedene Substanzen.

An heißen und schwülen Sommertagen dürfen wir – für gesunde Nieren, gute Laune und für eine jugendliche Haut – nicht aufs Trinken vergessen. Am gesündesten: 1,5 bis 2 Liter stilles Mineralwasser oder ungesüßten Kräutertee. Außerdem kann man den Durst auch „wegessen“. Mit Melonen aller Art, mit Salatgurken, Trauben und reifen Tomaten tanken wir reichlich Flüssigkeit.

Schnelle Hilfe gegen „Sommerrheuma“

Normalerweise war es immer so, dass die Zahl der Rheumaerkrankungen im Spätherbst angestiegen ist. Seit einiger Zeit hat sich das geändert. Die ärztliche Statistik verrät: Noch niemals gab es im Sommer so viele Rheumapatienten wie in den letz-

ten Jahren. Ein neuer Trend. Wobei man deutlich unterscheiden muss: Es handelt sich in den meisten Fällen nicht um dramatische Kankheitsfälle, sondern um leichtere Rheumabeschwerden, welche die Lebensqualität allerdings erheblich einschränken. Betroffen sind auch schon junge Menschen.

Die typischen Symptome: ziehende, stechende Schmerzen in den Schultern, im Nacken, in den Armen und Händen, aber auch in den Knien sowie im Rücken.

Ärzte sprechen vom „Sommerrheuma". Und Medizinmeteorologen haben eine konkrete Erklärung dafür. Die Ursache für dieses massive Auftreten von Gelenk- und Muskelschmerzen ist zweifelsohne auf den langen, ungemütlichen Winter und das feuchte, kühle Frühjahr sowie auf den zum Teil verregneten Sommer zurückzuführen.

Viele, die in den vergangenen Wochen bei dem verrückten Wetter zu leicht bekleidet waren oder beim Freizeitsport ins Schwitzen gekommen sind und mit feuchter Kleidung herumliefen, haben ihre natürlichen Abwehrkräfte erheblich geschwächt. Muskeln und Gelenke machen Probleme. Aber auch viele, die während des Badeurlaubes zu lange im Wasser waren, haben sich rheumatische Beschwerden eingehandelt. Denn das Wasser in unseren Seen und im Mittelmeer ist bisweilen im Sommer kühler als sonst. Man spricht in diesem Fall vom „Baderheuma" oder vom „Mittelmeerrheuma".

Was können all die Betroffenen tun, um rasch wieder schmerzfrei zu sein?

- Morgens nach dem Aufstehen, wenn die Gelenke besonders steif sind, lohnt es sich, heiß zu duschen. Vorher oder anschließend sind Gymnastikübungen sinnvoll.
- Reiben Sie die betroffenen Körperstellen äußerlich mit Propolismassagecreme aus dem Bienenstock (Apotheke), mit Kamillenöl oder mit Olivenöl ein.
- Essen Sie Obst und Gemüse, das reich an Vitamin C ist: Paprikaschoten, Petersilie, Schnittlauch, Grapefruits.
- Gehen Sie einmal die Woche in die Sauna. Oder nehmen Sie einmal die Woche ein Wannenbad mit Moorextrakt oder mit Wacholderöl-Badezusatz.
- Das Wichtigste aber ist die Behandlung von innen her: Führen Sie dem Organismus über einen längeren Zeitraum höher dosiertes natürliches Vitamin E zu. Täglich eine Kapsel mit 500 internationalen Einheiten Vitamin E (Apotheke). Gemeinsam mit Wissenschaftlern aus aller Welt, unter anderem mit Ärzten der weltberühmten Tufts-Universität in Boston, USA, konnte die deutsche Optovit-Forschung in München nachweisen: Natürliches Vitamin E bremst die Entzündungsvorgänge, die bei Rheuma im Organismus entstehen. Außerdem werden unsere Körperzellen vor der Zerstörung durch aggressive Sauerstoffradikale geschützt, die Zellen und Gewebe zerstören.

Die Entzündung, die mit dem Rheuma einhergeht, ist eine natürliche Abwehrreak-

tion gegen schädigende Einflüsse auf Gelenke und Muskeln. Man spricht von einer Phagozytose. Bei diesem Vorgang braucht der Körper sehr viel Vitamin E. Daher muss man ihn damit versorgen.
Bei einer klinisch kontrollierten Doppelblindstudie wurde nachgewiesen: In leichten Rheumafällen bessern sich die Schmerzen nach sechs Wochen allein mit Vitamin E. In schweren Fällen konnten die Rheumamittel auf Grund der Versorgung mit Vitamin E um 50 Prozent reduziert werden.

Gesundheitsservice für unser Blut

Wir bekommen immer wieder Ratschläge für Herz und Kreislauf, für die Haut, für die Leber, für Galle, Magen und Darm. Keiner spricht davon, dass auch unser Blut ein ständiges Gesundheitsservice braucht. Und mancher wird fragen: Können wir denn selbst auch etwas für ein gesundes Blut tun? Immerhin: Blut ist ein wichtiges Transportmittel für lebenswichtige Stoffe zu vielen Organen und zu all unseren Körperzellen. Sauerstoff, Eiweiß, Fette, Kohlenhydrate, Vitamine, Mineralstoffe und Spurenelemente werden über das Blut angeliefert. Das Blut befördert aber auch Hormone, Enzyme und andere Botenstoffe, die zum Beispiel für unser Immunsystem benötigt werden. Das Blut steuert unsere Körpertemperatur. Und es reguliert den Abtransport von Giften, Kohlenmonoxid und Stoffwechselschlacken.
Jeder Mensch hat – je nach Körpergewicht und Größe – 6 bis 9 Liter Blut im Körper. Und damit diese Blutmenge optimale Voraussetzungen für einen gesunden Körper mitbringt, müssen wir einiges beachten:

❖ Unser Blut muss ständig neue rote Blutkörperchen bilden, denn die Lebensdauer eines Blutkörperchens beträgt etwa 50 Tage. Dafür brauchen wir das Spurenelement Eisen. Sonst kommt es zur Anämie, auch Blutarmut genannt. Für eine natürliche Eisenzufuhr müssen wir in den täglichen Speiseplan Äpfel, Apfelmus, Petersilie, Bohnen, Erbsen, Hirse, Vollkornbrot und reichlich frischen, klein gehackten Schnittlauch einbauen.

Auch Müsli liefert Eisen. Aber nur dann in interessanten Mengen, wenn man es etwa 2 Stunden lang vor dem Essen in Milch oder Wasser aufweichen lässt. Im Vollkorn befindet sich Phytat, eine Substanz, die die Aufnahme von Eisen verhindert. Beim Aufweichen zerfällt diese Substanz. Das Eisen kann aufgenommen werden. Auch Fleisch und Fisch sind interessante Eisenlieferanten für unser Blut. Wichtig für die Aufnahme: Vitamin C. Also: Zum mageren Steak Salat mit reichlich Zitronensaft. Oder ein Glas frisch gepressten Orangensaft.

❖ Wir müssen auch darauf achten, dass wir in unserem Blut keinen zu hohen Cholesterinspiegel haben. Die wichtigsten Maßnahmen: regelmäßige Bewegung, viel frisches Obst und rohes Gemüse, kaltgepresste Pflanzenöle. Machen Sie öfters zum Wochenende eine Molkekur. Trinken Sie 1 Liter Molke über den Tag verteilt. Dazu 2 Liter Mineralwasser und $^1/_2$ Liter Gemüsebrühe. Sonst nichts. Oder nehmen Sie sechs Tage lang 3-mal täglich 2 Esslöffel Artischockensaft (Reformhaus) in etwas Wasser verrührt.

- Wir sollten auch etwas tun, damit unser Blut leicht und flüssig durch unsere Gefäße rinnt. Auch da gibt es einige wirkungsvolle Rezepte: Trinken Sie jeden Tag bis zu 2 Liter Mineralwasser oder ungesüßten Kräutertee. Essen Sie reichlich Knoblauch. Das Allicin im Knoblauch hält das Blut auf ideale Weise flüssig und erhält die Adern jung. Auch Fischöl – besonders vom Lachs, von der Makrele oder vom Hering – hält das Blut flüssig. Trinken Sie oft grünen Tee oder roten Traubensaft. Essen Sie Orangen, Grapefruits, Paprika.
- Wir müssen aber auch dafür sorgen, dass unser Blut mit genügend Sauerstoff versorgt wird. Gehen Sie oft hinaus in die Natur, machen Sie Atemübungen. Diese Nahrungsmittel verbessern die Sauerstoffzufuhr zum Blut, weil sie reichlich Vitamin E enthalten: Brokkoli, rote Trauben, Blumenkohl, Möhren und Grapefruits, ganz besonders jene mit rotem Fruchtfleisch.

Knoblauch kann vor Schlaganfall schützen

Was Wissenschaftler an der Universität von Oxford in England schon lange vermutet haben, konnte im Jahr 1998 von Prof. Dr. Günter Siegel, dem Vorsitzenden der Deutschen Gesellschaft für Arteriosklerose-Forschung, im Rahmen einer Studie am Physiologischen Institut der Freien Universität Berlin exakt nachgewiesen werden: Knoblauch schützt vor Schlaganfall.

Über 200.000 Menschen erleiden jährlich allein in Deutschland einen Schlaganfall. Jeder Dritte Betroffene stirbt daran. Ein Drittel der Erkrankten bleibt ein Leben lang behindert und pflegebedürftig. Damit ist diese Krankheit nach Herzinfarkt und Krebs die dritthäufigste Todesursache. Wissenschaftler und Ärzte sind überzeugt: Durch gezielte Vorbeugung und eine verbesserte Versorgung im akuten Fall könnte man bis zu 70 Prozent der Schlaganfälle und etwa 40.000 Todesfälle verhindern.

Erste Symptome für den Schlaganfall muss man sehr ernst nehmen. Dazu gehören Sehstörungen auf einem Auge, vorübergehende Taubheit einer Körperhälfte, vor allem im Gesicht und in einem Arm, kurzzeitige Störungen der Sprache, das Sehen von Doppelbildern, plötzliche Sehstörungen, Drehschwindel und Gangunsicherheit, plötzlich auftretender, extrem starker Kopfschmerz. Beim ersten Anzeichen eines dieser Warnsignale muss sofort der Arzt aufgesucht werden.

Wissenschaftler und Ärzte der Deutschen Schlaganfall-Hilfe sind seit Jahren bemüht, aufzuklären und zu informieren, wie man den Schlaganfall verhindern kann.

Und dabei soll es nach Möglichkeit erst gar nicht so weit kommen, dass erste Symptome für die Krankheit auftreten. Wir alle müssen mit einem vernünftigen Lebensstil dieser gesundheitlichen Katastrophe vorbeugen.
Und das sind die Risikofaktoren, die einen Schlaganfall heraufbeschwören können: Rauchen, Übergewicht, Diabetes, Herzrhythmusstörungen, Bluthochdruck, Arteriosklerose, zu hohe Cholesterin- und Triglyzeridwerte. Gegen all diese Gefahren muss man ankämpfen.
Nun hat die Studie von Prof. Dr. Günter Siegel an der Freien Universität Berlin ergeben: Die Naturarznei Knoblauch kann auf breiter Ebene einem Großteil der Risikofaktoren entgegenwirken.
In insgesamt zwölf klinischen Studien konnte gezeigt werden, welchen Beitrag der Knoblauch gegen den Schlaganfall leistet: Er kann das schädliche, gefährliche LDL-Cholesterin sowie die Triglyzeride im Blut um 10 Prozent senken, dagegen aber das schützende HDL-Cholesterin anheben. Knoblauch kann zu hohen Blutdruck um etwa 14 Prozent senken. Er hält das Blut flüssig.
Bei allen zwölf klinischen Studien wurden die Probanden regelmäßig mit Knoblauch versorgt. Sie nahmen 3-mal täglich 2 Stück hoch dosierte Knoblauchpulverdragees (Apotheke).

Mit Naturrezepten gegen blaue Flecken auf der Haut

Vielleicht kennen Sie das: Man stößt sich nur ganz leicht an einem Möbelstück. Der Partner fasst einen etwas fester am Arm oder er kneift einen liebevoll. Und schon hat man einen blauen, hässlichen Fleck auf der Haut. Mitunter weiß man gar nicht, wie man sich diesen Fleck geholt hat. Er ist einfach da. Überwiegend leiden Frauen und Mädchen unter diesem Phänomen.
Viele fragen sich: Was ist die Ursache dafür, dass ich so leicht und so oft blaue Flecken bekomme?
Mediziner haben herausgefunden: Es gibt dafür mehrere Gründe. Es kann sich um einen Vitaminmangel handeln. Es kann aber auch eine Infektion oder eine Funktionsstörung der Nebennierendrüsen dahinter stecken. Es kann aber auch im Rahmen einer Diät starker und plötzlicher Gewichtsverlust zu blauen Flecken führen. Oder die Einnahme von ganz bestimmten Medikamenten.
Die Hauptursache für die blauen Flecken auf der Haut ist eine Schwäche in den feinsten Blutgefäßen, Kapillaren genannt.
Es sind daher zwei Maßnahmen im Kampf gegen blaue Flecken wichtig: Gehen Sie in jedem Fall zum Arzt und lassen Sie sich untersuchen. Und bauen Sie zu Hause ein Gesundheitsprogramm auf, mit dem Sie die Kapillaren und die Immunkraft der Haut wieder stark machen.

Dazu gibt es eine Reihe von wirksamen Naturrezepten:

- Reiben Sie die betroffenen Hautstellen regelmäßig mit Hamamelissalbe ein. Das erhöht die Widerstandsfähigkeit der Blutgefäße.
- Nehmen Sie Zinnkrauttabletten oder trinken Sie Zinnkrauttee (Reformhaus). Damit bekommt die Haut reichlich vom Spurenelement Kieselsäure – auch Silicium genannt – zugeliefert. Und das stärkt die Abwehrkräfte der Haut.
- Bauen Sie – so oft es geht – Zitrusfrüchte in Ihren Speiseplan ein. Diese enthalten den sekundären Pflanzenfarbstoff Rutin, der gezielt die ganz feinen Blutgefäße der Haut stärkt. Dazu muss man allerdings wissen: Die beste Frucht dafür ist die Mandarine. Sie ist die einzige Zitrusfrucht, welche dieses Rutin reichlich im Fruchtfleisch enthält.

Bei allen anderen Zitrusfrüchten wie Orangen und Grapefruits kommt das Rutin einzig und allein in der weißen, schwammigen Masse vor, die sich an der Innenseite der Schale befindet und die meistens auch in Strähnen die geschälte, ganze Frucht überzieht. Viele nehmen das weg. Wenn Sie zu blauen Flecken auf der Haut neigen, dann sollten Sie das Weiße unbedingt mitessen. Wichtig ist dabei natürlich, dass es sich um biologisch angebaute Früchte handelt. Sonst befinden sich giftige Konservierungs- und Desinfektionsmittel in der Schale.

Wer leicht blaue Flecken bekommt, der sollte zusätzlich noch einiges beachten:

- Gehen Sie nicht zu lange in die Sonne oder unter die Sonnenbank.
- Meiden Sie die Nähe von Heizungen. Gehen Sie nicht in die Sauna, nicht ins Dampfbad. Setzen Sie sich in keinen Whirlpool. Verwenden Sie keine Wärmflasche.
- Die Temperatur Ihres Badewassers sollte niemals über 36 Grad Celsius sein.

Wenn Sie bereits einen blauen Fleck haben, dann tragen Sie etwas Arnikasalbe auf die Haut auf. Oder geben Sie 20 Tropfen Arnikatinktur (Apotheke) in 1/4 Liter kaltes Wasser, tauchen Sie ein Leinentuch ein, wringen Sie es leicht aus und legen Sie es für 15 Minuten auf die betroffenen Stellen auf.

Auf Rollen durch die Stadt: So vermeiden Sie Unfälle!

Von Jahr zu Jahr werden es mehr Menschen in jedem Alter, die im Sommer mehr oder minder rasant an Fußgehern vorbei durch die Stadt rollen. Die Sportart, die Jugendliche wie Senioren gleichermaßen fasziniert, heißt Inline-Skaten. Doch alljährlich verunglücken dabei rund 3 Millionen Deutsche. Die häufigsten Verletzungen: Hautabschürfungen in allen Schweregraden, Knieverletzungen, Handgelenkbruch, aber auch Schädelbruch. Die durchschnittliche Dauer eines Krankenhausaufenthaltes nach einem Skatingunfall: zehn Tage.

Meistens kommt es zum Unfall, weil der Skater zu schnell unterwegs ist und nicht rechtzeitig bremsen kann. Oder aber, weil die Ausrüstung mangelhaft ist.
Wer sich dem Inline-Skaten verschrieben hat, muss eine Reihe von wichtigen Maßnahmen beachten, damit er diesen Sport ohne Pannen und Verletzungen genießen kann:

- ❖ Achten Sie auf eine vorbildliche Ausrüstung: Sie brauchen einen Handgelenkschutz für die Handgelenke und Vorderarme, einen Helm, der beim Sturz den Hinterkopf schützt. Sie brauchen einen Ellenbogenschutz, einen Knieschutz für die Kniescheiben, den Meniskus, die Bänder und Gelenke, und Sie brauchen Schuhe mit mehreren Schnallen. Sie geben einen besseren Halt.
- ❖ Die Schuhe selbst sollten weiche Rollen haben. Sie dämpfen jeden Stoß besser und schonen die Kniegelenke.
- ❖ Wer noch ungeübt ist, sollte auf einsamen Wegen in freier Natur rollen und nicht mitten im Passantenverkehr.
- ❖ Vergessen Sie nicht: Inlineskaten gilt nicht als Verkehrsmittel. Sie dürfen daher nicht auf der Fahrbahn dahinrollen.
- ❖ Inline-Skater dürfen auf dem Bürgersteig, auf Wohn- und Spielstraßen fahren. Sie dürfen aber niemanden gefährden. Bei einem etwaigen Zusammenstoß oder bei der Verletzung eines Passanten haftet immer der Skater.
- ❖ Achten Sie immer darauf, dass Sie nicht zu schnell unterwegs sind. Sie müssen die Geschwindigkeit der jeweiligen Situation anpassen. Bewegen Sie sich unter vielen Menschen dahin, dann sollten Sie entsprechend langsamer sein. Auf einsamen Wegen können Sie flott dahinziehen.
- ❖ Überschätzen Sie nicht Ihr Können und Ihre körperlichen Kräfte. Das gilt vor allem für Senioren. Versuchen Sie nicht, olympische Rekorde zu erreichen.
- ❖ Halten Sie zu den Fußgängern und zu den anderen Skatern genügend Abstand. Seien Sie bei Hauseinfahrten vorsichtig. Es kann zu Kollisonen mit Autofahrern kommen, die ebenfalls unvorsichtig aus der Garage rasen.
- ❖ Wenn Sie nicht mehr bremsen können, dann warnen Sie die anderen durch lautes Zurufen. Aber bitte, in einem freundlichen Ton.

Mancher wird jetzt fragen: Lohnt es überhaupt, sich mit Inline-Skaten zu befassen? Das sind die Vorteile, die dieser Sport bringt:

- ❖ Bewegung unter freiem Himmel fördert immer die Gesundheit, vor allem, wenn man in der Natur und nicht im Stadtverkehr dahinrollt.
- ❖ Beim Skaten werden die Gesäß-, Bauch-, aber auch die Rückenmuskeln trainiert und gefestigt.
- ❖ Inline-Skaten ist ein gutes Ausdauertraining.
- ❖ Man kann dabei auch schlank werden und schlank bleiben. Der Kalorienverbrauch pro Stunde ist relativ hoch: 600 bis 900.

Lavendel gegen Bluthochdruck, Nervosität und Schlafprobleme

Überall blüht jetzt der Lavendel. Viele Felder sind wie von einem duftenden blauen Teppich überzogen. Der Lavendel ist auch in der heutigen Zeit eine wichtige Naturarznei, die von der modernen Schulmedizin voll anerkannt ist.
Die Heilpflanze stammt aus Persien. Den Namen hat sie von den Römern in der Antike. Man hat damals Lavendelessenz zur Beruhigung der Nerven eingenommen und auch ins Badewasser gegeben. Und da „Waschen" lateinisch „lavare" heißt, entstand daraus die Bezeichnung Lavendel.
Die Lavendelblüten müssen mittags bei Sonnenschein geerntet werden. Da enthalten sie die meisten ätherischen Öle. Und das sind die beiden Hauptwirkstoffe der Heilpflanze:

- Lavendelblüten enthalten bis zu 45 Prozent Linalyt-Azetat. Das ist eine Heilsubstanz, die auch für den Duft verantwortlich ist. Linalyt-Azetat beruhigt die Nerven, löst Verkrampfungen, entspannt, tröstet bei einem seelischen Tief, besänftigt, macht Mut und fördert die Ausschüttung des Hormons Serotonin für positives Denken.
- Lavendelblüten enthalten aber auch Linalool. Diese Substanz ist ein Bakterienkiller, wirkt antiseptisch und entzündungshemmend.

Man kann die Kraft des Lavendels für die Gesundheit in verschiedener Weise nützen: als Lavendelöl, als Lavendelwasser, als Lavendelfluidextrakt, als Lavendeltee, als homöopathische Lavendeltinktur und als Badezusatz.
Und das sind die erfolgreichsten Naturrezepte mit Lavendel gegen viele Alltagsbeschwerden:

- Wer Schlafprobleme hat, sollte vor dem Zubettgehen die Schläfen mit Lavendelöl einreiben. Geben Sie zusätzlich 20 Tropfen auf einen nassen Wattebauschen in einer Schale und stellen Sie diese zum Bett. Oder geben Sie ein paar Tropfen direkt aufs Kopfkissen.
- Wenn Sie tagsüber unruhig und abgeschlagen sind und eine angenehme Raumatmosphäre schaffen wollen, dann geben Sie in eine Dessertschale mit Wasser 30 Tropfen Lavendelöl und 10 Tropfen Zitronenöl.
- Wenn Sie rheumatische Schmerzen lindern, Stress abbauen und das Bindegewebe stärken wollen, dann massieren Sie die schmerzenden Stellen oder den ganzen Körper mit folgender Mischung: auf 1 Esslöffel Olivenöl kommen 5 Tropfen Lavendelöl. Damit kann man auch leichte Bauchschmerzen bekämpfen.
- Bei erhöhtem Blutdruck oder bei zu hohem Blutdruck kann man mit täglich 2 Tassen Lavendeltee Erfolg haben. Man badet zusätzlich 2-mal die Woche in einer Wanne, in die zum Badewasser 4 Liter Lavendeltee gegossen werden.

- Geben Sie 4 Tropfen Lavendelöl in 1 Glas lauwarmes Wasser und gurgeln Sie damit mehrmals am Tag 1 Minute. Das hilft gegen Halsschmerzen.
- Bei Atemwegsentzündungen geben Sie 10 Tropfen Lavendelöl in einen Topf mit heißem Wasser und atmen 10 Minuten lang die aufsteigenden Dämpfe ein.
- Wenn Sie unterwegs nervös werden: Öffnen Sie ein Fläschchen mit Lavendelöl und riechen Sie einfach daran.
- Für alle, die unter lästigen Pickeln auf der Haut leiden: Tränken Sie mehrmals am Tag ein Wattestäbchen mit Lavendelöl und betupfen Sie damit die betroffenen Hautstellen. Damit werden eine Desinfektion und eine Heilung eingeleitet.
- Müde Füße werden frisch, wenn Sie ihnen ein Fußbad in sehr warmem Wasser mit 20 Tropfen Lavendelöl gönnen.

Schwere Beine im Sommer: Das sollten Sie dagegen tun

Wenn im Sommer die Temperaturen steigen, dann leiden viele an schweren, dicken Beinen. Vor allem Frauen sind davon betroffen. Das ergeht oft auch jenen Menschen so, die bisher keine Probleme mit ihren Venen hatten. Bei heißem Wetter können sich die ersten Anzeichen einer beginnenden Venenschwäche bemerkbar machen: Die Beine schwellen an und werden heiß. Die Haut spannt, juckt und kribbelt. Und wer bereits schwache Venen hat, der leidet jetzt besonders.
Und so entsteht dieses Problem: Die Wärme erweitert die Blutgefäße und erhöht damit die Neigung zu Blutstauungen und Schwellungen in den Beinen. Man muss wissen: Bereits ab 23 Grad Celsius Außentemperatur beginnen sich die Venenwände auszuweiten. Dadurch wird der Abtransport des Blutes langsamer. Die Blutzirkulation wird gedrosselt. Das Blut staut sich. In vorgeschädigten Venen ist die Situation besonders belastend.
Es ist daher wichtig, dass wir an den letzten heißen Sommertagen unsere Beine verwöhnen, sie entlasten. Dafür sind oft nur ganz einfache Maßnahmen notwendig:

- Meiden Sie lange Sonnenbäder. Am besten, Sie gehen überhaupt nicht in die pralle Sonne. Die Venen fühlen sich im Schatten wohler.
- Tragen Sie leichte Schuhe mit flachen Absätzen.
- Gehen Sie so oft wie möglich barfuß: zu Hause in der Wohnung oder auf einer Wiese. Dabei werden speziell jene Muskeln gestärkt, die für den Rücktransport des Blutes aus den Beinen mitverantwortlich sind.
- Machen Sie Bewegung. Verzichten Sie des Öfteren auf das Auto und auf den Lift. Gehen Sie auf Zehenspitzen umher und wippen Sie dabei auf und ab. Lassen Sie im Sitzen die Füße kreisen.
- Lagern Sie die Füße hoch, wenn Sie Gelegenheit dazu haben.

- Machen Sie mehrmals am Tag kalte Wadengüsse. Lassen Sie dabei kaltes Wasser aus der Duschbrause 5 Minuten lang über die Unterschenkel fließen. Beginnen Sie bei den Zehen und führen Sie den Wasserstrahl langsam hoch.
- Gehen Sie oft schwimmen. Im kühlen Wasser tut das den Venen besonders gut.

Es gibt aber noch eine Möglichkeit, sowohl den gesunden als auch den kranken Venen an Sommertagen Erleichterung zu verschaffen.

- Wer gesunde Beine hat, der sollte einige Stunden am Tag Stützstrümpfe oder Kniestützstrümpfe (Apotheke) tragen. Sie haben eine entscheidende vorbeugende Funktion, wirken der Ausweitung der Venen entgegen.
- Wer bereits Probleme mit den Venen hat, der sollte sich vom Apotheker nach Maß Kompressionsstrümpfe anfertigen lassen. Sie stellen eine große Erleichterung dar. Diese Strümpfe werden von der Krankenkasse bezahlt. Der Selbstbehalt ist 20 Prozent.

Viele haben Bedenken, sich Stütz- oder Kompressionsstrümpfe zu kaufen. Sie glauben, dass es sich dabei – wie in vergangenen Zeiten – um hässliche Gummistrümpfe handelt. Das hat sich enorm geändert.

Die Entwicklung hat auf diesem Gebiet große Fortschritte gemacht. Die Strümpfe werden heutzutage aus feinstem, elastischem Varilind-Gewebe hergestellt. Dieses Varilind-Gewebe gibt den Strümpfen das elegante Aussehen von modernen Nylons. Zugleich aber übt es in den Fesseln auf das Bein einen hohen Druck aus, der dann schrittweise nach oben abnimmt, genau wie es für den Blutfluss wichtig ist.

Gurken: ideal zum Abspecken, gegen Rheuma, Gicht & Stress

Jetzt haben die heimischen Freilandgurken Hochsaison. Sie sind preisgünstig, schmecken gut und werden von den meisten Menschen mächtig unterschätzt. In gewissem Sinn sind Gurken eine Naturarznei.

Die Gurke ist wichtig für unseren Flüssigkeitshaushalt. Sie besteht zu 95 Prozent aus Wasser. Wer also zu wenig trinkt, kann mit dem Genuss von rohen Gurken oder von Gurkensalat sehr viel ausgleichen. In der Antike hat man die Gurke aus diesem Grund die „Wasserflasche aus dem Gemüsegarten“ genannt. Sie war immer schon als Durstlöscher sehr geschätzt. Der römische Kaiser Tiberius ließ fahrbare Gurkentreibhäuser bauen. Sie wurden auf Feldzügen mitgeführt, damit die Soldaten immer mit diesem erfrischenden Gemüse versorgt werden konnten.

Man kann das ja auch selbst testen. Wenn man an einem heißen Tag durstig ist, dann braucht man nur in eine knackige Gurke zu beißen. Das erfrischt schnell. Die Gurke nimmt es locker mit jedem Elektrolytgetränk auf.

Sehr wichtig ist in der Gurke das Enzym Erepsin. Es spaltet Eiweiß und verbessert auf diese Weise die Verarbeitung und Verdauung von Fleisch.

Sämtliche Vitamine, Mineralstoffe und Spurenelemente in der Gurke sind in der Gurkenflüssigkeit gelöst und können vom Organismus besonders schnell und leicht aufgenommen werden. Weil die Gurke ganz kurz im Magen verweilt und rasch in den Darm gelangt, wird die Aufnahme der Vitalstoffe noch zusätzlich beschleunigt. Interessant für alle, die abnehmen oder schlank bleiben wollen: Die Gurke hat extrem wenig Kalorien. In 100 Gramm sind nur 14 Kalorien enthalten. Wer fünf Tage lang 1-mal täglich eine große Portion Gurkensalat isst, sonst nur rohe Gurkenscheiben mit etwas Quark und ganz wenig Vollkornbrot, der wird staunen, wie viel Pfunde er abbaut. Das Geheimnis: Gurken machen schnell satt. Außerdem liefern sie kein Fett. Daher holt sich der Körper das notwendige Fett für den Stoffwechsel aus den eigenen Reserven aus Hüften und Bauch.
Was kann man nun beim Gurkenessen alles für die Gesundheit tun? Man kann rheumatische Schmerzen und Gichtbeschwerden lindern. Das ist auf den hohen Anteil an Vitamin E zurückzuführen. Man kann Gelenkentzündungen bekämpfen. Dabei hilft das Kupfer im Gemüse. Gurken reinigen und entgiften den Darm. Nieren- und Blasenbeschwerden können gelindert werden. Immunsystem und Bindegewebe werden gestärkt. Gurken besiegen Verstopfung. Sie entlasten das Herz und geschwollene Beine, weil sie entwässernd wirken. Leber und Galle werden durch die Bitterstoffe aktiviert. Mit ihrem extrem hohen Basenüberschuss kann die Gurke zum Entsäuern des Organismus bei zu hohem Fleischkonsum und bei Stress eingesetzt werden.
Wer Gurken schlecht verträgt, Magenbeschwerden und Blähungen bekommt, der sollte Gurken immer mit viel Kümmel würzen, sollte sie gut kauen und eher sparsam damit umgehen.
Die Gurke ist auch ein wunderbares natürliches Kosmetikum. Wer saftige, frische Gurkenscheiben auf die Haut auflegt, versorgt den Teint mit viel Flüssigkeit und wertvollen Vitalstoffen wie etwa Magnesium, Kalium, Kupfer und Betacarotin. Eine erfrischende und verjüngende Gesichtsmaske: Reiben Sie 1/2 Gurke zu einem Brei. 2 Teile davon mit 1 Teil Quark verrühren. Dick auf die Haut auftragen, 15 Minuten einwirken lassen.

Brottrunk: Ein uraltes Getränk stärkt unsere Immunkraft

Wir wissen alle, dass im Rahmen einer ausgewogenen, gesunden Ernährung Vollkornbrot sehr wichtig ist. Viele aber wissen gar nicht, dass es ein Getränk gibt, das aus Vollkornbrot hergestellt wird. Es ist der Brottrunk. Man kann ihn gegen viele Beschwerden einsetzen.
In Russland war es bis zum Zweiten Weltkrieg üblich, dass die Bevölkerung auf dem Land Brot, in Stücke geschnitten, mit Salz, Gewürzen, Wasser und Sauermilch in Tonkrügen eingesäuert hat. Das Getränk, das davon abgefiltert wurde, nannte man

Kwass. Viele unserer Väter und Großväter haben das Getränk, das nicht gut schmeckte und viel Alkohol enthielt, in der Kriegsgefangenschaft kennen gelernt. Wer es getrunken hat, war seltener krank.

Das hat den deutschen Bäckermeister Wilhelm Kanne in Lünen auf die Idee gebracht, flüssiges Brot – auf unseren Geschmack abgestimmt – anzusetzen. Der Arzt Dr. Balzer stand ihm dabei zur Seite. 1969 gab es die ersten Gärversuche. 1981 konnte man den ersten deutschen Brottrunk probieren: vollkommen alkoholfrei, das Brot ausschließlich aus biologisch angebautem Getreide, und zwar aus Weizen, Roggen und Hafer.

Was macht nun den Brottrunk (Reformhaus) so wertvoll für unsere Gesundheit? Brottrunk enthält alle Vitalstoffe, die uns das Vollkornbrot bietet, zusätzlich aber auch Substanzen, die beim Gären entstehen. Der Brottrunk ist reich an den Spurenelementen Selen und Zink für die Immunkraft, Kupfer für die Galle und für unsere Hormone, Eisen fürs Blut, Mangan für den Darm, weiters Magnesium für Herz und Kreislauf, Kalzium für die Knochen, Kalium für die Nerven, die Vitamine E, B_1, B_2, Folsäure, B_{12}, weiters Enzyme, die am Aufbau unserer Immunkaft beteiligt sind, außerdem Mikroorganismen, die beim Gären entstehen und die den Darm stärken.

Der regelmäßige Genuss von Brottrunk hat viele Vorteile: Man kann enorm die Immunkraft stärken, die Darmflora aufbauen, Pilzerkrankungen vorbeugen und bereits vorhandene Pilzprobleme bekämpfen. Die Milchsäurebakterien im Brottrunk sind die größten Feinde der Pilze.

Man kann mit dem Brottrunk Magen und Darm entgiften, wenn man etwas Schlechtes oder Ungewohntes gegessen hat. Der Brottrunk schützt Magen und Darm vor Infektionen. Gicht- und Rheumaschmerzen werden gelindert. Bei Erschöpfung findet man schnell wieder Kraft. Der Heilungsverlauf einer Erkältung wird verkürzt. Der Brottrunk macht leistungsstark. Man kann aber auch Hautprobleme bekämpfen. Brottrunk macht das Blut flüssiger und stärkt den Herzmuskel.

Der Brottrunk kann auch helfen, dass man weniger Hunger hat und leichter abnimmt, wenn man auch die Ernährung entsprechend umstellt. Der Brottrunk ist kalorienarm. 1/4 Liter hat nur 12 Kalorien. Auch Diabetiker dürfen ihn trinken. 1/4 Liter hat 0,02 Broteinheiten. Nach einer 8-Wochen-Kur kommt es oft zu einer Senkung des Blutzuckerspiegels.

So führt man nun eine Kur mit Brottrunk durch. Es gibt da mehrere Möglichkeiten:

- Trinken Sie über einen langen Zeitraum – am besten mehrere Monate lang – 2-mal täglich 1/4 Liter Brottrunk.
- Sie können ihn bedenkenlos auch ständig trinken, wenn sie sich dadurch besonders wohl fühlen.
- Oder aber Sie trinken zwölf Wochen lang – vor jeder Hauptmahlzeit – 1 Glas Brottrunk in kleinen Schlucken.

Weißdorn schützt das Herz vor Stress!

Im Sommer machen heiße Tage mitunter sogar einem gesunden Herzen zu schaffen. Daher haben sich Ärzte schon oft die Frage gestellt: Wie kann man mit natürlichen Kräften das gesunde Herz stärken? Wissenschaftliche Studien haben bewiesen: Man kann das mit Weißdorn erreichen.
Die Heilpflanze Weißdorn wächst in ganz Europa. Für medizinische Zwecke werden die grünen Blätter und die weißen Blüten verwendet. Die wertvollen Inhaltsstoffe sind Faros-Flavonoide wie Hyperosid, Vitexin, Rutin, Kämpferol. Dazu kommen noch Procyanidine, Triterpene und aromatische Carbonsäuren.
Die heilsame Wirkung des Weißdornextraktes ist schon seit der Antike bekannt. Doch bis in unsere Zeit war man grundsätzlich der Ansicht: Weißdorn stärkt in erster Linie das bereits geschwächte Altersherz. Neue wissenschaftliche Forschungen haben nun ergeben: Das Anwendungsgebiet für den Weißdorn ist viel breiter.
Weißdornextrakt ist die ideale sanfte Herztherapie und Herzvorsorge. Man kann sagen: Weißdorn schützt das Herz wie ein nebenwirkungsfreier, pflanzlicher Betablocker vor Stress.
Zuerst waren kritische, klassische Schulmediziner sehr misstrauisch. Inzwischen haben auch sie sich überzeugen lassen. Leichte Formen von Herzmuskelschwäche – in der Medizin Herzinsuffizienz genannt – können mit Weißdorngaben sehr günstig beeinflusst werden, da der Pflanzenextrakt gleich mehrere Wirkungen aufweist:

- ❖ Die Schlagkraft des Herzens wird gesteigert.
- ❖ Die Gefäße werden erweitert. Und damit wird die Durchblutung des Herzens – vor allem der Herzkranzgefäße – verbessert.
- ❖ Herzrhythmusstörungen wird vorgebeugt.

Das alles haben Studien in den letzten Jahren ergeben. Die neuesten Untersuchungen am Universitäts-Klinikum der Freien Universität Berlin unter der Leitung von Prof. Dr. Günter Siegel haben nun weitere Wirkungen ergeben: Der Weißdornextrakt schützt das Herz vor dem Stresshormon Noradrenalin. Es bringt sehr viel, wenn man bei Herzrasen, Herzstechen, Herzstolpern und bei erhöhtem Blutdruck Weißdorndragees aus der Apotheke nimmt. Nebenwirkungen, die bei einer derartigen Behandlung mit chemischen Betablockern auftreten, gibt es beim Weißdorn nicht. Also: Leistungsabfall, Impotenz, kalte Hände und Füße.
Man muss sich das so vorstellen: Während klassische chemische Betablocker die Schlagkraft des Herzens herabsetzen und die Gefäße verengen, erzielt man mit Weißdorn genau das Gegenteil: Die Gefäße werden erweitert, die natürliche Leistungskraft des Herzens wird verbessert.
Prof. Dr. Siegel betont: Wer ein stressbelastetes Herz hat, in kritischen Situationen am Arbeitsplatz, im Privatleben und im Straßenverkehr ein Engegefühl in der Brust

verspürt, wer tagsüber vielen Aufregungen ausgesetzt ist, der sollte vorbeugend als Herzschutz hoch dosierten Weißdornextrakt einsetzen. Weißdorntee ist zu schwach dafür. Er kann die Wirkung nicht bringen.
Die moderne Naturmedizin verwendet zur Vorbeugung und zur Behandlung hoch dosierten Weißdornextrakt, reich an den wertvollen Faros-Flavonoiden, in Drageeform. Man nimmt 3-mal täglich 1 Dragee mit je 300 Milligramm Wirkstoffen. Die Behandlung wird von den Krankenkassen bezahlt.
Mitunter tritt schon nach wenigen Stunden, meist aber innerhalb weniger Tage die Wirkung ein. Das kann man zum Beispiel am erhöhten Puls und bei Herzstolpern beobachten. Nach zwei Monaten kann man exakt eine Verbesserung der Herzkraft messen.

Rettich stärkt unsere Galle und hält uns länger jung

Ein sehr beliebtes Gemüse, das jetzt Hochsaison hat, ist der Rettich in all seinen verschiedenen Formen: der schwarze und weiße sowie die Radieschen. Rettich kann man als erfrischenden Salat genießen. Er ist aber auch ein schmackhafter Bestandteil von Rohkosttellern. Die meisten, die ihn gern essen, denken gar nicht daran, dass er eine wertvolle Naturmedizin für uns ist.
Rettich enthält viel Eisen, Selen, Kupfer, Magnesium und vor allem Kalium für die Muskeln und Nerven. Ein Beispiel: Wenn man 200 Gramm Rettich isst, dann tankt man damit ein Drittel des Tagesbedarfs an Kalium. Rettich hat aber auch enorm viel Vitamin C. Mit 200 Gramm Rettich ist man 16 Stunden optimal mit diesem Vitamin versorgt. Und für 8 Stunden hat man dann genügend Vorrat an Folsäure.
Rettich hat auch sehr wenig Purine. Gichtkranke können ihn also ohne Bedenken essen.
Die heilenden Kräfte des Rettichs stecken in seinen Hauptwirkstoffen. Das sind die schwefelhaltigen Senföle Raphanol, Glukoraphain und Senföl-Glykosid. Sie machen auch den typischen Geruch und Geschmack des Rettichs aus. Sie wirken antibakteriell und pilzabtötend. Sie bekämpfen gezielt Pilzbefall in der Magen- und Darmschleimhaut. Das ist interessant für jene Menschen über 35 Jahre, die zu wenig Bakterien abtötende Magensäure produzieren. Das ist meist eine Folge von Fehlernährung. 2-mal die Woche Rettich stärkt die Darmflora gegen Krankheitserreger.
Rettich ist ein Schlankmacher. 100 Gramm liefern nur 14 Kalorien. Außerdem bindet er Fettsubstanzen aus der aufgenommenen Nahrung und hilft, dass sie rasch über den Darm abtransportiert werden. Man kann ihn daher auch gegen Verstopfung einsetzen. Aber Vorsicht: Wer zu viel Rettich isst, kann Durchfall bekommen.
Der regelmäßige Genuss von Rettich bringt viele Vorteile für unsere Gesundheit:

Rettich senkt erhöhte Cholesterin- und Blutdruckwerte. Da er Selen und Vitamin C enthält, kann er das Risiko für die Krebsanfälligkeit unserer Zellen senken. Rettich wird daher massiv in der krebsvorsorgenden Küche verwendet. Man kann mit Rettichessen Rheumabeschwerden lindern. Rettich fördert die Durchblutung, desinfiziert die Harnwege, kann Harninkontinenz vorbeugen. Rettich entgiftet den Darm. Er hält unsere Zellen jung.
Wer viel Stress und Ärger hat, sollte regelmäßig Rettich essen. Da er den Gallenfluss fördert, wird mancher Ärger förmlich weggespült.
Sehr interessant ist auch der Einsatz von Rettichsaft, den man im Entsafter selbst herstellen oder im Reformhaus kaufen kann. Man trinkt über den Tag verteilt $^1/_8$ Liter – ohne Salz – in kleinen Schlucken. Der Rettichsaft fördert die Gallenproduktion der Leber, beseitigt Gallenstauungen, wirkt entwässernd und kann der Gallensteinbildung vorbeugen.
Man kann den Rettichsaft auch gegen Husten und Bronchitis einsetzen: Höhlen Sie einen frischen schwarzen Rettich aus. Der schwarze hat mehr Wirkstoffe. Gießen Sie Waldhonig in die Aushöhlung und lassen Sie das Ganze 8 bis 10 Stunden stehen. Von dem Sirup, der sich gebildet hat, lassen Sie jede Stunde 1 Teelöffel im Mund zergehen. Das Raphanol im Rettich löst zähen Hustenschleim und bekämpft Entzündungen in den Atemwegen.
Eines ist immer wichtig: Rettich muss man gründlich und lange kauen. Wer an einer Nierenentzündung leidet, muss auf Rettich verzichten.

Der Okoubakabaum hilft bei Lebensmittelunverträglichkeit

Ist Ihnen das auch schon einmal so ergangen? Sie sitzen mit Freunden in einem fremden Land in einem Restaurant und essen mit großem Genuss eine ungewohnte, nicht alltägliche Speise. Plötzlich wird Ihnen kotzübel und Sie fühlen sich viele Stunden todkrank. Sie sind das Opfer einer Lebensmittelunverträglichkeit.
Wer in den nächsten Wochen Urlaub macht und in der Nachsaison in die Sonne reisen möchte, der muss in exotische Länder fliegen. Die Statistik der internationalen Reisemedizin besagt: Je weiter wir von zu Hause weg sind, desto größer wird die Gefahr, dass wir mit dem Essen im Urlaubsland Probleme haben.
Die typischen Symptome: Während der Mahlzeit oder unmittelbar danach kommt es zu Atembeschwerden, zu einem Hautausschlag, zu Kopfschmerzen, Durchfall. Das ist keine Allergie, sondern eine Lebensmittelunverträglichkeit. Ausgelöst wird sie oft durch für uns ungewohnte Substanzen in den Speisen. Oder aber die eine oder andere Zutat war nicht mehr ganz frisch. Sehr oft kommt es zu diesen Zuständen, wenn man in einem fremden Land Fisch gegessen hat, Pilze oder ganz spezielle Gewürze.

Damit das nicht passiert, muss man schon vor der Abreise Magen und Darm stärken. Und da hat die Medizin in den letzten Jahren ein homöopathisches Mittel entdeckt, das aus der grünen Apotheke des Urwaldes kommt.
Es handelt sich dabei um den Extrakt aus dem Holz und der Rinde des Okoubakabaumes. Er ist ein uralter Bestandteil der Volksmedizin aus Afrika. Er wächst nur an ganz bestimmten Stellen im Urwald Westafrikas. Und er hat dort den Beinamen „Schutz aus dem Urwald". Unter den Bewohnern der Region gilt das Pulver aus der Rinde des Baumes seit Jahrhunderten als geheimes Mittel, das angeblich jedes Gift sofort unschädlich macht.
Da es in vergangenen Zeiten bei einigen Indianerstämmen des Urwaldes üblich war, dass man sich gegenseitig vergiften wollte, wurde das Rindenpulver des Okoubakabaumes vorbeugend als Schutz vor Giftanschlägen eingenommen.
Das hat Wissenschaftler bewogen, die Baumrinde und das Holz näher zu untersuchen. Und es hat sich herausgestellt , dass man sie gegen Magen- und Darmprobleme – ausgelöst durch fremde und giftige Stoffe – sehr erfolgreich einsetzen kann.
Die Schutzwirkung für den Verdauungsbereich kommt vom Hauptwirkstoff Okoubarell aus dem Okoubakabaum, lateinisch „Okoubaka ausbrevillei" genannt. Die Homöopathie gewinnt aus dem Holz und der Rinde des Urwaldbaumes den Extrakt und verarbeitet ihn in Tropfenform (Apotheke). Man nimmt jede Stunde 5 bis 10 Tropfen, entweder unverdünnt oder mit etwas Wasser verdünnt. Die Flüssigkeit sollte einige Minuten im Mund belassen werden, ehe man sie schluckt. Für Kinder bis zu zwölf Jahren sind die Tropfen nicht geeignet.
Studien und praktische Beobachtungen haben ergeben: Es gibt noch mehr Möglichkeiten als das Einsetzen der Tropfen zur Vorbeugung von Lebensmittelunverträglichkeit.
Auch wenn man schlecht gegessen hat und bereits heftige Beschwerden hat, macht es Sinn, den Extrakt aus dem Okoubakabaum zu verwenden.
Ebenso wichtig kann es sein, die Tropfen nach einer Erkältung oder nach einer Behandlung mit Antibiotika einzunehmen, damit der geschwächte Darm abgeschirmt wird und enstandene Giftstoffe im Verdauungstrakt neutralisiert werden.

Mit der Artischocke gegen zu hohe Cholesterinwerte

In der schönen Jahreszeit wollen sich viele von uns wieder gesünder, leichter und naturnah ernähren. Die so genannte „Mittelmeerdiät" hat wieder Saison. Und dazu gehört zweifelsohne die – Artischocke. Sie ist aber mehr als ein Gemüse. Sie ist zugleich auch der Ausgangspunkt für eine Naturmedizin.
Haben Sie gewusst, dass die Artischocke ein Distelgewächs ist? Vermutlich die köstlichste und wertvollste Distel, die es gibt. Schon die steinzeitlichen Töpfe in

Agypten verraten uns, dass die Menschen damals bereits mit Genuss Artischocken verzehrt haben.
Konsumiert werden von derArtischocke nur die Knospen und die Blütenböden. Das alles schmeckt nur gut, wenn kurz vor der Blüte geerntet wird.
Und so isst man die Artischocke richtig: Man streicht das Fruchtfleisch zwischen den Zähnen von den Blattschuppen ab. Man löst die Blätter von außen nach innen ab und taucht sie in Majonäse oder in ein Dressing. Keine Frage: Es gehört durchaus zum guten Ton, Artischocken mit den Fingern zu genießen.
Warum liefert die Artischocke nun aus dem Kochtopf so viel Gesundheit?
Sie enthält viele Pflanzenfarbstoffe – Flavonoide genannt –, die uns vor Umweltgiften schützen. Sie ist reich an B-Vitaminen und stärkt dadurch die Nerven, Herz und Kreislauf.
Der wichtigste Wirkstoff in der Artischocke ist jedoch das Cynarin, das 1958 von dem bulgarischen Wissenschaftler Prof. Dr. Maros entdeckt wurde. Das Cynarin stärkt die Leber, regeneriert auch bereits angegriffene Leberzellen. Außerdem wird die Entgiftungsarbeit der Leber unterstützt.
Die Wirkung ist allerdings nur dann garantiert, wenn die Artischocke beim Kaufen fest, prall, rund und grün ist. Blütenköpfe mit bräunlichen oder braunen Blättern sind alt und enthalten keine wertvollen Substanzen mehr.
Als unsere Großmütter in vergangenen Tagen Artischocken zubereitet haben, hätten sie sich niemals träumen lassen, dass auch die Medizin eines Tages auf dieses Gemüse aufmerksam wird. Heute ist die Artischocke bei vielen Ärzten ein anerkanntes Mittel zur Behandlung vieler Gesundheitsprobleme.
Allerdings haben Wissenschaftler vor einigen Jahren eine kuriose Entdeckung gemacht: Die weitaus interessanteren Wirkstoffe befinden sich in den Blättern der Pflanze, die früher nach der Artischockenernte immer weggeworfen wurden.
In der Medizin nennt man die Leber Hepar. Man nennt daher die Substanzen in den Artischockenblättern Hepar-Schutzstoffe. Dazu gehört das Cynarosid. Es ist viel stärker als das Cynarin der Artischockenknospen. Dieses Cynarosid setzt in unserem Körper die Substanz Luteolin frei. Und das wieder fördert die Ausscheidung von überschüssigem Cholesterin in die Gallenflüssigkeit. Es erhöht gleichzeitig das positive, schützene HDL-Cholesterin und senkt das gefährliche LDL-Colesterin.
Aus diesen Erfahrungen heraus wird seit einigen Jahren der hoch dosierte Extrakt aus den Artischockenblättern mit all seinen wertvollen Hepar-Schutzstoffen in Form von Kapseln (Apotheke) in der Medizin eingesetzt: gegen zu hohe Cholesterinwerte, gegen die Bildung von Gallensteinen, gegen Blähungen und Völlegefühl und zur Stärkung der Leber. Es gibt dazu wissenschaftliche Studien von Prof. Dr. Volker Fintelmann aus Hamburg. Er ist der Meinung, dass man mit den Artischockenblättern für die kommenden Jahre das interessanteste Therapeutikum gegen zu hohe Cholesterinwerte gefunden hat.

Vitamin C: die neue Waffe gegen ein Frauenleiden

Wissenschaftliche Studien beweisen: Frauen sind schlechter dran, wenn es darum geht, gesund zu bleiben und die natürlichen Abwehrkräfte zu stärken. Rauchen zum Beispiel schadet der Frau viel mehr als dem Mann. Die Schadstoffe der Zigarette reduzieren die natürlichen Östrogene der Frau. Auch Alkohol kann bei der Frau mehr anrichten. Sie hat im Körper weniger von dem Enzym Dehydrogenase als der Mann. Dieses Enzym baut den Alkohol schneller ab. Frauen kriegen auch leichter einen Blasenkatarrh.

Das alles beweist: Frauen müssen mehr für ihre Immunkraft tun. Sie sollten nicht rauchen, sparsam mit dem Alkohol umgehen, regelmäßig Sport treiben. Sie sollten ausreichend schlafen und sich ausgewogen und gesund ernähren.

Speziell als Schutz gegen Erkältungen ist das ganze Jahr über die Aufnahme von Vitamin-C-Präparaten sehr wichtig.

Und nun hat das Vitamin C aber auch in anderer Weise Eingang in die Frauenheilkunde gefunden. Zum Stärken der Immunkraft im Intimbereich, bei der Vorbeugung und Behandlung von bakteriellen Vaginalinfektionen, die besonders im Sommer vielen Frauen und Mädchen zu schaffen macht.

Im gesunden Zustand schützt eine körpereigene Mikroflora, die aus hilfreichen Milchsäurebakterien besteht, die Frau vor krank machenden Keimen. Die nützlichen Lacto-Bazillen brauchen zum Leben einen ganz bestimmten Säuregehalt in der Schleimhaut: nämlich 4,5. Wird nun durch eine Erkrankung, durch die Einnahme von bestimmten Medikamenten, durch Sexualverkehr oder durch eine Infektion aus dem Darm dieses Milieu verändert, nimmt die Zahl der Lacto-Bazillen ab. Die gefährlichen Keime breiten sich aus.

Der natürliche Östrogenspiegel der Frau hat einen direkten Einfluss auf den pH-Wert der Schleimhaut. Ganz besonders an den monatlichen Tagen der Frau, oder aber in den Wechseljahren. Lacto-Bazillen können bereits bei geringsten organischen Störungen, bei einem leichten Absinken der Immunkraft ihre Schutzfunktion verlieren. Sie können dann eine drohende Infektion nicht abwehren.

Man kann nun im Kampf gegen eine Vaginalinfektion äußerlich Vitamin C einsetzen. Es handelt sich dabei um eine völlig neue Behandlungsmethode, die auf einem europaweiten medizinischen Forschungsprojekt beruht.

Der Grundgedanke: Das Einführen von speziellen Vitamin-C-Tabletten (Apotheke) erfolgt wie der Gebrauch eines Tampons und gibt die Möglichkeit, dass der Arzt nicht gleich starke chemische Keulen einsetzen muss, sondern vorerst sanfte Medizin anwendet. Die Therapiedauer: etwa sechs Tage.

Und so wirkt das Vitamin C auf die Vaginalschleimhaut: Es leitet eine pH-Verschiebung ins physiologisch saure Milieu ein. Nicht erwünschte Bakterien haben keine Chance, sich weiter zu vermehren. Die positiven Bakterien können wieder ihre

Schutzfunktion für die Schleimhäute erfüllen. Es gab bisher kein Arzneimittel mit dieser zielgerichteten Doppelfunktion.
Bevor man die vaginale Vitamin-C-Therapie – kurz Vagi-C-Therapie genannt – einsetzt, muss vom Gynäkologen eine genaue Diagnose vorliegen. Wenn eine Frau weiß, dass sie zu bakteriellen Vaginalinfektionen neigt, kann sie die Vitamin-C-Tablette auch vorbeugend für eine so genannte „Vaginalhygiene" einsetzen.
Und das muss eine Frau bei der Infektion zusätzlich beachten: Benutzen Sie keine Schlafanzüge. Tragen Sie keine Slips unter dem Nachthemd. Durch den engen Körperkontakt mit der Schlafanzughose oder mit dem Slip können wieder neue Keime in den äußeren Bereich der Vaginalschleimhaut verschleppt werden. Verzichten Sie auf Sexualkontakte. Vermeiden Sie starke körperliche Anstrengungen, damit die Immunkraft nicht noch mehr geschwächt wird.

Kinderwunsch oder Verhütung: Speicheltest macht es möglich

Es ist bei jungen Mädchen und Frauen in jüngster Zeit deutlich zu beobachten: Viele wollen gesünder leben, sind pillenmüde geworden. Manche Paare sind sogar bereit, während der fruchtbaren Tage ganz auf Sex zu verzichten. Sie wollen nicht mehr von der Antibabypille abhängig sein, weil sie Angst vor Nebenwirkungen haben. Der Trend geht wieder ganz deutlich zur natürlichen Schwangerschaftsverhütung. Doch man möchte eine sichere Methode.
Auf der anderen Seite gibt es viele Paare, die sich dringend nach einem Kind sehnen, jedoch keinen Erfolg haben. Es klappt einfach nicht mit dem Zeitpunkt der Zeugung.
Jetzt haben Wissenschaftler eine neue Methode entwickelt, mit der man einerseits auf natürliche Weise verhüten, andrerseits einen lang gehegten Kinderwunsch erfüllen kann. Es ist ein Speicheltest. Viele Ärzte beobachten bei diesem Test angeblich eine Sicherheitsquote von 98 Prozent.
Bei dieser neuen Methode haben sich US-Wissenschaftler folgende Erkenntnis zunutze gemacht: In der fruchtbaren Phase der Frau verändert sich der Hormonhaushalt. Dieser Vorgang ist auch im Speichel der Mundhöhle nachweisbar.
Zur Bestimmung der fruchtbaren Tage der Frau ist ein Minimikroskop mit einer PC-2000-Technik entwickelt worden, das in jede Handtasche passt. Das Gerät besteht aus einem durchsichtigen Plättchen, das eine kleine Fläche von nur 1 mal 1 Zentimeter hat, und aus einem etwa 10 Zentimeter hohen Kunststoffgehäuse, in dem sich eine Lupe und eine Lichtquelle mit Batterie befinden.
Und so funktioniert der neue Speicheltest: Mit einem sauberen Finger wird ein einziger Tropfen vom Speichel auf das Plättchen aufgetragen. Dann muss man zwei bis drei Minuten warten, bis der Speichel eingetrocknet ist. Jetzt wird das Plättchen mit

dem trockenen Speichel in das kleine Computermikroskop eingeschoben. Danach schaut man durch die Lupe.

- Zeigt der Speichel auf dem Plättchen eine getupfte, punktförmige Struktur, dann besteht keine Gefahr für eine Empfängnis. Der Zyklus befindet sich in einer unfruchtbaren Phase.
- Ist die Struktur des eingetrockneten Speichels jedoch adernförmig, zeigt feine Fäden und erinnert an ein Farnblatt, dann ist das der Beweis dafür: Die fruchtbare Phase hat begonnen. Jetzt ist eine Empfängnis sehr leicht möglich. Diese Farnstruktur ist nur drei bis vier Tage vor und zwei bis drei Tage nach dem Eisprung erkennbar.

Die Methode eignet sich auch für Zeiten, in denen bei der Frau der Hormonhaushalt vollkommen durcheinander geraten ist und verstärkt zu ungewollten Pannen bei der Empfängnisverhütung führen kann: zum Beispiel nach einer Entbindung, nach einem grippalen Infekt oder im Urlaub.

Die Sicherheit des neuen Speicheltests wurde von Deutschlands führendem Hormonspezialisten Prof. Dr. C. Lauritzen von der Universitäts-Frauenklinik Ulm bestätigt.

Aber nicht nur die Empfängnisverhütung wird mit dem Test einfacher, sondern auch die Familienplanung. Wer sich ein Kind wünscht, kann feststellen, wann die beste Zeit für die Zeugung ist. Mehr noch: Wenn eine Frau einige Monate lang mit dem Test den Beginn ihrer fruchtbaren Tage kontrolliert und sich genaue Notizen macht, kann sie unter Umständen sogar das Geschlecht des Kindes vorher bestimmen. Bei der Zeugung ein bis drei Tage vor dem Eisprung wird es ziemlich sicher ein Mädchen, bei der Zeugung am Tag des Eisprunges vermutlich ein Junge.

Den neuen Speicheltest gibt es in Apotheken.

Natürliche Antibiotika: sanfte Mittel gegen viele Bakterien

Viele Krankheiten können durch Bakterien ausgelöst werden. Gegen Bakterien setzt die Medizin seit langer Zeit Antibiotika ein. Wer nun glaubt, Antibiotika sind eine Erfindung des Menschen, der Wissenschaft, von der Chemie, der irrt gewaltig. Es gibt von jeher auch in der Natur Antibiotika. Sie sind zwar nicht so stark wirksam. Dafür können sie mehr als die synthetischen Medikamente. Sie bekämpfen nämlich nicht nur Bakterien, sondern fast immer auch Viren und Pilze. Es ist daher wichtig, dass wir einige natürliche Antibiotika kennen und dass wir wissen, wie man sie einsetzen kann.

- Eine Meerrettichwurzel enthält zwei hochwirksame Sustanzen: das Senföl

Glykosid Sinigrin und das Enzym Myrosinase. Erst wenn man die Meerrettichwurzel reibt, dann vereinigen sich die beiden und es entsteht dabei durch den Einfluss von Sauerstoff das stark riechende Allyl-Senföl. Und das ist ein hochwirksames natürliches Antibiotikum.

Wenn man an einem Katarrh der oberen Luftwege leidet, dann treten bakterielle Infektionen auf. Dagegen verrührt man 1 Esslöffel frisch geriebenen Meerrettich mit 3 Esslöffel Honig und lässt das Ganze einige Zeit stehen. Von dieser Masse nimmt man 5-mal täglich 1 Teelöffel und lässt ihn langsam im Mund zergehen.

Auch bei einer Harnweginfektion sind Bakterien im Spiel: 1 Esslöffel geriebener Meerrettich wird mit 1 Tasse kochendem Wasser übergossen. Zugedeckt 5 Minuten ziehen lassen. Man trinkt täglich 3 bis 4 Tassen von diesem Meerrettichtee.

- ❖ Auch Propolis aus dem Bienenstock ist ein natürliches Antibiotikum. Es handelt sich dabei um Baumharz, das die Bienen im Herbst gesammelt und mit ihren Sekreten bearbeitet haben.

Wir sollten morgens und abends die Bakterien und Viren vernichten, die sich durch Einatmen bei der Begegnung mit anderen Menschen in unserem Mund angesammelt haben. Geben Sie nach dem Zähneputzen 15 Tropfen Propolistinktur (Apotheke, Reformhaus) in ein Glas mit lauwarmem Wasser, gut umrühren und kräftig damit gurgeln. Das schützt vor einer Erkältung.

- ❖ Auch Teebaumöl hat starke natürliche antibiotische Kräfte. Wenn Sie Halsschmerzen haben, geben Sie 10 Tropfen davon in ein Glas mit warmem Wasser und gurgeln kräftig damit.
- ❖ Der Saft aus dem Blatt der Aloe-vera-Pflanze wirkt ebenfalls antibiotisch. Verantwortlich dafür ist der Hauptwirkstoff Acemannan. Wenn Sie eine Verletzung auf der Haut haben, dann sollten Sie sie vor einer bakteriellen Infektion schützen. Tränken Sie einen Wattebauschen mit Aloe-vera-Saft (Apotheke) und betupfen Sie damit die betroffene Hautstelle. Die Wunde heilt schnell und hinterlässt keine Narbe .
- ❖ Starke antibiotische Kräfte hat der Extrakt aus Grapefruitkernen (Apotheke, Reformhaus). Bei einer bakteriellen Darminfektion verrührt man 3-mal täglich 5 Tropfen in einem Glas lauwarmem Wasser und trinkt die Mischung in kleinen Schlucken.
- ❖ Bei einer Zahnfleischentzündung gibt man 10 Tropfen Grapefruitkernextrakt in 1/4 Liter warmes Wasser und gurgelt damit.
- ❖ Auch die Zwiebel ist ein natürliches Antibiotikum. Bei Rachenentzündung, Heiserkeit und Halsschmerzen schneidet man eine große Zwiebel in Ringe, legt sie in einen Suppenteller, gießt 1/4 Liter warmes Wasser darüber und lässt das Ganze zugedeckt mindestens 2 Stunden stehen. Danach gurgelt man mit dem Zwiebelwasser.
- ❖ Auch Thymian wirkt mit seinen ätherischen Ölen Geraniol und Thymol anti-

biotisch. Bei einer bakteriellen Entzündung der Bronchien ist es daher sinnvoll, täglich 5 Tassen Thymiantee zu trinken.

Vitamin E und Massagen gegen den Hexenschuss

Eine falsche Bewegung, ein unerwarteter Ärger und schon ist er aus heiterem Himmel ganz plötzlich da: der Hexenschuss. Viele Menschen sind speziell in dieser Jahreszeit – an heißen Tagen nach heftigem Schwitzen – davon betroffen. Aber auch Kälteeinbrüche im Sommer fördern die Anfälligkeit für den Hexenschuss. Die Folge: Man kann nicht mehr gerade stehen, hat Probleme beim Gehen, Sitzen und Liegen, leidet höllische Schmerzen. Husten und Lachen werden zur Qual.
Die Ursache ist eine jähe Verspannung der Muskulatur im unteren Rückenbereich. Zurückzuführen ist sie meist auf eine Fehlhaltung der Lendenwirbelsäule. Ausgelöst wird sie sehr oft durch eine leichte Verdrehung einiger Wirbel oder durch eine Bandscheibenvorwölbung. Wer oft an Hexenschuss leidet, bei dem sind die Wirbel und Bandscheiben zwischen Ledenwirbel und Kreuzbein besonders sensibel.
Wer vom Hexenschuss „getroffen" worden ist, der sollte folgende Sofortmaßnahmen beachten, um die Situation zu erleichtern:

- Legen Sie sich in einer schmerzfreien Stellung hin. Am besten mit dem Rücken auf die Erde, die Unterschenkel auf einem Stuhl davor hochlagern, dass sie zu den Oberschenkeln einen rechten Winkel bilden. Sie sollten lange liegen bleiben.
- Tränken Sie einen Waschlappen mit kaltem Wasser. Wringen Sie ihn aus und legen Sie ihn ins Tiefkühlfach des Kühlschrankes. Dann wickeln Sie den Waschlappen in ein Tuch ein und legen dieses für 10 Minuten auf die schmerzenden Stellen auf.
- Die durch den Hexenschuss steinhart gewordene Muskulatur im Rücken muss weich gemacht werden: Massieren Sie sich mit den Händen oder mit einer Naturborstenbürste.
- Lassen Sie sich von einem medizinisch geschulten Experten sanft massieren.
- Auch Salben können helfen. Massieren Sie Propolissalbe aus dem Bienenstock (Apotheke) in die schmerzenden Stellen ein. Propolis dringt tief ins Gewebe, aktiviert die Durchblutung, bekämpft Entzündungen und fördert die Selbstheilung des Organismus.
- Geben Sie Sesamöl oder Ingweröl auf beide Handrücken und massieren Sie damit im Stehen den Rücken in der Lendengegend auf und ab, hin und her.
- Das renommierte Hermes-Institut für Vitamin- und Mineralstoff-Forschung in München empfiehlt, was sich bereits in vielen Kurzentren in der Praxis bewährt hat: Ärzte verabreichen Hexenschusspatienten einige Tage hoch dosiertes

pflanzliches Vitamin E: 1-mal am Tag 1 Kapsel mit jeweils 500 internationalen Einheiten (Apotheke).

- Wenn man anfällig ist: Damit kann man den Hexenschuss auch oft verhindern.

Und das sollten Sie beachten, damit Sie dem Hexenschuss vorbeugen:

- Machen Sie täglich Rückengymnastik. Je kräftiger die Rückenmuskulatur ist, desto mehr entlastet sie die Wirbelsäule.
- Halten Sie Ihren Körper beim Sitzen, Stehen und Gehen möglichst aufrecht.
- Morgens vor dem Aufstehen sollten Sie sich wie eine Katze strecken und dehnen. Auf den Katzenbuckel nicht vergessen.
- Steigen Sie morgens richtig aus dem Bett: Drehen Sie sich zuerst in leichte Seitenlage, dann die Beine aus dem Bett stellen. Beim Aufsetzen stützen Sie sich auf eine Hand.
- Reduzieren Sie etwaiges Übergewicht. Mit jedem Kilo, das man abnimmt, senkt man die Gefahr für einen Hexenschuss.
- Meiden Sie Ärger und Stress. Eine schlechte Nachricht am Telefon kann bereits eine Verspannung der Rückenmuskeln und damit Hexenschuss auslösen.

Im Tigerbalm ist gar kein Tiger drinnen

Eine uralte, sehr beliebte und überaus wirksame Naturarznei, die man auf der ganzen Welt kaufen kann, ist der Tigerbalsam, international auch Tigerbalm genannt. Wann immer Tigerbalm zum Einmassieren von Muskeln und Gelenken, zum Schmerzlindern bei Insektenstichen oder bei Erkältungsbeschwerden empfohlen wird, werden da und dort empörte Stimmen von Tierschützern laut. Sie meinen: Wie kann man in einer Zeit, in der die Tiger vom Aussterben bedroht sind und verfolgt werden, Tigerbalsam empfehlen?!

Es soll daher ein für alle Mal gesagt werden. Die ganze Aufregung ist umsonst. Im Tigerbalm ist gar kein Tiger drinnen. Es muss für diese Naturarznei kein Tiger sein Leben lassen. Der Name der ungewöhnlichen Salbe, deren Rezept aus Singapur stammt, leitet sich von einem alten asiatischen Sprichwort ab. Er heißt: „Wenn du dich mit diesem Balsam einreibst, dann bekommst du geschmeidige Gelenke, wie die eines Tigers!“

Außerdem hieß der chinesische Pflanzengelehrte, der das uralte Heilmittel vor 100 Jahren in seiner ursprünglichen Rezeptur serienmäßig herzustellen begann, mit dem Vornamen Aw Boon Haw. Und das heißt ebenfalls Tiger. Es ist also sozusagen auch der Balsam des „Herrn Tiger“.

Was ist nun tatsächlich im Tigerbalsam drinnen? Er enthält eine Reihe von Heilpflanzen in einer ausgewogenen Mischung:

- ❖ Cajeputöl wirkt auf Grund seines starken Cineolgehaltes durchblutungsfördernd und schleimlösend.
- ❖ Pfefferminzöl wirkt antibakteriell, kühlend und schmerzlindernd.
- ❖ Kampfer fördert ebenfalls die Durchblutung und lindert vor allem rheumatisch bedingte Muskelbeschwerden.
- ❖ Nelkenöl wirkt vor allem entzündungshemmend. Es hat eine natürliche lokalanästhetische Wirkung. Dadurch ist es massiv schmerzlindernd. Es bekämpft aber auch Viren und Bakterien.
- ❖ Menthol erregt die Kälterezeptoren der Haut. Dadurch entsteht ein kühlender Effekt, der zu einer örtlichen Betäubung und zu Schmerzlinderung führt. Auch Menthol wirkt antibakteriell.
- ❖ Zusätzlich findet man im Tigerbalm noch Essenzen von chinesischen Kräuterextrakten, welche die Wirkung der Hauptinhaltsstoffe verstärken.

Es gibt weißen und roten Tigerbalm. Beide Salben enthalten dieselben Wirkstoffe, allerdings in unterschiedlicher Konzentration.

- ❖ Der rote Tigerbalsam wirkt in erster Linie bei Muskel- und Gelenkbeschwerden. Man kann ihn erfolgreich bei rheumatischen Erkankungen, bei Arthrose, Ischias, Kreuzbeschwerden, Hexenschuss, bei Prellungen, Zerrungen, Muskelverspannungen, Verstauchungen und anderen Sportverletzungen einsetzen. Man kann ihn aber auch vorbeugend zum Aufwärmen der Muskeln vor dem Sport verwenden.
- ❖ Der weiße Tigerbalsam ist besonders wirkungsvoll bei Erkältungen und bei erkältungsbedingten Beschwerden. So macht es zum Beispiel Sinn, bei Husten und starker Verschleimung regelmäßig Brust und Rücken einzumassieren. Bei Atemnot bringt es Erleichterung, wenn man immer wieder ganz wenig weißen Tigerbalsam unter die Nasenlöcher in die Haut reibt. Die ätherischen Öle machen die verstopfte Nase wieder frei. Da aber Erkältungen sehr oft auch mit Gelenkbeschwerden verbunden sind, bringen auch hier Einreibungen Hilfe.
- ❖ Sowohl der weiße als auch der rote Tigerbalsam sind aber auch im Sommer wirksam gegen Hautjucken und Hautschwellungen nach Insektenstichen.

Kefir fördert den Stoffwechsel und macht dic Haut schöner

Das Kefirgetränk ist ein uraltes Nahrungs- und Heilmittel aus den Bergen im Nordkaukasus. Das Reizvolle daran: Man verwendet zur Herstellung ganz normale Milch. In diese Milch legt man einen Pilz – den Kefirpilz. Er verändert die Milch über Nacht zu einem erfrischenden Getränk. Und das hat viele Vorteile für unsere Gesundheit.

Beim Kefirpilz handelt es sich um das biologische Zusammenleben von Hefe-

pilzen, geronnenem Käsestoff und vielen anderen Mikroorganismen. Das Ganze sieht aus wie ein Stück Blumenkohl: lauter kleine, weiße Knollen aneinander gereiht. So ein Pilz erreicht meist eine Größe von 5 Zentimetern. Unter optimalen Bedingungen wird er so groß wie eine Kinderfaust.
Da der Pilz in der Milch wächst und wächst, kann man ihn in regelmäßigen Abständen teilen. Auf diese Weise werden Pilzstücke immer wieder weitergegeben. Man kann den lebenden Pilz auch im Reformhaus kaufen. Eine andere Möglichkeit: Man kauft im Reformhaus Kefirferment.
Wer zu Hause einen Kefirpilz hat, muss ihn verwöhnen, hegen und pflegen. Er muss 2-mal die Woche in einem Kunststoffsieb unter laufendem Leitungswasser gewaschen werden. Er stirbt bei Temperaturen über 30 und unter 5 Grad Celsius. Wenn er gelb wird, muss man ihn weggeben und neuen beschaffen. Der Kefir muss ständig beschäftigt werden.
So produziert man mit ihm die Kefirmilch:
Zuerst kocht man 1 Liter Frischmilch einmal auf, lässt sie dann lauwarm werden. Die Haut, die sich gebildet hat, weggeben. Dann legt man den Kefirpilz in der Größe einer Walnuss – etwa 3 Dekagramm – in ein gereinigtes Glas oder noch besser in eine Milchkanne. Nun gießt man die Milch über den Pilz. Das Gefäß wird verschlossen und muss bei Zimmertemperatur zwischen 14 bis 24 Stunden stehen: lichtgeschützt bei 25 Grad Celsius. Danach schüttelt man das Gefäß, gießt durch ein Kunststoffsieb ab. Die Kefirmilch ist trinkfertig. Die Kanne wird mit Wasser ausgewaschen. Der Pilz kann wieder mit neuer Milch übergossen werden.
Kefirmilch, die 14 Stunden reifen konnte, schmeckt mild und bekämpft Verstopfung. Kefirmilch, die sich in 24 Stunden entwickelt hat, schmeckt kräftiger und sauer. Man muss wissen: In der Kefirmilch befinden sich 0,16 Prozent Alkohol, wenn sie ungestört ruht, 0,6 Prozent Alkohol, wenn sie zwischendurch geschüttelt wird.
Wenn man Kefirferment verwendet, muss man die Frischmilch ebenfalls zuerst abkochen und dann auf 25 Grad Celsius abkühlen. Danach rührt man 1 Beutel Kefirtrockenferment dazu und lässt die Mischung in einem geschlossenen Gefäß zuerst bei Zimmertemperatur 20 bis 24 Stunden reifen, anschließend noch 12 Stunden im Kühlschrank nachreifen.
Wenn man täglich 1/2 bis 1 Liter Kefir trinkt, kann man viel für die Gesundheit tun: Der gesamte Stoffwechsel wird angekurbelt. Man kann Müdigkeit und Erschöpfung bekämpfen. Die Adernverkalkung wird gebremst. Die Verdauung verbessert sich, Kreislaufstörungen, Gichtschmerzen, Nervosität und Schlafstörungen können behoben werden. Man kann Bluthochdruck senken. Der kosmetische Effekt: Die Haut wird schöner und zarter.
Die gesundheitsfördernde Wirkung ist auf viele Inhaltsstoffe zurückzuführen: Vitamin A, alle B-Vitamine, Folsäure, Niacin, Kalzium, Jod, Eisen, Milchsäure, Hefe, das natürliche Schmerzmittel Thiamin und das Coenzym Pyridoxin.

Besonders schmackhaft: 1 Glas Kefirmilch mit 2 Teelöffel Erdbeer- oder Kirschenkonfitüre. Sehr erfrischend und durstlöschend im Sommer: $^1/_4$ Liter Kefirmilch mit $^1/_4$ Liter Mineralwaser gemischt.

Rheuma: Heilwasser kann oft Medikamente ersetzen

Es lässt sich nicht leugnen: Naturheilverfahren sind im Vormarsch und erfreuen sich bei der Bevölkerung einer wachsenden Beliebtheit. Die größte Patientenbefragung, die jemals unter Kurgästen durchgeführt wurde, hat nun ein sensationelles Ergebnis gebracht: 40 Prozent der Kurgäste, die sich mit Rheuma, Rückenschmerzen, Gelenkproblemen, Arthrose und Osteoporose in Kurbehandlung begeben, müssen danach keine Medikamente mehr einnehmen.
Weitere Details der Befragung: 90 Prozent spüren nach der Kur wieder eine deutliche Verbesserung ihrer Beweglichkeit und eine erhebliche Linderung der Schmerzen. Und 63 Prozent der Kurgäste sind überglücklich: Sie sparen durch die regelmäßige Therapie mit Heilwasser einen operativen Eingriff. Das schafft bei vielen ein besonderes Erfolgs- und Glücksgefühl.
Diese Zahlen beweisen, dass es lohnt, Naturkräfte gegen viele chronische Krankheiten einzusetzen, und dass natürliche Therapien große Erfolge bringen und das Gesundheitswesen kostenmäßig entlasten können. Es ist auch eine Aufwertung der Kurzentren im ganzen Land.
Die spektakuläre Patientenbefragung wurde vom Institut zur Erforschung von Behandlungsverfahren mit natürlichen Heilmitteln in Bad Füssing durchgeführt. Man spricht daher auch von der „Füssinger Studie". Auftraggeber war eine Landesversicherungsanstalt. Befragt wurden rund 3000 Patienten, die seit Jahren in Europas größtem Kurort Bad Füssing Heilwassertherapien durchführen.
Vor rund 50 Jahren wurden dort durch Zufall bei Bohrungen die Thermalquellen entdeckt. Aus dem verschlafenen Weiler Füssing in den bayerischen Inntalauen an der Grenze zu Oberösterreich entstand innerhalb weniger Jahre eines der modernsten, bekanntesten und beliebtesten Kurbäder Europas.
Das Besondere an den Kuren hier ist das Sulfidschwefel-Heilwasser, das mit 56 Grad Celsius aus 1000 Meter Tiefe an die Erdoberfläche sprudelt. Dieses Thermalelixier ist der Mittelpunkt von Bad Füssing. Wer in diesem Wasser badet, löst in seinem Organismus einen ganz bestimmten Wirkmechanismus aus:
Der Sulfidschwefel, der sich in dem Wasser in sehr hoher Konzentration befindet, wird vom Körper durch die Poren der Haut aufgenommen und gelangt von da zu den erkrankten Körperstellen. Dort leitet er eine Heilwirkung ein, die durch die Wärme des Heilwassers unterstützt und gefördert wird. Es kommt zu einer besseren Durchblutung der erkrankten Körperstellen. Schädliche Stoffwechselprodukte

werden verstärkt abtransportiert. Das führt sehr rasch zu einer Abnahme der Beschwerden in den Gelenken, in der Wirbelsäule, in den Muskeln und Nerven. Auch Gichtpatienten finden Erleichterung.
Die Wirkung der Heilwasserkur ist keine subjektive Empfindung, wie man vielleicht zuerst denken könnte. Die Hausärzte der Patienten haben bei der Nachuntersuchung die Einschätzung bestätigt.
Der Erfolg der Kuren ist sehr oft nicht allein auf das Heilwasser zurückzuführen, sondern auch auf die anderen, ergänzenden Therapien. So befindet sich in Bad Füssing seit drei Jahren Deutschlands größte Klinik für Traditionelle Chinesische Medizin. Die Patienten werden von Ärzten und Therapeuten der Universität Shanghai versorgt. Die Kombination von östlichen Thai-Chi-Übungen mit westlichen Heilwassertherapien bewährt sich mehr und mehr.
Das Erfreuliche bei der Studie: Heilwasserbehandlungen haben keinerlei Nebenwirkungen.

Kalzium & Vitamin D3: neue Therapie gegen Osteoporose

Immer mehr Menschen ab dem 40. Lebensjahr leiden an der Knochenentkalkung – in der Medizin Osteoporose genannt. Besonders betroffen sind Frauen in den Wechseljahren. Typisches Symptom: Man stößt sich an der Tischkante und schon ist der Unterarm gebrochen. Man stürzt in der Wohnung und hat gleich einen Oberschenkelhalsbruch. Im hohen Alter krümmt sich die Wirbelsäule zu einem Buckel.
Auf der Bildungsmesse Interschul-Didacta in Stuttgart haben Mediziner im Sommer 1999 deutlich darauf hingewiesen, dass die Vorbeugung gegen Osteoporose sehr nachlässt: Unsere Kinder trinken immer weniger Milch und nehmen daher zu wenig vom Mineralstoff Kalzium auf. Dieses Kalzium aber ist wichtig für den Aufbau und die Kräftigung der Knochen.
Damit wächst bei den Heranwachsenden das Risiko, dass sie in späteren Lebensjahren zu Osteoporosepatienten werden.
Ein siebenjähriges Kind braucht täglich etwa 800 Milligramm Kalzium. Diese Menge ist in einem halben Liter Milch und einem Becher Jogurt enthalten. Laut Statistik nimmt jedoch der Schulmilchkonsum in Deutschland von Jahr zu Jahr um fast 14 Prozent ab. Das sind jährlich rund 75 Millionen Liter Milch, die weniger getrunken werden.
Alle anderen Naturprodukte spielen als Kalziumlieferanten eine nur untergeordnete Rolle. So müsste ein Kind beispielsweise täglich 10 Kilo Bananen essen, um auf die notwendige Menge des Mineralstoffes zu kommen.
Die Weltgesundheitsorganisation (WHO) hat die Osteoporose in die Liste der zehn wichtigsten Erkrankungen der Welt aufgenommen. Und die Europäische

Kommission fordert energisch, dass man dieser Erkrankung größere Beachtung schenken sollte.
Rund 10 Millionen Mitteleuropäer – 80 Prozent Frauen, vor allem in der Menopause, und 10 Prozent Männer – leiden an Osteoporose. Lange Zeit glaubte man, dass es auch beim erwachsenen Menschen genügt, im Kampf gegen die Krankheit allein den Mineralstoff Kalzium zuzuführen. Inzwischen betonen führende Mediziner: Kalzium allein schafft es nicht. Das ist keine Lösung.
Aus dieser Erfahrung heraus ist eine neue Behandlungsform entstanden, mit der die Osteoporose unterstützend bekämpft werden kann: Es handelt sich dabei um die kombinierte Zufuhr von Kalzium mit Vitamin D_3.
Der Vorteil dabei: Kalzium allein wird vom Körper nur bis zu 15 Prozent aufgenommen. Zusammen mit Vitamin D_3 allerdings geschieht das bis zu 80 Prozent. Das hat eine wissenschaftliche Studie von Prof. Dr. Bess Dawson Hughes an 430 Patienten in Boston, USA, ergeben.
Mit der Kombination Kalzium und Vitamin D_3 kann man das Risiko für einen Oberschenkelhals-, Handgelenk- oder Wirbelkörperbruch um 60 Prozent senken.
Die Kombination von Kalzium und Vitamin D_3 gibt es seit einiger Zeit als Brausetablette in der Apotheke. Eine Brausetablette enthält 600 Milligramm Kalzium und 400 internationale Einheiten Vitamin D_3. Die Allgemeinärztin Dr. Eva-Marie Hieber hat damit bereits reiche Erfahrungen gesammelt. Sie betont: „Mit zwei Brausetabletten am Tag schafft man eine optimale Versorgung des Organismus.“ Diese Dosis entspricht auch der Empfehlung der Deutschen Gesellschaft für Ernährung.
Es ist auch kein Zufall, dass die Kombination von Kalzium mit Vitamin D_3 als Brausetablette zugeführt wird. Wenn man eine Tablette in $^1/_4$ Liter Wasser auflöst und trinkt, liegen die Wirkstoffe bereits gelöst vor und können daher besser vom Körper aufgenommen werden.
Man sollte nicht überdosieren und bei Einnahme von anderen Medikamenten unbedingt mit dem Arzt sprechen.

Gesund und vital mit der Erstmilch von der Kuh

Ein uraltes Naturheilmittel ist wieder entdeckt worden: die Erstmilch vom Rind. Das ist die Milch, die das frisch geborene Kälbchen in den ersten 24 bis 48 Stunden aus dem Euter der Mutterkuh bekommt. Diese Erstmilch hat viele Namen: Kolostrum, Vormilch, Biestmilch. Bauern in Bayern und in Tirol haben sie Urvitalmilch genannt.
Warum ist nun diese Erstmilch der Mutterkuh so anders als die Milch, die danach aus dem Euter kommt? Wenn eine Frau schwanger ist, dann wird das werdende Baby im Mutterleib bereits mit lebenswichtigen Aufbau- und Schutzstoffen

versorgt. Den Rest erhält es dann nach der Geburt über die Vor- und Muttermilch.
Beim Rind ist das anders. Im Körper der Kuh findet zwischen Mutter und Kind kein intensiver Stoffaustausch statt. Das Kalb wird ohne Abwehrstoffe geboren. Es bekommt alles, was es braucht, aus der Vormilch.
Was macht sie nun so wertvoll? Der Humanmediziner und Veterinär DDr. Franz Starflinger aus Burghausen hat sie analysiert: Da findet man Aminosäuren, Antikörper, Wachstumsfaktoren, Vitamine, Mineralstoffe, Spurenelemente und Immunglobuline für die natürliche Abwehrkraft. Damit wird die Vormilch zu einem Schutzschild gegen Infektionen und vorzeitiges Altern.
Vorerst gab es ein Problem: Die Vormilch, wie sie aus dem Euter der Mutterkuh kommt, ist nicht sehr ansehnlich. Damit sie als wertvolles Lebensmittel für den menschlichen Genuss eingesetzt werden kann, muss ein so genannter Urvitalmilch-Extrakt hergestellt werden. Unter strengsten hygienischen Laborbedingungen wird der Erstmilch ein Großteil der Fette und der Eiweißstoffe entzogen. Es bleiben im Extrakt nur die hochwertigen, lebenswichtigen Faktoren. Dabei werden keinerlei Konservierungsstoffe verwendet. Es wird nur Vormilch von streng kontrollierten Bauernhöfen verwendet.
Durch dieses Verfahren gelangt man zu einem reinen, naturbelassenen, bioaktiven Extrakt der Urvitalmilch von der Kuh. Dieser Extrakt wird nun zu einem Trockenpulverextrakt verarbeitet, den man in Kapseln (Apotheke) bekommt. Man nimmt im Rahmen einer Kur über einen längeren Zeitraum jeden Morgen 1 bis 2 Kapseln mit Flüssigkeit. Es gibt die Urvitalmilch aber auch flüssig. Da nimmt man 1-mal am Tag 1 Esslöffel.
Wie kann man nun als gesunder Mensch die Urvitalmilch für die Gesundheit nützen? Die Ärztin Dr. Patricia Ungerer aus Bonn gibt dazu einen Überblick: Man erzielt eine deutliche Leistungssteigerung. Man kann sich nach körperlichen Krisen schneller regenerieren. Das Immunsystem wird gestärkt. Die Stressanfälligkeit wird geringer. Unsere Zellen werden gegen Allergien und Umweltbelastungen geschützt. Magen und Darm werden gestärkt. Man baut in sich Vitalität auf.
Die Urvitalmilch ist aber auch eine sinnvolle Unterstützung zur ärztlichen Therapie: Eine gestörte Darmflora kommt schnell wieder in Ordnung. Patienten, die künstlich ernährt werden müssen, kommen rasch wieder zu Kräften. Wunden, Brüche, Bänderrisse und Verstauchungen heilen schneller. Entzündungen im Körper werden rascher abgebaut. Es kann ein positiver Einfluss auf den Blutzuckerspiegel erzielt werden.
Der Mensch nimmt den Kälbern nicht die lebenswichtige Milch weg. Die Mutterkuh liefert etwa 10 Liter Erstmilch. Das Kalb nimmt nur 4 bis 5 Liter auf. Der Rest kann also verwertet werden.

Die gute Sonne und die böse Sonne

Für Millionen Mitteleuropäer beginnt in diesen Tagen die Sommerurlaubszeit. Dabei ist nicht zu übersehen: Die meisten zieht es in südliche Regionen – der Sonne entgegen. Aber auch zu Hause wird an Wochenenden keine Gelegenheit versäumt, die Sonne zu genießen. Sonnenbestrahlung wird von fast allen Menschen als positiv bewertet. 80 Prozent der Bevölkerung – so verrät es eine Ärztestatistik aus dem vergangenen Jahr – empfindet in der Sonne ein Wohlgefühl.
Viele gehen in letzter Zeit mit schlechtem Gewissen oder gar mit Angst in die Sonne. Es ist in den letzten Jahren sehr viel Negatives und Bedrohliches über die Sonne berichtet worden. Manche sehen in der Sonne bereits etwas Böses, Gefährliches. Dabei darf man nicht vergessen: Das Leben auf der Erde wird von der Sonne bestimmt. Sie ist die einzige Quelle, aus der alle Lebewesen Energie tanken, die sie zum Leben brauchen.
Es ist daher an der Zeit, zum Start in die sonnenreichen Wochen das Für und Wider zum Thema Sonne abzuwägen. Denn eines steht fest: Zu wenig Sonne ist unserem Organismus genauso wenig zuträglich wie zu viel.
Was kann man Positives zur Sonne sagen?
Ohne Sonne könnten wir nicht leben. Der gesamte Stoffwechsel wird angeregt. Man fühlt sich an sonnigen Tagen vitaler. Man ermüdet auch nicht so schnell. Die Durchblutung der Haut wird gefördert. Viele Menschen wirken an sonnigen Tagen jünger, frischer.
Sonnenstrahlen vermindern und bremsen die Produktion des natürlichen Hormons Melatonin in der Zirbeldrüse. Damit verschwinden trübe Gedanken, Schwermut, schlechte Laune, depressive Stimmungen. All das fördert nämlich dieses Hormon.

- ❖ Offene Wunden heilen schneller. Die Sonne ist eine ausgezeichnete Therapie gegen Hautprobleme. Die Bildung von Sexualhormonen wird aktiviert. Die Freude an Liebe und Zärtlichkeit wird gesteigert.
- ❖ Man ist an sonnigen Tagen leistungsfähiger. Alltagsbeschwerden wie Gelenk-, Kreuz- oder Kopfschmerzen lassen nach.
- ❖ Vitamine und Mineralstoffe werden aus der Nahrung besser aufgenommen. Und durch das Auftreffen der Sonne auf die Haut kann der Körper das Vitamin D produzieren, das für starke Knochen zuständig ist.

Und was weiß man über den negativen Einfluss der Sonne?

- ❖ Seitdem sich die Medizin damit befasst, weiß man, dass es nicht sinnvoll und nicht gesund ist, sich maßlos den Sonnenstrahlen auszusetzen. Diese Situation hat sich in den letzten Jahren durch das Dünnerwerden der schützenden Ozonschicht dramatisch zugespitzt.
- ❖ Während die langwelligen UV-A-Strahlen die Haut bräunen, aber nicht schädi-

gen, greifen die UV-B- und die UV-C-Strahlen die Hautzellen an, stören den Hautstoffwechsel und verursachen den Sonnenbrand. Man weiß heute: Fünf Sonnenbrände in der Kindheit verdoppeln die Hautkrebsgefahr bei Erwachsenen.

- Zwischen zu intensiver und zu langer Sonnenbestrahlung und erhöhtem Hautkrebsrisiko ist heute ein Zusammenhang medizinisch nachgewiesen.
- Die sonnenbestrahlte Haut altert schneller. Die Falten prägen sich tiefer ein. Die Haut verliert viel Feuchtigkeit. Die Haut wird mit der Zeit ledern und unansehnlich.
- Die Aktivität des Immunsystems wird im gesamten Organismus binnen kurzer Zeit gebremst. Daher bekommen viele nach einem intensiven Sonnenbad eine Fieberblase oder eine Erkältung. Der Wiener Dermatologe Prof. Dr. Wolfgang Raab betont, dass nach übertriebenen Sonnenbädern auch die Gefahr für Aids verstärkt wird.
- Die Lippen werden durch starke Sonnenbestrahlung rissig, rau und trocken. Die Haare bleichen aus, werden spröde. Es können sich auf der Haut Sommersprossen bilden.
- Es kann zu Kreislaufbeschwerden, zu Kollaps, Sonnenstich, Kopfschmerzen und Schwindelanfällen kommen.
- Bei langfristiger Einwirkung der Sonne auf das menschliche Auge kann die Linse den grauen Star entwickeln.

Bedeutet das nun, dass man nie mehr in die Sonne darf? Die Weltgesundheitsorganisation meldet: Jährlich gibt es weltweit durch das Dünnerwerden der Ozonschicht zusätzlich 50.000 Hautkrebserkrankungen und 150.000 Fälle von grauem Star.

All diese Zahlen dürfen uns nicht in Panik verfallen lassen. Sommer, Sonne, Urlaubsstrand sind damit nicht für immer vorbei. Aber: Wir müssen uns der Gefahr bewusst sein, dürfen sie nicht auf die leichte Schulter nehmen. Wir müssen anders, verantwortungsvoller mit der Sonne umgehen. Dann kann sie dennoch ein Genuss für uns werden:

- Gewöhnen Sie die Haut langsam an die Sonne. Beginnen Sie mit kurzen Sonnenbädern. Höchstens 10 bis 15 Minuten. Gehen Sie in heißen Ländern und auch bei uns an superheißen Tagen nicht zwischen 11 und 14 Uhr in die Sonne.
- Holen Sie sich bei Ihrem Apotheker Sonnenpräparate mit hohen Schutzfaktoren. Beginnen Sie mit Schutzfaktor 10 bis 15. Erst wenn die Haut gebräunt ist, dürfen Sie niedrigere Faktoren einsetzen. Und: Tragen Sie die Cremes und Öle alle zwei Stunden neu auf.
- Schützen Sie Ihre Augen durch gute Sonnenbrillen. Tragen Sie eine Kopfbedeckung aus Stroh oder Leinen.
- Wenn Sie die Pille nehmen oder auf Grund einer Krankheit Medikamente einnehmen, dann besprechen Sie mit Ihrem Arzt, ob Sie besser die Sonne meiden.

- ❖ Bleiben Sie nicht stundenlang in der Sonne liegen. Machen Sie Bewegung. Ideal: Strandspaziergänge. Und halten Sie sich an die Grundregel: Sonne ja, aber mit Maß und Ziel!

Mückeninvasion im Sommer: So können wir uns schützen!

Heftige Regenfälle und anschließendes Hochwasser sind oft schuld daran, dass im ganzen Land in Wassertümpeln Milliarden und Abermilliarden Mücken ausgeschlüpft sind und nun in den Abendstunden über uns Menschen herfallen. Da ist es wichtig zu wissen, wie man sich schützt und wie man auf einen Mückenstich reagiert.
Es gibt rund 1500 Mückenarten. Nur 130 Arten davon stechen. Und da wieder belästigen uns nur die Weibchen. Die Männchen schlürfen Blütennektar. Die Weibchen sind auf Blut aus. Sie brauchen das Protein, damit ihre Eier reifen können.
Manche Menschen werden häufiger von Mücken gestochen, andere wieder gar nicht oder nur selten. An der Universität Düsseldorf hat Dr. Michael Dehn das Rätsel gelöst: Besondere Anziehungskaft auf Mücken haben jene Menschen, die besonders viele Pheromone besitzen. Pheromone sind für die sexuelle Anziehungskraft verantwortlich. Man kann also zum Trost sagen: Wer viel von Mücken gestochen wird, weiß nun, dass er viel Sexappeal besitzt.
So können Sie sich vor Mücken schützen:

- ❖ Tragen Sie abends und im Schatten Kleidung, die Arme und Beine bedeckt. Das ideale Material: Leinen oder Baumwolle. Bitte, keine grellen Farben. Besonders gefährlich: Gelb und Orange.
- ❖ Duschen Sie mehrmals am Tag. Schweißgeruch zieht die Insekten an. Meiden Sie verschwitzte Kleidung.
- ❖ Halten Sie sich unter einem Nussbaum auf. Dort fühlen sich Mücken nicht wohl.
- ❖ Wenn Sie abends in die Wohnung kommen, zuerst das Fenster schließen, dann erst das Licht anknipsen. Oder geben Sie Fliegengitter vor die geöffneten Fenster.
- ❖ Kinder sollte man im Bett mit einem Moskitonetz schützen.
- ❖ Stellen Sie neben dem Bett eine Zitrone auf, die Sie mit Gewürznelken gespickt haben.
- ❖ Reiben Sie freie Hautstellen mit Lavendelöl, Nelkenöl, Eukalyptusöl oder Lorbeeröl ein. Oder reiben Sie die Haut mit einer Mischung von Apfelessig und Wasser 50 zu 50 ein. Es gibt in der Apotheke jede Menge so genannter Repellentien auf Naturbasis.

Alle diese Mittel wirken auf mehrfache Weise: Die Mücken werden durch den

Geruch abgeschreckt. Oder sie verlieren durch den penetranten Duft die Orientierung. Oder sie verbrennen sich beim Landeanflug auf die Haut die Hinterbeinchen an den scharfen ätherischen Ölen und starten gleich wieder durch, ohne zum Stechen zu kommen.

Man kann auch von innen her etwas gegen die Mücken tun:

- Essen Sie viel Knoblauch. Die Mücken mögen diese Ausdünstung nicht. Oder lassen Sie sich vom Arzt ein Präparat mit B-Vitaminen verschreiben. Auch dadurch entsteht eine mückenfeindliche Ausdünstung.

Wenn dann aber doch eine Mücke gestochen hat, dann ist das oft schmerzhaft und lästig, weil sehr oft die Einstichstelle anschwillt, juckt und brennt.

So sollten Sie einen Mückenstich sofort behandeln:

- Holen Sie einen Eiswürfel aus dem Tiefkühlfach des Kühlschrankes und reiben Sie damit die Stichstelle ein.
- Schneiden Sie eine Zitrone oder eine Zwiebel in zwei Hälften und reiben Sie mit der Schnittstelle die Haut ein.
- Geben Sie etwas Kochsalz auf die Stichstelle und verreiben Sie es mit etwas Speichel. Sie können auch Salz auf einen nassen Waschlappen streuen und diesen dann auflegen.
- Reiben Sie die Stelle mit australischem Teebaumöl ein.

Die besten Gesundheitstipps für Juli

Sonnenschutz: Wir müssen auch von innen etwas tun

Viele von uns haben sich schon seit Monaten und Wochen auf die ersten starken Sonnenstrahlen gefreut. Sie können das erste Sonnenbad gar nicht mehr erwarten. Allerdings wissen wir alle, dass die Sonne für uns gefährlicher geworden ist. Wir müssen vorsichtiger mit ihr umgehen. Denn die schützende Ozonschicht etwa 15 Kilometer über uns, die uns vor den schädlichen UV-Strahlen der Sonne schützt, wird merklich dünner, was auf die zunehmende Umweltbelastung der Welt zurückzuführen ist.

Bisher gab es für den Sonnenschutz nur äußerliche Maßnahmen: Vorsichtig mit dem Sonnenbaden beginnen. Sich nicht stundenlang den intensiven Strahlen aussetzen. Mit Sonnencremes, Ölen und Lotionen, die über hohe Schutzfaktoren verfügen, die Haut einreiben. Die Nase, Stirn, Schultern und Brustwarzen mit speziellen Sunblockern (Apotheke) versorgen. An besonders heißen Tagen nicht zwischen 11 und 14 Uhr in die Sonne gehen. Sonnenbrillen mit UV-Filter tragen.

All diese Ratschläge haben eines zum Ziel: einen Sonnenbrand zu vermeiden, weil mehrere Sonnenbrände das Risiko für Hautkrebs erhöhen.

Nun aber macht ein Arzt von sich reden, der den Sonnenschutz künftig in unserer belasteten Welt zusätzlich viel umfangreicher sieht. Es ist der international anerkannte und erfolgreiche Umweltmediziner Doz. Dr. Bodo Kuklinski, Chefarzt an der Klinik für Innere Medizin am Klinikum Südstadt Rostock. Er meint: „Sonnenschutz von außen allein genügt nicht. Wir müssen auch konsequent im Interesse unserer Gesundheit etwas von innen tun!“

Doz. Dr. Kuklinski ist im Zuge seiner umfangreichen Forschungen im Kampf gegen Umweltgifte auf einige vollkommen neue Details gestoßen: Der Einfluss der stärker werdenden Sonnenbestrahlung hat im menschlichen Organismus – zusätzlich zur Belastung der Haut – dieselben Erfolge wie viele andere Umweltbelastungen.

Das bedeutet: Wir sind heutzutage ständig von Umweltgiften umgeben, die wir durch die Luft, das Wasser, die Nahrung aufnehmen. Diese hochaggressiven Moleküle – in der Wissenschaft „freie Radikale“ genannt – zerstören unsere Körperzellen, attackieren Gesundheit und Leben. Sie schwächen unser Immunsystem, fördern vorzeitige Adernverkalkung, Krebs und viele andere Zivilisationskrankheiten.

Eine Studie mit 30 Krankenschwestern, die einen 14-Tage-Badeurlaub an der Ostsee durchführten und sich täglich in die Sonne legten, ergab nun: Auch bei Sonnenbestrahlung entstehen im Körper des Menschen diese aggressiven Umweltgifte. Ihre Zahl steigt einige Stunden nach dem Sonnenbad dramatisch an.

Daher die Aufforderung von Doz. Dr. Kuklinski: „Wir können beim Sonnenbaden im Urlaub diesen Umweltschadstoffen, die in uns entstehen, nicht ausweichen. Aber wir müssen uns davor schützen!"
Bei der Studie an den besagten 30 Krankenschwestern hat sich gezeigt: Jene 15 Mädchen und Frauen, die sich auf das Sonnenbaden auch von innen her vorbereiteten und ganz bestimmte Natursubstanzen zu sich nahmen, entstanden keine oder nur ganz wenige hochaggressive freie Radikale im Körper.
Bei diesen Natursubstanzen handelt es sich um die Vitamine C und E, um das Provitamin Betacarotin und um das Spurenelement Selen, alles Substanzen, die längst als so genannte „Antioxidantien" bekannt sind, als Stoffe, die uns vor Umweltgiften schützen. In der Praxis bedeutet das: Wer gerne zum Sonnenbaden geht, sollte in der heißen Jahreszeit täglich Selen (Spargel, Meeresfisch, Kokosnuss, Weizenkeime), Vitamin E (Milch- und Vollkornprodukte), Vitamin C (Paprikaschoten, Petersilie, Kiwis, Grapefruits) und Betacarotin (Möhren) mit der Nahrung zu sich nehmen. Zusätzlich – so rät Doz. Dr. Kuklinski – aber ist es sinnvoll, eine so genannte Sonnenvit-Kur durchzuführen und Kapseln aus der Apotheke einzunehmen, die Selen, Vitamin C, E und Betacarotin enthalten. Die Studie an den Krankenschwestern wurde mit solchen Kapseln gemacht.

So wird der Urlaub auch zu Hause ein Genuss

Nach wie vor kann sich die Branche der Reiseveranstalter nicht beklagen. Noch immer sind manche Ferienziele im Ausland – meist im sonnigen Süden – für die Sonnenmonate ausgebucht. Allerdings: Die Zahl jener, die im Urlaub zu Hause bleiben, wird immer größer. Das hat mehrere Gründe: politische Verhältnisse, Unruhen und steigende Kriminalität in manchen Urlaubsländern, aber auch die Preise. Speziell für ein Ehepaar mit mehreren Kindern kann so ein Urlaub im In- und Ausland sehr teuer werden.
Wenn jemand ganz offen und ehrlich zugibt: „Ich bleibe in diesem Jahr im Urlaub zu Hause!", dann kann es sein, dass man ihn fragt: „Ja, kann man sich denn daheim überhaupt erholen?"
Freizeitexperten und Psychologen sagen: „Unter gewissen Umständen klappt das. Man muss nur lernen, mit den Ferien in den eigenen vier Wänden umzugehen!"
Damit man sich positiv mit dem Gedanken vom Urlaub zu Hause vertraut machen kann, sollte man sich überlegen, wo die Vorteile dabei liegen:

- Man ist nicht unentwegt gezwungen, mit Massen von anderen Urlaubern beim Essen oder beim Sonnenbaden und Schwimmen beisammen zu sein.

- Der Urlaub zu Hause ist zweifelsohne Balsam für die Nerven, wenn man sich dabei wohl fühlt.
- Der Urlaub zu Hause gibt vor allem Möglichkeit, Dinge zu tun, die man in seiner vertrauten Umgebung am liebsten tut und zu denen man das ganze Jahr über nicht kommt: lesen, malen, zeichnen, einen langen Einkaufsbummel unternehmen, endlich einen Radfahrweg oder einen Fitnessparcours in nächster Nähe ausprobieren, einige Esslokale in der Umgebung testen, wieder einmal ins Kino gehen, sich massieren lassen.
- Man muss sich nicht an einem überlaufenen Badestrand stundenlang um ein Eis anstellen, muss nicht endlos lang in einem Restaurant warten, bis man endlich an die Reihe kommt.

Wenn eine Familie die Ferien zu Hause verbringt, dann kann das für die Ehefrau und Mutter zum Horror werden. Vater und die Kinder denken nur ans Nichtstun. Sie wollen verwöhnt werden, wollen ständig mit Essen und Trinken versorgt werden. Und wer muss da meist herhalten: Mutti natürlich! Für sie wird der Urlaub daheim zur Tortur. Dasselbe aber kann ihr widerfahren, wenn die Familie an einem Urlaubsort nicht in ein Hotel, sondern in einen Ferienbungalow zieht: mit integrierter Küche. Da steht Mutti dann auch den ganzen Tag am Herd und schuftet für ihre Lieben.

Daher: Ferien zu Hause sind nur dann wirklich Ferien, wenn jeden Tag jemand anderer das Frühstück für alle zubereitet, wenn mittags und abends auswärts gegessen wird. Oder wenn für ein gemeinsames Picknick oder Abendessen alle gemeinsam die Vorbereitungen treffen. Die Muttis müssen die Sicherheit haben, dass sie nicht auch noch in den Ferientagen die Sklavinnen der anderen sind.

Eines muss man wissen: Wer zu Hause Urlaub macht, den versucht der Alltag einzuholen. Die anderen wissen ja nicht, dass man sich erholen will. Verwandte, Bekannte, Freunde haben Fragen, Bitten, wollen ihre Sorgen loswerden. Jeden Tag bringt der Postbote Briefe, Rechnungen, Mahnungen. Man muss zum Einkaufen. Man muss in der Wohnung sauber machen. Wie lässt sich das alles mit Urlaubsstimmung und Erholung koordinieren?

Ganz einfach. Man muss mit der nötigen Großzügigkeit und der festen Einstellung zum Genießen an diese Urlaubsvariante herangehen:

- Heben Sie doch einfach – zumindest einige Tage – das Telefon nicht ab. Lassen Sie es klingeln. Wenn Sie nicht da wären, würde ja auch keiner abheben. Ideal, wenn man einen Anrufbeantworter hat. Man lässt ihn angestellt.
- Nehmen Sie die tägliche Post höflich vom Postboten entgegen und legen Sie sie – vorerst ungeöffnet – in eine große Schachtel. Sichten Sie die Briefe, Rechnungen und alles andere eventuell in den letzten beiden Urlaubstagen. Dann ist Zeit genug. Voraussetzung ist natürlich, dass Sie – wie bei einer Reise – vor dem Urlaub alle notwendigen Zahlungen und Termine wahrnehmen.

- Reduzieren Sie Reinemachen und Einkaufen auf ein Minimum.
- Unternehmen Sie viele Ausflüge, Wanderungen oder Radtouren. Besuchen Sie einen Zoo, ein Naturschutzgebiet. Fahren Sie vielleicht auf zwei, drei Tage in die nächste Umgebung.
- Wenn das Wetter mitspielt: Gestalten Sie den Balkon, eine Terrasse oder den Garten zu einer Urlaubsoase mit Liegestuhl, Sonnenschirm, Dusche. Kaufen Sie sich ein paar neue CDs oder Kassetten mit Ihrer Lieblingsmusik und frönen Sie dem süßen Nichtstun.

Einer der wenigen Menschen, mit denen Sie Kontakt halten sollten, ist Ihr Apotheker. Sie brauchen seinen Rat und manches aus seinem Vorrat. Denn: Auch beim Urlaub zu Hause müssen Sie Sonnenschutzpräparate verwenden, sollten wissen, was Sie bei Durchfall oder Verstopfung tun müssen. Und gerade während der Ferien daheim könnte Ihnen ein Aufbaupräparat, könnten Ihnen Vitamine, Spurenelemente und Mineralstoffe nützlich sein.

So meistern Sie die Urlaubskrise

Vielleicht haben Sie das auch an sich selbst, an Freunden oder an Familienangehörigen beobachtet: Da hat man endlich den lang ersehnten Urlaub, kommt an seinem Reiseziel an und wird krank. Sehr oft ist es eine Erkältung oder sind es andere Unpässlichkeiten. Das dauert oft Tage. Reisemediziner und Psychologen bestätigen: Viele Menschen machen in den ersten Tagen ihres Urlaubs eine gesundheitliche Krise durch.

In den meisten Fällen setzt diese Urlaubskrise ein, sobald der Betreffende an seinem Reiseziel angekommen ist, also im Hotel. Es kommt je nach Menschentyp zu depressiven Verstimmungen, zu schlechter Laune, zu Ärger, Nervenkrisen, aber auch zu Halsbeschwerden, Heiserkeit, Kopfschmerzen, zu Erkältungen mit Fieber, Kopfschmerzen, Migräne und rheumatischen Schüben oder Verspannungen im Rücken.

Es gibt nach Ansicht erfahrener Mediziner mehrere Erklärungen für diese Urlaubskrise in Sachen Gesundheit:

- Die meisten machen sich vor einem Urlaub kaputt. Sie muten sich beruflich und privat zu viel zu. Sie sind beim Antritt des Urlaubs vollkommen erschöpft. Und damit befindet sich auch die Immunkraft auf einem absoluten Tiefpunkt. Daher ist man anfälliger gegen Erkrankungen.
- Sehr gewissenhafte Menschen haben so viel geistige Macht über ihren Körper, dass sie Wochen vor dem Urlaub Ansätze für leichte Befindlichkeitsstörungen wegstecken, unterdrücken können. Kaum aber stehen sie nicht mehr unter

Druck – und das ist nach Ankunft am Urlaubsziel –, treten die Beschwerden auf.

- Viele Menschen merken im Trubel des Alltags nicht, dass sie einander im Grunde genommen nichts mehr oder nicht mehr viel zu sagen haben. Kaum aber befinden sie sich in einem Urlaubsdomizil, wird die Partnerschaftskrise bewusst. Darauf reagiert der Körper sehr oft mit Krankheit oder Unpässlichkeit.

Es wäre ganz wichtig, wenn sich jeder vornehmen würde: Ich mache demnächst Urlaub. Deshalb mache ich mich vorher stark, damit ich die Ferien dann auch optimal genießen kann. Tun Sie das Gegenteil von dem, was die meisten machen: Arbeiten Sie nicht bis zur letzten Minute. Schlafen Sie reichlich. Ernähren Sie sich vor dem Urlaub gesund. Betreiben Sie an den Wochenenden bereits als eine Art Vortraining Freizeitsport. Und reden Sie sich nicht ununterbrochen ein, dass Sie urlaubsreif sind. Das nimmt Ihnen Kraft.

Es macht auch Sinn, bereits etliche Wochen vor dem Urlaub einiges für die Immunkraft zu tun: Reduzieren Sie das Rauchen oder stellen Sie es ganz ein. Essen Sie reichlich frisches Obst und rohes Gemüse, damit Sie genügend Vitamine, Mineralstoffe, Spurenelemente und Enzyme aufnehmen. Oder versorgen Sie sich aus der Apotheke mit Präparaten, die Ihnen diese lebenswichtigen Substanzen liefern. Lassen Sie sich vom Apotheker beraten, ob Sie in Ihrem jeweiligen Fall Einzelsubstanzen oder Präparate nehmen, die Ihnen all diese Stoffe anbieten, also Multivitamin-Mineralstoff-Präparate.

Ganz wichtig: Teilen Sie es sich so ein, dass Sie nicht vom Arbeitsplatz unter Zeitdruck in den Urlaub fahren. Bereiten Sie sich an ein, bis zwei freien Tagen zu Hause auf die Reise vor.

Die Fahrt oder der Flug in den Urlaub sind fast immer anstrengend. Darum sollten Sie nach Ihrer Ankunft am Ziel im Hotel gleich wieder eine Erholungs- und Ruhephase einlegen und sich nicht gleich in den Ferientrubel stürzen.

Es gibt eine Menge Ursachen, die zu einer Urlaubskrise führen können. Und so kann man sie in den einzelnen Fällen meistern:

- Viele sehr junge und ältere Menschen haben in den ersten Nächten in der ungewohnten Umgebung Probleme mit dem Ein- und Durchschlafen. Hier sollte man keine Tabletten nehmen. Ein romantischer Spaziergang, ein gemütliches Beisammensitzen am Abend, leichtes Essen am frühen Abend und natürliche Beruhigungsmittel, die Baldrian oder Melisse enthalten, bringen Erfolg. Für den Fall, dass Sie durch Musik im Hotel gestört sind, sollten Sie Ohrstöpsel aus der Apotheke mit im Reisegepäck haben.
- Mehr, als man denkt, kann die Klimaanlage im Urlaubshotel die Schuld an einer gesundheitlichen Krise tragen. Vor allem, wenn sie Tag und Nacht läuft, zieht man sich sehr leicht eine Erkältung oder Kopfschmerzen zu. Die Lösung: Nachts schalten Sie die Anlage einfach aus oder auf niedrigste Stufe. Wenn Sie das Zim-

mer verlassen, schalten Sie die Anlage auf „stark“. Und damit die Luft nicht zu trocken wird, legen Sie feuchte Tücher auf.

- Vorsicht bei der Dusche. Es ist längst bekannt, dass sich in der Brause gefährliche Viren – so genannte Legionellen – absetzen können, wenn die Warmwasseranlage eines Hotels nicht optimal gewartet wird. Wenn man die Viren mit dem Dampf einatmet, kann es zu schweren Atemwegsinfektionen kommen. Daher: Einige Minuten ganz heißes Wasser laufen lassen und dabei nicht im Badezimmer bleiben. Die Krankheitserreger sterben bei über 50 Grad Celsius Wassertemperatur ab.

Natürliche Sommerrezepte für die Liebe

Rund 12 Millionen Menschen in Mitteleuropa – zum Teil bereits unter 25 Jahren – haben Probleme mit dem Sex und der Erotik. Männer leiden unter Potenzstörungen, Frauen fehlt die Fähigkeit, die Liebe zu genießen und einen Höhepunkt zu erreichen. Viele geraten in Panik, greifen zu starken, obskuren und nicht ungefährlichen Medikamenten. Ohne Erfolg. Es wäre sinnvoller, Liebeskraft aus der Natur zu tanken. Wenn es sich nämlich nicht um ein schwerwiegendes seelisches oder um ein organisches Problem handelt, wo nicht Mediziner und Psychotherapeuten eingreifen müssen, kann man oft mit natürlichen Kräften viel erreichen.
Dazu bietet gerade die schöne Jahreszeit mit vielen köstlichen Naturprodukten beste Gelegenheit:

- Bei den Bewohnern der Antillen ist es seit jeher bekannt: Wenn die frische Ananas im Sommer besonders süß schmeckt und der Saft auf den Lippen brennt, dann können ihre Geruchsstoffe Frauen und Männer gleichermaßen für die Liebe anregen und die Bildung von Sexualhormonen ankurbeln.

Dazu ein Rezept: 2 dicke Scheiben einer frischen Ananas auf einem Teller anrichten, mit 2 Teelöffel Zitronensaft beträufeln, mit 1 Esslöffel Schlagsahne garnieren.

- Zwischen den beiden Weltkriegen galt es als Geheimnis der Männer in schottischen Herrenklubs: Man kaut frische, rohe Petersilie, um die Manneskraft so richtig aufzubauen. Heute weiß man, dass pflanzliche Hormonstoffe in dem Gewürzkraut dafür verantwortlich sind, die man mit dem Hauptwirkstoff Apiin aufnimmt.

Dazu ein Rezept: 1 dünne Scheibe Vollkornbrot mit etwas Butter bestreichen, ganz dick mit gehackter, roher Petersilie belegen.

- Schon bei den Azteken galt Vanille als anregend für die Liebe. Die ätherischen Geruchsstoffe der Vanille wirken auf das Sexualleben vor allem der Männer stimulierend.

Dazu ein Rezept: 2 Kugeln Vanilleeis mit 2 Esslöffel heißer Schokolade übergießen. Die Schokolade verstärkt das Gefühl für Liebe und Zärtlichkeit.

- Knoblauch gilt von jeher als Garant für die Liebeskraft, vor allem dann, wenn es gilt, die Durchblutung in den Genitalien zu verstärken. Vor allem aber aktivieren die Inhaltsstoffe der Spurenelemente Zink und Molybdän im Knoblauch die Liebesfähigkeit bei Mann und Frau. Einziger Nachteil: der penetrante Geruch.

Dazu das Rezept: Knoblauchsuppe für 2 Personen: 5 g Knoblauch und 15 g Zwiebel fein hacken, in 1 Esslöffel Margarine goldgelb anlaufen lassen. Mit 3/4 Liter siedender Gemüsebrühe aufgießen und aufkochen lassen. Jede Portion mit einer getoasteten Weißbrotscheibe servieren.

- Auch die Kartoffel – das wussten schon die Indianer – ist reich an pflanzlichen Hormonstoffen, die den menschlichen Organismus in Sachen Liebe kräftigen. Man muss oft davon essen. Und es dürfen ausschließlich schonend zubereitete Pellkartoffeln sein.

Dazu das Rezept: 4 mittelgroße Pellkartoffeln mit 4 Esslöffel Quark und 5 Esslöffel gehacktem Schnittlauch genießen.

- Bienenpollen – das hat der Hamburger Arzt Dr. Werner Salomon herausgefunden – bauen mit ihrem Schatz an Vitaminen, Mineralstoffen, Spurenelementen und natürlichen Hormonstoffen die Liebeskraft bei Mann und Frau auf.

Dazu das Rezept: Liebesmüsli am Morgen: 3 Esslöffel Müsli (Reformladen, Drogeriemarkt), mit 1 Teelöffel Rosinen, 1 geriebenem Apfel, 1 Becher Jogurt und 1 Teelöffel Bienenpollen (Apotheke).

- Die Banane aktiviert die Liebeskraft über das Gehirn. Die Frucht liefert besonders viel von den Hormonstoffen Serotonin und Norepinephrin. Sie sind für positives Denken und für Spaß an der Liebe verantwortlich. Das hat man im Ernährungsforschungsinstitut von Tokio nachgewiesen.

Dazu das Rezept: 1 Banane der Länge nach in 2 Teile schneiden. Beide auf einem Teller anrichten, mit 5 Esslöffel heißer Vanillesoße und 2 Esslöffel Erdbeerkonfitüre garnieren.

- Seit dem späten Mittelalter galt es bei den Matrosen auf großen Schiffen als Spitzentipp: Ehe man in den Hafen zur Braut kam, kaute man getrocknete Salbeiblätter oder trank einen Liebescocktail aus Salbei. Die Bitterstoffe des Salbeis wirken sich nicht nur positiv auf die Liebe und die Atemwege aus. Sie stärken auch die Manneskraft.

Dazu das Rezept: 1 Liter kaltes Wasser zustellen, 3 gehäufte Esslöffel getrocknete Salbeiblätter (Apotheke) dazugeben. Das Ganze 3 Minuten kochen lassen, durchseihen, mit 4 Esslöffel Honig süßen. Den ganzen Liter binnen weniger Stunden trinken.

- Artischocken regen mit ihren Gerbstoffen, Flavonoiden und mit dem Hauptinhaltsstoff Cynarin die Sexualität bei Frau und Mann an.

Dazu ein Rezept: Artischockensalat: 3 Artischocken gar kochen. Die Artischockenböden in Streifen schneiden, 2 Tomaten und 1/2 Paprikaschote in Würfel schneiden. 1/2 Knoblauchzehe mit etwas Salz zerdrücken. Alles vermischen. 3 Esslöffel Distelöl, etwas grüner Pfeffer, 1 Esslöffel Apfelessig, etwas Honig und 1/2 Bund Petersilie gehackt verrühren, dazumischen. Der Salat muss eine Stunde stehen.

- Eine Reihe von potenzfördernden ätherischen Ölen machen die Sellerie zu einem echten „Liebesgemüse“. Die uralte Tradition wurde inzwischen von der Medizin bestätigt.

Quark und Holunderblüten bei Bindehautentzündung

Im Sommer ist die häufigste Augenerkrankung zweifelsohne die Bindehautentzündung. Wer sich davor schützen will, wer dagegen gezielt und erfolgreich etwas tun will, muss dabei ganz bestimmte Regeln beachten.
Es beginnt mit roten, juckenden Augen, Schwellungen. Dann folgt ein wässrig-eitriger Tränenfluss. Man verträgt kein Licht. Das Jucken geht in stechende Schmerzen über und man hat das Gefühl, als hätte man ständig einen Fremdkörper im Auge.
Man weiß heute aus der Augenmedizin, dass es drei verschiedene Ursachen für die Bindehautentzündung gibt:

- Infektionen durch Bakterien und Viren, die in Schwimmbädern mit dem Wasser oder mit nicht ganz sauberen Handtüchern übertragen werden. Auch schmutzige Hände, mit denen man sich an die Augen fasst, können die Erreger weitergeben.
- Reizungen durch Staub, Rauch, Sonnenstrahlen, Make-up-Teilchen, aber auch durch Fahren im Auto bei offenem Fenster.
- Allergische Reaktionen auf fliegende Pollen, aber auch auf kosmetische Präparate wie Wimperntusche und Lidschatten.

So können Sie einer Bindehautentzündung vorbeugen: Achten Sie auf peinliche Hygiene. Niemals mit schmutzigen Fingern an die Augen. Keine bereits benützten, fremden Handtücher verwenden. Tragen Sie bei Arbeiten in staubreicher Luft Schutzbrillen. Tragen Sie aber auch im Sommer gute Sonnenbrillen, die das UV-Licht filtern. Wenn Sie Pollenallergiker sind, meiden Sie den Pollenflug. Testen Sie Ihre kosmetischen Produkte. Wenn Sie sie nicht vertragen: weg damit. Und: Meiden Sie Zugluft!
Und das können Sie tun, wenn Sie bereits eine Bindehautentzündung haben:

- Bereiten Sie Kamillentee zu, tauchen Sie in den lauwarmen Tee ein Leinentuch und legen Sie dieses auf die geschlossenen Augen auf, nachdem Sie es ausgewrungen haben. 15 Minuten einwirken lassen. Dazu eignet sich auch ideal – Augentrosttee. Manche bevorzugen eine Mischung aus Kamille und Augentrost zu gleichen Teilen.

- Machen Sie eine Quark-Honig-Kur: Legen Sie zimmerwarmen Quark auf die geschlossenen Augen. Danach waschen Sie den trockenen Quark mit folgender Flüssigkeit ab: 1 Esslöffel Honig mit 2 Tassen Wasser zum Kochen bringen, aufwallen lassen, Schaum abschöpfen. Lauwarm verwenden. Am besten zum Abwaschen ein Leinentuch verwenden.
- Trinken Sie einige Tage lang täglich 3 Tassen von folgendem Tee: Lassen Sie sich in der Apotheke zu gleichen Teilen Holunderblüten, Schafgarbe und Pfefferminze mischen. 1 Esslöffel davon mit 1 Tasse kochendem Wasser überbrühen, 8 Minuten ziehen lassen, durchseihen, mit etwas Honig trinken.
- Vorsicht: Ohne spezielle Anordnung des Arztes keine Augenbäder durchführen. Sie können die Reizung verstärken.
- Lassen Sie sich vom Arzt oder Apotheker entsprechende Augentropfen gegen Bindehautentzündung empfehlen. Es muss sich um ein Präparat handeln, das die Augenschleimhäute beruhigt. Vorsicht: Bereits geöffnete, verwendete Fläschchen mit Augentropfen dürfen nicht länger als fünf bis sechs Wochen verwendet werden. Es entstehen Keime in der Flüssigkeit, die zu einer neuerlichen Infektion führen können.
- Schützen Sie Ihre Augen vor grellem Licht und Sonnenschein.
- In starken Fällen von Bindehautentzündungen muss Ihnen der Arzt vorübergehend Salben verordnen, die Antibiotika, vielleicht sogar Kortison enthalten.
- Handelt es sich bei Ihrer Bindehautentzündung um eine Allergie, dann müssen Sie damit unbedingt zum Allergologen.

Ein Erkältungsvirus greift die Stimme an

Seit einigen Jahren – so beobachten es die Ärzte – geht in Mitteleuropa im Sommer ein Erkältungsvirus um, das gezielt die Stimmbänder angreift. Viele kennen die Erkrankung aus eigenem Erleben: Es beginnt ganz harmlos mit Schnupfen, etwas Husten. Manche bekommen Kopfschmerzen, sind vorübergehend unpässlich, schwitzen mehr als sonst. Und dann geschieht es: Man wird morgens wach und ist stockheiser, oder aber die Stimme ist komplett weg. Wenn man nicht sofort etwas dagegen tut, kann sich diese Stimmbanderkältung über viele Wochen hinziehen.
Wissenschaftler haben nach der Ursache dieses ungewöhnlichen Krankheitsverlaufes gesucht. Sie sind zu dem Schluss gekommen: Extremer Temperaturwechsel und zunehmende Luftverschmutzung spielen dabei eine Rolle.
Der Rat erfahrener Mediziner: Wenn das Virus umgeht, so kann man mit ganz bestimmten Maßnahmen dem Infekt vorbeugen. Darauf sollte man achten:

- Meiden Sie Zugluft: zu Hause, im Auto und in öffentlichen Verkehrsmitteln.

- ❖ Meiden Sie Räume, in denen die Klimaanlagen zu kalt eingestellt sind. Ziehen Sie sich in solchen Räumen warm an. Vor allem der Hals sollte warm gehalten werden.
- ❖ Löschen Sie den Durst nicht mit eiskalten Getränken. Verzichten Sie auf Eiswürfel. Auch zu heiße Getränke sind nicht gesund.
- ❖ Taucht eine leichte Erkältung auf, sofort ein, zwei Tage zu Hause bleiben.
- ❖ Schonen Sie die Stimme. Nicht schreien, nicht singen. Leise reden.
- ❖ Nicht in schweißnasser Kleidung umherlaufen.
- ❖ Nicht zu lange in der grellen Sonne liegen. Besser im Schatten aufhalten.
- ❖ Zur speziellen Vorbeugung gibt's einen chinesischen Akupressurgriff: Reiben Sie mehrmals am Tag die Innenseite des Ellenbogens. Von hier führen Nervenpunkte direkt zu den Stimmbändern und geben ihnen damit Kraft.

Und das ist zu tun, wenn man bereits das Virus eingehandelt hat und stimmlos oder sehr heiser ist:

- ❖ Absolut nichts sprechen. Auch wenn es noch so schwer fällt: einige Tage schweigen. Schreiben Sie alles, was Sie anderen zu sagen haben, auf ein Stück Papier.
- ❖ Gurgeln Sie mehrmals am Tag mit Salbeitee oder Käsepappeltee. Trinken Sie auch davon.
- ❖ Besorgen Sie sich aus der Apotheke oder aus dem Reformladen Propolistropfen, ein Produkt aus dem Bienenstock. 20 Tropfen in etwas lauwarmes Wasser. Gurgeln Sie stündlich damit.
- ❖ Rühren Sie in 1/4 Liter lauwarme Milch 2 Teelöffel Honig und 2 Teelöffel Melissengeist. In langsamen Schlucken trinken.
- ❖ Besorgen Sie sich aus der Apotheke Lavendelöl, geben Sie mehrmals am Tag 2 Tropfen auf die Zunge. Tief durchatmen. Sie können auch Lavendelölkapseln (Apotheke) einnehmen. Sie wirken von innen her heilend auf die Stimmbänder.
- ❖ Ein kurioses, aber sehr wirkungsvolles Rezept: Schneiden Sie eine große Zwiebel in Scheiben, legen Sie die Scheiben in einen Suppenteller. Gießen Sie 1/4 Liter lauwarmes Wasser darüber. Zudecken. Einige Stunden stehen lassen. Dann die Zwiebelscheiben herausnehmen. Mit dem Zwiebelwasser gurgeln und ein wenig davon trinken.
- ❖ Inhalieren Sie die lauwarmen Dämpfe von Kamillentee.
- ❖ In der Apotheke gibt es Sprays mit Salzlösungen. Man sprüht sich davon jede Stunde ein wenig in den Mund.
- ❖ Ein brutales Hausrezept: 2 rohe Eier in einem einfachen Weinbrand verrühren. Gurgeln Sie damit und trinken Sie davon in kleinen Schlucken.
- ❖ Wenn Sie rauchen, dann sofort aufhören, damit die Stimmbänder wenigstens von dieser Seite her entlastet werden.

Mit Bienenharz & Eis gegen den Tennisarm

Gerade in dieser Jahreszeit hat er Hochsaison: der Tennisarm. Doch die überwiegende Zahl, die daran leidet, hatte noch niemals in ihrem Leben einen Tennisschläger in der Hand. Den Tennisarm holt man sich nicht allein beim Tennisspielen, sondern im Büro an der Schreibmaschine, am Arbeitsplatz bei einseitigen Handbewegungen, daheim bei der Hausarbeit. Beim Tennisarm handelt es sich um eine Sehnenscheidenentzündung und Sehnenscheidenverletzung.
Und so entsteht der Tennisarm: Durch eine ständige Überbelastung und Überanstrengung des Unterarmes und des Handgelenks wird der Unterarmmuskel stark gekräftigt und vergrößert. Die dazugehörige Sehne kann nicht mitwachsen, ist nun zu schwach. Es entstehen Entzündungen und feinste Einrisse, also kleine innere Verletzungen.
Dadurch verspüren die Betroffenen im äußeren Ellenbogen, im Unterarm und im Handgelenk Schwellungen und Schmerzen. Werden sie nicht behandelt, können sie sehr leicht chronisch werden.
Viele machen nun in dieser ersten Phase einen entscheidenden Fehler: Sie greifen zu schmerzstillenden Mitteln, spüren den Schmerz nicht mehr und beanspruchen ihren Arm weiter. Sie übersehen, dass das Leiden nicht geheilt ist. Die Folge: ein jahrelanges Leiden und mitunter Störungen in der Halswirbelsäule. Wobei es auch möglich ist, dass umgekehrt der Tennisarm eine Folge von Störungen in den Halswirbeln sein kann.
Ärzte raten in erster Linie: Beim Auftreten der ersten Symptome eines Tennisarms muss man den Arm schonen. Wenn die Schmerzen ununterbrochen andauern, muss unbedingt eine ärztliche Diagnose einsetzen. Im anderen Fall kann und soll man durchaus gegen den Tennsiarm natürliche Rezepte ohne Nebenwirkungen einsetzen.
Bei akuten Schmerzen, die ganz plötzlich auftreten, bewährt sich die Kältetherapie:

- ❖ Schlagen Sie Eiswürfel in ein Tuch und legen Sie es auf.
- ❖ Lassen Sie kaltes Leitungswasser ins Waschbecken und tauchen Sie mehrmals am Tag kurz den betreffenden Unterarm hinein, bis ein leichter Kälteschmerz auftritt.

Und das sind die Rezepte gegen den chronischen Tennisarm:

- ❖ Reiben Sie den Unterarm mit Melbrosia-Propolis-Massagesalbe aus dem Bienenstock (Apotheke) ein. Das Bienenwachs enthält antibiotische Substanzen. Über die Salbe ein Tuch legen, über Nacht einwirken lassen. Jede Nacht wiederholen.
- ❖ Bestrahlen Sie den Arm mit Rotlicht.
- ❖ Auch Einreibungen mit Franzbranntwein und Franzbranntwein-Gel sind sinnvoll.

- ❖ Streichen Sie auf die Haut das klassische Enelbin-Kaolin. Uber die Tonerde, die Sie bereits als Paste in der Apotheke bekommen, ein Tuch. Über Nacht einwirken lassen. Die Erde bringt Wärme und Mineralstoffe ins Gewebe ein, löst Selbstheilungsreaktionen aus.
- ❖ Legen Sie einen Brei aus Topfen und Jogurt auf. Tuch darüber. Ebenfalls über Nacht einwirken lassen.
- ❖ Viele Ärzte raten auch dazu, von innen her etwas gegen den Tennisarm zu unternehmen. In erster Linie vermag Vitamin E Entzündungen und Verletzungen in der Sehne positiv zu beeinflussen. Man nimmt über einen längeren Zeitraum täglich 1 Kapsel natürliches Vitamin E mit 200 internationalen Einheiten. Deutsche Mediziner sprechen von einer Optovit-E-Kur.

Wenn das alles nichts hilft, muss der Arm zwangsweise geschont werden: drei Wochen Gips. Die ärztliche Therapie besteht aus Injektionen und in 10 Prozent aus harmlosen operativen Eingriffen mit Lokalbetäubung.
Und so beugen Sie dem Tennisarm vor:

- ❖ Vor dem Sport und einseitiger Bewegung in Haushalt und Beruf sollte der Arm aufgewärmt werden: intensiv massieren und mit asiatischem Tigerbalm einreiben.
- ❖ Greifen Sie 3-mal täglich zu einem Tennisball und kneten Sie ihn 20-mal kräftig in der Hand. Kurze Pause. Wiederholen. Das kräftigt die Sehne des Arms.

Krampfadern – schon bei Mädchen: So schützen Sie sich am besten!

In Mitteleuropa nehmen in den letzten Jahren Venenleiden in erschreckendem Maße zu. Rund die Hälfte der erwachsenen Bevölkerung weist krankhafte Veränderungen der Venen auf. Und das wohl bekannteste und häufigste Problem sind die Krampfadern in den Beinen, auch Varizen genannt. Venenärzte stellen besorgt fest: Bereits 18-jährige und 20-jährige Mädchen leiden darunter. Gerade dieses frühzeitige Auftreten verpflichtet. Wir alle müssen vorbeugend viel mehr für unsere Beine tun.
Krampfadern treten in erster Linie in den Unterschenkeln auf. Frauen sind davon weitaus häufiger betroffen als Männer, weil sich das Bindegewebe im weiblichen Körper leichter ausdehnt. Das erste Anzeichen sind zarte bläuliche Linien auf der Haut. Dann kommt es zu Stauungen, oft auch zum Stillstand des Blutstroms. Es bilden sich Blutgerinnsel und Geschwüre. Es kommt zur Bildung der Krampfadern, weil die Klappen in den Venen unter der Haut, die ein Rückfließen des Blutes in die Beine verhindern sollen, schwach werden oder nicht mehr funktionieren.
Es gibt eine Reihe von Ursachen, die zu dieser Situation führen:

- starkes Ubergewicht,
- Berufe, bei denen man den ganzen Tag stehen muss,
- Schuhe mit zu hohen Absätzen,
- zu enge Kleidung,
- zu wenig Bewegung in der Freizeit,
- einseitige Ernährung mit zu viel Zucker und Weißmehl,
- Schwangerschaft.

Die Mediziner appellieren an die jungen Frauen: Man kann sich das Leid einer Venenerkrankung nur dann ersparen, wenn man bei den ersten Alarmzeichen sofort zum Arzt geht. Und diese allerersten Zeichen, die oft nicht ernst genommen werden, sind: schwere, ruhelose Beine mit ziehenden Schmerzen nachts im Liegen. Aber auch nur geschwollene Knöchel, Spannungsschmerzen in den Waden, nächtliche Wadenkrämpfe.

Das kann der Venenarzt für die Betroffene tun: Kleine Krampfadern werden heute verödet. Dabei wird ein Mittel ins Bein gespritzt, das die Venenwände verklebt. Stärkere Krampfadern müssen unter Vollnarkose operativ entfernt werden. Andere Behandlungsmöglichkeiten: Lehmumschläge mit mineralstoffhaltiger Tonerde (Apotheke), Wannenbäder mit Eichenrindenzusatz oder mit Zinnkrauttee, Enzymtherapie, Injektionen, Ozonbehandlungen.

Es gibt auch eine Reihe von Präparaten mit Naturextrakten, die man äußerlich und innerlich anwenden kann. Hier spielen die Rosskastanie, Weinlaub, Schnurdorn und Mäusedorn eine wichtige Rolle.

Damit man sich das alles nach Möglichkeit erspart, raten erfahrene Venenexperten zu einem umfassenden Vorbeugeprogramm. All jene Mädchen und Frauen sollten sich danach richten, die in ihrer Familie Fälle von Krampfadern haben und daher gefährdet sind, auch daran zu erkranken. Und so sieht das Programm aus, das jeder durchführen kann:

- Reduzieren Sie konsequent Ihr Übergewicht, oder achten Sie darauf, dass Sie nicht zunehmen. Das bedeutet auch: Ernährungsumstellung. Zucker und Weißmehl meiden. Reichlich Obst, Gemüse, Vollkornprodukte essen.
- Rauchen einstellen, nach Möglichkeit auf die Pille verzichten. Beides zusammen ist besonders gefährlich.
- Viel zu Fuß, auf den Lift verzichten, langes Stehen vermeiden. Beim Sitzen die Beine bewegen, niemals übereinander schlagen. Abends die Beine hochlagern. Viel Freizeitsport betreiben. Ideal: Rad fahren, Gymnastik.
- Extreme Sonnenbäder und Saunabesuche meiden. Dafür öfter mal die Beine massieren.

Urlaubsspaß im Wasser kann uns krank machen

Millionen Menschen reisen im Sommer ans Meer, wollen dort Sonne, Wasser und Strand genießen, wollen sich erholen. Nicht überall gibt es dafür ausschließlich Urlaubsparadiese. Berichte der für die Meere zuständigen UNESCO-Kommission lassen verlauten: Küsten und Buchten befinden sich auf weiten Strecken in schlechtem Zustand. Daher ein Rat an alle, die einen Urlaub am Meer planen: Erkundigen Sie sich genau im voraus über die Wasserqualität.

Im Jahr 1983 gingen die Bilder von der Ökokatastrophe im Golf von Triest um die Welt. Die Qualität des Meerwassers war katastrophal. Damals wurde zum ersten Mal der breiten Öffentlichkeit bekannt: Phosphate, Nitrate, Gifte und Müll aus Haushalt, Landwirtschaft, Industrie sowie vom Tourismus können das Meerwasser kaputtmachen.

Wissenschafter am Institut für Zoologie und Meeresbiologie an der Universität Wien sehen mit Sorge in die Zukunft. In vielen Badeorten am Mittelmeer ist zwar nach Auftreten der Algenpest einiges getan worden. Doch in etlichen exotischen Touristenzentren gibt es keine Swimmingpools und keine Kläranlagen. Es gibt noch immer Badezentren auf dieser Welt, in denen die Abwässer von Großstädten ins Meer geleitet werden.

Das Auftreten von Algen ist zwar nicht gesundheitsschädlich, aber die erste Warnung der Natur, dass sich im Wasser zu viel Stickstoff befindet. In vielen Teilen der Welt bemühen sich die örtlichen Fremdenverkehrsstellen. Doch sie werden oft nicht von der Industrie und den Politikern unterstützt.

Und das ist – so betonen internationale Hygienewissenschaftler – die Folge: Überall dort, wo die Reinheit des Meeres nicht kontrolliert, wo Abwässer ins Meer geleitet werden, dort kann man im Wasser von Buchten und Stränden jede Menge Krankheitserreger nachweisen: Viren, Bakterien, Parasiten. Durch Kontakt mit verseuchtem Wasser kann das Risiko für Kinderlähmung, Hepatitis, für Cholera, Ruhr und andere Infektionskrankheiten verstärkt werden. Viele glauben, den gefürchteten Reisedurchfall kann man ausschließlich durch leichtfertiges Essen und Trinken in exotischen Ländern bekommen. Man weiß heute: Allein durch den Kontakt mit verseuchtem Wasser kann man schlimme Durchfälle bekommen, da minimale Spuren des Wassers beim Schwimmen immer wieder durch den Mund in den Körper gelangen. Verschmutztes Wasser führt aber auch oft zu Hauterkrankungen und zu Wurmerkrankungen.

Wie kann man sich nun vor derart unliebsamen Urlaubsüberraschungen schützen? Ganz einfach: Sie müssen sich vor einer Reise genau bei Hygiene- und Tropeninstituten, bei seriösen Tourismusorganisationen und Autofahrerclubs erkundigen, wo das Wasser, wo Strände und Buchten empfehlenswert sind. In jedem Fall sollte man Badeorte bevorzugen, deren Küsten und Strände saniert sind. Grundsätzlich gilt:

Lassen Sie sich nicht von traumhaften Urlaubsfotos in Prospekten verleiten. Lassen Sie sich von Reisefachleuten beraten.
Achten Sie aber auch selbst vor Ort auf Ihre Gesundheit: Gehen Sie nach dem Schwimmen im Meer unter die Dusche. Wechseln Sie nasse Badekleidung, meiden Sie Buchten und Strände, die von streunenden Hunden bevölkert sind. Meiden Sie Gewässer mit sichtbarem Schmutz, auch wenn Einheimische dort baden. Meiden Sie Abwasserzuflüsse von Industrieanlagen, aber auch Ankerplätze und Hafenanlagen. Schlucken Sie beim Schwimmen kein Wasser. Kinder sollten mit dem Sand am Strand nicht den Mund berühren. Und: Gehen Sie Quallen aus dem Weg. Diese können Gifte in die Haut injizieren. Das kann zu Verätzungen und Nervenstörungen führen.

Ohne Stress in den Urlaub

Eine Statistik der Weltgesundheitsorganisation (WHO) besagt, dass sich nur 42 Prozent all jener Menschen wirklich körperlich, seelisch und nervlich erholen, die im Sommer Urlaub machen. Das macht nachdenklich. Ärzte und Psychologen haben die Begründung dafür gefunden: Die meisten von uns haben zum Start in die Ferien und dann während der Ferien negativen Stress.
Es ist zwar nicht der Stress von Beruf und Privatleben daheim. Es ist ein anderer Stress. Aber immerhin Stress. Viele von uns haben die Kunst verlernt, sich richtig zu erholen. Dabei ist es gar nicht so schwer, einen Urlaub ohne Stress zu verbringen:

- Wenn Sie Urlaubsziel und Art des Urlaubs entscheiden, können Sie bereits Einfluss darauf nehmen, ob Sie tatsächlich die Garantie für entspannende, geruhsame Ferien haben. Fahren Sie nirgends hin, nur weil Freunde oder Bekannte dahin reisen. Erkundigen Sie sich vorher, ob die Gegebenheiten genau Ihren Vorstellungen von Ruhe und Erholung entsprechen.
- Sie selbst entscheiden über Stress oder Nichtstress, wenn Sie An- und Abreise planen. Der eine genießt die Fahrt in den Urlaub hinter dem Steuer. Der andere wird allein beim Gedanken daran nervös. Der eine liebt Reisen im Flugzeug. Der andere hat panische Angst davor. Auto, Schiff, Bahn, Flugzeug: Überlegen Sie genau, wie Sie reisen wollen.
- Es ist schick geworden, ohne vorherige Planung ein Ferienziel anzusteuern und sich dort auf gut Glück ein Hotelzimmer zu suchen. Wenn Sie kein Abenteurer sind, dann verzichten Sie darauf. Buchen Sie bei Ihrem Reisebüro schon daheim eine entsprechend erholsame Unterkunft. Es macht sehr viel Stress, am Urlaubsort kein Dach über dem Kopf zu haben oder mit einem Notquartier vorlieb nehmen zu müssen.

- ❖ Viele vergessen: Nur wenn man gesund im Urlaub ist, dann ist es ein genussvoller Urlaub. Viele unterschätzen die Gefahren von Infektionen, vor allem in südlichen Ländern. Sprechen Sie rechtzeitig mit Ihrem Apotheker, welche Impfungen und gesundheitlichen Vorsorgemaßnahmen Sie für Ihr Urlaubsziel beachten müssen.
- ❖ Wer verantwortungsvoll auf Reisen geht, der hat immer eine Reiseapotheke dabei, die Sie am besten gemeinsam mit Ihrem Apotheker zusammenstellen. Wenn Sie an einer chronischen Krankheit leiden, vergessen Sie nicht, für die Zeit der Ferien Ihre Medikamente mitzunehmen. Es kann sehr viel Stress bedeuten, wenn Sie in einem fremden Land ihre Tabletten oder Tropfen besorgen wollen. Sie werden sie kaum bekommen.
- ❖ Sie fahren mit viel besseren Nerven in den Urlaub, wenn Sie geregelt haben, wer in Ihrer Wohnung nach dem Rechten sieht: Wer die Post aus dem Briefkasten nimmt, wer die Zimmerpflanzen oder das Haustier versorgt.
- ❖ Wichtig für eine angenehme Reise ist auch die Auswahl der Koffer. Sie sollten nicht zu klein sein. Ideal: mit Handgriff und Rädern. Und Sie sparen viel Nervenkraft, wenn Sie sich angewöhnen, die Koffer immer nach dem gleichen System zu packen, damit Sie alles sofort finden, was Sie brauchen.
- ❖ Auf Reisen können Koffer und Reisetaschen verloren gehen. Oder sie kommen später an. Daher gibt's weniger Stress, wenn Sie die wichtigsten Dinge im Handgepäck bei sich haben.
- ❖ Dazu gehört auch Kleingeld – also Münzen – in der Landeswährung. Es ist sehr unangenehm, wenn man telefonieren muss oder Trinkgeld geben will und man hat nichts dabei.
- ❖ Rechnen Sie damit, dass dort, wo Sie hinreisen, auch schlechtes Wetter sein kann. Planen Sie ein Notprogramm.
- ❖ Viele fahren mit dem Wagen gern nachts in die Ferien. Sie sollten alllerdings wissen: Inzwischen sind die Straßen auch nachts stark befahren. Und nachts ist die Stressanfälligkeit für den Organismus größer. Das bedeutet auch: verstärkte Unfallgefahr.
- ❖ Vermeiden Sie es, mit Hektik abzureisen. Das bedeutet: gleich vom Arbeitsplatz weg. Verbringen Sie den ersten Urlaubstag zu Hause. Ein sanfter, stressfreier Ferienbeginn ist schon ein guter Teil Ihrer Erholung.
- ❖ Teilen Sie es sich so ein, dass Sie rechtzeitig am Bahnhof, auf dem Flugplatz oder an der Schiffsanlegestelle sind. Sie treten sonst gehetzt, überfordert und schweißgebadet die Ferien an. Die mögliche Folge: Sie sind dann die ersten Tage krank.
- ❖ Widmen Sie sich in den ersten Tagen an Ihrem Urlaubsziel der absoluten Ruhe: Schlafen Sie länger, nehmen Sie ein genussvolles Frühstück, träumen Sie vor sich hin, ruhen Sie sich aus. Nur so können Sie vom Alltag aussteigen. Fallen Sie

nicht nahtlos vom Berufsstress in den Freizeitstress. Es ist ganz wichtig, in den Ferien eine harmonische Ausgewogenheit zwischen Ausruhen und Erleben zu finden.

- Bei bester Planung gibt es keine Garantie für Stressfreiheit auf der Reise und am Urlaubsort. Wer dafür vorbereitet sein möchte, sollte sich vom Apotheker Antistress-Sprit mitnehmen. Es gibt Natursubstanzen, die den Stress bekämpfen, die uns beruhigen, unsere Stimmung und Nerven positiv beeinflussen: Dazu gehören der Mineralstoff Magnesium, die B-Vitamine sowie die Wirkstoffe der Arzneipflanzen Johanniskraut, Melisse und Baldrian.
- Ganz wichtig: Machen Sie nur mit Menschen Urlaub, mit denen Sie sich gut verstehen. Streit schafft enorm Stress und kann die Ferien zur Katastrophe werden lassen.

Mehr Erfolg und Vitalität mit einem Mittagsschlaf

Der legendäre amerikanische Präsident John F. Kennedy, sein Nachfolger Lyndon B. Johnson, der britische Premierminister Winston Churchill, der griechische Reeder Onassis, der spanische Maler Salvador Dalí: Sie alle hatten etwas gemeinsam. Sie hielten täglich ein Mittagsschläfchen. Kurz, aber intensiv. Wie Recht sie damit hatten beweisen internationale Mediziner und Schlafforscher an der Universität Texas und am deutschen Max-Planck-Institut. Aus Studien geht nämlich eindeutig hervor: Wer mittags Pause macht und schläft, der ist danach leistungsfähiger, vitaler und lebt auch länger. Besonders kann man das im Sommer an sich selbst testen.
Das haben Arbeitsschutzexperten des Deutschen Gewerkschaftsbundes vor ein paar Jahren aufgegriffen und forderten für jeden Arbeitnehmer täglich einen Mittagsschlaf von 10 bis 15 Minuten. Die Betriebe sollen angeregt werden, dafür entsprechende Schlafmöglichkeiten zu schaffen. Begründung: Ruhepausen erhöhen die Produktivität der Arbeitnehmer.
Die Südländer leben es uns längst vor: Sie machen mittags ihre „Siesta". Sie ist im Mittelmeerraum ein Stück Kulturgut. Am Max-Planck-Institut in München hat man nun nachgewiesen: 30 bis 90 Minuten Schlaf während der Mittagszeit ist eine wahre Wohltat für Körper, Geist und Seele. Gegen 13 Uhr erreicht der menschliche Organismus nämlich täglich ein Leistungstief. Der Grund: Jeder Mensch braucht – auch nach dem Kleinkindalter – im Grunde genommen zwei Schlafphasen: eine lange in der Nacht und eine kurze am frühen Nachmittag.
Der bekannte britische Schlafforscher Prof. Dr. James Horpe ergänzt: „Unsere innere Uhr braucht in 24 Stunden zweimal Schlaf. Mittags wären 20 Minuten ideal!"
So ganz einfach aber lässt sich die Sache mit dem Mittagsschlaf nicht verwirklichen. Nicht jeder eignet sich in der Praxis dazu. Manche Menschen brauchen zu

lange zum Einschlafen und sind nach 20 Minuten Schlaf nicht munter und vital, sondern vorerst wie gerädert. Und wieder andere würden einfach nicht rechtzeitig aufwachen, um wieder an die Arbeit zu gehen.
Daher – so schlagen österreichische Ärzte vor – sollte man eine Kompromisslösung schaffen:

- Einen Mittagsschlaf sollte nur der halten, der die Kunst beherrscht, schnell abzuschalten und einzuschlafen. Der 15- bis 20-Minuten-Schlaf, wenn es sein muss in Sitzhaltung am Schreibtisch, muss erlernt werden.
- Wer so eine Technik nicht kann und auch mit einem 20-Minuten-Kurzschlaf nichts anzufangen weiß, der sollte in der Mittagspause andere Vitaltricks anwenden. Dazu gehören: einfache, leichte Lockerungs- und Gymnastikübungen als Ausgleich zum Sitzen und Stehen. Oder: Trainingsübungen für die Wirbelsäule sowie Kniebeugen für den Kreislauf. Ganz wichtig: weg vom Arbeitsplatz. Tapetenwechsel. Im nahen Park spazieren gehen. Nur leichte Kost essen. Viel Obst und Gemüse. Alkohol meiden. Mineralwasser trinken.
- Wer nicht aus dem Haus kann: alle Stunden den Arbeitsraum lüften, aufstehen, umhergehen oder die Beine hochlagern.

Gefährliche Stiche von Wespen & Bienen: So schützen Sie sich

Das sommerliche Wetter, das reife, süße Obst: Das alles hat auch seine Nachteile. Es werden in diesen und in den nächsten Wochen scharenweise wieder Wespen und Bienen angelockt. Wer gerne im Freien sitzt und dort seine Mahlzeiten einnimmt, der hat mit diesen Insekten meist schon böse Erfahrungen gemacht. Und besonders gefährlich wird das für all jene, die auf Wespen- und Bienengift allergisch reagieren.
Während des Stechens geben die Tiere ihr Gift in die Haut des Opfers ab. Rund um die Einstichstelle entsteht dann eine brennende, rote Quaddel, die sich nach ein paar Tagen wieder zurückbildet.
Bienen- und Wespenstiche sind für jeden von uns unangenehm und schmerzhaft. Hat jemand aber eine Allergie gegen Insektengift entwickelt, so kann das zu lebensgefährlichen Situationen führen.
Man kann heute mit einem Test nachprüfen, ob eine Insektengiftallergie vorliegt. Diese entwickelt sich immer erst nach einem Stich und tritt frühestens beim nächsten Stich auf.
Und das sind die typischen Anzeichen einer Allergie auf Wespen- und Bienengift: Nach dem Stich treten rund um die Einstichstelle heftige Schwellungen auf, begleitet von Atemnot, Schwellungen im Gesicht und am Hals. Es kann auch zu starken Hautrötungen kommen. Diese Reaktionen treten meistens binnen weniger Sekun-

den auf. Es muss sofort der Arzt aufgesucht werden. Im Extremfall kann es nämlich zu einem lebensgefährlichen anaphylaktischen Schock kommen.
Alarmzeichen für so einen Schock: ein Brennen und Jucken an den Handflächen und Fußsohlen, aber auch im Rachenraum und an der Zunge. Dazu heftige Atembeschwerden, ein Schwächegefühl und Hitzewallungen. In diesem Stadium muss sofort eine Notfallbehandlung einsetzen. Wer bereits weiß, dass er Allergiker ist, sollte immer entsprechende Medikamente und einen Atemspray dabeihaben.
Gegen die Bienen- und Wespengiftallergie gibt es medizinische Behandlungsmöglichkeiten. Am bekanntesten: die spezifische Immuntherapie. Der Betroffene bekommt über Jahre in kleinsten Dosierungen Bienen- oder Wespengiftextrakt injiziert, damit die Allergie-Empfindlichkeit herabgesetzt wird.
Am wichtigsten aber ist und bleibt, dass jeder von uns die Gefahr eines Stiches von Wespen und Bienen so klein wie möglich hält.
Und so können Sie sich vor den stechenden Insekten schützen: Vermeiden Sie rasche, hektische Bewegungen, wenn eine Biene oder Wespe in der Nähe umherfliegt. Meiden Sie die Nähe von blühenden Blumen oder überreifem Fallobst.
Vorsicht bei Gartenarbeiten. Tragen Sie eine Kopfbedeckung, Handschuhe, Kleidung mit langen Ärmeln, lange Hosen. Meiden Sie Parfums, Haarsprays, stark parfümierte Sonnencremes. Tragen Sie keine fliegenden, weiten Kleider, keine schwarzen Stoffe, keine farbigen Blumenmuster. Besser: weiße, grüne und hellbraune Stoffe.
Lassen Sie beim Essen im Freien keine Süßigkeiten und keine Fleischreste herumliegen. Tragen Sie Insekten abschreckende Mittel auf die Haut auf. Trinken Sie niemals aus einer Flasche oder aus einer Dose, die bereits geöffnet war.
Wechseln Sie sofort verschwitzte Kleidung. Schweiß lockt Wespen und Bienen an.
Gehen Sie niemals barfuß auf einer Wiese.
Meiden Sie Mülltonnen und Futterstellen von Tieren.
Bewegen Sie keine alten Äste und Baumstücke. Dort befindet sich oft ein Wespennest.

Orotsäure: der Jungbrunnen für Leber, Darm und Gehirn

Sicher haben Sie auch schon von Frauen und Männern in Bulgarien, Rumänien und im Kaukasus gehört, die weit über 100 Jahre alt geworden sind und bis zu ihrem Tod in bewundernswerter Weise geistig und körperlich total fit waren. Viele Wissenschaftler, die sich mit den Lebensgewohnheiten dieser Menschen befasst haben, sind zu dem Schluss gekommen: Die Leute haben sich regelmäßig von Schaf- und Ziegenmilch, von Schaf- und Ziegenkäse sowie von Lammfleisch ernährt. Nun wird mancher fragen: Was haben all diese Nahrungsmittel gemeinsam? Worin liegt das Geheimnis, dass sie so wertvoll für ein langes, gesundes Leben sind?

Das Zauberwort heißt – Orotsäure. In allen Fleisch- und Milchprodukten befindet sich eine interessante Schutz- und Energiesäure. Allerdings: In Milchprodukten von Ziege und Schaf sowie im Fleisch dieser Tiere kann man besonders hohe Orotsäurewerte feststellen. Das macht diese Naturprodukte so wertvoll für Menschen, die lange jung und vital bleiben wollen.
Orotsäure befindet sich auch im menschlichen Organismus. Es handelt sich dabei um einen biologisch hochwertigen Aktivator, der jeder einzelnen Zelle unseres Körpers Kraft und Energie gibt. Die Orotsäure ist eine wichtige Vorstufe. Aus ihr werden die Nukleinsäuren, die in unseren Zellen sämtliche Stoffwechselvorgänge steuern. Die Orotsäure ist somit ein wesentlicher Treibstoff für unsere geistige und körperliche Dynamik.

- ❖ Ohne Orotsäure könnten sich keine neuen Körperzellen bilden. Wir könnten kein neues Gewebe bilden. Wir könnten nicht wachsen. Wer zu wenig Orotsäure besitzt, bei dem können sich Zellen überhaupt nicht oder nur mühsam regenerieren.
- ❖ Die Orotsäure sorgt dafür, dass das aufgenommene Eiweiß besser genützt und verarbeitet wird.
- ❖ Die Orotsäure kann entscheidend die Arbeit unseres Gehirns fördern. Nur wer genügend Orotsäure im Körper besitzt, tut sich beim Lernen leicht und kann das Erlernte auch speichern. Mehr noch: Wenn wir das Erlernte brauchen, können wir es mit Hilfe der Orotsäure schneller und exakter wieder abrufen.
- ❖ Bei Menschen, die viel Stress haben, gehen Nervenzellen kaputt oder werden geschädigt. Mit Orotsäure können sie sich besser regenerieren.
- ❖ Auch im Bereich der Verdauung spielt die Orotsäure eine wesentliche Rolle. Sie fördert die Bildung der für uns lebenswichtigen Milchsäurebakterien und stärkt die gesamte Darmflora. Damit stärkt sie aber auch die Immunkraft, die ja zu 70 Prozent vom Darm her aufgebaut wird.
- ❖ Da die Orotsäure das Zellwachstum fördert, ist sie auch imstande, neue Leberzellen zu schaffen und bereits angegriffene Leberzellen zu reparieren und zu aktivieren. Das hat damit zu tun, dass die Orotsäure ohne Umwege direkt von der Leberzelle aufgenommen werden kann.

Die Wissenschaft beschäftigt sich seit dem Jahr 1904 mit der Orotsäure. Man hat die Substanz in der Molke entdeckt und hat sie zuerst für ein neues Vitamin gehalten. Daher bezeichnete man die Orotsäure anfangs als Vitamin B_{13}.
Die wissenschaftlichen Arbeiten haben ergeben: Da der Mensch mit zunehmendem Alter immer weniger Orotsäure produziert, reichen seine Vorräte in Phasen erhöhter Beanspruchung nicht aus. Es ist daher sinnvoll, von Zeit zu Zeit Orotsäure – vielen auch unter dem Namen Lactinium bekannt – als Nahrungsergänzung in Form von Tabletten (Apotheke) zuzuführen. Da sie zuckerfrei sind, können auch Diabetiker diese Kur machen. Man nimmt 3-mal täglich 1 Tablette.

So verhindern Sie ein hässliches Doppelkinn

In der schönen Jahreszeit kann man es weder durch einen Schal noch durch einen Rollkragenpulli verstecken: das hässliche Doppelkinn. Es gibt vier Ursachen für den Fettring unterm Kinn:

- Die Neigung dazu kann vererbt sein.
- Der Betroffene hat zu viel Fett im Körper gespeichert. Es lagert sich mit besonderer Vorliebe unter dem Kinn ab. Daher passiert es mitunter, dass auch schlanke Menschen ein Doppelkinn haben. Das bisschen Fett sucht sich seinen Lieblingsplatz.
- Das Doppelkinn kann aber auch eine Folge des Alterns sein. Es kommt zu einer Erschlaffung des Bindegwebes und der Muskulatur. Außerdem bildet sich auch ein extremer Hautüberschuss mit vielen Falten unterm Kinn.
- Radikale Abspeckkuren können ebenfalls ein Doppelkinn zur Folge haben.

Wenn es einmal da ist, dann gibt es nur die Möglichkeit eines medizinkosmetischen Eingriffes: absaugen oder straffen.

- Beim Absaugen wird – wie beim Bauch oder bei den Oberschenkeln – durch eine dünne Kanüle das Fett abgepumpt.
- Wenn die Haut sehr schlaff ist, dann muss geliftet werden. Sie wird an den Wangen und am Hals gestrafft. Überflüssige Haut wird weggeschnitten.

Die bessere Lösung für jemand, der noch kein Doppelkinn hat: vorbeugen, verhindern. Das geht. Hier ein paar Anregungen:

- Achten Sie auf Ihr Körpergewicht. Und wenn Sie abnehmen müssen, dann tun Sie es langsam. Nur dann verschwindet auch allmählich das Doppelkinn.
- Gehen Sie nicht mit gesenktem Kopf durch die Welt. Halten Sie ihn immer hoch. Dabei werden die Halsmuskeln gestrafft.
- Wenn Sie bisher nachts auf einem Kopfkissen geschlafen haben: Steigen Sie auf eine Nackenrolle um. Das strafft das Kinn während der Nachtruhe.
- Sie sollten die natürliche Straffung noch zusätzlich unterstützen. Das bedeutet: Sie müssen auch die Durchblutung der Kinnpartie fördern. Klopfen Sie ein- bis zweimal täglich 10 Minuten lang mit dem Handrücken der rechten Hand ein Hautfunktionsöl ins Gewebe. Besonders geeignet im Kampf gegen ein Doppelkinn ist Rosmarinöl (Apotheke, Reformhaus). Es fördert die Durchblutung bis tief in die Haut.
- Machen Sie einmal die Woche eine Kompresse mit kaltem Essigwasser. Mischen Sie dafür 50 Prozent naturtrüben Apfelessig und 50 Prozent Wasser. Tauchen Sie ein Leinentuch in diese Mischung, wringen Sie es etwas aus und legen Sie es um Ihren Hals. Darüber binden Sie einen trockenen Schal. Lassen Sie das Apfelessigwasser etwa eine halbe Stunde einwirken.

- ❖ Machen Sie regelmäßig Halsgymnastik gegen die Gefahr eines Doppelkinns. Hier die erste Übung: Legen Sie den Kopf leicht in den Nacken und schieben Sie dabei die Unterlippe so weit wie möglich über die Oberlippe, als ob Sie damit die Nase erreichen wollten. Die Übung muss mit Pausen 10-mal wiederholt werden. Eine weitere Übung zur Vorbeugung eines Doppelkinns: Legen Sie sich auf den Rücken, schieben Sie das Kinn weit hoch, in Richtung Raumdecke. Und nun führen Sie das Kinn mit dem gestrafften Hals in einem weiten Bogen in Richtung Brust. Auch diese Übung muss bis zu 10-mal wiederholt werden.

Interessant ist auch, was Untersuchungen an der Universitäts-Hautklinik in Wien ergeben haben: Wer viel redet und beim Essen jeden Bissen intensiv kaut, hat ein geringeres Risiko, ein Doppelkinn zu bekommen, weil damit intensiv einer Muskelerschlaffung entgegengewirkt wird.

Die besten und gesündesten Durstlöscher für heiße Tage

Eine der wichtigsten Maßnahmen an heißen Tagen für unsere Gesundheit ist Trinken. Wir sollten – dem Kreislauf zuliebe – bei extrem hohen Temperaturen jeden Tag bis zu 3 Liter Flüssigkeit trinken. Doch es ist nicht egal, was man trinkt. Man muss den Durst wohl überlegt löschen.
Beim Trinken im Sommer werden viele Fehler gemacht:

- ❖ Das beliebteste Getränk der Saison bei jungen Leuten ist der Eistee. Das ist allerdings kein gesundes Erfrischungsgetränk. Eistee ist Schwarztee. Er treibt enorm. Wer 1 Liter Eistee trinkt, verliert 2 Liter Flüssigkeit. Das belastet die Nieren, schafft ein Flüssigkeitsdefizit. Das gilt auch für lauwarmen Schwarztee und für Bohnenkaffee. Weiters konsumiert man mit dem Eistee Koffein. Es macht viele Menschen überaktiv und hindert abends am Einschlafen. Schließlich ist der Eistee viel zu süß. Die Folge: Man bekommt danach noch mehr Durst.
- ❖ Bier ist ebenfalls kein idealer Durstlöscher. Der Alkohol liefert Kalorien und macht müde.
- ❖ Viel zu süß sind die meisten Cola- und Limogetränke. Wenn man sie unbedingt trinken möchte, dann sollte man zu Light-Versionen greifen.

Und das sind die gesündesten und wirkungsvollsten Durstlöscher für heiße Sommertage:

- ❖ Ideal ist pures Wasser aus der Leitung. Es ist sozusagen der Klassiker unter den Durstlöschern. Es hat keine Kalorien, kostet wenig. Geben Sie ein paar Tropfen Zitronensaft hinein. Das Vitamin C verhindert, dass etwaige Nitrite im Wasser in Krebs erregende Nitrosamine umgewandelt werden. In Städten mit bekannt schlechter Wasserqualität sollte man besser aufs Leitungswasser verzichten.

- Wer gezielt Mineralstoffe und Spurenelemente aufnehmen möchte, der greift am besten zu einem der vielen Mineralwässer, die heutzutage angeboten werden. Es hat ebenfalls keine Kalorien. An heißen Tagen ist stilles Mineralwasser – also kohlensäurearmes – besser. Zu viel Kohlensäure kann zu Blähungen und zu Rülpsanfällen führen.
- Man kann sowohl das Leitungs- als auch das Mineralwasser mit Fruchtsäften mischen. Gegen den Durst sollte man dabei aber nur wenig dazugeben, damit das Mischgetränk nicht zu süß wird. Besonders sinnvoll an heißen Tagen: Johannisbeersaft und Himbeersaft.
- Sehr wirksam gegen Hitze und Durst sind lauwarme Kräutertees, wie man sie ja auch im arabischen Raum trinkt: Pfefferminztee, Hibiskusblütentee, Melissentee. Die Tees sollten ungesüßt konsumiert werden. Man kann getrocknete Teekräuter verwenden. Man kann aber jetzt auch frische Kräuter einsetzen. Hier das Rezept für den Pfefferminzetee: Frische Pfefferminzblätter werden gewaschen und klein gehackt. Pro Tasse einen gehäuften Teelöffel voll in die Kanne geben. Heißes Wasser aufgießen, bis 3 zählen und das Wasser sofort wieder abgießen. Dann nochmals heißes Wasser aufgießen. Jetzt 2 Minuten ziehen lassen. Der Tee ist dann nicht so bitter und stillt ganz besonders gut den Durst.
- Man kann auch Milchprodukte zu Durstlöschern machen: Gießen Sie 1/4 Liter Buttermilch oder Sauermilch mit 1/4 Liter Mineralwasser auf.
- Ein besonders effektiver Durstlöscher ist die „Apfelschorle", Apfelsaft und Mineralwasser in einer Mischung 50 zu 50. Die Mineralstoffe und Spurenelemente aus dem Apfelsaft und aus dem Mineralwasser werden vom Organismus rasch aufgenommen und verarbeitet. Sie bilden einen schnellen Ersatz für alle lebenswichtigen Stoffe, die wir an heißen Tagen übers Schwitzen verloren haben.

Noch ein wichtiger Hinweis: Richtige Durstlöscher sollten an heißen Tagen immer lauwarm und niemals eiskalt sein. Sonst wird einem danach erst recht wieder heiß.

Erfrischende Molke stärkt die Nerven und macht schnell fit

Man kann sie überall in den Regalen der Supermärkte finden. Man bekommt sie im Fitnessstudio angeboten: die Molke, erfrischendes und kalorienarme Milchgetränk. Im Grunde genommen ist die Molke ein Abfallprodukt der Käseherstellung. Wenn durch das Labenzym die Milch gerinnt, dann werden das Käseeiweiß – auch Kasein genannt – und das Fett ausgeschieden. Zurück bleibt eine grünlich-gelbe Flüssigkeit: die Molke.

Man hat bereits in der Antike Molke getrunken. Der griechische Arzt Hippokrates hat sie bei vielen seiner Patienten angewendet: zur Regeneration, zum Ent-

schlacken und zum Aktivieren des gesamten Organismus. Im Römischen Reich gründete Galen, der Leibarzt von Mark Aurel, die erste Molkekuranstalt außerhalb von Rom.
Die ersten wissenschaftlichen Arbeiten über die positive Wirkung der Molke auf unsere Gesundheit stammen aus dem 18. Jahrhundert und wurden an den Universitäten Freiburg und Basel durchgeführt. Danach entstanden in Deutschland, Österreich und in der Schweiz zahlreiche Molkekurorte.
Molke ist speziell im Sommer ein hervorragender Durstlöscher. Sie liefert kaum Kalorien, belastet nicht den Organismus und bringt schnelle Energie, was für den Freizeitsport sehr interessant ist. Und obendrein ist sie ein Schlankmacher.
Molke besteht zu 95 Prozent aus Wasser. Doch die restlichen 5 Prozent sind lauter lebenswichtige und wertvolle Substanzen: Milchzucker, rechtsdrehende Milchsäure, hochwertiges Molkeeiweiß, die Vitamine der Gruppe B, weiters C und E, die Spurenelemente Zink, Kupfer, Eisen sowie die Mineralstoffe Kalzium, Kalium und Magnesium. Molke ist auch reich am körpereigenen Energiestoff Orotsäure, der uns jung erhält.
Und das alles kann man mit dem regelmäßigen Trinken von Molke erreichen: Molke fördert den Aufbau und die Erhaltung der gesunden Darmflora und damit auch der Immunkraft. Sie bekämpft Verstopfung. Molke stärkt unsere Nerven, kann zu hohe Cholesterin-, Blutdruck- und Harnsäurewerte senken. Molke kann Gichtschmerzen lindern. Molke hat einen positiven Einfluss auf die Leber. Sie stärkt die Knochen, hilft Cellulite bekämpfen.
Hier zwei Rezepte:

- 1/4 Liter Molke wird mit dem Saft 1/2 Orange, 1 Teelöffel Zitronensaft, 1 Teelöffel Honig und 1 Prise Zimt vermischt. Dieser Cocktail schützt vor Sommerschnupfen.
- 1/4 Liter Molke wird mit 2 Esslöffel Sanddornsaft und etwas Honig verrührt und mit einer Messerspitze Naturvanillepulver gewürzt. Dieses Getränk macht schnell fit, wenn man müde ist.

Man kann auch mit Molke abnehmen: Trinken Sie 14 Tage lang jeden Tag 1 Liter Molke, zusätzlich 2 Liter Wasser oder ungesüßten Kräutertee. Meiden Sie in dieser Zeit fette, panierte und frittierte Speisen. Wenn in den ersten Tagen Völlegefühl und Blähungen auftreten, sollten Sie die Molkekur nicht stoppen. Das ist ein Beweis, dass die Molke schädliche Bakterien im Darm eliminiert und positive Bakterien fördert.
Man kann die Molke auch äußerlich kosmetisch anwenden:

- Wenn Sie eine besonders geschmeidige Gesichtshaut haben wollen, dann vermischen Sie etwas Molke mit Quark zu einem Brei. Tragen Sie die Masse auf die Gesichtshaut auf und lassen Sie sie 20 Minuten einwirken. Dann mit lauwarmem Wasser abwaschen.
- Wenn Sie raue Hände wieder glatt und zart kriegen wollen: Gießen Sie 1 Liter

leicht angewärmte Molke ins Waschbecken und baden Sie darin die Hände etwa 5 Minuten lang.

- Wenn Sie einen Sonnenbrand abbekommen haben, gießen Sie 2 Liter Molke in 37 Grad Celsius warmes Badewasser und baden Sie darin 15 Minuten. Dann etwas abtrocknen, in ein Frotteebadetuch wickeln, 30 Minuten ins Bett legen.

Sofortprogramm gegen ständiges Räuspern

Immer dann, wenn heiße, trockene Sommertage von heftigen Regenfällen abgelöst werden, taucht in den letzten Jahren ein neues Volksleiden auf: das ständige Räuspern. Viele Menschen – quer durch alle Altersschichten – erwachen morgens und benötigen zur Reinigung ihrer Atemwege ein Räuspern, Husten und Schniefen. Leider hält dann das Räuspern Stunden, mitunter den ganzen Tag an. Sehr oft wird dieses Symptom zu leicht genommen und nicht behandelt. Ärzte warnen davor. Sie betonen: Das ständige Räuspern, auch chronisches Räuspern genannt, kann harmlos sein, kann aber auch auf den Beginn ernsthafter Erkrankungen im Bereich der Stimmbänder hinweisen.
Studien haben ergeben, dass dieses ständige Räuspern eine Reihe von Ursachen haben kann: die zunehmende Umweltbelastung mit Staub, Ruß, bodennahem Ozon, Auto- und Industrieabgasen, aber auch zu trockene Luft in Räumen, hoher Flüssigkeitsverlust des Körpers, Übersäuerung des Organismus, jahrelanges Rauchen, Alkoholkonsum, aber auch mangelnde Körperbewegung.
Wenn ständiges Räuspern über einen langen Zeitraum nicht wieder vergeht, ist Alarm angesagt: Es könnte sich um eine schwere Schleimhautreizung, ja sogar um den Beginn von Kehlkopfkrebs handeln.
In den meisten Fällen hat man es beim ständigen Räuspern mit einer harmlosen gesundheitlichen Störung zu tun, die allerdings nur dann harmlos bleibt, wenn man sofort gezielt etwas dagegen unternimmt. Hier die wichtigsten Maßnahmen:

- Wenn Sie rauchen, so müssen Sie sofort damit aufhören.
- Hände weg von scharfen alkoholischen Getränken.
- Gehen Sie in Ihrer Freizeit in die freie Natur und lüften Sie dort mit Atemübungen gründlich Ihre Lungen aus.
- Trinken Sie gerade jetzt im Sommer täglich 2 bis 3 Liter Mineralwasser oder ungesüßten Kräutertee, damit Flüssigkeitsverluste durch Schwitzen sofort ersetzt werden.
- Setzen Sie der Übersäuerung des Körpers ein basisches Gleichgewicht entgegen. Essen Sie reichlich frisches Obst, rohes Gemüse, Pellkartoffeln. Reduzieren Sie Fleisch, Zucker und Kochsalz.

- ❖ Achten Sie auf die entsprechende Luftfeuchtigkeit in Räumen, in denen Sie sich aufhalten. Und meiden Sie gleichzeitig Staub, Ruß, bodennahes Ozon und andere Umweltbelastungen.
- ❖ Meiden Sie andauernde Stressbelastung. Stress verringert die Schleimhautsekretion.
- ❖ Beim ersten Auftreten von Räuspern sollten Sie mit einfachen Rezepten die Flüssigkeitsabsonderung der Mund- und Rachenschleimhäute fördern: Kauen Sie Gewürznelken. Machen Sie immer wieder einen Schluck Buttermilch. Trinken Sie Pfefferminztee. Rühren Sie einmal am Tag 1 Messerspitze Eisenkrautpulver (Apotheke) in eine Ihrer Speisen. Inhalieren Sie Wasserdampf mit dem gereinigten Hautwirkstoff Soledumcineol aus dem Eukalyptusblatt (Apotheke).
- ❖ Machen Sie mehr körperliche Bewegung.

Vitamin D: wichtiger als bisher vermutet!

Studien an der Berkeley-Universität in Kalifornien, USA, haben ergeben: Das Vitamin D – auch Calciferol genannt – ist für den menschlichen Organismus noch viel wichtiger als bisher angenommen. Vitamin D galt bislang einzig und allein als notwendige Substanz für den Knochenaufbau und für ein kräftiges Skelett, aber auch als notwendiger Transporteur für den aufgenommenen Mineralstoff Kalzium. Jetzt weiß man, dass Vitamin D uns nicht nur Kraft gegen die gefürchtete Osteoporose – auch Knochenentkalkung genannt – geben kann:

- ❖ Vitamin D vermindert im Organismus das Risiko für Darmkrebs, was man ja auch in gewisser Weise dem Kalzium nachsagt. Das ist auch eine Erklärung dafür, dass Menschen in sonnenreichen Gegenden weniger an dieser Krebsart leiden.
- ❖ Vitamin D dürfte aber auch vor Brustkrebs und Prostatakrebs schützen. Dazu fehlen allerdings noch die entgültigen wissenschaftlichen Ergebnisse.

Dieser neue Aspekt wirft bei vielen von uns zweifelsohne die Frage auf: Was ist denn nun dieses Vitamin D genau? In Wahrheit ist es ein Hormon, das unser Körper selbst nicht vorrätig hat oder erzeugen kann. Es kann in unserem Organismus nur entstehen, wenn Sonnenlicht auf eine spezielle biochemische Substanz in unserer Haut auftrifft.

Was aber, wenn keine Sonne scheint? Wenn unser Körper das Vitamin D nicht bilden kann? Dann nimmt unser Darm das angebotene Kalzium und Phosphor aus der täglichen Nahrung nicht in der notwendigen Menge auf. Es kommt in der Folge zu einem Mangel am „Sonnenvitamin“ mit schwachen Knochen, einem gestörten Knochenwachstum – auch Rachitis genannt –, zu vorzeitiger und verstärkter Osteoporose oder zu Knochenerweichung im Alter.

Daraus ersieht man, wie wichtig es ist, dass unser Körper in regelmäßigen Abständen Sonnenlicht auf sich einwirken lässt: mindestens 10 bis 15 Minuten 2-mal die Woche, und zwar im Gesicht und an den Armen. Ganz besonders wichtig ist das bei Kindern, Jugendlichen, Senioren und Vegetariern.
Nun gibt es aber gerade in unseren Breiten Tage und Wochen, in denen nur sehr wenig oder gar keine Sonne scheint. Da muss Vitamin D zugeführt werden. Es gibt einige wenige Nahrungsmittel, die dieses Vitamin in interessanten Mengen enthalten: Milch, Milchprodukte, Sardinen, Hering, Leber, Lebertran, Aal, vor allem aber Champignons. Die Pilze stellen – im Interesse der gesunden Ernährung – die beste Lösung zur Vitamin-D-Aufnahme an sonnenlosen Tagen dar. Eine Faustregel besagt: 200 Gramm Champignons ersetzen zwei Tage Sonnenschein.
Menschen, die unter verstärktem Knochenverlust leiden, keine Sonne tanken und zu wenig Nahrungsmittel zu sich nehmen, die Vitamin D enthalten, müssen über den Arzt Vitamin-D-Präparate einnehmen. Das haben Untersuchungen an der Tufts-Universität in Boston, USA, ergeben. Allerdings: Bei der Aufnahme von Vitamin-D-Präparaten ist Vorsicht geboten. Eine Überdosis kann zu Nierensteinen, Nierenversagen, Muskelschwäche, Blutungen führen. Diese Gefahr besteht ausschließlich bei Präparaten, nicht bei Sonnenbestrahlung und nicht bei Lebensmitteln mit Vitamin D.

Essen Sie den Stress einfach weg

Haben Sie etwa gedacht, im Sommer gibt es weniger Stress? Dann sind Sie gewaltig im Irrtum. Gerade jetzt in diesen Tagen werden besonders viele Menschen vom Stress geplagt. Da sind vorerst jene, die arbeiten müssen und in nächster Zeit keinen Urlaub vor sich haben. Dann sind da jene, welche die Ferien unmittelbar vor sich haben und sich täglich einreden, wie gestresst und urlaubsreif sie sind. Und dann gibt es noch jene, die derzeit gerade ihren Urlaubsstress erleben. Sie sehen: Stressbekämpfung ist gerade jetzt ein hochaktuelles Thema.
Mein Vorschlag: Essen Sie sich Ihren Stress einfach weg. Das funktioniert tatsächlich: Französische Ernährungswissenschaftler an der Universität Paris haben im Rahmen einer Studie nachgewiesen: Man kann mit ganz bestimmten Nahrungsmitteln den Stress erfolgreich bekämpfen und kann sich vorbeugend stark gegen Stress sowie Stressfolgen machen.
Hervorragende Naturprodukte gegen Stress sind: Vollkornmüsli, Spinat, Grünkohl, Bananen, Sojaprodukte, Naturreis und Meeresfisch. Das Geheimnis: Überall findet man den Antistressmineralstoff Magnesium. Wenn jemand unter Stress steht, werden die Hormonstoffe Adrenalin und Noradrenalin im Körper ausgeschüttet. Sie wollen in unsere Nervenzellen. Magnesium blockiert diesen Vorgang, sofern genügend vorhanden ist. Außerdem werden Herz und Kreislauf gestärkt.

Was wenige wissen: Auch Vitamin C, Vitamin E und Vitamin B_{12} wirken hervorragend gegen Stress. Vitamin C findet man in reichem Maße in Paprikaschoten, Zitrusfrüchten, Petersilie, Pellkartoffeln und Brokkoli. Vitamin E liefern Vollkornprodukte, Milchprodukte, ganz besonders Weizenkeime und Weizenkeimöl. Vitamin B_{12} tanken wir vom Ei und von der Makrele.
Beim Autofahren, bei Streit und Intrigen am Arbeitsplatz, bei privaten Auseinandersetzungen sowie bei einem übervollen Urlaubsprogramm kann es plötzlich zu belastenden Stresssituationen kommen. Dafür sollten wir immer vorsorgen und entsprechende Nahrung bei uns haben, die sozusagen als „erste Hilfe" gegen die Belastung von Körper, Nerven, Geist und Seele nützlich sein kann:
Kauen Sie Sonnenblumenkerne, Walnüsse, Haselnüsse, Mandeln. Essen Sie Trockenfrüchte wie etwa Datteln, Feigen, Dörrpflaumen. Trinken Sie Sanddornsaft, Grapefruitsaft oder Hagebuttentee. Auch ein kleines Stück Schokolade – am besten Bitterschokolade – kann im Kampf gegen plötzlich auftretenden Stress beste Dienste leisten. All diese Köstlichkeiten enthalten entweder Magnesium, Vitamin C oder E.
Sollte die „Ernährungstherapie" nichts nützen, dann ist es angebracht, den Mineralstoff Magnesium dem Organismus direkt zuzuführen: in der höheren Longoraldosierung Mg 5 in Form von Magnesium-Kautabletten oder Magnesiumgranulat (Apotheke), in Wasser aufgelöst.

Sommerkopfschmerz: So schnell hilft Kälte!

Wenn die Temperaturen steigen oder wenn es immer wieder extremen Wetterwechsel gibt, leiden im Sommer viele von uns an so genannten Alltagskopfschmerzen oder an Migräne. Die Schmerzen vergehen in den meisten Fällen schnell wieder. Doch sie sind nicht minder quälend und können den ganzen Tag, an dem sie auftreten, zur Hölle machen. Ausgelöst wird der Sommerkopfschmerz durch hochsommerliche Hitze, durch Gewitterspannungen, Föhneinbrüche. Aber auch intensive geistige Arbeit oder Überanstrengung beim Freizeitsport können den Sommerkopfschmerz auslösen.
Die ärztliche Erfahrung der letzten Jahre hat gezeigt, dass die üblichen natürlichen Hausmittel, die man ohne Nebenwirkungen in der kalten Jahreszeit einsetzt, im Sommer sehr oft nicht zum Erfolg führen. Dazu gehören: Kopfmassagen, heiße Duschen in den Nacken, eine heiße Wärmflasche auf dem Kopf, eine Wollmütze, Einreibungen von Stirn und Schläfen mit Franzbranntwein, Majorantee, Baldriantee oder Melissentee. Dennoch aber sollte man, ehe man zu Medikamenten greift, auch im Somnmer Naturtherapien vorziehen.
Deutschlands Kopfschmerzpapst, Prof. Dr. Wolfgang Forth vom Walther-Straub-Institut für Pharmakologie und Toxikologie an der Universität München, hat sich

intensiv mit dem Problem befasst. Und er hat eine Lösung gefunden, die nebenwirkungsfrei ist und den Einsatz von Kopfschmerzmitteln ganz spart oder zumindest stark reduzieren hilft.

Der Wissenschaftler hat herausgefunden, dass in erster Linie gegen den Sommerkopfschmerz die Kälte hilft. Die Anwendung von Kälte zu therapeutischen Zwecken nennt man in der Medizin Kryotherapie. Sie gehört beispielsweise im Schmerzzentrum Mainz zu den festen Behandlungsmaßnahmen. Man verwendet da vorrangig Kältesprays, wobei die Substanzen Ethylchlorid und Fluormethan als Kühlmittel angewendet werden.

Prof. Dr. Forth hat nun eine ganz einfache Methode entwickelt, die jeder selbst zu Hause gegen den Sommerkopfschmerz und gegen Migräne einsetzen kann. Man braucht dazu: zwei handelsübliche Kühlkissen, ein Leinenhandtuch und eine Nackenrolle mit auswechselbarem Überzug. Die Nackenrolle sollte eine Wollfüllung haben, damit man sie in der Waschmaschine reinigen kann. Keine Schaumstoffrolle verwenden!

Und so wird die Therapie gegen den Sommerkopfschmerz durchgeführt: Ein Kühlkissen wird aus dem Tiefkühlfach genommen. Das andere bleibt als Reserve. Das Kissen wird in ein Handtuch eingeschlagen. Nun legt man die Nackenrolle auf das Kühlkissen und bettet den Nacken auf die Rolle. Wird die Rolle warm, kann man mit einer kleinen Drehung wieder einen kalten Teil dem Nacken zuführen. Die Kälte, die so zum Kopf gelangt, wirkt schmerzlindernd, ist wohltuend und bringt oft schon nach Minuten Erleichterung.

Auf diese Weise kann man Kopfschmerzmittel sparen. Hilft die Methode allein nicht, so rät Prof. Dr. Forth zu Schmerzmitteln aus der Apotheke.

Der Kampf gegen den lästigen Juckreiz

In den Sommermonaten hat ein Volksleiden absolute Hochsaison: der lästige, peinigende und irritierende Juckreiz auf der Haut. Er tritt in den meisten Fällen ganz plötzlich auf und ist dann oft stunden-, tage- und wochenlang nicht wieder wegzubekommen. Interessant ist, was Wissenschaftler der amerikanischen Berkeley-Universität herausgefunden haben: Der Juckreiz wird von denselben Nervenfasern weitergeleitet, die auch die Schmerzsignale weitergeben. Man kann daher sagen: Ständiger Juckreiz ist dem Schmerz an Unerträglichkeit sehr nahe.

Die erste instinktive Handlung des Menschen – egal, ob sie nun empfehlenswert oder nicht empfehlenswert erscheint – ist das Kratzen der juckenden Hautstellen. Dabei werden andere Nerven aktiviert, die wieder die Schmerznerven blockieren.

Es gibt eine interessante Beobachtung: Wenn Betroffene mit Nichtbetroffenen über den Juckreiz sprechen, dann beginnen sich plötzlich alle zu kratzen, als ob Jucken ansteckend wäre. Im Rahmen einer umfangreichen Studie der Berkeley-Universität in Kalifornien ist man den vielfältigen Ursachen des Juckreizes auf den Grund gegangen. Dabei hat man nachgewiesen:

- Lang anhaltender Stress und die daraus resultierende Stressbelastung können Juckreiz hervorrufen.
- Insektenstiche – vor allem Mückenstiche –, ein abklingender Sonnenbrand, eine heilende Wunde, aber auch der Kontakt mit giftigen Pflanzensäften kann zum Juckreiz führen.
- Pilzinfektionen lösen sehr oft zwischen den Zehen oder im Genitalbereich Juckreiz aus.
- Ein ganz harmloser Grund für Juckreiz kann trockene Haut sein, vor allem dann, wenn Rücken, Brust und Beine befallen sind. Zu dieser Art von Juckreiz kann es kommen, wenn man im Sommer am Meer ständigem Wind ausgesetzt ist, wenn Salzwasser die Haut beeinflusst hat, wenn man sehr viel im Wasser war oder wenn man – etwa beim Freizeitsport – sehr viel geschwitzt hat und nicht gleich Zeit zum Duschen hatte. Man darf auch nicht vergessen: Wer sich zu oft wäscht oder badet, wer reichlich Kosmetika verwendet, der kann auf der Haut Juckreiz auslösen. Außerdem: Wenn man älter wird, produziert die Haut weniger körpereigenes Fett. Und auch das löst oft Juckreiz aus.

Was also kann man tun, um harmlosen Juckreiz so schnell wie möglich wieder in den Griff zu bekommen? Hier die wichtigsten Maßnahmen, die sich in medizinischen Untersuchungen als erfolgreich erwiesen haben:

- Baden und Duschen Sie nicht mehrmals am Tag. Verwenden Sie zur Körperreinigung kein heißes, sondern nur lauwarmes Wasser. Ideal wären pro Woche nicht mehr als zwei bis drei Wannen- oder Duschbäder. In der übrigen Zeit wäre es gesünder, die Haut mit einem Schwamm zu reinigen.
- Verzichten Sie auf Deodorantseifen. Setzen Sie nur alkalifreie Seifen ein.
- Wenn Sie ein Wannenbad nehmen, dann trocknet die Haut danach aus, vor allem, wenn jemand ohnehin unter trockener Haut leidet. Das kann man verhindern, wenn man dem Wasser Badeöle, Maisstärke oder Haferflocken beifügt.
- Wenn Sie sich nach dem Baden abtrocknen, dann reiben Sie mit dem Handtuch oder dem Badetuch nicht auf der Haut umher, sondern drücken Sie es nur auf die Haut.
- Wenn Sie unmittelbar nach dem Baden oder Duschen ganz besonders stark Hautjucken verspüren, dann versuchen Sie es mit einem kleinen Trick: Massieren Sie den ganzen Körper mit Weizenkeimöl aus dem Reformhaus ein. Damit wird die Haut mit Vitamin E versorgt. Sie können aber auch Öle und Lotionen aus der Apotheke wählen, die reich an Vitamin E sind. Vermeiden Sie Produkte, die Alkohol enthalten. Sie trocknen die Haut aus.

- Achten Sie darauf, dass alle Kleidungsstücke, die Sie anziehen, nach dem Waschen gut ausgespült werden, sodass keine Rückstände von Waschmitteln enthalten sind. Verwenden Sie nur seifenfreie Waschmittel, die kein Parfum enthalten. Nehmen Sie für einige Zeit keine Weichspüler, keine Bleichmittel oder andere Waschzusätze und beobachten Sie, ob dann Ihr Hautjucken vergeht.
- Tragen Sie vorwiegend Baumwollkleidung. Wolle und synthetische Gewebe können Juckreiz auslösen. Dasselbe tun oft knitterfreie und bügelfreie Textilien. Sie enthalten Chemikalien, welche die Haut irritieren können. Wenn Sie neue Kleidung oder Handtücher kaufen, so sollten Sie diese vor dem Benutzen waschen.
- Bemühen Sie sich, bei Auftreten des Juckreizes nicht zu kratzen. Es hat sich in Tests herausgestellt: Das Kratzen bringt zwar vorerst kurzfristige Erleichterung. Die Haut wird dadurch aber irritiert, der Juckreiz kommt danach sehr oft verstärkt wieder.
- Testen Sie, ob der Juckreiz eventuell von einem Nagellack, von einer Creme oder anderen Kosmetika herrührt. Dies ist der Fall, wenn das Jucken aufhört, sobald Sie die Präparate nicht mehr verwenden.
- Mitunter vergeht das Jucken, wenn man mit der Nahrung das Spurenelement Zink aufnimmt, das unter anderem für die Immunkraft der Haut mitverantwortlich ist. Essen Sie Haferflocken, Hähnchenfleisch, Meeresfisch, Pinienkerne und Weizenkeime. Oder nehmen Sie einige Zeit Zink-D-Tabletten aus der Apotheke.

Schnelle Hilfe bei Wadenkrämpfen

Wenn die sommerlichen Temperaturen steigen, dann hat das für viele von uns auch Nachteile: In den Beinen – vor allem in den Waden – treten Muskelkrämpfe auf. Meistens beim Freizeitsport, tagsüber während einer Ruhephase oder nachts im Bett. Unter Wadenkrämpfen leiden Menschen in jedem Alter. Beim Freizeitsport sind sie so gefährlich, weil man sehr leicht einen Unfall erleiden kann. Stürze vom Fahrrad oder Panik beim Schwimmen im tiefen Wasser werden oft durch solche Krämpfe ausgelöst.

Jeder dritte Mitteleuropäer leidet in der schönen Jahreszeit regelmäßig oder fallweise an einem Waden- oder Fußkrampf. Es ist immer wieder eine unangenehme, schmerzhafte Situation. Der Krampf ist plötzlich da. Der betroffene Muskel wird steinhart und tut weh. Es gibt verschiedene Ursachen dafür: Die ersten Alarmzeichen für ein beginnendes Venenleiden, Adernverkalkung in den Beinarterien oder eine plötzliche Überforderung der Beinmuskeln durch Schwangerschaft oder durch eine ungewohnte Sportart. In den meisten Fällen aber wird der Wadenkrampf durch einen deutlichen Mangel am lebenswichtigen Mineralstoff Magnesium ausgelöst. Dem Magnesium kommt nämlich bei diesem gesundheitlichen Problem eine zentra-

le Bedeutung zu. Magnesium ist im Muskel für die Erschlaffungs- und Erholungsphase zuständig, die nach jeder Muskelanspannung erfolgen muss. Fehlt dem Muskel der Mineralstoff, dann kommt es zu spontanen, ungewollten Muskelzusammenziehungen mit anschließender Erschlaffung. Oder der Muskel krampft sich zusammen und entspannt sich nicht mehr. Wer immer wieder im Sommer an Wadenkrämpfen leidet, führt dem Organismus über die tägliche Nahrung zu wenig Magnesium zu und verfügt auch über keinerlei Magnesiumreserven im Körper.
Aus all diesen Erfahrungen heraus ergibt sich eine Reihe von Maßnahmen, mit denen man den Wadenkrampf wieder in den Griff bekommen kann:

- Bei einem jähen Krampf massieren Sie die betroffene, schmerzende Stelle.
- Legen Sie sich flach auf den Boden, heben Sie das betroffene Bein und treten Sie mit dem Fuß ganz fest gegen die Wand, bis der erste Krampf nachlässt.
- Drücken Sie den Daumen der rechten Hand ganz fest in die Mitte der Fußsohle.
- Legen Sie ein in heißes Wasser getränktes Tuch um die Wade.
- Vor allem aber nehmen Sie in hoher Longoraldosierung (Mg 5) 2 Magnesiumkautabletten oder Magnesiumgranulat – in Wasser aufgelöst (Apotheke). Das Magnesium muss schnell in den Körper gelangen.
- Sie müssen aber auch längere Zeit im Körper über die Ernährung Magnesiumvorräte anlegen. Ernähren Sie sich magnesiumreich: mit Naturreis, Vollkornprodukten, Sojaprodukten, Weizenkeimen, Weizenkleie, Trockenfrüchten. Oder machen Sie über mehrere Wochen eine Kur mit einem Magnesiumpräparat, wie das Profisportler vor ihrem Einsatz tun.
- Wenn trotz Magnesiumzufuhr die Wadenkrämpfe weiter anhalten, setzt der Arzt Präparate aus der tropischen Chinarinde ein, die es in Tablettenform in der Apotheke gibt. Der Chininwirkstoff Limptar N hemmt die Reizübertragung vom Nerv auf den Muskel und löst vorhandene Krämpfe.

Wichtige vorbeugende Maßnahmen auf lange Sicht: Meiden Sie Alkohol und Nikotin. Treiben Sie regelmäßig Fußgymnastik und schlafen Sie mit einer Nackenrolle unterm Knie. Gehen Sie sparsam mit Abführmitteln und Entwässerungsmedikamenten um.

Bürokrankheiten: So beugen Sie vor

Deutsche und österreichische Sozialmediziner haben beobachtet: Alle Jahre im Sommer mehren sich speziell bei Frauen bestimmte gesundheitliche Störungen: entzündete, gerötete und angeschwollene Augen, Hautausschläge, Stirnhöhlenentzündung, verstopfte Nase, Schnupfen, Entzündungen und Pilzbefall im Intimbereich. Vorrangig leiden Büroangestellte darunter. Und fast keine von den Betroffenen

kommt vorerst auf die Idee, dass der Arbeitsplatz schuld an den gesundheitlichen Problemen sein könnte. Genau das aber haben eingehende Untersuchungen ergeben. Mediziner und Umweltexperten sprechen von typischen „Bürokrankheiten". Beobachtungen und Erfahrungswerte haben gezeigt, dass in vielen Büros alte Klimaanlagen, Computergeräte, Laserdrucker und Fotokopierapparate stehen, welche die Gesundheit von sensiblen Menschen negativ beeinflussen können. Dazu kommen noch Spannungsfelder, die durch Metalle, Kunststoff und synthetische Teppichböden entstehen können. Das alles vermag im Laufe von Jahren die natürlichen Abwehrkräfte eines Menschen zu schwächen, sodass er dann für viele gesundheitliche Störungen anfälliger wird.
Viele, die in einem Büro arbeiten, werden jetzt sagen: Ich kann doch nicht meinen Job aufgeben. Was kann ich tun?
Man kann all diese Gefahren vermindern oder ganz in den Griff bekommen, wenn man die eigenen Abwehrkräfte sinnvoll stärkt und mit einer Reihe von sinnvollen Maßnahmen den Bürokrankheiten vorbeugt:

- Spannungen im Raum, aber auch die Anfälligkeit für Pilzerkrankungen wird enorm erhöht, wenn man tagaus, tagein synthetische Strümpfe und synthetische Unterwäsche trägt. Jetzt im Sommer ist Baumwolle angesagt oder zumindest eine andere Naturfaser.
- Verwenden Sie im Intimbereich im Sommer nicht zu viele Kosmetika, damit der Säureschutzmantel der Schleimhäute nicht geschwächt oder zerstört wird. Verwenden Sie jetzt keine Intimsprays.
- Tragen Sie keine zu engen Hosen, wie dies bei Jeans oft der Fall ist. Das Reiben der Textilien auf der Haut begünstigt Entzündungen von Haut und Schleimhäuten.
- Verbringen Sie ohne Pause nicht zu lange Zeit am Fotokopierer, wenn er in Aktion ist. Wenn Sie kopieren, tun Sie das bei offenem Fenster. Wenn das Gerät Ozon produziert, atmen Sie sonst zu viel davon ein.
- Sie sollten auch nicht stundenlang am Computer sitzen. Das belastet enorm die Augen. Machen Sie nach jeder Stunde eine Pause von 15 Minuten. Das tut auch der Wirbelsäule gut.
- Wenn Sie viele Seiten Text ausdrucken, dann bleiben Sie nicht dicht am Laserdrucker sitzen. Entfernen Sie sich.
- Verlassen Sie mittags unbedingt das Büro. Gehen Sie ins Freie, damit die Lungen die Büroluft wieder loswerden.
- Beugen Sie der Gefahr von Pilzerkrankungen vor: Meiden Sie zu große Mengen von Zucker und Süßspeisen. Essen Sie Knoblauch, Zwiebel, Meerrettich, Paprikaschoten, Salate, Meeresfisch, Jogurt. Trinken Sie Brennnesseltee.
- Bauen Sie Ihre Immunkraft mit Vitamin E auf: in Form von Vollkornprodukten

und Weizenkeimöl in Salaten oder in Form von täglich 1 Kapsel mit natürlichem Vitamin E (Apotheke) zu je 200 internationalen Einheiten. Die Bedeutung des Vitamin E für die Abwehrkraft hat eine jüngste Studie an der Tufts-Universität in Boston, USA, ergeben.

❖ Ganz wichtig zur Vorbeugung gegen Bürokrankheiten: Geben Sie das Rauchen auf.

Gesund & fit mit der „Neandertaler-Diät“

Abnehmen, gesund, fit und vital sein: Das ist – jetzt im Sommer – der Wunsch vieler Menschen. Gerade aber in dieser Zeit sind etliche von uns nicht besonders gut drauf, haben allerlei Beschwerden und haben zugenommen. Die Ursache: Urlaubs- und Freizeitsünden. Zu wenig Bewegung. Zu viel und zu üppiges Essen. Alkohol. Nikotin. Wir leiden an strahlenden Sonnentagen an Kopfschmerzen, Migräne, an Stimmungsschwankungen, Blähungen, Müdigkeit und Unlust. Wir sind anfällig für Erkältungen und holen uns im Schwimmbad allzu leicht eine Pilzinfektion.
Der amerikanische Arzt und Ernährungswissenschaftler Prof. Dr. William Crook weiß, was man gegen all diese Befindlichkeitsstörungen und gesundheitlichen Probleme tun kann. Er rät zu einer strengen Diät, die uns schnell wieder gesund, fit und vital machen und unsere Abwehrkräfte wieder aufbauen kann. Es ist die Neandertaler-Diät, von der derzeit ganz Amerika spricht.
Den Namen hat die Diät nach dem Urmenschen, dem Neandertaler. Er musste sich von dem ernähren, was ihm zur Verfügung stand. Und das waren naturnahe, unveränderte Produkte: einfach und vitalstoffreich.
In seinen Studien ist Prof. Dr. Crook zu dem Schluss gekommen: Mit diesen Produkten kann man in kürzester Zeit den Körper von den Folgen vieler Ernährungssünden befreien, kann Gifte und Stoffwechselschlacken abtransportieren und kann das Ausbreiten von Pilzen im Körper bekämpfen. Und obendrein nimmt man dabei auf gesunde Weise ab.
Die Neandertaler-Diät dauert drei Wochen. In dieser Zeit muss man sich zuckerfrei und hefefrei ernähren. Man darf nur frisches Gemüse, möglichst oft roh, essen. Keine Pilze. Fleisch in Maßen, reichlich Fisch, Naturreis, Buchweizen, wenig Obst. der Durst darf ausschließlich mit Wasser gelöscht werden. Das bedeutet: drei Wochen lang kein Kaffee, kein Tee, kein Alkohol, auch keine Fruchtsäfte, keine Milch. Gewürzt wird ausschließlich mit wenig Salz, mit Kräutern und mit Zitronensaft. Als Fett sind nur kaltgepresste Pflanzenöle zugelassen. Vergorenes, Konserviertes, Gepökeltes, Geräuchertes sind verboten.
Rezeptbeispiele für einen Tag. Morgens: gekochter Naturreis oder Buchweizen, 1 Ei, etwas Butter, rohes Gemüse. Mittags und abends: Fleisch oder Fisch gegrillt

oder gekocht. Naturreis, Gemüse als Salat oder gedünstet. Gewürzt wird mit Salz und frischen Kräutern. Man darf diese Diät bei Hunger ergänzen mit Jogurt, Sauermilch, Bohnen, Pellkartoffeln, Nüssen. Brote dürfen nur aus Fladenteig oder Sauerteig, niemals aus Hefeteig sein.
Nach den drei Wochen muss man dann weitere drei Wochen Aufbauarbeit leisten: Jetzt darf man zusätzlich Bananen, Äpfel, Käse, Knoblauch und frisch gepresste Obst- und Gemüsesäfte konsumieren.
Wichtig: Während der Neandertaler-Diät sollte man viel Zeit im Freien in sauerstoffreicher Luft verbringen. Weiters: etwas Sonne tanken, Atemübungen machen, nach Möglichkeit keine Antibiotika und nicht die Antibabypille nehmen.
Probieren Sie es doch einmal einfach aus: Werden Sie für drei Wochen ein Neandertaler! Sie werden sich nach diesem Programm pudelwohl und gesünder fühlen.

Unsere Haare brauchen ein Sommerservice

Da wir alle in unseren Regionen so viele Monate im Jahr Kälte und schlechtes Wetter ertragen müssen, haben die Begriffe Sommer, Sonne, Wärme etwas Positives für uns. Das verführt uns mitunter zu einem großen Fehler: Wir denken, alles, was mit dem Sommer zu tun hat, muss unserem Körper und unserer Seele gut tun. Bis zu einem gewissen Grad stimmt das ja auch. Doch Sommer kann für den Organismus auch Stress und Belastung bedeuten.
Da verbringt man zum Beispiel traumhafte Urlaubstage an einem Meeresstrand oder in heimischen Gefilden an einem See. Man genießt die sommerlichen Temperaturen, hält sich viel in der Sonne auf und fühlt sich so richtig wohl. Und dann stellt man eines Tages bei der Morgentoilette vor dem Spiegel im Badezimmer fest: Die Haare sind unansehnlich. Sie werden brüchig, haben an Glanz verloren und sind auch schütter. Ja, sie wirken müde. Man fragt sich: Und das gerade jetzt in der schönen Jahreszeit?
Richtig: Gerade jetzt in der schönen Jahreszeit und mitten im Urlaub passiert das. Und es gibt dafür auch vollkommen plausible Erklärungen. Das Haar leidet unter den sommerlichen Einflüssen und sehr oft ganz besonders während der für uns so genüsslichen Ferienzeit. Dazu kommt noch, dass wir zumeist unsere Haut vorbildlich pflegen mit erstklassigen Cremes, Lotionen und Sonnenschutzmitteln, die Haare aber bloß regelmäßig waschen.
Wir dürfen nicht vergessen: Wie unsere Haut, so leidet auch das Haar unter der schädlichen UV-A-Strahlung der Sonne, die durch das Dünnerwerden der schützenden Ozonschicht hoch über uns immer intensiver wird. Durch den Einfluss der Sonnenstrahlen wird das Haar spröde und brüchig.
Aber nicht nur die Sonne, sondern auch der Kontakt zu reichlich Wasser im Sommer

belastet das Haar. Vor allem, wenn man viel im Meer schwimmt. Das Salzwasser greift das Haar an, zerstört seine Schutzschicht.
Dagegen kann man sich ganz einfach schützen: Jedes Mal, wenn man im Meer schwimmen war, sollte man unter die Duschen mit Süßwasser, wie sie oft am Strand aufgestellt sind. Gibt es solche Duschen nicht, dann sollten Sie immer eine Flasche Leitungswasser an den Strand mitnehmen und nach jedem Bad im Meer die Haare damit abspülen.
Gegen die Sonneneinstrahlung sowie gegen Hitze und Staub brauchen auch die Haare ein eigenes Pflegeprogramm, über das der Apotheker Auskunft geben kann, weil er über wissenschaftlich entwickelte und geprüfte Präparate verfügt, die in erster Linie den gesundheitlichen Effekt zum Ziel haben. Es gibt heute Sprays, Gels und Öle, die das Haar mit einem hauchdünnen Schutzfilm überziehen, der obendrein mit natürlichen Pflegestoffen angereichert ist. Spezialshampoos mit Filterwirkung und After-Sun-Shampoos leisten im Sommer – und ganz besonders im Urlaub – gute Dienste, um ein Ausbleichen und Brüchigwerden der Haare zu verhindern.
Und so sieht das klassische Sommerprogramm für das Haar aus, damit es auch nach den heißen Tagen attraktiv aussieht, gesund ist und keinen Kummer bereitet:

- ❖ Gönnen Sie Ihrem durch Chlor- und Salzwasser strapazierten Haar regelmäßig eine Pflege mit einer Haarkur. Es sollte eine Intensivpflege für eine Langzeitwirkung durchgeführt werden. Ideal eignen sich dazu Präparate aus der Apotheke, die Vitamin E, Jojobaöl, natürliches Protein sowie die Wirkstoffe Panthenol und Phytantriol enthalten. Durch so eine Kur erhalten die Haare mehr Widerstandskraft, Elastizität. Sie bekommen wieder mehr Fülle und Glanz und werden vor dem Austrocknen geschützt. Und so wird eine Haarkur durchgeführt: Waschen Sie die Haare und drücken Sie – ohne Abtrocknen – das Wasser mit den Händen weg. Dann wird die Haarkur großzügig auf die Haare aufgetragen und gleichmäßig mit einem Kamm von der Kopfhaut bis zu den Haarspitzen verteilt. 3 Minuten einwirken lassen. Dann mit reichlich Wasser ausspülen.
- ❖ Waschen Sie Ihr Haar stets nur lauwarm. Verwenden Sie ein mildes Shampoo mit natürlichem Protein aus der Apotheke. Damit bekommt das Haar einen Schutz vor Umweltbelastungen. Der physiologische pH-Wert der Kopfhaut wird bewahrt. Lassen Sie gerade im Sommer das Haar nach Möglichkeit an der Luft trocknen und vermeiden Sie einen Haarföhn. Wenn es doch notwendig ist, föhnen Sie im Abstand von 15 Zentimetern vom Haar und niemals gegen den Strich des Haares.
- ❖ Beim Sommerservice fürs Haar sollte man auch auf die Kämme und Bürsten achten, die man verwendet. Kämme mit scharfen Zinken und Bürsten mit harten, kantigen Kunststoffborsten schädigen das Haar. Verwenden Sie Echthaarbürsten und Rundkuppenkämme. Sie sind am schonendsten.

- Wenn die Haarspitzen gespalten sind, dann ist der Schutzmantel des Haares zerstört. Die Haare sollten im Sommer alle vier Wochen etwas nachgeschnitten werden.
- Wenn Sie in die pralle Sonne gehen, dann schützen Sie Haar und Kopfhaut mit einer schicken Leinenkappe. Sie hält bis zu 90 Prozent der UV-Strahlen der Sonne ab. Tragen Sie keine Kopfbedeckung aus Kunststoff.

Grundsätzlich sollten Sie nicht vergessen: Haare sind sensibel. Sie brauchen im Sommer viel Pflege und Sorgfalt.

Klugheit und geistige Fitness kann man – essen!

Gerade an heißen Sommertagen hat mancher das Gefühl, dass ihn die Sonne am Denken hindert. Geistige Trägheit und mangelnde Konzentration machen vielen zu schaffen. In den USA ist es üblich, für eine bessere geistige Fitness so genanntes „Brain-Food" zu kaufen und zu schlucken. Das sind Präparate, die dem Gehirn Sprit liefern sollen.

Jetzt haben Wissenschaftler am Massachusetts Institute of Technology in mehreren Studien herausgefunden: Das ist nicht notwendig. Wir brauchen keine speziellen Präparate, um unsere Hirnleistungen zu verbessern. All die wichtigen Substanzen, die wir fürs bessere Denken benötigen, können wir aus der täglichen Nahrung tanken. Wir müssen nur wissen, wo die wertvollen Substanzen, die wir fürs Denken brauchen, enthalten sind.

Eines steht fest: Unser Gehirn ist unersättlich. Man muss sich das vorstellen: Was das Gesamtkörpergewicht betrifft, so gehen lediglich 2 Prozent davon aufs Gehirn. Doch die Zentrale für geistige Aktivität verbraucht 20 Prozent unserer aufgenommenen Energie und 40 Prozent des eingeatmeten Sauerstoffs für sich.

Was benötigt unser Gehirn als „Sprit"? Ganz einfach: beachtliche Mengen an Vitaminen, Mineralstoffen, Spurenelementen, Aminosäuren, Glucose und Sauerstoff.

Am Massachusetts Institute of Technology weiß man: Wer geistig fit sein möchte, braucht wertvolle Proteine. Diese finden wir in Geflügelfleisch, in Meeresfrüchten, im Tofu und in Bohnen.

Je höher die Aufnahme von Kohlenhydraten ist, desto aktiver ist unsere geistige Aktivität. Es ist allerdings wichtig, dass man bestimmte Produkte zu bestimmten Tageszeiten isst. Dann wirken sie besser.

- Morgens sollte man, um das Denken in Schwung zu bringen, Eiweiß und Kohlenhydrate kombinieren. Ein klassisches Beispiel: ein Müsli mit Milch und frischem Obst.
- Mittags regen Hähnchen, Salate und Garnelen die geistige Fitness an.

❖ Abends kann eine einzige Banane das müde Hirn bestens anregen.
Ähnliche Wirkung erzielt man mit einer saftigen Birne, mit einem reifen Pfirsich sowie mit dem intensiven Kauen von Walnüssen, Haselnüssen oder Mandeln.
Die Superkraft fürs Denken aber liefert uns das Küchenkraut Basilikum. Verantwortlich dafür sind die ätherischen Öle Estragol und Eugenol. Sie führen uns zu geistiger Spitzenleistung. Daher ist jetzt im Sommer Mozzarella mit Tomaten und frischen Basilikumblättern ein Supertreibstoff fürs Köpfchen.
Wer mit täglicher Nahrung klüger werden möchte, der muss noch ein paar Fakten bedenken: Das Gehirn braucht regelmäßig die Zulieferung von Vital- und Kraftstoffen. Daher sollte man bei geistiger Arbeit fünf bis sieben kleine Mahlzeiten zu sich nehmen. Wichtig dabei sind rohes Gemüse, Salate, Obst, wenig Fleisch, Vollkornprodukte und mindestens 2 Liter Flüssigkeit, am besten Wasser. Dadurch werden Giftstoffe aus dem Gehirn transportiert, die das Denken stören und blockieren.

Zu hohe Harnsäurewerte: Der grüne Hafertee hilft

Die meisten von uns lassen es sich in der schönen Jahreszeit – speziell an Wochenenden und im Urlaub – gut gehen. Sie genießen vor allem auch kulinarische Köstlichkeiten, trinken reichlich Alkohol, essen viel Fleisch und viel Süßes. Und sie machen dazu viel zu wenig Bewegung. Die Folge: Rheumatische Beschwerden nehmen zu. Es kommt zu Gichtanfällen. Und eine Untersuchung beim Arzt ergibt sehr oft zu hohe Harnsäurewerte im Organismus. Diese Harnsäuremengen können nicht mehr von selbst abgebaut werden und setzen sich in Form von Kristallen in den Gelenken ab.
Es gibt eine hervorragende Naturarznei, die man gegen zu hohe Harnsäurewerte einsetzen kann. Es ist der grüne Hafertee, der sowohl in Apotheken, Drogerien und Reformhäusern angeboten wird. Erstmals erprobte diesen Kräutertee der Pflanzenforscher und Schäfer Karl Vollmer auf der Schwäbischen Alb. Er erntete das grüne Haferkraut zur Zeit der Haferblüte, trocknete es schonend und vermischte es dann zusätzlich mit Brennnesselkraut, Johanniskraut und Bergfrauenmantel. Wichtig war ihm, dass der Hafer kurz vor Sonnenaufgang geerntet wurde. Auch heute noch wird der klassische grüne Hafertee genauso hergestellt.
Und heute ist diese uralte Tradition durch eine wissenschaftliche Studie voll bestätigt. Dr. Peter Drisch, Chefarzt der Kliniken im Alpenpark Wiessee, hat nachgewiesen: Der grüne Hafertee ist ein hervorragendes und nebenwirkungsfreies Naturmittel zur Senkung eines zu hohen Harnsäurespiegels im Körper des Menschen. Mit dem Grünen Hafertee kann man die heute viel verbreitete allgemeine Übersäuerung unseres Organismus bekämpfen. Und man weiß: Das Säurenübergewicht – hervorgerufen durch zu hohen Fleisch-, Zucker- und Weißmehlkonsum – macht im Laufe der Zeit krank, kann viele Leiden zur Folge haben.

Der grüne Hafertee senkt aber nicht nur zu hohe Harnsäurewerte. Er regt den gesamten Stoffwechsel an, aktiviert die Entwässerung, fördert das Ausscheiden von Abbauprodukten und Giften aus dem Organismus.
Diese vielfältige Wirkung, die unsere oft nicht sehr gesunde Ernährung „entschärfen“ hilft, ist auf die wertvollen Inhaltsstoffe des jungen Hafers zurückzuführen. Das sind Saponine, Alkaloide, Flavonoide, Vitamine der Gruppe B, die Mineralstoffe und Spurenelemente Magnesium, Kalzium, Zink, Eisen, Kieselsäure und Kupfer. Vor allem aber wirkt der grüne Hafertee durch das Alkaloid Avenin auch beruhigend und kräftigend.
Viele Hausärzte raten heute auf Grund der überzeugenden wissenschaftlichen Ergebnisse bei Rheuma, Gicht, bei starker Übersäuerung des Körpers und vorbeugend bei nicht ausgewogener Ernährung zu einer Kur mit dem Haferkraut. So wird sie zu Hause durchgeführt: 1 Esslöffel grüner Hafertee wird in einen Topf mit 2 Tassen siedendem Wasser eingerührt. Zugedeckt muss man das Ganze nun 20 Minuten leicht sieden lassen. Dann durchseihen und ungesüßt lauwarm täglich 4 bis 6 Tassen trinken. Für Eilige gibt es den grünen Hafertee auch in praktischen Filterbeuteln. Da muss der Tee nur 10 Minuten ziehen.

Apfelbrühe gegen Nervosität im Sommer

Wenn wir im Laufe des Tages plötzlich von einer unangenehmen Nervosität befallen werden, dann kann das viele Ursachen haben: das Wetter, Stress im Beruf, Meinungsverschiedenheiten im Privatleben, Streit oder finanzielle Sorgen. Viele greifen in so einer Situation zu einem starken Beruhigungsmittel, meist ohne vorher mit einem Arzt gesprochen zu haben. Das kann sehr oft – auf Grund der Nebenwirkungen – im Laufe der Zeit der Gesundheit schaden.
Wenn Sie an einem Sommertag nervös sind, dann versuchen Sie es doch zuerst immer mit den Kräften der Natur. Es gibt eine Reihe von wirksamen Rezepten, die beruhigen und neue Kraft geben:

- Trinken Sie beispielsweise eine Tasse eines ganz bestimmten Kräutertees. Gegen Nervosität haben sich bestens die ätherischen Öle vom Johanniskraut, vom Basilikum und von der Melisse bewährt. Übergießen Sie jeweils einen Teelöffel voll von diesen Heilkräutersorten mit einer Tasse sprudelndem Wasser, 8 Minuten ziehen lassen. Durchseihen, mit etwas Honig süßen, trinken. Hausärzte raten oft, den Melissentee mit 2 Teelöffel Melissengeist aufzuwerten.
- Wenn Sie eine Tinktur einsetzen wollen, dann besorgen Sie sich Baldriantropfen (Apotheke), verrühren 20 Tropfen in etwas Wasser und trinken das Ganze.
- Wer die Zeit hat, sollte bei Nervosität ein entspannendes Wannenbad nehmen.

Lassen Sie 1/2 Kilo Fichtennadeln in 3 Liter kaltem Wasser 8 Stunden ziehen. Dann sollte das Ganze 30 Minuten kochen. Durchseihen und ins Badewasser gießen. 20 Minuten baden, danach eine Stunde im Bett ruhen.

❖ Anhänger der Aromatherapie haben gleich mehrere Möglichkeiten, die Nervosität in den Griff zu bekommen: Massieren Sie den ganzen Körper oder bloß die Schläfen mit Lavendelöl (Apotheke) ein. Oder stellen Sie einen Teller mit etwas Wasser auf, träufeln Sie 20 Tropfen Lavendelöl dazu und atmen Sie die beruhigenden ätherischen Öle des Lavendels aus der Raumluft ein. Es hilft aber auch, wenn Sie ein paar Tropfen in ein Taschentuch geben und immer wieder zwischendurch daran riechen.

❖ Wenn Sie aber lieber ein altes Hausmittel aus Großmutters Zeiten zu Hilfe nehmen, das hervorragend gegen Nervosität hilft und obendrein lecker schmeckt, so brauen Sie sich eine spezielle Apfelbrühe: Ein Apfel wird mit Schale in kleine Würfel geschnitten. Diese werden in einen Küchentopf gegeben und mit 1/2 Liter kochendem Wasser übergossen. Lassen Sie diese Mischung nun eine Stunde ziehen. Dann durchseihen, mit Honig süßen und im Laufe des Tages in kleinen Schlucken trinken.

So gesund & wichtig ist das Schwitzen!

Geht es Ihnen auch so? Kaum steigen die sommerlichen Temperaturen, kaum herrscht hohe Luftfeuchtigkeit bei schwülem Wetter, beginnen viele zu schwitzen. Schweißausbrüche sind lästig, unangenehm. Doch man sollte nicht darüber klagen. Denn: Schwitzen ist für den Menschen ein lebenswichtiger Vorgang, der entscheidend für unsere Gesundheit ist.

Erstens scheidet der Organismus beim Schwitzen mit dem Schweiß nicht nur Wasser, sondern auch Giftstoffe und Stoffwechselschlacken über die Poren aus. Das ist ein wichtiger Reinigungsvorgang des Körpers.

Zweitens ist das Schwitzen die körpereigene Klimaanlage des Menschen, damit unser Körper bei Hitze seine Körpertemperatur halten kann. Wenn diese Temperatur an sehr warmen oder heißen Sommertagen 37 Grad Celsius zu übersteigen droht, dann gibt das Zwischenhirn über die Nervenbahnen an die Haut den Befehl: Abkühlen!

Und dann tritt aus über 2 Millionen Schweißdrüsen – vor allem in den Achselhöhlen, im Nacken, am Kopf, auf der Stirn, an Hand- und Fußflächen – Flüssigkeit aus. Der Vorgang soll Abkühlung bringen. Dieser Schweiß kommt aus den so genannten ekkrinen Drüsen. Sie scheiden je nach Temperatur täglich zwischen 1/2 bis 8 Liter aus. Wenn der Schweiß austritt, ist er geruch- und farblos. Er beginnt erst zu riechen, wenn ihn Bakterien zersetzen. Darum ist in Zeiten heftigen Schwitzens größte Körperhygiene – Duschen – angesagt.

Manche Menschen schwitzen an heißen Tagen mehr, andere weniger. Die Erklärung: Der Schwitzvorgang wird vom vegetativen Nervensystem gesteuert. Nervöse, sensible Menschen schwitzen mehr.
Jetzt wird klar, warum es gesundheitsschädlich ist, wenn man den Schweiß durch Medikamente oder Spezialdeos komplett stoppt. Sinnvoll ist es allerdings, bei übermäßigem Schwitzen den Schweiß einzudämmen, zu verringern.

- Gehen Sie regelmäßig in die Sauna. Sie ist eine „Schwitzschule". Wenn der Körper die hohen Temperaturen gewohnt ist, dann bekommt er an heißen Tagen nicht so leicht Schweißausbrüche.
- Mischen Sie 1 Liter Wasser mit 1/2 Tasse Apfelessig. Tauchen Sie einen Waschlappen ein und waschen Sie den ganzen Körper damit. Besonders die Stellen in den Achselhöhlen.
- Tauchen Sie mehrmals am Tag Hände und Füße in lauwarmes Wasser. Dabei ziehen sich die Schweißdrüsen zusammen.
- Geben Sie auf ein Textiltaschentuch 2 Tropfen Lavendelöl und 2 Tropfen Salbeiöl. Riechen Sie immer daran. Mit dieser Aromatherapie bremst man die Schweißproduktion.
- Trinken Sie einige Tage lang, jeweils über den Tag verteilt, 1 Liter Salbeitee. 1 Liter Wasser mit 3 Esslöffel Salbeiblättern 3 Minuten kochen, durchseihen, lauwarm trinken.

Wer weniger schwitzen möchte, sollte an heißen Tagen auf Alkohol, Kaffee, scharfe Gewürze, eiskalte Getränke und eiskalte Duschen verzichten. Leichte Kleidung tragen.
Vorsicht: Wer auch an weniger warmen Tagen immerzu stark schwitzt, sollte zum Arzt. Das könnte das Anzeichen für eine Krankheit sein. Und nicht vergessen: Wer schwitzt, muss viel trinken, damit Kreislauf und Nieren ungestört arbeiten können.

Immuntraining für den Sommer

Wir befinden uns mitten im Sommer, genießen die Sonne, die angenehmen Temperaturen. Und wir können im Grunde genommen gar nicht glauben, dass es jetzt große gesundheitliche Probleme geben könnte. Irgendwie ist für viele der Sommer ein Symbol für Gesundheit und Fitness. Weit gefehlt! Die Hitze, die Trockenheit, zu intensive Sonnenbestrahlung und das bodennahe Ozon schwächen unsere natürlichen Abwehrkräfte.
Daher sollten wir gerade jetzt gezielt unsere Immunkraft stärken. So ein Immuntraining ist oft mit ganz einfachen, natürlichen Maßnahmen möglich:

- ❖ Studien an der Universität Mülheim an der Ruhr haben ergeben, dass die Vitamine A, C und E sowie das Provitamin A Betacarotin im Teamwork unsere Körperzellen schützen und Angriffe von Krankheitserregern und aggressiven Substanzen abwehren können. Dazu kommt noch, dass Vitamin C nachweisbar ein wichtiger „Sprit" für unsere Abwehrzellen ist, speziell für die Granulozyten. Daher sollten wir speziell in der schönen Jahreszeit, wenn das erntefrische Gemüse zur Verfügung steht, so oft wie möglich einen „Immunsalat" genießen: Das Vitamin A sowie das Provitamin Betacarotin liefern uns Möhren und Tomaten. Grüne Paprikaschoten und reichlich Petersilie sowie Zitronensaft in der Marinade versorgen uns mit Vitamin C. Und das Vitamin E holen wir uns aus dem Weizenkeimöl.
- ❖ Wichtig für die Immunkraft sind auch die Spurenelemente Selen und Zink sowie Eisen. Selen tanken wir mit Sesamsamen, Pistazien, Kokosnuss, Meeresfisch, Spargel und Bohnen; Zink führen uns Vollkornhaferflocken, Weizenkeime, Pinienkerne, Hähnchenfleisch und Austern zu. Reichlich Eisen enthalten Salat, Schnittlauch und Vollkornbrot.
- ❖ Interessant ist auch, was Wissenschaftler der amerikanischen Tufts-Universität in Boston herausgefunden haben: Wer im Sommer acht Wochen lang täglich 2 Becher Jogurt mit lebenden Bakterienkulturen löffelt, der leistet viel für die Immunkraft. Das Jogurt regt nämlich die Produktion des körpereigenen Gamma-Interferon an. Und das stärkt unsere Abwehrkräfte, speziell gegen Allergien.
- ❖ Eine bedeutende Aufgabe für den Aufbau der Immunkraft spielt der Hauptwirkstoff Allicin aus dem Knoblauch. Er schützt unsere Zellen vor den schädlichen Einflüssen von Umweltschadstoffen. Essen Sie regelmäßig täglich 3 frische Knoblauchzehen oder nehmen Sie 3-mal täglich 2 Knoblauch-Aktiv-Kapseln.
- ❖ Ganz gezielt kann man die homöopathische Tinktur aus dem Roten Sonnenhut, Echinacea (Apotheke), zur Stärkung der natürlichen Abwehrkräfte nützen. Bei einer Kur von sechs Wochen nimmt man 3-mal täglich 15 Tropfen in etwas Wasser verrührt und fördert damit messbar die Vermehrung der Fresszellen.
- ❖ Meiden Sie alles, was die Immunkraft schwächt: zu viel Pökelfleisch und Geräuchertes, zu viel Alkohol, Nikotin, Salmonellen in der Nahrung, Lärm.
- ❖ Und vergessen Sie nicht, dass auch ganz einfache Dinge im Leben die Immunkraft stärken: ungestörter Schlaf, Küssen, Glücklichsein und einmal am Tag von Herzen lachen. Damit steigt in unserem Körper die Anzahl der Abwehrkräfte.

So bleiben die Füße im Sommer gesund

Ein gesunder Fuß ist die wichtige Voraussetzung für die Gesundheit des ganzen Körpers, speziell der Wirbelsäule und der Gelenke. Viele von uns behandeln ihre

Füße stiefmütterlich. Speziell der Sommer bietet reichlich Gelegenheit, Problemen mit den Füßen rechtzeitig vorzubeugen und wirksam dagegen anzukämpfen.
Machen Sie regelmäßig Fußtrainingsübungen. Sie stärken die Wirbelsäule und verhindern eine Reihe von Fußkrankheiten:

- Stellen Sie sich auf die Stufe einer Treppe, sodass nur die vordere Hälfte der Fußsohle festen Untergrund hat. Dann heben und senken Sie die Fersen beider Füße gleichzeitig auf und ab.
- Stehen Sie gerade. Überkreuzen Sie die Beine in den Knien. In dieser Stellung heben und senken Sie die Fersen.
- Gehen Sie barfuß umher. Dabei dürfen nur die Fersen und die Zehen den Boden berühren.

Zusätzlich sollten Sie im Sommer beachten: Gehen Sie, so oft es möglich ist, im Freien oder in der Wohnung barfuß. Fahren Sie nicht immer nur Auto oder Lift. Gehen Sie zu Fuß. Beginnen Sie jeden Morgen mit Wassertreten im kalten Wasser in der Bade- oder Duschwanne. Bei anhaltenden Fußbeschwerden sofort zum Orthopäden. Vielleicht brauchen Sie Schuheinlagen.
Speziell im Sommer treten einige ganz typische Probleme mit den Füßen auf. Tun Sie sofort etwas dagegen:

- Bei Schweißfüßen sollten Sie die Füße einige Zeit jeden Tag in lauwarmem Wasser 15 Minuten baden. Fügen Sie dem Wasser eine Tasse Apfelessig bei.
- Oder mischen Sie 4 Esslöffel Eichenrinde, 3 Esslöffel getrocknete Walnussblätter und 2 Esslöffel Thymian. Die Mischung muss 10 Minuten in 1 Liter Wasser kochen, durchseihen und in 5 Liter lauwarmes Wasser gießen. Darin die Füße 15 Minuten baden.
- Wenn Sie am Arbeitsplatz oder beim Freizeitsport an heißen Tagen die Füße strapaziert haben und unter brennenden, rissigen Fußsohlen leiden, dann helfen Fußbäder mit Kamillentee oder Einreibungen mit Hirschtalgsalbe.
- Wenn die Füße nach einem heißen Sommertag müde und angeschwollen sind, dann gibt es dagegen ein wirksames Naturprogramm: Schuhe und Strümpfe ausziehen, die Beine 30 Minuten hochlagern. Dann ein Fußbad: lauwarmes Wasser mit einer Hand voll Kochsalz, 15 Minuten lang.

Sehr empfehlenswert sind auch Einreibungen mit asiatischem Tigerbalm, Franzbranntwein oder Melissengeist. Sehr erfrischend: Reiben Sie die Füße mit Zitronenscheiben ein. Kurios, aber sehr wirksam: Reißen Sie die äußeren Blätter eines Kopfsalates in kleine Stücke, füllen diese in zwei alte Socken und tragen diese nachts. Die Mineralstoffe, Spurenelemente und Enzyme des Salates fördern die Durchblutung der Füße und regenerieren sie.
Eine wichtige Maßnahme für die Füße im Sommer: Tragen Sie keine engen Schuhe und nur Socken sowie Strümpfe aus Naturfasern.

Die besten Gesundheitstipps für August

So stärken Sie erfolgreich das körpereigene Melatonin

Wer in schwülen Sommernächten nicht schlafen kann, der hat in seinem Körper zu wenig körpereigenes Melatonin. Über Melatonin wird viel diskutiert. Es ist ein körpereigenes Hormon, das in der Zirbeldrüse des Menschen produziert wird und unter anderem für den Schlaf-wach-Rhythmus mitverantwortlich ist. Seit 18 Jahren werden international über das Melatonin Studien durchgeführt. Und seitdem es möglich ist, dieses Hormon mit einem relativ geringen Kostenaufwand synthetisch herzustellen, wird es weltweit als das neue Wundermittel propagiert.

Melatonin soll die Jugend erhalten, es soll Herz und Kreislauf kräftigen, Einschlafstörungen und Nervosität bekämpfen. Es soll gegen Antriebslosigkeit wirken und das Immunsystem stärken. In den USA ist Melatonin als Nahrungsergänzung frei verkäuflich. 1995 kam es auch nach Deutschland und wurde hochgejubelt. Die Reaktion des Bundesinstitutes für gesundheitlichen Verbraucherschutz: Aus Mangel an wissenschaftlichen Studien über die Wirkung und Unbedenklichkeit wäre es sinnvoll, den Vertrieb einzustellen. Seither besorgen sich viele Melatonin übers Ausland.

Jeder, der das tut, sollte wissen: Melatonin ist ein Hormon. Die Einnahme eines Hormons sollte nur in Absprache mit dem Arzt erfolgen. Der Laie kann überhaupt nicht wissen, in welchen Mengen er Melatonin einnehmen sollte. Ja, selbst die Wissenschaftler sind sich darüber nicht einig.

Es wäre doch viel sinnvoller, anstatt Melatonin zuzuführen, den körpereigenen Haushalt an Melatonin zu stärken und zu unterstützen. Wir führen nämlich alle ein sehr „melatoninfeindliches" Leben. Hier die wichtigsten Maßnahmen, das körpereigene Melatonin für einen besseren Schlaf, für besseres Wohlbefinden und für ein besseres Funktionieren der Immunkraft zu fördern:

- Halten Sie sich täglich – auch bei schlechtem Wetter – einige Zeit im Freien auf, damit Sie natürliches Licht tanken. Wenn sie scheint: Gehen Sie an die Sonne.
- Gehen Sie nicht zu spät zu Bett und stehen Sie früh auf.
- Schlafen Sie in einem dunklen Raum. Keine Nachttischlampe brennen lassen. Das stört den Melatoninhaushalt.
- Sorgen Sie dafür, dass Sie an Ihrem Arbeitsplatz reichlich natürliches Licht haben.
- Wenn Sie auf Reisen sind, dann wählen Sie im Bus, im Zug oder im Flugzeug einen Fensterplatz. Dort haben Sie mehr Licht.

- Bei Menschen, die regelmäßig meditieren, erzeugt die Zirbeldrüse mehr Melatonin.
- Ein heißes Bad vor dem Zubettgehen treibt den Melatoninspiegel in die Höhe und bringt tiefen Schlaf.
- Dasselbe passiert, wenn man tagsüber Freizeitsport in freier Natur treibt.
- Wer in seinen Speiseplan regelmäßig Sellerie, Mohrrüben, Vollkorngetreide, Tomaten, Bananen und Naturreis einbaut, führt in kleinen Mengen ebenfalls natürliches Melatonin zu.
- Wer Geflügel, Eier, Fisch, Milch, Tofu und Linsen isst, der nimmt die Substanz Tryptophan auf. Daraus kann unsere Zirbeldrüse Melatonin produzieren.
- Meiden Sie starke elektromagnetische Felder: zu viele elektrische Geräte, Radiowecker, Stromleitungen. Telefonieren Sie nicht zu lange mit dem Handy.
- Meiden Sie Stoffe, welche die Melatoninproduktion stören und mindern. Das sind: zu viel Alkohol, Nikotin und Koffein, zu viel Schlaf- und Schmerzmittel.

Mit Eibisch und Myrrhe gegen Entzündungen im Mund

Wenn sommerliche Temperaturen herrschen, dann leiden viele Menschen in jedem Alter an einer geröteten und angeschwollenen Mundschleimhaut. Typisches Symptom: ein unangenehmes Brennen im Mund. Die Medizin spricht von einer Mundschleimhaut-Entzündung. Es gibt dafür viele Ursachen: ausgetrocknete Mundschleimhäute, eine Infektion durch nicht sauberes Essbesteck, der Genuss von ungewaschenem Obst, das mit starken Spritzmitteln versehen oder geschwefelt wurde, kranke Zähne, ein schlecht sitzender Zahnersatz, übermäßiges Rauchen sowie Vitaminmangel oder zu heiß aufgenommene Nahrung.

Eines muss man wissen: Das Auftreten einer Mundschleimhaut-Entzündung ist der sichere Beweis, dass die Immunkraft geschwächt ist. Daher können Stress, Ängste und Aggressionen diese gesundheitliche Störung verstärken. Wenn man nicht sofort etwas dagegen tut, kann daraus eine langwierige und schmerzhafte Angelegenheit mit Komplikationen werden. Es gibt aber eine Reihe von natürlichen Rezepten, die man erfolgreich einsetzen kann:

- Spülen Sie den Mund mehrmals täglich mit Salbeitee aus: 1 Teelöffel Salbeiblätter mit 1 Tasse kochendem Wasser übergießen, 10 Minuten ziehen lassen, durchseihen, lauwarm verwenden.
- Oder spülen Sie mit Eibischtee. 2 Esslöffel Eibischblätter und Blüten (Apotheke) mit 1 Tasse kaltem Wasser übergießen, zum Kochen bringen, 15 Minuten ziehen lassen, durchseihen.
- Oder bringen Sie 1 Esslöffel getrocknete Heidelbeeren (Apotheke) mit 1 Tasse

kaltem Wasser zum Kochen, 10 Minuten sieden lassen, durchseihen. Jede Stunde den Mund damit spülen.

- ❖ Pinseln Sie den Mund mit verdünnter Myrrhetinktur (Apotheke) aus.
- ❖ Geben Sie 2-mal täglich 10 Tropfen von der homöopathischen Tinktur Arnica D 10 (Apotheke) in ein Glas warmes Wasser und spülen Sie damit den Mund aus.
- ❖ Ein besonders einfaches Rezept für unterwegs: Verrühren Sie den Saft einer halben Zitrone in ein Glas Wasser. Süßen Sie etwas mit Honig. Trinken Sie täglich 1 Glas, und spülen Sie mehrmals am Tag mit einem zweiten Glas den Mund.
- ❖ Für Eilige: Geben Sie 3 Tropfen Salbeiöl (Apotheke) in 1 Glas warmes Wasser, gut verrühren. Spülen Sie damit den Mund. Ebenso geeignet dafür sind Propolistropfen aus der Apotheke.
- ❖ Die Substanz Cholin sowie das Provitamin A Betacarotin helfen, die Entzündung im Mund zu bekämpfen. Der Körper kann Cholin produzieren, wenn wir regelmäßig Fisch und grünes Blattgemüse essen. Betacarotin liefern Möhren, Spinat und Papayafrüchte.
- ❖ Tanken Sie reichlich Vitamin C: mit Paprikaschoten, frischer Petersilie, Kiwis. Waschen Sie Obst und Gemüse gründlich.
- ❖ Putzen Sie gründlich die Zähne und etwaigen Zahnersatz. Verwenden Sie dazu eine weiche Zahnbürste. Gehen Sie regelmäßig zum Zahnarzt.
- ❖ Wenn Sie mit diesen Rezepten nach fünf Tagen noch keinen Erfolg haben, müssen Sie den Arzt aufsuchen.

Plaudern und Naschen sind eine Supermedizin

Einer der größten Feinde unserer Gesundheit ist der Stress am Arbeitsplatz und im Privatleben. Er gefährdet Herz und Kreislauf, fördert den Bluthochdruck, die vorzeitige Adernverkalkung, kann die Ursache für Kopfschmerzen, Migräne und schwerste Verdauungsprobleme sein. Seit Jahren bemühen sich Mediziner und Wissenschaftler, Wege zu finden, wie man dem Stress vorbeugen und wie man ihn rasch und gezielt bekämpfen kann. Man weiß inzwischen, dass die Aufnahme von Vitamin C sinnvoll ist, wie auch die Zufuhr des Anti-Stress-Mineralstoffes Magnesium.

Nun aber hat ein britisches Wissenschaftlerteam unter der Leitung des Londoner Psychopharmakologen Prof. Dr. Davis Wartburton eine ebenso kuriose wie unerwartete Behandlungsmöglichkeit gefunden. Sie lautet: Plaudern und Naschen.

Das ist das Ergebnis einer groß angelegten Studie an 5300 Büroangestellten in 16 europäischen Ländern. Beobachtungen, Messungen und Aussagen belegen es: Private Gespräche mit Kollegen, eine Kaffee- oder Teepause, ein Stück Schokolade oder ein duftender Kuchen können enorm viel dazu beitragen, dass Stress und all die bedrohlichen Stressbelastungen abgebaut werden können.

Wenn Büroangestellte nach einem stressreichen, anstrengenden Vormittag erhöhte Blutdruckwerte und verstärkte Adrenalinausschüttungen aufwiesen, so war das alles nach einer Gesprächs- und Naschpause wie weggezaubert. Die Probanden konnten wieder ohne gesundheitliche Belastungen an die Arbeit gehen.
Prof. Dr. Wartburton hat auch eine exakte Erklärung dafür: „Genuss kann einen positiven Beitrag zur Stressabwehr und zur Stressbekämpfung leisten! Nur dort, wo man sich Zeit für Genusspausen zwischen hektischer Arbeit nimmt, reduziert man die gesundheitlichen Belastungen auf ein Minimum. Jede Firmenleitung, die solche Pausen nicht gern sieht, fördert bei den Angestellten und Arbeitern Befindlichkeitsstörungen und die Entstehung einer Reihe von ernsthaften Krankheiten."
In die Praxis umgesetzt bedeutet das: Sobald man am Arbeitsplatz oder im Privatleben Attacken auf das vegetative Nervensystem verspürt, sich überfordert fühlt und Nackenverspannungen bekommt, dann sollte man aussteigen und so eine Genusspause mit Tratsch, Kuchen und Kaffee einlegen.
In diesem Zusammenhang warnt der Bonner Psychologe Prof. Dr. Reinhold Bergler: Wer der gesunden Ernährung oder der schlanken Linie wegen ein schlechtes Gewissen in Bezug auf solche Genusspausen in sich aufbaut, der löst damit einen zusätzlichen Stress aus und schadet ebenfalls der Gesundheit.
Das britische Ärzteteam kam zu dem Schluss: Wer viel leistet, viel Stress hat und daher gesundheitlich gefährdet ist, hat ein Recht auf mindestens zwei Genusspausen zwischendurch am Tag. Das ist immer noch besser als ein Medikament mit Nebenwirkungen. Und erzielt in vielen Fällen den gleichen Effekt.

Gesund und schlank durch Sonnenenergie

Wenn man von der Sommersonne spricht, dann denkt fast jeder ausschließlich an Sonnenbäder und an Sonnenbestrahlung. Aber, hätten Sie gedacht, dass man Sonnenenergie essen und damit sogar Übergewicht abbauen kann? Das ist nach neuesten ernährungswissenschaftlichen Forschungen durchaus möglich.
Das bedeutet in der Praxis: Wir sollten die Sonnenenergie ganz speziell für uns nützen. Und dazu ist gerade jetzt die richtige Jahreszeit. Denken wir doch nur an die umweltfreundlichen Sonnenkollektoren. Sie speichern Sonne und wandeln sie in Energie um. Das können die Blätter der Pflanzen, Gemüse- und Obstsorten, aber auch Getreidekörner. Mit Hilfe des Mineralstoffes Magnesium können Sie Sonnenenergie in sich speichern.
Diese Energie können wir uns zunutze machen. Der Schweizer Ernährungsforscher und Arzt Dr. Maximilian Bircher-Benner, der Erfinder des Müslis, hat sich bereits 1903 mit dem Thema befasst. Er betonte: „Pflanzliche Nahrungsmittel, die der Sonnenbestrahlung ausgesetzt wurden, sollte man unmittelbar nach der Ernte

verzehren, und zwar als Ganzes, also auch mit der Schale und mit dem Gehäuse! Dann nimmt man die Kraft der Sonne auf und tankt damit viel mehr Vitalität!"
Was aber machen wir heute? Wir schälen die Äpfel und das übrige Obst. Und vom Getreidekorn konsumieren wir meist nur den inneren Kern, nicht aber die wertvollen Randschichten. Schuld daran sind moderne Dünge-, Spritz- und Verarbeitungsmethoden. Daher ist die Rückkehr zu biologischen Produkten so wichtig.
Man weiß heute aus Messungen in den USA: Obst, Gemüse und Getreide, das intensiver Sonnenbestrahlung ausgesetzt war, liefert dem menschlichen Organismus viel mehr lebenswichtige Substanzen: Die Sonne hat mehr Vitamine, Mineralstoffe, Spurenelemente und Enzyme darin aktiviert. Daher ist es sinnvoll, geerntetes Obst und Gemüse aus unserer Region unmittelbar oder möglichst bald nach der Ernte nicht in den Kühlraum zu bringen, nicht in den Kühlschrank zu geben, sondern „sonnenwarm" zu genießen. Beim Getreide ist das nicht so wichtig. Es kann die Sonnen- und Lichtenergie aus der Natur bei guter Lagerung lang speichern.
Man hat am United State Department für gesunde Ernährung in Boston herausgefunden: Sonnen- und Lichtenergie in der Nahrung gibt eine spezielle Information an unsere Körperzellen weiter. Daher schließt unser Organismus diese Nahrung besser und schneller auf. Wichtig ist dabei, dass wir das Obst und Gemüse in der Erntezeit überwiegend in rohem, unverändertem Zustand zu uns nehmen. Sonnenenergie in Obst und Gemüse garantiert einen hohen Ballaststoffgehalt, vermehrte lebenswichtige Substanzen, schnelleres Sattwerden beim Essen. Daher ist es auch ein Trick zum Schlankbleiben und Schlankwerden.
Nützen wir also die Zeit der heimischen Freilandernte, ehe wir wieder aus dem Glashaus oder mit Importware von weit her versorgt werden müssen.

Gesundheitsfalle Wasser: So können Sie sich schützen!

Viele von uns brauchen jetzt im Sommer zum Wochenende und im Urlaub Wasser. Sie wollen das Wasser schon riechen und wollen schwimmen gehen: In einem See, im Meer oder in einem Fluss. Doch alle Jahre kommt es in der schönen Jahreszeit zu vielen Unfällen mit Verletzten und Toten. Denn speziell das Wasser kann zur Gesundheitsfalle werden. Man muss einiges beachten, um Gefahren aus dem Weg zu gehen und Unfälle zu vermeiden.

- Gehen Sie niemals unmittelbar nach einer Mahlzeit ins Wasser. Warten Sie eine Stunde lang. Durch den Verdauungsvorgang wird Blut in den Bauchraum geholt. Durch den Einfluss von kaltem Wasser auf den Bauch kann es zu Erbrechen, Schwindel und Ohnmacht kommen.

- Überschätzen Sie niemals Ihre Kräfte: Schwimmen Sie niemals zu weit ins Meer oder in einen See hinaus.
- Bleiben Sie niemals zu lange in kaltem Wasser. Das kann durch die Unterkühlung beim Schwimmen zu Muskelverletzungen und zu Wadenkrämpfen führen.
- Wenn Sie das Gewässer, in dem Sie schwimmen möchten, nicht kennen, tauchen Sie niemals mit einem Kopfsprung ein. In Teichen, Tümpeln, Seen und Flüssen kann es zu schlimmen Unfällen kommen, wenn man auf Holz, Beton oder Eisen prallt. Es kann zu schweren Verletzungen der Halswirbelsäule, zu Quetschungen des Rückenmarks, zu Lähmungen und zu tödlichen Unfällen kommen.
- Vorsicht: Wenn Sie mit den Füßen voraus ins Wasser springen, kann durch einen Überdruck im Rachenraum das Trommelfell reißen. Zur Vorbeugung sollte man die Ohrgänge mit Watte verschließen, die man zuvor in Öl tränkt. Die Badehaube allein genügt nicht.
- Wenn der Körper durch die Sonne aufgeheizt ist, kann das bei einem Sprung ins kalte Wasser mit einem Herztod enden.
- Zum Thema Tauchen: Wer einmal in seinem Leben an einer Mittelohrentzündung erkrankt war, der hat vermutlich Löcher im Trommelfell. Beim Tauchen kann das zu lebensgefährlichen Gleichgewichtsstörungen führen.
- Nach neuesten wissenschaftlichen Erkenntnissen an der Universität Wien, Abteilung für Medizinische Parasitologie, darf man mit einem Schnupfen oder einer anderen Erkältung nicht in trüben, unreinen Gewässern schwimmen. Wenn sich darin Limax-Amöben befinden, gelangen diese Parasiten durch die Nase und Riechnerven ins Gehirn und lösen dort Gehirnhautentzündung aus.
- Achten Sie darauf, dass in den Ohren kein Wasser zurückbleibt. Es kann dadurch zu einer Entzündung des äußeren Ohrganges kommen, wenn das Wasser nicht sauber war. Man spricht dann von einer Badeotitis. Sie tritt oft bei Kindern auf.
- Egal, ob in den Tropen oder in unseren Gewässern: Meiden Sie Seen und Teiche, die stark mit Wasserpflanzen bewachsen sind. Hier ist die Gefahr für eine Badedermatitis sehr groß. Durch den Kot von Enten und Gänsen gelangen Eier ins Wasser, aus denen Larven schlüpfen, die zuerst zu Schnecken werden. Daraus entwickeln sich Saugwürmer mit dem Namen Zerkarien. Sie bohren sich in die Haut des Menschen, rufen zuerst unangenehmen Juckreiz, danach eine heftige Infektion in Form eines Ausschlages hervor. Sonnenöle können einen gewissen Schutz davor bieten.

Flirten ist eine Naturarznei

Urlaubszeit, Ferienzeit, Sommerzeit: Das ist zugleich auch für viele Menschen eine Zeit, in der man mehr Lebensfreude zeigt, mehr Liebesgefühle hat, sich mehr zum anderen Geschlecht hingezogen fühlt und daher mehr als sonst flirtet.
Und wer jetzt denkt, flirten hätte nichts mit Gesundheit zu tun, der irrt gewaltig! Der britische Psychologe Dr. Nicolas Lewellyn und der amerikanische Arzt Prof. Dr. George Barnley haben in jahrelangen Studien und Beobachtungen nachgewiesen, dass Flirten ganz eindeutig als Medizin für Körper und Seele angesehen werden kann. Und die beiden meinen: Wir alle sollten die sommerliche Zeit viel mehr zum Flirten nützen. Prof. Dr. Barnley meint dazu allerdings: „Ich will damit nicht Unfrieden in glückliche Ehen und Partnerschaften bringen. Im Gegenteil: Wer sagt denn, dass man immer nur mit fremden Menschen flirten soll? Wenn man bereits vergeben ist, dann ist es wunderschön, mit dem Partner zu flirten. Das frischt oft zur Routine gewordene Liebe wieder auf!“
Nicht nur das. So wertvoll ist Flirten für unsere Gesundheit:

- Verkrampfte Muskeln im Nacken und im Rücken entspannen sich. Rheumatische Schmerzen werden gelindert, ja können sogar vorübergehend für einige Zeit ganz verschwinden.
- Die Harmonie der Seele wird gefördert. Positive Gedanken kommen auf. Depressive Stimmungen verschwinden.
- Kopfschmerzen und Migräne vergehen in Windeseile. Was Tabletten in Stunden nicht schaffen, gelingt durch Flirten oft in Minuten,
- Vorhandener Frust wird in Freude umgewandelt.
- Die Gesichtshaut wird beim Flirten besser durchblutet und wirkt dadurch jünger und frischer. Flirtende Menschen sehen daher immer schön aus.
- Die Arbeit des Herzens wird aktiviert, und steigt in den meisten Fällen auf Puls 130. Damit kommt der gesamte Kreislauf in einen wünschenswerten Schwung.
- Wenn das Flirten von Erfolg gekrönt ist, wenn also der andere zurückflirtet, steigt im Organismus die Zahl der Antikörper und Lymphozyten. Das bedeutet: Das Immunsystem wird gestärkt.
- Beim Flirten wird mehr Neurohormon Adrenalin gebildet. Der Betreffende wird aktiver, hat mehr Vitalität, und zwar geistig und körperlich.
- Vor allem, wenn man beim Flirten lächelt oder lacht, wirkt sich das positiv auf die Gesundheit aus. Dabei wird nämlich negativer Stress abgebaut. Es kommt zu einer idealen Art der Entspannung von beruflichen Problemen.

Sie sehen: Ein Flirt lohnt sich.

Die Heilkraft der Rosen

In der schönen Jahreszeit stehen sie überall in voller Blüte: die duftenden, farbenprächtigen Rosen. In den Blumenläden sind sie die meistgekauften Blumen. Und in den Gärten sind die Buschrosen die Favoriten. Wir kaufen Rosen, um anderen damit Freude zu machen. Wir bewundern Rosen und riechen an ihnen, weil wir selbst Freude daran haben. Hätten Sie aber gedacht, dass die Rose auch für unsere Gesundheit Bedeutung hat? Dass es nicht übertrieben ist, wenn wir die Rose in gewisser Weise als Naturarznei bezeichnen?
Französische Ärzte haben in den letzten Jahren intensive Untersuchungen angestellt und sind zu dem Ergebnis gekommen, dass wir alle die Rose viel mehr für unser Wohlbefinden und unsere Gesundheit nützen sollten. Und zwar gerade jetzt, in dieser Jahreszeit, denn da verfügen die Rosen über besonders wirksame, intensive ätherische Öle:

- Wo immer Sie eine Rose sehen: Erfreuen Sie sich an ihrem Anblick und riechen Sie intensiv bis zu 5 Minuten daran. Psychologen haben beobachtet, dass allein der Duft der Rose die Seele fröhlich stimmt, positive Gedanken fördert und die natürlichen Abwehrkräfte des Organismus stärkt. Gynäkologen betonen, dass das regelmäßige Einatmen von Rosenduft den Hormonhaushalt der Frau positiv beeinflusst.
- Bereiten Sie sich jetzt möglichst oft einen Rosenblütenblättertee. Sie besorgen sich dafür frische Rosenblütenblätter von Pflanzen, die biologisch gebaut und nicht gespritzt wurden. Waschen Sie die Blätter gut, schneiden Sie sie in kleine Stücke. 1 Teelöffel davon wird mit 1 Tasse kochendem Wasser übergossen, 2 Minuten zugedeckt ziehen lassen, durchseihen, mit etwas Honig in langsamen Schlucken trinken. Rosenblütenblättertee vertreibt depressive Stimmungen, gibt seelische Kraft. Man kann den Tee auch aus getrockneten Rosenblütenblättern (Apotheke) zubereiten.
- Besonders entspannend und regenerierend nach einem anstrengenden Tag ist ein Rosenblütenbad. Füllen Sie eine Hand voll frischer oder getrockneter Rosenblütenblätter in einen Nylonstrumpf und hängen Sie diesen unter das einfließende, heiße Wasser in der Wanne. Baden Sie darin 25 Minuten, atmen Sie den Rosenduft tief ein und dampfen Sie danach 1 Stunde im Bett nach. So ein Bad ist auch eine ideale Hautpflege.
- Für zwischendurch zum Aufbauen und Beruhigen nach Streit und Aufregungen: Reiben Sie die Nasenlöcher mit Rosenöl (Apotheke) ein.

Mit Rohkost verhindern Sie Krankheiten

Es ist in diesen Tagen eine wahre Freude, einen Markt oder einen Gemüseladen zu besuchen. Überall werden erntefrische heimische Obst- und Gemüsesorten angeboten. Jetzt ist genau die richtige Zeit, dass wir all diese Naturprodukte auch reichlich nützen, und zwar so, wie sie uns zur Verfügung stehen: frisch und roh. Ernährungswissenschaftler haben in den letzten Jahren eindeutig den Nachweis erbracht, dass wir mit Rohkost einer Reihe von Krankheiten vorbeugen können.

- Nur im rohen Zustand liefern Obst und Gemüse auch wirklich reichlich Vitamine, Mineralstoffe, Spurenelemente und Enzyme. Beim Kochen, Dünsten, Erwärmen, bei langem Tiefkühlen und bei zu langem Lagern werden all diese lebenswichtigen Substanzen abgebaut.
- Wer reichlich erntefrisches Obst und Gemüse konsumiert, der baut die natürlichen Abwehrkräfte gegen Erkältungskrankheiten auf.
- Untersuchungen am Institut für Sozialmedizin in Wien unter der Leitung von Univ.-Prof. Dr. Michael Kunze haben ergeben, dass reichlicher Verzehr von Rohkost Magen und Darm gegen Geschwürbildungen und gegen Krebserkrankungen schützt.
- Der Genuss von erntefrischen Naturprodukten sorgt auch für eine geregelte Verdauung. Es gibt keine Verstopfungsprobleme mehr.
- Wer jetzt regelmäßig Obst und Gemüse isst, der führt damit auch eine natürliche Hautpflege von innen durch. Zusätzlich werden Haare und Nägel schöner.

Wie wertvoll rohes Obst und Gemüse für unseren Körper und seinen Gesundheitszustand sind, zeigt eine umfassende Untersuchung, die vor einigen Jahren in der Schweiz durchgeführt wurde:

- Wenn jemand tagaus, tagein nur industriell veränderte, naturentfremdete Nahrung zu sich nimmt, dann erhöht sich – als eine Art Abwehr – die Zahl der weißen Blutkörperchen. Man spricht in der Medizin von einer Ernährungsleukozytose. Das ist keine Krankheit, kann aber im Laufe von Jahrzehnten zu Stoffwechselstörungen führen.
- Wenn der Organismus unveränderte Naturprodukte zugeführt bekommt, dann erhöht sich die Zahl der weißen Blutkörperchen nicht. Der Organismus freut sich über die wertvollen Vitalstoffe.
- Und wenn wir nun zuerst Rohkost zu uns nehmen und dann anderes essen, dann geschieht auch nichts. Der Organismus ist zufrieden und nimmt die unnatürliche Nahrung mit in Kauf.

Das bedeutet für unsere Gesundheit: Wir müssen unsere Essgewohnheiten nicht verändern. Wir sollten nur jede Mahlzeit mit frischem Obst oder mit einem schönen Teller Salat beginnen!

Schlechte Eigenschaften machen krank

Gerade in der schönen Jahreszeit, wenn Sie Gelegenheit haben, irgendwo draußen in der Natur im Schatten unter blauem Himmel auszuruhen und über sich nachzudenken, dann sollten Sie sich vornehmen, mit möglichst positivem Handeln dem Herbst entgegenzugehen. Und zwar: für Ihre Gesundheit. Schwedische Wissenschaftler – Mediziner und Psychologen – haben herausgefunden und in Patientenstudien eindeutig nachgewiesen, dass schlechte Eigenschaften, die man nicht bekämpft, die Gesundheit gefährden und regulär krank machen können.
Genaue Beobachtungen haben ergeben:

- Herrschsüchtige Menschen, die alles durchsetzen und den anderen aufdrängen wollen, bekommen eines Tages Probleme mit den Bronchien. Ihre verkrampfte, eigensinnige Lebenseinstellung führt mit der Zeit zu Atemnot und kann sich zu einem schweren Asthmaleiden entwickeln.
- Wer bei allen anderen auf Erfolg oder Besitz neidisch ist, der stört damit die Arbeit der Galle und der Leber. Jahrzehntelanger Neid der Mitwelt gegenüber kann zu einschlägigen Erkrankungen führen.
- Jähzornige Frauen und Männer belasten durch ihre unduldsame Lebenseinstellung Herz und Kreislauf. Sie altern auch sehr oft schneller.
- Wer von Geiz geplagt wird und absolut niemals etwas abgeben möchte, der beeinflusst die Funktionen des Magens negativ und verursacht sich selbst Darmkrämpfe. Das kann zu Geschwüren und anderen Problemen im Verdauungstrakt führen.
- Die Eifersucht, die den betreffenden Menschen meist selbst quält, greift ebenfalls störend in die Harmonie des Organismus ein. Es bilden sich bei jedem Eifersuchtsanfall Stoffwechselschlacken, die sich in den Muskeln und in den Gelenken absetzen und auf Grund einer ausgelösten Funktionssperre nicht abbauen. Eifersüchtige Menschen bekommen mit den Jahren sehr leicht rheumatische Beschwerden und unreine Haut.
- Wer rastlos durchs Leben geht und sich überhaupt keine Ruhe gönnt, baut in sich Ängste auf und belastet die Nieren sowie die Blase.
- Faule Menschen werden im Laufe der Jahre übergewichtig oder haben zu hohe Cholesterinwerte. Das wieder belastet Herz und Kreislauf.

Sie sehen: Wenn Sie langfristig etwas für Ihre Gesundheit tun wollen, dann lohnt es, schlechte Eigenschaften abzubauen und sich dem Positiven zuzuwenden.

So verhindern Sie die Sommergrippe

Ärzte der Weltgesundheitsorganisation (WHO) in Genf sind zu einem alarmierenden Schluss gekommen: An der Sommergrippe, an der in unseren Breiten in den letzten Jahren in zunehmendem Maße viele Menschen leiden, sind 92 Prozent der Bevölkerung selbst schuld! Unser modernes, zum Teil sehr unvernünftiges Leben, fördert den sommerlichen grippalen Infekt. Man kann ihn daher verhindern, indem man nicht mutwillig und gedankenlos das Immunsystem schwächt. Man muss wissen, wie man es richtig macht:

- Löschen Sie Ihren Durst nicht mit eiskalten Getränken, die unmittelbar aus dem Kühlschrank kommen. Auch das übertriebene Verwenden von Eiswürfeln in Getränken ist gefährlich.
- Setzen Sie sich nicht bei sonnigem, warmem Wetter der Zugluft aus. Viele Menschen fahren mit heruntergekurbelten Fenstern im Auto, viele öffnen die Fenster in öffentlichen Verkehrsmitteln und gefährdern damit auch andere, vor allem ältere Menschen.
- Braten Sie nicht zu lange in der Sommersonne. Dabei werden die natürlichen Abwehrkräfte sehr geschwächt.
- Wenn Sie bei der Arbeit oder beim Freizeitsport ins Schwitzen geraten: Laufen Sie nicht mit nasser Kleidung umher. Sofort umziehen!
- Schwimmen Sie nicht zu lange in kaltem Wasser. Ein unterkühlter Körper wird schneller krank. Das trifft vor allem auf Kinder zu.
- Ziehen Sie sich wärmer an. Leichte Sommerkleidung an kühlen Tagen fördert die Infektionsgefahr für eine zünftige Erkältung.
- Wenn Sie im Sommer Durchblutungsstörungen haben und unter kalten Füßen leiden, unternehmen Sie sofort etwas dagegen: regelmäßig heiße Fußbäder, Fußmassagen, Knoblauch essen, Gingkodragees aus der Apotheke einnehmen.
- Wenn Sie an Ihrem Arbeitsplatz eine Klimaanlage haben, dann lernen Sie damit richtig umzugehen oder – schalten Sie sie aus. Ziehen Sie sich in den klimatisierten, kühlen Räumen warm an. Sonst sind Sie bereits am ersten Sommertag krank, wenn Sie aus der schwülen Luft von draußen in die „eisige Kälte" kommen.

Wenn Sie das alles bedenken, dann werden Sie aller Voraussicht nach vor dem grippalen Infekt im Sommer, wie Sie ihn sonst nur im Winter haben, verschont bleiben.

Alkohol im Urlaub: So gehen Sie damit um

Haben Sie sich in Ihrem Ferienhotel schon ein oder mehrmals ruhelos im Bett hin und her gewälzt, weil Sie durch den nächtlichen Lärm grölender Urlauber am

Schlafen gehindert wurden? Ja? Dann haben Sie zweifelsohne bereits über das Thema „Alkohol im Urlaub“ nachgedacht. Ein Thema, das man grundsätzlich einmal objektiv analysieren sollte, mit allem Für und Wider.
Was gegen den Alkohol im Urlaub spricht:

- Jeder Arzt kann es bestätigen: Übertriebener Alkoholkonsum belastet und schadet dem gesamten Organismus. Genau das ist aber nicht der Sinn eines Urlaubs. Wer sich regenerieren möchte, Magen, Darm und Leber sanieren, Stress abbauen und die natürlichen Abwehrkräfte im Rahmen der Erholung stärken will, der sollte auf Alkohol ganz verzichten oder ihn höchstens als Spezialität in kleinen Dosen genießen.
- Man soll obendrein daran denken: Der Alkohol fördert den Urlaubsspeck, weil er sehr viele Kalorien in den Organismus einbringt. Wer schlank und rank aus den Ferien zurückkommen oder zumindest nicht allzu viel zunehmen möchte, der sollte auf Bier, Wein und andere alkoholische Getränke verzichten oder diese zumindest stark kontrolliert konsumieren.
- Alkohol in den Ferien fördert Unfälle beim Schwimmen und beim Urlaubssport. Alle Jahre gibt es dadurch Verletzte und Tote.
- Ganz besonders gefährlich kann Alkohol auch am Strand beim Sonnenbaden werden. Wer unter dem Einfluss der Sonne Alkohol trinkt, läuft Gefahr, einen schweren Kreislauf- oder Hitzekollaps zu bekommen. Durch den Alkohol weiten sich die Blutgefäße der Haut noch mehr, werden noch mehr durchblutet. Man gerät enorm ins Schwitzen. Der Organismus kann diese Hitze nicht mehr verkraften. Wenn das passiert: sofort in den kühlen Schatten, Mineralwasser trinken.

Was für den Alkohol im Urlaub spricht:

- Ein Glas Wein zu einem guten Abendessen im Urlaubsland kann ein Genuss sein. Bei älteren Menschen kann dieses Glas Wein den Kreislauf sinnvoll unterstützen und kann das Einschlafen im fremden Hotelzimmer erleichtern. Wie gesagt: Es kommt immer auf die Menge an.
- Wenn man nervös und sensibel ist und sehr selten Flugreisen unternimmt, Angst vor dem Fliegen hat, dann sollte man durchaus das freundliche Angebot der Stewardess annehmen, ein Gläschen Sekt oder Wein nach dem Start zu trinken. Man wird angenehm müde und schläft ruhig während eines Langstreckenfluges. 1/2 bis 1 Stunde vor der Landung sollte man keinen Alkohol mehr trinken. Dieser „Schlaftrunk“ kann auch bei längeren Busreisen helfen.
- In Ländern, in denen man aus hygienischen Gründen gegen den Durst kein Leitungswasser trinken sollte, ist es sinnvoll, ausschließlich etwas Wein mit Mineralwasser aus der Flasche zu trinken. Der Alkohol hat eine vorbeugende Wirkung gegen gefährliche Darmkeime und etwaige Salmonellen.

Immunkraft stärken gegen Bodenozon

In der Sommerzeit kommt es auf Grund des starken Verkehrsaufkommens und auf Grund intensiver Sonneneinstrahlung zur Bildung großer Mengen von bodennahem Ozon. Die Folge: Ozonalarm in den größeren Städten und in der näheren Umgebung. Erste Warnungen der Behörden: keine anstrengenden Tätigkeiten im Freien ausführen, am besten zu Hause bleiben. Für die Zukunft: weniger Autofahren, Schadstoffe vermindern.

Das alles aber ist vielen Menschen zu wenig. Sie sagen mit Recht: Sollen wir den ganzen schönen Sommer im Keller verbringen? Sollen wir warten, bis es vielleicht einmal weniger Autoverkehr geben wird? Seit zwei Jahren wird die Frage laut: Wie sehr schadet dieses bodennahe Ozon dem Menschen wirklich? Und: Kann man irgendetwas tun, um die Gefahr zu mindern?

Dazu gibt es inzwischen hochbrisante Untersuchungen. Primararzt Dr. Helmut Zwick, Vorstand der Lungenabteilung im Krankenhaus Lainz, Wien, hat eine Studie abgeschlossen, aus der hervorgeht, dass erhöhte Ozonwerte Reizungen der Bronchien hervorrufen und deutlich das Immunsystem schwächen.

Das würde bedeuten: Bei Ozonalarm müssen wir alles tun, um unsere natürlichen Abwehrkräfte zu stärken: aus der Sonne gehen, reichlich Vitamin C in Form von Obst, Gemüse und Vitaminpräparaten konsumieren, vielleicht sogar nach Absprache mit dem Arzt eine Kur mit dem immunstärkenden Spurenelement Selen und mit dem Spurenelement Zink durchführen.

Ganz konkrete Vorschläge kommen von Prof. Dr. William A. Prayor und Prof. Dr. Pecker in den USA. Sie haben herausgefunden, dass bei hohen Ozonkonzentrationen in der Atemluft neben den Schädigungen der Atemwege im Blut und im Harn die Substanz Malon-Dialdehyd nachzuweisen ist. Die Substanz greift die Zellen an. Sie kann in Grenzen gehalten und reduziert werden, wenn im Organismus genügend Vitamin E gespeichert ist.

Daraus lässt sich schließen: Es ist bei hoher Bodenozonbelastung sinnvoll, sich mit Produkten zu ernähren, die reich an Vitamin E sind: Weizenkeime, Weizenkeimöl, Vollkornbrot, Müsli. Prof. Dr. Pecker rät zu einer schützenden täglichen Aufnahme einer Kapsel Vitamin E, 200 internationale Einheiten, aus der Apotheke.

Zusätzlich sollte man die Atemwege stärken: mit täglichen Inhalationen. Besonders bewährt hat sich dabei das Soledumcineol aus dem Eukalyptusblatt, das es in der Apotheke in Form von Flüssigbalsam und Tropfen gibt. 20 Tropfen in 1/4 Liter kochendes Wasser. Dämpfe einatmen.

Die Hamburger Gesundheitsbehörde hat eine interessante Beobachtung gemacht: Unmittelbar über einer Wasseroberfläche zerfällt das bodennahe Ozon wieder in normalen Sauerstoff. Das bedeutet: Schwimmen ist ungefährlich, wenn die übrige Luft belastet ist.

So bleiben Sie von der Reise-Gelbsucht verschont

Man reist in ferne exotische Länder: nach Afrika und Asien. Dort aber lauern Gefahren, mit denen viele von uns nicht rechnen. Ein köstliches Essen in einem vornehmen Restaurant, ein Becher Speiseeis oder ein Stück Melone an der Straßenecke können zu schweren Störungen von Magen und Darm, zu Durchfall, Fieber und anderen Unpässlichkeiten führen. Am meisten gefürchtet: die Reise-Gelbsucht, in der Medizin Hepatitis A genannt. Es handelt sich dabei um eine Erkrankung, an der man sehr oft nach dem Urlaub zu Hause bis zu einem Jahr lang laboriert. Damit Sie vor der Reise-Gelbsucht und anderen Infektionserkrankungen im Magen- und Darmbereich verschont bleiben, sollten Sie einiges auf Ihrer Urlaubsreise in exotische Länder beachten:

- Wenn Sie das Gefühl haben, Muscheln und Schalentiere könnten aus verschmutztem Gewässer kommen, Hände weg davon!
- Verzichten Sie auf rohes Gemüse und auf Salate. Durch die oft unhygienische Fäkaliendüngung und durch verunreinigtes Leitungswasser sind diese Produkte oft verseucht.
- Auch Majonäsen sind Brutstätten für Infektionserreger.
- Essen Sie kein rohes und kein halb rohes Fleisch. Salmonellen, Leber- und Lungenegel können Ihnen schwer zu schaffen machen.
- Essen Sie nur Früchte, die eine schützende Schale haben und die Sie selbst vor dem Verzehr schälen.
- Trinken Sie kein Leitungswasser und nur Mineralwasser aus einer Flasche, die Sie selbst öffnen.
- Speiseeis und aufgeschnittene Melonenstücke sind sehr oft verseucht.
- Trinken Sie nur Milch und Jogurt aus verschlossenen Bechern.
- Lehnen Sie Eiswürfel ab. Damit holen Sie sich Infektionserreger in Ihr Getränk.

Bisher konnte man vor Antritt der Urlaubsreise zum Schutz vor der Reise-Gelbsucht beim Arzt eine Immunglobulininjektion bekommen. Jetzt gibt es eine spezielle vorbeugende Schutzimpfung, die zehn Jahre anhält.

Naturarzneien für Verletzungen bei der Grillparty

Ein wunderschöner, warmer Sommerabend verlockt alljährlich immer wieder viele zum Grillen im Freien. Es muss ja nicht unbedingt eine groß angesagte Grillparty sein. Mitunter bringen auch zwei, drei romantisch veranlagte Menschen die Holzkohle zum Glühen, um sich über dem Feuer etliche Köstlichkeiten zuzubereiten. In

diesen Tagen aber – so vermelden es Hausärzte und Ambulanzen – mehren sich die Unfälle mit Verbrennungen.
Wenn Sie sich also am heißen Eisen des Grillrostes oder direkt an der glühenden Holzkohle eine schmerzende Brandwunde zugefügt haben, dann sollten Sie wissen, was zu tun ist, damit Sie nicht zu lange leiden müssen:

- Die erste und wichtigste Maßnahme, so betonen Unfallärzte, lautet: Das Brennen auf der Haut muss gestoppt werden. Lassen Sie 15 bis 30 Minuten lang kaltes Wasser über die verbrannte Hautstelle laufen, so lange, bis der brennende Schmerz nachlässt. Vorsicht: Eiswürfel und Eiswasser verstärken den Schmerz.
- Wenn sich Brandblasen bilden, dann lassen Sie diese unberührt. Sie sind ein Schutz für die Brandwunde. Da darf nur der Arzt ran.
- Anschließend tragen Sie vorsichtig eine Creme auf, die den Wirkstoff Hametum aus dem Hamamelisheilkraut (Apotheke) enthält. Das wirkt entzündungshemmend und schmerzstillend.
- Hüten Sie sich vor den alten Hausmitteln unserer Großmütter gegen Brandverletzungen: niemals Öl, Essig oder Mehl draufgeben.
- Wenn die Hamamelissalbe den ersten Reiz gelindert hat, ist es sinnvoll, auch andere natürliche Mittel einzusetzen, um die Heilung zu beschleunigen. Sehr wertvoll sind Umschläge mit dem Absud von Eichenrinde. Eine Hand voll zerkleinerte Eichenrinde (Apotheke) wird mit 1 Liter Wasser $^1/_2$ Stunde lang gekocht. Dann durchseihen und etwas abkühlen lassen. Dann ein Leinentuch eintauchen, auswringen und auf die Haut auflegen.
- Wenn die Brandverletzung und die Blasenbildung ein größeres Ausmaß aufweist, dann muss unbedingt ein Arzt aufgesucht werden. Das gilt auch für leichtere Brandverletzungen, wenn sie eine größere Hautfläche als 6 Zentimeter im Quadrat betrifft.

So schadet Gegrilltes nicht der Gesundheit

An prächtigen Sommertagen und warmen Sommerabenden laden die Deutschen gerne zum Grillen ein. Es ist eine ganz besondere Art des geselligen Beisammenseins, garniert mit vielen duftenden Köstlichkeiten. Doch die Ernährungsfachleute warnen. Wenn man nicht auf ganz bestimmte Regeln beim Grillen achtet, dann kann es unsere Gesundheit gefährden.

- Im Rauch und im Ruß, der von der glühenden Holzkohle aufsteigt, befinden sich große Mengen Krebs erregender Stoffe. Es handelt sich dabei um die polyzyklischen, aromatischen Kohlenwasserstoffe – kurz PAK genannt. Einer davon: das

Benzpyren. Ganz besonders entstehen diese Substanzen, wenn Fett vom Rost in die Glut tropft. Dann steigen die Gifte im Rauch auf, setzen sich am Fleisch fest.

Was Sie dagegen tun können: Halten Sie entsprechenden Abstand zwischen Glut und Fleisch. Vermeiden Sie beim Entzünden der Holzkohle starke Rauchentwicklung. Legen Sie das Grillgut erst auf, wenn die Glut mit einer weißen Asche überzogen ist.

Am besten ist, Sie schaffen sich ein stabiles Grillgerät an, bei dem sich die Glut nicht unter dem Grillgut befindet. Ideal, wenn die Glut seitlich die Hitze auf das Fleisch abgibt. Untersuchungen haben ergeben: Steaks, die unter sich die Glut haben, enthalten 50-mal mehr Krebs erregende Stoffe als jene, die von einer seitlichen Glut gegrillt werden.

Eine wunderbare Lösung ist es auch, das Fleisch auf einer erhitzten Lavagesteinsplatte zu grillen.

❖ Eine weitere Gefahr entsteht für die Gesundheit, wenn man gepökeltes Fleisch, geräucherte Wurst und Speck auf den Griller legt. Diese Produkte enthalten Nitritpökelsalz. Und dieses wird in der Grillhitze zu Krebs erregenden Nitrosaminen.

Was Sie dagegen tun können: Grillen Sie keine Würstchen, keine Fleischwurst, keinen Speck, keine Bratwürste, kein Pökelfleisch, keine Kasseler. Greifen Sie zu mageren Fleischsorten wie Lende, Steak, Hähnchenkeule, Hähnchenbrust oder zu Fisch. Außerdem: Versuchen Sie doch einmal vegetarisch zu grillen: Tomaten, Maiskolben, Zucchini, Kartoffeln. Gut gewürzt kann das köstlich schmecken.

Und dann gibt's noch einen Trick gegen die schädlichen Stoffe, die beim Grillen entstehen. Führen Sie mit Beilagen dem Gegrillten die Vitamine A, C und E zu. Zum Beispiel: Paprikaschoten oder Kiwis fürs C, Möhren fürs A und Milchprodukte oder Weizenkeimöl im Salat fürs E. Der beste Trick: Servieren Sie zum Gegrillten einen A-C-E-Salat aus Paprikaschoten, Möhren, Kopfsalat, Radieschen, Maiskörnern und Weizenkeimöl. Ganz wichtig: Tomaten. Der rote Farbstoff Lycopen entschärft die Gefahr des Gegrillten, weil er verhindert, dass im Körper Nitrate in Krebs erregende Nitrosamine umgewandelt werden.

Außerdem: Sie sollten im Sommer nicht täglich grillen.

So meistern Sie extrem heiße Sommertage

Im August kann es bei uns immer wieder zwischendurch zu tropischen Temperaturphasen kommen. Die einen jubeln darüber, die anderen stöhnen. Doch für alle sind extrem heiße Tage eine Belastung.

Das alles sollten Sie tun, damit Sie gut durch die Gluthitze kommen:

- ❖ Trinken Sie tagsüber 2 bis 3 Liter Mineralwasser und lauwarmen Kräutertee. Die reichliche und regelmäßige Flüssigkeitszufuhr regt Kreislauf und Verdauung an.
- ❖ Meiden Sie Getränke aus dem Kühlschrank, meiden Sie Eiswürfel. Durch Kaltes wird die Wärmebildung im Körper besonders angeregt. Man kommt erst recht ins Schwitzen.
- ❖ Essen Sie wenig und leicht: vor allem frisches Obst, rohes Gemüse. Ideal: Melonen, weil sie viele Vitamine, Spurenelemente und Mineralstoffe liefern.
- ❖ Verzichten Sie auf Alkohol und starken Bohnenkaffee.
- ❖ Kauen Sie rohe Petersilie, essen Sie rohe Zwiebel. Die Inhaltsstoffe festigen den Kreislauf.
- ❖ Halten Sie sich im Schatten auf, meiden Sie pralle Sonne. Am besten: Sie bleiben in kühlen Räumen.
- ❖ Stecken Sie Ihre Füße in einen Eimer mit kühlem Wasser. Rühren Sie $^1/_2$ Liter Apfelessig dazu.
- ❖ Legen Sie sich ein feuchtes Tuch auf die Stirn oder in den Nacken. Vorsicht vor Zugluft, sonst erkälten Sie sich.
- ❖ Wenn die Hitze unerträglich wird: Lassen Sie jede Stunde kaltes oder kühles Wasser über den Puls beider Hände laufen, etwa 2 bis 5 Minuten.
- ❖ Tragen Sie bequeme, leichte Kleidung aus Naturfasern, am besten Baumwolle oder Leinen. Lockern Sie zu enge Kleidung.
- ❖ Wenn Sie von den Temperaturen aufgeheizt sind, dann kann eine Dusche zwischendurch erfrischen. Niemals eine eiskalte Dusche, besser lauwarm.
- ❖ Reiben Sie Stirn und Schläfen mit Melissengeist oder mit Franzbranntwein (Apotheke) ein. Das kühlt angenehm und beruhigt.
- ❖ Tragen Sie im Freien einen Kopfschutz. Ideal: ein Stroh- oder Stoffhut.
- ❖ Wenn Ihnen vor Hitze übel wird, kann Ihnen folgender Akupressurgriff helfen: Reiben Sie mit dem Zeigefinger die Stirn genau in der Mitte der Augenbrauen. 7 Sekunden reiben, 7 Sekunden drücken, 7 Sekunden Pause. Mehrmals wiederholen.

So halten Sie sich bei Hitze geistig fit

Vielleicht haben Sie das an sich selbst auch schon beobachtet: Wenn die Sonne im Sommer so richtig vom Himmel knallt oder wenn eine schwüle Atmosphäre über Stadt und Land liegt, dann fühlen sich viele – egal, ob alt oder jung – im Kopf wie „ausgebrannt“. Das Wetter macht einem zu schaffen. Man kann nicht konzentriert denken, muss sich richtig anstrengen, wenn man Namen, Adressen oder Telefonnummern behalten will.
Manche Menschen leiden noch intensiver darunter: Sie haben an heißen Sommer-

tagen Schwindelanfälle, finden ihre Schlüssel nicht und fühlen sich geistig träge und müde.

Keine Sorge: Wenn Sie das alles durchmachen, dann ist das keine Alterserscheinung, keine Adernverkalkung. Es handelt sich in den meisten Fällen um Durchblutungsstörungen und hitzebedingte Hirnleistungsstörungen. Das ist nicht neu. Daher haben sich auch schon seit längerer Zeit Mediziner und Wissenschaftler damit befasst. Zu den Konzentrationsschwächen gesellen sich oft auch noch Kopfschmerzen und Ohrensausen.

Eines ist vielen Ärzten in diesem Zusammenhang klar. Hier sollte man ausschließlich mit natürlichen Substanzen eingreifen. Viele Hausärzte, Neurologen, Psychologen und Psychiater raten zu einem umfassenden „Sommerprogramm" fürs Gehirn. Und das sieht so aus:

- Sie sollten in heißen Sommerperioden nicht zu viel und nicht zu lange vor dem Fernsehgerät sitzen.
- Verbringen Sie die Zeit besser wieder mit mehr Lesen.
- Versuchen Sie dabei, kurze Passagen auswendig zu lernen, wie man es früher in der Schule tun musste.
- Benützen Sie nicht unentwegt – auch für kleinere Rechenaufgaben – den elektronischen Taschenrechner. Sie müssen Ihrem Gehirn Aufgaben geben. Es darf nicht „faulenzen". Rechnen Sie wieder mehr im Kopf.
- Das Wichtigste aber, wenn Sie wieder mit bester Konzentration durch den Sommer gehen wollen: Sprechen Sie mit Ihrem Arzt, dass er Ihnen wieder „Geistesblitze" verschafft. Mehrere kontrollierte Doppelblindstudien und computergestützte psychometrische Testverfahren in Deutschland haben ergeben, dass für die Stärkung und die Wiederherstellung eines „Superhirns" ohne Konzentrationsstörungen, Schwindel, Kopfschmerzen und all die anderen Begleiterscheinungen eine faszinierende Pflanze eingesetzt werden kann: der Ginkgobaum. Der Wirkstoff aus seinen Blättern fördert die Durchblutung, reaktiviert Denkprozesse, bekämpft Vergesslichkeit und Schwindelanfälle. Den Extrakt aus den Ginkgobaumblättern gibt es als Dragees in der Apotheke.

So stoppen Sie den Reisedurchfall

Wenn jemand mindestens 3-mal am Tag dünnflüssigen Stuhl ausscheidet, dann spricht man von Durchfall. Im Volksmund nennt man es auch ein „Gewitter im Bauch". Eine akute Durchfallerkrankung klingt im Allgemeinen nach ein paar Tagen wieder ab. Durchfall kann mit vielen Beschwerden einhergehen. Es treten oft zum Stuhldrang Bauchschmerzen, Blähungen, Übelkeit, Erbrechen, Kopfschmer-

zen, Fieber und Hautausschläge auf. Der Stuhl kann auch blutig und verschleimt sein. Durch den massiven Flüssigkeitverlust nimmt der Patient oft rapid ab. Es kann zu Kreislaufproblemen und Austrocknung kommen.
Ein ganz spezielles Problem ist der vielfach gefürchtete Reisedurchfall. Er droht vor allem in exotischen Urlaubsländern. Er wird auch „Montezumas Rache“ oder „Hammer des Orients“ genannt. Ausgelöst werden diese Durchfallerkrankungen durch Viren, Bakterien oder Parasiten. Sie geben Giftstoffe – so genannte Toxine – ab. Und diese veranlassen die Schleimhaut des Darmes zu einer verstärkten Flüssigkeitsabgabe. Wenn nicht Komplikationen wie Fieber oder starkes Erbrechen dazukommen, kann man damit meist ohne ärztliche Hilfe zurechtkommen, weil der Körper die Erreger alleine besiegen kann. Es ist aber wichtig, dass man in der Reiseapotheke entsprechende Medikamente dabeihat, welche die lästigen Symptome bekämpfen und bremsend wirken. Holen Sie da rechtzeitig vor der Abreise Rat vom Arzt oder Apotheker ein.
Wichtig ist, dass bei Reisedurchfall die verloren gegangene Flüssigkeit schnell wieder ersetzt wird. Das bedeutet: viel trinken. Hier das bewährte Rezept der Weltgesundheitsorganisation: 20 Gramm Zucker und 4 Gramm Salz in 1 Liter Wasser oder Orangensaft verrührt. Das regt die Flüssigkeitsaufnahme der Darmschleimhaut an.
Wer akut unter Durchfall leidet, sollte nichts oder nur wenig essen und muss sich körperlich schonen. Vor ausgedehnten Wanderungen oder Sonnenbädern muss gewarnt werden. Eine Therapie mit Antibiotika ist meist nicht nötig.
Zur Vorbeugung des Reisedurchfalls sollte man im Umgang mit Nahrungsmitteln in exotischen Ländern immer an den alten Spruch denken: „Koch es! Brat es! Schäle es! Oder vergiss es!“ Grundsätzlich gelten im Rahmen eines verantwortungsbewussten Verdauungstrainings folgende Vorsichtsmaßnahmen:

- Meiden Sie alle ungekochten, nicht gebratenen Nahrungsmittel. Hände weg von rohen Salaten und von Rohkostgemüse. Man weiß nie, mit welchem Wasser diese Naturprodukte gewaschen und ob sie nicht mit Fäkalien gedüngt wurden.
- Essen Sie niemals Früchte, die bereits geschält oder geschnitten auf der Straße angeboten werden. Essen Sie nur Früchte, die Sie selbst unmittelbar vor dem Verzehren geschält haben. Lassen Sie daher auch die Finger von Obstsalaten, auch wenn diese noch so verlockend aussehen. Meiden Sie auch Obst, das nicht geschält werden kann.
- Trinken Sie grundsätzlich kein Leitungswasser, nur Mineralwasser aus der Flasche, die Sie selbst öffnen. Trinken Sie kein Wasser aus bereits geöffneten Flaschen. Sie wissen nie, was wirklich drinnen ist. Putzen Sie im Hotel auch die Zähne mit selbst geöffnetem Mineralwasser. Sicher ist sicher.

- Meiden Sie offene Milch, Jogurt, Speiseeis und Majonäse.
- Vorsicht: Lassen Sie sich keine Eiswürfel ins Getränk geben. Darin befinden sich in exotischen Ländern fast immer zahllose Krankheitserreger, die dann das ganze Getränk verseuchen.
- Verzichten Sie auf kalten Tee, auf rohes Fleisch, auf ungekochte Meeresfrüchte.
- Achten Sie darauf, dass Teller und Essbesteck sauber und trocken sind.
- Kaufen Sie grundsätzlich keine Nahrungsmittel von Straßenhändlern.
- Achten Sie darauf, dass Ihnen beim Schwimmen in freien Gewässern, aber auch im Hotelpool kein Wasser in den Mund kommt.
- Reinigen Sie sich vor den Mahlzeiten die Hände. Am besten mit mitgebrachten Erfrischungstüchern.
- Sicher vor Reisedurchfall sind Sie bei trockener Nahrung wie etwa Brot, bei dampfend heißer Nahrung, bei Speisen mit sehr hohem Zuckergehalt wie Gelee oder Sirup, bei heiß gekochtem Kaffee oder Tee.

Im Sommer muss man fleißig trinken

Wenn die Temperaturen im Sommer steigen, dann passiert es besonders oft: Einer in der Familie oder am Arbeitsplatz erleidet einen Schwindel- oder Ohnmachtsanfall, zeigt eine Kreislaufschwäche, hat eine Nierenkolik oder gar einen Nierenstein. Und alle wundern sich, weil der Betroffene an und für sich als gesunder Mensch galt. Das mag stimmen. Doch er hat einen Fehler gemacht. Er hat bei großer Hitze zu wenig Flüssigkeit konsumiert. Wir müssen uns nämlich immer vor Augen halten: Unser Organismus kann in den Sommermonaten nur dann gesund und fit bleiben, wenn er ständig Flüssigkeit nachgeliefert bekommt. Bei Senioren kann das zu einem regelrechten Austrocknen des Körpers mit schwerwiegenden Folgen führen.

- Die meisten von uns kommen bei höheren Temperaturen ins Schwitzen, vor allem, wenn sie sich bewegen, körperlich arbeiten. Im Zuge dieser Transpiration scheidet der Organismus nicht nur Schweiß, sondern auch eine Reihe von Mineralsalzen aus. Diese aber sind für den Organismus und für viele Lebensabläufe wichtig.
- Daher müssen sofort wieder Mineralsalze nachgeliefert werden. Vor allem solche, welche die Mineralstoffe Magnesium, Kalzium und Kalium und eine Reihe von Spurenelementen nachliefern. Durch sie können Muskeln, Herz, Nerven und Nieren ungestört ihre Funktionen ausüben.
- Normales Leitungswasser und handelsübliche Limos können diese Aufgabe nicht in vollem Umfang erfüllen. Und alkoholische Getränke schon gar nicht.

- Der Organismus muss nämlich die lebensnotwendigen Mineralsalze in Form von Elektrolyten zugeführt bekommen: Sie müssen in Wasser gelöst sein. Nur dann zerfallen die Mineralsalze in Ionen, in kleinste elektrisch geladene Teilchen, die sich im Körper rasch ihren Weg zu ihrem Bestimmungsort bahnen, wo sie gebraucht werden.
- Aus ernährungswissenschaftlicher Sicht ist die ideale Flüssigkeit für den Sommer das Mineralwasser, das bei der Bevölkerung einen sehr hohen Stellenwert im täglichen Gebrauch hat. Besonders wertvoll sind jetzt Mineralwässer mit einem hohen Anteil an Magnesium und Kalium. Es ist dabei unwesentlich, ob sie reichlich oder wenig Kohlensäure haben.
- Nur wenige wissen, dass ein traditionelles Getränk aus Kindertagen von seinen Inhaltsstoffen her ein ideales Elektrolytgetränk darstellt, wie an der Universität von Benares untersucht wurde. Es ist der Himbeerdicksaft, mit Mineralwasser verdünnt.

Erdstrahlen schaden unserer Gesundheit!

Haben Sie mitunter auch das Gefühl, dass Sie sich an bestimmten Orten – im Freien oder in Innenräumen – nicht wohl fühlen? Sie sind gereizt, kommen mit anderen Menschen allzu leicht in Streit. Sie haben Kopfschmerzen, Herzbeschwerden und leiden an Schlafstörungen. Sie sind überzeugt, dass geheimnisvolle Strahlen aus der Erde Sie negativ beeinflussen. Vielleicht haben Sie sich bisher nicht darüber zu reden getraut, weil Sie Angst hatten, belächelt zu werden. Damit ist Schluss. Eine große wissenschaftliche Studie hat nun bewiesen: Erdstrahlen schaden unserer Gesundheit.

Schon die Steinzeitmenschen suchten mit der Wünschelrute, genannt „Deutebein“, nach Wasseradern. Sie und ihre Nachkommen wussten auch, dass von diesen Wasseradern sowie von bestimmten Gesteinsschichten bedrohliche Einflüsse auf den Menschen ausgingen. Mit der Zeit der Aufklärung begann man dieses Wissen zu bekämpfen. Erst in den letzten Jahren sind Wissenschaftler dem Phänomen der Erdstrahlen nachgegangen. Als Erstes erbrachte eine Beobachtung von 300 Testpersonen durch 20 Wissenschaftler erstaunliche Ergebnisse.

Und nun legt der österreichische Wissenschaftler Univ.-Prof. Dr. Otto Bergsmann von der Akademie für Ganzheitsmedizin in Wien die bisher größte Studie vor: 7000 Untersuchungen an 1000 Personen ergaben 500.000 Messdaten. Und das ist das Ergebnis:

- Wasseradern, Wasserquerflüsse, Erdverschiebungen und bestimmte Gesteinsschichten unter der Erde schicken Erdstrahlen nach oben. Sie bilden Reizzonen und Störfelder, die den Organismus des Menschen stören. Sensible Menschen sind besonders davon betroffen.

- Wenn sich Menschen auf solchen Störzonen länger aufhalten, hat das schwerwiegende Folgen für die Gesundheit: der Herzschlag verändert sich, die Nerven werden überreizt, das Schlafhormon Serotonin wird vermindert. Die Immunkraft aller Körperzellen wird beachtlich herabgesetzt. Damit wird die Anfälligkeit für viele Erkrankungen gefördert. Das Risiko für Krebs steigt.

Was soll man dagegen tun?
Prof. Dr. Otto Bergsmann: „Plätze, an denen man sich nicht wohl fühlt, meiden. Ein erfahrener Wünschelrutengeher soll Wohnung, Haus oder Grundstück kontrollieren. Bei Nachweis von Erdstrahlen den Schlafplatz wechseln. Orte meiden, an denen sich Katzen, Schlangen und Ameisen wohl fühlen. Orte bevorzugen, die auch von Hunden gesucht werden. Hunde meiden Erdstrahlen."

Täglich zwei Kiwis für gesunde Augen

Seit einigen Jahren nehmen Augenerkrankungen bei Jung und Alt zu. Allen voran der graue Star, in der Medizin Katarakt genannt. Es handelt sich dabei um eine fortschreitende Eintrübung und Farbveränderung der Augenlinse, die Sehschwächen oder sogar Erblindung zur Folge haben können.
Internationale Studien haben eine Sensation ergeben, die in der Vorsorgemedizin zur Verhinderung des grauen Stars in Zukunft große Bedeutung haben werden. Es ist nicht nur das Älterwerden eines Menschen, das zum grauen Star führen kann. Es ist auch nicht allein zu grelle, intensive Sonneneinstrahlung, die durch das Dünnerwerden der Ozonschicht über uns immer gefährlicher wird. Man weiß jetzt, dass der graue Star in ganz besonderem Maße von den zunehmenden Umweltbelastungen forciert wird, die uns aus der Luft, aus dem Wasser und aus der Nahrung Tag für Tag bedrohen.
In diesem Zusammenhang hat man eine interessante Entdeckung gemacht: Die Linse des menschlichen Auges hat ungewöhnlich viel Vitamin C – auch Ascorbinsäure genannt – gespeichert. In der Linse eines Patienten mit grauem Star sind meist nur geringe Mengen von Vitamin C festzustellen. Das bedeutet: Neben anderen Schutzmechanismen benötigt unsere Augenlinse die regelmäßige Zufuhr von Vitamin C, um gesund zu bleiben. Nur so kann die Linse den negativen Einflüssen von Umweltgiften und zu viel Sonne ohne Schaden standhalten.
Die Umweltgifte greifen in großer Form von so genannten hochaggressiven Molekülen oder Atomen – den so genannten freien Radikalen – auch das menschliche Auge an. Sie verändern dabei ein Protein in der Linse, das für das Funktionieren der Sehkraft mitverantwortlich ist.

Aus langjährigen Forschungen ist aber auch bekannt, dass das Auge zu seinem Schutz regelmäßig aus dem Organismus die Vitamine A und E anfordert. Amerikanische Wissenschaftler sind daher überzeugt, dass eine regelmäßige Versorgung des Körpers mit den Vitaminen A, C und E dem grauen Star massiv vorbeugen kann. Und das kann jeder tun, um die Augenlinse gesund zu erhalten:

- Essen Sie täglich 2 Kiwis oder 2 Orangen oder 1 Paprikaschote. Oder ein Vitamin-C-Präparat.
- Knabbern Sie täglich 2 Möhren. Sie liefern das Vitamin A.
- Essen Sie Vollkornprodukte für die Vitamin-E-Versorgung.
- Und schützen Sie Ihre Augen bei grellem Sonnenlicht mit dunklen Brillen.

Gesundbleiben durch Händewaschen

Seit einigen Jahren nehmen Infektionskrankheiten bei Jung und Alt besonders stark zu: Erkältungen rund ums Jahr, Rachen- und Kehlkopfbeschwerden, Magen- und Darminfektionen, Herpes und vieles andere mehr. Man hat bisher in erster Linie den extrem wechselnden Wettertemperaturen der letzten Zeit, aber auch den zunehmenden Umweltbelastungen die Schuld gegeben, weil dadurch die natürlichen Abwehrkräfte enorm geschwächt werden. Jetzt aber tritt die internationale „Health Association" in New York mit einer ebenso überraschenden wie alarmierenden Nachricht an die Öffentlichkeit: Zwei Drittel all dieser Infektionen könnten verhindert werden, wenn sich viele Menschen öfter die Hände waschen würden ...
Man ist einfach der Meinung, dass wir in einer modernen Zeit der perfekten Hygiene leben. In Wahrheit: keine Spur davon! Der alte Spruch unserer Großmütter „Vor dem Essen, nach dem Essen – Händewaschen nicht vergessen!" ist längst vergessen. Eine Untersuchung der Weltgesundheitsorganisation (WHO) hat ergeben: In den zivilisierten Ländern waschen sich die meisten Menschen nur einmal am Tag die Hände, und das oft nur am Morgen. Es gibt aber auch eine Reihe von Leuten, die sich tagelang nicht die Hände waschen.
Zugegeben: In unserer Zeit hantieren nur wenige von uns mit sichtbarem Schmutz. Doch man darf die Millionen und Abermillionen von Krankheitserregern nicht vergessen, die durch Händeschütteln von einem auf den anderen übertragen werden. Schnupfen, Husten, grippale Infekte werden vielfach von Hand zu Hand weitergegeben. Ganz besonders funktioniert das in der sommerlichen Hitze. Der Handschweiß ist eine ideale Brutstätte für Bakterien, Bazillen und Viren.
Es wäre daher für uns alle wichtig, wieder zu einer sinnvollen Handhygiene zu finden, damit wir uns eine Reihe von Infektionserkrankungen ersparen:

- Waschen Sie sich vor jeder Mahlzeit die Hände, vor allem wenn Sie mit den Fingern zulangen.
- Wenn Sie nach Hause kommen, ist es ebenso wichtig, die Hände zu reinigen.
- Und vor allem immer dann, wenn Sie mit Menschen beisammen waren, die erkältet sind oder sonst an einer Infektion laborieren.

Allerdings darf man Händewaschen auch nicht übetreiben, damit der Säureschutzmantel der Haut nicht geschwächt wird. Allzu häufiges Waschen mit gebräuchlichen Seifen kann Allergien und Ekzeme auslösen. Ideal: Händewaschen mit einer Cremeseife oder einem Waschstück (Apotheke), alkalifrei mit einem pH-Wert von 5,5. Man spricht auch von einer „sauren Seife“.

Ein enger Kragen macht krank

In der warmen Jahreszeit taucht vor allem für die Männer eine gesundheitliche Gefahr auf, an die kaum jemand denkt. Darum sollte man einmal darüber reden. So mancher von uns geht morgens zur Arbeit aus dem Haus, knöpft eilig den Hemdkragen zu, nimmt eine Krawatte über und zieht sie fest. Sehen Sie: Allein diese alltägliche Gewohnheit kann unangenehme Folgen haben. Denn:

- Zwei Drittel der Männer tragen entweder aus Unbedachtheit oder aus Eitelkeit ein Hemd mit einem zu engen Hemdkragen, und zwar im Durchschnitt um einen halben Zentimeter zu eng.
- 12 Prozent der Männer tragen sogar Hemden mit einem Kragen, der um 1 Zentimeter zu eng ist.
- Weit über die Hälfte der Männer zurren die Krawatte zu eng an den Hals: die einen aus Nervosität, die anderen in der Hektik des Morgens.

Das alles sind nicht gerade die besten Voraussetzungen für Wohlbefinden und für einen erfolgreichen Tag.

Die beiden amerikanischen Ärztinnen Dr. Leonora M. Langan und Dr. Susan M. Watkins von der Cornell-Universität im US-Staat New York untersuchten die Hemd- und Krawattengewohnheiten der Männer in aller Welt. Am bedenklichsten schnitten dabei die deutschen Männer ab. Die Folgen von einem zu engen Hemdkragen und einer zu eng geschnürten Krawatte sind schlimm.

- Die Blutzufuhr zum Gehirn und zu den Augen wird dabei beachtlich beeinträchtigt. Das bedeutet: Sehprobleme, Augenflimmern, Kopfschmerzen, Migräne, Konzentrationsschwierigkeiten, Leistungsabfall.

Dr. Langan und Dr. Watkins unterzogen Männer mit zu engem Hemdkragen oder zu eng gezurrter Krawatte einem Test und beobachteten parallel Männer ohne Krawatte sowie mit offenem Hemdkragen. Der Unterschied war erstaunlich.

- Die Männer mit engem Hemdkragen und enger Krawatte erledigten ihre Rechenaufgaben viel langsamer.
- Auch bei Reaktionstests schnitten sie schlechter ab.
- Am Computer hatten sie viel mehr Pannen.

Zusammenfassend behaupten die beiden Ärztinnen: Wer im Sommer viele Stunden am Tag ein Hemd mit zu engem Kragen und eine zu straff sitzende Krawatte trägt, der hat mehr Konzentrationsschwierigkeiten, kann weniger leisten, ist hinter dem Steuer des Autos mehr Gefahren ausgesetzt, kann nicht schnell reagieren und hat mehr Misserfolge im Beruf. Nicht nur im Beruf: Nach einem langen Tag mit eingeengtem Hals können sich auch abends im Bett Potenzprobleme ergeben.

Meine Herren: Wenn es draußen sehr warm ist, sollten Sie vielleicht doch öfter Hemdkragen und Krawatte lockern. Oder wie wäre es mit einem offenen Hemdkragen oder mit einem Krawattentuch?

So meistern Sie das Berg-und-Tal-Wetter

Die Wetterverhältnisse des Sommers haben sich in den letzten Jahren verändert. Wir alle erleben es: Das Wetter spielt verrückt. An einem Tag brennt die Sonne vom Himmel. Am anderen Tag stürzen die Temperaturen ab. Millionen Menschen leiden unter diesem Berg-und-Tal-Wetter. Herz und Kreislauf, aber auch die Nerven werden dadurch sehr stark belastet. Junge Leute, die beruflichen Stress haben, spüren das ebenso wie Senioren.

Es gibt einfache Hausmittel, mit denen man den Kreislauf für die ständig wechselnden Temperaturen stärken kann:

- Essen Sie weniger. Meiden Sie schwere und fette Speisen. Bevorzugen Sie Obst und Gemüse.
- Reduzieren Sie das Rauchen, oder hören Sie ganz auf damit.
- Trinken Sie keinen Alkohol.
- Löschen Sie Ihren Durst mit Mineralwasser, Hagebuttentee, Melissentee oder Kümmeltee.
- Sehr bewährt bei wechselndem Wetter hat sich eine Anwendung: das Wassertreten in kaltem Wasser in der Wanne, etwa 1 bis 2 Minuten.
- Oder nehmen Sie ein lauwarmes Fußbad in einem Eimer. Setzen Sie dem Wasser $1/2$ Liter Apfelessig zu.
- Essen Sie Produkte, die reichlich Vitamin C enthalten: pro Tag 2 Kiwis, 1 Orange, 2 rohe Paprikaschoten. Oder nehmen Sie pro Tag 1 Multivitamin-Brausetablette ohne Zucker aus der Apotheke in $1/8$ Liter Mineralwasser.

- Würzen Sie Ihre Speisen mit reichlich roher, gehackter Petersilie und sparen Sie dafür mit dem Salz. Essen Sie eine rohe Zwiebel.
- Gönnen Sie Ihrem Körper eine Trockenmassage mit einer Naturborstenbürste.
- Reiben Sie sich mehrmals am Tag Stirn und Schläfen mit Franzbranntwein oder Melissengeist ein.
- Legen Sie sich tagsüber mehrmals hin und lagern Sie Ihre Beine hoch.
- Genießen Sie ein ansteigendes Rosmarinbad. Lassen Sie in Ihre Badewanne Wasser mit 34 Grad Celsius und geben Sie 2 bis 3 Esslöffel Rosmarinöl (Apotheke) hinein. Lassen Sie 20 Minuten lang alle 3 Minuten heißes Wasser nachlaufen, bis das Badewasser 42 Grad hat. Kontrollieren Sie das mit einem Badethermometer. Bleiben Sie dann noch 5 bis 10 Minuten in der Wanne. Dann kalt oder lauwarm duschen.
- Auch ein Armbad hilft: Lassen Sie kaltes Wasser ins Waschbecken einlaufen. Tauchen Sie beide Arme bis zur Oberarmmitte. Bewegen Sie sie hin und her. Nach 15 Sekunden das Wasser abstreifen, abtrocknen.

Wenn Ihnen das Berg-und-Tal-Wetter im Sommer sehr arg zu schaffen macht, müssen Sie den Arzt aufsuchen.

Sommerservice für gesunde Haut

Die Sommersonne, der verstärkte Umgang mit Wasser – in vielen Fällen mit Meerwasser –, heißer Wind, Autoauspuffgase an schwülen Tagen: Das alles trocknet die Haut aus, lässt sie schneller altern und greift ihren lebenswichtigen Säureschutzmantel an.

Amerikanische Wissenschaftler, die den Begriff der Immundermatologie geschaffen haben, betonen: Gerade während des Sommers muss dafür gesorgt werden, dass die natürlichen Abwehrkräfte in den Hautschichten gestärkt werden. Das bedeutet: Wir müssen die Haut von außen her so pflegen und nähren, dass das Bindegewebe aufgelockert und besser durchblutet wird, sowohl in den tiefen als auch in den oberen Hautschichten. Die Zellregeneration muss gefördert, der Hautstoffwechsel günstig beeinflusst werden. Die Haut sollte gerade in der heißen Jahreszeit unter der ständigen Sonneneinwirkung elastisch, straff und geschmeidig gehalten werden. Und der schützende Säureschutzmantel muss schwer angreifbar gehalten werden. Nur dann ist es möglich, dass man nach dem Sommer keine neuen Falten aufweist, keine lederne Haut hat, die um Jahre älter wirkt.

Auf der Suche nach dem idealen Sommerservice für eine gesunde Haut haben amerikanische Wissenschaftler unter der Leitung von Prof. Dr. Klingman an der Universität Pennsylvania weltweit die bekanntesten und modernsten Hautpflegepräparate getestet. Jeweils wurden Versuchspersonen sechs Monate beobachtet.

Das Ergebnis: Unsere Haut braucht die Schutzpflege von natürlichen Substanzen: das Öl der Jojobanuss, Kamillenöle, die Substanzen der Aloe vera, Weizenkeimöl, Sonnenblumenöl, Avocadoöl, Vitamin A und E, Lavendelöl und Bürzeldrüsenöl. Besonders sinnvoll sind Cremes, Lotions und Salben mit sehr hohem Anteil an Vitamin E. Es ist das wichtigste Schutzvitamin für die Haut im Sommer.

So bewahren Sie die Sommerbräune länger

Geht es Ihnen auch so? Sie freuen sich über die Sonne. Sie träumen vom Badeurlaub oder vom Badewochenende. Ja, Sie möchten im Grunde genommen bronzebraune Haut haben, denn Sie fühlen sich mit dieser Bräune einfach besser. Doch Sie haben schlicht und einfach Angst vor der Sonne. Denn Wissenschaftler und Hautärzte haben uns zur Genüge gewarnt. Durch das Dünnerwerden der schützenden Ozonschicht dringen viel mehr schädliche Sonnenstrahlen zur Erde. Das bedeutet: Wir kriegen rascher einen Sonnenbrand. Viele von uns sind stärker als früher gefährdet, einen Sonnenbrand zu bekommen.

Der Gedanke „Nie wieder in die Sonne! Nie wieder braun sein!“ tut vielen von uns weh. Sollen wir denn tatsächlich den ganzen Sommer mit käseweißer, aschfahler Haut herumlaufen?

Nein. Das müssen wir nicht. Doch wir müssen auf einige Dinge achten. Hautexperten vom internationalen Freiöl-Institut für Hautforschung in Nürnberg raten:

- ❖ Die Haut sollte den ganzen Sommer eine Grundpflege mit Hautölen bekommen, welche unbedingt die schützenden Vitamine A und E enthalten.
- ❖ Sonnenbaden ja, aber mit Maß und Ziel. Und ausschließlich mit Sonnenschutzmittel ab Faktor 8 bis 15 (Apotheke).
- ❖ An heißen Tagen nicht zur Zeit der intensivsten Sonne – zwischen 12 und 15 Uhr – „braten“.

Ja, und dann gibt es einen Trick, der durch den vorsichtigeren Umgang mit der Sonne an Bedeutung gewinnt. Haben Sie gewusst, dass man sich auch braun essen kann? Nicht mit Pillen, sondern durch tägliche Nahrung. Gesunde Bräune durch Naturprodukte. Der Vorteil dabei: Man wird von innen her zusätzlich braun, braucht nicht so lange in der Sonne zu sein und stärkt damit auch noch die Immunkraft.

Besonders viel bräunende Phenolsubstanzen enthalten Feigen, Birnen und Sellerie. Zitrusfrüchte, ganz besonders Grapefruits und Mandarinen – enthalten in reichem Maße das leicht braun färbende Bergamottöl. Möhren, Spinat und Kopfsalat sind wertvolle Spender von Betacarotin, das ebenfalls von innen her der Haut eine leichte Braunfärbung verleiht. Allerdings funktioniert das nur, wenn man mit den Möh-

ren gesunde Fette aufnimmt: Salatdressing mit Distel-, Oliven- oder Maiskeimöl. Auch ganz wenig Butter hilft.
Auch Milch, Pflanzenöle und Fisch liefern interessante Mengen an Vitamin A und helfen, dass man bei kürzerem Sonnenbaden schneller braun wird. Das bedeutet natürlich nicht, dass Sie augenblicklich braun werden, wenn Sie die genannten Produkte gegessen haben. Aber durch regelmäßigen Konsum im Sommer wird der Bräunungsprozess ohne schädliche Wirkung beschleunigt.

Schwimmen hält den Kreislauf in Schwung

Die meisten von uns gehen in der schönen Jahreszeit zum Schwimmen, weil es erholsam ist, weil es Spaß macht und weil es unter anderem für viele einfach zum Urlaub dazugehört. Schwimmen sollte aber mehr für uns bedeuten. Dieser Freizeitsport ist eine faszinierende, natürliche Therapie für unsere Gesundheit. Wir können damit dem Körper viel Gutes tun.
Allein, wenn wir ins Wasser steigen und die ersten Schwimmbewegungen machen, fördert der Kältereiz reflektorisch die Blutzirkulation in den äußeren Gefäßen. Das ist ein ideales Gefäßtraining.
Die gleichmäßigen Bewegungen beim Schwimmen – besonders in temperiertem Wasser – bringen eine optimale Allgemeinentspannung.
Durch den Auftrieb des Wassers werden die Gelenke und Bänder entlastet.
Schwimmen ist aus der Warte des Sportmediziners ein wunderbares Training für den gesamten Kreislauf. Wer Probleme in diese Richtung hat, der sollte regelmäßig zum Schwimmen gehen.
Ideal wirkt sich dieser Freizeitsport auf die Atmung aus und damit auf die Funktion der Lunge. Der natürliche Wasserdruck vertieft die Phase des Ausatmens und des Einatmens. Die Atemmuskulatur wird allgemein gestärkt, das Lungenfassungsvermögen für Sauerstoff vergrößert.
Durch die Muskelarbeit beim Schwimmen wird der Sauerstoffverbrauch des Organismus gesteigert. Bei der Bewegung im Wasser nimmt der Mensch aber auch mehr Sauerstoff auf, als er sonst außerhalb des Wassers konsumieren kann. Daher kann Schwimmen bis zu einem gewissen Grad dem vorzeitigen Altern der Körperzellen entgegenwirken.
Zusätzlich bringt das Schwimmen auch einen großen psychischen Vorteil. Es hebt nachweislich die Laune des Menschen. Es entspannt, schafft innere Freude und ist ein ideales Mittel, um rasch aus belastenden Stresssituationen herauszufinden.
Wichtig zur Nutzung der gesundheitlichen Vorteile: Machen Sie langsame und bewusste Schwimmtempi. Schwimmen Sie möglichst oft auf dem Rücken. Damit wird die Wirbelsäule hervorragend entlastet. Und es ist eine Wohltat für die strapa-

zierten Bandscheiben. Ubertreiben Sie nicht mit diesem Freizeitsport. Ideal: Schwimmen Sie täglich eine Stunde. Ruhen Sie sich danach aus.
Eines aber sollten Sie vergessen: Schwimmen ist nicht der geeignete Freizeitsport, bei dem man gut abspecken kann. Viele Mediziner haben bereits nachgewiesen: Mit dem Schwimmen nimmt man nicht ab, weil man danach besonders hungrig wird und die abgebauten Kalorien schnell wieder aufgetankt hat.

Mütter und Kinder brauchen mehr Jod

In den letzten Jahren nehmen bei Neugeborenen Erkrankungen der Schilddrüse zu. Es handelt sich dabei um Struma und eine angeborene Schilddrüsenunterfunktion. Durch diese werden viele andere Krankheiten beim heranwachsenden Kind ausgelöst: Sehr oft wird die Entwicklung des zentralen Nervensystems, die Reifung des Rückenmarks und des Gehirns behindert.
Ganz besonders warnt vor dieser Situation Prof. Dr. Rainer Hehrmann, ärztlicher Leiter der Medizinischen Klinik I des Diakonissenkrankenhauses in Stuttgart. Seit langer Zeit werden werdende und stillende Mütter optimal betreut und mit lebenswichtigen Substanzen wie Vitaminen und mit dem Spurenelement Eisen versorgt. Nur mit dem Jod und dem Jodid gibt es Probleme.

- Schwangere Frauen nehmen nur ein Fünftel aus der täglichen Nahrung an Jod zu sich, das sie brauchen, damit sich das Ungeborene im Körper normal entwickeln kann.
- Zur Zeit des Stillens steigt der Jodbedarf des Organismus noch weiter.

Die entsprechende Maßnahme lautet daher: Schwangere und stillende Frauen müssen gewissenhaft Nahrungsmittel in ihren Speiseplan einbauen, mit denen sie regelmäßig entsprechende natürliche Mengen an Jod tanken können. Die sommerliche mediterrane Kost bietet besonders ideale Möglichkeiten dafür.
Das bedeutet in der Praxis:

- Über einen längeren Zeitraum – etwa 4- bis 5-mal die Woche – sollte je 200 Gramm Meeresfisch gegessen werden. Optimale Jodlieferanten sind Schellfisch, Seelachs, Kabeljau, Garnelen. Der Hering enthält weniger Jod.
- Sehr sinnvoll ist es, rohe Kresse in Salaten oder nur auf einem Stück Vollkornbrot mit Butter zu essen. Auch Spinat ist interessant.
- Schließlich gibt es die Möglichkeit, jodhaltige Mineralwässer zu trinken oder – in Maßen – jodhaltiges Salz zu verwenden.

Das alles sollte aber in Absprache mit dem zuständigen Arzt geschehen. Er kann die Jodwerte der jungen Frau messen und kontrollieren. Und er kann, wenn es die Gesundheit von Mutter und Baby erfordert, Jod in medikamentöser Form verabreichen. Das muss mit größter Vorsicht geschehen, weil auch zu hohe Jodgaben eine Gefahr für das Kind bedeuten, da die Entwicklung der Schilddrüse gehemmt werden kann.

Naturrezepte gegen Schuppen im Haar

Viele von uns haben in der schönen Jahreszeit ganz besonders Probleme mit der Kopfhaut. Wochenlang hat man den Urlaub genossen, hat sich im Garten oder am Strand fast nur in Sandalen, kurzen Hosen, T-Shirts bewegt und außer Wasser keine besonderen kosmetischen Investitionen getätigt. Jetzt muss man wieder adrett angezogen aus dem Haus gehen. Und da sind sie ganz deutlich an der Kleidung, vor allem an den Schultern, zu sehen: die lästigen, hässlichen Schuppen.

Das kann viele Gründe haben: Vielleicht wurde die Kopfhaut durch Sonne, Meerwasser und Hitze zu sehr ausgetrocknet. Vielleicht wurde sie durch mangelndes Bürsten und Kämmen im Urlaub zu wenig durchblutet. Vielleicht ist die Ernährung der Ferien schuld.

Wichtig ist, dass man sofort etwas gegen die Schuppen unternimmt. Es gibt eine Reihe von sehr wirkungsvollen Naturrezepten, die man einsetzen kann:

- Pflegen Sie Ihre Haare nach dem Urlaub wieder intensiver. Waschen Sie sie öfter. Und bürsten Sie sie jeden Morgen mindestens 5 Minuten lang. Verwenden Sie dazu ausschließlich eine Naturborstenbürste.
- Verwenden Sie unbedingt ein mildes Haarwaschmittel und viel Wasser, damit Haar und Kopfhaut gut gesäubert werden. Sehr bewährt haben sich Shampoos mit der Substanz Propolis aus dem Bienenstock (Apotheke).
- Machen Sie eine Eikur: Verteilen Sie 2 Eigelb im Haar und massieren Sie diese 10 Minuten lang in die Kopfhaut ein. Danach mit lauwarmem Wasser abspülen.
- Sehr bewährt hat sich schon oft als Antischuppenmittel folgende Kräuterteekur: Kochen Sie 4 Teelöffel getrocknetes Thymiankraut in $^1/_2$ Liter Wasser auf. Danach 10 Minuten ziehen lassen und durchseihen. Über die sauberen Haare gießen, sanft einmassieren und trocknen lassen. Nicht abspülen und nicht föhnen.
- Sehr große Erfolge gegen Schuppen werden mit der Kombination von Vitaminen, Mineralstoffen, Spurenelementen aus der Apotheke erzielt.
- Reduzieren Sie den Genuss von Nikotin, Alkohol und Zucker.
- Reiben Sie täglich 2 Esslöffel Brennnesselsaft (Reformladen) in die Kopfhaut ein.

So konservieren Sie die Urlaubserholung

Für alle, die in den vergangenen Wochen Ferien gemacht haben, wird es wieder die bittere Wahrheit: Jeder Urlaub muss wieder einmal zu Ende gehen. Man reist nach Hause und muss sich binnen kurzer Zeit wieder auf den arbeitsreichen Alltag umstellen. Wir müssen daher alles tun, damit wir die neuen Kräfte, die wir in den Ferien getankt haben, lange nützen können, damit wir die Urlaubserholung möglichst lange „konservieren". Es kommt nämlich auf uns selbst an, wie wunderbar die Entspannung und Ausgeglichenheit aus dem Urlaub anhält.

- Hüten Sie sich davor, an einem Sonntag spätabends zurückzukommen, sodass Sie dann ohne Übergang am nächsten Morgen am Arbeitsplatz erscheinen müssen. Ideal wäre, wenn Sie noch zwei, drei Tage zu Hause Zeit haben ein wenig zu faulenzen und in Erinnerungen zu schwelgen.
- Gehen Sie in Ihrer Freizeit sparsam mit Ihren Kräften um. Gehen Sie in den ersten Tagen nach dem Urlaub früh schlafen. Sie beugen damit einem Leistungstief vor, das nur dann in den ersten Tagen eintritt, wenn man den Organismus nach dem Urlaub überfordert.
- Gehen Sie mit guten neuen Vorsätzen in den Alltag. Stehen Sie früher auf, nehmen Sie sich Zeit für ein gesundes Frühstück, vielleicht sogar Müsli oder Vollkornbrot. Eilen Sie nicht im letzten Augenblick aus dem Haus.
- Nehmen Sie ein Souvenir aus dem Urlaub an den Arbeitsplatz mit und stellen Sie es dort als Maskottchen auf. Erzählen Sie Arbeitskollegen und Freunden von Ihren Erlebnissen. Damit genießen Sie alles noch einmal, sind guter Stimmung und fühlen sich bestens.
- Wenn Sie in Italien waren, dann gehen Sie in nächster Zeit zum Italiener um die Ecke essen. Wenn Sie in Griechenland waren, dann gehen Sie griechisch essen. Die Spezialitäten Ihres Ferienlandes helfen Ihnen einige Zeit, die Urlaubsstimmung aufrechtzuerhalten.
- Mediziner betonen, dass die Urlaubserholung mitunter so schnell verloren geht, weil die meisten von uns nach den Ferien wieder viel zu wenig Bewegung machen. Bewahren Sie sich den sportiven Geist: Gehen Sie in Ihrer Freizeit auch daheim wandern, Rad fahren, schwimmen. Oder machen Sie zumindest jeden Abend einen kleinen Spaziergang.
- Bauen Sie sich gezielt mit Naturprodukten auf: Essen Sie einige Zeit täglich 3 frische Knoblauchzehen oder nehmen Sie – wenn Sie vor dem Geruch zurückschrecken – Knoblauchpräparate oder Ginsengpräparate. Nehmen Sie reichlich Vitamin C in Form von Kiwis, grünen Paprikaschoten oder Orangen zu sich. Nehmen Sie einige Zeit Bienenblütenpollen mit Gelée royale (Apotheke) zu sich.

- Und planen Sie bereits die nächste Ferienreise. Das gibt Auftrieb und erhält fröhlich und fit. Sie wissen ja: Vorfreude ist die schönste Freude!

Salmonellengefahr: So schützen Sie sich

Vor allem im Sommer haben die Salmonellen in unserer Nahrung Hochsaison. Experten an der Universität Kiel betonen: Sie werden immer hartnäckiger und heimtückischer. Mehr und mehr Lebensmittel werden davon befallen. Musste man vor Jahren bei Fleisch, Eiern und Kartoffelsalat an heißen Tagen vorsichtig sein, so findet man heute Salmonellen auch auf Kartoffelchips mit Paprika, wenn sie schlecht gelagert sind. Von Jahr zu Jahr nehmen die Salmonelleninfektionen im Sommer zu.
Salmonellen sind stäbchenförmige Bakterien, die Magen- und Darmerkrankungen hervorrufen können. Sie kommen im Boden, in Pflanzen, Futtermitteln und in Exkrementen von Mensch und Tier vor. Es gibt über 2000 Salmonellenarten. Die gefährlichste ist die Salmonella enteritidis. Eine einzige davon ist imstande, das komplette Verdauungssystem eines Menschen für Tage durcheinander zu bringen. Besonders verseucht sind Eier und Geflügel. Durch die Massentierhaltung und Futtermittel werden die Salmonellen schnell verbreitet.
Besonders anfällig für Salmonellen sind rohes Fleisch, Wild, Innereien, Krusten- und Schalentiere, Wurstwaren, ganz speziell Hackfleisch, Geflügel frisch und tiefgefroren, Soßen, Majonäsen, Desserts aus rohen Eiern wie Tiramisu, Speiseeis, Kartoffel- und Fleischsalat.
Und so vermehren sich die Salmonellen besonders: Wenn Speisen aufgewärmt werden, wenn Eier roh verwendet oder zu wenig erhitzt werden. Wenn beim Erwärmen im Mikrowellenherd das Innere von Nahrungsmitteln nicht genügend erhitzt wird. Wenn verderbliche Speisen mangelhaft gekühlt werden. Wenn man Kontakt mit salmonelleninfizierten Menschen hat. Die ideale Temperatur zur Verbreitung der Salmonellen: um 37 Grad Celsius.
Die typischen Symptome einer Salmonelleninfektion: Bauchschmerzen, Durchfall, Übelkeit, Fieber, Erbrechen. Besonders gefährdet sind ältere Menschen und Kinder, chronisch kranke und immunschwache Leute. Eine Salmonelleninfektion dauert meist ein bis drei Tage. In Ausnahmefällen kann es länger dauern. Mitunter endet so eine Infektion nach einem Kreislaufzusammenbruch tödlich. Man weiß heute, warum gerade in Altenheimen so oft durch Salmonellen schwere Erkrankungen und Todesfälle ausgelöst werden: Der Sonntagsbraten wird dort oft schon am Freitag zubereitet und nur mehr aufgewärmt. Und obendrein sind viele Senioren auf Grund medikamentöser Versorgung immungeschwächt.
Und so kann man sich vor einer Salmonelleninfektion schützen:

- ❖ Verwenden Sie niemals Eier mit einem Riss, auch wenn er noch so fein ist. Achten Sie auf das Legedatum beim Kauf, bewahren Sie die Eier im Kühlschrank auf und verwenden Sie sie 20 Tage nach dem Legedatum nicht mehr. Fürs Frühstücksei nur wirklich frische Eier nehmen und mindestens 4 Minuten kochen. Das Spiegelei beidseitig braten. Rühreier intensiv durchbraten.
- ❖ Geflügelfleisch muss im Inneren mindestens eine Temperatur von 70 Grad Celsius erreichen. Tiefgefrorenes Geflügel im Kühlschrank auftauen. Tauwasser wegschütten. Es darf mit keinem anderen Nahrungsmittel in Verbindung kommen. Tücher, Töpfe, Küchengeräte und Hände nach dem Umgang mit Geflügel gründlich mit heißem Wasser reinigen.
- ❖ Jedes Fleischgericht gut durchbraten. Paniermehlreste, die mit rohen Eiern in Berührung gekommen sind, weggeben, nicht weiterverwenden.
- ❖ Beim Aufwärmen Speisen immer über 70 Grad Celsius erhitzen Auch beim Erhitzen in der Mikrowelle darauf achten.
- ❖ Auf peinliche Hygiene in der Küche achten. Putzschwämme und Lappen häufig wechseln.
- ❖ Leicht verderbliche Lebensmittel wie Fisch, Fleisch, Majonäse im Kühlschrank bei minus 6 Grad aufbewahren. Nach Möglichkeit an heißen Tagen auf Kartoffelsalat, Tiramisu, Pudding, Cremes mit rohem Ei und auf Hackfleisch (Faschiertes) verzichten.

Und so weichen Sie den Salmonellen an heißen Sommertagen am besten aus: Genießen Sie frisches Obst und rohes Gemüse, das Sie allerdings ebenfalls gut waschen.

Die besten Gesundheitstipps für September

Tomaten schützen vor Krebs, stärken Herz und Kreislauf

Jahrzehntelang hat man den Tomaten unrecht getan. Im Volksmund hieß es: Sie sind krebsfördernd und verstärken Gichtschmerzen. Und das Ketschup, von Millionen Kindern geliebt, wurde kritisiert. Jetzt hat die moderne Ernährungswissenschaft nachgewiesen: Nichts von den Behauptungen stimmt. Heute weiß man:

- Tomaten sind reich an Vitamin C. 4 Tomaten decken zwei Drittel des Tagesbedarfes für einen Erwachsenen.
- Tomaten liefern viel Folsäure, schützen Frauen vor Früh-, Fehl- und Missgeburten. Sie stärken aber auch Herz und Kreislauf bei Frau und Mann.
- Tomaten haben interessante Mengen vom Spurenelement Selen, wichtig für die Immunkraft.
- Tomaten sind reich an B-Vitaminen für die Nerven. Und die Substanz Tyramin von mehreren Tomaten kann Schüchternheit besiegen und schlechte Laune vertreiben.

Die wichtigste wissenschaftliche Erkenntnis über die Tomate ist die Entdeckung des Farbstoffes Lycopen. Es handelt sich dabei um ein Bioflavonoid. Lycopen ist der Hauptwirkstoff der Tomate. Das Lycopen schützt die Außenwand all unserer Zellen und ganz bestimmte Substanzen in der Zellflüssigkeit, auch Organellen genannt. Damit werden die Körperzellen des Menschen stark gegen Bakterien, Pilze, Viren, Umweltgifte und gegen Krebsgefahr.

Wenn wir mit der Nahrung aggressive, Krebs erregende Stoffe aufnehmen, so werden diese vom Lycopen neutralisiert und entschärft. Ein Beispiel: Wenn wir ein Stück Räucherspeck essen, dann werden die Nitratsalze, die beim Räuchern verwendet werden, bei der Verdauung in unserem Körper zu Nitrosaminen. Das sind krebsfördernde Substanzen. Wenn wir nun zu dem Stück Räucherspeck 5 Tomaten essen, dann verhindert das Lycopen die Umwandlung von Nitraten und Nitriten in die gefährlichen Nitrosamine.

Tomaten, die diese Wirkung für unsere Gesundheit bringen, müssen dunkelrot und reif sein. Und von reifen Tomaten wird das Lycopen am besten aufgenommen, wenn man dazu ein paar Tropfen Olivenöl nimmt, vor allem aber, wenn man die Tomate erhitzt.

Eine Empfehlung von Wissenschaftlern der Tufts-Universität in Boston, USA: 5 Tomaten in kleine Stücke schneiden, mit einem Esslöffel Öl in einem Topf bei kleiner Hitze 10 Minuten schmoren lassen. Diese Speise kann das Krebsrisiko senken.

Internationale Studien haben ergeben: Der regelmäßige Genuss von Tomaten bietet vor allem einen Schutz vor Blasenkrebs, Magen- und Darmkrebs, Lungenkrebs, Prostatakrebs, aber auch Haut-, Gallenblasen- und Bauchspeicheldrüsenkrebs.
Da sich das Lycopen in hohen Konzentrationen in der Tomatensoße, im Tomatensaft und im Ketschup befindet, haben diese Nahrungsmittelformen plötzlich große Bedeutung bekommen.
Tomaten sind außerdem ein ideales Gemüse zum Abnehmen. 100 Gramm haben nur 19 Kalorien. Und sie enthalten das Spurenelement Chrom. Das steuert das Gefühl des Sattseins.
Allerdings: Wer zu Nierensteinen neigt – vor allem zu Kalzium-Oxalatsteinen – und wer zu wenig Wasser trinkt, der sollte mit Tomaten sparsam umgehen. Sie enthalten viel Oxalsäure. Und die fördert die Steinbildung.

Mit Heublumen gegen Rheuma, Stress und Müdigkeit

Überall im Land werden zum zweiten Mal in diesem Jahr die Wiesen geschnitten, wird die zweite Heuernte bei den Bauern eingebracht. Jetzt hat eine Naturarznei besonders intensive Wirkung. Es sind – die Heublumen. Wenn das Heu im Schuppen auf der Tenne gelagert wird, dann fallen die trockenen Blüten, Blattteile und feinste Gräser zu Boden. Das sind dann die Heublumen. Stammen sie von einer biologischen Wiese, ist es eine uralte Arznei, die mit großem Erfolg Pfarrer Kneipp einsetzte.
Aus Laboruntersuchungen und Beobachtungen im elektronischen Mikroskop weiß man heute, was man früher nur vermuten konnte: In einer Hand voll Heublumen sind rund 50 Pflanzensorten vertreten. Sie enthalten an die 1000 natürliche Wirkstoffe. Dazu gehören wasserlösliche Farbsubstanzen, Harze, aber auch ätherische Öle. Als Hauptwirkstoff in den Heublumen gilt das Kumarin vom Ruchgras, ein kampferähnlicher Stoff, der den Kreislauf stärkt. Zweifelsohne kommen in den Gräsern aber auch Spurenelemente zur Wirkung.
Man kann sich Heublumen vom Bauern holen. Man kann sie aber auch in der Apotheke oder Drogerie kaufen. Heublumenbehandlungen helfen bei rheumatischen Beschwerden, bei Gelenkentzündungen, bei Hautausschlägen, bei Leber-, Galle- und Nierenproblemen, bei Magen- und Darmkoliken, bei Kreislaufschwäche, Nervosität, Stressbelastung, aber auch bei Müdigkeit und Erschöpfung.
Und so kann jeder die Heublumen zu Hause als wirksame Therapie einsetzen:

- Beim Heublumensack füllt man ein paar Hände voll Heublumen in einen kleinen Leinensack und lässt diesen in etwa 20 Minuten über einem Topf mit aufsteigendem Wasserdampf heiß werden. Ideal: 42 Grad Celsius. Dann auf die schmerzende Stelle auflegen, ein trockenes Tuch darüber. 1 Stunde einwirken lassen.

- Beim Heublumenbad stellt man in einem Topf 5 bis 7 Hand voll Heublumen mit kaltem Wasser zu, lässt einmal aufkochen und dann 1/2 Stunde ziehen. Danach ins Badewasser (37 Grad Celsius) gießen, 15 bis 20 Minuten darin baden. Dann 1 Stunde im Bett ruhen.
- Beim Heuwickel oder bei Heublumenauflagen wird ein Leinentuch in die Heublumenbrühe, die man fürs Wannenbad zubereitet, eingetaucht und gemeinsam mit 2 trockenen Tüchern auf die betreffenden Körperstellen aufgetragen. Darüber kommt eine Decke. 1 Stunde einwirken lassen.
- Beim Heublumeninhalieren atmet man die Dämpfe der Heublumenbrühe ein. Ideal 10 Minuten.

Und so wirken die Heublumen: Die Wirkstoffe gelangen zum Teil durch die Hautporen bis ins Blut oder werden eingeatmet.
Vorsicht: Heublumen dürfen jeweils nur für eine Behandlung verwendet werden. Und: Heublumen, die ein Jahr alt sind, enthalten keine Wirkstoffe mehr.

Meerrettich (Kren): Gesundheit, die aus der Erde kommt

Wissen Sie, was ein Paar Wiener Würstchen oder Wurzelfleisch so wertvoll für die Gesundheit macht? Der geriebene Meerrettich – vielfach auch Kren genannt –, den man dazu genießt. Im Sommer soll die Meerrettichwurzel in der Erde wachsen und gedeihen. Ab Herbstbeginn sollte man ihn dann konsumieren. Er ist ein wichtiger Schutz gegen die ersten Erkältungen der Saison.
Wer Meerrettich reibt, der muss fast immer weinen. Der Hauptwirkstoff der Wurzel ist ein Glykosid mit dem Namen Sinigrin. Er ist in hohen Konzentrationen enthalten. Durch spezielle Enzyme werden daraus, wenn Sauerstoff hinzukommt, starke, scharfe Senföle. Beim Reiben werden diese ätherischen Öle frei, geraten in die Augen und regen die Tränendrüsen an. Speziell diese Senföle sind für unsere Gesundheit von großem Wert.

- Sie können schädliche, krankmachende Bakterien in unserem Körper bekämpfen. Daher nennt man den Meerrettich auch das Penicillin aus dem Garten.
- Die Senföle sorgen dafür, dass Schadstoffe und andere negative Substanzen rasch aus unserem Körper abtransportiert werden.
- Sie helfen uns, dass wir schneller mit einer Erkältung fertigwerden.

Es gibt allerdings in der Meerrettichwurzel noch andere interessante Wirkstoffe, die für unsere Gesundheit wichtig sind, und welche die Senföle massiv unterstützen: Asparagin, Arginin, Harze, Schwefelstoffe und reichlich Vitamin C. All diese Substanzen hemmen Erkältungsviren. Sie stärken und schützen die Atemorgane. Und sie regen den Magen- und Darmtrakt an, reinigen ihn von Gär-, Fäulnis- und anderen Giftstoffen.

Und so setzt man Meerrettich gegen Erkältungen ein:

- Allein, wenn man die Wurzel reibt, und dabei tief einatmet, ist das bereits eine unterstützende Maßnahme gegen Schnupfen und Husten.
- Im ländlichen Raum gibt es seit Jahrhunderten ein einfaches Hausmittel. Man schält eine Meerrettichwurzel, schneidet sie in Räder, bohrt in der Mitte der Räder ein Loch und fädelt sie alle auf einer Schnur zu einer Kette auf. Die hängt man um den Hals, legt sich ins Bett und deckt sich bis über die Nasenspitze zu. Durch die Bettwärme werden die Senföle im Meerrettich frei und werden eingeatmet.
- Sehr bewährt gegen Schnupfen hat sich folgendes Rezept: 2 Esslöffel frisch geriebene Meerrettichwurzel werden mit etwas Zwiebelsaft und Honig verrührt. Von dieser Mischung nimmt man alle 2 bis 3 Stunden 1 Teelöffel. Man kann auch Meerrettichsaft aus dem Reformhaus einsetzen:
- Süßen Sie den Saft mit etwas Honig und trinken Sie 3-mal täglich 1 Schnapsgläschen. Sie können damit Hustenanfälle stoppen und die Atemwege stärken.
- Wenn Sie rheumatische Schmerzen oder Gichtbeschwerden lindern möchten, dann nehmen Sie zwischen den Mahlzeiten – niemals auf nüchternen Magen – 3-mal täglich 10 Tropfen. Das wirkt auch gegen Blähungen.

Halten Sie sich an die angegebenen Dosierungen. Zuviel Meerrettich ist schädlich, kann Magen, Darm und Nieren reizen. Man kann Durchfall bekommen oder unter Nachtschweiß leiden.

Sehr vorsichtig muss man auch bei der äußeren Anwendung von Meerrettich sein. Wer die geriebene Wurzel gegen rheumatische Beschwerden auflegen will, der muss vorher unbedingt die betreffende Hautstelle dick mit Olivenöl oder Schweineschmalz einmassieren. Andernfalls kann es starken Rötungen oder gar schmerzhaften Verbrennungen kommen. Darauf kommt der geriebene Meerrettich, darüber ein Tuch. Das Ganze darf nur 10 Minuten einwirken.

Tipps gegen empfindliche Zähne

Sie kennen das vielleicht aus eigenem Erleben: Sie trinken heißen Tee oder Kaffee. Sofort tun die Zähne weh. Sie schlecken Eis oder konsumieren ein kaltes Getränk. Die Zähne schmerzen. Und dasselbe geschieht wieder, wenn Sie etwas Süßes oder etwas Saures essen. In der Zahnmedizin spricht man von empfindlichen Zähnen. Und gerade jetzt, wenn morgens und abends bereits wieder niedrigere Temperaturen herrschen, machen sich diese ziehenden, unangenehmen Zahnschmerzen besonders oft bemerkbar.

Bei empfindlichen Zähnen gibt es weder einen Eiterherd noch ein Loch. Dahinter steckt ein anderes Problem. Und so kommt es zu diesen Schmerzen: Im Normalfall wird der Zahnhals – das ist der Mittelteil des Zahnes zwischen Wurzel und Krone – fest vom Zahnfleisch umschlossen. Wenn sich das Zahnfleisch allerdings im Zuge einer Parodontose zurückzieht, dann liegt der Zahnhals frei. Er ist jetzt nur noch von einer dünnen Zementschicht geschützt. Wird diese nun durch eine zu harte Zahnbürste, durch falsches Bürsten oder durch eine zu grobe Zahnpaste verletzt, dann liegen auch viele feine Nervenkanäle frei. Dadurch kann es zu empfindlichen Reaktionen auf bestimmte Nahrungsmittel und Temperaturen kommen. Empfindliche Zähne sind die Folge von Nervenschmerzen.
Und das kann man dagegen tun:

- Meiden Sie sofort beim Essen und Trinken zu heiß, zu kalt, zu süß und zu sauer.
- Verwenden Sie ausschließlich zum Zähneputzen eine weiche Zahnbürste mit möglichst abgerundeten Borsten.
- Besorgen Sie sich aus der Apotheke oder Drogerie spezielle Zahncremes, die speziell für empfindliche Zähne gedacht sind. Sie enthalten Fluorid. Meiden Sie grobe, stark reibende Zahnpasten.
- Gewöhnen Sie sich aber auch eine schonende und richtige Zahnputztechnik an. Die Faustregel lautet: Bürsten Sie immer von Rot nach Weiß, vom Zahnfleisch weg zum Zahn. Bürsten Sie nicht hektisch, nicht zu schnell, nicht wahllos kreuz und quer über die Zahnfläche. Durch das Hin- und Herscheuern wird der Zahnzement am Zahnhals beschädigt.
- Erkennen Sie klar: Empfindliche Zähne sind der Beweis für beginnende oder fortschreitende Parodontose. Diesem Prozess müssen Sie entgegenwirken. Das bedeutet: Trinken Sie nach jeder Mahlzeit ungesüßte Beerentees oder Früchtetees. Oder gurgeln Sie nach jeder Mahlzeit mit Salbeitee oder Eichenrindentee. Die Gerbstoffe in den Tees straffen und festigen das Zahnfleisch.
- Auch Käse zum Abschluss einer Mahlzeit kann dabei mithelfen.
- Gehen Sie alle 6 Monate zum Zahnarzt und lassen Sie sich etwaigen Zahnstein aus dem Mund entfernen. Es gibt dafür heute bereits erstklassige Geräte in vielen Zahnarztpraxen.
- Wann immer Sie Zeit haben: Massieren Sie in regelmäßigen Abständen intensiv Ihr Zahnfleisch: entweder mit sauberen Fingern oder mit speziellen Geräten, die es in der Apotheke gibt.
- Morgens nach dem Zähneputzen sollten Sie Propolis, auch Bienenkittharz genannt, einsetzen. Geben Sie 20 Tropfen Propolistinktur in etwas lauwarmes Wasser und gurgeln Sie gründlich damit. Das ist ein natürliches Antibiotikum.

Wann muss man mit empfindlichen Zähnen zum Zahnarzt? Immer dann, wenn die Schmerzen anhalten oder unerträglich werden und immer wiederkommen.

Und was kann der Zahnarzt gegen empfindliche Zähne tun? Er versiegelt die freigelegten Zahnhälse mit Fluoridkonzentrat. Durch diese Behandlung werden die Zähne weniger empfindlich. Die unangenehmen Schmerzen verschwinden oder werden zumindest viel geringer.

Üppiges, spätes Abendbrot kann krank machen

Können Sie sich das vorstellen? Jemand nimmt sich vor, mehr gesunde Nahrung zu sich zu nehmen. Auf dem Speiseplan stehen ausschließlich Salate, rohes Gemüse, Vollkornprodukte. Und eines Tages steht der Betreffende vor der Tatsache, dass ihn diese Kost krank gemacht hat. Er leidet an einem Zwerchfellhochstand, der das Herz und die Lunge stark einengen kann. Das bedeutet: Die Gefahr für einen Herzinfarkt, für einen Herzstillstand oder für einen Atemstillstand ist nicht zu unterschätzen.

Viele werden erschrocken fragen: Wie ist das nur möglich? Die Antwort darauf ist einfach: Schuld ist in erster Linie natürlich nicht die gesunde Ernährung, sondern vielmehr die zu große Menge der Nahrung und der falsche, gefährliche Zeitpunkt der Nahrungsaufnahme.

Das ist ein Thema, über das wir nachdenken sollten. Denn es beweist: Sehr oft können gesunde und köstliche Speisen die Menschen auch frühzeitig ins Grab bringen.

Der Zwerchfellhochstand macht sich bei den Betroffenen durch ganz typische Symptome bemerkbar: Völlegefühl, Luftaufstoßen, Sodbrennen, ein unangenehmes Druckgefühl im Oberbauch. Das alles macht sich einige Zeit nach dem Essen, am häufigsten aber am frühen Morgen bemerkbar, wenn das Abendbrot des vorangegangenen Tages zu üppig war.

Ärzte warnen mit Recht: Die Gefahr des Zwerchfellhochstandes liegt in der Tatsache, dass in der linken Oberbauchregion der Magen, der quer liegende Dickdarm und das Herz ihren Platz haben. Wenn man nun zu viel und ganz bestimmte Speisen gegessen hat, bilden sich reichlich Gärgase. Diese drücken das Zwerchfell nach oben und engen Herz sowie Lunge bedrohlich ein. Diese Situation verstärkt sich in der Nacht durch die Ruhigstellung des Körpers und durch die Bettwärme ganz besonders. Und das kann dann unter anderem zu einer Erkrankung mit dem Namen Synkope führen: Das ist der vorhin erwähnte Herz- und Atemstillstand, der auch zum Tod führen kann.

Es sollten also im Interesse unbedingt drei wichtige Fakten in der täglichen Ernährung beachtet werden:

- Essen Sie niemals abends zu fett, zu süß und zu große Mengen.
- Essen Sie niemals zu spät. Alles, was man nach 19.30 Uhr verzehrt, belastet den

Organismus ganz besonders. Schon deshalb, weil die Leber um diese Zeit ihre Arbeit reduziert und erst in den Morgenstunden wieder in vollem Umfang aufnimmt.

- Essen Sie spätabends keine „gesunden Sachen". Dazu gehören sämtliche Vollkornprodukte in jeder Verarbeitung und alle Rohkostprodukte, angefangen von Salaten bis zu Rohkostplatten.

Vor allem, wenn man spätabends gesunde Speisen zu sich nimmt, entwickelt sich ein verhängnisvoller Prozess: Sowohl die Vollkornprodukte als auch Obst und Gemüse im rohen Zustand entwickeln Gärgase. Und durch die Einwirkung von Gärungsbakterien entstehen Kohlensäuregase, aber auch starke, billige und schädliche Alkohole, so genannte Fuselalkohole. Diese belasten – wie alle anderen alkoholischen Getränke – die Leber erheblich. Und so kann es passieren, dass einer, der sein Leben lang keinen Alkohol getrunken, aber immer spätabends Salate gegessen hat, Leberprobleme bekommt.

Und so kann man das Problem lösen und den Zwerchfellhochstand sowie die Gefährdung von Herz, Lunge und Leber vermeiden:

- Essen Sie abends sparsam, nicht zu spät und nicht zu viel Rohkost sowie Vollkornprodukte.
- Diese gesunden Produkte verwertet der Organismus sinnvoll und ohne Gefahr am besten zum Frühstück und mittags. Sie ersparen sich dann schmerzhafte Blähungen, den Zwerchfellhochstand und das bedrohliche Völlegefühl.

Schlimme Kinder sind oft – kranke Kinder!

Viele Eltern erleben das im Herbst: Das Kind ist nach dem Sommer besonders schwierig. Es ist unruhig, nervös, trotzig, mitunter aggressiv. Es kommt zwischen dem Mädchen oder Jungen und den Eltern zu haarsträubenden Diskussionen. Die Söhne und Töchter widersetzen sich den Bitten der Eltern. Sie sind besonders frech. Oder sie träumen vor sich hin und reagieren nicht, wenn die Eltern etwas sagen. Mancher Vater, manche Mutter flippen regelrecht aus. Sie haben nur Probleme mit dem Kind. Kinderärzte und Psychologen warnen: Vater und Mutter sollten nicht ungerecht, nicht zornig sein, sondern mit Vorsicht der Ursache auf den Grund gehen. Sehr oft sind nämlich schlimme Kinder krank und gehören zum Arzt.

Nicht selten kommt es beim Kind zu einem ungewöhnlichen Verhalten, weil es sich nicht wohl fühlt, weil es an einem Leiden laboriert, das behandelt werden muss. Der Ungehorsam, das freche Benehmen oder die sture Verschlossenheit sind oft Hilfeschreie des Organismus.

Woran kann nun ein Kind leiden, wenn es ein unausstehliches Benehmen an den Tag legt? Hier einige Beispiele aus der ärztlichen Erfahrung:

- Das Mädchen oder der Junge kann einen Leberschaden haben, ausgelöst durch Umweltbelastungen. Die notwendige Maßnahme: die Leber und seine Funktion vom Arzt kontrollieren lassen.
- Das Kind kann eine Atemwegserkrankung haben, die sich erst im Anfangsstadium befindet. Das kann dann der Fall sein, wenn die Eltern rauchen und das Kind sehr oft dem Zigarettenrauch ausgesetzt ist. Die notwendige Maßnahme: mittels Peak-Flow-Meter am Kind eine Atemkontrolle beim Arzt machen lassen. Das bedeutet: in das Röhrchen eines Kunststoffgerätes blasen. Eine Skala und ein Zeiger verraten, ob der Atemstoß des Kindes gesund oder bedenklich ist. Wenn dies der Fall ist, muss eine genaue Untersuchung der Bronchien stattfinden.

Mitunter ärgern sich die Eltern über die ruhelose und vorlaute Art des Kindes und merken nicht, dass es an einer Allergie leidet. Dies ist dann sehr oft der Fall, wenn es scheinbar oft erkältet ist, wenn es oft niesen muss, wenn es Hautausschläge bekommt und regelmäßig Hustenanfälle hat. Die notwendige Maßnahme: Suchen Sie einen Allergologen auf!

- Schwedische Ärzte sind dahinter gekommen: Wenn Kinder sehr aggressiv und vorlaut sind und jegliche elterliche Autorität ignorieren, dann kann oft die Nahrung schuld sein. Es gibt Farbstoffe in Lebensmitteln, die auf das Gehirn und auf die seelische Verfassung des Kindes einwirken. Die notwendige Maßnahme: Das Kind darf keine Lebensmittel zu sich nehmen, in denen Farbstoffe oder chemische Zusatzstoffe enthalten sind.
- Das Kind kann auch unter Störungen im Aminosäure-Stoffwechsel leiden. Es können aber auch Störungen in der Fettsäureoxidation oder im Stoffwechsel organischer Säuren vorhanden sein. Das bedeutet: Viele Stoffe, die das Kind mit der Nahrung aufnimmt, werden nicht richtig verarbeitet. Es kommt zu Vergiftungen im Organismus und zu Schädigungen des Zentralnervensystems im Gehirn. Die notwendige Maßnahme: Das Kind mit natürlichen, unverfremdeten Produkten versorgen. Überwiegend Obst und Gemüse servieren.
- Ein Kind, das ein unerträgliches Benehmen an den Tag legt, kann aber auch an Diabetes leiden. Typische Begleitsymptome zu Ungehorsam, schlechter Laune und Gereiztheit: Durst, oftmaliges Harnlassen, Appetitlosigkeit, Erbrechen, geistige Abwesenheit. Die notwendige Maßnahme: Machen Sie mit dem Kind einen Test mit dem Diabetes-Harnstreifen aus der Apotheke.

Also: Wenn Kinder schlimm sind, sollten Eltern auch die Möglichkeit in Betracht ziehen, dass dahinter eine Krankheit stecken könnte.

Mal heiß, mal kalt: So wirken Umschläge, Wickel, Packungen

Jahrhundertelang haben die Menschen mit traditionellen Hausmitteln eine Reihe von Krankheiten bekämpft. Besonders beliebt waren immer schon Umschläge, Wickel und Packungen. Sie wirken sanft und haben keine Nebenwirkungen. Einen absoluten Höhepunkt erlebten die Wickel und Umschläge durch den Naturheiler Vinzenz Prießnitz aus Gräfenberg bei Freiwaldau in Schlesien zu Beginn des 19. Jahrhunderts. Nun aber hat die moderne Medizin diese Behandlungsmethoden wieder entdeckt. Die so genannte physikalische Medizin setzt mehr und mehr Wickel, Umschläge und Packungen ein.

Beim Wickel und beim Umschlag werden Leinentücher in Wasser oder in eine mit naturheilkundlichen Substanzen angereicherte Flüssigkeit getaucht und auf schmerzende, kranke Stellen aufgelegt. Bei der Packung handelt es sich um Ganzkörperanwendungen mit denselben Mitteln.

Wann werden nun Wickel, Umschläge und Packungen kalt, wann warm eingesetzt?

- Bei chronischen Erkrankungen legt man warme Wickel und Umschläge an. Die Wärme wirkt durchblutungsfördernd, löst Verspannungen und Krämpfe, lindert Schmerzen. Bei Verletzungen darf niemals mit Wärme gearbeitet werden.
- Bei akuten Entzündungen, Verstauchungen, Schwellungen und Prellungen setzt man die Kälte ein, weil sie die Durchblutung verhindert. Besonders wirksam sind Eiswickel mit eiskaltem Wasser oder die Auflage von Eiswürfeln, in ein Tuch eingeschlagen. Man spricht dann von Eispackungen.

Es ist aber nicht nur die Temperatur, die gesundheitsfördernd und schmerzlindernd wirkt. Wenn ein Wickel, ein Umschlag oder eine Packung mit einem Kräutertee, mit Lehm, mit Moor, mit Apfelessig oder mit Salz durchgeführt wird, so dringen die Substanzen in die Haut ein und unterstützen den Heilungsprozess. Mit dem Moorwickel zum Beispiel gelangen pflanzliche Hormonstoffe, Schwefel und Huminsäure an die Gelenke, wirken antibakteriell, vermindern einen Abbau der Gelenkknorpel und verstärken die Durchblutung. Lehm wirkt mit seinen Mineralstoffen und Spurenelementen entzündungshemmend.

Hier ein paar wirksame, beliebte Hausmittel:

- Halswickel gegen Halsschmerzen und Halsentzündung: 2 Kilo heiße Pellkartoffeln werden zerdrückt, in ein Leinentuch eingeschlagen und um den Hals gelegt. Der Wickel muss eine Stunde getragen werden. Er hilft übrigens auch bei Gichtschmerzen an den Fingern und Zehen.
- Zwiebelwickel gegen Husten: 2 große Zwiebeln werden grob gehackt, in heißes Schmalz in eine Pfanne geben, zudecken, durchdünsten lassen. Die etwas abgekühlte Zwiebelmasse – nicht zu heiß – wird auf die Brust aufgetragen. Ein Tuch darüber legen, eine Stunde einwirken lassen. Am besten im Bett, gut zugedeckt.

- Essigwickel gegen zu hohes Fieber bei Kindern: 5 Esslöffel Obstessig werden mit einem halben Liter Wasser verrührt. Nun taucht man Wollsocken ein und drückt sie leicht aus. Die Socken werden dem Kind nun über die Füße gezogen, ein paar trockene, warme Socken darüber gezogen. Im Bett eine Stunde einwirken lassen.

Und das sind die wichtigsten Regeln für Wickel, Umschläge und Packungen:

- Der Patient mit einem Wickel braucht Ruhe, sollte dabei am besten liegen. Nicht lesen, keine Musik hören.
- Die vorgegebenen Zeiten sollten genau eingehalten werden.
- Nach Abnahme des Wickels oder Umschlages die behandelte Stelle waschen, abtrocknen, noch eine halbe Stunde ruhen.
- Der klassische Wickel besteht aus 3 Tüchern: aus dem nassen, einem Zwischentuch und einem wärmenden Abdecktuch. Wickeltücher gibt es in Apotheken und in Sanitärläden zu kaufen.

Gesünder leben mit Soja, dem „Fleisch vom Strauch"

Seit einigen Jahren ist auf dem Lebensmittelsektor ein überaus erfreulicher Trend zu erkennen. Immer mehr Menschen wollen sich gesünder ernähren. Sehr oft fasst man diesen Entschluss nach dem Sommer zu Herbstbeginn.

Man sollte sich damit anfreunden: Sojaprodukte können auf dem Weg in die gesunde Ernährung eine interessante Rolle spielen.

Die Sojabohne ist in rohem Zustand ungenießbar. Damit sie zu einer gesundheitsfördernden Nahrung wird, muss sie durch Einweichen und Kochen für den menschlichen Organismus aufgeschlossen werden. Dabei entstehen die drei Hauptprodukte: Sojakäse, besser bekannt als Tofu, Sojamilch und Sojasoße.

Was macht nun Sojaprodukte so wertvoll für unsere Ernährung? Soja liefert uns 40 Prozent hochwertiges Eiweiß, alle lebenswichtigen Aminosäuren in einem idealen Mengenverhältnis, die Mineralstoffe Magnesium, Kalzium und Kalium, die Vitamine A, B_1, B_2, B_6, Folsäure und Pantothensäure. Besondes erwähnen muss man den hohen Lecithingehalt der Sojaprodukte. Lecithin stärkt die Nerven, aktiviert unsere geistige Aktivität und beugt der Arteriosklerose vor.

Einen besonderen Stellenwert hat die Sojamilch, die Basis für viele Sojaprodukte. Dieses der Milch ähnliche Trinkprodukt besteht aus gekochtem Sojabohnenpüree und Wasser. Die festen Teile wurden abgetrennt. Durch Zugabe von Meersalz wurde ein Gerinnungsprozess eingeleitet. Der Sojadrink enthält keine chemischen Bestandteile, ist 100-prozentig pflanzlich und leicht verdaulich.

Es gibt heute eine breite Palette von Sojadrinks, Sojadesserts, Sojasahne und Sojajogurtsorten in den verschiedensten Geschmacksrichtungen: Drinks mit Schoko, Erdbeere, Banane, Vanille, Desserts mit Schoko, Karamell und Vanille.

Besonders erfreulich an all diesen gesundheitsfördernden Sojaprodukten: Sie stehen vielen Menschen zur Verfügung. Nicht nur einem kleinen, exklusiven Kreis von Kunden im Reformhaus oder im Bioladen, sondern im ganz normalen Lebensmittelhandel. Auf diesem Gebiet hat sich die internationale Alpro-Soja-Forschung große Verdienste erworben. Seit 1934 wird in Belgien und Deutschland wissenschaftlich daran gerarbeitet, wie man Soja besser aufbereitet, dass es vielen Menschen schmeckt. Durch ein neues Verfahren zur Herstellung von Sojamilch – ausschließlich aus genfreiem Soja – hat ein Siegeszug für diese Spezialitäten begonnen.
Soja ist eine ideale Eiweißquelle. Eine sinnvolle Alternative zu Fleisch. Darum nennt man ja die Sojabohne schon seit Jahrzehnten „das Fleisch vom Strauch". Besonders günstig ist die Kombination von Sojaeiweiß mit Getreideprotein. Ein Vorschlag: Rühren Sie Ihr Müsli am Morgen mit einem Sojadrink an.
Eine der häufigsten Allergien, die bei uns vor allem bei Kindern auftreten, ist die Kuhmilch-Eiweiß-Allergie. Wer Sojamilch konsumiert, kann dieser Gefahr ausweichen.
Die ungesättigten Fettsäuren und Proteine in der Sojabohne haben cholesterinsenkende Wirkung. Eine Studie hat ergeben: Beim regelmäßigen Konsum von Sojaprodukten konnte das schädliche LDL-Cholesterin um rund 13 Prozent gesenkt werden. Das schützende, positive HDL-Cholesterin wurde angehoben. Diese Wirkung erzielt man bereits mit täglich 2 Gläsern von einem Sojamilchdrink.
In den USA haben Studien ergeben: Die Proteine der Sojabohne wandeln sich im menschlichen Organismus zu Antikrebssubstanzen um, senken bei der Frau das Risiko für Brustkrebs, beim Mann für Prostatakrebs.
Diese Phytohormone Genistein und Daidzein in der Sojabohne sind auch für die Frau in den Wechseljahren von Bedeutung. Der Genuss von Sojaprodukten kann bereits nach zwölf Wochen sehr oft typische Wechseljahrbeschwerden entscheidend reduzieren.

Risikofaktor Liebe: eine Gefahr für die Gesundheit

Wer sich mit Gesundheit und den notwendigen Vorsorgemaßnahmen befasst, der weiß: Es gibt viele Risikofaktoren, die wir meiden und bekämpfen müssen. Dazu gehören: Bluthochdruck, zu hohe Cholesterinwerte, zu hohe Homocysteinwerte, Bewegungsmangel, Rauchen, zu viel Alkohol.
Doch es gibt da einen Risikofaktor, der jedem von uns sehr gefährlich werden kann. Davon aber spricht niemand. Es ist der Risikofaktor Liebe.
Der Arzt und Psychotherapeut Bernd Friedrich greift dieses Thema in seinem neuen Buch „Das Liebesrisiko" auf. Endlich spricht es einer aus, was viele Hausärzte in der Praxis immer wieder beobachten:

- Liebe kann etwas Wunderbares sein. Das herrliche Gefühl, zu lieben und geliebt zu werden, kann Schmerzen vertreiben, kann die Immunkraft stärken.
- Liebe kann aber auch zur gesundheitlichen Gefahr werden: wenn sie einseitig wird, wenn sie in Hass umschlägt, wenn einer der Partner vom anderen nicht loskommt, wenn zwei Menschen plötzlich nicht mehr zusammenpassen, wenn sie sich gegenseitig das Leben schwer machen. Oft quälen sich Paare jahrelang oder jahrzehntelang dahin, haben nicht den Mut, sich zu trennen und machen sich damit krank.

Man weiß heute: Unglückliche Liebe und ewiger Streit in der Partnerschaft führen sehr oft zu Depressionen, Angstgefühlen, Panikattacken, zu Erschöpfungszuständen, aber auch zu Magen- und Darmproblemen, zu Verspannungen in der Wirbelsäule. Viele Psychotherapeuten wissen: Wenn jemand ganz plötzlich mit solchen gesundheitlichen Problemen beim Arzt auftaucht, dann hat er zugleich auch ein Problem mit seinem Partner. Die oft extremen körperlichen Beschwerden sind die Folge.

Viele Psychotherapeuten und Psychiater sind heute der Meinung: Die Gesundheit ist in Gefahr, wenn zwei, bei denen die Liebe nicht mehr stimmt, beisammen bleiben. Die beste Medizin wäre die Scheidung. Es wird immer wieder davon gesprochen, wie schlimm es ist, dass sich so viele Paare scheiden lassen. Man vergisst, wie viel schlimmer es für die Gesundheit der Betroffenen sein kann, wenn sie sich nicht rechtzeitig scheiden lassen.

Es geht aber oft auch ohne Trennung. Zwei Menschen, die miteinander in die Krise kommen, müssen diese seelische Liebeskrise meistern. Sonst werden sie körperlich krank. Hier ein paar Beispiele:

- Besonders gefährlich wird es, wenn ein Partner mit dem anderen nicht mehr reden will. Da muss der andere eine Aussprache oder mehrere Gespräche erzwingen. Schweigen inmitten von Problemen macht krank.
- Streit kann die Liebe retten, wenn er kultiviert durchgeführt wird. Wenn er in Beschimpfungen und Beleidigungen ausartet, ist es besser, man trennt sich.
- In vielen Beziehungen gibt es Paare, bei denen einer immer nur nimmt, der andere unentwegt gibt. Derjenge, der immer für den anderen da ist, wird mit der Zeit krank. Daher: Beide müssen einander beweisen, dass sie füreinander da sind.
- Es ist auch so wichtig, dass man einander immer wieder sagt und zeigt: Ich liebe dich. Mit zärtlichen Worten, kleinen Aufmerksamkeiten. Es gibt Menschen, die werden unsicher und haben Angst, verlassen zu werden, wenn sie diese Bestätigung nicht bekommen. Und diese Angst und Unsicherheit schwächt Tag für Tag die natürlichen Abwehrkräfte.

Wie kann man nun den Risikofaktor Liebe für die Gesundheit so niedrig wie möglich halten? Ganz einfach: mehr Rücksicht auf den anderen nehmen, viele klärende Gespräche führen, niemals im Streit auseinandergehen, sinnlose Streitduelle meiden und anstatt das Leben zur Hölle zu machen – besser rechtzeitig auseinander gehen …

So gesund sind Lachs und Makrele

Ein altes Sprichwort aus Großmutters Zeiten sagt: Monate, die ein „R" im Namen haben, sind die ideale Zeit für Fischspezialitäten. Da bietet sich nach dem Sommer der September an. Jetzt ist wieder Fischzeit. Wer Fisch isst, der leistet damit auch einen wertvollen Beitrag zur Gesundheit. Alle Fische sind ein wichtiger Bestandteil unserer täglichen Nahrung. Sowohl die Süßwasser- als auch die Salzwasserfische. Allerdings: Meeresfische haben große Mengen an lebenswichtigen Inhaltsstoffen. Meeresfische sind reich an den Spurenelementen Zink und Selen für die Immunkraft, an Jod für die Schilddrüse und an Vitamin D für die Knochen. Das Interessanteste an den Meeresfischen aber sind die Omega-3-Fettsäuren. Und die wieder sind besondes intensiv in Lachs, Hering und Makrele enthalten, wobei man sie in extrem hochwertiger Form im Lachs findet.

Omega-3-Fettsäuren sind lebenswichtige Nährstoffe, die der Mensch braucht, aber nicht selbst produzieren kann. So bekommt das Baby die Omega-3-Fettsäuren aus der Muttermilch. Darin kann man einen sehr hohen Anteil feststellen.

Die Bedeutung der Omega-3-Fettsäuren hat im Jahr 1944 der britische Biochemiker Dr. Hugh Sinclair auf einer Forschungsreise durch Alaska entdeckt. Er stellte eine auffallend niedrige Herzinfarktrate und optimale Blutgerinnungswerte bei den Eskimos fest und vermutete sofort einen Zusammenhang mit der fischreichen Ernährung. Vorerst wurde er ausgelacht.

Er wies im Lachs und anderen Fischen einen hohen Gehalt an Omega-3-Fettsäuren nach. Erst 1980 wurden seine Beobachtungen von den dänischen Wissenschaftlern Dr. Bang und Dr. Dyerberg bestätigt: Die niedrige Herzinfarktrate und die guten Cholesterinwerte der Eskimos sind eindeutig auf den Einfluss der Omega-3-Fettsäuren zurückzuführen. Damit wurden die Omega-3-Fettsäuren zum „Lebenselixier aus dem Meer".

Die Entdeckung der Omega-3-Fettsäuren hat bewiesen: Unser Organismus kann ohne Fett nicht existieren. Er braucht Fett für einen gesunden Fettstoffwechsel. Aber es müssen gesunde Fette sein. Wir bauen damit unsere Energie auf. Wir schaffen damit im Winter den notwendigen Schutz vor Kälte.

Tierische Fette wie Speck und Schmalz, versteckte tierische Fette in der Wurst enthalten vor allem gesättigte Fettsäuren, belasten in zu großen Megen die Cholesterinwerte und damit Herz und Kreislauf.

Und das alles bewirken die Omega-3-Fettsäuren, die es nur im Fisch gibt, für unsere Gesundheit: Sie beugen Herzinfarkt, Schlaganfall und einer vorzeitigen Arteriosklerose vor. Sie senken das schädliche LDL-Cholesterin und heben das schützende HDL-Cholesterin an. Sie bekämpfen Herzrhythmusstörungen, machen das Blut flüssiger, wirken positiv auf entzündliche Erkrankungen wie Rheuma, Schuppenflechte, Magen- und Darmstörungen.

Eine Studie des englischen Gehirnforschers Prof. Dr. Michael Crawford hat ergeben: Wenn werdende Mütter reichlich Omega-3-Fettsäuren aus Meeresfischen aufnehmen, ist die Chance sehr groß, dass das Baby in späteren Jahren besonders klug wird, optimal sieht und hört. Die Omega-3-Fettsäuren wirken am Aufbau des Gehirns, des Gehörs und der Sehorgane mit.
Wenn man genügend Omega-3-Fettsäuren tanken möchte, sollte man jede 2- bis 3-mal 200 bis 250 Gramm Fisch essen. Vor allem Lachs, Hering, Makrele.
Wer das nicht schafft oder wer grundsätzlich keinen Fisch mag, der hat eine andere Möglichkeit, die Omega-3-Fettsäuren aufzunehmen. Und zwar in Form von Kapseln mit Lachsölkonzentrat aus der Apotheke. Man nimmt über einen längeren Zeitpunkt 3-mal täglich 2 Kapseln.

Für jeden Krampf ein eigenes Rezept

Wenn wir vom Muskelkrampf sprechen, dann denken wir in erster Linie immer nur an den Wadenkrampf oder den Krampf in den Zehen. Doch es gibt da noch eine Reihe anderer Verkrampfungen, die speziell zum Ende des Sommers und zum Herbstanfang auftreten können.
Krämpfe oder Krampfanfälle an den verschiedensten Teilen unseres Körpers entstehen durch eine unwillkürliche Zusammenziehung einzelner Muskeln oder ganzer Muskelgruppen. Typische Symptome: ein Ziehen, Stechen oder Reißen. Ausgelöst werden solche Krämpfe oft durch Kontakt mit kaltem Wasser, wenn man von der Wärme in die Kälte kommt, aber auch durch körperliche sowie geistige Überanstrengung. Sogar Stress kann Krämpfe auslösen. Im Grunde genommen ist so ein Krampf die Folge einer massiven Erhärtung von Muskeln.
Und das sind die verschiedenen Formen von Muskelkrämpfen:

- Beim Krampf im Unterarm, der nach langem Schreiben an der Schreibmaschine oder am Computer oder aber auch beim Ballspielen entstehen kann, legt man beide Handflächen aufeinander und dreht die Hände so, dass die Fingerspitzen zur Brust gerichtet sind. Dann wieder zurückdrehen und die Arme weit vom Körper wegstrecken.
- Handelt es sich um einen Oberarmkrampf, dann sollten Sie beide Hände zu Fäusten ballen, und pressen Sie nun die Handballen ganz fest vor der Brust gegeneinander. Danach drehen Sie die Handballen immer wieder zur Brust und wieder zurück. Auch dann wieder Arme vom Körper weit wegstrecken. Eine andere Übung gegen den Oberarmkrampf: Umfassen Sie mit der nicht betroffenen Hand das Handgelenk des verkrampften Armes ganz fest und versuchen Sie, den Arm zu strecken.

- Beim Krampf im Oberschenkel gibt es zwei Möglichkeiten: ein Krampf an der Vorderseite oder ein Krampf an der Rückseite. Wenn es ein Krampf an der Vorderseite des Oberschenkels ist, dann stellen Sie sich hin oder legen sich seitlich hin, umfassen das Fußgelenk mit einer Hand und ziehen das Bein von hinten an den Körper heran. Danach wieder strecken. Bei Krampfschmerzen an der Rückseite des Oberschenkels fassen Sie mit der Hand nach den Zehen und strecken dabei das Bein durch. Sie können dabei mit der anderen Hand sanft aufs Knie drücken.
- Bei Magenkrampf kann es auch zu Übelkeit und Erbrechen kommen. Daher sofort handeln: Legen Sie sich auf den Rücken, ziehen Sie die Beine an, umfassen Sie die Unterschenkel mit beiden Händen und pressen Sie die Knie zur Brust. Danach die Beine wieder durchstrecken.
- Bei Wadenkrampf sollten Sie fest mit dem Fuß auftreten, die Wade massieren, sehr warm duschen, mit der Faust gegen die Fußsohle klopfen.
- Beim Zehenkrampf sollte man die Zehen fest massieren und dann umhergehen.

In diesen Fällen von Muskelkrampf lohnt es sich, sofort 2 Magnesiumkautabletten aus der Apotheke einzunehmen. Das bringt in den meisten Fällen schnelle Entspannung. Auch Saunieren oder eine warme Dusche können helfen.

So wird ein Morgenmuffel schnell fit und vital

Jetzt wird es morgens schon kühl und herbstlich. Da möchte man lieber im Bett bleiben. Das Aufstehen fällt besonders schwer. Und wenn man ein Morgenmuffel ist, dann wird es jetzt und in den nächsten Monaten besonders mühsam, wenn man fit und vital in den Tag gehen möchte. Man fragt sich oft: Wo nehme ich bloß die Energie her, die ich für den bevorstehenden Tag brauche? Rund 8 Millionen Menschen in Deutschland fühlen sich jeden Morgen so. Hier ein paar praktische und einfache Anregungen:

- Sobald Sie erwacht sind, bleiben Sie noch im Bett liegen: Dehnen und strecken Sie sich wie eine Katze.
- Dann stützen Sie die Hände in die Hüften, schwingen die Beine hoch und machen 5 Minuten lang Radfahrbewegungen in der Luft.
- Danach stehen Sie auf und ziehen die Vorhänge zurück. Lassen Sie Licht in die Wohnung. Licht beendet die Produktion Ihres körpereigenen Schlafhormons Melatonin.
- Gehen Sie ins Badezimmer und vergessen Sie das Märchen vom kalten Duschen am Morgen. Lassen Sie den warmen oder gar heißen Strahl des Wassers auf die Wirbelsäule auftreffen. Hinunter und hinauf. Sie spüren dann, wie neue Kräfte in Ihren Körper einziehen.

- Wenn Sie keine Zeit zum langen Duschen haben, dann nehmen Sie eine Naturborstenbürste mit einem langen Stiel und bürsten Sie die Wirbelsäule ganz fest. Auch das bringt Wärme und Energie.
- Oder massieren Sie mit beiden Handrücken die Lendengegend hin und her, auf und ab. Wenn man es dort warm hat, hat man wieder Kraft.
- Ein uraltes indisches Rezept zum Energietanken: Kochen Sie 1/4 Liter Wasser einmal in einem Topf auf, gießen Sie es in eine Tasse und trinken Sie es so heiß wie möglich, langsam in kleinen Schlucken.
- Hier das Rezept für einen Fitnesscocktail am Morgen, damit Sie schnell zu Kräften kommen: 1/8 Liter kalte Milch, 1/8 Liter Tomatensaft, 1 Esslöffel klein gehackte Petersilie, 1 Esslöffel Molke und 2 Teelöffel Honig werden im Mixer verquirlt. Fertig.
- Sie können morgens auch mit Gerüchen Energie tanken: Geben Sie jeweils 20 Tropfen Rosmarinöl, Rosenöl oder Bergamottöl (Apotheke, Reformhaus) in ein Taschentuch und schnuppern Sie immer wieder daran.
- Ideal am Morgen: 1/4 Liter stilles Mineralwasser, 2 Esslöffel Apfelessig und 2 Teelöffel Honig. Trinken Sie in kleinen Schlucken auf nüchternen Magen nach dem Aufstehen. Das bringt den Kreislauf in Schwung.
- Kleine Tricks aus der Küche, die schnell Kraft geben: Trinken Sie 1 Glas roten Traubensaft. Oder knabbern Sie 20 Sonnenblumenkerne.
- Essen Sie zum Frühstück Obst: Äpfel und Birnen, aber bitte keine Banane. Sie beruhigt und macht müde.

Und hier ein paar Fitnessübungen für den Morgen:

- Falten Sie die Hände wie zum Gebet. Pressen Sie die Handflächen gegeneinander. Dabei werden Energiebahnen aktiviert. Die Übung wirkt noch schneller, wenn Sie dabei einen Tennisball zwischen den Handballen hin und her rollen.
- Verzahnen Sie die Finger beider Hände ineinander und reiben Sie die Handballen, bis diese heiß werden.

Und so können Sie als Morgenmuffel schnell wieder klar denken: Schneiden Sie fürs Frühstück zum Butterbrot eine Paprikaschote in dünne Streifen. Und bevor Sie sie essen, lecken Sie die Schnittstellen intensiv mit der Zunge ab. Die Inhaltsstoffe der Paprikaschote regen im Gehirn die Ausschüttung von Hormonen an, die das positive Denken, die Konzentration und das Glücksgefühl fördern. Und das haben die meisten von uns am Morgen bitter nötig …

Naturrezepte gegen den Morgenstau im Gesicht

Nicht nur die Autofahrer leiden unter dem täglichen Morgenstau auf den Straßen, der ihnen die Nerven raubt. Viele von uns werden morgens wach und erleben im Badezimmer einen „Morgenstau“ im Gesicht. Das bedeutet: Das Gewebe ist aufgedunsen, rund um die Augen angeschwollen. Unter den Augen gibt es dicke Tränensäcke. Der Blick in den Spiegel wird fast jeden Morgen zur herben Enttäuschung.
Lassen Sie das „gestaute Gesicht“ nicht anstehen. Tun Sie sofort etwas dagegen. Es gibt eine Reihe von natürlichen Maßnahmen:

- Essen Sie ab sofort abends keine fetten Speisen. Sie belasten das Lymphsystem.
- Gehen Sie grundsätzlich mit dem Salz sparsam um. Verzichten Sie abends – zumindest einige Zeit – ganz darauf. Das Kochsalz bindet das Wasser im Körper. Es kann nachts nicht aus dem Körper ausgeschieden werden.
- Ernähren Sie sich vor allem abends mit Naturprodukten, die reich am Mineralstoff Kalium sind. Das fördert das nächtliche Entwässern. Essen Sie Radieschen und Rettich, Rote-Bete-Salat oder Salat aus roher Sellerieknolle. Bauen Sie weiße Bohnen, Sojaprodukte und Pellkartoffeln in Ihren Speiseplan ein. Würzen Sie reichlich mit frischer, klein gehackter Petersilie.
- Wenn Sie gerade eine Radikalabspeckkur machen: Hören Sie auf damit. Sie verlieren dabei zu viel Kalium.
- Wenn Sie nachts unter übermäßigem Schwitzen leiden: Trinken Sie jeden Abend vor dem Zubettgehen Salbeitee.
- Achten Sie darauf, dass Sie nachts gut zugedeckt sind oder warm angezogen sind. Die Nieren können nur gut arbeiten, wenn sie mit Wärme versorgt sind. Nehmen Sie in kühlen oder kalten Nächten eine mit heißem Wasser gefüllte Gummiwärmflasche ins Bett.
- Nehmen Sie vor dem Zubettgehen ein genussvolles Wannenbad mit Haferstrohextrakt (Apotheke, Drogerie). Baden Sie 20 Minuten. Gut abtrocknen und gleich ins Bett.
- Verzichten Sie – zumindest für einige Zeit – abends auf Alkohol, Nikotin, Bohnenkaffee und scharfe Gewürze.
- Essen Sie einige Tage abends ausschließlich gedünsteten Naturreis, vermischt mit einem geraffelten Apfel.
- Nehmen Sie 14 Tage lang jeden Tag 3-mal 2 Esslöffel Brennnessel-Frischpflanzensaft (Reformhaus), anschließend 14 Tage lang 3-mal täglich 2 Esslöffel Löwenzahnsaft (Reformhaus), jeweils mit etwas Wasser verrührt.
- Essen Sie einmal pro Woche eine Speise mit Kürbis. Das regt die Nierentätigkeit an.

- Die angeschwollenen Stellen rund um die Augen massieren Sie mit ein paar Tropfen Rizinusöl (Apotheke) ein. Jeden Morgen 5 bis 10 Minuten lang.

Wenn all diese natürlichen Rezepte nicht dazu beitragen, das Problem der Gesichtsstauung am Morgen zu lösen, dann müssen Sie zum Arzt. Sie können an Hormonstörungen, Nierenfunktionsproblemen oder an einer Herzerkrankung leiden. Oder es könnte – bei Frauen – eine Störung im Bereich der Gebärmutter vorhanden sein.

Preiselbeeren: Arznei für die Harnwege

In diesen Wochen ist Preiselbeerzeit. Die reifen Früchte werden bis Ende Oktober geerntet. Die meisten von uns kennen Preiselbeeren einzig und allein als Kompott oder Konfitüre zu Wildspezialitäten. Doch Preiselbeeren sind eine wertvolle Naturarznei, von der modernen Medizin anerkannt.

Bereits die Indianer Nordamerikas haben Preiselbeeren für die Gesundheit eingesetzt. Sie haben damit Wunden desinfiziert. Und in Europa hat im 12. Jahrhundert die heilige Hildegard von Bingen viele Rezepte mit Preiselbeeren gegen Erkrankungen von Darm und Blase empfohlen. Damals hat man auch bereits aus den Blättern des Preiselbeerstrauches einen Blasentee zubereitet.

Im Jahr 1923 haben amerikanische Ärzte erstmals die Preiselbeeranwendungen der Indianer unter die Lupe genommen und haben nachgewiesen: In der Preiselbeere stecken natürliche antibiotische Kräfte. Und 1994 hat man an der Rutger-State-Universität in New Jersey die Substanzen gefunden, die sich ideal als Naturmedizin gegen Harnweginfektionen eignet. Es sind die so genannten Pro-Anthocyane. Sie verhindern, dass sich in der Blase und in der Niere Kolibakterien festsetzen. Die Bakterien werden mit dem Harn ausgeschwemmt.

Die Wirkstoffe der Preiselbeeren setzen sich direkt auf die Bakterien drauf und hindern sie daran, dass sie haarähnliche Fäden ausstrecken und sich damit an die Zellen des Harntraktes heften.

Frauen leiden achtmal häufiger als Männer an einer Harnweginfektion, weil die Bakterien bei der Frau einen wesentlich kürzeren Weg in der Harnröhre haben. Aber auch Kinder sind sehr anfällig. Die typischen Symptome: heftiger und häufiger Harndrang, Brennen in der Harnröhre, trüber Harn.

Eine gute Nachricht für den Herbst, wo die Gefahr für einen Harnweginfekt, im Speziellen für einen Blasenkatarrh, sehr groß ist: Wir können allein mit dem Essen von Preiselbeerkompott oder mit dem Trinken von Preiselbeersaft einen Harnweginfekt erfolgreich bekämpfen.

Man muss einige Zeit täglich etwa 1/2 bis 3/4 Liter Preiselbeersaft trinken oder 1/4 Liter Kompott konsumieren. Alternativ bietet die Naturmedizin aber auch Preiselbeerpräparate an. Es gibt in der Apotheke und im Reformhaus Lutschtabletten aus hoch

dosiertem Preiselbeerextrakt. Man nimmt 2 pro Tag. Eine Tablette hat die Kraft von 1/4 Liter Preiselbeersaft. Es gibt in der Apotheke aber auch Preiselbeerkonzentrat. Man löst da einfach ein Fläschchen mit 30 Milliliter in 3/4 Liter Wasser auf.
Bei der Anwendung von Preiselbeeren an sich gibt es keine Nebenwirkungen. Den Blasentee aus Preiselbeerblättern sollte man nicht zu lange trinken. Das könnte die Nieren und die Leber belasten.
Preiselbeeren sind aber auch ein wertvoller Bestandteil der Vorsorgemedizin. Speziell für all jene unter uns, die besonders zu Harnweginfekten neigen. Es macht nämlich auch Sinn, vorbeugend zu Beginn der kalten Jahreszeit Preiselbeeren als Kompott, als Marmelade oder als Preiselbeersaft zu konsumieren, damit es erst gar nicht zu einer Infektion der Harnwege kommt. Die einfachste Kur: Man trinkt drei Wochen lang täglich 1 Glas Preiselbeersaft.
Das allein genügt allerdings nicht. Zusätzliche notwendige Maßnahmen: Trinken Sie viel Wasser. Entleeren Sie die Blase regelmäßig. Nicht zurückhalten. Tragen Sie Baumwollunterwäsche, keine zu enge Kleidung.
Eines aber sollte man beachten: Wenn durch die Anwendung von Naturarzneien die Schmerzen bei einem Harnweginfekt binnen 24 Stunden nicht verschwunden sind, dann muss in jedem Fall ein Arzt verständigt werden.

Auch der Hals braucht ein Gesundheitsservice

Sie kennen das sicher alle aus dem Fernsehen oder von einer persönlichen Begegnung mit einem Prominenten, der bereits eine lange Karriere hinter sich hat: Wir bewundern ein gepflegtes, junges Gesicht. Dieses aber sitzt auf einem ernüchternden, alten Hals mit vielen Flecken und Falten.
Bei Stars fällt es uns besonders auf. Aber im Grunde genommen haben wir alle mit diesem Problem zu kämpfen. Es ist verhängnisvoll: Lange, bevor sich die ersten Falten ins Gesicht graben, weist der Hals Spuren des Altwerdens auf. Im Grunde genommen beginnt dieser Prozess bereits zwischen dem 25. und dem 40. Lebensjahr. Man kann diesen Prozess hinausschieben.
Warum beginnt der Hals so früh zu altern? Ganz einfach: Die Haut ist an dieser Körperstelle besonders dünn, empfindlich und trocken. Sie hat sehr wenig Talgdrüsen. Dadurch kommt es, wenn der nötige Schutz fehlt, zu einer vorzeitigen Erschlaffung der Haut.
So sollte ein optimales Gesundheitsservice für Ihren Hals aussehen, damit er lange jung bleibt:

❖ Wenn Sie Ihre Gesichtshaut pflegen, dann dürfen Sie nicht unter dem Kinn damit aufhören. Der Hals muss automatisch mit einbezogen werden.

- ❖ Wenn Sie eine Creme auf die Haut auftragen, dann ist es am Hals besonders wichtig, dass Sie mit den Händen leichte Massagebewegungen ausführen. Aber Vorsicht: Sie dürfen auf der Haut nicht grob reiben. Sie dürfen nicht daran zerren. Das nimmt Ihnen Ihr Hals übel. Sie müssen ganz sanft bei der Massage vorgehen.
- ❖ Wenn Sie aus kosmetischen Gründen im Gesicht Cremes mit Fruchtsäuren auftragen müssen, so verschonen Sie den Hals damit. Seine zarte Haut könnte mit Hautrötungen darauf reagieren.
- ❖ Einmal die Woche sollten Sie sich Zeit nehmen und eine Fettcreme ganz dick auf den Hals auftragen: am besten eine Intensivcreme mit 15 Prozent Vitamin E aus der Apotheke. Legen Sie darüber eine Plastikfolie und lassen Sie die Creme 20 Minuten einwirken.
- ❖ Einmal im Monat sollten Sie in einer Schüssel Avocadoöl, Weizenkeimöl und Sesamöl zu gleichen Teilen mischen. Tränken Sie einen Leinenlappen damit, legen Sie ihn auf den Hals und geben Sie ein trockenes Tuch darüber. Über Nacht einwirken lassen. Am nächsten Morgen mit Kamillentee oder mit Salbeitee abwaschen.
- ❖ Verwenden Sie zum Reinigen des Halses keine Seife, sondern ein pH-neutrales Waschstück.
- ❖ Gehen Sie nicht zu oft ins Solarium. Und setzen Sie den Hals – zum Beispiel im Schiurlaub hoch oben in den Bergen – nicht zu sehr der Sonne aus. Starke UV-Bestrahlung fördert die Faltenbildung.
- ❖ Allerdings haben jüngste Untersuchungen amerikanischer Dermatologen ergeben: Ebenso schädlich wie die UV-Bestrahlung sind das Rauchen und andere Umweltschadstoffe.
- ❖ Auch zu viel Alkohol und Stress können die Ursache für eine verstärkte Faltenbildung sein.
- ❖ Sehr empfehlenswert sind Kalt-warm-Wechselauflagen am Hals. Tauchen Sie einen Frotteewaschlappen in sehr warmes Wasser, einen anderen in kaltes Wasser. Und nun legen Sie abwechselnd den warmen, dann wieder den kalten auf die Haut auf. Jeweils für 30 Sekunden. Die Prozedur muss immer mit der Kaltwasseranwendung enden.
- ❖ Und hier noch eine Übung, mit der Sie die Haut am Hals stark gegen frühzeitige Faltenbildung machen können: Tauchen Sie Ihre Finger in Sesamöl und streichen Sie nun mit den Fingerspitzen beider Hände vom Kinn nach unten bis zum Schlüsselbein. Immer nur von oben nach unten streichen.

Grüner Tee: ein wertvolles Getränk für den Herbst

Man hört und liest seit einiger Zeit sehr viel über den grünen Tee. Mitunter werden ihm wahre Wunderwirkungen nachgesagt. Und mit Recht fragen daher viele: Was sind das für Inhaltsstoffe, die den grünen Tee so interessant machen?
Die Teeblätter enthalten große Mengen an Vitamin C gegen Erkältungen und Stress, Fluor zum Stärken der Zähne, das Spurenelement Mangan zur Vorbeugung von Osteoporose, weiters Bitterstoffe, Koffein – früher im Tee Teein genannt – und vor allem Polyphenole. Sie sind das Wichtigste im grünen Tee.
Es gibt zwei Arten von Polyphenolen: Gerbstoffe und EGCG-Substanzen.

- Die Gerbstoffe beruhigen Magen und Darm, schalten schädliche Bakterien aus und beugen damit entzündlichen Magen- und Darmstörungen vor. Sie machen auch die Haut widerstandsfähiger.
- Die EGCG-Stoffe haben krebshemmende und blutverdünnende Eigenschaften.

Wer regelmäßig grünen Tee trinkt, der kann sich gegen eine Reihe von gesundheitlichen Störungen schützen.

- Japanische Wissenschaftler haben herausgefunden: In Gegenden, wo viel grüner Tee getrunken wird, treten nur ganz selten Haut- und Magenkrebs auf. Der grüne Tee senkt aber auch das Risiko für Lungenkrebs. Daher sollte jeder Raucher täglich 3 Tassen trinken.
- Eine Studie von Prof. Dr. Jankun von der Medizinischen Hochschule in Ohio hat ergeben: Die Polyphenole im grünen Tee sind Radikalfänger. Sie schützen uns vor aggressiven Molekülen aus Umweltschadstoffen, stärken unsere Immunkraft. Damit wird der grüne Tee zu einem idealen Getränk in der heutigen Zeit, in der so viele Gefahren auf uns einwirken.
- Die EGCG-Stoffe im grünen Tee halten unser Blut flüssig. Das bedeutet elastische, saubere Blutgefäße, vorbeugender Schutz vor Adernverkalkung, Herz- und Kreislauferkrankungen.
- Die Pflanzenfarbstoffe im grünen Tee senken das schädliche LDL-Cholesterin und heben das schützende HDL-Cholesterin an.
- Wenn Schulkinder täglich 1 Tasse grünen Tee trinken oder nach den Mahlzeiten zumindest damit den Mund ausspülen, kann damit die Anfälligkeit für Karies um 50 Prozent verringert werden.
- Grüner Tee macht stark gegen Erkältungen.
- Grüner Tee enthält rund 400 Aromastoffe, psychoaktive Substanzen und das ätherische Öl Thiamin, das als Stressbremse gilt. All die Substanzen zusammen wirken nervenberuhigend.

In jüngster Zeit ist der grüne Tee allerdings massiv ins Gerede gekommen. Konsu-

mentenschützer und Umweltexperten haben nachgewiesen, dass auch grüne Tees im Umlauf sind, die mit Schadstoffen belastet sind.
Das hat viele Teetrinker und Grüne-Tee-Fans verunsichert. Daraufhin haben internationale Teefarmer und Teeimporteure sofort reagiert. Denn speziell, wenn es um die gesundheitsfördernde Wirkung des grünen Tees geht, ist schadstofffreie Ware erstes Gebot.
Seit kurzem ist in Deutschland für den Konsumenten streng kontrollierter, schadstofffreier unbelasteter grüner Tee auf dem Markt, der ganz deutlich als solcher gekennzeichnet ist. Er hat eine eigene Öko-Kontrollnummer – DE 003 – und kommt ausschließlich aus ökologischem Anbaugebiet in China, hauptsächlich aus Giangxi. Die rückstandsfreien, biologisch angebauten grünen Tees tragen die Kontrollkennzeichnung „kbA DE 003 Tai Chi" und werden ausschließlich in der Apotheke angeboten.

So wird die Badewanne zum Kurzentrum daheim

Wenn es im Herbst wieder kühl wird und öfter regnet, machen sich bei vielen Menschen die allseits bekannten Altagsbeschwerden wie Rheuma, Verspannungen, Erkältungen und Leistungsabfall bemerkbar.
Es wäre ganz schlecht, sofort dagegen Medikamente einzusetzen, noch dazu ohne Befragung des Arztes. Die ersten Anzeichen von Befindlichkeitsstörungen sollte man mit den Kräften der Natur bekämpfen. Und da die überwiegende Mehrzahl der Bevölkerung ganz besonders erfolgreich auf Wärmebehandlung und auf Kräutertherapien anspricht, ist es sehr sinnvoll, Naturarzneien in der Badewanne zu genießen. Ein Wannenbad kann mitunter eine hervorragende Medizin sein.
Schon in der Antike wusste man, dass man mit einem Bad zu Hause Körper und Seele aufbauen kann. Und in den vergangenen hundert Jahren haben immer wieder namhafte Naturheiler bewiesen, dass man in der Wanne wirksam gegen eine Reihe von Beschwerden vorgehen kann: Pfarrer Kneipp, Schroth, Prießnitz und die Klosterfrau Maria Clementine Martin.
Heute weiß man aus wissenschaftlichen Untersuchungen, wie das Wannenbad auf den Organismus wirkt. Das heiße Wasser weitet die Blutgefäße und verbessert die Durchblutung. Die Körpertemperatur wird erhöht. Es entsteht so etwas wie ein künstliches Heilfieber. Zusätzlich überträgt das heiße Wasser an den Körper Energie.
Wenn man nun zusätzlich medizinische Badezusätze aus Kräuterwirkstoffen benützt, kommen wertvolle, gezielte Heileffekte dazu. Ärzte, Hydrotherapeuten und Kräuterfachleute der Klosterfrau-Forschung haben wissenschaftlich fundierte Medizinalbäder entwickelt, die in der Apotheke als regelrechte Therapie eingesetzt werden:

- ❖ Ein Medizinal-Entspannungsbad wirkt beruhigend und ausgleichend. Es besteht aus den Extrakten des Lavendels, in erster Linie des Lavendelöls. Wer darin badet, kann sich rasch von Erschöpfungszuständen und Stress erholen. Vegetative Dystonie wird positiv beeinflusst. Manche Frau kann sich damit klimakterische Beschwerden „wegbaden".
- ❖ Ein Medizinal-Erkältungsbad beugt Schnupfen und grippalen Infekten vor, kann diese im Frühstadium bekämpfen, macht die Atemwege, vor allem die Bronchien frei. In dem flüssigen Badeextrakt sind die Kräfte von Eukalyptus, Pfefferminze und Menthol vereint.
- ❖ Wer unter rheumatischen Beschwerden, unter Hexenschuss, Ischias und Muskelschmerzen sowie Neuralgien leidet, sollte sich ein Medizinal-Aktiv-Rheumabad gönnen. Hier wirken die Inhaltsstoffe von Wacholder und Terpentinöl.
- ❖ Zur unterstützenden Behandlung von Hautproblemen wie Ekzemen, Schuppenflechte, Hautentzündungen eignet sich ein Hautfunktionsbad. Es liefert via Badewanne die wertvollen Substanzen der Kamille, allen voran das Bisabolol.

Und so wird ein Wannenbad zu Hause zur Medizinalkur: Baden Sie jeweils 10 bis 20 Minuten ohne jede Hast in 38 bis 39 Grad Celsius temperiertem Wasser. Geben Sie in die gefüllte Wanne 15 bis 20 ml des entsprechenden Badezusatzes. Die Wassertemperatur kann auf 40 Grad erhöht werden. Nach dem Bad eine Stunde im Bett ruhen und nachschwitzen.

Mit Magnesium gegen chronische Müdigkeit

Kennen Sie das Gefühl? Sie stehen morgens auf und sind bereits müde. Und diese Müdigkeit sitzt Ihnen den ganzen lieben Tag wie ein lästiger Klotz am Bein. Ruhepausen, Schlaf, Entspannungsübungen: Es nützt alles nichts. Gerade nach der Sommerzeit, wenn es in den Herbst hineingeht, leiden viele Menschen daran, und zwar in jeder Altersstufe.

Die Ärzte sprechen von der „chronischen Müdigkeit". Der Fachausdruck für diese Befindlichkeitsstörung ist CFS, Chronic fatigue syndrome. Diese Müdigkeit beeinflusst die allgemeine Stimmung, führt sehr oft zu depressiven Zuständen, blockiert das Denken und die Konzentration und vermindert verständlicherweise die Leistungsfähigkeit.

Vielfach wurde in den letzten Jahren vermutet, dass hinter dieser Müdigkeit ein Virus stecken könnte. Andere wieder glaubten an einen Vitaminmangel. Nun hat sich intensiv mit dem Problem ein Ärzteteam am Medizinischen Institut der Universität von Southampton in Großbritannien auseinander gesetzt. In Patientenstudien ist man nun dem Rätsel „chronischer Müdigkeit" auf die Spur gekommen.

All jenen, die sich permanent müde fühlen und bei Untersuchungen keinerlei

Krankheitserscheinungen zeigen, weisen fast immer einen enormen Mangel am Mineralstoff Magnesium auf. Das wird verständlich, wenn man sich bewusst ist: Magnesium schützt und stärkt nicht nur das Herz, den Kreislauf und die Nerven. Magnesium ist im menschlichen Organismus an über 300 Enzymreaktionen beteiligt. Dabei sorgt es für einen Großteil der Energie in den roten Blutkörperchen. Damit wird auch ein Zusammenhang zwischen Müdigkeit und Magnesiummangel erkennbar. Der Mineralstoff Magnesium wirkt zwar beruhigend auf den Organismus. Macht aber nicht müde.
Was können wir tun, um nicht auch von chronischer Müdigkeit geplagt zu werden? Ganz einfach:

- ❖ Wir müssen besser die Magnesiumaufnahme aus der Nahrung nützen: Das bedeutet: nicht alles kochen, sondern viel Rohkost genießen. Magnesiumreiche Produkte essen: Vollkornprodukte, Nüsse, Sojaprodukte, Naturreis, Grünkohl.
- ❖ Bei ständiger Müdigkeit lohnt es sich, Magnesiumpräparate aus der Apotheke in Form von Kautabletten oder von Granulat – aufgelöst in Wasser – einzunehmen. Wie an der Uni in Southampton allerdings festgestellt wurde, sollten es Magnesiumpräparate mit einer Mg-5-Dosierung und mit Hydrogenaspartat sein, weil dann der Mineralstoff schnell vom Körper aufgenommen und optimal verwertet wird. Der Apotheker gibt da sicher gerne Auskunft.
- ❖ Sehr bewährt gegen die chronische Müdigkeit hat sich auch der körpereigene Energiestoff NADH, den der Wiener Labormediziner Prof. Dr. Jörg Birkmayer als Nahrungsergänzung weltweit entwickelt hat. Man nimmt täglich, so lange man unter der Müdigkeit leidet, 1 Tablette mit 5 Milligramm NADH.

Die Wahrheit über die Grippeimpfung

Noch sind wir im Herbst alle weit von einer Grippeepidemie entfernt. Doch jetzt ist die Zeit für die Grippeimpfung. Und mancher fragt sich: „Soll ich zum Impfen gehen oder nicht?“ Bevor Sie sich entscheiden, sollten Sie das Für und Wider zur Grippeimpfung kennen.
Viele von uns verwechseln die echte Virusgrippe, auch Influenza genannt, mit einem grippalen Infekt, einer mehr oder weniger starken Erkältungskrankheit. Wer sich gegen Grippe impfen lässt, ist damit noch lange nicht gegen Schnupfen und Erkältungen geschützt. Bei der richtigen Grippe handelt es sich um eine intensive Viruserkrankung. Schon vor 2000 Jahren beschrieb der griechische Arzt Hippokrates erstmals die Symptome der Influenza. Aber erst im Jahr 1932 wurde das Grippevirus isoliert. Seither weiß man, dass es über Wasserteilchen der Ausatemluft übertragen wird.

Es gibt allerdings verschiedene Grippevirenstämme. Fast alle nehmen ihren Weg von China nach Europa zu uns. Das weiß man heute aus Untersuchungen der Weltgesundheitsorganisation – kurz WHO genannt. Es gibt zwei Virustypen, die allerdings sehr wandlungsfähig sind, sodass das menschliche Immunsystem das Virus nicht erkennt und daher nicht weiß, wie es bekämpft werden kann.
Daher werden mit der Impfung dem Körper abgetötete Viren zugeführt, die zur Bildung von Antikörpern führen. Jedes Jahr allerdings wird von der WHO ein neuer Grippeimpfstoff für die bevorstehende Saison in Auftrag gegeben. Die Viren werden in bebrüteten Hühnereiern gezüchtet. Dann wird daraus der Impfstoff erzeugt.
Für jede Saison gibt es nur eine begrenzte Menge an Grippeimpfstoff. Daher sollte man zeitgerecht überlegen und zur Impfung gehen. Es ist allerdings auch möglich, sich auch später, noch während der Grippeepidemie, impfen zu lassen. Man muss dann allerdings einkalkulieren: Es dauert bis zu zehn Tagen, bis der Körper Abwehrkörper aufgebaut hat. In dieser Zwischenzeit ist man trotz Impfung nicht geschützt.
Wer soll sich impfen lassen?

- ❖ Es gibt eine beachtliche Anzahl von Menschen, die ernsthaft gefährdet sind. Es sind in etwa 20 Prozent der Bevölkerung. Für sie kann die Grippe zur tödlichen Gefahr werden. Zu diesen Risikopatienten gehören Personen mit Herz-Kreislauf-Erkrankungen, mit chronischen Atemwegleiden, Diabetiker, fast alle Personen über 60, vor allem, wenn sie mit vielen anderen in Alten- und Pflegeheimen leben, Personen, die krank waren, und alle, die eine geschwächte Immunkraft haben.
- ❖ Immer wieder wird gefragt: Benötigt ein junger, gesunder Mensch mit starkem Immunsystem eine Grippeimpfung? Er selbst wird die Grippe vermutlich in den meisten Fällen gut überstehen. Doch er gibt die Viren weiter. Ist er nicht geimpft, gibt er besonders viele Viren weiter. Steckt er damit die Großmutter, eine nicht ganz gesunde Tante oder sonst jemand in seiner Umgebung an, dann kann das für den Betreffenden gefährlich werden. Daher sollte man schon aus Rücksicht auf die anderen überlegen, zur Grippeimpfung zu gehen.

Nützen Sie die heilenden Kräfte des Apfels

Sie kennen sicher das englische Sprichwort: „One apple a day keeps the doctor away." Was zu Deutsch in etwa heißt: „Ein Apfel am Tag erspart den Arzt." Wenn unsere Urgroßmütter und Großmütter diesen Spruch verwendeten, wurden sie oft belächelt. Und nun hat die medizinische Wissenschaft exakt nachgewiesen: Die Heilkraft des Apfels ist unbestritten. Er enthält eine Reihe von Wirkstoffen, die für unsere Gesundheit sehr wertvoll sind.

- ❖ Der amerikanische Arzt Prof. Dr. Ancel Keys aus Minneapolis hat in einer Studie nachgewiesen, dass ein Apfel vor dem Zubettgehen für einen tiefen, festen Schlaf garantiert. Diese Wirkung beruht auf der gleichmäßigen Verteilung des Blutzuckers während der Nacht, eine Arbeit, welche die Inhaltsstoffe des Apfels vollbringen.

In diesem Zusammenhang ist interessant, dass der deutsche Arzt Dr. Christoph Hufeland bereits seinen Patienten Goethe, Schiller, Ludwig Uhland und Jean Paul einen so genannten „Einschlaf-Apfel“ verordnete.

- ❖ Prof. Dr. Ancel Keys hat aber noch andere Heilkräfte des Apfels entdeckt. Er empfiehlt 2 saftige Äpfel pro Tag gegen Arterienverkalkung und Infarkt. Das Geheimnis: Der Apfelquellstoff Pektin senkt den zu hohen Cholesterinspiegel im Blut.
- ❖ Äpfel wirken aber auch gegen zu hohen Blutdruck. Sie schwemmen übermäßige Mengen an Kochsalz und Wasser aus dem Organismus. Dadurch entsteht die blutdrucksenkende Wirkung. Interessante Untersuchungen dazu gibt es von dem österreichischen Arzt Prof. Dr. Josef Jagic. Sein Rat: Jeden Morgen ein Apfel auf nüchternen Magen gegen Bluthochdruck.
- ❖ Der amerikanische Mediziner Dr. Jeffry S. Hyams empfiehlt einen Apfel vor dem Mittagessen zur Förderung des Stuhlgangs und zur Bekämpfung der verbreiteten Verstopfung. Die Erklärung: Die Äpfel regulieren das Wachstum der gesunden Darmflora.
- ❖ Der Wiener Arzt Dr. Ewald Riegler rät: Wenn man die ersten Anzeichen einer Migräne spürt, kann man mit dem Genuss eines Apfels sehr oft den Anfall verhüten.
- ❖ Auch ein zünftiger Alkoholkater ist schnell vorbei, wenn man drei knackige Äpfel auf nüchternen Magen verzehrt. Das stoppt den Kater samt Kopfschmerzen sehr oft binnen einer Stunde.
- ❖ Allseits bekannt ist: Ein knackiger Apfel wirkt nach einer Hauptmahlzeit wie eine Zahnbürste. Beim Kauen werden die Zahnzwischenräume gereinigt.

Denken Sie an all die gesundheitlichen Vorteile, wenn jetzt die frisch geernteten Äpfel dieses Herbstes überall angeboten werden. Und beißen Sie genüsslich hinein.

Obst und Gemüse gegen Verkalkung

Die internationale Ernährungswissenschaft scheint dem uralten Traum der Menschheit nach einem Jungbrunnen, nach ewiger Jugend, ein wenig näher gekommen zu sein. Vier amerikanische Studien – voneinander getrennt durchgeführt – haben nunmehr etwas ergeben: Wenn bei einem Menschen im fortgeschrittenen Alter bereits Gefäßverengungen durch Arteriosklerose – im Volksmund Verkalkung –

festgestellt werden, dann können diese in gewisser Weise auch wieder zurückgebildet werden. Die überraschende Erklärung: Streng vegetarische Kost mit Obst und Gemüse macht die Gefäße – zumindest teilweise – wieder frei.
Wir sollten daher jetzt im Herbst das reiche Angebot an erntefrischen Naturprodukten für so eine „Therapie" nützen. Eine der amerikanischen Studien – die so genannte CLAS-Studie – wurde an 162 Männern mit Bypass durchgeführt. Die Gruppe von Probanden, die zwei Jahre lang konsequent mit frischem Obst und rohem Gemüse oder mit schonend zubereitetem Gemüse und ganz ohne Fleisch versorgt wurde, zeigte eine deutliche Verbesserung der Adernverkalkung. Die Messungen an den Hauptschlagadern zeigten, dass die Gefäße wie „durchgeputzt" waren. Dieser Rückzug der Arteriosklerose zeigte sich bei 82 Prozent der Patienten.
Bei bestimmten Obst- und Gemüsesorten war im speziellen Maße ein verjüngender Effekt zu beobachten: bei Zwiebeln, Knoblauch, Schwarzwurzeln, Pellkartoffeln, Möhren, Sellerie, Spinat, Borretsch, Äpfeln und Birnen. Grundsätzlich aber – so betonen amerikanische Ernährungsexperten – bremst jedes Obst und Gemüse die Verkalkung. Wer also lange geistig und körperlich jung bleiben möchte, der sollte zur herbstlichen Erntezeit kräftig zulangen. Dabei ist es sinnvoll, vorübergehend zwei, drei Wochen den Fleischkonsum zu reduzieren oder ganz darauf zu verzichten.
In einer weiteren Studie konnte Prof. Dr. Anthony J. Verlangieri an der Universität von Mississippi, USA, nachweisen, dass sich Arteriosklerose vor allem mit Naturprodukten bremsen und zurückbilden lässt, die reich an Vitamin E sind: sämtliche Blattgemüse und Vollkornarten, ganz besonders die Weizenkeime. Prof. Dr. Verlangieri versorgte mit solchen Produkten sowie zusätzlich mit Gaben von natürlichem Vitamin E verkalkte hochbetagte Affen. Nach zwei Jahren hatte sich ihr Zustand erstaunlich gebessert. Dazu Prof. Dr. Verlangieri: Vegetarische Kost, Vitamin-E-reiche Ernährung und täglich 1 Kapsel natürliches Vitamin E – 200 internationale Einheiten – aus der Apotheke können der Arteriosklerose erfolgreich den Kampf ansagen.

Mit gesunden Füßen in den Herbst

Die Zahlen sind unerfreulich: Über die Hälfte aller Erwachsenen und fast zwei Drittel der Kinder haben Fußbeschwerden. Die Ursache liegt auf der Hand: Sehr oft wird abgetragenes oder zu enges Schuhwerk unseren Füßen zugemutet. Die Hauptursache aber ist und bleibt der Bewegungsmangel. Die meisten von uns gehen pro Tag sehr wenig. Die Folge: Unsere Füße kommen aus der Übung, vergessen ihre eigentliche Aufgabe.
Da im Winter unsere Gehwerkzeuge noch weniger strapaziert werden, sollten wir im Herbst intensives Fußservice betreiben. Dazu gehören einige wesentliche Maßnahmen:

- Tragen Sie ausschließlich bequemes Schuhwerk, das Ihnen keine Schmerzen verursacht.
- Wenn Sie Schmerzen an den Füßen haben, dann sollten Sie sich vom Orthopäden untersuchen lassen, ob Sie vielleicht Schuheinlagen benötigen. Sie sollten diese Einlagen dann auch wirklich verwenden.
- Wenn Sie nach Hause kommen, dann ziehen Sie sofort die Schuhe aus und laufen Sie so oft wie möglich barfuß in der Wohnung umher. Besonders gesund ist es, im Gras zu laufen. Danach lagern Sie die Beine hoch.
- Fahren Sie nicht jeden Schritt mit dem Auto oder mit einem öffentlichen Verkehrsmittel. Gehen Sie täglich eine größere Strecke zu Fuß. Verzichten Sie auch auf den Lift. Treppensteigen ist gesund.
- Nützen Sie schönes Herbstwetter am Wochenende für eine Wanderung in der freien Natur.
- Verwöhnen Sie Ihre Füße so oft wie nur möglich mit einem Fußbad. Ideal: ein Eimer mit heißem Wasser, dazu eine Hand voll Kochsalz. Auch Heublumenzusatz ist sinnvoll. Danach gut abtrocknen, Wollsocken anziehen und in der Wohnung umherlaufen.
- Setzen Sie sich so oft wie nur möglich entspannt hin und massieren Sie Ihre Füße. Verwenden Sie dazu asiatischen Tigerbalm, Franzbranntwein-Gel oder Melissengeist.
- Einmal in der Woche sollten Sie wassertreten: Lassen Sie in die Badewanne oder Duschwanne 20 Zentimeter hoch kaltes Wasser ein. Darin gehen Sie 2 bis 3 Minuten im Storchenschritt umher.
- Bei geschwollenen, schmerzenden Füßen mit brennenden Fußsohlen verwenden Sie zum Einmassieren Hirschtalgsalbe aus der Apotheke. Oder Sie raffeln eine Salatgurke, füllen den Brei in Socken und ziehen diese dann die Nacht über an. Das aktiviert die Durchblutung der Füße.

Die heimliche Schlankheitskur

Viele wollen im Herbst überschüssige Pfunde abbauen. Sie nehmen sich fest vor, eine Diät zu machen. Doch dann schaffen sie es doch nicht. Die einen bringen einfach nicht die Zeit für spezielle Schlankmacherrezepte auf. Andere wieder verlieren nach kürzester Zeit die Lust und Durchhaltekraft. Oder der Partner verführt zu köstlichem Essen und die guten Vorsätze sind dahin.
Amerikanische Ärzte in San Diego haben im Rahmen eines Forschungsprogramms herausgefunden, wie man sich selbst beim Abnehmen überlisten und beschwindeln kann. Die Lösung von Prof. Dr. Charles Doornfield: die heimliche Schlankheitskur. Und so funktioniert sie:

- ❖ Planen Sie keine Diät mit lästigen Kalorienberechnungen. Tun Sie so, als wollten Sie gar nicht abspecken.
- ❖ Gestalten Sie den Frühstückstisch zu einem exotischen Fest. Essen Sie zum Kaffee oder Tee ausschließlich frische, duftende Früchte. Zum Abspecken besonders geeignet: Ananas, Kiwis, Mangos, Melonen, Paprika, Gurken, Radieschen, Äpfel. Essen Sie sich satt.
- ❖ Für den kleinen Hunger zwischendurch sollten Sie immer Obst parat haben: in der Tasche, am Arbeitsplatz, im Handschuhfach des Autos. Und zwar einen Apfel, eine Orange, eine Birne.
- ❖ Machen Sie viermal am Tag eine „Trinkpause", damit der Organismus nicht „austrocknet". Trinken Sie jeweils 1/4 Liter Mineralwasser, eventuell mit Zitronensaft.
- ❖ Stellen Sie sich beim Einkaufen von Nahrungsmitteln auf Leichtprodukte ein: Sie können wie bisher Wurst, Käse, Aufstriche genießen. In derselben Menge sind nur viel weniger Fett und Kalorien drinnen.
- ❖ Essen Sie Ihr Abendbrot vor 20 Uhr. Danach höchstens einen Apfel.
- ❖ Zu Hause sollten Sie viel Gemüse, wenig oder gar keine Beilagen, sehr wenig Fleisch essen. Servieren Sie kleine Portionen auf kleinen Tellern. Das sieht nach mehr aus.
- ❖ Nehmen Sie sich vor, zweimal die Woche abends nicht vor dem Fernsehgerät zu sitzen. Gehen Sie früher schlafen. Das spart Knabbereien und Süßigkeiten, die Sie sonst naschen würden.
- ❖ Oder tauschen Sie das Fernsehen mit einen abendlichen Spaziergang. Freizeitbewegung lenkt vom Essen ab. Außerdem wird dabei Fett in Muskelmasse umgewandelt.
- ❖ Probieren Sie alte Klamotten von sich aus einer Zeit, als Sie schlanker waren. Das motiviert zum Wenigeressen.

Hausrezepte gegen die Herbstgastritis

Wenn im Herbst die Temperaturen zwischen Tag und Nacht sehr extrem werden, dann beginnt für all jene eine unangenehme Zeit, die an einer Magenschleimhautentzündung – auch Gastritis genannt – leiden. Jetzt kommt das Leiden bei den meisten ganz plötzlich wieder zum Vorschein und bereitet viele Schmerzen und Qualen. Es ist daher wichtig, dass alle Betroffenen sich sehr genau beobachten und bei den ersten Anzeichen etwas gegen die Gastritis unternehmen.
Hier die wirkungsvollsten Rezepte, die sehr oft auch von Ärzten empfohlen werden, weil sie dem Patienten die Einnahme von starken Medikamenten mit Nebenwirkungen ersparen:

- Machen Sie eine Rollkur mit Kamillentee. 1 Esslöffel Kamille wird mit $^1/_4$ Liter kochendem Wasser übergossen, 10 Minuten ziehen lassen. Dann ungesüßt und in langsamen Schlucken die ganze Tasse trinken. Danach hinlegen und jeweils 3 Minuten auf dem Rücken, auf der linken Seite, auf dem Bauch und schließlich auf der rechten Seite liegen bleiben. Auf diese Weise kann der Kamillentee auf die gesamte Magenschleimhaut lindernd und heilend einwirken.
- Sehr wirksam gegen Magenschleimhautentzündung ist bei vielen Menschen Knoblauchtinktur aus der Apotheke. Sie nehmen bei starken Schmerzen 10 Tropfen in etwas lauwarmes Wasser oder auf einem Stück Würfelzucker. Das ist allerdings keine geeignete Dauertherapie.
- Verzichten Sie rigoros auf Alkohol, Nikotin und starken Bohnenkaffee, zumindest einige Zeit.
- Essen Sie einige Zeit Vollkornhaferbrei, Naturreisbrei, Haferschleimsuppe oder Leinsamenschleim.
- Baden Sie zweimal die Woche in heißem Wasser mit Fichtennadelzusatz. Das beruhigt den Magen.
- Trinken Sie im Rahmen einer Kur 3-mal täglich 1 Tasse Mariendisteltee, ungesüßt, aus der Apotheke. Auch mit Käsepappeltee oder Tausendguldenkrauttee kann man interessante Erfolge erzielen.
- Eine ganz besonders interessante Therapie stellt den milchsauer vergorenen Kartoffelsaft (Drogerie, Reformladen) in den Mittelpunkt. Man trinkt über einen längeren Zeitraum 15 Minuten vor jeder Hauptmahlzeit ein Schnapsgläschen von dem Kartoffelsaft. Schon vor Jahren ergaben Patientenstudien von Prof. Dr. Magerl an der Universität Heidelberg, dass sich mit Kartoffelsaftkuren im Laufe von mehreren Wochen Gastritis, aber auch Magengeschwüre erfolgreich bekämpfen lassen. Prof. Dr. Magerl entdeckte die Heilkraft des Kartoffelsaftes im Zweiten Weltkrieg. Er beobachtete, dass Kriegsgefangene und Wehrmachtsoldaten, die aus Hunger rohe Kartoffeln von den Feldern gegessen hatten, nicht über Magenprobleme klagten.

Hausrezepte gegen den ersten Schnupfen

Im Herbst wird die Gefahr immer größer, dass viele von uns mit dem ersten Schnupfen der heurigen Saison Bekanntschaft machen. Es ist zweifelsohne unangenehm, mit einer verstopften und rinnenden Nase herumzulaufen. Es ist lästig, wenn man sich hustend und niesend durch den Alltag kämpfen muss. Aber man muss das auch von der positiven Seite sehen: Ein Schnupfen hat seine guten Seiten. Wir bauen damit in unserem Organismus natürliche Abwehrkräfte auf und sind dann im Winter gegen größere Erkältungskrankheiten besser geschützt.

Es hat auch in vielen Fällen, wenn man kleine chronische Leiden hat, wenig Sinn, mit dem Schnupfen zum Arzt zu gehen. Vielleicht kennen Sie den boshaften Ausspruch: Ein Schnupfen dauert ohne Arzt eine Woche. Mit Arzt sieben Tage.
Wichtig ist, dass jeder von uns praktische Hausrezepte kennt, mit denen er seinen ersten Schnupfen so rasch wie möglich in den Griff bekommt. Hier ein paar besonders bewährte Rezepte:

- Trinken Sie zweimal am Tag einige Zeit 1/4 Liter Roten-Rüben-Saft. Der Farbstoff Betanin hat antibakterielle Wirkung und macht die Krankheitserreger inaktiv.
- Trinken Sie einige Tage lang einmal am Tag 1 Tasse heißen Kräutertee, in dem Sie eine Multivitamin-Brausetablette ohne Zucker aus der Apotheke auflösen. man nennt das im Volksmund einen „Schnupfencocktail".
- Trinken Sie abends vor den Zubettgehen eine Tasse Lindenblütentee mit 2 Teelöffel Honig und 2 Teelöffel Melissengeist. Der deutsche Wissenschaftler Dr. Harald Greve hat im Melissengeist den Stoff Alpha-Pinen nachgewiesen, welcher die Immunkraft gegen Erkältungskrankheiten stärkt.
- Verwenden Sie ausschließlich Papiertaschentücher zum Säubern der Nase und entsorgen Sie diese nach einmaligem Gebrauch.
- Nehmen Sie zweimal am Tag ein heißes Fußbad. Rühren Sie in einem Eimer voll Wasser 1/4 Kilo Kochsalz oder 1/4 Liter Apfelessig.
- Wenn die Nase rinnt, massieren Sie sie mit Propolissalbe aus dem Bienenstock (Apotheke) ein.
- Ist die Nase verstopft, dann zerhacken Sie eine Zwiebel, geben Sie die Stücke in 2 Liter kochendes Wasser und atmen Sie den aufsteigenden Dampf ein. Für unterwegs sollten Sie des Öfteren an einem Fläschchen Japanischem Minzöl riechen oder die Naseneingänge mit asiatischem Tigerbalm einreiben.

Mit Kaolinerde gegen Gelenkrheuma

Im Herbst ist wieder die Zeit, in der sprunghaft die rheumatischen Erkrankungen zunehmen. Als Erstes machen sich an kühlen Herbsttagen Gelenkrheuma im Allgemeinen und Kniearthrosen im Besonderen bemerkbar. Patienten, die schon lange daran leiden, begehen oft einen gravierenden Fehler: Sie greifen – ohne den Arzt zu fragen – zu starken Rheuma- oder Schmerzmedikamenten und schädigen damit auf Dauer Magen, Leber und Niere.
In der modernen Medizin ist man längst bemüht, chronische rheumatische Erkrankungen vorerst mit bewährten natürlichen Behandlungsmethoden zu bekämpfen: mit Thermalbädern, Moorbädern, Massagen. Es hat sich herausgestellt, dass diese

Therapien oft die Möglichkeit bieten, Rheumamedikamente drastisch zu reduzieren oder ganz abzusetzen. Auch das natürliche Vitamin E spielt da zweifelsohne eine bedeutende Rolle. Die tägliche Einnahme von 1 Kapsel mit 500 bis 800 internationalen Einheiten kann hier oft helfen.

Mehr und mehr aber gewinnt gerade bei Gelenkrheuma, und da wieder ganz besonders bei den Kniegelenkarthrosen, eine uralte Methode, die man ganz einfach zu Hause durchführen kann. Es sind die Tonerdepackungen mit dem klassischen Enelbin-Kaolin, das überaus mineralstoffhaltig und reich an Aluminiumsilikat ist. Man bekommt die Erde heute bereits fertig in Pastenform in der Tube beim Apotheker. Und so wird die Rheumabehandlung erfolgreich durchgeführt:

- Die Kaolinpaste mit Zimmertemperatur wird mit einer Holzspatel fingerdick auf die schmerzenden Gelenke aufgetragen. Darüber kommt eine Mullauflage, die mit einer elastischen Binde fixiert wird.
- Nun muss die Tonpaste 6 bis 8 Stunden einwirken, am besten über Nacht.
- Die Kur sollte drei Wochen lang jeden zweiten Tag angewendet werden.
- Handelt es sich bei den Gelenkschmerzen um akut entzündliche Prozesse, dann kann man die Kaolinerde auch kalt anwenden. Man legt die Tube mit der Paste für 2 Stunden in den Kühlschrank und trägt sie dann erst auf die betreffenden Körperstellen auf. Einwirken lassen, bis die Paste warm geworden ist.

Diese alte, bewährte Methode, die von der Medizin jetzt wieder entdeckt wurde, hat viele Vorteile: Es gibt keine Nebenwirkungen. Schlacken und Gifte aus dem betreffenden Gelenk werden abgebaut. Die örtlichen Abwehrkräfte werden gestärkt. Es gibt eine starke Tiefenwirkung ins Gewebe. Die Durchblutung wird rasch gefördert. Die Gelenke werden schnell wieder beweglich und schmerzfrei.

Trauben stärken die Nerven und machen uns schön

Wir befinden uns mitten in der Zeit der Weintraubenernte. Grund genug, dass wir uns vor Augen halten, wie wertvoll die Trauben für unsere Gesundheit, aber auch für unsere Schönheit sein können.

Schon in der Antike war es in Ägypten, Babylon, Griechenland und Rom üblich, dass man einem Mann Wein, den Frauen aber Trauben als Geschenk brachte. Damals schon hatten die Trauben den Ruf, dass sie fit machen, aber auch eine ganz besonders schöne, junge Haut vermitteln.

Und das sind die Wirkstoffe in den Trauben, die sich so positiv auf unsere Gesundheit und auf unser Aussehen auswirken: Die Vitamine B_1, B_2, B_3 und B_6 stärken die Nerven und aktivieren das Gehirn. Der Fruchtzucker hebt leicht den Blutzuckerspiegel an und vertreibt damit Müdigkeit, Stressbelastung und Konzentrations-

mangel. Das Vitamin C stärkt das Immunsystem. Das Magnesium ist wichtig für Herz und Kreislauf. Der Mineralstoff Kalium gleicht zu salzhaltige Nahrung aus. Und so kann man die Weintrauben gezielt für die Schönheit einsetzen:

- Die Schalen der Trauben sind ballaststoffreich, entgiften den Darm und bekämpfen Verstopfung. Auf diese Weise kann man von innen her oft Hautunreinheiten erfolgreich behandeln.
- Blaue Trauben fördern mit ihrem Farbstoff Anthocyan die Durchblutung der Haut. Sie kräftigen aber auch Venen und kleinste Blutgefäße. Daher kann man Traubenkuren gegen dicke Beine und gegen blaue Flecken auf der Haut durchführen. Durch den Anteil am Provitamin A Betacarotin – in Zusammenarbeit mit einigen Enzymen – werden auch die natürlichen Abwehrkräfte in der Haut gestärkt.
- Wer abnehmen möchte, der muss weiße Trauben essen: 2 bis 3 Tage lang – am besten übers Wochenende – täglich 1 bis 1 1/2 Kilo Trauben. Dazu über den Tag verteilt 2 Liter ungezuckerten Kräutertee trinken, mittags eine Pellkartoffel, morgens und nachmittags eine Scheibe Knäckebrot mit etwas Topfen oder Honig essen. Oder man trinkt jeden Tag 1 1/2 Liter frisch gepressten Traubensaft und 2 Liter Mineralwasser.
- Wer müde Haut wieder erfrischen und einer Haut mit großen Poren wieder ein zartes, glattes und feines Aussehen geben will, der sollte eine Trauben-Vitamin-Kompresse durchführen: In etwas Traubensaft wird ein Leinentuch eingetaucht und dann auf das Gesicht aufgelegt. 20 Minuten einwirken lassen.Dann mit kaltem Wasser abspülen. Wenn man unterwegs ist, genügt es auch, ein paar Weintrauben zwischen den Fingern zu zerdrücken und mit dem Saft die Gesichtshaut einzureiben.
- Da Weintrauben interessante Mengen vom Spurenelement Mangan enthalten, kann man damit auch die Stimmung verbessern, der Osteoporose vorbeugen, die Bildung von Sexualhormonen fördern und jene Enzyme im Körper aktivieren, die das Altern der Haut bremsen.

Die Kosmetik verwendet ganz gezielt auch das goldgelbe Öl, das aus den Traubenkernen gepresst wird. Die Erstpressung schmeckt süß und riecht gut.

- Hier das Rezept für eine Creme gegen unreine Haut: 5 Gramm weißes Wachs werden im Wasserbad geschmolzen. Dann kommt 1 gehäufter Teelöffel Lanolin dazu. Gut umrühren. Dann 40 Gramm Traubenkernöl hinzufügen und alles auf 60 Grad Celsius erwärmen. Gesondert 40 Gramm Hamameliswasser ebenfalls auf 60 Grad erwärmen. Die Traubenkernölmasse vom Feuer nehmen, das Hamameliswasser mit dem Mixstab einrühren. Danach 2 Tropfen Pfefferminzöl einrühren, bis die Creme kalt ist. In ein Cremetöpfchen abfüllen.

Traubensaft als Energiespender

Schon in der Antike wurde die Heilkraft des Weintraubensaftes von Dioskurides und Paulus Aiginata gepriesen. Heute gilt er in erster Linie als Energiespender für Jung und Alt. Dazu machen ihn die zahlreichen lebenswichtigen Inhaltsstoffe: Vitamin A, C, B_1 und B_2, der natürliche Traubenzucker, der Mineralstoff Kalium sowie eine Reihe von Spurenelementen und Enzymen so wertvoll.
Der Schweizer Ernährungswissenschaftler Prof. Dr. Gonzenbach hat einmal geschrieben: „Wer den Saft der Traube regelmäßig trinkt, der stärkt die Nerven, das Blut und die Muskeln!“ Zusätzlich ist erwiesen, dass der Traubensaft auf den menschlichen Organismus entsäuernd wirkt. Wenn nämlich das weinsaure und apfelsaure Kalium der Traube im Körper verbrannt wird, verbindet sich das körpereigen gewordene Kalium, das dabei entsteht, mit vorhandenen, überschüssigen Säuren, vor allem mit Harnsäure. Dadurch wieder wird diese löslich und kann über die Harnwege ausgeschieden werden. Damit wird Traubensaft zu einem idealen Gegengewicht zu unserer übersäuerten, fleischreichen Kost. Ideal dabei ist, dass er praktisch kein Eiweiß und kein Fett enthält.
Eine Kur mit Traubensaft: 14 Tage lang täglich einmal anstelle einer Mahlzeit 1/4 bis 1/2 Liter Traubensaft stärkt den gesamten Organismus, entschlackt, bekämpft Verstopfung, wirkt sich positiv auf Gicht, Ischias, Rheuma und Gallensteinleiden aus und regt die Leberzellen an. Dadurch kann das zentrale Labor unseres Körpers besser arbeiten, was wieder dem Kreislauf, dem Stoffwechsel, der Haut und der allgemeinen Spannkraft förderlich ist. Der rote Traubensaft enthält zusätzlich den antibakteriellen Farbstoff Oenin, der Darminfektionen vorbeugen kann.
Bei schwächlichen Kindern oder Senioren, bei stillenden Müttern und genesenden Patienten ist es oft sinnvoll, am besten in Absprache mit dem Arzt, eine Traubensaftkur durchzuführen.

Propolis, die Naturarznei aus dem Bienenstock

Die Bienenstöcke liegen längst im Winterschlaf. Das große Bienenvolk des Sommers lebt zum Teil nicht mehr. Nur mehr eine auserwählte Gruppe rund um die Königin lebt weiter. Die letzte große Leistung der Bienen: Nachdem sie im Herbst mangels Blüten keinen Nektar für Honig finden konnten, sammelten sie aus der Rinde ganz bestimmter Bäume Harze. Diese haben sie dann mit ihren körpereigenen Sekreten zum bekannten Bienenkittharz, auch Propolis genannt, verarbeitet.
Der Name Propolis kommt aus dem Griechischen und bedeutet: vor der Stadt. In der Antike bereits erkannte man, dass es sich bei Propolis um eine Naturarznei han-

delte, mit welcher die Bienen ihren Stock austapezierten, um Seuchen und Krankheiten „vor der Bienenstadt" zu lassen.
Für uns Menschen ist Propolis aus dem Bienenstock nach den neuesten wissenschaftlichen Erkenntnissen ein wertvolles Elixier für den Herbst:

- Propolis enthält die Vitamine E, H, P und jene der Gruppe B.
- Sehr stark ist darin der Mineralstoff Kalzium vertreten. An Spurenelementen findet man darin Eisen, Silicium, Mangan, Zink und Kupfer.
- Propolis enthält heilende Säuren wie Hyristinsäure, Zimtsäure, Kaffeesäure, Sorbinsäure und Benzoesäure. Überdies gibt es darin heilende Substanzen aus Harzen, Pollen und ätherischen Ölen.
- Das Wesentliche aber, das lange Zeit unbewiesen war und jetzt exakt bewiesen ist: Propolis hat nicht nur eine natürliche antibiotische Wirkung. Mehr noch: Im Laborversuch konnte beobachtet werden, dass Propolis den chemotherapeutischen Antibiotika in manchem sogar überlegen ist. Während man mit Antibiotika keinen Viren beikommen kann und den Körper für Pilze anfällig machen kann, greift Propolis Bakterien, Bazillen, aber auch Viren und Pilze an.

Und so lässt sich Propolis gerade in dieser Jahreszeit nutzbringend einsetzen:

- Reiben Sie schmerzende Gelenkstellen mehrmals am Tag – vor allem aber abends vor dem Zubettgehen – mit Propolissalbe (Apotheke) ein. Propolis bekämpft Schmerzen und Entzündungen.
- Bei Halsschmerzen, Heiserkeit und Bläschen im Mund: 20 Tropfen Propolistinktur (Apotheke) in etwas lauwarmes Wasser, gurgeln und etwas davon trinken.
- Beim ersten Anzeichen einer Fieberblase die betreffende Hautstelle immer wieder fest mit Propolistinktur einreiben. Dann bekommt man das lästige und schmerzhafte Problem rasch in den Griff.

Damit der Computer Sie nicht krank macht

Eine Statistik von Augenärzten in der Europäischen Union beweist: Wenn die Tage kürzer werden, wenn es draußen kalt ist, dann verbringen Erwachsene und Kinder in vielen Familien nicht nur mehr Zeit vor dem Fernsehapparat. Man amüsiert sich auch verstärkt an Computerspielen. Nun kommt dazu aber noch die Tatsache, dass die Kinder in der Schule und viele Erwachsene am Arbeitsplatz heute ebenfalls an einem Computer eingesetzt werden. Das bleibt für die strapazierten Augen nicht ohne Folgen. Vielen von uns droht gerade im Herbst und Winter die „Computerkrankheit".
Und das sind die typischen Symptome dafür:

- ❖ Es kommt zu Augenflimmern und Augenschmerzen. Das erste Anzeichen sind mehr oder minder gerötete Augen.
- ❖ Parallel dazu treten häufig Kopfschmerzen und Schläfenschmerzen auf.
- ❖ Lange Arbeit vor dem Computer strapaziert die Konzentration. Es kann unmittelbar danach zu einer deutlichen Verminderung der geistigen Aufnahmebereitschaft und zu einer Beeinträchtigung der Fahrtüchtigkeit im Straßenverkehr kommen.
- ❖ Auch die Wirbelsäule ist in Gefahr, weil sie durch zu langes Sitzen in immer derselben Stellung einseitig belastet wird.
- ❖ Computerarbeit geht obendrein stark an die Nerven.

Wenn Sie daher am Arbeitsplatz intensiv mit einem Computer zu tun haben und sich vielleicht auch in Ihrer Freizeit viel mit so einem Gerät befassen, dann sollten Sie ganz bestimmte Dinge beachten, damit Sie Ihre Gesundheit schützen können.

- ❖ Der Bildschirm des Gerätes darf nicht parallel zum Fenster stehen, sondern im rechten Winkel. Das ist wichtig für den Lichteinfall.
- ❖ Die Oberkante des Bildschirms muss immer unter der Augenhöhe liegen.
- ❖ Der Abstand zwischen Augen und Bildschirm muss mindestens 50 Zentimeter betragen.
- ❖ Nach einer Stunde vor dem Computer muss eine Pause eingelegt werden. Vier Stunden tägliche Arbeit am Gerät sind vertretbar. Dann aber brauchen die Augen Ruhe.
- ❖ Lassen Sie als Ausgleich in Ihrer Freizeit die Augen in natürliches Grün schauen.
- ❖ Nehmen Sie über die Nahrung Vitamin A auf, weil Ihre Augen einen vermehrten Bedarf haben: Knabbern Sie täglich 3 Möhren.
- ❖ Essen Sie regelmäßig Naturreis und Vollkornmüsli. Damit tanken Sie den Mineralstoff Magnesium – gut für die Nerven.
- ❖ Nach der Arbeit am Computer sollten Sie nicht gleich zum Fernsehen gehen. Und machen Sie einfache Gymnastik- und Streckübungen, damit die Wirbelsäule entspannt wird.

Die besten Gesundheitstipps für Oktober

Ein Kuss gegen Aggressionen am Steuer

Die Unfälle im Straßenverkehr steigen jeden Herbst dramatisch an. Mehrere Faktoren spielen dabei eine bedeutende Rolle: die schlechten, ständig wechselnden Wetterverhältnisse, die verstärkte Nervosität der Menschen am Steuer, das frühe Dunkelwerden auf den Straßen, das Nachlassen der Konzentrationsfähigkeit durch kalte Außentemperaturen und meist zu hohe Temperaturen im Auto selbst.
Ganz abgesehen von den gesundheitlichen Gefahren, die jeder Verkehrsunfall in sich birgt: die Nervosität, die Aggressionen, der Frust am Steuer: Das alles schafft nicht nur seelische Belastungen, sondern leitet auch körperliche Beschwerden ein und kann mit der Zeit zu ernsthaften Erkrankungen führen.
Daher sollten wir uns nicht damit abfinden, dass es in der kalten Jahreszeit auf den Straßen rauer, gefährlicher und nervenaufreibender zugeht. Wir sollten – jeder für sich selbst – etwas dagegen tun:

- ❖ Die österreichische Verkehrsexpertin Mag. Angelika Brückner, Mitarbeiterin einer großen Autofahrer-Organisation, hat nachgewiesen: Jeder sollte am Morgen vor dem großen Stau nicht in sein Fahrzeug einsteigen, ohne mit seinem Partner einen innigen, zärtlichen oder leidenschaftlichen Kuss getauscht zu haben. Das schafft eine optimale Hormonsituation und unterbindet Aggression. Autofahren ist dann eine viel geringere Nervenbelastung.
- ❖ Beim Ärger unterwegs sollten Sie nicht die Faust zeigen, nicht ordinäre Schimpfworte von sich lassen oder gar handgreiflich werden. Nützen Sie die Kraft des Atems. Es gibt eine Atemübung, welche die Nerven stärkt und Aggressionen abbaut: Atmen Sie tief durch die Nase ein und strecken Sie dabei den Bauch heraus. Dann Bauch einziehen und die Luft durch die geschlossenen Lippen herauspressen. Psychologen und Atemmediziner nennen diese entspannende Übung die „Lippenbremse".
- ❖ Versorgen Sie sich am Steuer Ihres Wagens mit Naturprodukten, welche Ihnen das nachgewiesene Antistressmineral Magnesium liefert: Kauen Sie Sonnenblumenkerne, Haselnüsse, Mandeln. Essen Sie Naturreis, Müsli und möglichst regelmäßig Vollkornprodukte. Im Handschuhfach sollten Sie immer eine Magnesiumkautablette aus der Apotheke parat haben. Damit werden die Nerven am schnellsten beruhigt.
- ❖ Rauchen Sie nicht im Wagen. Kauen Sie lieber Trockenfrüchte wie Datteln,

Feigen, Pflaumen, Rosinen. Sie liefern den Nerven den beruhigenden Mineralstoff Kalium, der auch das Herz vor Aufregungen im Straßenverkehr schützt.

Einfache Tricks gegen das Schnarchen

Nacht für Nacht leiden besonders viele von uns unter lästigem Schnarchen und stören damit ihren eigenen Schlaf sowie den des Partners: Rund 40 Prozent der Menschen in Mitteleuropa schnarchen gelegentlich. Die Medizin unterscheidet zwischen einem „harmlosen Alltagsschnarchen" und einem „krankhaften Schnarchen".

Beim krankhaften Schnarchen liegen die Ursachen bei Missbildungen der Nasenschleimhaut, Polypen, Mandelerkrankungen, Störungen der Herzdurchblutung. Besonders gefährlich: die Schlafapnoe. Das bedeutet: Die Atmung setzt mehrmals in der Stunde für jeweils 30 Sekunden aus. In all diesen Fällen müssen konkrete medizinische Maßnahmen, sehr oft auch operative Eingriffe erfolgen.

Genau das aber schreckt viele Schnarcher ab, zum Arzt zu gehen. Die Folge: Sie unternehmen gar nichts, nehmen weiter Auseinandersetzungen mit dem Partner in Kauf, leben in getrennten Schlafzimmern und werden von Freunden verspottet.

Mediziner der angesehenen Berkeley-Universität in Kalifornien, USA, haben nun im Rahmen einer Studie nachgewiesen: In den meisten Fällen könnte der Schnarcher sein harmloses Leiden mit ganz einfachen Tricks selbst besiegen, denn sein Schnarchen hat meist folgende Ursachen: Übergewicht, Stress, Alkoholkonsum, zu viel Kaffee, mangelndes Zahnservice, eine Erkältung, falsches Liegen.

Das Ärzteteam appelliert daher an alle, die schnarchen und darauf aufmerksam gemacht werden: Keine Angst! Versuchen Sie zuerst die einfachen Tricks. Sehr oft ist dann das Schnarchen ganz schnell wieder aus der Welt geschafft:

- Wenn Sie an Übergewicht leiden, dann nehmen Sie konsequent ab.
- Wenn Sie erkältet sind, kurieren Sie sich ganz schnell wieder aus, damit etwaige Schwellungen der Nasenschleimhäute rasch abklingen können.
- Meiden Sie drei Stunden vor dem Zubettgehen schwere Mahlzeiten und Alkohol. Verzichten Sie ab 18 Uhr auf zu große Mengen starken Bohnenkaffees.
- Nehmen Sie keine Beruhigungsmittel, keine Schlafmittel, aber auch keine Allergiepräparate vor dem Schlafengehen.
- Hören Sie mit dem Rauchen auf. Zumindest ab 16 Uhr sollten Sie auf Nikotinkonsum verzichten.
- Sorgen Sie dafür, dass Ihr Schlafraum gut durchlüftet ist und feuchte Luft, zumindest keine zu trockene Luft hat.
- Eine Stunde vor dem Zubettgehen sollten Sie nicht fernschauen.

- Meiden Sie im Schlaf die Rückenlage. Da entspannt sich der Zungenmuskel besonders und blockiert den Luftweg im Mundrachen. Achten Sie darauf, dass Sie immer in Seitenlage einschlafen.
- Tauschen Sie das Kissen gegen eine Nackenrolle.
- Gehen Sie regelmäßig zum Zahnarzt. Lassen Sie Zahnlücken nicht anstehen. Kieferveränderungen können ebenfalls das Schnarchen fördern.

Zigarettenrauchen kann man einfach wegessen!

Es wird draußen wieder erheblich kälter. Es ist früher dunkel. Wir halten uns in den nächsten Monaten wieder mehr in den Innenräumen auf. Und da wird es wieder sehr unangenehm und auch gesundheitsgefährdend, wenn wir rauchen. Egal, ob Zigarette, Zigarre oder Pfeife: Der Rauch setzt sich in den Vorhängen, in den Polstermöbeln und Teppichen fest. Überall riecht es nach Nikotin. Und unsere Atemwege sind durch die Schadstoffe, die das Rauchen verursacht, schwer belastet. Während des Sommers im Freien war das nicht so bedenklich. In der kalten Jahreszeit in der Wohnung spürt jeder im Grunde genommen, dass das nicht gesund sein kann.
Wäre das nicht vielleicht ein aktueller Anlass, mit dem Rauchen aufzuhören? Es gibt so viele Argumente, die fürs Abgewöhnen sprechen: In Mitteleuropa sterben täglich rund 300 Menschen an den Folgen des Rauchens. Dabei spielt Krebs eine bedeutende Rolle. Jede Zigarette, die man raucht, bringt 4000 chemische Substanzen in den Körper. Davon haben 50 eine nachweislich Krebs erregende Wirkung. Eine Studie der Weltgesundheitsorganisation und des Gesundheitsausschusses der Europäischen Union hat ergeben: Wer raucht, weiß inzwischen, dass er seiner Gesundheit schadet. Er verdrängt es nur sehr oft. Und: Rund 60 Prozent der Raucher wollen von ihrem Laster loskommen. Univ.-Prof. Dr. Michael Kunze, Vorstand am Institut für Sozialmedizin der Universität Wien, betont immer wieder: Man sollte das Loskommen vom Rauchen nicht zu leicht einschätzen. Da es sich beim Rauchen um eine Sucht handelt, ist das ein schwerer Schritt, bei dem der Betreffende meist Hilfe braucht. So bietet das Institut für Sozialmedizin eigene Antiraucherprogramme an, bei denen Gespräche und psychologische Maßnahmen eine große Rolle spielen.
Welche Möglichkeiten stehen nun dem Raucher tatsächlich zur Verfügung, wenn er vom Nikotin lassen möchte?

- Grundsätzlich sollte man den Vorsatz, mit dem Rauchen aufhören zu wollen, immer mit dem Arzt besprechen. Er kann meist sehr gut abschätzen, auf welche Weise der Raucher sich die Zigarette abgewöhnen kann.
- Viele haben Erfolg mit Akupunktur. Die entscheidenden Punkte fürs Rauchen-Abgewöhnen sitzen im äußeren Ohr.

Es gibt in der Apotheke aber auch das Nichtraucher-Nikotinpflaster oder den Antiraucher-Kaugummi. In beiden Fällen wird verhindert, dass der Organismus einen Nikotinmangelschock erleidet, wenn die Zufuhr durch die Zigarette plötzlich ausbleibt. Das auf die Haut aufgeklebte Pflaster oder der Kaugummi führen dem Körper – aber nicht über die Atemwege – medizinisch sehr niedrig dosierte Mengen an Nikotin zu, die mit der Zeit immer niedriger werden. Bis man schließlich nicht mehr nikotinabhängig ist.

- Diesen Effekt kann man aber – so unglaublich es klingt – bis zu einem gewissen Grad auch mit ganz speziellem Essen erreichen! Das haben jetzt Studien an der weltberühmten Berkeley-Universität in Kalifornien nachgewiesen.

Das bedeutet in der Praxis: Man hört mit dem Rauchen auf, vermisst aber in kleinsten Portionen das Nikotin nicht, weil man es ja ständig mit der Nahrung zu sich nimmt. Essen Sie sich also Ihre Nikotinsucht weg! Wenn Sie sich gemeinsam mit Ihrem Arzt das Rauchen abgewöhnen, dann ist es sinnvoll, unterstützend ganz bestimmte Naturprodukte in den Speiseplan aufzunehmen.

Das anregende Nervengift Nikotin ist nämlich in Minimengen enthalten in Auberginen, Tomaten, Kartoffeln und Blumenkohl. Wie wenig gefährlich dieser natürliche Gehalt an Nikotin in den Gemüsesorten ist, beweist folgender Vergleich: Ein halbes Kilo Auberginen enthält etwa so viel Nikotin wie eine halbe Light-Zigarette. Aber die Untersuchungen in den USA haben ergeben: Wer sich das Rauchen abgewöhnt und parallel regelmäßig diese Gemüsesorten isst, dem gelingt es, ohne Entzugserscheinungen leichter von der Zigarette loszukommen. Dieser neue Aspekt wird es vielleicht manchem Raucher reizvoller erscheinen lassen, der Zigarette adieu zu sagen.

Es gibt aber auch noch andere viele kleine unterstützende Maßnahmen, mit denen man sich das Rauchen-Abgewöhnen erleichtern kann. Es sind ganz einfache Dinge, die man beachten muss und versuchen sollte:

- Führen Sie ein Rauchertagebuch. Dabei erkennen Sie nämlich, zu welchen Anlässen Sie zur Zigarette greifen. Und dann versuchen Sie, genau dann standhaft zu sein, immer weniger zu rauchen.
- Machen Sie sich gegen die Zigarettensucht stark: Nehmen Sie jedes Mal, wenn Sie zur Zigarette greifen wollen, 5 Tropfen Hafer-Urtinktur aus der Apotheke auf die Zunge und lassen Sie sie dort langsam einwirken.
- Oder machen Sie eine 3-Wochen-Kur mit 3-mal täglich 1 Tasse grünem Hafertee aus der Apotheke. Das ist ein Rezept von Pfarrer Sebastian Kneipp.
- Essen Sie reichlich grüne Paprika. Sie liefern dem Körper viel Vitamin C. Außerdem schmeckt danach die Zigarette nicht gut.
- Lutschen Sie zuckerfreie – daher kalorienarme – Eukalyptusbonbons. Die Inhaltsstoffe des Eukalyptus erleichtern den Verzicht auf die Zigarette.

Gelingt es Ihnen nicht gleich, das Rauchen einzustellen, dann sollten Sie zumindest einen Teil der Rauchersünden reduzieren, die Gefahr für den Organismus verkleinern. Der Raucher braucht 3-mal so viel Vitamin C wie der Nichtraucher. Das Nikotin zerstört das Vitamin C. Wenn der Raucher also gegen Erkältungen geschützt sein möchte, muss er größere Mengen Vitamin C zu sich nehmen: täglich 3 Orangen, 3 Kiwis und 1 Gabel voll Sauerkraut oder Vitamin-C-Präparate aus der Apotheke.

So können Erkältungen verhindert werden

Sie kennen das sicher aus eigenem Erleben: In der kühlen und kalten Jahreszeit begegnen wir tagtäglich vielen Mitmenschen, die mehr oder weniger stark erkältet sind. Und wenn wir bisher verschont geblieben sind, fragen wir uns oft: Wann wird es mich erwischen? Oder kann man etwas tun, damit man verschont bleibt?

Namhafte Wissenschaftler betonen immer wieder: Man kann eine Erkältung mit vielen einfachen Maßnahmen verhindern. Hätten Sie beispielsweise gedacht, dass man beim Telefonieren Schnupfen oder einen grippalen Infekt bekommen kann? Genau das hat eine Untersuchung der Weltgesundheitsorganisation (WHO) ergeben: Menschen, die in ihrem Arbeitsalltag viel telefonieren, Menschen, die unterwegs von fremden Apparaten Gespräche führen, handeln sich sehr oft dabei eine Erkältung ein.

Die Sauberkeit unserer Telefone lässt nämlich enorm zu wünschen übrig. Und wenn man den Mund zu nahe an die Sprechmuschel hält, können Bakterien und Viren von anderen übertragen werden. Schon sehr bald nach dem Telefonat kann es zu Halsschmerzen, Heiserkeit, Schnupfen oder zu einem grippalen Infekt kommen. Das ist möglich, weil selbst hygienische Menschen viel zu selten ihren Telefonhörer säubern. Umfragen haben ergeben, dass in Büros die Telefonhörer zwar gereinigt werden. Meist werden sie aber nur ganz flüchtig von der Raumpflegerin mit einem trockenen Scheuerlappen bearbeitet.

Was kann man gegen diese Gefahr tun? Gerade in Erkältungszeiten sollte man mindestens einmal pro Woche den Telefonhörer mit Medizinalalkohol aus der Apotheke reinigen. Für unterwegs eignen sich wunderbar Hygienetücher, ebenfalls aus der Apotheke. Die ideale Lösung der Zukunft: Freisprechanlagen.

Im Rahmen einer groß angelegten Studie hat man an der Berkeley-Universität in Kalifornien nachgewiesen: Allein mit regelmäßigem Händewaschen kann man viele Erkältungen verhindern. Man sollte es nicht glauben: Was das Händewaschen betrifft, herrschen in unserer modernen Gesellschaft katastrophale Verhältnisse.

Der alte Spruch unserer Großmütter „Vor dem Essen, nach dem Essen – Händewaschen nicht vergessen!“ hat längst keine Bedeutung mehr. Eine Untersuchung der Weltgesundheitsorganisation hat ergeben: In den zivilisierten Ländern waschen

sich die meisten Menschen nur einmal am Tag die Hände, und das oft nur am Morgen.
Das Problem: In unserer Zeit hantieren nur wenige von uns tatsächlich mit sichtbarem Schmutz. Doch allein der Handschweiß ist eine Brutstätte für Bakterien, Bazillen und Viren. Man kann eine Reihe von Erkältungsinfektionen abwehren, wenn man sich vor jeder Mahlzeit die Hände wäscht, wenn man abends nach Hause kommt, vor allem, wenn man mit erkälteten Menschen beisammen war.
Ein Ärzteteam an der Universität von San Diego in Kalifornien hat wissenschaftlich dokumentiert, was wir ohnehin wissen: Die meisten Erkältungen werden über den Mund- und Rachenraum in den Organismus eingeschleust. Wir nehmen die Krankheitserreger anderer auf, wenn jemand hustet und niest, wenn wir von bereits benütztem Essbesteck essen. Oder wenn wir uns mit der Hand zum Mund greifen.
Wir sollten aus dieser Erkenntnis lernen und reagieren. Die Devise lautet: Stoppen Sie täglich mehrmals die Grippegefahr im Mund! Das geht ganz einfach. Betreiben Sie Mundhygiene. Bevor Sie den Alltag beginnen und unter Menschen gehen, sollten Sie den Mund- und Rachenraum stark machen. Wenn Sie abends nach Hause kommen, sollten Sie die Rachenhöhle desinfizieren. Das bedeutet in der Praxis: Mundspülungen und Gurgeln.
Da eignen sich spezielle Mundwässer, Salbeitee, Propolistropfen aus dem Bienenstock, alles aus der Apotheke. Zuvor aber empfiehlt sich jeweils gründlich Zähneputzen.
Wir sollten aber auch, um Erkältungen zu verhindern, zu Grippezeiten größere Menschenansammlungen meiden. Da werden riesige Mengen an Viren und Bakterien ausgetauscht. Wenn rundum alle krank sind – so rät die Weltgesundheitsorganisation –, sollte man auf Küssen und Umarmungen verzichten und von erkälteten Personen, wenn möglich, einen Abstand von 1,50 Metern halten. Leider setzt sich eine japanische Lebensgewohnheit bei uns nicht durch: Dort tragen nahezu alle, die an einer Erkältung leiden, in der Öffentlichkeit einen Mundschutz aus der Apotheke, um andere nicht anzustecken. Den Mundschutz gäbe es ja auch bei uns in der Apotheke. Aber kaum jemand benützt ihn in Grippezeiten.
Bei ersten leichten Anzeichen von trockenem Mund, Heiserkeit, bei einem Gefühl des Unwohlseins im Rachenraum bewähren sich oft Halsbonbons mit Kräutern aus der Apotheke. Bei einem leicht entzündeten Hals raten viele Ärzte zu Halstabletten mit antiseptischen Substanzen und ätherischen Ölen von Heilkräutern. Solche Lutschtabletten sollte man niemals länger als drei Tage einsetzen.
In der Apotheke gibt es aber auch Vorbeugung gegen Erkältungen zum Einnehmen: Vitamin C sowie Multivitaminpräparate oder Kombinationen mit Mineralstoffen und Spurenelementen. Als „Nachhilfe“ für die natürlichen Abwehrkräfte.

So bekämpfen Sie einen Folsäuremangel

Unter den Vitaminmangelzuständen unserer Zeit ist einer ganz besonders bedenklich: der Folsäuremangel. Er betrifft nach Angaben der Deutschen Gesellschaft für Ernährung in Mitteleuropa etwa 97 Prozent aller Frauen.
Folsäure ist ein Vitamin der B-Gruppe, wurde früher als Vitamin B_4 bezeichnet. Es gilt als lebenswichtig, da es für die Blutbildung sowie für zahlreiche andere Stoffwechselvorgänge unbedingt erforderlich ist.
Das Verhängnisvolle daran: Der Folsäuremangel bleibt oft lange Zeit unentdeckt, weil bei einem beginnenden Defizit Darmbakterien dieses Vitamin vorerst zum Teil ersetzen können. Und weil es keine typischen Symptome gibt: Depressive Stimmungen, Verminderung der geistigen Spannkraft, Schleimhautveränderungen im Mund und in der weiblichen Scheide und Nervenbeschwerden können auch auf andere Mangelzustände hinweisen.
Jahrelang war eigentlich nur bekannt, wie gefährlich Folsäuremangel in der Schwangerschaft sein kann. Die werdende Mutter braucht ab dem vierten Monat doppelt so viel Folsäure. Bekommt sie diese nicht zugeführt, dann besteht die Gefahr einer Fehl- oder einer Frühgeburt. Dem Baby drohen Wachstumsstörungen und viele andere Erkrankungen. Die spektakulärste Studie zu dieser Erkenntnis stammt von Dr. Reinhild Prinz-Langenohl vom Institut für Ernährungswissenschaft an der Universität Bonn. Sie betont: „Mit einer besseren Versorgung der schwangeren Frau mit Folsäure könnten viele Gefahren für das ungeborene Leben gebannt und reduziert werden!“
Inzwischen aber weiß man, dass die Folsäure noch viel bedeutsamer ist als bisher angenommen:

- Auch die langjährige Einnahme der Antibabypille beeinflusst den Folsäurehaushalt. Zu wenig Folsäure im Organismus der Frau könnte eine vorzeitige Adernverkalkung fördern.
- Gerade was die Adernverkalkung betrifft und die damit verbundenen Belastungen für Herz und Kreislauf, dürfte die Folsäure für Frau und Mann eine bedeutsame Rolle spielen. Man weiß heute, dass nicht nur ein zu hoher Cholesterinspiegel die Arteriosklerose und das Herz bedroht, sondern dass dies in einem noch bedeutenderen Ausmaß eine Aminosäure mit Namen Homocystein verursacht. Sie entsteht als Zwischenprodukt bei der Verwertung von Nahrungseiweiß. Das Homocystein muss schnell umgewandelt und abgebaut werden, weil es in größeren Mengen erheblich die Blutgefäße des Menschen schädigt. Dieser Abbau der Aminosäure ist aber nur möglich, wenn im Körper genügend Folsäure, aber auch Vitamin B_6 und B_{12} vorhanden sind. Eine entsprechende Versorgung des Organismus mit diesen Vitaminen kann daher das Homocystein bekämpfen und damit vor

Herz-Kreislauf-Erkrankungen schützen, zumindest das Risiko senken. Das Cholesterin kann nur dort in unseren Blutgefäßen Ablagerungen verursachen, wenn das Homocystein zuvor diese Gefäße geschädigt, verletzt und entzündet hat.

Vor allem, was die Schwangerschaft betrifft, so konnte in zahlreichen – unabhängig voneinander durchgeführten – Studien aufgezeigt werden, dass die Zufuhr von Folsäure befürchtete Komplikationen ausschalten konnte. Viele Frauenärzte sind daher der Meinung, dass Frauen, die sich ein Kind wünschen, schon rechtzeitig mit einer Ernährung beginnen sollten, die reich an Folsäure ist. In der Schwangerschaft selbst wird jeweils der Arzt entscheiden, ob auch Folsäurepräparate verabreicht werden sollten.

Gefahren der Schwangerschaft, Nebenwirkungen der Pille, Gebärmutterhals-Erkrankungen, Adernverkalkung, Herzinfarkt: Es hat den Anschein, als ob die Folsäure in nächster Zukunft für Wissenschaftler, Mediziner und Laien ein Thema von zunehmender Bedeutung sein wird.

Folsäure ist in folgenden Naturprodukten in interessanten Mengen enthalten: in grünem Blattgemüse wie zum Beispiel Salat, Spinat, Petersilie, in Vollkornbrot und anderen Vollkornprodukten, in Hefe, in Leber und Kuhmilch. Folsäure ist reichlich in der Muttermilch enthalten.

So viel Folsäure braucht der Mensch: Ein gesunder erwachsener Mensch benötigt täglich die Aufnahme von 150 Mikrogramm Folsäure. Eine schwangere Frau dagegen benötigt doppelt so viel oder mehr: zwischen 300 und 400 Mikrogramm. Das ist in den meisten Fällen mit der täglichen Nahrung nicht mehr zu schaffen. Da muss auf Präparate zurückgegriffen werden.

Wie kann man den Folsäuremangel feststellen? Ein Anstieg der so genannten segmentierten Granulozyten von etwa 3 Prozent auf 5 bis 6 Prozent im Blut weist auf einen Folsäuremangel hin. Diese Untersuchung kann ohne Aufwand in jedem Praxislabor durchgeführt werden.

Wer hat Folsäurepräparate? Ausschließlich der Apotheker. Nur der Arzt kann entscheiden, ob eine Aufnahme solcher Präparate sinnvoll ist.

Darum ist Rohkost für uns so wichtig

Wenn in unserem nächsten Gemüseladen, auf dem Markt oder im Supermarkt knackig frisches Obst und Gemüse in leuchtenden Farben angeboten wird, dann sollten wir das nützen und zugreifen. Die Deutsche Gesellschaft für Ernährung gibt dazu konkrete Empfehlungen: Im Interesse der Gesundheit und zur Vorbeugung einer Reihe von Krankheiten sollte jeder von uns täglich mindestens 200 Gramm frisches Obst, 200 Gramm rohes Gemüse und eine Portion Salat genießen. In erster Linie ist die Rohkost Medizin für den Menschen.

Das haben namhafte Wissenschaftler und Ernährungsforscher wie beispielsweise Prof. Dr. Claus Leitzmann vom Institut für Ernährungswissenschaften an der Universität Gießen, Prof. Dr. Bernhard Watzl von der Bundesforschungsanstalt in Karlsruhe und Prof. Dr. Michael Kunze vom Institut für Sozialmedizin an der Universität Wien nachgewiesen. Das Geheimnis dabei: Die gesundheitsfördernde Wirkung vieler Obst- und Gemüsesorten ist nicht nur auf den reichen Gehalt an Vitaminen, Mineralstoffen, Spurenelementen, Enzymen und Aminosäuren zurückzuführen, wie man bisher dachte.
Es gibt in Obst, Gemüse, Vollkorngetreide und in Jogurt außerdem noch andere natürliche Substanzen, die keine Nährstoffe sind, aber dennoch eine entscheidende Wirkung für unsere Gesundheit haben. Man spricht von bioaktiven Substanzen. Sie sind so etwas wie die Gesundheitspolizei in uns. Und sie gehen fast zur Gänze beim Erhitzen, Erwärmen und Verarbeiten in der Küche zugrunde. Sie sind nur in Rohkost wirksam.
Der Trick dabei ist: Diese bioaktiven Substanzen schützen Pflanzen und Früchte gegen ihre Feinde. Im menschlichen Organismus werden sie zur Arznei.
Das sind einige bioaktive Substanzen, die man zur Abwehr von Krankheiten entdeckt hat:

- ❖ Da gibt es die Carotinoide. Sie geben rotem und gelbem Gemüse die Farbe, kommen aber auch in grünem Gemüse vor. Diese Stoffe schützen unsere Zellen gegen aggressive Umweltgifte, die so genannten „freien Radikale“. Sie senken auch das Krebsrisiko. Besonders reich an Carotinoiden sind Möhren, Aprikosen, Spinat, Brokkoli, Tomaten, Grünkohl.
- ❖ Sulfide sind Schwefelverbindungen. Sie regen die körpereigene Abwehr an, machen das Blut flüssiger und regulieren zu hohe Cholesterinwerte. Sie sind in Knoblauch, Zwiebel und Lauch enthalten.
- ❖ Polyphenole bekämpfen Durchblutungsstörungen, stärken Herz und Kreislauf. Sie sind besonders in Beeren, Kirschen, Rotkohl, Äpfeln und Kopfsalat enthalten.
- ❖ Phytosterine wirken cholesterinsenkend, schützen vor Darmkrebs, stärken die Blase. Reichlich davon findet man in Sonnenblumen- und Kürbiskernen sowie in Nüssen und im Sesamsamen.
- ❖ Glucosinate sind enthalten in Kresse, Meerrettich, Kohl und Brokkoli. Sie haben ebenfalls krebshemmende Wirkung.

Sicher wird man in Zukunft noch mehr solcher bioaktiver Substanzen entdecken. Eines aber steht jetzt schon fest: Je mehr wir Rohkost zu uns nehmen, desto mehr Kraft geben wir unserem Organismus, dass er sich gegen Krankheiten wehren kann.

Geistige Fitness erhält jung: So trainieren Sie Ihr Gehirn

Es ist nur sinnvoll, in voller geistiger und körperlicher Vitalität alt zu werden. Wir alle müssen uns bemühen, so lange wie möglich auf beiden Ebenen jung und fit zu bleiben. Längst haben uns Mediziner bewiesen: Man kann im Rahmen einer sinnvollen Vorsorge nicht nur für den Körper etwas tun. Man kann auch eine Menge dazu beitragen, dass das Gedächtnis möglichst lange aktiv bleibt.

Grundregel Nr. 1: Trainieren Sie ständig Ihr Gedächtnis. Geistige Betätigung ist ein Dauerauftrag an jeden von uns. Das bedeutet: Fördern Sie nicht die eigene Gedankenfaulheit. Lesen Sie, so oft Sie können. Versuchen Sie, danach über das Gelesene nachzudenken. Schreiben Sie sich nicht ununterbrochen alles auf. Sie müssen Ihre Gehirnarbeit herausfordern. Sie müssen sich gezielt vornehmen, bestimmte Namen, Daten, Adressen und Begriffe zu behalten.

Ganz wichtig ist, dass Sie etwas tun, was viele aus der Schule kennen. Lernen Sie Gedichte oder interessante Passagen aus bekannten Bühnenstücken auswendig. Und sagen Sie sich diese Sätze in Abständen immer wieder vor. Und verwenden Sie nicht für jede kleinste mathematische Aufgabe einen Taschenrechner. Zugegeben: Die kleinen, handlichen Geräte sind bereits sehr billig. Doch sie unterstützen die geistige Trägheit.

Gebot Nr. 2: Suchen Sie die Kommunikation mit anderen Menschen. Ziehen Sie sich, vor allem, wenn Sie älter werden, nicht zurück. Einsamkeit untergräbt die geistige Vitalität. Führen Sie mit anderen Gespräche. Diskutieren Sie. Es hält zum Beispiel auch geistig fit, wenn Sie gute Witze weitererzählen. Ein hervorragendes Training für das Gehirn sind Spiele: vom Kartenspiel über Gedächtnistests bis zum anspruchsvollen Schach.

Gebot Nr. 3: Bleiben Sie nicht immer nur zuhause. Für einen Menschen, der lange geistig aktiv bleiben möchte, ist ein- bis zweimal im Jahr ein Tapetenwechsel wichtig. Wer neue Länder kennen lernt, fremde Sprachen erlernen muss, mit neuen, ungewohnten Menschen Kontakt bekommt, der regt optimal seine Gehirnzellen an.

Gebot Nr. 4: Hören Sie niemals auf, sich weiterzubilden. Früher war man der Meinung: Im Alter sterben jährlich bis zu 10.000 Gehirnzellen ab. Und so verliert man mit der Zeit das Gedächtnis. Neurobiologen an der Harvard-Universität haben das längst widerlegt. Sie haben entdeckt, dass im Alter zwar die Gehirnzellen kleiner und inaktiv werden, aber nicht absterben. Das hängt von der geringeren Produktion des Gedächtnishormons Acetylcholin ab. Wer viel geistig trainiert, kann die Gehirnzellen aktiv halten. Nur das untätige Gehirn verfällt.

Untersuchungen von Prof. Dr. Dennis Parker an der Universität Georgia, USA, haben ergeben: Auch Kreuzworträtsel lösen ist ein guter Weg für geistige Fitness. Bei allem aber, was man fürs Gedächtnis tut: Es muss Spaß machen. Dazu meint Prof.

Dr. Parker: „Wer unter Druck Gedächtnistraining betreibt, schüttet viel stressbezogenes Adrenalin aus. Und das schädigt dann langfristig die Gehirnzellen.
Hochinteressante Beobachtungen hat auch der bekannte amerikanische Psychologe Prof. Dr. Douglas Powell gemacht, nachdem er jahrelang 1583 Menschen im Alter von 25 bis 92 Jahren beobachtet hat. In erster Linie waren zwei Gruppen von Menschen bis ins hohe Alter besonders leistungsfähig: jene, die auch im fortgeschrittenen Alter Kurse, Vorträge, Theatervorstellungen, Konzerte und Volkshochschulen besuchten, aber auch jene, die einen klugen Lebenspartner hatten. Wer mit einem intelligenten, geistig sehr regen Menschen zusammenlebt, wird einfach mitgerissen und bleibt in einem erlebnisreichen Dasein geistig fit.
Viele denken: Selbstgespräche sind ein Anzeichen von geistiger Verwirrung oder von mangelnder Konzentration. Menschen, die Selbstgespräche führen, werden oft belächelt. Nun hat der amerikanische Psychologe Dr. Thomas Brinthaupt aus Los Angeles im Rahmen von wissenschaftlichen Untersuchungen nachgewiesen: Selbstgespräche tragen sehr zur geistigen Fitness bei. Sie erfüllen einen sehr nützlichen Zweck. Man kann die Gedanken besser kontrollieren, die Erinnerung schärfen. Auch Kinder, die Selbstgespräche führen, sind später im Leben zielstrebiger.

Füttern Sie Ihr Gehirn: Essen Sie sich klug!

Man kann tatsächlich auch über die tägliche Ernährung etwas tun, um geistig fit zu bleiben. Dazu muss man wissen: Unser Gehirn ist unersättlich. Es beträgt nur 2 Prozent unseres Körpergewichtes, verbraucht aber 20 Prozent unserer aufgenommenen Energie und 40 Prozent des eingeatmeten Sauerstoffs.
Daher betonen Ärzte und Ernährungswissenschaftler der Universität von New York: Wir alle müssen unserem Gehirn, damit es aktiv bleibt und optimal arbeitet, jeden Tag ganz bestimmte Substanzen zuführen. Und die finden wir in unserer Nahrung in speziellen Naturprodukten.

- ❖ Unser Gehirn braucht für das Lernen und Speichern von Wissen den Fettstoff Lecithin. Den nehmen wir mit Milchprodukten, Eiern, mit Makrele, Hering, Haferflocken und Distelöl auf. Es gibt aber auch Naturlecithin, gewonnen aus der biologisch gebauten Sojabohne, in der Apotheke: in flüssiger Form, als Tabletten oder in Form von Compact-Faszikeln, von vielen auch scherzhaft „Lecithin-Gummibärchen" genannt.
- ❖ Unser Gehirn braucht für rasche Reaktionen, für das so genannte Blitzdenken, die Substanz Cholin. Die liefern uns Sauerkraut, Meeresfisch, Nüsse, Haselnüsse, Weizenkeime und Bananen. Wer sich regelmäßig mit Cholin versorgt, hat 25 Prozent mehr Konzentration. Auch Cholin nehmen wir mit Lecithin auf.

- Unser Gehirn braucht Sauerstoff und muss ihn eine Zeit lang speichern können. Dabei helfen Blattgemüse, vor allem Kopfsalat und Spinat, frische Kräuter.
- Unser Gehirn braucht das Spurenelement Zink: Essen Sie Tomaten, Avocados, Möhren, vor allem aber Hühnerfleisch. Und da wieder ist das meiste Zink in der Hühnerbrust enthalten.
- Unser Gehirn braucht auch die Spurenelemente Kupfer und Phosphor. Sie sind in Trockenfrüchten wie Datteln, Feigen, Aprikosen, Rosinen, Pflaumen und getrockneten Apfelringen. Jetzt wird klar, warum das Studentenfutter erfunden wurde. Das sollte man auch heute noch einsetzen.
- Zu absoluten Spitzenleistungen bringen das Gehirn die ätherischen Öle Eugenol und Estragol. Sie sind im frischen Basilikum enthalten. Daher eine ideale Gaumenfreude fürs Denken: Mozzarella, Tomaten und Basilikumblätter. Damit wird der Hirnstoffwechsel rasch angekurbelt.

Es gibt aber auch natürliche medizinische Extrakte, die das Gehirn aktivieren: aus der Ginsengwurzel oder aus dem Ginkgobaum. Die moderne Biochemie hat außerdem eine Reihe von Geriatrika entwickelt, die dem Menschen helfen, seine körperliche und zugleich geistige Vitalität länger zu erhalten. Ihr Apotheker und Ihr Arzt können Ihnen über das breite Angebot an Kuren und Präparaten entsprechende Informationen geben.

Naturrezepte gegen die herbstliche „Bauchkrise“

Wenn in dieser Jahreszeit sehr kalte Luftmassen auf uns einwirken, dann leiden viele unter ganz speziellen Magen-Darm-Beschwerden, die von Medizinern oft als „herbstliche Bauchkrise“ oder als „herbstliches Bauchsyndrom“ bezeichnet werden. Die typischen Symptome: Der Oberbauch ist aufgedunsen. Die Verdauung funktioniert nicht so richtig. Die einen leiden an Verstopfung, die anderen an Durchfall. Die Magenschleimhäute sind entzündet. Parallel dazu leiden viele an Nervosität, Kopfschmerzen und leichten depressiven Verstimmungen. Dazu kommen oft noch Aufstoßen und ein Säuregeschmack im Mund unmittelbar nach dem Essen.

Das sind keineswegs Probleme von ausschließlich gestressten, berufstätigen Menschen. Kinder sind ebenso betroffen wie Senioren. Kein Zweifel: Es steckt eine gewisse Anfälligkeit für das kalte Herbstwetter dahinter, aber auch schwache Nerven sowie der Einfluss von Umweltschadstoffen, die man jetzt in dieser Jahreszeit verstärkt einatmet.

Es ist nicht sinnvoll, ohne den Arzt zu fragen magensäurehemmende Medikamente zu nehmen, was viele der Betroffenen tun. Das kann zu Nebenwirkungen führen, wie etwa zu starker Müdigkeit. Allerdings muss man sofort etwas gegen die „Bauch-

krise" im Herbst tun, da sonst daraus bei etlichen Menschen Gastritis oder Magen-Darm-Geschwüre werden können.
So geht man gegen den aufgeblähten Oberbauch und gegen all die anderen Symptome der „herbstlichen Bauchkrise" vor:

- Stellen Sie vorübergehend Ihre Ernährung grundlegend um. Entscheiden Sie sich für eine Schonkost, allerdings nicht zu streng. Davon ist die Medizin in den letzten Jahren abgekommen. In der Praxis bedeutet das: Vermeiden Sie große, reichhaltige Mahlzeiten, die den Magen in kürzester Zeit überfüllen und überfordern. Gehen Sie sparsam mit tierischen Fetten um. Sie werden nämlich unter dem Einfluss der vermehrten Magensäure biochemisch verändert und rufen dann das unangenehme Sodbrennen und Aufstoßen hervor.
- Verwenden Sie – ohne zu übertreiben – ganz bestimmte Kräuter in den Speisen. Empfehlenswert sind Dille, Petersilie. Setzen Sie die Gewürze Anis, Fenchel, Kümmel und – in vorsichtigen Mengen – auch Cayennepfeffer ein. Was wenige wissen: Cayennepfeffer wirkt schonend und beruhigend auf den Magen. Diese Kräuter und Gewürze aktivieren die Bildung der Verdauungssäfte und helfen bei der Verwertung von lebenswichtigen Nährstoffen mit.
- Sehr sinnvoll ist es auch, für einige Zeit Eiweiß-Nahrungsmittel und Kohlenhydrate separat, also nicht innerhalb einer Mahlzeit, zu essen. Das entlastet den Magen und kann der „herbstlichen Bauchkrise" rasch ein Ende bereiten.
- Meiden Sie einige Zeit Milch und Milchprodukte. Dafür kann Sauerkraut – gut gekaut – in kleinen Mengen helfen.
- Nehmen Sie einige Tage nach jeder Mahlzeit 1 Teelöffel Heilerde für den inneren Gebrauch (Apotheke) mit 1/4 Liter Wasser. Oder trinken Sie in etwas Wasser 10 Tropfen Propolistinktur aus dem Bienenstock (Apotheke).
- Früher war es üblich, dass man sich bei herbstlichen Magenbeschwerden nach dem Essen etwas hinlegte, um den Magen zu „schonen". Davon raten heute Ärzte ab. Die Erfahrung hat gezeigt, dass dabei überschüssige Magensäure sich zu stark verteilt und an Stellen der Magenschleimhaut gelangt, wo sie erst recht Schmerzen verursachen kann.

Rezepte gegen den Wetterfrust

Sie haben das sicher auch selbst schon erlebt. Wenn eine Zeit lang nach einem schönen Sommer trostloses Herbstwetter herrscht, dann trifft man viele schlecht gelaunte, aggressive oder depressive Menschen. Wissenschaftler haben dafür ein neues Schlagwort gefunden: den Wetterfrust.
Sehr oft wird dieser Frust von Verspannungen, Verkrampfungen, Kopfschmerzen,

Migräne, Durchblutungs- und Kreislaufstörungen begleitet. Studien an der Universität Paris haben ergeben: Mit dem Wetterfrust sinkt nicht nur die Laune. Auch das Immunsystem wird enorm geschwächt. Daher folgen auf den Wetterfrust sehr oft Schnupfen oder andere Erkältungen.
Das Beste wäre, sich ins nächste Flugzeug zu setzen und der Sonne entgegenzufliegen. Wer aber hat die Zeit und das Geld? Daher sollte man vor Ort gezielt den Wetterfrust abbauen:

- ❖ Versuchen Sie es mit Naturprodukten, welche die Stimmung verbessern: Bananen liefern die Hormonstoffe Norepinephrin und Serotonin, die an unserer guten Laune mitwirken. Naturreis stärkt die Nerven. Neue Kartoffeln liefern Kalium, ebenfalls für die Nerven. Lassen Sie 1 Teelöffel Honig im Mund zergehen. Essen Sie Anisplätzchen. Schon die Ägypter in der Antike wussten, dass Anis gute Stimmung bringt.
- ❖ Hier der klassische Gewürztee gegen Wetterfrust: Mischen Sie zu gleichen Teilen Anis, Kümmel und Fenchel. 1 Teelöffel davon mit kochendem Wasser übergießen, 8 Minuten ziehen lassen, durchseihen, dazu 2 Teelöffel Klosterfrau Melissengeist, mit 1 Teelöffel Honig süßen, in kleinen Schlucken trinken.
- ❖ Sehr empfehlenswert ist auch 3-mal täglich 1 Tasse Rosenblütenblättertee aus der Apotheke. 1 gehäufter Teelöffel davon wird mit 1 Tasse kochendem Wasser übergossen, 5 Minuten ziehen lassen, durchseihen, mit etwas Honig lauwarm trinken.
- ❖ Essen Sie Sonnennahrung: Hirse, die man schon im Mittelalter „das fröhliche Getreide" nannte. Hirse speichert enorm viel Sonnenenergie und gibt sie an unsere Körperzellen weiter. Und 200 Gramm Champignons ersetzen 2 Tage Sonnenschein, weil sie unserem Organismus genau die Menge Vitamin D liefern, die unsere Haut bei zwei Tagen Sonne selbst produziert.
- ❖ Ziehen Sie sich in die Badewanne zurück. Baden Sie mit Melissen- oder Lavendelöl.
- ❖ Untersuchungen des Psychiaters Dr. Hartmut Berger an der Landesnervenklinik Phillipps-Hospital in Riedstadt, Kreis Groß-Gerau, haben ergeben: Ein zuverlässiges Mittel gegen den Wetterfrust ist leichte sportliche Tätigkeit. 15 bis 20 Minuten täglich. Ideal: wandern, Rad fahren, schwimmen. Dabei werden Endorphine freigesetzt: Glückshormone, die schlechtes Wetter leichter ertragen lassen.
- ❖ Tragen Sie rote und orange Kleidung. An der Pariser Universität hat man beobachtet: Das macht stark gegen Wetterfrust.
- ❖ Verzichten Sie auf zu große Mengen starken Kaffee und Alkohol. Beide verstärken den Wetterfrust.
- ❖ Der US-Psychologe Prof. Dr. Lawrey aus Los Angeles betont: Bei Wetterfrust mit dem Partner ins Bett zurückziehen, kuscheln und küssen. Das lässt Wolken, Regen und Kälte vergessen.

Unsere Fingernägel als Gesundheitsbarometer

Im Herbst ist mancher von uns mit seinen Fingernägeln nicht ganz zufrieden. Sie sind spröde und rissig. Man kann dieses Problem relativ einfach mit vitamin- und mineralstoffreicher Ernährung, aber auch mit entsprechender Nagelpflege in den Griff bekommen. Reiben Sie die Nägel mehrmals am Tag mit einer Zitronenscheibe ein. Baden Sie die Fingerspitzen in Eichenrindentee. Nehmen Sie Präparate mit dem Vitamin Biotin aus der Apotheke.
Wenn man nun aber den Nägeln besondere Aufmerksamkeit schenkt, dann sollte man bei dieser Gelegenheit gleich genauer hinsehen. Hautärzte und Kosmetikfachleute bestätigen, was unsere Großmütter bereits behauptet haben: Die Fingernägel zeigen uns sehr oft, wie krank oder wie gesund wir sind. Die Fingernägel können für uns ein sehr ehrliches Gesundheitsbarometer sein.
Und das sind die typischen Kennzeichen, mit denen Fingernägel ganz bestimmte gesundheitliche Störungen verraten:

- ❖ Gelbe Nägel weisen sehr oft auf eine chronische oder eitrige Bronchitis hin. Es kann sich aber auch um eine krankhafte Veränderung an den Lymphgefäßen handeln.
- ❖ Nägel, die ober ihren Wurzeln keinen Halbmond zeigen, verraten oft eine Magen- und Darmerkrankung.
- ❖ Wer auf den Nägeln quer verlaufende Streifen entdeckt, sollte die Leber untersuchen lassen. Ein Bluttest wäre auch zu empfehlen, damit die Eiweißwerte im Blut kontrolliert werden.
- ❖ Menschen, die deutlich zweigeteilte Nägel haben – die obere Hälfte weiß, die untere rosafarben –, könnten Risikofaktoren für eine Nierenerkrankung in sich tragen.
- ❖ Wenn sich die Nägel dunkel färben, muss sofort der Arzt aufgesucht werden. Er muss untersuchen, ob es sich um eine bösartige Veränderung handelt. Braunfärbung eines Nagels kann auf ein Muttermal oder auf ein Melanom in der Wachstumszone des Nagels hinweisen.
- ❖ Menschen, die tiefe Rillen und Furchen an ihren Nägeln entdecken, deren Nägel sich verformen oder Flecken aufweisen, sind mehr gefährdet als andere, an Ekzemen oder an der Schuppenflechte zu erkranken.
- ❖ Wenn sich die Nägel zu spalten beginnen, dann lässt das mit ziemlicher Sicherheit auf einen Mangel an Kieselsäure, Eisen und Kalzium schließen.
- ❖ Wenn die Nägel auffallend brüchig sind, dann liegt sehr oft ein Mangel an Vitamin A, an den Vitaminen der B-Reihe vor, oder die Schilddrüse arbeitet mit Unterfunktion.
- ❖ Wenn die Nägel auffallend groß und rund wirken und wenn die Fingerspitzen

darunter breit und aufgetrieben sind, dann kann sich dahinter eine beginnende Atemwegerkrankung, aber auch eine Störung an Herz und Kreislauf verbergen.

- Weiße Streifen an den Nägeln sind harmlos. Sie entstehen oft durch falsche Nagelpflege.
- Wenn die Nägel druckempfindlich sind und schmerzen, dann sollten Sie den Arzt aufsuchen. Es kann eine Nervenstörung dahinter stecken.

Gefährlicher Freizeitsport: So schützen Sie sich!

„Sport ist Mord!" Wir alle kennen diesen markanten Ausspruch des britischen Politikers Sir Winston Churchill. Sportmediziner sind da nicht viel anderer Meinung. Ihre Einschränkung allerdings lautet: Sport kann sehr gefährlich sein, wenn man sich dabei falsch verhält. Auch körperliche Bewegung hat ihre Gesetze, an die man sich im Interesse der Gesundheit halten muss.

Die meisten von uns verlagern in dieser Jahreszeit ihre Aktivitäten in Sachen Freizeitsport von der freien Natur in die Turnhalle oder in den Fitnessclub. Hier muss man ganz besonders verantwortungsvoll agieren. Die Gefahr für eine Überanstrengung des Organismus ist hier besonders groß. Viele Frauen und Männer in jedem Alter wechseln – oft bloß in der Mittagspause oder dann nach Feierabend – unmittelbar vom Arbeitsplatz in das Sportcenter. Sie haben sich den ganzen Tag körperlich nicht betätigt und denken nun, sie müssen Extremleistungen erbringen. Das bedeutet: Sie verausgaben sich bis zum Äußersten, sind danach total erschöpft.

Übertriebene sportliche Betätigung bringt aber erneut Stress und damit eine gesundheitliche Belastung. Wer aus dem Freizeitsport Nutzen ziehen möchte, der muss einiges beachten: Trainieren Sie regelmäßig, am besten täglich. Steigern Sie Ihre Aktivitäten ganz langsam. Stecken Sie Ehrgeiz und Leistungsdenken weg. Freizeitsport soll ja ein Genuss sein, bei dem man sich wohl fühlt. Üben Sie daher Freizeitsport niemals ganz schnell zwischendurch unter Hektik aus. Und wählen Sie einen Sport, der Ihrem Alter sowie Ihrer Kondition entspricht.

Nur dann, wenn Sie das alles berücksichtigen, können Sie beim Sport Herz und Kreislauf stärken, die Durchblutung verbessern, Stress und Frust abbauen sowie das allgemeine Wohlbefinden deutlich erhöhen.

Die Bewegungsmedizinerin und Wissenschaftlerin Prof. Dr. Bente Klarlund-Pedersen von der Universität Kopenhagen, Dänemark, hat in einer Studie nachweisen können: Es kommt nicht nur darauf an, wie intensiv man Sport treibt, sondern wie lang man Bewegung macht. Beim 5. Internationalen Expertenforum „Immun-Therapie" in Jerusalem im Juni 1996 brachte sie dazu ein anschauliches Beispiel: Wer bis zu einer Stunde joggt, der tut seinem Körper etwas Gutes. Wer zwei Stunden und mehr joggt, der schwächt sein Immunsystem ganz enorm. Die Quintessenz der

Studie: Zu langes und übertriebenes Training stört die natürlichen Abwehrkräfte so sehr, dass der Betroffene besonders anfällig für Infektionen wird und sehr leicht eine Erkältung bekommt. Prof. Dr. Klarlund-Pedersen betont: Auch das Risiko für Krebsanfälligkeit in den Körperzellen steigt an.
Allgemein- und Bewegungsmediziner warnen in den letzten Jahren ganz massiv: Sport kann lebensgefährlich werden. Immer wieder fallen Menschen beim Sport – wie vom Blitz getroffen – tot um. Die Ursache dafür ist verhängnisvoll und hat damit zu tun, dass in unserer Gesellschaft Schnupfen, grippaler Infekt und andere Erkältungskrankheiten erschreckend banalisiert werden. Man sagt zwar: „Ich bin furchtbar erkältet und habe Fieber!" Aber man tut nichts dagegen, nimmt vielleicht ein Medikament gegen das Fieber und führt weiter ein ganz normales Leben. Man ist sich nicht bewusst, welchen gefährlichen Belastungen Herz und Kreislauf ausgesetzt sind.
Treibt jemand nun mit einer Erkältung Sport, dann schwächt er seinen Organismus. Die Abwehrkräfte versagen und die Viren dringen in den Herzmuskel ein. Es kommt dort zu einer Entzündung – in der Medizin Myokarditis genannt. Der Betreffende ist müde und erschöpft. Und wenn er den Körper weiter strapaziert, kann das zum plötzlichen Herztod, zum so genannten Sekundentod führen.
Eine weitere Gefahr, die der Freizeitsport mit sich bringt: Speziell Frauen besuchen regelmäßig ein Fitnessstudio und trainieren dort bis zur Erschöpfung, weil sie schlank bleiben oder schlank werden wollen. Dabei entwickeln sie eine regelrechte Sportsucht. Bewegungsexperten gehen davon aus, dass 50 Prozent der regelmäßigen Fitnessstudiobesucher potenziell gefährdet sind.
Ein typisches Beispiel: Die Betreffende joggt morgens eine Stunde im Park. Mittags eilt sie ins Studio, um das Frühstück „herunterzuarbeiten". Und während andere abends gemütlich beim Fernsehen sitzen, quält sie sich auf dem Langlaufgerät im Badezimmer ab, um das Mittagessen „abzuarbeiten". Dabei werden Muskeln und Knochen großen Belastungen ausgesetzt. Durch das sparsame Essen kommt es zu Mangelerscheinungen, Stoffwechselstörungen und Schlafproblemen. Daher: Hände weg von dieser Art Schlankheitstraining.
Nahezu alle namhaften Sportwissenschaftler Deutschlands sind sich seit langem einig: Wer Freizeitsport treibt, der kann seine Gesundheit nur dann fördern, wenn er sich ausgewogen ernährt und reichlich Vitamine, Mineralstoffe und Spurenelemente tankt.

Schnelle Hilfe aus der Natur bei Ischias

Die Wartezimmer sind in dieser Jahreszeit voll von Patienten mit einer sehr schmerzhaften Gesundheitsstörung: Ischias. Schuld daran sind das Wetter, Fehl-

haltungen, speziell beim Heben und Tragen von schweren Dingen, das Umherlaufen mit schweißnasser Kleidung, Zugluft. Beim Ischias gehen die Schmerzen vom Kreuz über die Pobacke weiter das Bein entlang bis zur Ferse. Bei häufig auftretenden Ischiasanfällen sind zweifelsohne bereits Schäden in der Wirbelsäule vorhanden.
Wer an Ischias leidet, der braucht schnelle Hilfe, um rasch wieder einsatzfähig zu sein. Hier ein paar praktische, natürliche und wirkungsvolle Rezepte:

- Wenn die Schmerzen akut auftreten, begeben Sie sich zu einem Tisch, legen Sie sich mit dem Bauch auf die Tischplatte und schieben Sie nach und nach ein paar Kissen unter den Bauch, bis das Gesäß die höchste Stelle des Körpers ist. Bleiben Sie so etwa 15 Minuten liegen.
- Oder legen Sie sich mit dem Rücken auf die Erde und lagern Sie die Unterschenkel so auf einen Stuhl, dass Oberschenkel und Rumpf einen rechten Winkel bilden. Ebenfalls 15 Minuten ausharren.
- Sehr sinnvoll sind Einreibungen der schmerzenden Stellen mit Rosmarinöl, Kamillenöl, Johanniskrautöl, Franzbranntwein, Melissengeist, Weizenkeimöl, Kamillenöl oder Olivenöl.
- Schnelle Linderung der Schmerzen können auch Fangoauflagen bringen, die man zuvor im Backrohr erhitzt hat. Angenehm ist die Auflage von 2 Kilo heißen Pellkartoffeln, die mit der Gabel zuvor zerdrückt werden. Darüber kommt ein Tuch. Auch ein heißer Heilerdebrei tut gute Dienste.
- Wer Zeit hat, der kann Hilfe in einem sehr warmen Wannenbad mit Wacholderölzusatz finden.
- Erfahrene Ärzte der Akupunktur helfen vielen Patienten mit Ischias mit feinsten Stahlnadeln. Ebendiesen Energiepunkt können Sie sich mit Hilfe der Akupressur selbst zunutze machen. Suchen Sie mit dem Daumen der rechten Hand 3 Finger breit vom Ellenbogen nach unten genau auf dem Umterarmmuskel der linken Hand einen Punkt. Dort massieren Sie in kreisenden, festen Bewegungen 1 bis 2 Minuten. Wiederholen Sie die Übung. Das sollte sogar ein wenig wehtun.
- Ganz wichtig: Wer an Ischias leidet, darf sich nicht schonen, nicht regungslos daliegen oder sitzen. Versuchen Sie, sich so viel wie möglich zu bewegen. Auch hier gilt das Motto: Wer rastet, der rostet.
- Hilfreich können auch Bestrahlungen mit einer Infrarotlampe sein.
- Wenn Sie Ihre Schmerzen nicht wegbekommen und wenn diese immer wieder auftreten, dann treffen Sie keine Eigendiagnose. Gehen Sie zum Neurologen oder Orthopäden, lassen Sie die Wirbelsäule untersuchen. Vielleicht ist es gar kein Ischiasschmerz. Mitunter sind diese Schmerzen auch Symptome für andere Krankheiten.

Mit Zwiebel gegen Husten und Heiserkeit

Nach einem Sommer mit viel Sonne enthält ein spezielles, sehr populäres Küchengewürz besonders viele Wirkstoffe: nämlich – die Zwiebel. Wir sollten daher im Herbst und Winter die Kraft der Zwiebel für unsere Gesundheit nützen. Es gibt da viele wirkungsvolle Rezepte.
Zuerst aber stellt sich die Frage: Was macht denn die Zwiebel so wertvoll? Man weiß das heute ganz genau: In der Zwiebel sind nahezu alle Vitamine vertreten, die wir kennen, in besonders reichem Maße das Vitamin C. Die Zwiebel ist außerdem reich an den Mineralstoffen Kalium und Kalzium sowie an den Mineralstoffen Jod, Phosphor, Eisen und Selen.
Die besonderen Schätze für die Naturheilkunde sind in der Zwiebel die Phytonozide, beißende, schwefelhaltige ätherische Öle. Sie sind dafür verantwortlich, dass wir beim Zwiebelschneiden weinen müssen. Außerdem haben amerikanische Forscher in der Zwiebel den Pflanzenfarbstoff Quercetin entdeckt. Er macht den Organismus stark gegen Allergien, weil er die Produktion der allergieauslösenden Histamine im Körper blockiert. Schließlich kann man in der Zwiebel auch pflanzliche Hormonstoffe nachweisen, wie etwa das Prostaglandin A, das zu hohen Blutdruck senkt.
Und so können wir die Kraft der Zwiebel mit vielen praktischen Rezepten für unsere Gesundheit nützen:

- Bronchitis: Schälen Sie eine Zwiebel, schneiden Sie sie in kleine Würfel und kochen Sie diese in 3 Liter Wasser einmal auf. Dann ziehen Sie den Topf von der Herdplatte und atmen die aufsteigenden Zwiebeldämpfe ein.
- Husten: Hacken Sie eine geschälte Zwiebel ganz fein, geben Sie 3 Esslöffel Honig dazu und lassen Sie das Ganze 24 Stunden stehen. Von dem Sirup, der dabei entsteht, lassen Sie jede Stunde 1 Teelöffel im Mund zergehen.
- Ein weiteres Rezept gegen Husten: Eine große geschälte Zwiebel wird ausgehöhlt. Unten wird ein kleines Loch gestochen. Dann setzen Sie die Zwiebel auf ein leeres Glas und füllen in die Aushöhlung Honig. Dieser vermischt sich mit dem Zwiebelsaft und tropft ins Glas. Von dieser Mischung nehmen Sie jede Stunde 1 Teelöffel.
- Halsschmerzen: Hacken Sie eine Zwiebel ganz fein, legen Sie die Masse auf ein Tuch und binden Sie es um an den Hals. Darüber kommt ein Wolltuch. 2 Stunden auf den Hals einwirken lassen.
- Heiserkeit: Schneiden Sie eine Zwiebel in Ringe und legen Sie diese in einen Suppenteller mit 1/4 Liter lauwarmem Wasser. Einige Stunden zugedeckt stehen lassen. Dann die Zwiebelringe herausnehmen, von dem Zwiebelwasser etwas trinken, mit dem Rest kräftig gurgeln.

❖ Schlafprobleme: Lassen Sie 1/4 Liter Milch in einem Topf 10 Minuten ziehen – nicht kochen! Dann schneiden Sie eine geschälte Zwiebel in 2 Hälften und legen diese mit den Schnittflächen nach unten in diese Milch, sodass die ätherischen Öle der Zwiebel in die Milch fließen können. Lassen Sie das Ganze zugedeckt 15 Minuten ziehen, wieder nicht kochen. Danach die Zwiebelhälften herausnehmen, die Zwiebelmilch in eine Tasse gießen, mit etwas Honig süßen und vor dem Zubettgehen in kleinen Schlucken trinken.

15 Jahre jünger – mit Knoblauch

Knoblauch ist nicht nur die populärste, sondern auch die bisher am meisten erforschte Heilpflanze. Es wird schon seit Jahren behauptet: Knoblauch – über lange Zeit täglich angewendet – fördert die Durchblutung, wirkt vorbeugend gegen Adernverkalkung und beeinflusst positiv Herz und Kreislauf. Das hat einen namhaften deutschen Wissenschaftler neugierig gemacht. Er hat die bisher spektakulärste Studie mit Knoblauch duchgeführt. Und er hat nun bewiesen: Wer regelmäßig Knoblauch nimmt, der ist um 15 Jahre jünger als Menschen, die ohne Knoblauch leben.

Die Erkenntnis stammt von Prof. Dr. Gustav G. Belz, dem Leiter des Instituts für Herz-Kreislauf-Forschung in Mainz. Er hat für seine Studie 200 gesunde Menschen im Alter von 50 bis 80 Jahren ausgesucht. 100 davon hatten die letzten drei Jahre regelmäßig Knoblauchpulverdragees (Apotheke) genommen, die anderen verbrachten ihr Leben knoblauchlos. Und nun stellte sich bei den Messungen heraus: Jene, die Knoblauch konsumierten, hatten viel elastischere Gefäße.

Dazu meint Prof. Dr. Belz: „Die Blutgefäße des Menschen sind beim Kind superelastisch. Aber schon von jungen Jahren an lässt diese Elastizität nach. Besonders rasant schreitet diese Entwicklung zwischen dem 40. und dem 50. Lebensjahr voran. Von da an werden die Gefäße immer mehr steif. Dadurch kommt es in den Gefäßen zu einem Bluthochdruck, zu einer verstärkten Adernverkalkung und schließlich zu einer Belastung von Herz und Kreislauf, was im Endeffekt zu Herzinfarkt und Schlaganfall führen kann.“

Am Institut für Herz-Kreislauf-Forschung kann man die Elastizität der Gefäße genau messen. Und zwar kontrolliert man die Pulswellengeschwindigkeit, die das Blut in der Aorta am Hals sowie in der Leiste nach jedem Herzschlag aufweist. Sie ist bei einer versteiften Aorta hoch, bei einem dehnbaren Gefäß niedrig.

Dazu Prof. Dr. Belz: „Wir konnten damit zum ersten Mal in der Wissenschaft messbar nachweisen, dass die Gefäße durch Knoblaucheinwirkung um etwa 15 Jahre jünger bleiben und dass Knoblauch einer fortschreitenden Adernverkalkung massiv entgegenwirken kann.“

Interessant ist in diesem Zusammenhang, warum all die bisherigen wissenschaftlichen Studien immer mit Knoblauchpräparaten und niemals mit frischem Knoblauch duchgeführt wurden. Auch dazu hat Prof. Dr. Belz eine Erklärung: „Knoblauch in frischer Form enthält – je nach dem Boden und der Sonneneinstrahlung – immer verschiedene Mengen an Wirkstoffen, mitunter sehr viel, mitunter fast nichts. Das ist für eine Studie unbrauchbar. In den standardisierten Knoblauchpräparaten steht immer das Allicin in gleicher Quantität und Qualität zur Verfügung. Damit kann man die Wirkung messen."

Teebaumöl: Elixier gegen viele Beschwerden

Wann immer Menschen beisammen sind und über Alltagsbeschwerden sprechen, dann fällt irgendwann das „Zauberwort" Teebaumöl. Und es entsteht der Eindruck: Das muss ein wahres Wundermittel sein. Haben Sie auch schon davon gehört? Wir sollten uns daher einmal mit dieser Naturarznei näher beschäftigen, um zu sehen, was eigentlich wirklich daran ist.
Das Teebaumöl wird aus den hellgrünen, schmalen und zarten Blättern des Teebaumes gewonnen. Er wächst in sumpfigen Landschaften Australiens. Vor 40.000 Jahren haben die Ureinwohner des Kontinents aus den Blättern Tee gebraut und das Öl als Hausmittel verwendet. Heute liegen von namhaften australischen Universitäten zahlreiche Studien vor.
Das Teebaumöl enthält über 100 Wirkstoffe. Die drei wertvollsten sind Cineol, Alpha-Pinen und Terpinen. Sie sind hauptsächlich dafür verantwortlich, dass man mit dem Öl sowohl Viren als auch Bakterien und Pilze bekämpfen kann.
Das Teebaumöl ist kein Wundermittel. Aber man kann es bei einer Reihe von Gesundheitsproblemen erfolgreich einsetzen. Allerdings muss man auch vorsichtig damit umgehen. Bei manchen Menschen kann das Teebaumöl allergische Reaktionen auslösen. Das kann man aber testen: Geben Sie 1 Tropfen Teebaumöl in die Armbeuge. Wenn es innerhalb von zwei Tagen keine negative Reaktion gibt, dann kann man das Öl einsetzen. Man sollte auch das Teebaumöl nicht mit den Augen in Berührung bringen.
Und hier einige Rezepte:

- ❖ Wenn Sie erkältet sind und eine verstopfte Nase haben, dann tauchen Sie ein Textiltaschentuch in lauwarmes Wasser, wringen es aus und geben 5 bis 7 Tropfen Teebaumöl darauf. Halten Sie sich nun das Tuch 5 Minuten an die Nase und atmen gut durch.
- ❖ Wenn Sie an Halsschmerzen leiden, geben Sie 10 Tropfen Teebaumöl in ein Glas mit lauwarmem Wasser und gurgeln damit morgens und abends.

- ❖ Wenn Sie von einem lästigen Husten gequält werden, dann mischen Sie 1 Esslöffel Olivenöl mit 3 Tropfen Teebaumöl. Reiben Sie die Mischung auf Brust und Rücken ein.
- ❖ Wenn Sie an den Lippen die ersten Anzeichen für eine Fieberblase verspüren – ein Ziehen, Brennen und Jucken –, dann geben Sie 7 Tropfen Teebaumöl auf einen Wattebauschen und reiben damit mehrmals am Tag die betroffene Stelle ein.
- ❖ Wenn Sie an Akne und Pickeln leiden, dann träufeln Sie Teebaumöl auf ein Wattestäbchen und tragen Sie es damit auf die betroffenen Hautstellen auf.
- ❖ Zur Vorbeugung gegen Fußpilz geben Sie während eines Fußbades 10 Tropfen Teebaumöl in 4 Liter Wasser. Baden Sie die Füße 10 Minuten darin.
- ❖ Wenn Sie Ihr Zahnfleisch festigen, einer Parodontose vorbeugen und die Zahnsteinbildung bremsen wollen, dann gurgeln Sie nach jeder Mahlzeit mit $^{1}/_{4}$ Liter lauwarmem Wasser, in das sie zuvor 10 Tropfen Teebaumöl geben.

Mit Kondom & Partnertreue gegen ein spezielles Rheuma

Jetzt ist sie wieder da: die Zeit der rheumatischen Beschwerden. Akute, neue Fälle gehören unbedingt in die Ordination des Arztes. Liegt aber für chronisches Rheuma bereits eine eindeutige medizinische Diagnose vor, dann sind alle Betroffenen aufgerufen, mit natürlichen, nebenwirkungsfreien Maßnahmen so viel wie möglich selbst zu tun, um schmerzfrei durchs Leben gehen zu können.

Da man schon bei den allerersten Anzeichen von Rheuma den Arzt aufsuchen sollte, stellt sich die Frage: Wie kann jemand erkennen, ob er an Rheuma leidet oder ob er vielleicht nur durch übertriebenen Sport seine Muskeln strapaziert hat? Es gibt da eine Faustregel: Wenn zu den Schmerzen in den Gelenken auch noch Schwellungen auftreten, die länger als zwei Wochen bestehen bleiben, wenn Gelenksteife, Fieber, Durchfall und Hautausschläge dazukommen, dann ist es mit ziemlicher Wahrscheinlichkeit Rheuma.

Gegen chronische Beschwerden in Gelenken und Muskeln haben sich am besten Einreibungen erwiesen: mit Propolissalbe aus dem Bienenstock, mit Johanniskrautöl, mit Kamillenöl oder Majoranöl sowie mit asiatischem Tigerbalm. Damit wird die Durchblutung gefördert, die Selbstheilung angeregt und der Schmerz gelindert. Sinnvoll sind auch Medizinal-Rheumabäder in der Wanne mit Wacholderöl, Heublumenbäder, Fangoauflagen oder das Auflegen von zerdrückten heißen Pellkartoffeln, die besonders lange die Wärme halten.

Nach Untersuchungen am Institut für medizinische Vitamin- und Mineralstoffforschung in München weiß man, dass Vitamin E entzündliche Rheumaprozesse im Organismus bekämpft und unterbindet. Daher: Essen Sie Vollkornprodukte, Weizenkeime, Nüsse, Milchprodukte. Sie alle enthalten reichlich Vitamin E. Oder

nehmen Sie einige Zeit täglich 1 Kapsel natürliches Vitamin E zu je 500 internationalen Einheiten (Apotheke).
Interessant ist, dass in den letzten Jahren die Rheumapatienten immer jünger werden. Das ist zum Teil auf zu viel Fleisch in der Nahrung, zu viel Alkohol und auf zu wenig Bewegung zurückzuführen. Man hat aber auch eine neue Rheumaart entdeckt: das „Liebesrheuma", das man sich beim Sex mit häufig wechselnden Partnern und im schlecht gewarteten Whirlpool holen kann. Es handelt sich dabei um die sexuell akquirierte Arthritis. Sie wird durch Chlamydien und Mykoplasmen übertragen und greift einzelne Gelenke an. Rechtzeitig erkannt kann die Gelenkentzündung mit einer ärztlichen Antibiotikatherapie ausgeheilt werden.
Das „Liebesrheuma" lässt sich durch Partnertreue, durch das Verwenden von Kondomen und das Meiden von hygienisch nicht einwandfrei gewarteten Whirlpools und Saunen vermeiden.
Bei allen anderen Rheumaformen gelten als sinnvolle vorbeugende Maßnahmen: Sie sollten den Bewegungsapparat fordern, aber nicht überfordern. Mäßig Sport treiben, Haltungsfehler sowie einseitige Belastung meiden und Übergewicht abbauen, Zugluft meiden.

Bratäpfel und Salbeitee gegen Halsschmerzen

Die am meisten verbreitete Form einer leichten Erkältung im Herbst sind Halsschmerzen. Da sie von vielen Menschen nicht ernst genommen und oft ignoriert werden, muss man darüber reden. Diese scheinbar so harmlosen Halsschmerzen sind vor allem dann, wenn die Entzündung im Rachen sehr stark ist und wenn sie mit Fieber verbunden ist, sehr gefährlich für den Organismus. Herz und Kreislauf können schwer belastet werden. Und so manche unbehandelte Halsentzündung kann in späteren Jahren zu einer Herzerkrankung führen.
Was viele nicht wissen: Es gibt Risikogruppen, Menschen, die besonders anfällig für Halsschmerzen sind. Dazu gehören alle, die zu leicht bekleidet durch den Herbst gehen, all jene, die dünnes, schlechtes Schuhwerk tragen, all jene, die beruflich immer wieder der Zugluft ausgesetzt sind, jene, die grundsätzlich trockene Mundschleimhäute haben. Zum Beispiel auch Frauen in den Wechseljahren. Deshalb sind auch jene verstärkt gefährdet, die schnarchen oder zumindest mit offenem Mund schlafen, und alle, die anstatt durch die Nase durch den Mund einatmen.
Bevor man zu starken Medikamenten greift, sollte man es grundsätzlich mit natürlichen Hausrezepten versuchen. Hier einige, die sich besonders bewährt haben:

❖ Bereiten Sie sich Salbeitee zu und gurgeln Sie jede Stunde damit. 1 Esslöffel getrocknete Salbeiblätter wird mit einer Tasse kochendem Wasser übergossen.

8 Minuten ziehen lassen, durchseihen und dann lange Mund und Rachen spülen.

- Legen Sie 1/4 Kilo zimmerwarmen Quark fingerdick auf ein Tuch auf und legen Sie ihn an den Hals. Darüber wird ein trockenes Wolltuch gebunden. Lassen Sie den Quark über Nacht einwirken.
- Manche ziehen einen Brei aus Bockshornkleesamen-Pulver vor. Das Pulver aus der Apotheke wird mit heißem Wasser angerührt, ebenfalls auf ein Tuch aufgebracht und dann an den Hals gelegt. Man sollte die Auflage so lange einwirken lassen, bis sie nicht mehr warm ist. Dann einen neuen heißen Brei auftragen.
- Mischen Sie 1/2 Liter Apfelessig mit 1/2 Liter warmem Wasser. Tauchen Sie ein Tuch ein, legen Sie es um den Hals. Geben Sie ein trockenes Wolltuch darüber. Über Nacht einwirken lassen.
- Tauchen Sie ein Leinentuch in warmes Öl und wringen Sie es aus. Legen Sie es an den Hals, ebenfalls mit einem trockenen Wolltuch darüber.
- Heilsame Getränke gegen Halsschmerzen sollten nicht zu heiß und nicht zu kalt, sondern angenehm warm sein. Ideal: Trinken Sie 3-mal am Tag 1 Tasse ungesüßten Eibischwurzeltee.
- Ein uraltes Hausmittel, das köstlich schmeckt und obendrein hilft: Bereiten Sie sich 3 Bratäpfel mit etwas Honig übergossen im Backrohr zu. Essen Sie sie lauwarm.
- Versuchen Sie es – zumindest als Unterstützung anderer Behandlungen – mit einem chinesischen Akupressurgriff. Suchen Sie den Punkt LU 11. Er befindet sich im Nagelwinkel des Daumens, und zwar an der Zeigefingerseite. Hier drücken Sie mit dem Daumennagel der anderen Hand ganz fest 10 bis 30 Sekunden. Wiederholen Sie die Übung mehrmals.

Mit Parfumduft gegen schlechte Laune

Wir können das sehr oft an uns selbst beobachten: Wir sind müde, abgespannt, schlecht gelaunt, kraftlos. Wir wollen nur eines: Ruhe. Und da plötzlich werden wir hellwach. Unsere Laune verbessert sich. Wir haben wieder Kraft. Was ist geschehen? Unsere Nase hat einen Geruch aufgenommen, der uns höchst sympathisch ist, der uns so richtig aufbaut. Das ist der Zauber der Düfte.

So, wie Geräusche und Geschmack entscheidend unser Leben mitbestimmen, so haben auch Gerüche einen großen Einfluss auf unser Wohlbefinden, auf unsere Fitness und auf unsere Gesundheit. Das haben jetzt Psychotherapeuten am Medizinischen Zentrum der Duke-Universität in Durham, USA, wissenschaftlich nachgewiesen.

Für die Studie hat man eine Gruppe von Frauen als Probanden ausgewählt, die ganz besonders Stimmungsschwankungen unterliegen: Frauen in den Wechsel-

jahren, oft gereizt, angespannt und depressiv. In den meisten Fällen werden diese Frauen unter ärztlicher Kontrolle mit Hormonen behandelt. Die Wissenschaftler in Durham haben bewiesen: In leichten Fällen genügen oft Düfte.
An der Studie nahmen Frauen im Alter von 45 bis 60 Jahren teil. Zuerst konnten sie alle einige Tage aus fünf verschiedenen Parfums wählen und sich damit verwöhnen. Die Palette der Düfte reichte von blumigen und fruchtigen Essenzen bis zur orientalischen, schweren Note. Danach mussten die Frauen einige Tage auf Parfums verzichten. Parallel zu diesen Prozeduren füllten sie regelmäßig Fragebögen aus und berichteten darauf von ihren jeweiligen Stimmungen, Spannungen, von ihrer Gereiztheit.
Und da stellte sich zum Erstaunen aller heraus:

- Die Parfums wirkten wie eine sanfte Naturmedizin.
- Bei den meisten Frauen übten die Duftwässer einen stimmungsverbessernden Effekt aus. Es gab kein seelisches Tief mehr. Anspannungen, Gereiztheit und depressive Verstimmungen verschwanden.
- Die Frauen waren unter dem Einfluss ihres Parfums besser gelaunt und klagten weder über Nachtschweiß, Kopfschmerzen, Hitzewallungen und Gelenkbeschwerden.
- Besonders gut fühlten sich jene Frauen, die Parfums verwendeten und außerdem mit ihren üblichen Östrogenen behandelt wurden.
- Aber auch bei Frauen, die nicht mit Hormonen versorgt wurden, verbesserte sich die Stimmungslage durch den Einsatz von Parfums.

Nun stellt sich die Frage: Was passiert im Organismus, wenn Düfte auf uns einwirken? Die Studie hat das genau erbracht: Teile des Gehirns, in denen negative Stimmungen entstehen, werden durch die Geruchseindrücke positiv beeinflusst. Außerdem werden die so genannten Neurotransmitter, die in den Wechseljahren ein Tief erleben und in ihrer Aktivität nachlassen, von den Parfumgerüchen wieder angeregt und aktiviert. Obendrein rufen ganz bestimmte Düfte beim Menschen schöne Erinnerungen wach. Und die helfen ebenfalls mit, die Stimmung zu heben.
Das alles beweist: Wir sollten angenehme Gerüche für uns nützen, sie genießen. Denn sie sind eine Art Naturarznei.

Schwingende Hände besiegen den Stress

Die meisten von uns haben derzeit im Herbst mit zwei gesundheitlichen Problemen zu kämpfen: mit Stressfolgen und Erkältungen. In beiden Fällen können wir, wenn wir natürliche Mittel einsetzen möchten, Rezepte aus der chinesischen Medizin nützen. Es sind Rezepte, die sich auch bei uns sehr bewährt haben. Wenn Sie sehr unter

Druck sind, zu viel gearbeitet haben, erschöpft sind und unter Umweltbelastungen wie Lärm und Hektik leiden, dann versuchen Sie es doch einmal mit – Duft-Qigong. Es handelt sich dabei um ganz einfache Bewegungen und Übungen mit beiden Händen.

Der Name Duft-Qigong hat zwei Begründungen: Erstens wird der Mensch durch diese Übungen aufnahmebereiter für Düfte und Gerüche des Lebens. Zweitens scheidet man Gifte aus und „duftet" dann nicht sonderlich gut.

Grundsätzlich aber erzeugt man mit den Bewegungen Schwingungen im Körper, mit denen man die körpereigene Energie der Umwelt besser anpassen kann. Qigong kann jeder durchführen, weil es so einfach geht.

- Stellen Sie sich locker hin, halten Sie die Hände – mit den Handflächen zueinander – und schwingen Sie sie nun synchron in einem Bogen nach oben hin und her.
- Danach zeichnen Sie in der Luft mit den Händen einen Bogen nach unten.
- Schließlich schwingen Sie die Hände, sodass in der Luft eine quer liegende Acht geschrieben wird.
- Danach führen Sie die Hände auseinander und zusammen, auseinander und zusammen.

Es gibt hunderte von Qigong-Übungen. Interessant ist dabei: Im Rahmen von Studien konnten danach im EEG des Betreffenden positive Veränderungen beobachtet werden.

Wenn Sie in diesen Tagen die ersten Anzeichen einer Erkältung verspüren und noch kein Fieber haben, dann setzen Sie einen ganz speziellen chinesischen Tee ein. Er bringt rasch Wärme und Energie in den Organismus. Und damit werden Krankheitserreger bekämpft, wird Wohlbefinden wieder hergestellt.

Hier das Rezept: Mischen Sie zu gleichen Teilen Holunderblüten und Lindenblüten aus der Apotheke. Geben 1 Esslöffel davon in eine Kanne. Dann kochen Sie in 1/2 Liter Wasser 1 Zimtrinde und 5 dünne Scheiben einer Ingwerwurzel auf und übergießen mit dieser Flüssigkeit die Teemischung in der Kanne. 10 Minuten ziehen lassen, durchseihen, mit etwas Honig süßen, in kleinen Schlucken trinken.

Wenn Sie wollen, dass die Erkältung in drei Tagen wieder weg ist, dann halten Sie sich an folgende Ernährungsregel: Streichen Sie sämtliche Kohlenhydrate und jegliches Fett. Essen Sie ausschließlich Gemüse und wenig mageres Fleisch. Trinken Sie täglich 2 1/2 Liter Flüssigkeit.

Gefährliche Lügen rund um den Alkohol

Die Erfahrung zeigt: Kaum sinken draußen die Temperaturen, wird mehr Alkohol getrunken. Und wenn vom Alkoholtrinken die Rede ist, werden zwei Argumente

dagegen kolportiert: In zu großen, regelmäßigen Mengen schädigt er die Leber und das Gehirn. Das ist eine erwiesene Tatsache. Doch unter jenen, die Alkohol mögen, kursieren viele Behauptungen, die den Genuss von Wein, Bier und Schnaps verharmlosen. Vieles, was da gesagt wird, ist schlicht und einfach eine Lüge. Und damit wird Alkohol in großen Mengen noch viel gefährlicher als manche denken.
Lüge Nr. 1: Man hört so oft den Satz: „Schlaf deinen Rausch aus. Morgen ist alles wieder in Ordnung!"
Nichts, absolut nichts, ist am nächsten Morgen in Ordnung. Der Betrunkene war verantwortungsvoll. Er ist mit einer Taxe nach Hause gefahren. Doch am nächsten Morgen setzt er sich hinters Steuer seines Wagens. Sehr gefährlich.
Er ist nämlich noch immer alkoholisiert und daher keineswegs fahrtüchtig. Was wenige bedenken: Der menschliche Körper baut pro Stunde nicht mehr als 0,1 Promille Alkohol ab. Also befindet sich am nächsten Morgen noch viel Alkohol im Blut. Das bedeutet: Der Betroffene hat ein schlechtes Reaktionsverhalten. Er ist unkonzentriert und kann leicht einen Unfall verursachen. Man sollte am Tag nach einer durchzechten Nacht kein Auto lenken.
Lüge Nr. 2: Wenn jemand Übergewicht hat, kann er ruhig mehr trinken. Das Fett baut den Alkohol schneller ab und vermindert seine Wirkung.
Die Wahrheit sieht anders aus. Körperfett hat überhaupt keinen Einfluss auf den Alkohol. Es ist nicht am Abbau des Alkohols beteiligt. Im Gegenteil: Dicke haben nach Alkoholgenuss oft Kreislaufbeschwerden.
Lüge Nr. 3: Mit starkem Bohnenkaffee und einer kalten Dusche ist man schnell wieder nüchtern.
Das ist ein Wunschtraum. Der Kaffee kann noch so stark sein. Die Dusche noch so kalt: Am Promillegehalt ändert sich gar nichts.
Lüge Nr. 4: Wenn du zu viel Alkohol getrunken hast, verrichte anstrengende körperliche Arbeit. Das fördert den Abbau des Alkohols aus dem Organismus.
Denkste! Wer Alkohol konsumiert hat, sollte anstrengende körperliche Betätigungen meiden. Es kann sonst zu einer schweren Kreislaufstörung führen.
Lüge Nr. 5: Wenn du viel Alkohol trinkst, iss dazu viel ungarische Salami. Sie verhindert die Aufnahme des Alkohols im Blut.
Das ist ein absoluter Unsinn. Kein Wort davon ist wahr. Die fette Salami erhöht vielmehr die Cholesterinwerte.
Lüge Nr. 6: Traubenzucker nach Alkoholgenuss steigert die Leistung der Leber und damit auch den Alkoholabbau.
Das stimmt nicht. Man hat das gemessen: Der Einfluss des Traubenzuckers auf den Abbau des Alkohols ist unbedeutend gering.
Lüge Nr. 7: Wenn der Diabetiker die Broteinheiten berechnet, darf er mit gutem Gewissen Alkohol trinken.
Das ist eine gefährliche Aussage. Zum Thema Diabetiker und Alkohol muss gesagt

werden: Für den Diabetiker sind Abende mit Alkoholkonsum eine Belastung. Der Alkohol bringt den ohnehin sensiblen Blutzuckerspiegel gehörig durcheinander. Schon beim gesunden Organismus leiden Leber und Gehirnzellen nach größerem Alkoholgenuss. In einem Körper, dessen Insulinhaushalt nicht so optimal funktioniert, kann der Schaden noch größer sein.
Daher gilt für den Diabetiker: Zu einem Viertel Wein sollte man 2 Broteinheiten – etwa 500 Kalorien – essen. Erlaubt sind 2 Glas alkoholische Getränke, die den Blutzucker nicht erhöhen: trockener Wein, trockener Champagner, Cognac, Whisky. Verboten sind alle Alkoholika, die Zucker enthalten: Liköre, süßer Sekt, Obstweine.

Gesund und fit mit der Löffelmassage

Wenn sich in früheren Jahren in der Familie ein Kind irgendwo angeschlagen und eine Beule abbekommen hatte, lief Großmutter in die Küche, tauchte einen sauberen Esslöffel in kaltes Wasser und massierte damit die Beule. Und siehe: Die Beule war schnell wieder weg. Eine praktische Anwendung der Löffelmassage.
Das war nicht die Erfindung unserer Großmütter. Bereits im antiken Ägypten – 5000 vor Christi Geburt – gab es bereits Löffel aus Holz oder Elfenbein. Sie wurden allerdings nicht zum Essen verwendet. Man holte damit Salben aus Tiegeln, brachte sie auf die Haut auf und rieb dann damit gleich die Salbe ein.
Im späten Mittelalter hatte auf Bauernhöfen jeder Knecht seinen eigenen, persönlichen Löffel, mit dem er aß, mit dem er aber auch bestimmte Körperteile massierte.
So hat sich mit der Zeit eine spezielle Löffelmassage entwickelt, die heute einen Höhepunkt erreicht, weil der Berliner Kosmetikfachmann und Lifestyle-Experte René Koch spezielle Massagemethoden für Gesundheit und Fitness entwickelt hat.
Mancher wird fragen: Warum gerade ein Löffel zum Massieren? Ein Löffel hat eine sanfte Rundung wie eine Fingerkuppe. Man kann damit streichen, klopfen und drücken. Man kann sich damit nicht verletzen. Außerdem ist der Löffel ein sehr guter Leiter für Wärme und Kälte. Und er ist in jedem Haushalt vorhanden.
Was braucht man alles zur Löffelmassage? 2 Esslöffel, 2 Teelöffel, ein Glas mit kaltem oder mit heißem Wasser. Eventuell noch spezielle ätherische Öle, weil man die Löffelmassage gut mit der Aromatherapie kombinieren kann. In diesem Fall verreibt man auf der gewölbten Seite des Löffels ein paar Tropfen eines ätherischen Öls und massiert es von dort in die Haut. Oder man reibt die Haut vor der Massage damit ein.
Das Prinzip der Löffelmassage ist denkbar einfach. Es handelt sich dabei um eine Kombination von Akupressur, Lymphdrainage, Klopf- und Streichmassage. Wenn man mit dem Löffel auf der Haut reibt, massiert oder drückt, werden Energiepunkte

aktiviert, die wieder über Energiebahnen mit bestimmten Körperteilen und Organen in Verbindung stehen und dort gesundheitsfördernde Veränderungen auslösen.
Man kann mit der Löffelmasssage Verspannungen lockern, den Kreislauf in Schwung bringen, das vegetative Nervensystem beruhigen, die Durchblutung fördern, die Laune verbessern, Falten und Schwellungen bekämpfen.
Hier ein paar Übungen:

- Wenn Sie jetzt in diesen Wochen wetterbedingt nervös sind, setzen Sie einen Teelöffel ein, den Sie zuvor in heißes Wasser getaucht und abgetrocknet haben. Der entscheidende Punkt für die Bekämpfung der Nervosität liegt genau zwischen den Augenbrauen in der Mitte der Nasenwurzel. Hier setzen Sie den Teelöffel an und massieren mit leicht drehenden Bewegungen, im Uhrzeigersinn und gegen den Urzeigersinn. 7 Sekunden massieren. 5 Sekunden Pause machen.
- Bei Kopfschmerzen setzen Sie je einen kalten Esslöffel 2 Finger breit über der Mitte der Augenbrauen auf der Stirn an. Reiben Sie mit beiden Löffeln gleichzeitig, bis die Kopfschmerzen vergehen. Sie können die Wirkung verstärken, wenn Sie die Löffel mit 10-prozentigem Pfefferminzöl (Apotheke) bestreichen.
- Wenn Sie morgens nicht gut drauf sind, setzen Sie je einen kalten Teelöffel über der Oberlippe und unter der Unterlippe an. Lassen Sie beide Löffel gleichzeitig vibrieren und üben Sie dabei leichten Druck aus. Auch da wieder 7 Sekunden vibrieren, 5 Sekunden pausieren. Und die Übung oft wiederholen.
- Es gibt auch viele Löffelmassage-Übungen speziell für die Schönheit. Der Berliner Life-Stylist und Kosmetologe René Koch hat sie alle in seinem Buch „löffeln Sie sich fit und schön" zusammengefasst.

Mit gesunder Nase in den Winter: Eine Spraykur hilft

Wenn es draußen kalt wird, dann kommt die Zeit, in der wir uns ganz besonders schnell einen lästigen Schnupfen einhandeln. Zu dieser Virusinfektion kommt es, wenn unsere Nasenschleimhäute über einen längeren Zeitraum trocken sind. Sie werden dann zu einem Tummelplatz für Krankheitserreger. Dagegen müssen wir etwas tun.
Dabei spielt unsere Nase eine wichtige Rolle. Sie muss saubere Luft in einer ganz bestimmten Temperatur für die Atemwege heranschaffen. Die eingeatmete Luft muss aufgewärmt, angefeuchtet und gefiltert werden. Das komplizierte System unserer Bronchien muss einerseits vor der kalten Außenluft, andrerseits vor der Austrocknung geschützt werden. Für diese Aufgaben hat die Nase ihre Schleimhaut, die immer gut durchblutet und feucht sein muss. Eine zusätzliche Luftreinigungsfunktion haben zahllose Flimmerhärchen im Nasenraum. Auch sie müssen feucht sein

und auf einer gesunden Nasenschleimhaut sitzen. Wenn die Schleimhaut entzündet und trocken ist, dann trocknen auch die Flimmerhärchen aus und können nicht mehr dazu beitragen, dass wir gesunde, saubere Luft einatmen.
Es gibt viele Situationen, in denen die Nasenschleimhaut austrocknet: Zentralheizungen in Wohnungen und Büros, Klimaanlagen in modernen Gebäuden und im Flugzeug, überheizte Räume mit zu niedriger Luftfeuchtigkeit verursachen trockene Nasenschleimhäute. Dazu kommen noch Umweltschadstoffe, Staub und chemische Substanzen.
Wenn die Nasenschleimhaut ausgetrocknet ist, dann verfügt sie nicht mehr über das notwendige feuchte, schützende Milieu. Die Temperatur verändert sich. Es gibt keine Abwehr für eindringende Viren. Krankheitserreger haben ein leichtes Spiel, vermehren sich in rasantem Tempo und dringen in den Organismus ein. Es kommt zum Schnupfen mit trockener, verstopfter Nase. Die Viren trocknen die Schleimhaut noch mehr aus. Der Schnupfen wird zu einer großen Belastung. Wir kriegen keine Luft, fühlen uns elend und sind meist so geschwächt, dass es nicht beim Schnupfen bleibt. Die Erkältung breitet sich aus.
Aus diesem Grund muss man zwei Maßnahmen ins Auge fassen: Wenn man gesund ist und rundum alle schnäuzen, muss man darauf achten, dass die Nasenschleimhäute immer feucht sind. Nur dann bleiben die natürlichen Abwehrkräfte in der Nase stark. Wenn man bereits einen Schnupfen hat, muss man so rasch wie möglich darauf achten, dass die ausgetrockneten Schleimhäute wieder entsprechend Flüssigkeit zugeführt bekommen. Auf diese Weise kann man einen chronischen Schnupfen verhindern.
Die Medizin hat nun mit einer speziellen Nasenkur einen neuen Weg gefunden, wie man als vorbeugende Maßnahme und als Therapie den Nasenschleimhäuten wieder entsprechende Feuchtigkeit zuführt und ihre Immunkraft aufbaut. Im Mittelpunkt dieser Behandlung steht ein Nasenspray mit zwei ganz besonderen Inhaltsstoffen.

- ❖ Eine physiologische, mineralische Salzlösung befeuchtet die Nasenschleimhäute angenehm und löst vorhandene krustige Belege. Die Salzlösung sorgt in der Nase für ein optimales Mikroklima zum Schutz vor Viren.
- ❖ Weiters enthält der Nasenspray Dexpanthenol, eine Teilsubstanz vom Coenzym A. Sie fördert eine rasche Regeneration der angegriffenen, entzündeten Nasenschleimhaut.

Mit dem rechtzeitigen und konsequenten Einsatz dieses Sprays aus der Apotheke wird eine rasche Verbesserung der Nasenatmung erreicht. Man nimmt 4-mal täglich 1 bis 2 Sprühstöße und atmet dabei ein.

Neue Liebeskraft aus der Natur – mit Homöopathie

Seit die Potenzpille Viagra im Einsatz ist und viel diskutiert wird, wächst auch die Nachfrage nach natürlichen Möglichkeiten ohne Nebenwirkungen. Bedarf ist gegeben. Das beweisen aktuelle Zahlen. Rund 8 Millionen Männer – darunter sind auch junge – haben Potenzprobleme. Es fehlt ihnen von vornherein an der nötigen Liebeslust und an der Liebeskraft.

Die deutsche Wissenschaftlerin und Ärztin für innere Medizin und Naturheilverfahren, Dr. Irmgard Niestroj, stellvertretende Chefärztin an der Schwarzwald-Privatklinik Obertal in Baiersbronn, sieht da vor allem eine ideale Lösung: „Hier kann die Homöopathie beste Dienste leisten. Das haben unsere Arbeiten an der Klinik eindeutig ergeben!"

Woraus holt die Homöopathie die natürliche Liebeskraft für den Mann? Im Mittelpunkt der Forschung steht eine Heilpflanze, die seit Jahrhunderten in der Naturheilkunde bekannt ist: der Mönchspfeffer, auch Keuschlamm oder Abrahamsstrauch genannt. Mit dem lateinischen Namen Vitex agnus castus. Man hat bereits im Mittelalter die Früchte des Strauches eingesetzt. Erst vor kurzer Zeit haben Wissenschaftler die Früchte genauer analysiert. Man hat darin große Mengen von ätherischen Ölen, Flavonoide wie Casticin, die Glykoside Agnusid und Aucubin, den Bitterstoff Castin, Alkaloide, Orientin, Cineol, Pinen und Isovitexin nachgewiesen.

Und man hat im Rahmen einer Studie nachgewiesen: Die Inhaltsstoffe von Vitex agnus castus zeigen eine hormonelle Wirkung. Das heißt: Die körpereigenen Hormone werden aktiviert und verstärkt. Das trifft vor allem auf die Hormone Lutein, Prolaktin und Progesteron zu.

Zugleich aber schafft der Mönchspfeffer seelische Ausgeglichenheit, baut Stress ab und bereitet auch auf diese Weise ein ideales Umfeld für erfolgreichen Sex. Außerdem wird die Durchblutung im Unterleib stark verbessert

Die Homöopathie gewinnt aus den Früchten des Mönchspfefferstrauches eine homöopathische Tinktur mit dem Namen Agnurell (Apotheke). Während nun normalerweise eine Tinktur der Homöopathie in einer Potenz – das heißt in einer bestimmten Verdünnung – verabreicht wird, so setzt man in diesem Fall gegen Potenzprobleme einen „Potenzakkord" ein. Man schafft eine Mischung aus der Verdünnung D 4, D 8 und D 12. Das ist genau die Mischung, die bei Potenzproblemen Erfolg bringt.

Dr. Irmgard Niestroj betont: „Der Mann, der unter Potenzschwäche leidet, der im Rahmen einer sexuellen Störung von Verstimmungszuständen und Stress geplagt wird, der unter Erektionsproblemen leidet, sollte den Arzt aufsuchen, damit er mit ihm das homöopathische Aufbauprogramm für die Liebe genau besprechen kann."

Und so wird die Kur für die Liebeskraft durchgeführt: Zuerst erhält der Betroffene eine Injekton mit der homöopathischen Tinktur Agnurell aus dem Mönchspfeffer in bestimmte Akupunkturpunkte. Danach nimmt er regelmäßig 1- bis 3-mal täglich 3 homöopathische Tabletten mit dem Extrakt. Die Erfahrung zeigt: Innerhalb von vier bis sechs Wochen ist der Organismus des Mannes, aber auch seine positive Stimmung für normale, starke Liebeskraft wieder aufgebaut.

Alltägliche Gewürze sind Superarzneien

Die meisten von uns greifen zu Gewürzen, um dem Gaumen etwas Gutes zu tun. Sie verwenden Gewürze, um den Geschmack der Speisen zu verbessern. Aber – haben Sie gewusst, dass Ihr Gewürzregal gleichzeitig eine hervorragende Hausapotheke sein kann? Nützen Sie wieder die Arzneikraft vieler Gewürze, wie es unsere Vorfahren ganz selbstverständlich gemacht haben. Jetzt im Herbst, wenn man wieder mehr in der Küche steht, bietet sich die beste Gelegenheit dazu.
Viele werden fragen: Was sind denn das für Kräfte, die in etlichen Gewürzen stecken und die wir für unsere Gesundheit nützen können? Aus vielen Studien und Laboruntersuchungen weiß man heute: Das sind ätherische Öle, Gerbstoffe, Schleimstoffe, Harze, pflanzliche Hormone, Enzyme, Vitamine, Spurenelemente und Bakterien tötende Substanzen, die im menschlichen Organismus positiv zur Wirkung kommen. Diese Stoffe bleiben in den getrockneten Gewürzen bis zu etwa einem Jahr erhalten und werden beim Erhitzen sowie beim Zubereiten von Speisen aktiviert.
Hier ein paar nützliche Beispiele für den Alltag:

- Kümmel ist das ideale Mittel gegen Blähungen, sowohl für Erwachsene als auch für Kinder. Trinken Sie eine Tasse Kümmelmilch oder Kümmeltee. 1 Teelöffel Kümmel mit 1 Tasse heißem Wasser oder heißer Milch übergießen, 5 Minuten zugedeckt ziehen lassen, durchseihen, langsam trinken.
- Fetten Fleischspeisen – wie etwa Schweinebraten oder Gans – fügt man Kümmel bei, damit das Fleisch problemloser verdaut werden kann. Damit einem nachher nicht übel wird.
- Anis stärkt den Magen und fördert die gesamte Verdauung. Anis verhindert, dass man nach dem Essen Magendrücken bekommt, sich schwer und träge fühlt. Aus diesem Grund verzehrten die Römer in der Antike nach großen Gelagen immer Anisplätzchen.
- Zimt – das wusste schon die heilige Hildegard von Bingen – wirkt beruhigend auf unsere Nerven. Wer Zimtgebäck oder Zimtkuchen genießt, kann damit auch erfolgreich die Nervosität bekämpfen.
- Wer Speisen mit Paprikapulver würzt, tut damit dem Herzen etwas Gutes, weil das Blut flüssiger wird. Der Wirkstoff Capsaicin im Paprikagewürz verbessert außerdem die Herzleistung.

- Fenchel und Thymian stärken nicht nur als Tee oder Hustensaft die Atemwege bei Erkältungen. Sie erfüllen diese Aufgabe auch bis zu einem gewissen Grad in Speisen.
- Majoran und Kardamom wirken ebenfalls kräftigend auf den Magen.
- Oregano und Rosmarin beruhigen die Galle und fördern den Gallenfluss. Ideal, wenn Soßen damit gewürzt werden.
- Mit reichlich geriebenem Meerrettich in verschiedenen Speisen lassen sich Rheuma- und Gichtschmerzen lindern.
- Gewürznelken wirken antibakteriell und desinfizierend. Wenn man erkältet ist, lohnt daher ein köstliches Obstkompott mit Gewürznelken.
- Mit einem bewährten Gewürzrezept kann man in Form eines Tees fröhlicher werden, die Seele aufbauen. In vielen Familien heißt dieser Tee seit Generationen „Omas Bester". Man mischt zu gleichen Teilen Anis, Kümmel und Fenchel. 1 Teelöffel davon wird mit 1 Tasse kochendem Wasser übergossen, 8 Minuten ziehen lassen, durchseihen und mit etwas Honig trinken. In manchen Drogerien und Reformhäusern bekommt man diese Gewürze unter dem Namen „Omas Bester" bereits fertig gemischt, für Eilige sogar im Filterbeutel.

So werden Sie zum idealen Besucher am Krankenbett

Mit zunehmendem Schlechtwetter und sinkenden Temperaturen steigt die Zahl der Erkrankungen rund um uns. Im Zusammenhang damit kommen wieder mehr Menschen ins Krankenhaus oder brauchen für einige Zeit daheim Bettruhe.
Wo immer man krank liegt: Man freut sich über einen Besuch. Doch genau die Besucher sind sehr oft schuld, dass wir länger krank sind, dass unsere Genesung erheblich gestört wird. Die Ursache: Viele, die einen Krankenbesuch machen, begehen Fehler.
Es wäre daher für jeden von uns gut zu wissen, was man als idealer Besucher am Krankenbett tun und was man besser unterlassen sollte. Hier die wichtigsten Maßnahmen:

- Man bringt grundsätzlich dem Patienten keine Lebensmittel in die Klinik mit. Es könnte etwas dabei sein, was der Kranke nicht essen darf. Er wird verleitet und tut es doch. Die Folge: Bei vielen Patienten steigen nach so einem Krankenbesuch die Blutzucker- und die Harnzuckerwerte. Das kann bei einer Reihe von Krankheiten verhängnisvolle Folgen haben.
- Es ist auch sehr unklug und für den Patienten gefährlich, ihn während eines Krankenhausaufenthaltes mit Alkohol, Tabakwaren und Süßwaren zu beschenken. So etwas darf man nur nach spezieller Rücksprache mit dem Arzt.

- ❖ Verschonen Sie den Patienten mit aktuellen Klatschgeschichten. Versetzen Sie ihn mit Ihrem Reden nicht in Aufregung. Bringen Sie keinen Ärger mit. Berufliche und wirtschaftliche Probleme am Krankenbett verzögern das Gesundwerden.
- ❖ Da sich der Patient nicht aufregen soll, darf man ihm auch keine allzu spannende Lektüre mitbringen. Das Lesen darf weder anstrengend sein, noch darf es Horror und Angstgefühle auslösen. Also: Hände weg von Krimis. Ideal: leichte Unterhaltungsromane. Auch Zeitungen und Zeitschriften mit negativen Berichten sollte man vom Patienten fern halten.
- ❖ Ausgesprochen sträflich und sehr gefährlich ist es, dem Patienten ins Krankenhaus – ohne ärztliche Empfehlung – Tabletten oder sonst irgendwelche Medikamente zu bringen. Unterlassen Sie laienhafte Ratschläge. Sie dürfen dem Kranken höchstens, wenn er unruhig ist, ein Fläschchen mit Lavendelöl mitbringen, damit er fallweise daran riechen kann.
- ❖ Es ist eine uralte psychologische Grundregel: Der Besucher sollte sich sofort auf einen Stuhl neben das Bett setzen und niemals zu lange vor dem Kranken am Bett stehen. Er wirkt damit übermächtig und drohend für den sensiblen Patienten. Dieser fühlt sich in so einer Situation nicht wohl.
- ❖ Unterlassen Sie auch entsetzte, geschmacklose Ausrufe und Bemerkungen wie „Du Armer. Du siehst ja furchtbar aus!" oder „Mein Gott, siehst du schlecht aus!" Dadurch verschlechtert sich der Zustand des Kranken sofort.
- ❖ Wenn der Patient sprechen will, dann hören Sie ihm zu. Das ist ganz wichtig fürs Gesundwerden. Wichtiger, als wenn man als Besucher auf den Kranken ununterbrochen einredet.
- ❖ Sehr wichtig wäre es, wenn ein vertrauter Besucher und guter Bekannter oder Verwandter die Hände des Kranken streichelt, den Kopf und eventuell auch die Füße. Hier liegen wichtige Energiepunkte, die ein Wohlgefühl vermitteln.

Die Rasur als tägliche Tortur: So beruhigen Sie Ihre Haut

Das tägliche Rasieren ist für Millionen Männer am Morgen eine Selbstverständlichkeit. Meist führt man diese Pflichtübung ganz automatisch durch, schenkt ihr gar keine Aufmerksamkeit. Das ist schlecht. Jeder Mann sollte sich im Klaren darüber sein: Die Rasur stellt jedes Mal eine große Belastung für die Gesichtshaut dar. Mehr noch: Sehr oft ist es für den Teint eine Tortur. Ganz besonders in der kalten Jahreszeit.
Ein Mann verbringt in seinem Leben durchschnittlich 3600 Stunden mit Rasieren. Sehr häufig werden dabei Fehler gemacht. Die Folge: Die Haut leidet. Dermatologen haben einen Katalog für das richtige Rasieren zusammengestellt:
Ganz wichtig ist der Zeitpunkt fürs Rasieren. Auf keinen Fall sollte es abends ge-

schehen. Das ist die Zeit, in der die Haut am meisten empfindlich und verletzlich ist. Sie ist auch nicht so elastisch wie am Morgen.

Rasieren Sie sich gleich nach dem Aufstehen, also vor dem Frühstück. Wenn Sie bereits gegessen haben, dann sind durch das Kauen die Wangen mit mehr Blut versorgt. Man blutet also viel schneller.

Es ist wichtig, dass man sich vor dem Rasieren das Gesicht wäscht. Die Haut muss von Schmutz und Talg befreit werden. Verwenden Sie warmes Wasser, nicht zu heiß. Dabei werden die Poren erweitert. Die Rasur kann gründlicher durchgeführt werden. Ein Trick: Tauchen Sie ein Leinentuch in warmes Wasser und legen Sie es für 60 Sekunden aufs Gesicht. Dann abtrocknen und mit der Rasur beginnen.

Ob sich ein Mann mit einer Klinge nass rasiert oder ob er einen elektrischen Rasierapparat verwendet, das ist eine Frage des persönlichen Geschmacks. Für die Haut ist beides strapaziös.

Egal, welche Form der Rasur man wählt: In beiden Fällen ist optimale Hygiene wichtig. Achten Sie darauf, dass Sie sich immer mit einer sauberen, scharfen Klinge rasieren. Es ist besser, sie öfter zu wechseln. Wer an der Klinge spart, ist meist nicht glatt rasiert und läuft Gefahr, seine Haut zu schädigen. Beim elektrischen Rasierapparat ist wichtig, dass der Scherkopf immer sauber und unversehrt – also ganz glatt – ist.

Immer wieder taucht bei der Nassrasur die Frage auf: Soll man mit dem Bartstrich oder gegen den Strich die Klinge führen? Man rasiert immer mit dem Strich. Gegen den Strich ist für die Haut ein großer Stress.

Wer also eine gesunde Gesichtshaut bewahren möchte, der muss diese nach der Rasur ganz besonders intensiv pflegen:

- ❖ Waschen Sie am Ende der Rasur das Gesicht mit kaltem Wasser. Das beruhigt die Haut. Die Poren schließen sich.
- ❖ Danach nicht trockenreiben. Das kann zu Hautreizungen führen. Tupfen Sie Gesicht und Hals einfach mit einem Tuch ab.
- ❖ Wenn Sie ein After-Shave-Präparat verwenden: Greifen Sie zu einem alkoholfreien. Der Alkohol desinfiziert zwar kleine Verletzungen. Auf der anderen Seite aber reizt er die Haut und fördert das Austrocknen.
- ❖ Sehr bewährt haben sich zur Pflege nach der Rasur Cremes oder Lotions aus der Apotheke mit einem hohen Anteil an Vitamin E: 5 Prozent oder 10 Prozent. Sie lösen im Gesicht und am Hals einen so genannten Optolind-Hauteffekt aus. Das heißt: Entzündungen und Reizungen werden unterbunden. Der Teint regeneriert sich nach der Rasur schneller und bleibt generell länger jung.

Mit einer Diät gegen Pilzinfektionen

Man muss von einer neuen Volkskrankheit sprechen: Die Pilzinfektionen sind in erschreckendem Maße im Vormarsch. Das Verhängnisvolle dabei: Die Hefepilze – in der Medizin Candidapilze genannt – sind normalerweise harmlose Bewohner unserer Haut und der Schleimhäute. Kaum aber ist unser Immunsystem geschwächt, so werden diese friedlichen Pilze zu gefährlichen Feinden. Neueste Studien haben nun bewiesen: Man kann sie – unterstützend zur ärztlichen Behandlung – mit einer speziellen Diät erfolgreich bekämpfen.

Man weiß heute, welche Auslöser es im Leben des Menschen für eine Pilzinfektion gibt: unerträglicher Stress, falsche und einseitige Ernährung, zu viel Alkohol, Rauchen, Medikamente, die über einen langen Zeitraum eingenommen werden müssen. Aber auch Umweltgifte wie Schwermetalle und Pestizide schwächen unsere natürlichen Abwehrkräfte ganz erheblich.

Längst gilt eine Pilzinfektion in der Medizin nicht mehr als harmlos. Das Gefährliche: Es gibt für eine Pilzinfektion keine typischen Erstsymptome. Dadurch werden viele Erkrankungen verschleppt und zu spät erkannt.

Die häufigsten Pilzinfektionen: Nagelpilzerkrankungen, Pilzbefall des Verdauungstraktes, Pilze in den Atemwegen, Hautpilzinfektionen und Pilzerkrankungen der Geschlechtsteile. Mehr Menschen als man glaubt, leiden an dieser so genannten Geschlechtsmykose. 13 Prozent der Bevölkerung leiden an Nagelpilz, 30 Prozent an Fußpilz, der häufigsten Pilzinfektion.

Bisher begnügten sich die Ärzte auf das Weitergeben von Vorbeugungsmaßnahmen und auf gezielte Behandlungen mit pilzabtötenden Salben und Cremes, mit pilztötenden Medikamenten und Sprays sowie – beim Nagelpilz – mit einem pilztötenden Nagellack.

Nun aber haben österreichische Mediziner herausgefunden: Die Betroffenen können auch selbst gegen ihre Pilzerkrankung etwas tun: mit einer speziellen Diät gegen Pilzinfektionen. Auf Grund der beachtlichen Erfolge haben nun auch amerikanische Ärzte diese Diät übernommen.

Und so bekämpft man eine Pilzerkrankung über den Verdauungstrakt von innen her:

- Erstes Gebot: Hefepilze lieben Zucker. Je süßer die Ernährung, desto hartnäckiger die Pilze. Daher: Streichen Sie grundsätzlich den Zucker und sämtliche Desserts aus Ihrer Speisekarte.
- Meiden Sie Teigwaren, Reis, Speisen, die mit Mehl angerichtet werden.
- Zweites Gebot: Bauen Sie Naturprodukte in Ihre tägliche Ernährung ein, welche man als Feinde der Pilze bezeichnen kann: rohes oder schonend gegartes Gemüse, Salate, Sauermilch, Jogurt, mageres Fleisch, Geflügel und Fisch niemals gebraten oder gebacken.

- Drittes Gebot: Nehmen Sie regelmäßig nachgewiesene „Pilzkiller" zu sich. Das sind Knoblauch, Zwiebel, Meerrettich. Sie müssen fixer Bestandteil der Antipilzdiät sein.
- Viertes Gebot: Konsumieren Sie nur frische, einwandfreie Produkte. Lebensmittel, die schon einige Tage im Kühlschrank stehen, können leicht angeschimmelt sein. Hände weg. Diese Pilze können die Pilzinfektion neu aufflackern lassen!
- Fünftes Gebot: Setzen Sie in Ihrer Diät Produkte mit natürlichen Pilzfeinden ein: Vitamin A in Form von Möhren, Vitamin C in Form von Petersilie, Paprika, Salaten, Zink und Selen in Form von Meeresfisch, Mangan in Form von Weizenkleie. Zusätzlich raten viele Ärzte zur Aufnahme von Zink, Selen, Mangan und Magnesium in Form von Präparaten aus der Apotheke.

Wer die Diät gegen Pilzinfektionen strikte einhält, kann viel dazu beitragen, dass der Arzt die Krankheit schnell besiegt. Und das ist höchst notwendig. Nach neuesten Studien erhöhen Pilzerkrankungen den Cholesterinspiegel und werden damit zu einem Herzinfarktrisiko, was bisher keiner wusste.

Lungenentzündung: Eine Impfung kann Leben retten

Jede Woche sterben in der kalten Jahreszeit viele Menschen an einer Lungenentzündung. Der Großteil der Betroffenen ist über 60 Jahre alt. In den meisten Fällen wird so eine Lungenentzündung durch Bakterien hervorgerufen, die wir unter der Bezeichnung Pneumokokken kennen.

Diese Krankheitserreger können so gefährlich werden, weil sie außer der Lungenentzündung auch Hirnhautentzündung, Blutvergiftung, Arthritis und Bauchfellentzündung hervorrufen können.

Dabei muss man wissen: An sich tragen wir alle diese Pneumokokken in uns. Auch gesunde Menschen. Die Bakterien sitzen in unserem Nasen-Rachen-Raum und lösen unter normalen Umständen keine Symptome aus. Das bedeutet: Für jeden können die Pneumokokken ganz plötzlich gefährlich werden.

Es gibt eine Gruppe von Menschen, die besonders gefährdet ist, an einer Pneumokokkeninfektion zu erkranken. Dazu gehören Menschen im fortgeschrittenen Alter, Patienten mit Milzproblemen, mit chronischem Nierenversagen, mit einem geschwächten Immunsystem, aber auch Menschen, die in Heimen leben oder im Krankenhaus liegen. Sehr hoch ist das Risiko aber auch für eine Lungenentzündung bei Patienten mit Herz-Kreislauf-Erkrankungen, mit einem Lungenleiden und mit chronischen Erkrankungen.

Seit etlichen Jahren gibt es die Möglichkeit, gegen die bakterielle Lungenentzündung Antibiotika einzusetzen. Diese sind aber mit der Zeit im Laufe der letzten 20 Jahre in den meisten Fällen resistent geworden. Sie wirken also nicht immer.

Daher ist die Vorbeugung so wichtig. Erst in den letzten Jahren konnte eine Impfung entwickelt werden, die vor so einer bakteriellen Lungenentzündung schützen kann. Und es ist gar nicht so lange her, dass man im Rahmen von entsprechenden wissenschaftlichen Studien nachweisen konnte, dass die Impfung Sinn macht und schützt.
Es gibt immer wieder Menschen, die Angst und Bedenken haben, sich impfen zu lassen. Daher muss man auf jeden Fall die Frage stellen, ob es denn Nebenwirkungen gibt. Die Antwort der Experten lautet: Diese sind unbedeutend. Bei einer kleinen Gruppe von Menschen kommt es zu Schmerzen in der Einstichstelle der Impfung, eventuell auch zu Kopfschmerzen und zu Schwächeanfällen.
Die nächste Frage, die immer wieder gestellt wird: Wie oft muss man sich impfen lassen? In den meisten Fällen genügt es einmal. Allerdings muss diese Schutzimpfung bei Immunschwäche und Milzproblemen alle drei bis fünf Jahre wiederholt werden.
Prof. Dr. Michael Kunze, Vorstand des Institutes für Sozialmedizin an der Universität Wien, ist europaweit der Vorkämpfer Nr. 1 für die Impfung gegen die Lungenentzündung. Er betont: „Viele denken: Impfen ist nur Kindersache. Von diesem Gedanken müssen wir uns lösen. All jene Menschen, die sich gegen die Virusgrippe impfen lassen sollten, müssten im Grunde genommen auch den Impfschutz gegen die Pneumokokkeninfektion in Anspruch nehmen."
Es gibt überzeugende Gründe für die Impfung: Wer die Pneumokokkeninfektion einmal hat, kann trotz medizinischer Behandlung sterben. 50 Prozent der Todesfälle ereignen sich in den ersten 48 Stunden.

Bei Rachenentzündung können Halstabletten sehr viel bewirken

Geht es Ihnen auch so? Wenn jemand über eine Entzündung im Mund und Rachen klagt und zu einer Halstablette aus der Apotheke greift, dann neigen wir sehr oft dazu, darüber zu lächeln: Was soll denn so eine harmlose Lutschtablette bewirken? Wir selber greifen zwar auch danach, wenn wir Halsschmerzen haben. Aber im Grunde genommen glauben wir nicht so recht an die Wirkung. Und wenn die Beschwerden dann besser werden, dann schreiben wir das dem Zufall oder der Einbildung zu. Neueste Studien beweisen: Halstabletten können bei Rachenentzündungen sehr viel bewirken. Sie sind eine echte, sinnvolle Hilfe.
Der Berliner Arzt und Wissenschaftler Prof. Dr. Burkhard Schneeweiß hat gemeinsam mit Priv.-Doz. Dr. Hans-Joachim Graubaum, Prof. Dr. Berthold Schneider und Priv.-Doz. Dr. Christine Metzner, eine placebokontrollierte Doppelblindstudie durchgeführt. Er hat den Einfluss von Halstabletten aus der Apotheke auf akute Hals- und Schluckbeschwerden bei Erkältungskrankheiten untersucht.

Die Ausgangsbasis dafür war eine erwiesene Tatsache: Kankheitserreger dringen in den meisten Fällen durch den Mund- und Rachenraum in den Körper ein. Daher zeigen sich die ersten Anzeichen einer Erkältung bei vielen Menschen im Rachen. Zuerst spürt man ein Kratzen im Hals, dann treten die Schmerzen auf, die einige Tage anhalten können. Sehr oft kommt dann auch noch Heiserkeit dazu.
Im Rahmen der Studie zeigte sich nun ganz eindeutig:

- Halstabletten, die antiseptische Substanzen, Menthol und Anisöl enthalten, lindern die Symptome von Hals- und Schluckbeschwerden bei Erkältungen.
- Sie verkürzen eindeutig die Beschwerdedauer.
- Die Schmerzen im Mund- und Rachenbereich werden schnell gelindert. Und es entstehen keine neuen Schmerzen mehr. Das allgemeine Wohlbefinden wird gesteigert.

Die Erklärung dafür: Die Schmerzen im Rachenbereich werden durch eine entstandende Entzündung verursacht. Hier setzen die Halstabletten an. Durch die antiseptischen Stoffe werden die Entzündungserscheinungen beseitigt. Der Heilungsprozess wird beschleunigt. Dadurch geht die Entzündung rasch zurück.
Durch den Einfluss der Halstabletten werden zwei wesentliche Faktoren verhindert: Durch die Unterbrechung und Auflösung des Entzündungsprozesses im Rachen können weitere Komplikationen verhindert werden. Eine folgenschwere bakterielle Infektion, die jeder von uns in so einer Situation fürchtet, kann nicht mehr entstehen.
Auf diese Weise kann mit dem harmlosen Lutschen eines wohlschmeckenden und oft belächelten, unterschätzten Halsbonbons aus der Apotheke entscheidend in den Beginn einer Erkältung eingegriffen werden.
Wichtig in diesem Zusammenhang ist allerdings auch, dass man parallel dazu eine peinliche Mund- und Rachenhygiene durchführt, um künftigen eindringenden Viren und Bakterien Einhalt zu gebieten.

- Wenn Sie morgens aus dem Haus gehen und wenn Sie abends – nach zalhllosen Kontakten mit erkälteten Menschen – nach Hause kommen, dann sollten Sie 3 Minuten die Zähne putzen und danach gründlich Mund und Rachen desinfizieren. Geben Sie in ein Glas mit lauwarmem Wasser 15 Tropfen Propolistinktur oder Teebaumöl und gurgeln Sie damit.
- Waschen Sie öfter die Hände. Beim Händeschütteln werden nämlich jedesmal viele Millionen von Viren und Bakterien übertragen und gelangen sehr schnell über den Mund in den Organismus.

Mit Musik gegen Kopfschmerzen und Müdigkeit

Vielleicht haben Sie das selbst auch schon erlebt: Sie sind nicht sehr gut drauf, haben Ärger, fühlen sich körperlich und seelisch nicht wohl. Sie haben Kopfschmerzen, sind vollkommen verspannt. Und Sie denken nach, welche Medikamente Sie nehmen könnten, um sich endlich wieder besser zu fühlen.

Und dann geschieht das kleine alltägliche Wunder. Sie hören Musik. Und mit einem Mal fühlen Sie sich wieder besser. Was jeder im Alltag erleben kann, das haben jetzt namhafte Wissenschaftler untersucht, getestet und gemessen. Es existieren konkrete Beweise: Es gibt die heilende Kraft der Musik.

Gesundheit, Fitness, Vitalität und Wohlbefinden stehen in einem engen Zusammenhang mit der Musik. Aber es muss Musik sein, die beruhigt, die als angenehm empfunden wird und die nach ganz bestimmten Voraussetzungen komponiert und aufbereitet wurde.

Ein Beispiel aus der Geschichte: das Wiegenlied von Brahms. Es wurde von ihm ganz bewusst als Einschlafhilfe geschaffen. Er hat es mehrmals umgeschrieben, bis ihm Frauen bestätigten: Es wirkt. Seither haben Millionen Mütter die Kraft dieses Liedes für ihre Kinder genützt.

Wir wissen heute: Schubertlieder helfen Stress abzubauen. Mit der Toccata von Bach macht man die Nerven stark. Der Bolero von Ravel zaubert depressive Stimmungen weg. Mozartmusik macht die Behandlung beim Zahnarzt erträglicher.

Warum Musik Heilkraft besitzt, das hat man schon vor Jahren an der Universität Wien auf Anregung von Herbert von Karajan herausgefunden: Beim Anhören von angenehmer Musik entstehen im Gehirn Polypeptide, Botenstoffe, die im Gehirn Entspannung, Glück und Wohlbefinden auslösen. Außerdem wird das vegetative Nervensystem beruhigt.

1972 wurde auf Initiative von Sir Yehudi Menuhin das Internationale Zentrum für Musiktherapie in Paris gegründet. Wissenschaftler, Psychologen, Psychotherapeuten und Ärzte arbeiten seither in aller Welt mit mehr als 400 medizinischen Zentren und Kliniken zusammen. In ihrem Auftrag werden von namhaften Musikkomponisten Melodien und Rhythmen erarbeitet, die man im Kampf gegen viele Erkrankungen und Befindlichkeitsstörungen einsetzt.

So sind spezielle Musikstücke entstanden, die sich als Therapie gegen Verspannungen, Ängste, depressive Verstimmungen, Erschöpfung und vieles andere bewährt haben. Man kann damit aber auch die natürlichen Abwehrkräfte stärken und Gesundheitsvorsorge betreiben. Diese Musikarrangements des Internationalen Zentrums für Musiktherapie in Paris, die man wie Naturarzneien einsetzen kann, gibt es seit kurzer Zeit mit der Bezeichnung „Musik & Gesundheit“ als CDs im Musikhandel. Es stehen 30 verschiedene CDs zur Auswahl. Mit jeder kann man eine andere gesundheitliche Wirkung erzielen. Besonders erfolgreich sind Musikstücke, die

speziell für Kinder komponiert worden sind: für ein besseres Einschlafen oder den Abbau von Ängsten und Schulstress.
Wer Musik als Therapie anwendet, muss einiges beachten:

- Nehmen Sie sich mindestens 25 Minuten Zeit.
- Sorgen Sie dafür, dass Sie sich die Musik ungestört, am besten allein, anhören. Achten Sie darauf, dass Sie von keinem Telefon gestört werden können.
- Sie sollten dabei nichts tun, nur zuhören. Wer sich schlecht konzentrieren kann, sollte die Musik über Hörer empfangen.
- Setzen Sie sich dabei locker hin, schließen Sie zu Beginn die Augen. Das hilft Ihnen, sich voll und ganz in die Musik hineinzudenken.
- Tragen Sie beim Anhören der Musik bequeme, lockere Kleidung.
- Genießen Sie die Musik nicht mit leerem, aber auch nicht mit zu vollem Magen.
- Wenn die Musik zu Ende ist, dann lassen Sie vorerst Stille auf sich wirken. Stürzen Sie sich nicht sofort wieder in den Trubel und in die Hektik des Alltags.

Die besten Gesundheitstipps für November

So meistern Sie die Novemberstimmung

Es schlägt sich bei vielen Menschen enorm aufs Gemüt und auf die gute Laune, wenn im November die Tage allzu kurz werden, wenn oft von morgens bis abends keine Sonne scheint, wenn rund um uns alles in dicken, kalten Nebel oder in ungemütlichen Nieselregen gehüllt ist. Mit dem Laub fällt auch die Stimmung. Unsere Seele bekommt Gänsehaut.
Unsere Leistung lässt nach. Wir gehen voll Pessimismus durch den Tag. Viele sind müde, antriebslos, verzagt, ängstlich, können nicht mehr lachen. Die erfreulichsten Dinge, die man erlebt, verlieren an Attraktivität.
Es besteht die Gefahr, dass man in so einer Stimmung, die in erster Linie von mangelnder Sonne und vom Wetter kommt, falsche Entscheidungen trifft, dass man den harmlosesten Vorfall, mit dem man konfrontiert wird, viel tragischer nimmt.
Viele nehmen das als schicksalsgegeben, weil sie das eben im November immer erleben. Das ist schlecht. Man nimmt sich damit ein beachtliches Stück Lebensqualität. Man kann mit verschiedenen Maßnahmen die Novemberstimmung meistern.
Grundsätzlich weiß man heute über diese Spätherbststimmung, die den Nullpunkt erreicht hat: Es dürften in Mitteleuropa an die 12 Millionen bis 14 Millionen Menschen darunter leiden. Zwei Drittel der Betroffenen sind Frauen im Alter zwischen 30 und 50 Jahren.
Es gibt viele Möglichkeiten, die Novemberstimmung in den Griff zu bekommen. Mitunter kann an düsteren Herbst- und Wintertagen allein schon Licht zur Medizin werden. Wer in diesen Tagen zu wenig Tages- und Sonnenlicht tanken kann, der verfällt oft in depressive Stimmungen.
Die Lösung: Sprechen Sie mit Ihrem Arzt, wo Sie sich einige Zeit täglich mit einer so genannten Vollspektrumlampe bestrahlen lassen können. Sie liefert ein der Natur nachempfundenes Licht eines sonnigen Frühlingmorgens von etwa 2500 Lux. Das ist die Lampe, die auch gegen die Winterdepression eingesetzt wird.
Viele Menschen, die nicht so ausgeprägt unter der Novemberstimmung leiden, können ihre Situation verbessern, wenn sie bei Tageslicht viel ins Freie gehen und ganz besonders sonnige Tage dazu nützen. Manchem hilft auch einmal die Woche ein Besuch im Solarium.
In besonders harmlosen Fällen kann man die Novemberstimmung allein mit Essen und Trinken positiv beeinflussen. Greifen Sie möglichst oft zu einer goldgelben, reifen Banane. Sie liefert dem Organismus Kalium und Magnesium für Herz, Kreislauf und Nerven und verstärkt die Wirkung der Hormonstoffe Serotonin und Nor-

epinephrin, die in unserem Gehirn für gute Laune und positives Denken mitverantwortlich sind. Man sagt auch den Pellkartoffeln nach, dass sie die Stimmung heben, weil sie Giftstoffe aus dem Organismus ableiten helfen und dem Herzen sowie den Nerven Kalium liefern. Auch Naturreis kann helfen, weil er reich am „Nervenvitamin" B_1 ist. Ein Esslöffel Honig am Tag – langsam auf der Zunge zergehen lassen – kann die Stimmung verbessern. Helfer dabei könnten die pflanzlichen Hormonstoffe sein, die man aus den Pollen zu sich nimmt.

Schon in früherer Zeit wusste man: Anis hilft die Laune zu verbessern. Das ist heute ernährungswissenschaftlich bestätigt. Essen Sie Anisgebäck. Da auch Fenchel und Kümmel ähnliche Wirkungen haben, gibt es ein altes Klosterrezept für bessere Laune im November: Lassen Sie sich in der Apotheke zu gleichen Teilen Anis, Fenchel und Kümmel mischen. Davon 1 Esslöffel mit 1 Tasse kochendem Wasser übergießen. 8 Minuten ziehen lassen. Mit etwas Honig trinken.

Es ist sinnvoll, wenn sensible Menschen an tristen Novembertagen nicht übermäßig Fleisch essen. Untersuchungen am Max-Planck-Institut für Psychiatrie in München haben ergeben: Zu viel Fleisch beeinflusst negativ die Stimmung. Bestimmte Aminosäuren im Fleisch in zu großen Mengen stören die Bildung des Serotonins im Gehirn, das wir für die gute Laune brauchen. Also: Im November mehr Obst und Gemüse essen.

Außerdem haben Studien in Österreich von Prim Dr. Bernd Zirm ergeben: Wer im November zu wenig Flüssigkeit trinkt, bekommt erhöhte Harnstoffwerte und kann ebenfalls in depressive Stimmung kommen. Die Lösung: Trinken Sie täglich 2 Liter Mineralwasser.

Studien an der Universität Gießen haben ergeben: Johanniskraut beeinflusst die Botenstoffe, die in unserem Gehirn für gute Laune sorgen. Man kann damit ideal die Novemberstimmung verbessern. Johanniskraut kann man in Form von Tee trinken. Ärzte aber raten zu einer Kur mit den hoch dosierten Wirkstoffen aus dem Johanniskraut in Form von Dragees (Apotheke).

Ganz wichtig gegen triste Laune im November: Betreiben Sie Sport. Suchen Sie die Geselligkeit von lieben Freunden. Verkriechen Sie sich nicht in Ihren vier Wänden.

Sonne ist im Winter unser „Super-Sprit"

Wenn wir auf die letzten Wochen und Monate zurückblicken, so sind wir von der Sonne absolut nicht verwöhnt worden. Viele von uns haben ein regelrechtes Sonnendefizit. Wenigstens aber gibt es von wissenschaftlicher und medizinischer Seite her neueste gute Nachrichten über die Sonne. Das bedeutet: Wir sollten im Winter jeden Sonnenstrahl genießen und auch in der kommenden schönen Jahreszeit die Kraft der Sonne – in Maßen – voll nützen.

In den letzten Jahren sind sehr viele negative Meldungen über die Sonne verbreitet worden: Sie verursacht Krebsgefahr und Sonnenallergien. Sie fördert die Hautalterung und ist entscheidend mitbeteiligt am bodennahen Ozon. Wir sind mit Meldungen konfrontiert worden, dass sich die Zahl der Melanome und Allergien ständig vermehrt. Und jetzt gibt es endlich ein faszinierendes, positives Gutachten. Eine neue Studie besagt nämlich: Die Sonne ist unser „Supersprit". Wir brauchen sie für unsere Energie, Leistungskraft und Gesundheit.
Und so kam es zu einer Zufallsstudie: 50 junge Patienten mit Neurodermitis kamen in die schweizerischen Berge nach Davos, um hier durch Sonnenbestrahlung Besserung für ihr hartnäckiges Hautleiden Neurodermitis zu finden. Sie wurden von Prof. Dr. Angela Schuh vom Institut für Medizinische Klimatologie an der Münchner Ludwig-Maximilians-Universität betreut. Und dabei machte die Ärztin eine verblüffende Entdeckung:

- Es besserte sich nicht allein die Neurodermitis.
- Die Patienten verbesserten auch ihre Leistungskraft und Vitalität bis zu 50 Prozent und mehr.
- Die Sauerstoffversorgung des Herzens und der gesamten Körpermuskulatur funktionierte viel besser als zuvor.
- Die jungen Leute bekamen trotz beachtlicher sportlicher Leistungen keinen Muskelkater.
- Auch die geisitige Vitalität war eindeutig zu beobachten.

Die Studie hat auch klar zutage gebracht, was die Sonnenbestrahlung so wertvoll macht: Es ist die UV-B-Strahlung, genau jene, die auch – im Übermaß – für Sonnenbrand und Krebs verantwortlich zeichnet. Der Gegenbeweis ist inzwischen erbracht: In Solarien, die überwiegend das ungefährliche UV-A-Licht ausstrahlen, konnten diese positiven Wirkungen nicht gemessen werden.
Dr. Angela Schuh sagt dazu: „Die UV-B-Strahlen der Sonne sind ein Lebenselixier. Es kommt dabei allerdings auf die Dosis an. Wer übertreibt, der hat es mit einem gefährlichen Feind zu tun."
Das Studienergebnis: Wir alle sollten – speziell in sonnenarmen Zeiten – eine 3-Wochen-Kur unter europäischer Sommersonne absolvieren. Wichtig: Nach vier Tagen einen Tag eine Sonnenpause einlegen. Unbedingt einen Sonnenbrand vermeiden. Auf diese Weise tanken wir ungeheure Energien und auch Abwehrkräfte. Glaubte man nämlich früher, dass das Vitamin D, das unsere Haut durch Sonnenbestrahlung bildet, einzig und allein dem Aufbau und der Festigkeit unserer Knochen dient, so weiß man jetzt: Das Vitamin D stärkt die Immunkraft, beeinflusst positiv Herz und Kreislauf, bremst Allergien ab, verbessert die Lebens- und Liebeslust.
Weitere Beobachtungen, die gemacht wurden: Sonnenbestrahlung verbessert die Durchblutung, lässt depressive Stimmungen verschwinden, heilt Wunden schnel-

ler, stärkt Nerven und Atemwege. Parallel dazu haben Beobachtungen an Studenten an der Universität Wien ergeben: Sechs Minuten Sonneneinfluss am Tag steigern Leistung, Lebensfreude und Konzentration.

Bräunen auf der Sonnenbank bringt gesundheitliche Vorteile

Jetzt sind sie wieder da: die ungemütlichen, dunklen Tage der kalten Jahreszeit. Das schlägt sich auf die Seele, auf die geistige Fitness und verstärkt viele vorhandene chronische Erkrankungen. Die Sehnsucht nach der Sonne, nach dem Licht kann man natürlich mit einer Reise in ein exotisches Land stillen. Aber wer hat jetzt die Zeit und das Geld dazu?

Es gibt eine Alternative: die Sonnenbank. Doch viele haben Bedenken. Immer wieder hört man die Frage: „Ist es gefährlich, sich den künstlichen Sonnenstrahlen auszusetzen?"

Dazu meint der deutsche Experte für Lichttherapie, Prof. Dr. Friedrich Schröpl aus Fulda: „Die meisten Menschen wissen viel zu wenig über den neuesten Stand der Lichttechnik in modernen Sonnenstudios."

Es ist allgemein bekannt, dass die natürliche Sonne Balsam für die Seele ist und auch körperliches Wohlbefinden fördern kann. Doch alle Wissenschaftler sind sich in einem Punkt einig: Die Überbelastung der untrainierten Haut durch plötzliche massive UV-Bestrahlung muss vermieden werden. Übertreiben ist gefährlich. Prof. Dr. Schröpl meint: „Wer das ganze Jahr über hinter dem Scheibtisch sitzt, weiße Haut zeigt und sich dann in der Karibik in den Ferien braten lässt, der darf sich nicht wundern, dass er Schäden davonträgt."

Speziell in diesem Fall wäre es sinnvoll, die Haut vorher mit der kontinuierlichen, sanften Bräune aus der Lampe zu stärken. Regelmäßige Besuche im Solarium sind nach Ansicht vieler Hautärzte ein viel besserer Schutz als manche Sonnenkosmetik.

Maßvolles Bräunen auf der Sonnenbank in der kalten Jahreszeit kann nach dem jüngsten Stand der Wissenschaft erhebliche gesundheitliche Vorteile bringen. Bei modernen Lampen werden die zur schonenden Bräunung notwendigen Strahlen wohl dosiert verstärkt, die für den Sonnenbrand verantwortlichen reduziert.

Und diese positiven Wirkungen des Solariums sind heute wissenschaftlich gesichert: In der Haut kann das Vitamin D gebildet werden: zur Stärkung der Immunkraft und zur Vorbeugung der gefürchteten Osteoporose. Es gibt eine verbesserte Überlebenschance nach Herzinfarkt und Bypass. Erhöhter Blutdruck kann normalisiert werden. Die körperliche und geistige Leistungsfähigkeit wird verbessert. Die Haut bekommt einen optimalen Lichtschutz.

Das sollte man beachten, wenn man regelmäßig ins Solarium geht:

- ❖ Das Sonnenstudio muss von erfahrenem Personal geführt werden. Achten Sie auf das TÜV-Zertifikat für eine erfolgreiche Schulung.
- ❖ Es müssen einwandfreie hygienische Voraussetzungen herrschen.
- ❖ Beim ersten Mal ist eine individuelle Beratung notwendig. Für die Bestrahlungszeit muss der Hauttyp berücksichtigt werden. Davon hängt ab, wie lange man auf der Sonnenbank zubringen darf.
- ❖ Fragen Sie, welche Lampen Ihrem Hauttyp und Ihrer Vorbräunung entsprechen: ob für Sie eine Standardlampe, eine schnell bräunende Standardlampe, eine Profilampe oder Hochlastlampe geeignet ist. Viele wissen gar nicht, welche Fülle von verschiedenen Bestrahlungslampen es gibt.
- ❖ Halten Sie die für Sie vorgegebenen Besonnungszeiten unbedingt ein. Dann werden Sie Schritt für Schritt ohne gesundheitliche Belastung braun.
- ❖ Wenn Sie ein Medikament einnehmen müssen, fragen Sie den Arzt, ob Sie auf die Sonnenbank dürfen.
- ❖ Lassen Sie sich niemals ohne Augenschutz bestrahlen.
- ❖ Nehmen Sie dabei alle Schmuckstücke ab.
- ❖ Machen Sie ein- bis zweimal im Jahr eine Solariumpause von etwa vier Wochen.

NADH – das Geheimnis unserer Lebensenergie

Geht es Ihnen auch so? In dieser Jahreszeit gibt es Tage, an denen man sich vollkommen energielos und ausgelaugt fühlt. Dazu eine gute Nachricht: Dem Wiener Wissenschaftler und Labormediziner Univ.-Prof. Dr. Jörg Birkmayer ist eine medizinische Sensation gelungen. Er hat das Geheimnis der menschlichen Lebensenergie entdeckt. Es handelt sich dabei um die biologische Substanz NADH, eine Abkürzung für Nicotinamid Adenin Dinukleotid. Sie trägt auch den Namen Coenzym 1. Das bedeutet: Es ist das wichtigste Coenzym im menschlichen Körper.
Es erfüllt viele Aufgaben:

- ❖ NADH stärkt unsere natürlichen Abwehrkräfte.
- ❖ Es schützt den gesamten Organismus gegen Umweltschadstoffe.
- ❖ NADH aktiviert unser Adrenalin und unser Dopamin, Botenstoffe, die für unsere geistige Aktivität notwendig sind, die uns aber auch vor geistig-körperlicher Erschöpfung schützen und unser positives Denken beeinflussen.
- ❖ Zugleich hilft NADH, dass unser Gehirn um Jahrzehnte länger jung bleibt.
- ❖ Außerdem kann NADH bereits angegriffene Körperzellen – auch Gehirnzellen – reparieren.

Wir alle leben heute sehr gefährlich: Wir sind tagtäglich zahllosen Stresssituationen ausgesetzt. Wir sind nach einem anstrengenden Tag ausgelaugt, haben keine Kraft

mehr. Umweltschadstoffe und ein Mangel an Botenstoffen – auch Neurotransmitter genannt – belasten Körper und Geist.
Die Folge: Viele Menschen altern früher, sind nervliche Wracks, leben mit Ängsten und depressiven Verstimmungen.
Mancher hat sich in den letzten Jahren insgeheim eine Superkraft gegen all diese Belastungen gewünscht. Jetzt gibt es diese Kraft. An sich kennt man das Coenzym 1 NADH seit rund 90 Jahren. Aber erst dem Österreicher Prof. Dr. Jörg Birkmayer ist es gelungen, den Stoff biochemisch und biologisch so aufzubereiten, dass ihn der Organismus aufnehmen kann und dass er da stabil bleibt.
Das NADH, das man nun zuführen kann, wird nicht synthetisch, sondern ganz natürlich hergestellt: und zwar aus Hefezellen und Vitamin B_3. Und so ist es seit kurzer Zeit möglich, dass man in Österreich und Deutschland das NADH in kleinen Tabletten zu je 2,5 und zu 5 Milligramm (Apotheke) einnehmen kann.
Wo wird das NADH im menschlichen Körper gezielt für Gesundheit, Fitness und Vitalität benötigt? Unser Organismus braucht NADH in erster Linie im Hirn, im Herzen und in den Muskeln.
Nun ergibt sich die Frage: Warum hat unser Organismus heute einen oft so gravierenden Mangel an NADH? Warum müssen wir die Substanz zuführen? Die Antwort gibt unsere moderne Zeit: Wir benötigen heute mehr NADH, weil wir viel Energie gegen Stress, Umweltschadstoffe und andere Belastungen benötigen. Überall dort, wo zu wenig NADH im Körper zur Verfügung steht, kann es zu Schäden, zu vorzeitigem Altern und zu Krankheiten führen.
NADH kommt auch in unserer Nahrung vor: vor allem in Fleisch und Fisch. Allerdings: Beim Erhitzen geht es kaputt. Und roh verzehrt wird es von der Magensäure abgebaut. Das bedeutet: Wir müssten täglich $^1/_2$ Kilo rohes Fleisch essen, um entsprechend viel NADH tanken zu können. Daher war es notwendig, die Form einer Nahrungsergänzung zu schaffen.
In den USA wird NADH seit vier Jahren mit großem Erfolg angewendet: als Energie- und Kraftsubstanz gegen Stress, Nervosität, chronische Müdigkeit, Leberprobleme, Herzschwäche, Depressionen, Erschöpfung und Immunschwäche. Ohne Nebenwirkungen.
Es scheint auch, dass man mit NADH den erschöpften Organismus gegen Parkinson und Alzheimer stark machen kann.

Die heilende Kraft des Fiebers

Speziell in dieser Jahreszeit kann es leicht geschehen, dass wir plötzlich Fieber bekommen, meist im Zuge einer Erkältung. Viele Menschen sind dann verzweifelt,

greifen – oft ohne der Arzt zu befragen – zu einem fiebersenkenden Medikament. Das ist gefährlich und unvernünftig.
Das Fieber ist ein wichtiger Schutz für unseren Körper. Fieber besitzt eine enorme Heilkraft, die von keinem Medikament übertroffen werden kann. Fieber ist eine Selbsthilfereaktion des Organismus. Es regt das natürliche Abwehrsystem an und stört die Vermehrung vieler Krankheitserreger.
Es ist gut, wenn jemand hohes Fieber bekommen kann. Wer eine Temperatur bis 40 Grad Celsius erreicht, der wird schneller mit einer Erkältung fertig. Wer nicht fiebern kann oder wer das Fieber mit Medikamenten künstlich senkt, der kann die Krankheit nur langsam besiegen, fördert die Aktivität von Viren und Bakterien.
Was passiert nun im Organismus, wenn die Körpertemperatur steigt? Die Zellen, die für unsere Immunkraft wichtig sind, werden zu höchsten Aktivitäten angeregt. Das Fieber ist eine Waffe, die im Kampf gegen die eindringenden Krankheitserreger eingesetzt wird. Es wird durch ganz bestimmte Substanzen ausgelöst, die viele eindringende Erreger abgeben. Der Befehl für das Fieber wird im Gehirn gegeben.
Was soll man tun, wenn man Fieber bekommt? Man muss Geduld haben. Wichtig sind einige Tage Bettruhe. Der Organismus muss geschont werden. Körperliche Überanstrengung bei Fieber kann gefährlich werden. Herz und Kreislauf tragen oft schwere Schäden davon. Wer zum Beispiel mit Fieber Sport treibt, kann sterben.
Wer fiebert, hat meist keinen Hunger. Das ist gut, entlastet den Verdauungstrakt. Wichtig hingegen ist das Trinken von Wasser, verdünnten Fruchtsäften und ungesüßten Kräutertees. Durch die hohen Körpertemperaturen kommt es zu einem extrem hohen Flüssigkeitsbedarf. Patienten mit Fieber sollten bei Hunger nur Leichtes essen: Früchte, Kompott, Hühnersuppe.
Fiebersenkende Mittel sollte man – nach Absprache mit dem Arzt – nur dann einsetzen, wenn die Körpertemperatur 40 Grad übersteigt, längere Zeit nicht unter 39 sinkt, wenn Begleitsymptome wie Gliederschmerzen, Kopfschmerzen, allgemeine Schwäche unerträglich werden, wenn Herz und Kreislauf überfordert sind.
Eltern und Großeltern dürfen nicht die Nerven verlieren, wenn Kinder rasch sehr hohes Fieber bekommen. Das ist nicht gefährlich und zeigt, dass das Abwehrsystem in Ordnung ist. Je rascher und höher Kinder fiebern, desto schneller sind sie wieder gesund. Nur so kann der Körper des Kindes wichtige Abwehrsubstanzen als Schutz gegen weitere Infektionen aufbauen und sein Immunsystem stark machen.
Wichtig ist, dass man das Fieber unter Kontrolle behält. Das heißt: regelmäßig Fieber messen, mit einem herkömmlichen Thermometer, mit einem modernen Digital-Fiebermesser, mit einem Ohr-Thermometer oder einem Fieberstreifen, den man an die Stirn legt und der sich bei Fieber rot verfärbt. Man misst unter dem Arm 7 bis 10 Minuten, im Mund 2 bis 3 Minuten, im After ebenfalls 2 bis 3 Minuten oder im Ohr etwa 1 bis 2 Minuten.

Wenn der Arzt zum Schutz des Organismus empfiehlt, das Fieber zu senken, sollten Sie das zuerst mit natürlichen Methoden tun: Tauchen Sie ein Leinentuch in zimmerwarmes Wasser, etwas auswringen und auf die Brust auflegen. Mit einem trockenen Badetuch abdecken. Alle 15 Minuten wechseln, bis die Temperatur auf 38 Grad abgesunken ist. Wenn dem Patienten kühl wird, muss der Wickel sofort unterbrochen werden.

Schwarzwurzeln bringen das Gehirn in Hochform

Jetzt werden sie wieder überall auf den Märkten und in den Gemüseläden angeboten: die Schwarzwurzeln, ein typisches Wintergemüse. Die schmalen, langen schwarzen Stangen sind nicht sehr beliebt. Viele sind sich nicht bewusst, wie wertvoll sie für unsere Gesundheit sind. Dabei stecken in den Schwarzwurzeln gigantische Kräfte. Sie sind speziell für ältere Menschen ein wahres Lebenselixier und obendrein preisgünstig.

Die Schwarzwurzel stammt aus Mitteleuropa, war schon den Germanen bestens bekannt. Unter Kaiser Karl dem Großen galt sie als Gemüse der feinen Leute. Im Laufe der Zeit ist sie zu einem Armeleuteessen geworden. Man nannte sie „Spargel der Armen". Vermutlich haben sich deshalb viele von diesem Gemüse distanziert.

Die Schwarzwurzel ist kalorienarm, hilft beim Abnehmen. Sie liefert viele Ballaststoffe, fördert also die Verdauung. Sie enthält reichlich Vitamin B_1, das unsere Nerven stärkt. Die Schwarzwurzel enthält viele Mineralstoffe und Spurenelemente: Magnesium für Herz und Kreislauf, Kalium für die Verdauung und für die Muskeln, Eisen fürs Blut, Kupfer für unsere Gehirnarbeit, Mangan für die Leber.

Und das alles kann man gezielt mit dem Essen von Schwarzwurzeln für die Gesundheit tun: Die Entgiftung der Leber wird gefördert. Die Bildung der roten Blutkörperchen wird aktiviert. Schwarzwurzeln bremsen das Eindringen von Umweltgiften in den Organismus. Vor allem die Aufnahme von Blei kann verhindert werden. Wer Innereien isst, sollte dazu Schwarzwurzeln genießen, damit die Harnsäuren schnell ausgeschieden werden. Schwarzwurzeln bekämpfen Müdigkeit, geben Kraft.

Das in den Schwarzwurzeln enthaltene Kupfer bekämpft die Osteoporose. Vor allem kann man mit Schwarzwurzeln der gefürchteten Knochenentkalkung vorbeugen. Frauen, die in die Wechseljahre kommen, sollten einmal die Woche eine Speise mit diesem Gemüse essen.

Am interessantesten aber ist die Wirkung der Schwarzwurzeln auf unser Gehirn. Wer sie regelmäßig in den Speiseplan einbaut, hat eine bessere Konzentration, kann Vergesslichkeit bekämpfen und bringt das Gehirn in Hochform. Auf diese Weise wird die Schwarzwurzel zu einem Jungbrunnen.

Man hat allerdings mit diesem Wintergemüse viel Arbeit. Schwarzwurzeln sind außen schwarz und voll Erde. Deshalb auch der Name. Man muss die Wurzeln zuerst sauber bürsten. Dann werden die Blatt- und Wurzelansätze abgeschnitten. Schließlich muss man sie mit einem Kartoffelmesser schälen. Dann sehen sie appetitlich weiß aus. Gummihandschuhe anziehen! Der weiße Saft der Wurzeln verfärbt sonst die Hände.
Legen Sie die Schwarzwurzeln in Essig oder in Zitronenwasser. Dann bleiben sie schön weiß. Beim Zubereiten in kochendes Wasser geben. Sie sind in etwa 20 Minuten fertig. Bitte immer als Ganzes kochen, damit der Wurzelsaft nicht ausfließt. Man kann Schwarzwurzeln allein als Beilage servieren. Man kann sie – klein geschnitten – mit anderem Gemüse mischen. Man kann sie auch zu einem Salat verarbeiten.
Ein köstliches Rezept: 500 Gramm Schwarzwurzeln weich kochen, in 5-Zentimeter-Stücke schneiden. Abtropfen lassen, in Pfannkuchenteig – in Österreich Omelettenteig genannt – (1 Ei, 120 Gramm Mehl, 1 Esslöffel Olivenöl, etwas Salz und Milch) tauchen und in einer Pfanne in etwas erhitztem Öl goldgelb backen. Mit Kopfsalat genießen.

Wirsing liefert wertvolles Vitamin C für den Winter

Überall wird in der kalten Jahreszeit besonders preisgünstig der Wirsingkohl angeboten: frisch geerntet vom frostigen Acker. Das ist wichtig. Der Einfluss des Frostes macht den Wirsing für unsere Gesundheit besonders wertvoll, weil die Kälte eine Reihe von wertvollen Inhaltsstoffen erst richtig stabilisiert und für den menschlichen Organismus optimal verträglich macht.
Jahrzehntelang galt der Wirsing als Arme-Leute-Essen und wurde daher nicht sehr geschätzt. Jüngste ernährungswissenschaftliche Untersuchungen aber beweisen, dass es sich bei diesem Wintergemüse um eine „Medizin aus dem Kochtopf" handelt. Und das weiß man heute alles über den Wirsing:

- Dieses Kohlgemüse ist der wichtigste Vitamin-C-Lieferant im Winter. Und zwar aus einem ganz bestimmten Grund: Unser Organismus braucht eine regelmäßige und reichliche Versorgung mit Vitamin C gegen Erkältungs- und andere Infektionserkrankungen. Normalerweise ist das Vitamin C sehr heikel und wird in den Naturprodukten bei Erhitzen und langer Lagerung rasch abgebaut. Anders beim Wirsing: Untersuchungen am Linus-Pauling-Institut, USA, dem größten Ernährungsforschungs-Institut der Welt, und an der Universität Wien haben ergeben, dass im Wirsing durch den Einfluss von mehreren Coenzymen eine biochemische Verbindung entsteht, welche das Vitamin derart stabil macht, dass es auch nach dem Kochen des Wirsings voll enthalten bleibt. Sogar wenn diese Kohlsorte 30 Minuten gekocht wird.

- Außerdem weiß man inzwischen, dass der Wirsing viel mehr Vitamin C als etwa die Zitrone anliefert: 100 Gramm Wirsing beinhalten doppelt so viel Vitamin C als 100 Gramm Zitrone. Das überzeugt.
- Trotz Umweltbelastung der Natur weist Wirsing unmittelbar nach der Ernte besonders niedrige Schadstoffwerte auf. Und diese sind bloß in den Deckblättern zu verzeichnen. Es ist daher sinnvoll, die äußeren Blätter zu entfernen und den Rest vor der Zubereitung gut zu waschen.
- Der amerikanische Ernährungsforscher Prof. Dr. G. Cheney entdeckte im Wirsing den Eiweißkörper Methyl-Methionin-Sulfonium-Bromid. Diese Substanz schützt Magen und Darm vor Geschwüren.
- Und der Pharmakologie- und Immunologiewissenschaftler Prof. Dr. Ernst Bueding hat in einer Studie die krebsvorbeugende Wirkung des Wirsingkohls nachgewiesen. Menschen, die reichlich und regelmäßig Wirsing essen, haben ein geringeres Krebsrisiko.
- Man kann aber auch mit Wirsinggerichten Wetterfühligkeit und Migräne bekämpfen. In diesem Fall sollte Wirsing schonend gedünstet und mit Pellkartoffeln verzehrt werden.

Das alles sollte uns dazu anregen, öfter ein Kohlgericht in den Speiseplan einzubauen.

Essen Sie doch wieder einmal einen Wirsingeintopf: 250 Gramm Lammfleisch, 3 Zwiebeln und 250 Gramm Kartoffeln in Würfel schneiden. 500 Gramm Wirsing putzen, waschen und ohne Strunk hobeln. Das Fleisch 10 Minuten in einem Topf in etwas Öl anbraten, Zwiebeln dazugeben, 3 Minuten braten. Wirsing dazugeben, 2 Minuten anbraten, die Kartoffeln dazugeben, $^1/_4$ Liter Gemüsebrühe (Reformhaus) dazugeben. Mit Salz, Pfeffer, Kümmel würzen. Zugedeckt 30 Minuten kochen. Mit gehackter Petersilie bestreuen. Servieren.

Gesunde Augen: Die Medizin hat die Heidelbeere entdeckt

Wer hätte das gedacht: Die Heidelbeere ist jetzt von der Medizin als wertvolle Naturarznei entdeckt worden: für die Behandlung von mehreren Augenproblemen. Und es hat sich herausgestellt, dass man mit den natürlichen Kräften der Heidelbeere therapeutische Erfolge erzielen kann, die man bisher mit chemischen Medikamenten nicht erreicht hat.

Die erstaunliche Wirkung der Heidelbeere hat man zum ersten Mal im Zweiten Weltkrieg durch einen Zufall entdeckt. Damals stellten britische Militärpiloten fest, dass sie nach dem Genuss von reichlich Heidelbeermarmelade nachts besser sehen

konnten. In den Sechzigerjahren haben dann Wissenschaftler in der Heidelbeere die Anthocyane entdeckt, den Hauptwirkstoff der blauen Farbe in der Heidelbeere. Es wurden Tests und Studien mit französischen Piloten durchgeführt. Die Ergebnisse waren sensationell. Sie bewiesen: Die Anthocyane in der Heidelbeere stärken unsere Sehkraft und helfen den Augen, gesund zu bleiben.
Die interessanteste und überzeugendste Studie dazu wurde von Dr. Hans Brandl, Leiter der Abteilung Augenheilkunde am Flugmedizinischen Institut der deutschen Luftwaffe in Fürstenfeldbruck, durchgeführt. Die Studie ergab: Wer regelmäßig Anthocyane aus der Heidelbeere zu sich nimmt, kann bei Dunkelheit besser sehen, kann von der Nachtblindheit befreit werden und hat damit bei Autofahrten in der dunklen Jahreszeit eine bessere Lebensqualität sowie mehr Sicherheit am Steuer. Die Probanden der Studie konnten nach der Therapie auch nicht mehr so stark von Scheinwerfern entgegenkommender Autos geblendet werden.
Das sind für all jene wichtige Erkenntnisse, die beruflich oder privat viel im Auto unterwegs sind.
Doch das ist nicht alles, was die Heidelbeere kann:

❖ Bei jedem Diabetiker besteht die Gefahr, dass sich die dünnen Wände der Blutgefäße in der Netzhaut extrem ausdehnen. Sie werden brüchig, Blut tritt aus und lagert sich im umliegenden Gewebe ab. Manche Blutgefäße verschließen sich ganz. Diese verhängnisvolle Entwicklung kann im Laufe der Zeit zu einer Erblindung führen. Ärzte nennen diese Erkrankung Diabetische Retinopathie.

Da man die ersten Anzeichen im Rahmen einer Netzhautuntersuchung sehr früh feststellen kann, gibt es eine Chance. Man kann dieser gefährlichen Augenerkrankung vorbeugen: Mit dem blauen Farbstoff der Heidelbeere. Die Anthocyane aus der Heidelbeere wirken stabilisierend auf die Wände der feinen Blutgefäße in den Augen. Sie können vor dem Brüchigwerden schützen, können ein Fortschreiten des Leidens aufhalten.
Schließlich gibt es noch im fortschreitenden Alter bei vielen Menschen die Makula-Degeneration, ebenfalls eine Erkrankung der Netzhaut, die auch zur Erblindung führen kann. Dieses Leiden kann ebenfalls mit den Anthocyanen aus der Heidelbeere verhindert werden.
Allerdings: Mit dem Essen von frischen oder tiefgefrorenen Heidelbeeren allein kann man keinen medizinischen Erfolg erzielen. Die Anthocyane müssen in extrem hohen Dosierungen verabreicht werden. Für 1 Gramm Wirkstoff muss ein ganzes Pfund wild wachsender Heidelbeeren verarbeitet werden. Im Rahmen einer ärztlichen Behandlung muss der Patient täglich 3 bis 4 Dragees mit jeweils 100 Milligramm Heidelbeerwirkstoff (Apotheke) einnehmen.
Wer betroffen ist, seine Augen bei Netzhautproblemen schützen und stärken

möchte, sollte mit dem Arzt über eine Therapie mit Heidelbeerextrakt sprechen. Er kann eine wirkungsvolle Vorbeugung und Behandlung einleiten.

Mit Jojobaöl gesund und entspannt durch den Winter

Jetzt, wo der Herbst in unseren Regionen seinen Höhepunkt erreicht hat, sollten wir immer eine Flasche Jojobaöl zu Hause haben. Dieses Naturprodukt ist ein hilfreicher Begleiter durch die kalte Jahreszeit. Viele denken: Jojobaöl ist doch eine Substanz, die nur in der Kosmetik eingesetzt wird. Schon, aber nicht nur. Jojobaöl ist ein interessantes Naturheilmittel, das als solches allerdings viel zu wenig genützt wird.
Was wenige wissen: Eigentlich ist das Jojobaöl gar kein Öl. Es ist ein flüssiges Wachs, das in einem schonenden Verfahren aus der Jojobanuss ausgepresst wird. Der Jojobastrauch, der bis zu 3 Meter hoch wird, wächst vorwiegend in den Wüstenstrichen von Kalifornien und Mexiko.
Was ist nun so wertvoll am Jojobaöl? Es enthält heilsame Fettsäuren, ungesättigte und gesättigte Alkohole, die Vitamine A und E, Aminosäuren, entzündungshemmende Wachssubstanzen und interessante natürliche Konservierungsstoffe. Das Jojobaöl wird nicht ranzig, hält bis zu 25 Jahren und behält die ganze Zeit all seine Wirkstoffe. Und es hält unbeschadet Temperaturen bis zu 300 Grad Celsius aus.
Und darum kann uns das Jojobaöl besonders in der kalten Jahreszeit als Naturarznei und Hausmittel helfen:

- Wenn man einen Schnupfen hat und an einer verstopften Nase leidet, kann man mit Jojobaöl die Nase wieder freimachen und die Schleimhäute zum Abschwellen bringen. Man gibt ein paar Tropfen unter die Nasenlöcher und zieht das Öl auf. Sehr angenehm ist es, wenn man dafür das Jojobaöl mit 2 Tropfen Basilikumöl oder 1 Tropfen Teebaumöl mischt.
- Bei Bronchitis oder Husten mischt man zu gleichen Teilen Jojobaöl, Pfefferminzöl, Kampferöl und Eukalyptusöl. Gut verrühren. Vor dem Zubettgehen Hals, Brust und Rücken damit einreiben. Über Nacht einwirken lassen.
- Bei Halsschmerzen mischt man 20 Milliliter handwarmes Jojobaöl mit 5 Tropfen Melissenöl. Damit tränkt man ein Leinentuch, legt es an den Hals, wickelt ein trockenes Tuch darüber und lässt das Ganze über Nacht oder tagsüber mindestens 4 Stunden einwirken.
- Im Zuge einer Erkältung treten im Herbst und Winter sehr oft auch Ohrenschmerzen auf. Auch da kann das Jojobaöl helfen. Mischen Sie 10 Milliliter mit 5 Tropfen Lavendelöl. Tränken Sie mit dieser Mixtur einen Wattebauschen und stecken Sie ihn ins Ohr. Lassen Sie das Öl etwa 1 Stunde einwirken.

- ❖ Sehr oft treten in der kalten Jahreszeit – speziell bei extrem tiefen Temperaturen – bei vielen Menschen Kopfschmerzen auf. Greifen Sie nicht gleich zu einem starken Kopfschmerzmittel. Mischen Sie 10 Milliliter Jojobaöl mit ein paar Tropfen 10-prozentigem Pfefferminzöl. Damit reiben Sie nun 15 Minuten lang Schläfen, Stirn oder andere schmerzende Stellen am Kopf mit bloßen Fingern ein. Die äußerliche Therapie wirkt sehr oft wie eine Schmerztablette. Nur ohne Nebenwirkungen.
- ❖ In den kalten Monaten sind viele Menschen besonders stressanfällig. Das Jojobaöl bringt schnelle Entspannung. Man mischt zu diesem Zweck 20 Milliliter mit 2 bis 3 Tropfen Rosenöl oder mit 1 Tropfen Weihrauchöl. Damit reibt man sich Nacken und Nabel ein. Das bringt einen sehr beruhigenden Effekt.
- ❖ Und wenn es an düsteren Tagen mit der Liebe bei manchen Paaren nicht so klappt, gibt es auch dafür ein Rezept: Riechen Sie an einem Fläschchen Jojobaöl. Oder massieren Sie sich gegenseitig damit ein. Die anregende Wirkung für Stunden der Liebe wird durch die Beigabe von einigen Tropfen Rosenöl verstärkt.
- ❖ Allein der Duft dieser Mischung fördert die Entspannung von Körper, Geist und Seele.

Fröhliche Nahrung für trostlose Tage

Es gibt Mitmenschen, die verfallen in dieser trostlosen Zeit des Novembers in depressive Stimmung und haben meist gar keinen Grund dafür. Man kann die aussichtslose Wettersituation in dieser Jahreszeit nicht ändern. Aber man kann dennoch etwas tun. Wir sollten fröhlich machende Nahrung zu uns nehmen. Vielleicht klingt es seltsam und ungewöhnlich, aber es ist so: Es gibt Essen und Trinken, mit dem wir an tristen Herbsttagen unsere Laune bessern, die Stimmung anheben und die depressiven Stimmungen verscheuchen können.

- ❖ Greifen Sie jetzt recht oft zu einer goldgelben, reifen Banane. Sie enthält die natürlichen Hormone Serotonin und Norepinephrin sowie viele Vitamine, Mineralstoffe und Spurenelemente, die positiv auf Nerven und Gemüt wirken. Der regelmäßige Genuss der Banane gibt Jung und Alt mehr Lebensmut und bessere Laune.
- ❖ Essen Sie regelmäßig Pellkartoffeln, nur mit etwas Kräutersalz und wenig Butter oder Quark. Kartoffeln machen optimistisch, weil sie etwaigen Druck vom Herzen nehmen und Giftstoffe aus dem Organismus ableiten.
- ❖ Naschen Sie einmal am Tag 1 Esslöffel Bienenhonig und lassen Sie diesen langsam auf der Zunge zergehen. Das stimmt harmonisch und bekämpft Nervosität.

- ❖ Kaufen Sie sich Backwerk mit Anis. Anis macht fröhlich und vertreibt negative Gedanken.
- ❖ Trinken Sie Fencheltee. 1 Teelöffel Fenchelkörner mit 1 Tasse kochendem Wasser übergießen, 10 Minuten ziehen lassen, durchseihen.
- ❖ Kauen Sie Rosinen und Datteln.
- ❖ Es kann der Stimmung im November auch helfen, wenn Sie des Öfteren Speisen mit Hirse zubereiten. Man nannte sie bereits im Mittelalter das „fröhliche Getreide“. Die Wirkung dürfte auf die Fülle von Mineralstoffen und Spurenelementen zurückzuführen sein.
- ❖ Schlechte Stimmung lässt sich auch durch den regelmäßigen Genuss von Naturreis vertreiben. Der Reis mit dem Silberhäutchen enthält reichlich Magnesium und das Nervenvitamin B_1, ideale Voraussetzungen für bessere Laune und positives Denken.

Sie sehen: Die Natur hält einige Köstlichkeiten für uns bereit, die es uns ermöglichen, besser gelaunt durch den tristen Herbst zu gehen.

Fit für den Winter mit einer Lecithinkur

In der kalten Jahreszeit ist es wichtig, den Organismus für den Winter zu stärken. Mancher wird sich fragen: Was tut man da am besten? Speziell in den nächsten Wochen kommt in diesem Zusammenhang einer Natursubstanz ganz besondere Bedeutung zu, die man mit Recht ein Elixier für Vitalität und Gesundheit nennen kann. Es ist das – Lecithin.

Viele haben den Namen schon gehört, wissen aber im Grunde genommen nicht, was dahinter steckt. Lecithin ist ein hochwertiger Naturstoff und eine lebenswichtige Substanz, und zwar eine ganz spezielle Fettsubstanz, die in unserem Körper in allen Zellen und Zellstrukturen vorhanden ist.

- ❖ Lecithin stärkt die Wände unserer rund 80 Billionen Körperzellen. Dadurch verbessert sich ihre Versorgung mit Vitalstoffen.
- ❖ Lecithin verhindert die Bildung von Gallensteinen. Das ist speziell für den Winter ein wichtiges Argument, wo wir alle üppiger und fetter essen. Da muss der Gallenfluss aktiviert werden.
- ❖ Viele werden das an sich selbst beobachten: Im Herbst und Winter hat man schwächere Nerven. Also muss man sie stärken. Und da hat sich Lecithin als Supernervennahrung erwiesen.
- ❖ Sobald es draußen kalt ist, fühlt man sich im Denken oft blockiert. Telefonnummern, Namen und Adressen fallen einem nicht gleich ein. Da erweist sich Lecithin als ausgezeichneter Sprit fürs Gehirn. Das kann jeder selbst testen.

- ❖ In der kalten Jahreszeit wird nachweislich mehr Alkohol getrunken. Das bedeutet: Die Leber, die ja auch mit mehr Fett im Essen fertig werden muss, wird belastet. Gaben von Lecithin stärken die Leber, können sogar der Entstehung einer Fettleber vorbeugen. Lecithin bietet durch seinen hohen Linolsäure- und Cholingehalt der alkoholgeschädigten Leber die Möglichkeit, sich schneller zu regenerieren. Eine Wohltat für jede Leberzelle.
- ❖ In der kalten Jahreszeit wird aber auch – speziell in Innenräumen – mehr geraucht als im Sommer. Lecithin kann bis zu einem gewissen Grad einer nikotinbedingten Schädigung der Gefäße entgegenwirken.
- ❖ Alle Jahre in der kalten Jahreszeit steigt die Zahl der Herzinfarkte, der Schlaganfälle sowie vieler anderer Herz-Kreislauf-Erkrankungen rasant an. Die Erklärung: Bei kalten Temperaturen ziehen sich die Blutgefäße zusammen. Das Blut selbst wird dicker. Und wenn dann bereits gewisse arteriosklerotische Ablagerungen vorhanden sind, kann das verhängnisvoll werden. Lecithin senkt dieses Risiko.

Das alles beweist: Wer mit einem optimalen Lecithinhaushalt in seinem Organismus in den Winter geht, hat damit viele Vorteile. Jetzt werden viele fragen: Wie versorge ich mich mit Lecithin? Hochwertiges Lecithin wird aus der Sojabohne gewonnen.Man nimmt mindestens vier Wochen lang 3-mal täglich 1 Esslöffel flüssiges Naturlecithin (Apotheke) ein. Langsam im Mund zergehen lassen. Auch Diabetiker können die Kur durchführen, müssen aber berücksichtigen: 1 Esslöffel flüssiges Lecithin hat einen Zuckergehalt von 1,22 Gramm.

Es gibt auch die Möglichkeit, Naturlecithin aus der Sojabohne in Form von Granulat, Faszikeln oder Dragees einzunehmen.

Wenn man sämtliche neuen Studien liest, die über die Natursubstanz Lecithin an der Universität von North Carolina, dem Weltzentrum der Lecithinforschung, veröffentlicht wurden, dann wird klar: In Sachen Gesundheitsvorsorge wird das Lecithin in den nächsten Jahren das große Thema der Naturmedizin werden.

Holen Sie sich das Tote Meer ins Badezimmer

Vielleicht haben Sie schon einmal eine Kur am Toten Meer gemacht: gegen Schuppenflechte, Neurodermitis, Rheuma, Asthma, gegen die Weißfleckenkrankheit. Und Sie wollten nach so einer Klimatherapie wissen: „Was kann ich nun zu Hause tun, damit ich den Erfolg der Kur möglichst lange erhalten kann?“

Vielleicht aber hatten Sie bisher nie die Möglichkeit oder die Zeit, ans Tote Meer zu reisen, und denken: „Kann man sich das Tote Meer auch nach Hause holen?“

Exakt. Das ist möglich. Die Chance bietet das Original Tote-Meer-Salz, das vor Ort aus dem Wasser des Toten Meeres gewonnen wird. Schon im Altertum ließ sich

Ägyptens Königin Cleopatra Salz aus dem Toten Meer für ihre Schönheits- und Gesundheitsbäder anliefern. Und heute kann man sagen: Da es am Toten Meer keine Schifffahrt gibt und da keine Industrieabwässer hineinfließen, hat das Tote Meer auch heute noch die Reinheit wie zu biblischen Zeiten.
Was macht nun das Salz aus dem Toten Meer so besonders wertvoll für unsere Gesundheit?
Man könnte sagen: Das Wasser aus dem Toten Meer ist die größte Mineralschatzkammer der Welt mit über 40 Wirksubstanzen. Und all diese Schätze befinden sich auch im Salz aus dem Toten Meer. Es ist besonders reich an Magnesium, Kalium, Mangan, Eisen und Kalziumchlorid sowie an Bromiden. Diese Zusammensetzung findet man in keinem anderen Salz der Welt.
Diese Kombination von Wirkstoffen, die in Wasser gelöst sind, bringt viele Effekte mit sich: Wer das Salz aus dem Toten Meer auf sich einwirken lässt, der kann damit Schuppenflechte, Neurodermitis und andere Hautprobleme positiv beeinflussen, kann rheumatische Beschwerden, Wirbelsäulenleiden, Stress, Muskelverspannungen, Schlaflosigkeit und Erschöpfung erfolgreich bekämpfen. Man fühlt sich nach so einem Bad wie neugeboren. Es wirkt beruhigend, entspannend und schmerzlindernd.
Und so wird das Tote-Meer-Salz aus der Apotheke zuhause angewendet: Lösen Sie 500 Gramm – das sind 2 Beutel einer Packung – in 3 Liter heißem Wasser auf und gießen Sie die Salzlösung in die Badewanne, die mit 37 Grad Celsius warmem Wasser gefüllt ist. Dann umrühren. Jetzt baden Sie in der Wanne zwischen 15 bis 20 Minuten. Nicht länger. Danach sollten Sie unbedingt duschen. Legen Sie sich etwa 1 Stunde lang zum Nachruhen ins Bett.
Das Salz aus dem Toten Meer ist nur für die äußerliche Anwendung geeignet. Achten Sie darauf, dass das Salz nicht mit den Augen in Berührung kommt. Man muss mit dem Salz aber nicht nur Wannenbäder durchführen. Es gibt auch andere Anwendungsmöglichkeiten. Man kann das Salz mit Öl verrühren und als Maske aufs Gesicht auftragen. Man kann es auch als Fußbad gegen müde Füße und Schweißfüße anwenden.
Die Wirkung des Toten-Meer-Salzes ist in den letzten Jahren durch viele Studien wissenschaftlich belegt worden. Und zwar an der Hadassah-Universitätsklinik in Jerusalem, an der norwegischen Universität von Bergen, an der belgischen Universität von Antwerpen, am Universitätslehrkrankenhaus in Gera und an der Friedrich-Schiller-Universität Jena.

Mit Sonnenblumenöl gesund durch den Winter

Sonnenblumenöl als Naturarznei. Das ist sicher für viele neu. Daher will ich Sie zum Beginn der kalten Jahreszeit mit der uralten russischen Öl-Ziehkur vertraut machen. Sie hilft uns, auf einfache Art und Weise die natürlichen Abwehrkräfte im Mund- und Rachenbereich zu stärken.
Ärzte des ukrainischen Verbandes für Onkologen und Bakteriologen haben vor ein paar Jahren offiziell erklärt: Sonnenblumenöl ist eines der wertvollsten Hausmittel, die wir haben. Und vor allem: Jeder kann es nützen. Es ist eine Methode ohne jede Nebenwirkung. Es gibt in Russland erstaunliche Erfolge mit dieser Therapie zu berichten.
Ukrainische Ärzte betonen: Man kann mit Sonnenblumenöl Zellen, Gewebe und Organe positiv beeinflussen. Es gibt eine schädliche Mikroflora, es gibt Bakterien, die den Körper gefährden. Und diese Mikroflora wird von den Wirkstoffen des Öls vernichtet.
Die folgenden gesundheitlichen Probleme können auf Grund von medizinischen Erfahrungen erfolgreich mit der Öl-Ziehkur bekämpft werden: Kopfschmerzen, Bronchitis, Zahnschmerzen, Thrombosen, Ekzeme, Magengeschwüre, Darmerkrankungen, Herz- und Nierenbeschwerden sowie Frauenleiden.
Ganz besonders sinnvoll aber, so sagen russische Ärzte, ist das Sonnenblumenöl zur Vorbeugung, zum Gesundbleiben.
Und so wird dieses ungewöhnliche Hausmittel, das fast jeder von uns bei sich zu Hause in der Küche stehen hat, für die Gesundheit genützt:

- Ein Esslöffel Sonnenblumenöl wird in den Mund genommen. Aber bitte nicht schlucken!
- Das Öl wird nun ganz ruhig, ohne Hast und ohne Anstrengung im geschlossenen Mund 15 bis 20 Minuten lang behalten und dabei immer wieder zwischen den Zähnen hin und her gesaugt. Auch jetzt darf das Öl nicht geschluckt werden. Es muss aber ständig bewegt werden.
- Zuerst ist es dickflüssig, wird aber immer dünner. Wenn man es nach der Prozedur ausspuckt, sollte das Öl so weiß wie Milch sein. Ist es gelb, so war die Mundspülung zu kurz. Man sollte mit einer neuen Portion Öl den Vorgang wiederholen.
- Nach dem Ausspucken des Öls muss die Mundhöhle gründlich und oftmals mit Wasser ausgespült werden. Dann putzt man die Zähne mit einer Zahnbürste, aber ohne Zahnpasta.
- Untersuchungen haben ergeben: In der ausgespuckten Flüssigkeit kann man riesige Mengen von schädlichen Bakterien, Viren und anderen Krankheitserregern belastenden Stoffen nachweisen. Es muss daher auch das Waschbecken intensiv gesäubert werden.

Was geschieht nun im Körper, wenn man das Ol im Mund zwischen den Zähnen hin und her zieht? Ukrainische Ärzte erklären das so: Der Stoffwechsel wird enorm angekurbelt. Die Abwehrkräfte werden in Bestform gebracht. Man sollte die Ölspülung morgens auf nüchternen Magen vornehmen. Wenn man sich schlecht fühlt, kann man sie auch 3-mal täglich durchführen, dann immer vor dem Essen.
Das erste sichtbare Erfolgszeichen: Das Zahnfleisch festigt sich, die Farbe der Zähne wird heller, und es gibt kein Zahnfleischbluten mehr.
Stellen Sie also zur Sicherheit eine Flasche kalt gepresstes Sonnenblumenöl in die Küche. Für alle Fälle ...

Nur hoch dosierter Baldrian bringt den natürlichen Schlaf

Rund ein Drittel aller Erwachsenen leidet unter Schlafstörungen. Die Betroffenen schlafen schwer ein. Oder sie haben Probleme mit dem Durchschlafen. Das ist für Körper, Geist und Seele sehr schädlich. Schlechter Schlaf ist nicht nur ein „Ärgernis der Nacht“. Wer nachts schlecht schläft, leidet tagsüber unter Müdigkeit, Erschöpfung. Leistungs- und Konzentrationsfähigkeit nehmen ab. Es kann zu allgemeinem Unwohlsein, Antriebsschwäche, depressiven Verstimmungen und Angstzuständen kommen.
Es ist daher sehr wichtig, dass man möglichst rasch etwas gegen Schlafprobleme unternimmt. Das Bedenkliche: Rund 1 Million Deutsche nehmen täglich Schlaftabletten. In den meisten Fällen handelt es sich um so genannte Benzodiazepin-Präparate, die in den letzten Jahren zunehmend in die Diskussion geraten sind. Priv.-Doz. Dr. Stephan A. Volk, Facharzt für Psychiatrie und Psychotherapie am Universitäts-Klinikum Frankfurt am Main, Leiter der Spezialambulanz für Schlafmedizin, weist darauf hin: „Die Benzodiazepine können tagsüber das Reaktionsvermögen stören, was im Straßenverkehr Gefahren birgt. Ganz besonders problematisch kann das werden, wenn Alkohol getrunken wird. Es gibt auch ein Risiko einer Abhängigkeitsentwicklung. Die Dosierung muss immer mit dem Arzt festgelegt werden. Die Einnahme darf nicht länger als vier Wochen dauern.“
Als sinnvolle Alternative setzt man in jüngster Zeit verstärkt pflanzliche Substanzen ein. Und da wieder hat sich der hoch dosierte Extrakt aus der Baldrianwurzel am besten bewährt. In der Medizin sieht man den Baldrian als wieder entdecktes natürliches Schlafmittel für das Jahr 2000. Dazu meint die Pharmakologin Dr. Eve Morgenstern, Dozentin an der Humboldt-Universität in Berlin: „Baldrian wird auf Grund seiner beruhigenden und schlaffördernden Wirkung seit langem verwendet. Es lagen bisher jedoch wenig aussagekräftige Studien dazu vor. Wir haben im Rahmen einer aktuellen Untersuchung den hoch dosierten Sedonium-Trockenextrakt LI 156 aus der Baldrianwurzel eingesetzt. Unsere neue Erkenntnis: Nur

wenn man Baldrian in hohen Dosierungen längere Zeit einsetzt, erzielt man damit hervorragende Ergebnisse im Kampf gegen Schlafprobleme."

Das erklärt auch, warum der gute alte Baldriantee bei den meisten Menschen gar nicht wirkt. Die Studie hat sogar ergeben: In niedrigen Dosierungen kann Baldrian erregen, unruhig machen und schlafstörend wirken.

Der Baldrianextrakt ist allen chemischen Schlafmitteln weit überlegen: Es besteht kein Suchtrisiko. Es treten keine Nebenwirkungen auf. Es kommt zu keiner Tagesmüdigkeit und daher zu keiner Gefährdung im Straßenverkehr. Baldrian wird von allen Betroffenen gut vertragen. Das wurde von Dr. Andrea Rodenbeck am Zentrum Psychologische Medizin an den Kliniken der Universität Göttingen nachgewiesen.

Jeder, der Schlafprobleme hat, muss vor allem wissen: Schlaftabletten mit chemischen Substanzen betäuben bloß den Betroffenen. Er kann keinen natürlichen Schlaf erleben. Wer Baldrianextrakt einsetzt, der hat die Gewissheit, dass er auf absolut natürliche Weise in einen Tiefschlaf versetzt wird, in dem sich Körper, Geist und Seele optimal erholen und für den nächsten Tag Kräfte sammeln können.

Wer Schlafprobleme hat, der nimmt abends vor dem Zubettgehen unzerkaut mit Flüssigkeit 2 Dragees mit je 300 Milligramm Baldrianwurzel-Trockenextrakt (Apotheke). Eines muss man allerdings wissen: Der Einsatz von Baldriandragees braucht seine Zeit. Die Wirkung tritt oft erst zwischen 5 und 14 Tagen ein. Also nicht vorzeitig die Behandlung abbrechen.

Zwei Tage früher gesund bei einer Erkältung

Das alte Sprichwort „Die Beschwerden einer Erkältung dauern ohne Behandlung sieben Tage und mit Behandlung eine Woche!" stimmt nicht mehr. Neueste Studien haben bewiesen: Mit einer gezielten Naturtherapie ist man ein bis zwei Tage früher beschwerdefrei und gesund.

Die Erkältung ist die am meisten verbreitete Krankheit in Europa. Sie wird von den Betroffenen sehr oft unterschätzt und – ohne Befragung des Arztes – häufig falsch behandelt: mit nebenwirkungsreichen Medikamenten, die nur die Symptome bekämpfen, die aber nicht die Selbsthilfekräfte des Organismus anregen. Ganz besonders gefährlich aber ist es, überhaupt nichts gegen eine Erkältung zu tun. Das kann zu schweren Komplikationen führen.

Dazu gehören die Herzmuskelentzündung, die Lungenentzündung, eine eitrige Entzündung der Nebennasenhöhlen, des Mitttelohres oder eine eitrige Angina. Es können sich chronische Leiden entwickeln. Die Allergieanfälligkeit wird verstärkt. Man darf auch nicht außer Acht lassen, dass mit jedem Jahr ab dem 50. Lebensjahr eine Erkältung mehr Komplikationen und Risiken bringen kann.

Das bedeutet: Man muss bei den ersten Symptomen sofort etwas unternehmen. Der

informierte, mündige Patient kann selbst eine Menge tun, um möglichst rasch wieder beschwerdefrei und gesund zu sein. Nicht zu unterschätzen sind die allgemeinen Maßnahmen, die jeder beachten sollte, wenn er sich einen Infekt eingehandelt hat: körperliche Schonung, bei Fieber ins Bett und nicht den Helden spielen, reichliche Flüssigkeitsaufnahme, leichte Kost, viel Schlaf sowie die Zufuhr von Vitaminen, Mineralstoffen und Spurenelementen. Prophylaktisch sollte man sich auch rechtzeitig gegen die echte Virusgrippe impfen lassen.
Zwei Drittel der Patienten, die an einer Erkältung leiden, holen sich aus der Apotheke ein rezeptfreies Arzneimittel. Eine aktuelle repräsentative Umfrage in Deutschland hat kürzlich ergeben, wie sich die Menschen das ideale Erkältungsmittel vorstellen: Es darf keine Nebenwirkungen haben. Es soll zuverlässig wirken. Es soll die körpereigenen Abwehrkräfte stärken und magenverträglich sein. Es soll eine ruhige Nacht ermöglichen, muss natürlich sein und soll zugleich gegen mehrere Erkältungssymptome wirken.
Zwei klinische Studien – nach strengsten wissenschaftlichen Kriterien geprüft – haben nun ergeben: All diese Voraussetzungen erfüllt Klosterfrau Melissengeist: 3-mal täglich 2 Teelöffel in Tee oder Wasser. Bei 162 stark erkälteten Patienten zeigte sich: Bei jenen, die den Melissengeist bekamen, nahmen die Beschwerden bereits nach 3 Tagen deutlich ab. Nach sieben Tagen fühlten sich 80 Prozent gesund und wieder einsatzfähig.
Das berichtete kürzlich Prof. Dr. Berthold Schneider, Leiter des Institutes für Biometrie an der Medizinischen Hochschule Hannover, bei einem Medizinsymposium in Madrid. Und er betonte: „Mit dieser Naturtherapie, die auf der Wirkung der ätherischen Öle der Melisse und anderer Heilkräuter beruht, ist man zwei Tage früher beschwerdefrei."
Die Wirkung dieser natürlichen Therapie gegen Erkältungen beruht auf drei medizinisch nachgewiesenen Wirkungsmechanismen: Der Melissengeist nach dem klassischen Klosterfrau-Rezept blockiert und killt Viren, verhindert den Angriff von Bakterien. Er hemmt Entzündungen, lindert Schmerzen. Er aktiviert und stabilisiert die eigenen Abwehrkräfte, beruhigt das vegetative Nevensystem und fördert den heilsamen Schlaf.

Rinnende, verstopfte und rote Nase: So können Sie helfen

Wenn's draußen so richtig kalt wird, kommen alle Jahre wieder bei vielen von uns die leidigen Probleme mit der Nase. Die einen leiden unter einer ewig verstopften Nase, die anderen unter einer rinnenden Nase. Schließlich klagen etliche über eine hässliche rote Nase, meist eine Folge einer gestörten Durchblutung. In allen drei Fällen sollte man sofort etwas tun.

Ratschläge für die verstopfte Nase:

- ❖ Tauchen Sie Wattestäbchen in Olivenöl und reiben Sie damit die Nasenlöcher ein.
- ❖ Kauen Sie minutenlang Trockenfrüchte oder trockenes Vollkornbrot. Dadurch löst sich der Schleim in der Nase leichter.
- ❖ Reiben Sie mehrmals am Tag – und vor allem vor dem Zubettgehen – asiatischen Tigerbalm oder japanisches Heilpflanzenöl (Apotheke) unter die Nasenlöcher. Sie spüren dann gleich, dass Sie wieder besser Luft kriegen.
- ❖ Nehmen Sie abends ein heißes Fußbad: in einem Eimer mit heißem Wasser, in das Sie eine Hand voll Kochsalz rühren.
- ❖ Zerhacken Sie eine große Zwiebel, geben Sie die Stücke in 2 Liter kochendes Wasser. Atmen Sie durch Mund und Nase die aufsteigenden Zwiebeldämpfe ein.
- ❖ Trinken Sie einige Tage lang jeweils 1 Liter Salbeitee. Die getrockneten Salbeiblätter (Apotheke) werden 3 Minuten gekocht.
- ❖ Es wäre sinnvoll, einige Tage kein Fleisch und keine Wurst zu essen, dafür reichlich bei Obst und Gemüse zuzugreifen.
- ❖ Versuchen Sie, durch regelmäßige Atemübungen die Nasenlöcher wieder freizubekommen.

Ratschläge für die rinnende Nase:

- ❖ Verwenden Sie aus hygienischen Gründen Papiertaschentücher und verbrennen Sie diese immer gleich nach einmaligem Gebrauch, damit Krankheitserreger vernichtet werden.
- ❖ Reduzieren Sie Ihre Flüssigkeitsaufnahme vorübergehend. Wenn Sie Durst haben, spülen Sie den Mund mit Kräutertee aus.
- ❖ Essen Sie wenig frisches Obst, dafür Trockenfrüchte.
- ❖ Trinken Sie vor dem Zubettgehen 1 Tasse Rosenblütenblättertee (Apotheke) mit 2 Teelöffel Melissengeist und 2 Teelöffel Honig.
- ❖ Damit sich Ihre Nase beruhigt: Reiben Sie sie mehrmals am Tag mit Propolissalbe aus dem Bienenstock (Apotheke) ein.

Ratschläge für die gerötete Nase:

- ❖ Bereiten Sie Zinnkrauttee zu und waschen Sie damit mehrmals am Tag die Nase. Hier das Teerezept: 1 Esslöffel Zinnkraut (Apotheke) mit 1 Tasse kaltem Wasser über Nacht ansetzen. Am nächsten Morgen aufwärmen, durchseihen. Ein Leinentuch zum Waschen der Nase verwenden.
- ❖ Ein sehr wirksames Rezept aus Großmutters Zeiten: Rühren Sie in $^1/_2$ Liter warmes Wasser 5 bis 8 Esslöffel Apfelessig. Tauchen Sie einen Wattebauschen ein, drücken Sie ihn etwas aus und legen Sie ihn 5 Minuten lang auf die Nase. Wiederholen Sie den Vorgang mehrmals am Tag.

- ❖ Würzen Sie Ihre Speisen in nächster Zeit mit wenig Salz, dafür mit reichlich Hefeflocken (Reformladen).
- ❖ Nehmen Sie einige Zeit täglich 3-mal 2 Esslöffel Löwenzahn-Frischpflanzensaft (Reformladen) – in etwas Wasser verrührt – zu sich. Langsam im Mund zergehen lassen.
- ❖ Pflegen Sie die Nase längere Zeit mit einer hoch dosierten Vitamin-E-Salbe (Optolind-E-Hauttherapie, Apotheke).
- ❖ Ein kurioses Rezept: Wenn Sie frische oder tiefgekühlte Erdbeeren zu Hause haben, dann nehmen Sie von Ihrem geplanten Dessert 2 Stück weg, zerdrücken sie mit einer Gabel und legen den Früchtebrei auf die Nase auf. 30 Minuten einwirken lassen.

So wird Ihr Raumklima endlich wieder gesund

Husten, Halsschmerzen, verstärkte Infektanfälligkeit, Atemwegsprobleme, Kopfschmerzen, Leistungsabfall: Das sind einige von vielen Befindlichkeitsstörungen und Krankheiten, an denen derzeit viele Menschen durch eigenes Verschulden leiden. Viele Menschen trocknen nämlich derzeit in ihren Wohnungen im wahrsten Sinn des Wortes aus. Sie leben in Räumen mit zu wenig Luftfeuchtigkeit. Das kann gefährlich werden.

Jüngste Untersuchungen haben ergeben, dass es im Winter während der Heizperiode in vielen Wohnungen und an vielen Arbeitsplätzen zu warm ist und dass die Luftfeuchtigkeit mitunter unter 20 Prozent liegt. In den Schulen ist die Situation besonders bedenklich. Schuld daran sind unsere modernen Heizsysteme, allen voran Zentralheizungen und Klimaanlagen.

Bei zu trockener Raumluft trocknen auch unsere Schleimhäute aus und werden damit zum Tummelplatz für viele Krankheitserreger. Unsere Haut wird auch trockener, bekommt schneller Falten und altert rascher. Das alles wird noch durch die Tatsache gefördert, dass die meisten von uns viel zu wenig Flüssigkeit zu sich nehmen.

Ein ganz wesentlicher Faktor zur mangelnden Luftfeuchtigkeit in unseren Räumen ist das falsche Lüften. Sie lassen das Fenster viel zu lange offen. Dadurch gelangen zu viele Mengen Winterluft in den Raum. Und diese Luft wird – was wenige wissen – durch den Kontakt mit der Heizung sehr, sehr trocken, auch wenn es draußen regnet und schneit.

Was also können wir tun, damit unser Raumklima endlich wieder gesünder wird, damit unsere Schleimhäute widerstandsfähig werden, damit wir uns in geheizten Räumen wohl fühlen? Ganz einfach:

- Die ideale Luftfeuchtigkeit sollte 50 Prozent betragen, am besten bei einer Raumtemperatur von 22 oder 23 Grad Celsius. Dies lässt sich an Hand eines Hygrometers kontrollieren, den man heute schon sehr oft mit einem Thermometer kombiniert kaufen kann.
- Vorsicht: Auch zu viel Luftfeuchtigkeit ist gesundheitsschädlich. Es vermehren sich dann die Hausstaubmilben enorm. Und Allergiker, die von den Exkrementen dieser Milben Asthmaanfälle und Hautausschläge bekommen, müssen besonders leiden.
- Wenn Sie lüften, dann nur ganz kurz, dafür aber öfter. Man spricht auch vom „Stoßlüften".
- Stellen Sie auf die Heizkörper der Zentralheizung Schalen mit warmem Wasser, damit genügend Flüssigkeit verdampfen kann.
- Oder machen Sie es wie unsere Großmütter: Hängen Sie feuchte Tücher in der Wohnung auf. Lassen Sie ganz einfach Ihre frisch gewaschene Wäsche auf diese Weise trocknen.
- Schaffen Sie sich – vor allem in Wohnzimmern, Schlafzimmern und Büroräumen – Zimmerpflanzen an. Sie sorgen nicht nur dafür, dass verbrauchte, müde machende Luft in Sauerstoff umgewandelt wird. Sie tanken Feuchtigkeit und geben diese auch wieder ab. Besonders vorteilhaft für die entsprechende Raumluftfeuchtigkeit sind Pflanzen mit großflächigen, saftigen Blättern.
- Wenn Sie sich in Ihrer Wohnung neu einrichten, dann verzichten Sie auf lackierte Möbel und Kunststoffböden. Naturholz speichert Feuchtigkeit und gibt sie auch wieder ab.
- Wenn das alles nichts nützt und man mit all diesen Methoden die Luftfeuchtigkeit nicht auf 50 Prozent bekommen kann, dann muss man sich für den Ankauf eines elektrischen Luftbefeuchtungsgerätes entscheiden. Im Handel werden verschiedene Ausführungen angeboten. Aber auch da gilt die Regel: nicht unbegrenzt laufen lassen, weil die Luft sonst zu feucht wird.
- Ganz wichtig für das Raumklima: Verzichten Sie in geheizten Räumen auf das Rauchen von Zigaretten, Zigarren und Pfeifen.

Allergien im Winter: So schützen Sie sich

Wenn es draußen eiskalt ist und uns der Winterwind um die Ohren bläst, wenn es draußen in der Natur keine Blätter an den Bäumen gibt, dann können die Pollenallergiker aufatmen. Dafür aber ist eine schlimme Zeit für all jene, die unter Hausstauballergie und Tierhaarallergie leiden, weil sie sich in der kalten Jahreszeit vorwiegend in Räumen aufhalten.

Rund 4 Millionen Mitteleuropäer leiden an der Hausstauballergie, 2 Millionen davon sind Frauen. Es handelt sich dabei – wie bei allen Allergien – um eine krankhafte Überreaktion des Immunsystems auf ganz spezielle Belastungen der Umwelt. Verursacht wird die Hausstauballergie von Milben, winzigen Spinnentieren. Sie leben im und vom Hausstaub. Nicht die Tierchen selbst, sondern die Milbenexkremente machen dem Allergiker zu schaffen, wenn sie mit dem Hausstaub in die Atemwege gelangen. Die Folge: Husten, Fieber, Asthmaanfälle, Migräne und Hautausschläge. Es handelt sich bei der Hausstauballergie um ein besonders heimtückisches Leiden, weil man ihm nicht ausweichen kann. Man muss sich das so vorstellen: Auf einem Quadratmeter gepflegtem Teppichboden leben rund 2 bis 3 Millionen Hausstaubmilben. Mit einer Reihe von wichtigen Maßnahmen kann sich der betroffene Allergiker in den kalten Monaten in seiner Wohnung helfen, kann sich vor der Allergie schützen:

- Halten Sie Ihre Wohnung trocken, möglichst staubfrei. Lüften Sie die Räume gut durch. Allerdings gilt die Regel: bei schönem, sonnigem Wetter – Fenster auf. Bei nassem Wetter – Fenster geschlossen lassen.
- Die ideale Heizung: Zentralheizung mit den Heizkörpern unter den Fenstern. Oder Fußbodenheizung. Die Heizkörper müssen oft feucht sauber gewischt und entstaubt werden. Ganz schlecht sind Ventilatorheizöfen, die den Staub aufwirbeln.
- Sie dürfen – entgegen dem allgemeinen Trend – keine Luftbefeuchtungsgeräte benützen. Die Raumluft soll trocken sein, sonst vermehren sich die Hausstaubmilben zu sehr.
- Der Hausstauballergiker muss auf schwere Gardinen, aber auch grundsätzlich auf Vorhänge sowie auf Polstergarnituren verzichten. Das sind alles Staubfänger. Besser: Kunststoffjalousien vor den Fenstern.
- Anstelle von Tapeten sollte man einen waschbaren Farbanstrich wählen.
- Früher dachte man, dass Teppichböden und Teppiche besonders gefährlich sind. Neueste Studien haben bewiesen: Hier findet man die wenigsten Hausstaubmilben und deren Exkremente.
- Ein eigenes Kapitel im Leben des Hausstauballergikers ist dafür das Schlafzimmer. Im Bett fühlen sich die Hausstaubmilben besonders wohl. Hier darf es keine Rosshaarmatratzen, keine Schafwoll- oder Kamelhaardecken geben. Die Alternative: Schaumstoffmatratzen, die alle 2 Jahre gewechselt werden. Die Bettwäsche sollte aus Leinen sein. Sie muss jede Woche gewechselt und ausgekocht werden. Matratzen und Bettbezüge müssen täglich belüftet werden. Auch das Kopfkissen sollte mit Schaumgummi gefüllt sein. Die ideale Schlafzimmertemperatur: 15 bis 18 Grad Celsius. Am besten die Heizung abstellen, bloß von nebenan heizen.

Kinder, die auf die Hausstaubmilbe allergisch sind, sollten in der Schule nicht unmittelbar neben der Zentralheizung sitzen, weil sie dort zu viel Staub abbekommen. Zu Hause dürfen allergische Kinder nicht auf dem Teppich spielen. Sie sollen beim Großreinemachen nicht anwesend sein. Spielsachen sollten nicht aus Stoff, sondern aus Holz oder Kunststoff mit glatten Oberflächen sein. Wenn es ein Lieblingsstofftier gibt, dann muss es regelmäßig gewaschen und in der Tiefkühltruhe in einem Plastiksack aufbewahrt werden.

Bei der Tierhaarallergie ist es besonders verhängnisvoll. Der Berliner Allergologe Prof. Dr. Ulrich Wahn hat herausgefunden, dass beispielsweise in etwa 5 Prozent der deutschen Haushalte hohe Katzenallergen-Konzentrationen gefunden wurden, ohne dass dort Katzen leben. Und nach Untersuchungen der Allergieexpertin Dr. Astrid Hoppe haben 57 Prozent der Tierhaarallergiker niemals in ihrem Leben selbst bei sich zu Hause ein Tier besessen.

Die Erklärung: Tierbesitzer tragen kleinste Spuren der Tierhaare mit ihrer Kleidung auch dorthin, wo keine Tiere leben. So hat man hohe Mengen von Tierhaarallergenen in öffentlichen Verkehrsmitteln, in Schulen und Kindergärten gefunden.

Und das muss der Tierhaarallergiker beachten: kein eigenes Haustier, kein Kontakt zu Tieren. Beim Besuch im Zoo – Distanz zu den Gehegen.

Wenn jemand entdeckt, dass er Hausstaub- oder Tierhaarallergiker ist, was ihm in der kalten Jahreszeit in Räumen besonders zu schaffen macht, dann muss er trotz all der genannten Maßnahmen in die ärztliche Behandlung eines Allergiespezialisten. Nur er kann entscheiden, ob er Antihistaminika, kurzfristig vielleicht auch Kortison, die Mineralstoffe Kalzium und Magnesium, ein homöopathisches Mittel oder Thymuspräparate einsetzt, oder ob er eine Hyposensibilisierung, eine spezifische Immuntherapie, Neuraltherapie oder Akupunktur durchführt. Sehr bewährt hat sich die homöopathische Therapie mit so genannten Desarell-Präparaten aus Bienenextrakt, Herzsamen, Ameisensäure und Zaunrebe. Man spricht in diesem Fall von einer unspezifischen Desensibilisierung. Die Therapie wurde im Europäischen Zentrum für Immuntherapie in der Schwarzwald-Privatklinik Obertal/Baiersbronn entwickelt.

Wichtig ist auch, dass der Betroffene auf eine gesunde, naturnahe und ausgewogene Ernährung achtet. Das bedeutet: viel rohes Obst und Gemüse, Vollkornprodukte. Dabei muss allerdings darauf geachtet werden, dass der Patient nicht auch auf das eine oder andere Produkt negativ reagiert und an einer Lebensmittelallergie leidet, die ihn das ganze Jahr über gleichermaßen belastet.

So muss die kalte Grippe bekämpft werden

Ärzte, die seit Jahren mit der Weltgesundheitsorganisation (WHO) weltweit zusammenarbeiten und sich im Speziellen mit der Verbreitung von Erkältungen und

grippalen Infekten befassen, haben beobachtet: Eine neue, gefährliche Erkältungsform kommt auf uns zu. Es ist die so genannte „kalte Grippe". Jeder von uns sollte jetzt schon wissen, was er tun kann, um so schnell wie möglich wieder gesund zu werden.
Bei der „kalten Grippe" handelt es sich um eine Erkältung, die vorerst mit ganz typischen, klassischen Anzeichen beginnt: Dem Betroffenen ist vorerst kalt im Rücken. Er bekommt Kopfschmerzen, Husten, Schnupfen, leidet an Heiserkeit. Dann aber ist alles anders: Es entsteht im Körper kein Fieber. Im Gegenteil: Der Patient liest vom Fieberthermometer Untertemperaturen ab. Die Ärzte sprechen von einer inneren Unterkühlung des Organismus.
Die Tatsache, dass bei dieser Erkältung kein Fieber entsteht, ist für den Betroffenen gefährlich:

- Fieber ist ein natürlicher, körpereigener Abwehrmechanismus gegen Krankheitserreger, die sich im Organismus verbreiten. Sie werden vom Fieber unschädlich gemacht.
- Zugleich aber regt das Fieber auf ganz wunderbare Weise unsere natürlichen Abwehrkräfte an. Eine große Anzahl von Abwehrzellen werden bei Fieber überaus aktiv.

Diese beiden Komponenten sind wichtige Helfer im Kampf gegen eine Erkältung, gegen einen grippalen Infekt und eine Virusgrippe. Und genau diese beiden wichtigen Mechanismen fallen bei der „kalten Grippe" weg.
Daher können sich in einem erschreckend rasanten Tempo die eingedrungenen Krankheitserreger – meistens sind es Viren – verbreiten: und zwar im Blut und im gesamten Körpergewebe. Die Folge: Es kommt zu Schmerzen in Armen und Beinen. Die Gelenke werden steif. Dazu gesellen sich Beschwerden im Rücken. In vielen Fällen entstehen rheumaartige Schmerzen mit Muskelzucken. Der Erkrankte ist entsetzlich müde. Der Grund: Der Blutdruck sinkt stark ab.
Ältere, geschwächte Menschen, alle, die zuvor krank waren oder ein schwaches Immunsystem haben, sind durch die „kalte Grippe" besonders gefährdet, können im Extremfall daran sterben. Daher muss sofort der Arzt verständigt werden, wenn eine Erkältung ohne Fieber vorhanden ist. Er muss oft kreislaufstützende und herzstärkende Medikamente verabreichen.
Was aber kann ein an und für sich gesunder Mensch tun, wenn er die „kalte Grippe" bekommen hat, wenn er an der fieberlosen Erkältung leidet? Das sind die wichtigsten Maßnahmen:

- Nehmen Sie jeden Tag vor dem Zubettgehen ein heißes Wannenbad. Aber immer nur unter Aufsicht. Und wenn Ihnen übel wird, sofort damit aufhören.
- Machen Sie die klassische Therapie gegen die „kalte Grippe": Jogginganzug anziehen, Füße in einen Eimer mit heißem Wasser stecken. Eine Hand voll Koch-

salz dazurühren. Eine mit heißem Wasser gefüllte Gummiwärmflasche ins Kreuz legen. Eine Wollmütze aufsetzen. Dann einen halben Liter warmen Lindenblütentee mit 2 Teelöffel Melissengeist und 2 Teelöffel Honig trinken. Wenn einem dann heiß wird, ab ins Bett.

- Unterstützen Sie Ihre Immunkraft mit sehr hohen Dosen Vitamin C oder mit täglich einer Multivitamin-Brausetablette ohne Zucker (Apotheke) in $^1/_4$ Liter Wasser. Oder mit 3-mal täglich 15 Tropfen der homöopathischen Tinktur aus dem Roten Sonnenhut, (Apotheke), in etwas Wasser verrührt. Kommt es nach dieser Therapie mit Fieberschüben zu starkem Schwitzen sowie Husten und Verschleimung, so ist das ein gutes Zeichen. Die Abwehrkräfte funktionieren wieder.

Möhren und Gewürznelken gegen den trockenen Mund

Ein unangenehmes Leiden nimmt in letzter Zeit bei Jung und Alt zu: der trockene Mund. Die typischen Symptome: Man hat viel zu wenig Speichel im Mund. Die Mundschleimhäute und der Gaumen trocknen aus. Es entstehen nach und nach deutliche Schleimhautveränderungen im Bereich von Mund, Rachen und Speiseröhre. Dadurch kommt es auch schneller zu Infekten. Die Zähne sind mehr als sonst kariesgefährdet. Die Betroffenen haben Beschwerden beim Kauen, Schlucken und Sprechen. Es gibt Probleme beim Tragen einer Zahnprothese. Und man kann viele Speisen nicht mehr richtig schmecken.
Verzweifelt fragen immer wieder jene, die unter einem trockenen Mund leiden: Woher kommt das Problem?
Die Medizin hat bisher folgende Erfahrung gemacht:

- Es kann sich um Störungen in den Speicheldrüsen handeln. Das bedeutet: Es wird zu wenig Speichel produziert.
- In vielen Fällen hat der Organismus einfach zu wenig Flüssigkeit.
- Übermäßiges Schwitzen kann schuld an der Mundtrockenheit sein.
- Aber auch eine Reihe von Medikamenten führen dazu: Tabletten zur Entwässerung, gegen Allergien, zur Behandlung von Depressionen, gegen Magenprobleme und Herzbeschwerden.
- Auch ein schlecht oder falsch eingestellter Blutzuckerspiegel beim Diabetiker kann die Ursache sein.
- Ein Mangel an Vitaminen, Mineralstoffen und Spurenelementen leitet ebenfalls oft einen trockenen Mund ein.
- In seltenen Fällen kommt es im Zuge einer Darm- und Lebererkrankung zu einer Speicheldrüsenentzündung, die dann wieder zu einer mangelnden Speichelbildung führen kann.

Jeder, der an einem trockenen Mund leidet, möchte verständlicherweise sein Problem so schnell wie möglich wieder loswerden. Das ist zu tun:

- Zuerst muss immer der Arzt aufgesucht werden. Nur er kann die tatsächliche Ursache finden. Handelt es sich um eine Speicheldrüsenentzündung, dann müssen sofort Medikamente eingesetzt werden. Ist der Blutzuckerspiegel des Diabetikers nicht in Ordnung, so muss sofort neu eingestellt werden. Hat ein bestimmtes Medikament die Mundtrockenheit ausgelöst, so muss ein anderes Präparat gegen das vorhandene Leiden gefunden werden.

Es gibt aber, wenn es sich einzig und allein um eine mangelnde Speichelproduktion handelt, eine Reihe von Maßnahmen, die jeder von uns selbst durchführen kann:

- Trinken Sie über einen langen Zeitraum täglich 2 bis 3 Liter Mineralwasser oder ungesüßten Kräutertee. Und das, auch wenn Sie keinen Durst haben. Sie müssen sich unter Umständen zum Trinken zwingen.
- Sorgen Sie gerade in der kalten Jahreszeit in beheizten Räumen für entsprechende Luftfeuchtigkeit. Ideal: 50 Prozent. Abzulesen vom Hygrometer. Hängen Sie feuchte Tücher auf, stellen Sie Schalen mit Wasser auf.
- Kauen Sie regelmäßig rohe Möhren, rohe Selleriewurzel, Aniskörner oder Gewürznelken. Das alles regt den Speichelfluss enorm an und bekämpft die Mundtrockenheit.
- Auch der Einsatz von zuckerfreiem Kaugummi ist ein gutes Mittel, die Speicheldrüsen anzuregen.
- Ernähren Sie sich grundsätzlich zuckerfrei. Also keine Bonbons und Torten.
- Machen Sie tagsüber immer wieder einen Schluck Buttermilch und lassen Sie die Milch längere Zeit im Mund, ehe Sie sie schlucken.
- Sehr oft ist die Mundtrockenheit binnen kurzer Zeit verschwunden, wenn man dem Organismus im Rahmen einer Kur das Spurenelement Zink zuführt. Das heißt: reichlich Vollkornprodukte, Milchprodukte, Meeresfisch und Hähnchenfleisch essen. Und zusätzlich täglich 1 bis 2 Zink-D-Tabletten (Apotheke) nehmen.

So stoppen Sie die Grippe – Gefahr im Mund

Erkältungen aller Art haben jetzt Hochsaison: vom einfachen Schnupfen bis zum schweren grippalen Infekt. Und mancher, der bisher davon verschont geblieben ist, fragt sich: Was kann ich tun, damit ich gesund bleibe? Dazu hat nun ein Ärzteteam an der Universität von San Diego in Kalifornien gemeinsam mit schwedischen Medizinern eine interessante Studie in Europa durchgeführt. Das Ergebnis: Die meisten Erkältungen werden in dieser Jahreszeit über den Mund- und Rachenraum in den Organismus eingeschleust. Die Krankheitserreger werden durch Husten und

Niesen von anderen, im Gespräch mit anderen, aber auch durch fremde, bereits benützte Essbestecke, Gläser und Nahrungsmittel geschluckt.
Sehr oft passiert es auch, dass jemand beim Händeschütteln Bakterien übernimmt und diese dann – wenn er die eigene Hand zum Mund führt – zur „Erkältungspforte" bringt.
Das Ärzteteam ist überzeugt: Viele Menschen könnten sich jetzt eine Erkältung sparen, wenn sie peinliche Mundhygiene betreiben würden. Das bedeutet im Alltag: Bevor man unter Menschen geht und nachdem man mit anderen Menschen beisammen war, muss die Mund- und Rachenhöhle desinfiziert werden. Es ist aber keinesfalls sinnvoll, dies mit chemischen Mitteln durchzuführen. Die Natur liefert eine Reihe von Substanzen, die antibiotische Wirkung zeigen, die Bakterien, Viren und Pilze bekämpfen.
Wichtig ist, dass man diese Naturkräfte kennt und sinnvoll anwendet:

- Die ätherischen Öle der Zwiebel haben eine starke bakterientötende Kraft: Schneiden Sie eine rohe Zwiebel in dünne Scheiben und legen Sie diese in einen Suppenteller. Gießen Sie 1/4 Liter lauwarmes Wasser auf, zudecken und über Nacht stehen lassen. Morgens und abends damit mehrere Minuten gurgeln.
- Eine Reihe von wissenschaftlichen Untersuchungen hat in den letzten Jahren ergeben, was lange nicht akzeptiert wurde: Das Bienenkittharz Propolis, mit dem die Bienen ihren Stock vor Seuchen schützen, enthält Substanzen, welche Bakterien, Viren und Pilze killen können. Daher: Jeden Morgen nach dem Zähneputzen, dann bevor Sie aus dem Haus gehen und abends, wenn Sie wieder in Ihre Wohnung kommen: 15 Tropfen Propolistinktur (Apotheke, Reformhaus) in 1/8 Liter lauwarmes Wasser geben und kräftig damit gurgeln. Eine hervorragende Wirkung gegen das Eindringen von Krankheitserregern, die Erkältungen auslösen können, hat auch der Salbei mit seinen antibiotischen Stoffen. 1 Esslöffel getrocknete Salbeiblätter mit 1 Tasse kochendem Wasser übergießen, zugedeckt 8 Minuten ziehen lassen, durchseihen. Morgens und abends damit gurgeln, aber auch unmittelbar, wenn Sie mit erkälteten Menschen beisammen waren.

Grundsätzlich aber sollte man einige ganz einfache Maßnahmen setzen, um Krankheitserregern keine Chance zu geben, über Mund und Rachen in den Körper zu gelangen:

- Putzen Sie morgens und abends gründlich die Zähne. Täglich.
- Vergessen Sie danach nicht auf das desinfizierende Gurgeln.
- Bemühen Sie sich in Zeiten der Erkältungen, von Kranken einen Abstand von 1,50 Metern zu halten.
- Lassen Sie sich von anderen nicht anhusten, anniesen.
- Meiden Sie benützte, fremde Gläser, Gabeln und Löffel.

Wenn morgens die Gelenke schmerzen …

Egal, ob jung oder alt. Viele kennen das aus eigenem Erleben: Man erwacht in der kalten, ungemütlichen Jahreszeit am Morgen und fühlt sich ganz schlecht. Die typischen Symptome: Schmerzen in den Schultern und in den Gelenken, ein steifer Nacken, ein Druck im Hinterkopf, beim Aufstehen tun die Füße weh. All jene, die nicht unmittelbar Schmerzen verspüren, haben dafür ein unangenehmes Gefühl von Schwere und Unbeweglichkeit in den Gelenken. Ärzte sprechen im Allgemeinen vom winterlichen „Morgenrheuma". Doch das muss nicht immer wirklich Rheuma sein.

Man weiß, dass vor allem junge Menschen, die eine Sportverletzung hatten, in den kalten Monaten derartige Beschwerden verspüren. Ähnlich geht es vielen, die eine Operation hinter sich haben. In den meisten Fällen trifft es aber tatsächlich jene, die zu rheumatischen Beschwerden neigen.

Wer sich bisher absolut gesund gefühlt hat und morgens mit Nacken-, Schulter- und Gelenkbeschwerden aufwacht, der sollte darin eine Warnung sehen und unverzüglich zur ärztlichen Untersuchung gehen. Das könnte das erste Alarmzeichen für eine beginnende Rheumaerkrankung sein. Und wenn man ganz früh etwas dagegen unternimmt, so kann man das Problem rasch in den Griff bekommen.

Am so genannten „Morgenrheuma" ist in erster Linie das nasskalte Spätherbstwetter schuld. Und wer sich das ganze Jahr über wenig bewegt und sich auch nicht sonderlich gesund ernährt, der spürt es ganz besonders.

Wer unter morgendlichen Gelenk- und Nackenbeschwerden leidet, der braucht schnelle, einfache Hilfe. Er muss Rezepte an der Hand haben, die er selbst nachvollziehen kann. Hier einige Tipps, die zum Erfolg führen:

- ❖ Eine heiße Dusche macht schnell wieder beweglich und schmerzfrei.
- ❖ Gymnastikübungen unmittelbar nach dem Aufstehen sind sehr sinnvoll.
- ❖ Reiben Sie die betroffenen Stellen mit Franzbranntwein, Franzbranntwein-Gel, asiatischem Tigerbalm oder einer Propolissalbe aus dem Bienenstock (Apotheke) ein.
- ❖ Doch auch ganz einfache Hausmittel eignen sich zum Einreiben: Olivenöl, Apfelessig, Wacholderöl. Oder die ätherischen Öle, die aus den Poren der Orangenschale spritzen, wenn man sie zusammendrückt. Sie haben schmerzlindernde Wirkung.
- ❖ Trinken Sie nach dem Frühstück 2 Tassen Weidenrindentee (Apotheke).
- ❖ Gehen Sie mit warmer Unterwäsche aus dem Haus.
- ❖ Trainieren Sie morgens eine halbe Stunde auf dem Trimmrad in der Wohnung.

Mit Recht wird mancher fragen: „Ja, kann man denn nicht schon am Abend zuvor

etwas tun, damit man dann morgens nicht so steife und schmerzende Gelenke hat?"
Es gibt mehrere Möglichkeiten für ein vorbeugendes Trainingsprogramm:

- Gehen Sie abends in die Sauna. Da können Knochen und Gelenke ideal Wärme und Energie speichern.
- Ein Wannenbad mit Moorextrakt gibt ebenfalls vorbeugende Kraft. Ideal auch Bäder mit Wacholderöl-Zusatz oder mit Heublumenextrakt.
- Essen Sie abends kein Fleisch, sondern Rohkost: Salat oder einen Gemüseteller, aber auch frisches Obst. Sie sollten vor allem Früchte wählen, die reichlich Vitamin C enthalten: Kiwis, Orangen, Paprikaschoten, Sauerkraut.
- Essen Sie Vollkornprodukte. Sie liefern Vitamin E, das Gelenke und Wirbelsäule gezielt gegen Entzündungen stark macht. Oder nehmen Sie in Absprache mit Ihrem Arzt natürliches Vitamin E in Kapselform (Apotheke). Und: Verwenden Sie für Ihre Salate Weizenkeimöl, einen klassischen Vitamin-E-Lieferanten.
- Schlafen Sie in der kalten Jahreszeit auf Flanellbettwäsche. Tragen Sie warme Pyjamas oder Nachthemden.

Verklebte Augen am Morgen: Quark, Kamille, Honig helfen

Eine gesundheitliche Störung, die besonders zum Beginn des Winters auftritt. Man erwacht am Morgen, hat ein unangenehmes Gefühl an den Augen. Sie sind verklebt. Die Augenlider schmerzen und sind angeschwollen. Junge Menschen leiden ebenso darunter wie Senioren. Doch vor allem leiden Frauen und Mädchen darunter. Die Betroffenen wissen nicht, was es ist und wie sie dazu gekommen sind. Und sie wissen auch meist nicht, wie sie das Problem rasch wieder in den Griff bekommen können. Dabei gibt es eine Reihe von natürlichen Rezepten.
Grundsätzlich handelt es sich bei verklebten Augen um eine Lidrandentzündung, in der Medizin auch Blepharitis genannt. Rauch, Staub, Bakterien, aber auch starke Schuppenbildung am Kopf können das Leiden auslösen. Mitunter ist es aber auch eine Begleit- oder Folgeerscheinung einer Erkältung. Schließlich kann bei verminderter Immunkraft Zugluft zu verklebten Augen führen, mitunter auch zu langes Fernsehen.
Und das kann man gegen die verklebten Augen mit entzündeten Lidrändern tun:

- Legen Sie Kompressen mit Kamillentee oder Augentrosttee auf. Ein Leinentuch in den lauwarmen Tee tauchen, auswringen und für 10 Minuten auf die geschlossenen Augen legen.
- Besonders wirksam: eine Nusskompresse, 30 Gramm Walnussblätter 8 bis 10 Minuten in 1 Liter Wasser kochen, durchseihen. In die lauwarme Brühe ein

Leinentuch eintauchen, auswringen und wieder für 10 Minuten auf die geschlossenen Augen auflegen.

- Sehr bewährt hat sich die Quark-Honig-Kur: Legen Sie zimmerwarmen Quark auf die geschlossenen Augen. 15 Minuten einwirken lassen. Dann waschen Sie den trockenen Quark mit folgender Flüssigkeit ab: 1 Esslöffel Honig mit 2 Tassen Wasser zum Kochen bringen, aufwallen lassen, den Schaum abschöpfen, einen Wattebausch in die lauwarme Flüssigkeit tauchen und die Augenlider damit säubern.
- Essen Sie überwiegend frisches Obst und rohes Gemüse, damit Sie dem Organismus gezielt Vitamine, Mineralstoffe und Spurenelemente zuführen.
- Übergießen Sie 4 Esslöffel Kamillenblüten mit 1 Liter kochendem Wasser, 10 Minuten ziehen lassen, dann 15 Minuten lang den aufsteigenden Dampf auf die geschlossenen Augen einwirken lassen.
- So seltsam es auch klingt: Eine wunderbare Therapiehilfe ist einige Tage lang abends vor dem Zubettgehen ein heißes Fußbad, dem Sie eine Hand voll Kochsalz beifügen.
- Entfernen Sie von heißen Pellkartoffeln die Schale, zerdrücken Sie die Kartoffeln zu einem Brei und legen Sie diesen – nicht zu heiß – auf die geschlossenen Augen auf. Erst entfernen, wenn der Brei kalt geworden ist.
- Reiben und drücken Sie niemals an den Augen herum.
- Meiden Sie für einige Zeit zu langes Fernsehen und zu lange Arbeiten am Computer.
- Meiden Sie Zugluft im Auto und in Räumen. Meiden Sie Räume mit Klimaanlagen.

Verklebte Augen gehören in die Hand des Arztes:

- wenn es sich um ein Baby oder um ein Kleinkind handelt,
- wenn der Betroffene immer wieder daran leidet,
- wenn es gelbe oder grüne Absonderungen gibt,
- wenn die Lidränder sehr stark gerötet sind und unerträglich jucken.

Der Arzt wird in einzelnen Fällen, wenn die verklebten Augen zu einem hartnäckigen Leiden geworden sind, Antibiotika oder Kortisonpräparate einsetzen müssen. Damit die Entzündung von innen her bekämpft wird, raten Mediziner oft zu einer Kur mit natürlichem Vitamin E in Kapseln (200 internationale Einheiten, Apotheke).

Sicherheitstraining für Autofahrer

Jeder zehnte Autofahrer verursacht jetzt in der kalten Jahreszeit am Morgen im Straßenverkehr einen Unfall. Und 25 Prozent der Autofahrer, die sich morgens ans

Steuer ihres Wagens setzen, sind gefährdet, auf der Fahrt einzuschlafen. Das hat eine jüngste Studie der amerikanischen Berkeley-Universität in Kalifornien gemeinsam mit deutschen Wissenschaftlern ergeben. Das bedeutet: Viele Autofahrer sind bereits frühmorgens schwer übermüdet und erschöpft, bringen sich und andere in große Gefahr. Daher die Forderung von Medizinern und Verkehrspsychologen: Gerade jetzt, in der kalten Jahreszeit, sollte jeder Autofahrer für sich ein „Sicherheitstraining" durchführen.

Das sind die Ursachen für die schlechte Konstitution der Autolenker: Sie gehen zu spät schlafen, sitzen zu lange vor dem TV-Gerät. Sie essen zu spät, nämlich nach 20 Uhr. Sie essen viel zu üppig, gönnen sich Alkohol in größeren Mengen. Sie rauchen und atmen schlechte Raumluft ein. Die Folge von alledem: Sie schlafen schlecht, fühlen sich am Morgen wie gerädert und greifen zu Kopfschmerzmitteln oder Grippemedikamenten. Sehr oft gehen sie ohne Frühstück aus dem Haus.

Wer sich morgens schlecht fühlt, keine Lust aufs Autofahren hat, immer gähnen muss, Angst vor dem bevorstehenden Tag hat, unter Kreislaufproblemen leidet oder ein Medikament genommen hat, der sollte sich nicht ans Steuer setzen, sollte besser ein öffentliches Verkehrsmittel benützen.

Und das alles gehört zum Sicherheitstraining für unfallfreies Autofahren am Morgen:

- Essen Sie abends nicht zu spät, nicht zu viel. Schlafen Sie 8 Stunden. Nicht zu lange fernsehen, vor dem Schlafengehen einen Spaziergang machen. Schlafzimmer gut lüften.
- Am nächsten Morgen sollten Sie gleich nach dem Aufstehen neben dem Bett Gymnastikübungen machen. Zeitgerecht aufstehen, sich Zeit nehmen für ein Frühstück. Gesundes genießen: Müsli, Vollkornbrot, Milchprodukte.
- Achten Sie auf ganz besonders wichtige Maßnahmen: Trinken Sie morgens nie Alkohol.
- Wenn Sie nervös sind, lassen Sie 1 Teelöffel Honig langsam auf der Zunge zergehen. Trinken Sie für den Kreislauf 1/4 Liter stilles Mineralwasser mit 2 Esslöffel Apfelessig und 2 Esslöffel Honig.
- Kauen Sie während der Autofahrt Trockenfrüchte: Rosinen, Dörrpflaumen, Datteln, Feigen. Die Mineralstoffe und Spurenelemente im Trockenobst schärfen die Konzentration. Hören Sie im Autoradio flotte Musik.
- Wenn Sie auf Grund einer Erkrankung ein Medikament nehmen müssen, verzichten Sie aufs Autofahren.

Schärfen Sie Ihren Geist vor dem Einsteigen ins Auto mit einem chinesischen Akupressurgriff: Suchen Sie mit dem Zeigefinger der rechten Hand die höchste Stelle auf Ihrem Kopf und massieren Sie genau dort an der Schädeldecke mit leichtem Druck. Das ist der Konzentrationspunkt LG 20.

So können Schuhe nicht krank machen

Sie haben das sicher schon erlebt: Sie stehen mit einer Arbeitskollegin oder einem Arbeitskollegen morgens oder abends an einer Bushaltestelle. Es ist ein kalter Tag. Der Bus lässt lange auf sich warten. Am nächsten Tag ist der Arbeitskollege krank. Sie sind gesund. Wissen Sie, was das in vielen Fällen bedeutet? Ganz einfach: Sie hatten die besseren Schuhe an!

Gerade in der kalten Jahreszeit denken wir alle viel zu wenig daran, wie sehr die Fußbekleidung unsere Gesundheit beeinflussen kann. Eine Untersuchung der Weltgesundheitsorganisation in Genf hat ergeben: 82 Prozent der Bevölkerung in Mitteleuropa schenken im Winter der Auswahl der Schuhe viel zu wenig Beachtung. Es werden mitunter in der Eile sogar Sommerschuhe verwendet, Schuhe mit geflochtenem oder modisch gelochtem Leder. Da können Kälte und Nässe bestens eindringen.

Zu Beginn der kalten Jahreszeit sollte man alle Schuhe beiseite stellen, die man schon längere Zeit hat. Wenn man sich darin auch noch so wohl fühlt, wenn die Sohle nicht mehr so ganz dicht ist oder wenn die Nähte zwischen Oberleder und Sohle nicht mehr ganz in Ordnung sind, dann handelt es sich um perfekte „Krankmacher".

Wenn der Winter seinen Höhepunkt erreicht hat, dann sollte man ausschließlich mit festen, dichten und warmen Schuhen aus dem Haus gehen. Wenn Sie zu Durchblutungsstörungen in den Beinen und zu kalten Füßen neigen, dann ist es am besten, in gefütterte, besonders warme Schuhe zu schlüpfen.

An der Universität Oslo hat man errechnet: Wer tagsüber an einem Wintertag unterwegs eisige Kälte in den Füßen oder sogar Schmerzen in den Zehen verspürt, der schwächt seine natürlichen Abwehrkräfte so sehr, dass er zu 92 Prozent innerhalb kurzer Zeit an einer Erkältung leidet.

Die einzige Chance, die Gefahr zu bannen, ist gleich nach dem Nachhausekommen ein heißes Fußbad. Sinnvoll: Rühren Sie in das Wasser eine Hand voll Meersalz, Salz aus dem Toten Meer, Badeextrakte aus Rosmarin, Pfefferminze oder Wacholder. Ihr Apotheker wird Sie da gerne beraten. Danach die Füße gut abtrocknen, massieren und vielleicht noch mit einem durchblutungsfördernden Balsam, zum Beispiel mit asiatischem Tigerbalm, einreiben.

Aber man darf nicht glauben, dass mangelhaftes Schuhwerk einzig und allein die Gefahr einer Erkältung verstärkt. Zu leichte oder undichte Schuhe im Winter, die zu nassen und kalten Füßen führen, können auch eine Reihe anderer gesundheitlicher Störungen heraufbeschwören: Unterleibserkrankungen bei Frauen, Blasenentzündung, Blasenkatarrh, Magen- und Darmstörungen, Kopfschmerzen, rheumatische Beschwerden.

Abgesehen vom Winterwetter: Man kann sich das ganze Jahr über schwerwiegende

Wirbelsäulenschäden einhandeln, wenn man alte Schuhe zu lange trägt. Abgetretene Schuhabsätze und Schuhsohlen stellen eine beachtliche Gefahr für Gelenkschmerzen in den Knien, für Beschwerden im Rücken, im Kreuz und auch im Nacken dar.

Das hat absolut nichts mit Sparsinn zu tun: Abgegangene Schuhe müssen durch neue ersetzt werden. Wer zu lange in alten Schuhen umherläuft, legt damit den Grundstein für schwerwiegende, oft nicht mehr reparable Haltungsschäden, die im fortgeschrittenen Alter qualvolle Schmerzen bereiten können.

Man darf daher auch bei Kindern nicht am falschen Platz sparen. Abgetretene Schuhe gehören weg. Und wenn in einer Familie mehrere Kinder mit verschiedenem Alter existieren, dann dürfen niemals bereits benützte Schuhe von einem Spross auf den anderen übertragen werden.

Wir kennen alle die alte Redewendung, wenn jemand Sorgen oder Probleme hat: „Wo drückt denn der Schuh?“ Man muss das auch umgekehrt sehen: Wenn Schuhe drücken, dann kann das – wenn man nicht sofort die Konsequenzen zieht – ganz gehörige gesundheitliche Probleme mit sich bringen.

Es passiert immer wieder, dass man beim Kauf die Schuhe nicht richtig anprobiert hat. Später spürt man, dass das Leder hart ist und drückt. Oder man hat eine zu kleine Schuhgröße gewählt. Das schwächt ebenfalls die Immunkraft und kann im Winter zu einer größeren Anfälligkeit für Erkältungskrankheiten führen. Zu enge Schuhe sind aber auch oft die Verursacher von Haltungsschäden und Wirbelsäulen- sowie Gelenkproblemen, vor allem im Fußbereich.

An der Orthopädischen Universitätsklinik in Wien hat man untersucht, wie sehr hochhackige Frauenschuhe die Gesundheit beeinflussen können. Das Ergebnis: Der Fuß ist zwar im Alter von 18 bis 20 Jahren ausgewachsen, aber er verändert sich später noch. Vor allem wird er breiter. Wer nun die Füße in enge Schuhe mit extrem hohen Absätzen zwängt, der zwingt den Fuß in eine Spreizfußstellung. Das kann mit der Zeit zu Schmerzen im Mittelfuß, zur Bildung von schmerzhaften Nervenknoten, aber auch zu krankhaften Veränderungen von Fußgelenken und der einzelnen Zehen führen.

Ganz abgesehen davon, dass derartige Schuhe gerade im Winter auf der Straße leicht zu Stürzen und Unfällen führen können. Daher sollten die Schuhe, die wir jetzt tragen, nicht nur dicht und warm, sondern auch – bequem sein.

Wer beim Essen sündigt, lebt länger und gesünder

In der kalten Jahreszeit verbraucht unser Organismus – bedingt durch die tiefen Außentemperaturen – mehr Kalorien. Daher haben wir alle instinktiv den Drang dazu, mehr als gewöhnlich zu essen. Außerdem greifen wir gerade im Winter beson-

ders gern zu kalorienreichen und deftigen Speisen. Und mancher von uns hat ein schlechtes Gewissen, wenn er sich zu den Mahlzeiten mit Genüssen verwöhnt, die nicht unbedingt der gesunden Ernährung zuzuordnen sind.
Grundsätzlich wäre dazu zu sagen: Wer vom Frühling bis zum Herbst überwiegend ausgewogene Nahrung zu sich nimmt, kann durchaus an kalten Wintertagen ein wenig sündigen.
Zur Erleichterung unseres Gewissens hat der britische Pharmakologe Prof. Dr. John Wartburton aus London eine Studie durchgeführt, aus der eindeutig hervorgeht: Wer beim Essen und Trinken sündigt, der lebt länger!
Das ist eine starke Aussage. Prof. Dr. Wartburton belegt sie mit ganz klaren Beobachtungen an über 4000 Menschen zwischen 20 und 70 Jahren. Zusätzlich hat er auch noch Gespräche mit 300 Senioren geführt. Und dabei hat er herausgefunden:

- Wer tagaus, tagein nur Vollkornprodukte isst, jeden Morgen mit Müsli beginnt, immer nur Mineralwasser trinkt, der weist schlechtere gesundheitliche Werte auf als jene, die zwar grundsätzlich gesund leben, zwischendurch aber so richtig genießen und auch Nahrungsmittel essen, die nicht gerade zu den gesündesten gehören.
- Prof. Dr. Wartburton hat auch eine Erklärung dafür: Wer sich neben seiner strengen gesunden Kost absolut nichts gönnt, wer zwar mit Sehnsucht an ein Stück Schokolade denkt, aber dann doch darauf verzichtet, der baut in sich Verspannungen und Frust auf. Menschen, die sich nicht getrauen, eine gebratene Gans zu essen, entwickeln im Unterbewusstsein Schuldgefühle und werden depressiv. Das aber wieder schwächt das Immunsystem. Die Folge: eine verstärkte Anfälligkeit gegen eine Reihe von Krankheiten.
- Parallel dazu hat das Londoner King's College die Essgewohnheiten von 200 Kindern untersucht. Auch dabei hat sich herausgestellt: All jene, die aus Angst vor gesundheitlichen Schäden – zum Teil unter dem Druck der Eltern – niemals Süßigkeiten naschen durften, hatten viel mehr gesundheitliche Probleme als jene Kinder, die dann doch hin und wieder Süßigkeiten genießen konnten.

Prof. Dr. Wartburton meint dazu: „Jeder sollte bemüht sein, sich generell gesund zu ernähren. Doch auch das Verbotene, die Esssünde, ist wichtig. Das verschafft Glücksmomente, in denen sich Körper und Geist total entspannen und ein Wohlgefühl vermitteln!“
Daher: Treffen Sie Ihre Ernährungsentscheidungen für so manchen kalten Wintertag, fürs Wochenende oder für ein Familienfest mit bestem Gewissen. Gönnen Sie sich auch „Sünden“. Denken Sie immer an die Botschaft von Prof. Dr. Wartburton: Wer beim Essen immer wieder einmal über die Stränge schlägt, ist glücklicher, lebt im Endeffekt gesünder und damit auch länger!

Mit der Kraft der Sojabohne gegen Brustkrebs

Die medizinische Wissenschaft kann heute über Erfahrungen berichten, die vor 20 Jahren absolut noch kein Thema waren. Es sind Erfahrungen, die gesundheitsinteressierten Menschen große Hilfe geben, wie man Risiken senken und sinnvoll vorbeugen kann. So ist heute aus zahllosen internationalen Studien bekannt: Überall dort in der Welt, wo in den vergangenen Jahren verstärkt Obst und Gemüse gegessen und der Fleisch- und Fettkonsum reduziert werden konnte, sind auch die Fälle von Brust-, Magen-, Darm und Lungenkrebs merklich zurückgegangen.
Und nun hat man in den USA nachgewiesen: Die Inhaltsstoffe, vor allem das Protein in der Sojabohne, geben der Frau einen beachtlichen Schutz gegenüber der Gefahr, an Brustkrebs zu erkranken. Beobachtungen zeigen außerdem, dass auch der Mann mit Sojakraft das Risiko für Prostatakrebs senken kann und dass Männer und Frauen Darmkrebserkrankungen entgegenwirken können.
Es handelt sich bei diesen Erkenntnissen um Studienergebnisse aus England, Amerika und Japan. Ein Team von Wissenschaftlern an der Universität Cambridge hat im Rahmen einer Langzeitstudie nachgewiesen: Eine Ernährung mit reichlich Sojaprodukten – von Sojabohnen bis zu Sojamilch –, also eine spezielle Ernährung mit Sojaprotein, kann die Hormone der Frau derart verändern, dass sie Eigenschaften von Antikrebssubstanzen bekommen.
Dazu meint Prof. Dr. Stephen Barnes von der Universität von Alabama: „Sojabohnen und ihr Extrakt sind ein wesentliches Bindeglied zwischen Ernährung und Krebsrisiko!“ Und Dr. Sheila Bingham vom Medical Research Councils Dunn Clinical Nutrition Centre in Cambridge betont: „Soja kann für die Präventivmedizin eine sinnvolle Möglichkeit zur Vorbeugung gegen Brustkrebs werden!“
Untersuchungen und Beobachtungen haben ergeben, dass Soja auch zu hohe Cholesterinwerte senken und damit das Risiko für Herzinfarkt vermindern kann.
Dennoch: Die interessanteste Nachricht ist die vorbeugende Schutzwirkung gegenüber Brustkrebs. Dazu liegen nun auch bereits ganz konkrete Zahlen vor, die in letzter Zeit auch von sämtlichen angesehenen medizinischen Fachzeitschriften des englischen Sprachraumes weitergegeben wurden. Die Wissenschaftler der betreffenden Studien sagen übereinstimmend aus: Frauen können die Gefahr und das Risiko für Brustkrebs beachtlich reduzieren, wenn sie entweder ihre Ernährung hauptsächlich auf Soja umstellen oder ergänzend zur täglichen Nahrung 50 Gramm 70- bis 90-prozentiges Sojaextrakt in Granulatform zu sich nehmen. Das entspricht genau dem notwendigen Sojaproteingehalt.
Diese Erkenntnis beweist wieder aufs Neue, dass Naturkräfte mehr und mehr zu wertvollen Helfern der Medizin und des Menschen werden.

Lob und Komplimente sind eine wertvolle Arznei

Haben Sie auch die Beobachtung gemacht: Am Arbeitsplatz und im Privatleben geht es heutzutage bei vielen Menschen sehr kühl, distanziert und unpersönlich zu. Die Hektik unserer Zeit hat zum Teil die Menschlichkeit aufgefressen. Man hat bei der Hast und Eile kaum mehr nette Worte füreinander. Ja, in manchen Betrieben herrscht die Fehlmeinung des Arbeitgebers: „Meine Anerkennung ist der Lohn, den ich bezahle!" Psychologen betonen massiv: Das ist zu wenig. Wer Leistungen erbringen soll, der braucht auch Ansporn und Bewunderung.

„Wenn wir einander im Berufsleben und im privaten Bereich viel mehr loben würden, wenn wir einander viel öfter Komplimente machen würden, dann wären viele von uns weniger krank." Zu diesem Aufsehen erregenden und aufs Erste kurios anmutenden Schluss kommt der schwedische Arzt Dr. Lars W. A. Lindstroem nach einer Langzeitstudie, die er mit einem norwegischen Wissenschaftlerteam in Oslo durchgeführt hat.

Die Psychologen und Mediziner sind zu dem Schluss gekommen: Der Mensch braucht in regelmäßigen Abständen seine Streicheleinheiten, positive Worte. Er kann sonst nicht in einer seelischen Harmonie leben. Und diese Harmonie wieder ist wichtig für die körperliche Gesundheit.

Dr. Lindstroem hat mit seinem Team jahrelang beobachtet: Menschen, die nicht gelobt werden, sind eines Tages frustriert. In der Folge sind sie dann auch oft erkältet. Sie haben sehr oft Hautprobleme, klagen über Magen- und Darmstörungen. Viele leiden an Kopfschmerzen und Migräne.

Umgekehrt konnte man feststellen: Menschen, die sehr oft gelobt werden, regelmäßig Komplimente bekommen, leben viel gesünder. Daraus ergibt sich eindeutig die Erkenntnis: Lob und Komplimente sind eine wunderbare Arznei.

Mancher wird sich fragen: Wie kann man so eine Studie in der Praxis durchführen? Insgesamt nahmen 840 Personen daran teil. Es waren 420 Frauen und 420 Männer. Sie wurden sorgfältig ausgewählt. Und sie machten in zwei Gruppen mit. Die eine Gruppe – 400 Menschen – bestanden aus Frauen und Männern, die eine lange, gute Partnerschaft hatten, ideale berufliche Verhältnisse aufwiesen, die selbst nicht mit Lob sparten und zugaben, dass sie regelmäßig im Privatleben und im Beruf mit Lob und Komplimenten bedacht werden und sich sehr glücklich fühlten. Untersuchungen der Betreffenden ergaben: Sie waren selten krank, zeichneten sich durch ein starkes Immunsystem aus.

Die andere Gruppe bestand aus 440 Frauen und Männern. Es waren Menschen, die unzufrieden, aber auch ungeachtet durchs Leben gingen, die sich in der Partnerschaft und am Arbeitsplatz vernachlässigt fühlten, was Lob und Komplimente betraf.

Innerhalb von sieben Jahren zogen 62 Prozent dieser zweiten Gruppe die Konse-

quenz, suchten sich neue berufliche Aufgaben mit anderen Chefs und änderten auch ihr Privatleben. Das Unfassbare ereignete sich nach einer kurzen Anlaufzeit relativ rasch: Die Testpersonen verbesserten ganz außerordentlich ihren gesundheitlichen Zustand. Einige waren binnen weniger Monate schwere Allergien und Hautprobleme los.

Eine Reihe von Frauen hatte damit ihre Migräneanfälle, Schwindelerkrankungen und Menstruationsbeschwerden los. Bei den Männern waren die Gastritis, Potenzprobleme und Haarausfall wie verschwunden. Die Ergebnisse der Studie ergaben sich aus ständigen Befragungen aller Testpersonen, aus regelmäßigen Labormessungen und aus der Auswertung von Protokollen und Tagebuchaufzeichnungen.

Zwangsläufig ergibt sich angesichts solcher Untersuchungen die Frage: Was passiert denn im Organismus, wenn jemand positive Worte empfängt? Auch das hat die Studie genau ergeben:

- Lob und Komplimente stärken das Selbstbewusstsein, schaffen Freude. Das ist ein guter Grundstock für Ausgeglichenheit und Gesundheit.
- Wenn das Gehirn Lob und Komplimente aufgenommen hat, so entsteht dadurch im so genannten limbischen System ein starker, positiver Impuls.
- Parallel dazu wird eine Meldung an die Thymusdrüse hinter dem Brustbein weitergegeben. Daraufhin werden dort – in der Schulungszentrale für die Immunkraft – verstärkt weiße Blutkörperchen zu Abwehrzellen herangebildet. Das bedeutet: Das natürliche Abwehrsystem wird gestärkt.
- Wer Lob und Komplimente empfängt, bremst sofort im Organismus die Stresshormone, die Glukokortikoide, die oft Ursache für zu hohen Blutdruck und zu hohe Cholesterinwerte sind. Dafür werden jene Neurotransmitter im Gehirn vermehrt, welche den Stress bekämpfen.

Voraussetzung für diesen Wirkmechanismus ist: Lob und Komplimente müssen ehrlich gemeint sein. Und sie müssen von dem, der angesprochen ist, gerne angenommen werden.

So schützen Sie sich vor Kohlenmonoxid

An manchen kalten Tagen, wenn wir in tiefen Nebel eingehüllt sind, dann fühlen wir uns nicht nur seelisch labil. Wir haben auch körperliche Beschwerden: tränende, gerötete und brennende Augen, Kopfschmerzen, Übelkeit, Atembeschwerden, gereizte Nasenschleimhäute, Schwindelanfälle und einen gesteigerten Puls.

Die nebelfeuchte Luft außerhalb unserer Wohnung ist jetzt besonders mit Abgasen und giftigem Dunst angereichert. Doch man darf nicht denken, dass die Luft in unseren Innenräumen viel besser ist. Messungen haben im vergangenen Winter ergeben: Die Luftqualität in den Wohnungen ist katastrophal und bedroht in hohem Grad unsere Immunkraft und unsere Gesundheit. Draußen können wir nicht allzu viel dagegen tun. Drinnen aber in unseren eigenen Wohnungen sind wir zu einem guten Teil selbst daran schuld.

Vielleicht können Sie sich noch an die Zeitungsmeldung im Jahr 1994 erinnern: Der international bekannte Tennisstar Vitas Gerulaitis wurde im Alter von 40 Jahren an einem Herbsttag tot in einem Gästehaus auf Long Island aufgefunden. Zuerst vermutete man einen Herzinfarkt. Bald aber stellte es sich heraus. Die Todesursache war – Kohlenmonoxid, uns allen auch durch die chemische Abkürzung CO bekannt. Dieses Kohlenmonoxid war durch einen Defekt im Gasheizungssystem in die Raumluft ausgetreten. Dieser Fall sollte uns zum Nachdenken anregen. Wir registrieren das kaum: Aber es sterben alle Jahre in der kalten Jahreszeit Menschen an einer Kohlenmonoxidvergiftung. Und viele werden krank, ohne den richtigen Grund zu erkennen. Die Dunkelziffer ist da relativ hoch. Das wäre nicht notwendig, denn es ist weder kostspielig noch schwierig, die Heizung richtig prüfen zu lassen und anderen CO-Gefahren aus dem Weg zu gehen. Oft ist das nur eine Frage des richtigen Lüftens.

Kohlenmonoxid ist farblos, geruchlos und geschmacklos. Daher ist es schwer festzustellen. Längeres Einatmen schon kleinster CO-Mengen kann zu Übelkeit, Kopfschmerzen, Müdigkeit, Abgeschlagenheit und Erschöpfung führen. Menschen mit einem Herzleiden bekommen oft Brustschmerzen. Personen mit Atemwegs- und Kreislaufproblemen, Kinder, schwangere Frauen und Senioren reagieren ebenfalls mit Krankheitssymptomen auf Kohlenmonoxid. Auch Diabetiker gehören dazu. Bei der schwangeren Frau ist das werdende Kind mehr gefährdet als die Mutter.

Jeder kann selbst testen, ob seine gesundheitlichen Störungen von CO kommen. Das ist der Fall, wenn die Symptome außerhalb der Wohnung wieder vergehen.

Das sind die häufigsten Kohlenmonoxidquellen in unserem heutigen Leben: Rauch von Nikotinkonsum, Autoauspuffgase einer Garage im Haus oder beim Nachbarn, ein brüchiger, verstopfter Schornstein, Grillen mit Holzkohle in geschlossenen Räumen, zu wenig belüftete Holzöfen und Kamine, schlecht gewartete Öl- oder Gasöfen.

Wenn man das alles weiß und sich bewusst macht, dann kann man sich zuhause sehr gut vor Kohlenmonoxid schützen. Das sind die wichtigsten Maßnahmen:

- ❖ Lassen Sie Ihr Heizsystem jedes Jahr – am besten vor der Heizperiode – von einem professionellen Wartungsdienst kontrollieren und – wenn nötig – neu einstellen. Man kann mit Heizgerätefirmen Wartungs- und Serviceverträge abschließen.
- ❖ Belüften Sie alle Öfen, die Öl verbrennen, von außen.
- ❖ Wenn Sie einen Holzofen kaufen, dann achten Sie darauf, dass die Türen richtig

schließen und dass er umweltgeprüft ist. Verbrennen Sie nur abgelagertes, trockenes Holz. Hände weg von Holz, das chemisch behandelt worden ist oder einen Farbanstrich besitzt.

- Wenn Sie in der Küche auf Gasflammen kochen, dann sollten Sie in dieser Zeit das Fenster einen Spalt breit offen lassen. Die Gasflammen sollten immer blau sein. Sind sie gelb, dann verständigen Sie Ihre nächste Gasgesellschaft, damit der Brenner kontrolliert und neu eingestellt wird.
- Rauchen Sie speziell in der kalten Jahreszeit nicht in beheizten Räumen. Es belastet Sie selbst und alle Mitraucher.
- Achten Sie auf ausreichende Belüftung aller Wohn- und Schlafräume. Lüften Sie nicht einmal am Tag sehr lange, sondern mehrmals und kürzer. Das ist effektiver, besser für die Atemwege. Wenn Sie in der Stadt leben oder an stark befahrenen Straßen: Lüften Sie nicht zur Verkehrsspitze.

Ganz besonders auf das Lüften muss man in modernen Wohnungen achten, die auf Grund von Energie-Sparmaßnahmen gut isoliert und abgedichtet sind. Vor allem dichte Fenster sind ein Problem. Sie lassen keinen Luftaustausch zu, wie dies in älteren Wohnungen der Fall ist. In modernen Wohnungen muss man daher ganz besonders darauf achten, dass schlechte Luft und Gifte wieder die Räume verlassen.

Naturmittel gegen schmerzende Narben

Jetzt ist sie wieder da: die Zeit, in der – bedingt durch die unbeständigen Wetterverhältnisse und tiefen Temperaturen – bei vielen Menschen vorhandene Narben zu schmerzen beginnen. Das sind oft ganz harmlose Narben, die von einem Schnitt, einem Stich, einem Stoß herrühren, oder aber Narben, die von einer schweren Verletzung, einem Unfall oder einer Operation herrühren.
Wir haben längst darauf vergessen. Die Narbe ist kaum noch sichtbar. Aber plötzlich meldet sie sich wieder, oft auf ganz verschiedene Weise:

- An der Stelle der Narbe kommt es zu einem unangenehmen Spannungsgefühl. Es ist, als ob die Narbe eingeengt ist. Dazu kommt es, weil die Elastizität des Gewebes rund um die Narbe gestört ist.
- Viele klagen über einen ziehenden Schmerz in der Narbe. Je nachdem, wo sich die Narbe befindet: Sehr oft ist dadurch die Bewegungsfreiheit gestört oder beeinträchtigt.
- Sehr oft entsteht an der Narbe ein brennender oder stechender Schmerz. Dies ist meist dann der Fall, wenn zum kalten Winterwetter noch eine Überlastung des betreffenden Körperteils kommt.
- Oft ist es aber so, dass an einem der letzten Wintertage mit besonders schlechtem

Wetter am Morgen im Narbenbereich akute, heftige Schmerzen auftauchen, die ebenso schnell wieder verschwinden.

- Besonders unangenehm ist es, wenn so genannte „neuralgische Fernstörungen" auftreten. Das ist bei größeren Narben mitunter der Fall. Da sie auf einer Energiebahn liegen, welche die chinesische Akupunktur benützt, werden durch die Störung der Narben an einer ganz anderen Körperstelle Organe negativ beeinflusst und schmerzen ebenfalls, obwohl sie nicht krank sind. Es ist für den Arzt dann oft sehr schwierig, eine Narbe, die anderswo liegt, als Auslöser zu finden.

Es ist wichtig: Wenn eine Narbe auch noch so klein ist, sie muss – wenn sie schmerzt – behandelt werden. In schwerwiegenden Fällen wird der Arzt mit Neuraltherapie behandeln und die Narbe in Form einer Injektion mit einem Schmerzbetäubungsmittel versorgen.

Schmerzen bei kleineren Narben kann man selbst bekämpfen: Reiben Sie den Narbenbereich mit Salicylspiritus ein. Oder wählen Sie dafür Propolissalbe aus dem Bienenstock. Sehr bewährt haben sich auch Arnika- oder Ringelblumensalbe. Dermatologen raten auch zum Einmassieren von Salben mit 25 Prozent natürlichem Vitamin E. Alles aus der Apotheke.

Alte, wirkungsvolle Hausmittel gegen Narbenschmerzen: Schwarzwurzeln reinigen, feinraffeln, auflegen. Oder: Rohe Kartoffel schälen, reiben, mit etwas Milch zu einem dicken Brei anrühren, auf die Narbe auflegen.

„Simple Meditation“: So kann jeder Stress bekämpfen

Viele von uns sind heutzutage in zunehmendem Maße permanent müde, leiden unter Nackenverspannungen, Kopfschmerzen und Migräne. Dazu kommen schlechte Laune, Gereiztheit, depressive Zustände. Ausgelöst werden all diese gesundheitlichen Störungen sehr oft durch berufliche Überbelastung, durch Stress, durch Lärm, aber auch durch private Probleme. Die beste Lösung wäre in vielen Fällen: abschalten, zu sich selbst finden.
Lebensberater, Psychologen und Psychotherapeuten raten zum autogenen Training oder zur Meditation. Viele lehnen das aber abrupt ab. Sehr oft lautet die Begründung dafür: „Meditieren soll ich? Nein! Das ist mir zu abgehoben. Das müsste ich erst erlernen. Dafür habe ich keine Zeit!“
Genau weil viele so denken, haben amerikanische Wissenschaftler an der Harvard-Universität in Boston eine Methode der Entspannung ausgearbeitet, die absolut jeder durchführen kann, ohne dass er zuvor einen Kurs absolvieren muss.
Es handelt sich dabei um eine vereinfachte Form der Meditation. Darum spricht man in den USA auch derzeit überall von der „simpler Meditation“. Das Geheimnis dabei: Man entspannt sich nicht, indem man eine ganz spezielle Methode dafür praktiziert. Man konzentriert sich einfach wieder auf die vielen kleinen und kleinsten Dinge des Lebens, die wir nur mehr nebenher oder gar nicht mehr beachten. Das ist eine großartige Möglichkeit, aus der Hektik des Alltags für ein paar Minuten auszusteigen, neue Kräfte zu tanken.
Wichtig ist, dass wir diese „simple Meditation“ bewusst einleiten. Denn: Stress erfasst uns automatisch. Die dagegen notwendige Entspannung kommt nicht von selbst. Die müssen wir gezielt herbeiführen. Und dazu bietet die „simple Meditation“ optimale Gelegenheit.

- Die „Lippenbremse“ entspannt enorm: Wenn Sie sehr gestresst, verärgert oder frustriert sind, dann gehen Sie an die frische Luft oder ans geöffnete Fenster. Stellen Sie sich aufrecht hin. Atmen Sie nun tief durch die Nase ein. Dann pressen Sie die Lippen fest zusammen und atmen Sie durch den Mund aus. Das heißt: Sie pressen die Luft gegen den Widerstand der Lippen heraus. Das entspannt außerordentlich. Denken Sie dabei an nichts anderes als an diesen Vorgang.
- Gehen Sie in den nächsten Park oder in den Garten. Suchen Sie eine gerade Strecke und gehen Sie auf diesem Weg einfach hin und her. Vergessen Sie rund um sich alles andere. Konzentrieren Sie sich nur aufs Gehen. Beobachten Sie,

wie Sie einen Fuß vor den anderen setzen. Erleben Sie ganz bewusst, wie Ihre Fußsohlen Kontakt mit dem Boden aufnehmen, Kraft aus der Erde holen.

- Das ist die wohl einfachste Übung, die amerikanische Professoren der Harvard-Universität oft als Beispiel anführen: Setzen Sie sich an einen Tisch. Nehmen Sie eine Orange zur Hand, eine Mandarine oder eine Grapefruit. Es kann auch ein Apfel sein. Machen Sie dieses Obst vorübergehend zum Mittelpunkt Ihres Lebens. Atmen Sie den Geruch ein. Tasten Sie es mit den Fingern ab. Denken Sie darüber nach, woher diese Frucht kommt, welche wertvollen Inhaltsstoffe sie liefert. Dann schälen Sie sie langsam ab. Und essen Stück für Stück. Voll Konzentration. Auf diese Weise wird ein einfacher Essvorgang zu einer wertvollen Entspannungsübung, die nach gestressten Stunden wieder neue Vitalität gibt. Sie gewöhnen sich obendrein auf diese Weise ab, gedankenlos etwas schnell nebenher in sich hineinzuessen.
- Legen Sie sich flach auf den Boden, und zwar auf den Rücken. Schuhe und Strümpfe müssen ausgezogen sein. Betten Sie den Kopf auf eine Nackenrolle und beobachten Sie nun der Reihe nach eine Ihrer Zehen nach der anderen. Bewegen Sie sie dann. Und lassen Sie sich vom Spiel der Zehen faszinieren. Alles andere im Leben muss dabei unwichtig werden.
- Gehen Sie in die Natur hinaus, suchen Sie einen Bach oder einen Fluss. Und nun schauen Sie einfach dem vorbeifließenden Wasser zu. Wenn Sie zu Hause einen kleinen Springbrunnen im Zimmer haben oder wenn Sie Besitzer eines Aquariums sind, dann beobachten Sie das kleine Schauspiel der Natur, das sich Ihnen bietet.

Beobachtungen an der Medizinischen Schule der Harvard-Universität haben ergeben: Mit derartigen simplen Entspannungsübungen kann man nicht nur Stress abbauen, sondern auch gezielt Stressfolgen erfolgreich bekämpfen: Kopfschmerzen, Verspannungen, Bluthochdruck, Schlaflosigkeit, Magenbeschwerden, Nervosität sowie chronische Schmerzen.

Die besten Tricks: So gewinnen Sie Zeit

Sie erleben das sicherlich auch sehr oft in Ihrem Alltag: Sie treffen einen lieben Mitmenschen, wollen mit ihm ein wenig sprechen, Erinnerungen über gemeinsam Erlebtes austauschen. Doch Sie bekommen eine Abfuhr. Sie hören die gehetzten Worte: „Es tut mir leid. Aber ich habe keine Zeit!" Und schon eilt er dahin.

„Ich bin im Stress. Ich bin in Eile. Ich habe keine Zeit!" Das sind oft gehörte Phrasen von viel beschäftigten Menschen. Wer so redet, der ist meist nicht mehr lange gesund. Denn die ständige Hektik, der tägliche Kampf mit der Zeit macht mit der Zeit krank.

Stellt sich die Frage: Ist Zeitmangel unser Schicksal geworden? Oder sind wir selbst daran schuld und könnten etwas dagegen tun?
Erlernen Sie die Kunst, besser mit Ihrer kostbaren Zeit umzugehen. Hier ein paar Tipps und Tricks, wie Sie in der heutigen modernen Welt Zeit gewinnen können. Sie werden sehen: Das ist gar nicht so schwer, wie man glaubt.

- Überlegen Sie ganz genau, ob Sie ein Morgen- oder ein Abendmensch sind. Stellen Sie fest, welche Aufgaben und Arbeiten Ihnen zu welcher Tageszeit besonders leicht von der Hand gehen.
- Nach diesen Beobachtungen sollten Sie einplanen, wann Sie was erledigen. Das bedeutet: Sie brauchen für jeden Tag und damit auch für die Woche einen korrekten Zeitplan, den Sie am besten niederschreiben.
- Belügen und beschwindeln Sie sich nicht selbst: Kalkulieren Sie ehrlich ein, wie lange Sie zu dieser oder jener Tätigkeit brauchen werden. Es hat keinen Sinn, sich mit einer rosaroten Brille zu viel vorzunehmen, was man auf keinen Fall schaffen kann.
- Vergessen Sie dabei nicht, etwaige Wegzeiten für Hin- und Rückfahrt einzukalkulieren. Wer das nicht tut, wird ewig zu spät kommen und die einmal verlorene Zeit den ganzen Tag über nicht mehr einholen können. Und das schafft unnötigen Stress und Ärger.
- Ganz wichtig beim Zeitgewinnspiel: Lassen Sie sich von den anderen nicht überfordern. Es hat keinen Sinn, zu allem „Ja!“ zu sagen. Sie schaffen das nicht. Man kann nicht ununterbrochen anderen Gefälligkeiten erweisen. Wenn Sie einen vollen Terminplan haben, wenn Sie stark unter Druck stehen, dann müssen Sie auch „Nein!“ sagen können.
- Es kommen immer wieder Aufgaben auf Sie zu, die viel Zeit kosten, aber im Grunde genommen nicht viel oder gar nichts bringen. Vergessen Sie sie. Sie schaffen sich damit unnötige Belastung vom Hals.
- Fast jeder Tag wartet mit einer mehr oder minder unangenehmen Tätigkeit auf. Schieben Sie diese nicht vor sich her. Im Gegenteil: Bemühen Sie sich, diese Aufgabe sofort zu erledigen. Sie werden danach eine beglückende Erleichterung erleben. Unerledigtes schafft einen seelischen und oft auch körperlichen Druck.
- Untersuchungen an der Universität von Paris haben ergeben: Wenn jemand für die ganze Woche Termine und wichtige Erledigungen fein säuberlich notiert, so schläft er besser, weil er nicht ständig Angst haben muss, darauf zu vergessen.
- Kalkulieren Sie in Ihrem Tagesplan auch Phasen der Ruhe, Entspannung und Erholung ein. Außerdem lassen Sie auch Zeit frei für Ereignisse, die unvorhergesehen eintreten könnten und Zeit kosten.
- Überlegen Sie nun, ob Sie tatsächlich jeden Tag zum Einkaufen gehen müssen.
- Sehr wichtig ist, dass man auch schon Kinder dazu anregt, Zeitpläne zu erstellen.

Das Volksleiden von Advent bis Silvester: die Verstopfung

Wenn der Winter beginnt, tauchen bei vielen Menschen Alltagsbeschwerden auf. Chronische Erkrankungen verstärken sich. Die ärztliche Statistik weist nach: Das am meisten verbreitete Leiden von Adventbeginn bis Silvester ist und bleibt die Verstopfung. Die Ursache dafür liegt allerdings anderswo, als man bisher vermutet hat.
Der Verstopfung rund um die Feiertage führte man jahrzehntelang ausschließlich auf zwei Lebensstilsünden zurück: auf die falsche Ernährung und auf die mangelnde Bewegung. Es schien relativ logisch: Im Advent nimmt sich im Trubel der Festtagsvorbereitungen keiner die Zeit für ein gesundes Essen. Und dann zu den Feiertagen starten viele das „große Fressen". Sie genießen viel Fleisch, viel Fett, viel Süßes. Es mangelt an Ballaststoffen, Vollkorn, Obst und Gemüse. Obendrein treibt man keinen Sport und hält sich viel in der Wohnung auf, sitzt viel herum.
Keine Frage: Das sind lauter Lebensgewohnheiten, welche die Verdauung durcheinander bringen und die Verstopfung fördern. Doch sie sind nicht die Hauptursache. Sonst müsste es ja möglich sein, nach den Feiertagen mit gesunder, ballaststoffreicher Kost und viel Bewegung das Problem schnell wieder in den Griff zu kriegen. Das gelingt aber Millionen Deutschen nicht. Was also steckt dahinter?
Der US-Forscher Prof. Dr. Michael Gershon hat nachgewiesen: Zwischen dem Gehirn und dem Darm besteht eine direkte Verbindung. Diese Erkenntnis macht klar: Die seelische Verfassung eines Menschen sowie sein nervlicher Zustand sind eng miteinander verbunden. Damit muss man die Verstopfung vom Advent bis ins neue Jahr aus einer anderen Warte sehen: Zuerst ist da die Hektik der Vorweihnachtszeit, die viele Menschen nicht zur Ruhe kommen lässt. Die ruhigste Zeit im Jahr ist zur Stresszone geworden. Die Feiertage selbst bringen sowohl erfreuliche Aufregungen als auch Familienstreitigkeiten, Tränen und Enttäuschung. Und der Rutsch ins neue Jahr bedeutet für viele Angst vor der Zukunft, Sorge um den Arbeitsplatz und ums Geld.
Wenn nun in den bevorstehenden Wochen die Seele den Darm beeinflusst, wenn Stress im Spiel ist, wenn das Nervensystem und Muskelreflexe des Darms gestört sind, dann braucht man ein eigenes Programm, um die Verstopfung zu besiegen:

- Achten Sie darauf, dass Sie in der Adventzeit zwischendurch Ruhe und Entspannung finden. Vielleicht in der Sauna oder bei einem Wannenbad. Oder einer Wanderung durch die Natur.
- Sorgen Sie dafür, dass zu den Feiertagen zwischen den kulinarischen Sünden viel Obst serviert und Gemüse gegessen wird.
- Gehen Sie zu den Feiertagen oder gar unterm Weihnachtsbaum Streit, Missgunst, Ärger und Intrigen in der Verwandtschaft aus dem Weg.

- Verbringen Sie Silvester bei lieben Freunden in netter Gesellschaft, dann kommen keine trüben Gedanken für das nächste Jahr auf.
- Für den Fall, dass das alles nichts nützt und Sie auch in diesem Jahr wieder unter Verstopfung leiden: Holen Sie sich für alle Fälle für Ihre Hausapotheke ein Abführmittel. Lassen Sie sich da von Ihrem Arzt gut beraten. Greifen Sie zu schonenden Verdauungshilfen. Diese müssen niedrig dosierbar, aber zuverlässig sein. Sie müssen die natürliche Eigenbewegung des Dickdarms anregen, müssen dessen Funktion unterstützen. Magen, Leber, Herz und Kreislauf dürfen nicht belastet werden. Studien haben ergeben: Am besten bewährt haben sich moderne Abführmittel mit den Wirkstoffen Bisacodyl und Natriumpicosulfat in Form von Zäpfchen, Dragees oder Tropfen aus der Apotheke.

Walnüsse im Advent gegen Stress und Vergesslichkeit

Viele von uns haben jetzt im Advent, in der „stillsten Zeit im Jahr", viel Stress. Und wer einen großen Freundes- und Verwandtenkreis hat, muss nun geistig sehr fit sein, um gute Einfälle für passende Weihnachtsgeschenke zu haben. Das ideale Rezept, das man in diesen Wochen einsetzen sollte, passt auch ideal in die Jahreszeit: Es ist die Walnuss.
Sie stammt ursprünglich aus Persien und aus den Randgebieten des Himalaja. Von hier hat sie sich nach dem Westen verbreitet. Griechen und Römer haben die Walnuss nach Europa gebracht. Im antiken Rom war man überzeugt: Nüsse können Krankheiten im Kopf heilen, weil die Hälfte des Nusskerns dem Gehirn sehr ähnlich sieht.
Die Walnuss ist ein Kraftpaket mit vielen Vitalstoffen:

- Die B-Vitamine B_1, B_2, B_6, B_{12} und Folsäure stärken die Nerven sowie Herz und Kreislauf. Das Biotin ist wichtig für gesunde Haut, Haare und Nägel.
- Die Walnuss liefert uns viel Vitamin E, das rheumatischen Erkankungen entgegenwirkt, Gelenkschmerzen lindert und uns vor frühzeitiger Artersiosklerose schützt.
- Die Walnuss enthält auch Magnesium, Kalium, Kalzium, Eisen, Zink, Selen, Kupfer und Phosphor.
- Die Walnuss ist reich an leicht verdaulichem, hochwertigem Eiweiß. Ein Vergleich: Die Nuss hat 20 Prozent Eiweiß, Roastbeef zum Beispiel nur 9,5 Prozent. Daher ist die Walnuss im Rahmen einer gesunden Vollwertkost mit wenig Fleisch ein wertvoller Eiweißlieferant.
- Sehr wichtig sind in der Walnuss auch die ungesättigten Fettsäuren, genau jene gesunden Fette, die uns vor zu hohen Cholesterinwerten schützen.

Man darf nur nicht zu viele Nüsse knabbern: 100 Gramm haben immerhin 700 Kalorien. Das ist im Rahmen einer Diät eine komplette Mahlzeit. Wer einen gesundheitsfördernden Effekt erzielen will, der sollte in den Wintermonaten jeden Tag 3 bis 4 Nüsse kauen.
Wer regelmäßig Nüsse isst, der kann damit die Nerven und die Immunkraft stärken, Stress abbauen, kann leichte Magenbeschwerden und Müdigkeit, vor allem aber Vergesslichkeit und Konzentrationsstörungen bekämpfen. Dafür kann man eine Kur durchführen. Sie dauert 50 Tage. Man isst am ersten Tag eine Nuss, am zweiten Tag zwei, am dritten Tag 3 Nüsse, so lange, bis man am 25. Tag 25 Nüsse genießt. Dann reduziert man die Zahl wieder jeden Tag um eine Nuss, bis man am 50. Tag nur mehr eine Nuss knabbert. Man kann diese Kur auch mit täglich 2 saftigen Birnen kombinieren. Sie ist ideal für Schulkinder und ältere Menschen.
Man kann Nüsse auch wertvoller machen und „wieder beleben". Das hat man am Hippocrates Center in Washington, USA, nachgewiesen. Unsere Großmütter haben das allerdings instinktiv auch schon gewusst. Walnüsse werden über Nacht – mindestens 10 Stunden – in Wasser oder Milch gelegt. Sie setzen dann zum Keimen an, werden zart, milchig und vervielfachen ihre Vitamine, Mineralstoffe und Enzyme. Dadurch werden unsere Nervenbahnen und das Gehirn schnell mit großen Mengen an Energie versorgt.
Walnüsse muss man roh genießen. Wenn man sie erhitzt, verlieren sie viele ihrer wertvollen Inhaltsstoffe. Am besten: Man knabbert die Nuss pur. Man kann sie auch gehackt oder in ganzen Stücken ins Müsli oder in den Obstsalat geben. Man kann sie durch den Fleischwolf drehen und als Paste essen.
Stellen Sie jetzt in der Vorweihnachtszeit eine kleine Schale mit Nüssen und Rosinen auf. Das schmeckt köstlich und hilft gegen den Stress vor dem Fest.
Kaufen Sie Nüsse in der Schale. Sie halten länger. Und wenn sie extrem schwer zu knacken sind, legen Sie sie einige Zeit ins Tiefkühlfach.

Die erfolgreichsten Rezepte gegen die Winterdepression

Viele leiden in den nächsten Wochen und Monaten an der Winterdepression. Zwei Drittel der Betroffenen sind Frauen im Alter zwischen 30 und 50. Die typischen Symptome: Müdigkeit, Antriebslosigkeit, Verzagtheit, Traurigkeit.
Hauptursache ist der Mangel an natürlichem Tages- und Sonnenlicht. Besonders betroffen sind jene, die morgens bei Dunkelheit die Wohnung verlassen, abends bei Dunkelheit zurückkommen und tagsüber bei künstlichem Licht arbeiten müssen.
Der Mensch braucht das natürliche Licht zum Steuern der inneren Uhr, des Schlaf-wach-Rhythmus. Normales elektrisches Licht bedeutet für den Organismus Dunkelheit. Die Folge: Wir werden müde und depressiv.

Die Winterdepression ist deutlich von der echten, klassischen Depression zu unterscheiden, die vom Psychotherapeuten oder Psychiater behandelt werden muss. Bei der echten Depression will man nichts essen, nimmt ab, hat Schlafstörungen. Bei der Winterdepression will man viel schlafen und hat einen Heißhunger auf Teigwaren und Schokolade. Viele Frauen nehmen bis zu 8 Kilo und mehr zu. Und damit werden sie noch depressiver.
In leichten Fällen genügt es, wenn man jeden Tag ins Freie geht und Tageslicht tankt. Wenn die Sonne scheint, sollte man das Gesicht zumindest 10 Minuten bestrahlen lassen. Öffnen Sie dabei den Mund und zeigen Sie der Sonne die Zähne. Diese nehmen das Licht wie Brillanten auf und leiten es verstärkt in den Organismus weiter. Das hat man den Krokodilen abgeschaut, die auf diese Weise Licht und Wärme tanken.
Manchen Menschen nützt es, wenn sie einmal die Woche ins Sonnenstudio gehen.
In schweren Fällen der Winterdepression hilft nur die Bestrahlung mit der Vollspektrumlampe. Sie liefert ein Licht, das der Natur nachempfunden ist. Die Helligkeit der Lampe beträgt 2500 Lux und entspricht der Kraft von 30 Glühbirnen zu je 60 Watt. Das ist das Licht eines sonnigen, strahlenden Frühlingsmorgens. Wer sich täglich 1 bis 2 Stunden bestrahlt, kann die Winterdepression stoppen. Das Praktische dabei: Man bleibt angekleidet, kann dabei arbeiten.
Die Vollspektrumlampe kann man kaufen, in vielen Kliniken ausleihen. Man kann sich aber auch bei Ärzten oder in Ambulatorien bestrahlen lassen.
Es gibt aber auch zusätzliche unterstützende Maßnahmen gegen die Winterdepression:

- Essen Sie täglich 2 Bananen. Sie liefern die Hormonstoffe Serotonin und Norepinephrin, die für das positive Denken mitverantwortlich sind.
- Essen Sie Hirsegerichte. Hirse macht gute Laune. Man nannte sie schon im Mittelalter das „fröhliche Getreide".
- Trinken Sie jeden Tag 2 Liter stilles Mineralwasser.
- Nehmen Sie über einen längeren Zeitraum Dragees mit dem hoch dosierten Extrakt aus dem Johanniskraut (Apotheke).
- Lassen Sie die Farbe Orange auf sich wirken. Sie wirkt stimmungsaufhellend.
- Trinken Sie folgenden Kräutertee: Mischen Sie zu gleichen Teilen Anis, Fenchel und Kümmel. 1 Teelöffel davon wird mit 1 Tasse kochendem Wasser übergossen, 8 Minuten zugedeckt ziehen lassen, durchseihen. Mit etwas Honig süßen.

Naturrezepte helfen: So wird Ihr Haar winterfit

Wenn unser Haar in der kalten Jahreszeit den winterlichen Temperaturen, Wind, Schnee, Eis und der trockenen Luft von beheizten Räumen ausgesetzt ist, dann ist es enorm strapaziert. Die Folge: Es wird trocken, spröde, brüchig, glanzlos und verliert seinen Halt. Machen Sie daher in den nächsten Tagen Ihr Haar winterfit für die bevorstehenden kalten Monate. Es gibt dafür eine Reihe von wirksamen natürlichen Rezepten.

- Bei Haarausfall und schütterem Haar: Bauen Sie zwei- bis dreimal die Woche Hirse in Ihren Speiseplan ein: als Hirseflocken, Hirsebrei, Hirsefrikadellen, Hirseauflauf. Die Hirse liefert dem Organismus das wertvolle Spurenelement Silicium, auch Kieselsäure genannt, welches den Haarwuchs aktiviert.
  Oder: Verrühren Sie 1 Eigelb mit 5 Esslöffel Olivenöl und 10 Esslöffel Rum. Reiben Sie die Masse ins Haar, lassen Sie sie über Nacht einwirken. Zusätzlich wenden Sie regelmäßig einen chinesischen Akupressurgriff zur Anregung des Haarwuchses an: Massieren Sie die Stirn mit der Spitze des rechten Zeigefingers von der Nasenwurzel hinauf zur Schädeldecke in gerader Linie.
- Bei sprödem Haar: Verrühren Sie 1 Eigelb mit einem großen Cognac oder Weinbrand. Massieren Sie diesen Cocktail in die Haare, 20 Minuten einwirken lassen, danach mit lauwarmem Wasser auswaschen.
- Bei gespaltenen Haarspitzen: Mischen Sie ein Eigelb mit 30 Gramm Mandelöl (Apotheke), geben Sie etwas Zitronensaft dazu. Reiben Sie damit die Haarspitzen ein. 2 Stunden einwirken lassen. Nehmen Sie parallel dazu Kapseln mit dem Vitamin Biotin (Apotheke).
- Bei schuppigem, trockenem Haar: Trinken Sie 3 Wochen lang täglich 3 Tassen Brennnesseltee. Waschen Sie das Haar einige Zeit ausschließlich mit Brennnesseltee. Verwenden Sie sechs Wochen zum Haartrocknen keinen Föhn. Nehmen Sie acht Wochen jeden Tag 1 Kapsel mit dem Spurenelement Zink (Apotheke). Bauen Sie Vollkornprodukte, Meeresfisch, Möhren und Kiwis in Ihren Speiseplan ein.
- Bei glanzlosem, kraftlosem Haar: Reiben Sie die Kopfhaut regelmäßig mit Weizenkeimöl (Reformladen) ein. Sehr bewährt haben sich auch Einreibungen mit Kresse-Frischpflanzensaft (Reformladen, Drogerie).

Spät essen lässt Cholesterinwerte ansteigen

Geht es Ihnen auch so? Sie müssen den ganzen Tag hart arbeiten, stehen unter Termindruck und haben Stress. Sie kommen kaum dazu, etwas zu essen. Und dann, wenn der Tag zu Ende geht, finden Sie endlich Ruhe, sich mit einem lieben Men-

schen hinzusetzen. Erst jetzt können Sie eine Mahlzeit genießen. Und genau das ist nicht sehr gesund. Das hat zwei Gründe:

- Ab 19 Uhr reduziert die Leber ihre Verdauungsarbeit auf ein Minimum. Alles, was man isst, bleibt unverdaut oder halb verdaut im Darm, beginnt zu gären, wird erst wieder am nächsten Morgen verarbeitet.
- Eine jüngste Studie an der Universität Paris hat ergeben: Wenn jemand nach 21 Uhr oder gar erst gegen Mitternacht eine komplette Mahlzeit zu sich nimmt, bei dem steigen die Cholesterinwerte dramatisch an. Und das kann für Herz und Kreislauf gefährlich sein. Man hat herausgefunden, warum das so ist: Blutproben haben gezeigt, dass der Organismus von sich aus zu später Stunde verstärkt Cholesterin produziert. Wenn nun aus der Nahrung zusätzlich große Mengen von Blutfetten dazukommen, dann wird die Sache verhängnisvoll.

Das bedeutet nun:

- Menschen, die an sich ein Problem mit erhöhten Cholesterinwerten haben, sollten spätabends keine komplette Mahlzeit mehr essen.
- Die letzte Mahlzeit sollte gegen 19 Uhr erfolgen. Danach sind nur mehr kleine Imbisse, wie etwa ein Apfel, erlaubt.

Nun werden viele sagen: „Das ist leicht gesagt. Mein Beruf macht es erst spätabends möglich, dass ich mich ungestört zu einem schönen Essen setze. Das ist für mich ein Stück Lebensqualität. Ich kann und will das nicht ändern.“

In diesem Fall kann man eine natürliche Hilfe einsetzen. Sie reduziert die Gefahr des späten Essens und senkt zu hohe Cholesterinwerte, verhindert die Produktion zu großer Mengen an Cholesterin. Diese Hilfe kommt aus der Artischocke. Und zwar nicht aus dem essbaren Teil, den Kelchblättern und dem Artischockenboden, sondern aus den Blättern der Pflanze.

1958 hat der bulgarische Wissenschaftler Prof. Dr. T. Maros in diesen Blättern einen Wirkstoff entdeckt, den er Cynarosid benannte. Er konnte nachweisen: Dieses Cynarosid gibt der Leber – in der Medizin Hepar genannt – Kraft und kann auch bereits angegriffene Leberzellen wieder aufbauen und regenerieren.

Und dann haben Wissenschaftler an der Universität Tübingen unter der Leitung von Prof. Dr. Rolf Gebhardt herausgefunden: Wenn das Cynarosid dem menschlichen Organismus in Form von hoch dosiertem Artischockenextrakt zugeführt wird, dann wird der Heparschutzstoff Luteolin freigesetzt. Und dieses Luteolin kann zu hohe Cholesterinwerte senken, und zwar das schädliche und gefährliche LDL-Cholesterin.

Prof. Dr. Volker Fintelman, Leitender Arzt am Krankenhaus Hamburg-Rissen, hat das in einer Studie bestätigt. Er konnte mit Artischockenextrakt innerhalb von 6 Wochen das erhöhte Cholesterin von 300 Patienten um 13 Prozent senken.

Das bedeutet: Wer aus beruflichen Gründen regemäßig spätabends oder nachts seine Mahlzeiten einnimmt, oder wer grundsätzlich erhöhte oder zu hohe Cholesterinwerte hat, der kann mit hoch dosiertem Artischockenextrakt in Kapselform (Apotheke) viele Gefahren abwenden, kann so manche Esssünde „entschärfen".

Naturrezepte gegen die Winternervosität

Speziell in dieser Jahreszeit, wenn die Temperaturen sinken und die Tage kürzer werden, klagen viele: „Ich bin heute wieder so nervös!" Dafür sind zwei Vorgänge im Organismus verantwortlich:

- ❖ Das vegetative Nervensystem ist gestört und geschwächt – durch äußere Einflüsse wie Stress, Ärger, Hektik und Lärm.
- ❖ Parallel dazu entsteht im Bereich des Gehirns ein Mangel an lebenswichtigen Substanzen, die man als Nervennahrung bezeichnen könnte.

Diese Substanzen sind wichtig für den Nervenstoffwechsel. Wer genügend Vorräte davon hat, der verfügt – wie man im Volksmund sagt – über starke Nerven. Wer zu wenig hat, der muss mit schwachen Nerven leben. Dagegen kann man etwas tun. Zum Aufbau unserer Nerven brauchen wir:

- ❖ Vitamin B_1, das „Nervenvitamin". Es ist im Naturreis und in Bohnen enthalten.
- ❖ Vitamin B_2. Das liefern uns Milch, Milchprodukte, Forelle und Hering.
- ❖ Vitamn B_5. Das finden wir beispielsweise in Champignons.
- ❖ Viamin B_6, reich enthalten in Nüssen, Hefeflocken, Kartoffeln und Bananen.
- ❖ Vitamin B_{12}. Wir holen es uns aus Quark, Makrelen und Sauerkraut.
- ❖ Niacin. Das tanken wir aus dem Vollkornbrot, aus Vollkorn-Teigwaren.
- ❖ Pantothensäure: Sie ist in Milchprodukten und Linsen zu finden.
- ❖ Folsäure. Sie wird mit dem Grün- und Wurzelgemüse angeliefert.
- ❖ Magnesium ist ebenfalls wichtig für die Nerven. Es ist vertreten im Naturreis, in Trockenfrüchten wie in Datteln, Feigen und Rosinen.
- ❖ All diese Substanzen sind kombiniert in allen Volkornprodukten und in Weizenkeimen enthalten.
- ❖ Eine ganz besonders wichtige Substanz für starke Nerven ist das Lecithin, das in den Nervenzellen gebraucht wird, vom Körper aber nicht selbst produziert werden kann. Lecithin ist in Maiskeimen, Leinsamen, Erbsen, Sonnenblumenkernen, in Milchprodukten und in bester Qualität in der Sojabohne enthalten. Daher wird das Naturlecithin, das man in flüssiger Form oder in Dragees oder als Granulat aus der Apotheke einnimmt, aus der biologisch angebauten Sojabohne gewonnen.

Gegen schwache Nerven im Herbst sollte man aber auch Stress abbauen, Pausen machen, das Wochenende zur Erholung nützen, Urlaub machen, mehr schlafen, weniger rauchen, weniger Alkohol und Kaffee genießen. Lärm meiden. Termine absagen. Auch einmal „Nein!“ sagen.

Und hier ein paar Rezepte zum Stärken der Nerven:

- 3-mal täglich 1 Esslöffel Naturlecithin (Apotheke) im Mund zergehen lassen.
- 3-mal täglich 1 Tasse Melissentee mit etwas Honig trinken.
- Abends 1 Tasse Baldriantee trinken.
- 1 Teelöffel Honig im Mund zergehen lassen.
- 1 Banane essen.
- 3-mal täglich 2 Esslöffel Johanniskraut in etwas Wasser verrühren und trinken. Oder Johanniskrautdragees (Apotheke) nehmen.
- 5 Tropfen Lavendelöl auf ein Textiltaschentuch geben und tagsüber immer wieder daran schnuppern. Die ätherischen Öle des Lavendels wirken beruhigend.

So bereiten Sie Ihr Kind auf den Winter vor

Eltern und Großeltern wissen es aus der Erfahrung: Kinder sind im Winter sehr oft kank. Sie haben häufig in einer Saison sechs oder mehr Erkältungen, laufen unentwegt mit rinnender Nase umher und leiden unter Husten. Damit Ihr Kind oder Enkelkind mehr Spaß am Winter haben kann und gesund durch die kalte Jahreszeit geht, sollten Sie es gezielt auf die bevorstehenden Monate vorbereiten. Hier einige Anregungen:

- Eltern und Großeltern sollten sich in Innenräumen ein striktes Rauchverbot auferlegen. In Wohnungen, in denen geraucht wird, haben Kinder ein stark geschwächtes Immunsystem. Kinder von Rauchern sind im Winter besonders oft krank.
- Wenn Ihr Kind von Grund auf schwache Abwehrkräfte hat, sollten Sie mit Ihrem Arzt über eine Grippeimpfung sprechen.
- Gewöhnen Sie dem Kind an, dass es sich, sobald es nach Hause gekommen ist, gründlich die Hände wäscht. Es trägt damit nämlich viele Bakterien und Viren mit sich herum. Wenn das Kind die Finger von ungewaschenen Händen in den Mund steckt, infiziert es sich sofort.
- Wenn Ihr Kind einen Schnupfen hat, dann sollte es die Nase mit Papiertaschentüchern säubern und diese nach einmaligem Verwenden weggeben. Bei Textiltaschentüchern kommt es ununterbrochen zu einer neuerlichen Selbstinfektion.
- Achten Sie darauf, dass im Winter in der Wohnung die Heizung nicht so warm eingestellt ist. Rachen und Nasenhöhle sind mit einer feuchten Schutzschicht bedeckt. Sie schützt uns vor Bakterien und Viren. Zu hohe Raumtemperaturen

trocknen die Schleimhäute aus. Damit gibt es keine Abwehr gegen die Krankheitserreger.

- Aus demselben Grund müssen Sie dafür sorgen, dass die Luftfeuchtigkeit in den Wohnräumen nicht zu niedrig ist. Hängen Sie nasse Tücher auf. Stellen Sie Tonschalen mit Wasser auf. Auch gut gewartete Luftbefeuchtungsgeräte helfen.
- Gehen Sie mit Ihrem Kind in die Sauna. Das stärkt die Abwehrkräfte.
- Ein sehr guter Weg, den Körper des Kindes für die kalte Jahreszeit mit tiefen Temperaturen stark zu machen: Baden Sie das Mädchen oder den Jungen abends vor dem Zubettgehen in der Wanne. Sowohl das warme Wasser, die Kräuterbadezusätze in der Wanne und der Dampf im Badezimmer machen stark gegen Viren und Bakterien. Damit können auch ganz leichte, erste Erkältungssymptome besiegt werden.
- Ganz wichtig: Kleiden Sie Ihr Kind in der gut beheizten Wohnung nicht zu warm. Die Kleinen sollten nicht schwitzen.
- Hingegen müssen die Kinder im Freien sehr warm angezogen werden. Am besten in Schichten: also Unterwäsche, Shirt, erster Pullover, zweiter Pullover. Die Luftschichten dazwischen regulieren Wärme und Kälte. Und man kann jederzeit, wenn's zu warm wird, ein Kleidungsstück ausziehen.
- Achten Sie darauf, dass Ihr Kind in der kalten Jahreszeit nicht verleitet wird, den ganzen Nachmittag und den ganzen Abend vor dem Fernsehapparat zu sitzen. Das ist schlecht für die Augen, für die Lungen und für die Wirbelsäule. Die Kinder sollten jeden Nachmittag – auch bei schlechtem Wetter – hinaus ins Freie. Und sie sollten sich bewegen. Eine jüngste Studie an der Harvard-Universtät in Boston, USA, hat ergeben: Tägliches, stundenlanges Fernsehen macht die Kinder dick und krank. Die Kinder leiden oft an zu hohen Blutdruck- und Cholesterinwerten.

Die Aloe vera stärkt unsere Abwehrkraft

Die meisten von uns kennen den Namen Aloe vera aus der Werbung für kosmetische Hautpflegemittel. Doch die Aloe vera kann viel mehr. Sie zählt zu den wertvollsten Naturarzneien, die in den letzten Jahren von der modernen Wissenschaft entdeckt wurden.

Die Aloe ist ein Liliengewächs und wird in vielen exotischen Ländern als „Wüstenlilie" bezeichnet. Es gibt rund 300 Aloearten. Doch für Heilzwecke und für die Kosmetik eignet sich einzig und allein die „Aloe vera barbadensis", die „wahre Aloe". Sie war schon in historischen Zeiten ein Begriff. Man kannte die Heilwirkung der Pflanze bereits vor 6000 Jahren. Aus ägyptischen Grabinschriften geht hervor, dass Nofretete und Kleopatra Aloe-vera-Extrakte verwendeten. Die heilenden Kräfte

der Pflanze waren den Sumerern, Chinesen und Mayas gleichermaßen bekannt. Alexander der Große ließ die Wunden seiner Soldaten mit Blättern der Aloe vera behandeln. Und auch Kolumbus führte für seine Matrosen Aloe-vera-Pflanzen in Blumentöpfen auf seinen Schiffen mit. Im 17. Jahrhundert wurde die Aloe vera dann von Mönchen in unsere Regionen gebracht.
Was macht nun die Aloe vera so wertvoll für unsere Gesundheit? Die Blätter der Pflanze enthalten 160 Wirkstoffe, darunter 13 Mucopoly- und andere Saccharide, 13 Mineralstoffe, 13 Vitamine, 15 Enzyme, Fettsäuren, Amiosäuren, ätherische Öle, die schmerzstillende Acetylsalicylsäure und als Hauptwirkstoff das Acemannan. Dieses langkettige Zuckermolekül, das der Mensch nur in der Pubertät selbst im Körper herstellen kann, wirkt gegen Viren, Bakterien, Pilze und Allergien.
Man verwendet in der Kosmetik und in der Naturmedizin den Saft und das Gel aus den Außenblättern der Aloe vera. Man kann beides innerlich und äußerlich anwenden.

- ❖ Man trinkt den Aloe-vera-Ursaft zur Stärkung von Knochen, Knorpel und Gelenken. Und man kann damit die Immunkraft aufbauen. Dazu trinkt man drei bis sechs Wochen lang jeden Tag 1/8 Liter Aloe-vera-Saft. Wenn man erschöpft ist, kann man frisches Gel aus dem Blättern der Pflanze essen.
- ❖ Grundsätzlich aber wird das Gel überwiegend in der Kosmetik angewendet. Und auch der Saft wird äußerlich sowohl für die Schönheit als auch für die Gesundheit eingesetzt: gegen Akne, Neurodermitis, Rheuma und Neuralgien. Dazu gibt es seriöse wissenschaftliche Studien aus den USA.

Man kann zu Hause eine Aloe vera großziehen. Nach vier Jahren Wartezeit kann man dann einmal im Jahr aus den äußeren Blättern Saft und Gel ernten. Man kann aber auch Aloe-vera-Saft in Apotheken, Reformhäusern und Drogerien kaufen. Da muss man streng darauf achten, dass der Saft keinerlei Konservierungsstoffe aufweist und dass er aus biologisch gebauten Pflanzen gewonnen wurde.
Vorsicht: Wenn der Aloe-vera-Saft sehr bitter schmeckt, dann ist es keine gute Qualität. Die besten Aloe-vera-Präparate kommen aus Biofarmen in Mexiko.
Warnen muss man auch vor der dicken Haut des Aloe-vera-Blattes. Wenn es mitverarbeitet wird, verursacht es starken Durchfall.
Und hier noch ein Rezept, wenn Sie nach einem anstrengenden Tag müde nach Hause kommen und noch schnell fit werden wollen: 5 Esslöffel Aloe-vera-Saft mit 8 Esslöffel Kefirmilch, 4 Esslöffel Maracujasaft, 8 Esslöffel Möhrensaft und 1 Teelöffel Zitronensaft mischen.

Auflagen und Einreibungen bei Gelenkbeschwerden

Wenn es jetzt draußen kalt, nebelig und feucht ist, dann machen sich bei vielen Menschen verstärkt Gelenk- und Muskelbeschwerden bemerkbar. Wer darunter leidet, der hat nur einen Wunsch: Er möchte die Schmerzen so schnell wie möglich lindern oder ganz wegbekommen. Bei den Gelenk- und Muskelbeschwerden handelt es sich entweder um eine akute Entzündung, ausgelöst durch eine Erkältung, um ein plötzlich auftretendes, neues Rheumageschehen. Oder aber es handelt sich um chronische Schmerzen, hervorgerufen durch bereits vorhandene Verschleißerscheinungen, die fast immer wetterempfindlich machen.
In der Regel bekämpft man akute Schmerzen mit Kälte, chronische Schmerzen mit Wärme. Dennoch muss jeder selbst herausfinden, was ihm persönlich hilft.
Hier einige praktische Beispiele für eine Kältetherapie:

- Wenn plötzlich Schmerzen auftreten, dann holen Sie sich ein paar Eiswürfel aus dem Tiefkühlfach Ihres Kühlschranks, schlagen Sie sie in ein Tuch ein und legen Sie dieses auf die betroffene Stelle auf. Nicht länger als ein bis zwei Minuten.
- Sie können aber auch ein kaltes Tuch verwenden, oder ein Tuch, das Sie zuvor in kaltes Wasser getaucht und ausgewrungen haben. Sehr wirksam ist ein kalter Essigwickel: Tauchen Sie das Tuch in eine Mischung von Wasser und Essig zu gleichen Teilen.

Und hier einige Beispiele für die Wärmetherapie:

- Schalten Sie einen Haarföhn ein und lassen Sie die heiße Luft einige Zeit auf die schmerzende Stelle einwirken. Oder legen Sie eine mit heißem Wasser gefüllte Gummiwärmflasche auf. Oder nehmen Sie dazu einfach heiße Tücher.
- Sehr bewährt hat sich die Auflage von Heilerde. Verrühren Sie Heilerde aus der Apotheke mit heißem Wasser zu einem Brei, tragen Sie diesen dick auf die schmerzenden Stellen auf. Eine Stunde einwirken lassen, dann abwaschen. Man kann diese Auflage auch mit Bockshornkleesamen machen: 2 Esslöffel Bockshornkleesamen-Pulver aus der Apotheke werden mit 3 Esslöffel heißem Wasser angerührt. Dann etwas quellen lassen und mit einem Tuch auf die schmerzenden Stellen auflegen. Zwei Stunden einwirken lassen.
- Ein uraltes Rezept: Zerdrücken Sie 5 heiße Pellkartoffeln auf einem Tuch und drücken Sie den Brei auf die betroffene Stelle auf. Die Kartoffeln strahlen eine besonders intensive, lang anhaltende Wärme aus. Man kann auch eine Fangopackung aus der Apotheke auflegen.

Die klassische Form zur Behandlung von Gelenk- und Muskelbeschwerden sind Einreibungen. Man massiert mit den bloßen Händen eine Creme, Salbe oder eine Flüssigkeit ein.

- Dafür bewähren sich asiatischer Tigerbalm, Ringelblumensalbe, Kamillenöl,

Johanniskrautöl oder Propolismassagecreme aus dem Bienenstock. Das klassische und bekannteste Einreibemittel ist Franzbranntwein oder das Franzbranntwein-Gel (Apotheke). Hausmittel, die schon die Kölner Klosterfrau Maria Clementine Martin empfohlen hat.

❖ Studien an der Universität Dortmund haben ergeben: Beim Einreiben von Franzbranntwein erwärmt sich die Haut um 3 bis 4 Grad Celsius. Das ist genau die Temperatur, die für eine verbesserte Durchblutung, für die Schmerzlinderung und zur Aktivierung der Selbstheilkräfte notwendig ist.

Die heilende Hitze der Sauna

Wenn es draußen ungemütlich und kalt ist, dann sehnen sich viele von uns nach Wärme, nach einer gemütlichen Stube. Und eine ganz besondere Form dieser ist die Sauna. Der Brauch des Saunierens kommt aus Finnland. Längst aber hat die Sauna auch Deutschland erobert. Viele sehen allerdings im Saunieren ein angenehmes gesellschaftliches Ereignis, einen Freizeitspaß. Die Sauna aber ist mehr: Die Saunahitze hat heilende Kräfte und kann für unsere Gesundheit von großer Bedeutung sein.

Vorerst ist wichtig zu wissen: Was geschieht denn eigentlich im Organismus, wenn man sich in der Sauna befindet? Der Wärmereiz, der durch die Wärmestrahlung vom heißen Ofen, von den Steinen und von den Holzflächen des Saunaraumes erfolgt, beeinflusst den ganzen Menschen positiv. Die Wärme gelangt in erster Linie durch die Haut in den Körper. Die Schleimhäute der Atemwege werden aufgeheizt. Die Körpertemperatur steigt um 1 bis 2 Grad Celsius. Dadurch entsteht ein künstliches Heilfieber. Sämtliche Stoffwechselvorgänge werden gesteigert, der Kreislauf wird angekurbelt, die natürlichen Abwehrkräfte werden gestärkt.

Das alles geschieht aber nur dann, wenn man sich an vorgegebene Saunarichtlinien hält: Zuerst unter der Dusche reinigen, abtrocknen, 15 Minuten saunieren, kalt oder kühl duschen, eventuell ein Luftbad, dann wieder 10 bis 15 Minuten saunieren, anschließend wieder eine kalte oder kühle Dusche, abtrocknen, ruhen, eventuell eine Massage.

Die Sauna ist eine Medizin, solange man sich darin wohl fühlt. Wer zum Saunafan wird, sollte, auch wenn er gesund ist, zuerst den Arzt fragen.

Die Sauna kann niemals den Arzt ersetzen. Doch sie kann ideal als unterstützende Therapie eingesetzt werden. Und das sind die gesundheitlichen Vorteile der Saunahitze: Verspannungen und Verkrampfungen lösen sich. Ein Schnupfen sowie eine leichte Erkältung können schnell besiegt werden. Rheumatische Beschwerden werden gelindert. Wirbelsäulenprobleme lassen sich enorm verbessern. Gelenkverletzungen heilen schneller. Durchblutungsstörungen werden behoben. Die Sauna

wirkt positiv auf Herz und Kreislauf. Besonders wirksam können Saunabesuche unter ärztlicher Kontrolle bei Bluthochdruck sein. Vorbeugend hilft die Sauna gegen Stress, Nervosität und Schwangerschaftsprobleme.
Ganz wichtig: Nach jedem Saunabesuch 1 bis 2 Liter Mineralwasser trinken.

Unsere Abwehrkraft braucht Vitamin C

Schon unsere Großmütter haben uns immer immer gesagt: „Iss im Winter Orangen und Mandarinen. Das ist wichtig, damit du gesund bleibst!" Heute ist diese traditionelle Überlieferung medizinisch erwiesen. Wir wissen aus Studien, dass unsere T-Helferzellen – natürliche Abwehrpolizisten in uns – ständig mit Vitamin C „gefüttert" werden müssen, um Krankheitserreger abwehren zu können. Und da das Vitamin C laufend im Kampf gegen äußere Feinde des Organismus verbraucht wird, muss es ständig nachgeliefert werden.
Einer der ganz großen wissenschaftlichen Pioniere auf diesem Gebiet ist der zweifache Nobelpreisträger Prof. Dr. Linus Pauling, der vor Jahren für seine Vitamin-C-Therapie Kritik einstecken musste. Heute weiß man, dass er vielfach Recht hatte, wenngleich er auch bei der Dosierung vom Vitamin C übertrieben hat.
In der Praxis bedeutet das für uns speziell im Winter, wo überall Erkältungsbakterien und Grippeviren lauern: Wir sollten darauf achten, dass wir regelmäßig Vitamin C in höheren Dosen zu uns zu nehmen. Zu viel kann nicht schaden. Überschüssiges Vitamin C, das der Organismus nicht braucht, wird über die Harnwege ausgeschieden. Und auf diesem Weg erfüllt es noch eine Fleißaufgabe. Es hilft, die Harnwege zu desinfizieren. Das haben Untersuchungen in den USA ergeben.
Also: Essen Sie im Winter täglich 2 bis 3 Orangen, 1 Grapefruit, 3 Kiwis oder 3 Mandarinen. Sehr viel Vitamine liefern auch 2 rohe Paprikaschoten oder täglich 3 Gabeln voll rohem Sauerkraut. Trinken Sie eine Woche lang täglich 1 Liter Hagebuttentee. Vitamin C liefern aber auch – was wenige wissen – Pellkartoffeln und Kohlgemüse.
Eine ganz besonders wichtige Information kommt von der Deutschen Gesellschaft für Ernährung. Sie empfiehlt auf Grund neuester Forschungen ganz besonders den Rauchern, sich als Schutz vor Erkältungen und anderen Infektionen mit Vitamin C einzudecken. Man hat herausgefunden, dass das Nikotin das Vitamin C im Körper killt. Der Raucher braucht daher für seine Immunkraft im Winter doppelt bis dreimal so viel Vitamin C als der Nichtraucher.
Da das zur Abwehr notwendige Vitamin C pro Tag nicht immer allein aus der natürlichen Nahrung aufnehmen kann, empfehlen Ärzte die Versorgung mit Vitamin-C-Präparaten aus der Apotheke.
Dabei muss man wissen: Es ist nicht sehr sinnvoll, einmal am Tag eine größere

Menge an Vitamin C einzunehmen. Vitamin C muss 2- bis 3-mal am Tag zugeführt werden, weil es vom Körper sehr schnell verbraucht wird. Es gibt heute bereits so genannte Retardpräparate: Kapseln oder Tabletten, die das Vitamin C im Körper nur langsam in kleinen Dosen über den Tag verteilt abgeben.
Viele Ärzte sind sich einig: Im Winter, wenn die Erkältungszeit kommt, macht es durchaus Sinn, wenn man zweimal am Tag jeweils 500 Milligramm Vitamin C aufnimmt. Das ist ein guter Schutz gegen Infektionen.

So können Sie den Herzinfarkt verhindern

Alljährlich in der Winterszeit steigt die Herzinfarktrate besonders. Grund genug, dass wir uns mit dem Thema befassen und nachdenken, was jeder von uns tun kann, um einem Herzinfarkt, einem Herz-Kreislauf-Leiden vorzubeugen. Im Interesse unserer Gesundheit, unseres Lebens.
Und das sollten wir alle vorbeugend tun, um das Herzinfarktrisiko deutlich zu senken:

- Wenn Sie rauchen: Geben Sie es sofort auf!
- Halten Sie sich an eine ausgewogene Ernährung mit viel frischem Obst, rohem Gemüse, mit Vollkornprodukten: Essen Sie nicht viel und nicht zu fett. Ziehen Sie Fisch dem Fleisch vor.
- Lassen Sie regelmäßig Ihre Cholesterinwerte beim Arzt messen. Ernähren Sie sich cholesterinbewusst. Zu viel Cholesterin fördert Arteriosklerose und Infarktgefahr.
- Lassen Sie regelmäßig den Blutdruck messen.
- Machen Sie regelmäßig körperliche Bewegung. Treiben Sie – ohne Übertreibung – Freizeitsport: schwimmen, wandern, Trimmrad fahren, Gymnastik. Fahren Sie nicht jeden Schritt mit dem Auto. Gehen Sie zu Fuß, steigen Sie Treppen hoch und verzichten Sie auf den Lift. Wer zweimal die Woche 20 Minuten Bewegung macht, kann sein Herzinfarktrisiko beachtlich senken.
- Wer an Diabetes leidet, muss auf eine optimale, vorbildliche Versorgung mit Insulin achten. Allein eine Diabetesdiät senkt bereits das Infarktrisiko.
- Sie sollten sich immer vor Augen halten: Die Summe der Risikofaktoren ist so besonders verhängnisvoll. Zu hohe Cholesterinwerte, Bluthochdruck, üppiges Essen und Rauchen gemeinsam lassen das Infarktrisiko auf das Zehnfache emporschnellen.
- Hochinteressant sind die neuesten Untersuchungen der Weltgesundheitsorganisation (WHO) im Rahmen der so genannten Monica-Studie: Demnach spielt in der Herzinfarktvorbeugung das Vitamin E eine bedeutende Rolle. WHO-Wissen-

schaftler raten daher: Regelmäßige Vitamin-E-reiche Ernährung mit Vollkorn, Weizenkeimöl, Milchprodukten und Nüssen. Zusätzlich die Versorgung mit täglich 200 internationalen Einheiten Vitamin E in Kapselform aus der Apotheke.

So bereiten Sie sich auf den Arztbesuch vor

Die Wartezimmer der niedergelassenen Ärzte und der Fachmediziner sind in diesen Wochen überfüllt. Und mancher Patient ist unzufrieden und klagt: „Mein Arzt hat keine Zeit für mich. Zuerst muss ich stundenlang warten. Und dann bin ich bloß ein paar Minuten beim Doktor. Ich kann nicht ausführlich mit ihm sprechen!"
Wir alle können von heute auf morgen das derzeitige medizinische Versorgungssystem nicht ändern. Doch wir sollten einmal ruhig über das Problem nachdenken. Wir können nämlich selbst eine Menge dafür tun, dass die Verständigung mit dem Arzt besser wird. Wir sollten den umgekehrten Weg gehen: nicht klagen, dass der Arzt zu wenig Zeit für uns hat, sondern das Beisammensein mit dem Arzt besser nützen, rationeller vorbereiten:

- Ganz ehrlich. Die meisten von uns bereiten sich auf den Arztbesuch zu wenig vor. Tauschen Sie im Wartezimmer keine Tratschgeschichten aus, sondern überlegen Sie, was Sie dem Arzt alles sagen und fragen müssen.
- Noch besser wäre, wenn Sie mit der Vorbereitung schon zu Hause beginnen. Setzen Sie sich hin und schreiben Sie sich einiges auf: Ihre Beschwerden und die dazugehörigen Fragen. Meist ist man dann beim Arzt aufgeregt und dann fällt einem nichts ein.
- Bereiten Sie prägnante Fragen vor. Der Arzt muss Ihnen Auskunft geben, und zwar so, dass Sie es verstehen. Nur wenn Sie gut informiert sind, können Sie mithelfen, die Krankheit zu besiegen.
- Geben Sie dem Arzt kurze, wertvolle Angaben über frühere Erkrankungen, welche Medikamente Sie bereits eingenommen haben, bei welchem Arzt Sie vorher waren. Erzählen Sie von gravierenden Veränderungen wie von einer Trennung, einem Todesfall, von Problemen am Arbeitsplatz, von einer Diätkur. Diese Details geben dem Mediziner wertvollen Aufschluss über Ihre Erkrankung.
- Sprechen Sie auch offen mit dem Arzt über den möglichen Einsatz von natürlichen Rezepten und Hausmitteln, wie zum Beispiel über Kräutertees.
- Lassen Sie sich Laborbefunde genau erklären.

Doch auch der Arzt selbst kann dazu beitragen, dass die Kommunikation mit dem Patienten erfolgreicher wird. Er sollte beim Kranken kein Medizinstudium voraussetzen, sollte sich einfach und volkstümlich ausdrücken. Und da er für den Patienten wenig Zeit hat, wäre es schön, wenn er Ernährungstipps, Verhaltensmaßnahmen und andere Erklärungen auf einem Stück Papier schriftlich mit nach Hause geben würde. Damit werden seine Informationen für den Kranken wertvoller und jederzeit nachlesbar.

Erfolgsrezepte gegen kalte Füße

Eine aktuelle Statistik niedergelassener Ärzte besagt, dass im Winter besonders viele Mädchen und Frauen an kalten Füßen leiden. Und sie warnen: Diese Befindlichkeitsstörung wird viel zu wenig ernst genommen, ja, es gibt jede Menge Witze darüber. Die ewig kalten Füße der Frau sind zum Teil Legende.
Wir sollten uns aber bewusst sein, dass kalte Füße – wenn man nichts dagegen unternimmt – viele gesundheitsschädliche Folgen für den Organismus haben können. Aus zahllosen internationalen Studien weiß man heute: Kalte Füße schwächen ganz erheblich die allgemeine Immunkraft des Körpers. Wer an kalten Füßen leidet, ist besonders anfällig gegen Infektionskrankheiten. Kalte Füße können zu Magen- und Darmstörungen, zu Unterleibserkrankungen, zu verstärkter Anfälligkeit für Scheidenpilz, zu schweren Durchblutungsstörungen führen. Ganz abgesehen davon, dass Menschen mit ständig kalten Füßen 15-mal eher einen Schnupfen oder einen grippalen Infekt bekommen.
Man muss sich das so vorstellen: Wenn jemand mehrere Stunden mit kalten Füßen umherläuft, dann sinkt in seinem Mund die Temperatur um 1 bis 2 Grad Celsius. Das ist – ohne Übertreibung – eine kleine „Klimakatastrophe" im Organismus. Damit herrscht im Mund jene Temperatur, bei der sich Viren und Bakterien besonders wohl fühlen und rasant vermehren.
Jeder, der an kalten Füßen leidet, muss daher im Interesse seiner Gesamtgesundheit dagegen ankämpfen. Auch hier wieder haben sich natürliche Rezepte als besonders wirkungsvoll erwiesen:

- Massieren Sie die Füße mehrmals am Tag mit beiden Händen und verwenden Sie dazu Franzbranntweingel oder Propolissalbe.
- Nehmen Sie jeden Abend vor dem Zubettgehen ein Fußbad: Stecken Sie die Füße für 15 Minuten in einen Eimer mit heißem Wasser, dem Sie eine Hand voll Kochsalz beifügen.
- Essen Sie regelmäßig Knoblauch, am besten 3 frische Zehen täglich.
- Essen Sie Vollkornprodukte, vor allem Naturreis und Hirse.
- Tragen Sie warme Schuhe.
- Laufen Sie in der Wohnung möglichst oft in warmen Wollsocken – aber ohne Schuhe – umher.
- Gehen Sie regelmäßig in die Sauna.

Mit dem Immuncocktail vital durch den Winter

Die Immunologie, die Wissenschaft von den natürlichen Abwehrkräften im menschlichen Organismus, macht rasante Fortschritte. Man weiß heute, dass die Thymusdrüse hinter dem Brustbein die Steuerzentrale unserer Immunkraft ist. Hier werden Körperzellen zu hochaktiven Abwehrzellen ausgebildet. Von hier aus bekommt der gesamte Organismus den Auftrag, sich vor Feinden – Giften und Krankheitserregern – zu schützen.
Doch inzwischen hat man auch herausgefunden, dass jede einzelne unserer 60 Billionen Zellen ein spezielles Abwehrsystem entwickeln kann, wenn sie regelmäßig mit entsprechendem „Immunsprit" versorgt wird. Und zwar braucht jede unserer Zellen zum Schutz gegen Schnupfen, Erkältungen und gegen einen grippalen Infekt genau drei Vitamine: A, C und E.
Wichtig ist zu wissen: Eines dieser Vitamine allein richtet nichts aus. A, C und E – alle drei müssen sozusagen im Teamwork auftreten. Wissenschaftler haben herausgefunden, dass jedes Vitamin eine ganz bestimmte Aufgabe innehat:

- Das Vitamin A stärkt die gesamte Zellstruktur;
- das Vitamin C stärkt und schützt die Zellflüssigkeit;
- und das Vitamin E gibt der Zellwand die Kraft, Krankheitserreger abzuhalten.
- Und so spielen die drei zusammen: Wenn ein Krankheitserreger die Zellwand berührt, wird er von einem Vitamin-E-Molekül festgehalten und inaktiv gemacht. Das Vitamin C nimmt den Eindringling dann dem Vitamin E ab, damit es weiter die Zelle schützen kann, und führt ihn den Abwehrzellen zu. Der ganze Vorgang wird vom Vitamin A gesteuert.

Wir sollten daher gerade über die Wintermonate Kuren machen, bei denen wir zum Beispiel einmal im Monat eine Woche lang täglich einen speziellen Immuncocktail trinken, der uns die Vitamine A, C und E liefert. Das macht uns stark und vital gegen alle Arten von Erkältungskrankheiten.
Das Vitamin A ist in optimaler Menge in der Möhre (Karotte) enthalten, das Vitamin C in der Orange, das Vitamin E im Weizenkeimöl. Dazu mixen wir noch den Saft der Roten Bete, denn er liefert den roten Farbstoff Betanin, der die Krankheitserreger angreift, sie in der Entwicklung hindert und über die Harnwege abtransportiert. Also ebenfalls ein idealer Helfer der Vitamine A, C und E.
Und hier das Rezept des Immuncocktails für den Winter. Die Menge ist für zwei Personen gedacht: In ein Gefäß gießt man $^1/_4$ Liter frisch gepressten Orangensaft (Vitamin C), $^1/_8$ Liter Möhrensaft (Vitamin A) und $^1/_8$ Liter Rote-Bete-Saft (Betanin) zusammen und rührt 1 Teelöffel Weizenkeimöl dazu. Gut umrühren, in Gläser füllen, in langsamen, kleinen Schlucken trinken. Täglich einmal.

Wie man den Adventstress vermeidet

Es ist doch alle Jahre immer wieder das Gleiche: Mit Beginn des Advents werden wir keineswegs ruhiger und beschaulicher, wie es sein sollte, im Gegenteil: Wir stürzen uns geschäftig in einen sinnlosen gesundheitsschädlichen Vorweihnachtsstress. Wir machen am Arbeitsplatz Überstunden, um zu den Feiertagen möglichst viel Freizeit zu haben. Und in der Freizeit ruhen wir uns nicht aus. Wir jagen von Laden zu Laden, tätigen Einkäufe, schleppen Pakete an, treffen in der Küche in großem Stil Vorbereitungen fürs Fest.

Und damit wir das alles meistern, halten wir uns bis tief in die Nacht mit Gewalt wach. Unsere „Muntermacher" sind häufig starker Bohnenkaffee und Zigaretten. Und gegessen wird gedankenlos, hastig und oft ungesund.

Wen wundert's da noch, dass gerade in der Vorweihnachtszeit so viele von uns eine zünftige Erkältungskrankheit bekommen? Und außerdem ist es im Grunde genommen völlig klar, dass so viele genau dann, wenn das Fest da ist, völlig k. o. sind.

Vor allem Frauen mit der Doppelbelastung Haushalt und Beruf sind nervlich, seelisch und körperlich kaputt, können dann die Weihnachts- und Neujahrsfeiertage gar nicht richtig genießen. Manche, die ihre Immunkraft allzu sehr strapaziert haben, liegen mit Grippe oder einem grippalen Infekt im Bett.

Sie sollten es daher jetzt endlich einmal anders machen. Dieses Jahr muss endlich Schluss mit dem unnötigen Vorweihnachtsstress sein, damit Sie das Fest gesund, fit und vital genießen können. Es ist gar nicht so schwer, etwas dafür zu tun.

Schenken Sie gerade in der Vorweihnachtszeit Ihrer Ernährung große Aufmerksamkeit. Passen Sie die Essenszeiten den Bedürfnissen an. Beginnen Sie den Tag mit einem Superfrühstück, lassen Sie das Mittagessen aus und nehmen Sie sich dann etwas Zeit für ein frühes Abendessen. Und wenn Sie dazwischen Hunger haben, greifen Sie zu gesunden Naturprodukten: zu einer Banane, einem Apfel, ein paar Trockenfrüchten.

Wichtig ist, dass Sie die Mahlzeiten nicht hastig hinunterschlingen, sondern sich Zeit dafür nehmen. Und wählen Sie grundsätzlich Nahrungsmittel, welche den Stress bekämpfen helfen. Dazu gehören Produkte, welche das „Nervenvitamin" B_1, den Antistressmineralstoff Magnesium, den Nervenmineralstoff Kalium und das Antistressvitamin C enthalten.

B_1 finden wir in allen Vollkornprodukten, im Naturreis. Magnesium gibt es reichlich ebenfalls im Vollkorn, im Naturreis, in den Sojaprodukten, in Nüssen und in Mandeln. Kalium tanken wir mit Meeresfisch, Milchprodukten, Kartoffeln und Vollkorn. Besonders viel Vitamin C enthalten Orangen, grüne Paprikaschoten, Petersilie, Kiwis, Sauerkraut, Hagebuttentee.

Wenn der Vorweihnachtsstress gar zu arg zuschlägt, dann sollten Sie mit Ihrem

Apotheker sprechen, ob es nicht sinnvoll wäre, als Schutz vorübergehend in der Adventzeit Vitamin-C-Präparate und Magnesiumpräparate einzunehmen.
Wer sich vom Vorweihnachtsstress voll überrollen lässt, der leidet besonders an Nervosität. Diese wächst mit dem Herannahen des Festes und der Anhäufung von Arbeit.

Dagegen kann man einfache Hausmittel einsetzen:
- Lösen Sie jeden Tag zweimal 2 Esslöffel Johanniskrautsaft in etwas Wasser auf und trinken Sie die Mischung in langsamen Schlucken.
- Lassen Sie, wenn Sie sich besonders gestresst fühlen, 1 Teelöffel Honig langsam auf der Zunge zergehen.
- Knabbern Sie Sonnenblumen- oder Sesamsamenkörner.
- Besorgen Sie sich aus der Apotheke Brennnesselsamen-Tonikum und trinken Sie jeden Tag ein Schnapsgläschen voll.
- Ein hervorragender Biosprit in der gestressten Vorweihnachtszeit sind Bienenblütenpollen, die in der Apotheke erhältlich sind. Sie enthalten reiche Mengen an Mineralstoffen, Spurenelementen und natürlichen Hormonstoffen, welche gemeinsam Stress abbauen.

Und wenn der vorweihnachtliche Trubel noch so groß ist: Im Interesse Ihrer Gesundheit müssen Sie sich für gewisse Schutzmaßnahmen Zeit nehmen:
- Genießen Sie zweimal die Woche im Advent ein heißes oder sehr warmes Wannenbad, in dem Sie 1/4 Kilo Kochsalz oder Meersalz aus der Apotheke auflösen. 25 Minuten darin baden. Auch ein Melissen- oder Lavendelbad eignet sich ideal.

Lebkuchen, die gesunde Leckerei

Alljährlich, wenn das Weihnachtsfest und seine nachfolgenden Feiertage nahe rücken, droht uns die Verführung mit vielen Süßigkeiten, die es zu Hause gibt und die uns anderswo angeboten werden. Das Zuviel an Zucker, weißem Mehl und Fett belastet den Stoffwechsel, bringt die Blutzucker- und Blutfettwerte durcheinander. Zu viele Süßigkeiten sind auch oft mit schuld daran, dass viele an Übergewicht, Magenverstimmung, Verstopfung oder Sodbrennen leiden.
Doch wer möchte schon zu den Feiertagen ganz auf Süßes verzichten? Man muss sich nur das Angebot der süßen Verführungen ansehen und gezielt daraus das Richtige wählen. Es gibt nämlich eine gesunde Weihnachtsleckerei, die zugleich als uralte und klassische Festtagsüberraschung gilt: Es ist der Lebkuchen.
Lebkuchen können Sie mit gutem Gewissen genießen, vor allem, wenn er nach einem ernährungswissenschaftlich vorbildlichen Rezept zubereitet wurde:

- ❖ Der Lebkuchen sollte ausschließlich mit Honig zubereitet werden.
- ❖ Für echten Lebkuchen verwendet man Vollkornmehl wie in der guten alten Zeit. Allein schon diese Grundregeln machen Lebkuchen mit Abstand gesünder als alle anderen Weihnachtssüßigkeiten. Hier die gesundheitlichen Vorteile:
- ❖ Das Vollkornmehl liefert dem Organismus Vitamine, Mineralstoffe und Spurenelemente. Ganz wichtig dabei ist das Vitamin B_1, das für unsere Nerven zu den Feiertagen so wichtig ist. Und: Mit Vollkornmehl ist Lebkuchen kein Dickmacher.
- ❖ Der Honig bringt neben Vitaminen, Mineralstoffen und Spurenelementen zusätzlich natürliche antibiotische Substanzen und beruhigende Substanzen ein.
- ❖ Das Gewürz Kardamom, für den Lebkuchen unerlässlich, wirkt verdauungsfördernd, was gerade zu den Feiertagen sehr von Vorteil sein kann. Außerdem sagt man dem Kardamom eine liebesfördernde Eigenschaft für Mann und Frau nach.
- ❖ Muskatnuss, ebenfalls wichtig für den Lebkuchen, stärkt den Magen.
- ❖ Das Nelkengewürz ist verdauungsfördernd.
- ❖ Die Mandeln enthalten Vitamin E sowie die Mineralstoffe Magnesium, Kalium, Phosphor und Eisen.
- ❖ Die Eier versorgen uns mit Vitamin E und A sowie mit Lecithin, einem wichtigen Aufbaustoff für unser Gehirn.

Wer also zu Weihnachten zum Lebkuchen greift, hat richtig entschieden. Er schmeckt köstlich und ist gesund. Allerdings gilt auch für den Lebkuchen die Regel: in Maßen genießen.

Gesundheit und Wohlbefinden mit tibetischen Teerezepten

Sie kennen das sicherlich: Man fühlt sich an so manchem düsteren Wintertag nicht wohl. Man spürt eine innere Kälte, auch in beheizten Räumen. Man sehnt sich nach Harmonie, fühlt sich gestresst und vor allem nach dem Essen hat man Beschwerden. Für all diese Fälle braucht man nicht gleich zu Medikamenten zu greifen. Trinken Sie genussvoll eine oder mehrere Tassen Tee. Die tibetische Medizin hat Rezepte geschaffen, die in ihrer Zusammensetzung Gesundheit und Wohlbefinden vermitteln.

Es handelt sich dabei um drei spezielle tibetische Padma-Teerezepte: die Tees „Zu jeder Zeit“, „Nach dem Essen“ und „An kalten Tagen“.

Mit dem Tee „Zu jeder Zeit“ kann man Stress abbauen, innere Ruhe und Harmonie finden. Er verbessert daher den Schlaf und bekämpft Vergesslichkeit. Es handelt sich dabei um eine raffiniert abgestimmte Mischung aus Hagebutte, Himbeerblättern, Sesamsamen, Anis, Brennnesseln, Fenchel, Granatapfelsamen, Ingwer,

Kamillenblüten, Kardamom, Koriander, Lindenblüten, Kümmel, Jasminblüten, schwarzem Pfeffer, Safran, Muskat, aus langem Pfeffer und Asafötida.
Der tibetische Padma-Tee „Zu jeder Zeit" ist eine hervorragende Alternative für alle, die in ihrem Stressverhalten zu viel Kaffee trinken und dabei Nerven und Kreislauf belasten.
Der Idealzustand für unsere Gesundheit wäre: Wir nehmen uns viel Zeit zu jeder Mahlzeit. Wir essen nicht zu viel, nicht zu schwer, nicht zu fett, nicht zu süß. Wir trinken nicht zu kalt. Und wir haben auch danach Zeit, ein wenig auszuruhen oder spazieren zu gehen. So läuft das aber nicht in unserer Zeit. Und daher ist es kein Wunder, dass sich die meisten von uns nach dem Essen nicht wohl fühlen, keinen Schwung und keine Leistungskraft haben. Das aber wäre der wahre Sinn der Nahrungsaufnahme.
Auch da wieder kann die tibetische Medizin mit einem entsprechenden Tee helfen. Er trägt den Namen „Nach dem Essen". Diese Mischung setzt sich zusammen aus Granatapfelsamen, Galgant, Ingwer, Pfefferminze, Schwarzkümmel, Szechuanpfeffer, Fenchel, Wermut, Süßholz, Ajowan, Dillfrüchten, Anis, Kardamom, Kümmel, Gewürznelken, Zimt, Koriander, Lorbeerblättern, Kamillenblüten, Bockshornkleesamen, langem Pfeffer, schwarzem Pfeffer, Muskatnuss und Asafötida. Wie der Name schon sagt: Man trinkt 1 bis 2 Tassen von diesem Tee nach dem Essen. Bei schwer verdaulichen Mahlzeiten kann der Genuss der Kräutermischung bereits während des Essens die Verdauung unterstützen.
Speziell im Winter gibt es ungemütliche, kalte Tage, an denen uns die innere Wärme, die notwendige Energie fehlt. Wir haben eiskalte Hände und Füße. Wir sind infektanfällig, weil unsere natürlichen Abwehrkräfte herabgesetzt sind.
Auch da wieder hat die tibetische Medizin eine Teemischung geschaffen, die rasch helfen kann. Sie trägt den Namen „An kalten Tagen". Eine spezielle Gewürz- und Früchtemischung baut innere Wärme im Organismus auf. Der Tee besteht aus Aprikosenkernen, Hagebutten, Ajowan, Anis, Färberdistelblüten, Ingwer, Kreuzkümmel, Mandeln, Sesamsamen, Sonnenblumenkernen, Süßholz, Zitronenschalen, Fenchel, Szechuanpfeffer, Basilikum, Bockshornkleesamen, Gewürznelken, Kamillenblüten, Kardamom, Koriander, Kurkuma, langem Pfeffer, Lindenblüten, Lorbeerblättern, Pfefferminze, Salbei, schwarzem Pfeffer, Thymian, weißem Senf und Zimt. Es ist sinnvoll, den Tee über den Tag verteilt zu trinken: also 4 bis 6 Tassen.
Alle tibetischen Padma-Tees gibt es in praktischen Teebeuteln in der Apotheke, in Drogerien und im Reformhaus. 1 Beutel wird mit 1 Tasse kochendem Wasser aufgegossen. Man lässt 5 bis 10 Minuten ziehen. Dann durchseihen und nicht zu heiß trinken.
Die tibetischen Tees aus Kräutern, Gewürzen und Früchten werden in der Schweiz streng nach westlichen Qualitätskriterien hergestellt, und zwar unter der Leitung der tibetischen Arztes und Teekenners Dr. Kalsang Shak.

Zärtlichkeit und Liebe sind eine Naturmedizin

Wir denken alle viel zu wenig daran: Zärtliches Berühren, liebevolles Streicheln, sanftes Massieren voller Zuneigung können eine medizinische Hilfe sein, wenn jemand krank ist. Vielleicht kann sich der eine oder andere daran erinnern, wie sehr ihm in der Kindheit die Hände der Mutter geholfen haben, Schmerzen leichter zu ertragen. Und vielleicht sollten wir gerade vor dem Weihnachtsfest daran denken, dass wir mit Zärtlichkeit und Liebe anderen oft mehr helfen können als mit Geld.
Beim Deutschen Schmerztag in Frankfurt im Jahr 1992 kamen die Vetreter der „sanften Medizin" zu dem einhelligen Schluss: Oft sind zärtliche Gesten viel wirkungsvoller als Medikamente. Ein Ärzteteam an der Universität von Miami, USA, hat nachgewiesen, dass Frühgeburten mehr Überlebenschancen haben, wenn sie mit Zärtlichkeit verwöhnt werden. Die Babys schlafen besser, sind fröhlicher und vitaler. Sie holen mitunter innerhalb von wenigen Wochen den Rückstand gegenüber normal geborenen Kindern auf. Bedingung: Die Babys müssen dreimal täglich etwa 20 Minuten gestreichelt oder zärtlich massiert werden.
Analysen haben ergeben: Das Streicheln gibt den Kindern nicht nur Sicherheit und Behaglichkeit, die Kinder bedienten sich auch viel intensiver der Mutterbrust zur Nahrungsaufnahme.
Egal, ob es sich um Kinder oder Erwachsene handelt, man weiß heute ganz genau, was im menschlichen Organismus vorgeht, wenn er krank ist und mit Streicheleinheiten und Zuneigung verwöhnt wird: Eine Studie des Forschungszentrums an der McGill-Universität in Montreal hat das Rätsel gelöst:

- Wenn jemand liebevoll berührt wird, immer wieder zärtlichen Körperkontakt mit anderen Mitmenschen hat, dann entwickeln sich im Organismus Rezeptoren, welche die Bildung von Glukokortikoiden bremsen und verhindern.
- Diese Glukokortikoide sind Stresshormone, die viele negative Einflüsse haben. Sie verursachen Bluthochdruck, Muskelschwund, hohe Cholesterinwerte, Insulinstörungen, Wachstumsstörungen und Hirnzellenschädigungen.
- Je weniger von diesen Stresshormonen im Körper vorhanden sind, desto gesünder ist der Mensch und desto schneller kann ein Kranker wieder gesund werden.
- Interessant ist auch eine ander Beobachtung an der McGill-Universität: Menschen, die in regelmäßigen Abständen Zärtlichkeit erleben, oft gestreichelt und liebevoll massiert werden, sind grundsätzlich gesünder und bleiben länger jung. Streicheln kann das Altern hinauszögern, kann einer Reihe von Krankheiten vorbeugen.

Die Schweizer Psychologin und Kindermasseurin hat den Beweis erbracht: Wenn einer den anderen zärtlich massiert, dann wird der Organismus mit neuen Energien aufgeladen. Sie betont, dass wir alle viel zu viel Energie ausgeben, zu wenig auftanken. Das macht uns krank. Wer bewusst und voll Liebe massiert, kann damit helfen, dass der andere seine Immunkräfte aufbaut.

Gesundheit unterm Weihnachtsbaum

Einige Wochen vor dem Fest überlegen wir wieder: Was könnten wir unseren Verwandten, Bekannten und Freunden zu Weihnachten schenken? Ein altes Sprichwort sagt: Geben ist besser als Nehmen. Es kann tatsächlich ein Genuss sein, für einen lieben Mitmenschen ein Geschenk auszusuchen, es zu verpacken und zu überreichen. Allerdings: Wenn man sich das ganze Jahr über nicht eingehend mit dem betreffenden Menschen befasst hat, dann kann das Geschenk für beide Teile zur Enttäuschung werden.
Alle Jahre passiert es in vielen Familien: Da werden Präsente überreicht, die im Grunde nichts anderes als unpersönliche Pflichtübungen sind. Vor allem jüngere Leute nehmen sich in der Hast des Alltags oft zu wenig Zeit, das Richtige für ältere Menschen auszusuchen.
Zugegeben: Das ist auch oft nicht einfach. Wenn man nämlich einen Verwandten oder Bekannten fragt, was er sich denn so wünscht, dann bekommt man nicht selten zur Antwort: „Gar nichts. Ich hab ja schon alles! Hauptsache, ich bin gesund!"
Im ersten Augenblick weiß man nun nicht, was man kaufen könnte. Doch gerade in dieser Antwort steckt eine zündende Idee: Gesundheit. Schenken Sie doch Gesundheit. Legen Sie Gesundheit unter den Weihnachtsbaum.

- Bringen Sie einen riesigen, randvoll gefüllten Geschenkkorb mit Obst und Gemüse mit. Damit geben Sie Vitamingarantie für die Feiertage.
- Richten Sie für jemand eine „gesunde Hausbar" ein: mit herrlichen Getränken wie Heidelbeersaft, Holundersaft, Sauerkrautsaft, Rote-Bete-Saft und anderen flüssigen Köstlichkeiten aus dem Reformladen.
- Apropos Reformladen: Stellen Sie einen Geschenkkarton mit gesundheitsfördernden Produkten der Vollwertkost zusammen, die sich mancher aus Kostengründen nicht vergönnt: kaltgepresste Pflanzenöle, verschiedene Müslisorten, Naturreis, Vollkornprodukte.
- Überraschen Sie mit einem Gutschein für einen Kuraufenthalt, für ein Kurwochenende, für mehrere Besuche in einem Fitnessstudio oder in einem medizinischen Massagestudio. Besorgen Sie Abonnements für Sauna- oder Thermalbadbesuche.
- Wer gerne liest, hat vielleicht Freude an Büchern mit vielen Gesundheitsratschlägen.
- Machen Sie den Apotheker oder das Reformhaus zu Ihren Verbündeten: Schen-

ken Sie eine komplett eingerichtete Hausapotheke mit vielen Naturheilmitteln wie Tees, Tinkturen, Salben. Lassen Sie ein Paket mit Vitaminen, Mineralstoffen und Spurenelementen vorbereiten.
- Kaufen Sie ein Trimmrad oder sonst ein Sportgerät.

Festtagsbraten ohne Reue

Wenn Sie übers Jahr auch noch so gesundheitsbewusst leben, sich vorbildlich ernähren: Niemand möchte zu den Weihnachtsfeiertagen auf all die Genüsse verzichten, die es zu Hause gibt und die uns bei anderen angeboten werden. Immerhin haben wir uns ein Jahr lang darauf gefreut. Also: Lassen Sie sich den Weihnachtsbraten, die Torten und Kuchen schmecken. Damit Sie allerdings kein schlechtes Gewissen und keine Angst vor gesundheitlichen Folgen haben müssen, sollten Sie die Geheimnisse kennen, wie Sie selbst die Gefahren der Schlemmereien reduzieren können, unter der Devise: Genießen, ohne zu büßen.
Hier die besten Vitaltricks, wie man die Festtagsköstlichkeiten gesünder macht:

- Essen Sie zum Fleisch ausschließlich knackige Salate und Pellkartoffeln, keine Klöße, keine Nudeln. Salat und Kartoffeln helfen die Harnsäureüberschüsse des Fleisches abbauen.
- Trinken Sie zu den Mahlzeiten jeweils 1/8 Liter Sauerkrautsaft, Rote-Bete-Saft, Kartoffelsaft oder naturtrüben Apfelsaft. Damit werden Magen und Darm von Gärstoffen und Giften gesäubert.
- Trinken Sie während der Feiertage gegen Durst und zum Entschlacken täglich 1 Liter Mineralwasser, am besten stilles.
- Wenn Sie zu üppig gegessen haben – zu fettes Fleisch, zu fette Torten –, dann trinken Sie unmittelbar nach der Mahlzeit 1/4 Liter stilles Mineralwasser, in das Sie 1 Teelöffel Heilerde für den inneren Gebrauch (Apotheke) einrühren. Die Erde bildet im Magen eine riesige Oberfläche und bindet die Fette.
- Gegen zu viel Süßes, gegen zu viel starken Bohnenkaffee und zu viel Alkohol zu den Feiertagen liefern Sie dem Organismus Vitamin C (Kiwis, Orangen, Paprikaschoten), Vitamin B_1 (Naturreis, Weizenkeimflocken) und täglich 2 Magnesiumkautabletten (Apotheke) mit der Dosierung Mg 5.
- Der für viele traditionelle Weihnachtskarpfen ist gesünder, wenn Sie ihn nicht braten oder backen, sondern in einem Sud mit Wurzelgemüse und Kräutern ziehen lassen.
- Die Festtagsgans oder die Ente befreit man vom Fett, indem man das Fleisch beim Braten mit der Gabel ansticht. Das Fett läuft dann aus.

Weihrauch als Wunderwaffe gegen Rheuma & Psoriasis

Der Bibel nach brachten die Heiligen Drei Könige dem Jesuskind in wertvollen Schatullen Weihrauchharzstücke als Beweis ihrer Verehrung. Weihrauch galt zu dieser Zeit als etwas ganz besonders Kostbares und wurde mit Gold aufgewogen. Weihrauch wird in der Bibel zu verschiedenen Anlässen 22-mal erwähnt. Im Orient wollte man damals mit dem Wohlgeruch die Götter günstig stimmen. Den größten Handel mit Weihrauch betrieb die Königin von Saba im südwestlichen Arabien.

Wer heute den Geruch von Weihrauch einatmen möchte, braucht Harzstücke aus der Rinde des nordafrikanischen Boswelliabaumes, die man in der Apotheke bekommt. Aus der angeschnittenen Rinde wird ein gelblicher bis bräunlicher Saft eingefangen, der dann zu kleinen Körnern oder zu größeren Stücken erhärtet wird. Das ist das Ölharz Olibanum.

Vor rund 3000 Jahren – so geht aus Aufzeichnungen hervor – verbrannte man in Babylon jährlich etwa 26.000 Kilo von diesem Harz zu Weihrauch. Und auch heute noch wird in vielen Tempeln, Kirchen und Synagogen das Weihrauchfaß geschwungen. In früheren Zeiten war der Weihrauch etwa der Vorläufer des Parfums, das man vor der Erfindung der Destillation nicht kannte.

Seit einigen Jahren hat die moderne Medizin den Weihrauch zur Behandlung von gesundheitlichen Störungen wieder entdeckt. Denn im Ägypten der Antike war das bereits der Fall. Man hat den Weihrauch als Desinfektionsmittel eingesetzt. Und im Mittelalter verordneten die Ärzte Weihrauchsalbe zur Wundbehandlung, bei Geschwüren und bei Ohrenschmerzen.

Und das sind die Erfahrungen, welche die heutige Medizin bisher mit Weihrauch gemacht hat:

- Wenn Patienten mit rheumatischen Beschwerden unter ärztlicher Aufsicht im Rahmen einer Kur Weihrauch einatmen, so gehen bei den meisten Kranken Schwellungen und Schmerzen deutlich zurück. Die einzige Nebenwirkung bei einigen der Betroffenen: eine gewisse Benommenheit, hervorgerufen durch den intensiven Duft.
- Bei Asthma, schweren Darmerkrankungen und bei Psoriasis setzt die Medizin Tabletten aus Weihrauchharz ein und hat damit Erfolg. Der einzige Nachteil: Sie schmecken nicht besonders gut.

Was wenige wissen: Auch in der Naturmedizin – auf dem Gebiet der Hausmittel – kann jeder den Weihrauch sehr erfolgreich bei sich zu Hause einsetzen.

Wenn Sie Gäste haben und einige von ihnen sind stark erkältet, husten und niesen, dann sollten Sie die ganze Wohnung desinfizieren, Bakterien und Viren in der Luft vernichten. Das beste Rezept: Legen Sie einige Weihrauchkörner auf eine heiße

Herdplatte oder entzünden Sie einige Körner in einer Metallschale. Der Rauch, der dann durch die Räume zieht, säubert die Luft von Krankheitserregern.
Zweifelsohne war das auch früher in der Kirche ein Hintergedanke, wenn Weihrauch aus dem Kessel geschwenkt wurde. Man wollte unter den vielen Menschen, die da dicht gedrängt am Gottesdienst teilnahmen, die Übertragung von Krankheitserregern bremsen.
Abgesehen von der desinfizierenden Aufgabe wirkt der Duft von Weihrauch – in Maßen konsumiert – entspannend und schafft eine Atmosphäre des Wohlgefühls. Manche Ärzte empfehlen Weihrauch zum Stressabbau.

Viele Weihnachtssymbole wirken als Naturarzneien

Die Weihnachtszeit ist für viele von uns mit speziellen Gerüchen, essbaren Köstlichkeiten und Symbolen verbunden. Alle Jahre wieder leben wir in diesen Tagen mit vielen Symbolen. Sie gehören einfach zum Fest. Wir riechen sie. Wir genießen sie. Und nur wenigen ist bewusst, dass sie auch in der Naturmedizin für unsere Gesundheit Bedeutung haben.

- Einer der Heiligen Drei Könige brachte Myrrhe. Es handelt sich dabei um öliges Harz, das aus den Ästen des Myrrhestrauches oder Myrrhebaumes gewonnen wird. Im antiken Ägypten benutzten Frauen Myrrhekugeln, um Flöhe zu vertreiben. Später wurde Myrrhe zur Behandlung von Muskelschmerzen und gegen rheumatische Beschwerden eingesetzt.
  Heute wird das Harz als Tinktur aus der Apotheke gegen Zahnfleischentzündungen eingepinselt. Es genügt aber auch, einen Tropfen auf den Zeigefinger zu geben und damit mehrmals täglich das Zahnfleisch einzumassieren. Oder die Tinktur wird – in Wasser aufgelöst – als Gurgelmittel verwendet. Man gibt dafür 20 Tropfen in ein halbes Glas lauwarmes Wasser.
- Auch die Mistel ist ein typisches Weihnachtsaccessoire. Über vielen Türen hängen Mistelzweige, die der ganzen Familie Glück und Segen bringen sollen. Die Mistel ist ein so genannter Halbschmarotzer. Sie hat keine Wurzeln, kann nur auf Bäumen gedeihen. Sie blüht im Winter und trägt zu Weihnachten als Früchte kleine weiße Beeren, die giftig sind.
  Die lederartigen Mistelblätter gelten, vielfach von der Schulmedizin anerkannt, als Naturarznei. Man setzt schon lange Misteltee gegen Bluthochdruck ein. Besorgen Sie sich Misteltee aus der Apotheke und setzen Sie 2 Esslöffel davon 8 bis 10 Stunden in einem halben Liter kaltem Wasser an. Dann abseihen, leicht erwärmen und jeweils morgens und abends eine Tasse trinken.
  Homöopathische Extrakte aus der Mistel werden im Rahmen der Alternativ-

medizin als Begleittherapie bei Krebs eingesetzt. Und zwar zur Stärkung der Immunkraft.

- Alljährlich werden für das Weihnachtsfest in Mitteleuropa rund 40 Millionen Tannen und Fichten gekauft und geschmückt, zu Hause aufgestellt. Ein Team von Umweltmedizinern aus Norddeutschland hat festgestellt: Der Weihnachtsbaum erfüllt in dem Raum, in dem er steht, viele Tage eine wichtige Funktion für unsere Gesundheit. Speziell in den Nadeln des Tannenbaumes sind ätherische Öle und Duftstoffe in hohen Konzentrationen zu messen. Sie wirken sich positiv auf den Kreislauf aus. Sie gelangen sowohl über die Atemwege als auch über die Poren der Haut in den menschlichen Organismus.
  Der Geruch des Weihnachtsbaumes baut Stress ab und schafft Wohlbehagen. Die Nadeln des Baumes reinigen die Raumluft, wandeln – wie im Wald – Kohlendioxid in Sauerstoff um, sozusagen als natürliche Klimaanlage zu den Feiertagen. Der Duft des Weihnachtsbaumes fördert das Einschlafen, stärkt die Atemwege und das vegetative Nervensystem. Das ist auch die Erklärung dafür, warum ein Badeextrakt aus Tannennadeln beruhigt.
- Zimt, ebenfalls im Lebkuchen und im Honigkuchen verarbeitet, stärkt den Magen und die Liebeskraft. Ähnliches sagte man bereits im Mittelalter dem Vanillegewürz nach, das zu Weihnachten in Form von Vanillekipferln konsumiert wird. Vanille – aus der Fruchtschote einer südamerikanischen Orchidee gewonnen – aktiviert die Nieren, die Verdauung und macht ebenfalls Lust auf Liebe. Darum war in alter Zeit Vanille in Klöstern verboten.

Knoblauch und Artischocke machen die fette Weihnachtsgans gesünder

Wir stehen unmittelbar vor den Festtagen. Und es hat nicht sehr viel Sinn, Ratschläge für vernünftige, ausgewogene Ernährung zu geben. Jetzt denkt doch keiner an gesundes Essen, sondern vor allem an ein gutes, köstliches Mahl. Wer möchte schon auf die kulinarischen Festtagsgenüsse verzichten?
Das verlangt niemand! Es gibt da nämlich ganz einfache Tricks, mit denen man all die Schlemmereien und Feiertagssünden für den Organismus verträglicher und gesünder machen kann. Hier ein paar praktische Beispiele:

- Wer viel Süßes isst, wer viel Alkohol trinkt, hat in der Folge im Organismus zu wenig B-Vitamine und Magnesium. Gleichen Sie den Verlust aus, indem Sie sehr oft als Beilage zum Festessen Naturreis wählen.
- Wer viel Fleisch isst, übersäuert seinen Organismus, schwächt die Immunkraft und fördert Rheuma. Gleichen Sie die Übersäuerung aus: Essen Sie als Beilage

keine Klöße, keine Teigwaren, sondern knackige Salate oder Pellkartoffeln. Sie liefern ein ideales basisches Gegengewicht zum Abbauen der Säuren.

- Die knusprige Weihnachtsgans oder die Ente sowie der Braten werden gesünder, wenn Sie zum Würzen reichlich Kümmel einsetzen. Kümmel fördert die Verdauung.
- Gans und Ente kann man bereits beim Braten von einem hohen Fettanteil befreien und gesünder machen: Stechen Sie das Fleisch mit der Gabel an mehreren Stellen an. Dann läuft das Fett ab.

Zu viel Fleisch, vor allem zu fettes Fleisch, ist schuld daran, dass jedes Jahr zu den Feiertagen die Cholesterinwerte bei vielen Menschen enorm ansteigen. An der deutschen Universität von Leipzig hat Prof. Dr. Rotzsch nachgewiesen: Die Weihnachtsgans wird vom Organismus viel besser vertragen, wenn man dazu eine „Knoblauchtherapie“ durchführt:

- Reiben Sie die Gans oder den Braten kräftig mit zerdrückten, frischen Knoblauchzehen ein. Diese Würze ist sehr wichtig für die Gesundheit. Damit nimmt man aber immer noch zu wenig vom Knoblauchwirkstoff Allicin auf.
- Daher sollte man während der Feiertage außerdem regelmäßig Knoblauchpräparate aus der Apotheke einnehmen: 3-mal täglich 2 Stück mit Wasser. Die wissenschaftliche Studie mit Knoblauchpulverdragees hat ergeben: Das Fett der Gans wird viel schneller abgebaut. Es kommt kaum merkbar zu einem Anstieg der Cholesterinwerte, wie man es sonst nach den Festtagsgenüssen messen kann. Das ist wieder ein Beweis, wie wertvoll Knoblauch für unsere Gesundheit ist. Er hält uns fit, vital und jung. Das hat man immer schon behauptet. Doch es ist nun auch wissenschaftlich nachgewiesen worden. Prof. Dr. Gustav Belz, der Leiter des Institutes für Herz-Kreislauf-Erkrankungen in Mainz, hat mit einer modernen Methode gemessen: Wer regelmäßig Knoblauch nimmt, der bleibt länger jung, weil seine Butgefäße elastischer sind.

Was aber tun, wenn die Festtagsgans unmittelbar nach dem Essen schwer im Magen liegt, wenn Völlegefühl, Übelkeit und Blähungen auftreten? Dagegen empfiehlt Prof. Dr. Volker Fintelmann, Chefarzt am Krankenhaus Hamburg-Rissen, die sofortige Einnahme von hoch dosiertem Extrakt aus Artischockenblättern in Kapselform (Apotheke), am besten 2 Stück. Die Heparschutzstoffe in den Artischockenblättern – Hepar heißt in der Medizin Leber – fördern den raschen Fettabbau und den Gallenfluss. Sie aktivieren die Verdauung. Und auf weite Sicht helfen auch diese Substanzen, zu hohe Cholesterinwerte bis zu 20 Prozent zu senken.

Immunkraft stärken mit dem Roten Sonnenhut

Gerade jetzt, wenn sich das Jahr seinem Ende zuneigt, haben viele durch das Wetter, aber auch durch die turbulente Vorweihnachtszeit, ein geschwächtes Immunsystem. Das bedeutet für unseren Organismus: Wir steuern einer Gesundheitskrise entgegen. Daher haben wir jetzt eine entscheidende Aufgabe: Wir müssen unsere körpereigenen Abwehrkräfte stärken, damit wir gesund durch den Winter gehen können. Die Natur hat dafür eine wunderbare Hilfe für uns bereit: die faszinierenden Wirkstoffe einer Heilpflanze, des Roten Sonnenhutes, in der Medizin Echinacea purpurea genannt.
Die Kraft des Roten Sonnenhutes ist seit Jahrhunderten bekannt. Die Heilpflanze stammt aus Amerika. Sie wurde von den Indianern Nordamerikas genutzt. Bei uns wurde die Medizin erst Anfang des 20. Jahrhunderts auf den Roten Sonnenhut aufmerksam. Das ist zu einem wesentlichen Teil dem Schweizer Naturheilpionier Dr. h.c. Alfred Vogel, dem Autor des weltberühmten Buches „Der kleine Doktor", zu verdanken.
Seit 1950 weiß man aus wissenschaftlichen Forschungen: Die Wirkstoffe der Echinaceapflanze stärken als unspezifische Reizkörper die natürlichen Abwehrkräfte des Menschen. Damit ist die Heilpflanze sehr wichtig für die Vorbeugung und für die Behandlung von Erkältungskrankheiten.
Die erfolgreichste Anwendung des Roten Sonnenhutes in der kalten Jahreszeit gegen Erkältungen – vom grippalen Infekt bis zum Schnupfen – wird mit der homöopathischen Form von Echinacea erzielt. Und dabei ist wieder die Echinaforce-Therapie besonders hervorzuheben.
Echinaforce ist ein alkoholischer Mischextrakt aus zwei homöopathischen Urtinkturen: eine Tinktur aus dem Kraut des Roten Sonnenhutes, das während der Blüte im Juli geerntet wird. Und eine Tinktur aus der Wurzel der Pflanze, die im Frühjahr oder Herbst ausgegraben werden muss. Diese Erntezeiten sind so genau gewählt, weil man dann aus den Pflanzenteilen den höchsten Wirkstoffgehalt bekommt. Die Pflanzenteile werden ausschließlich aus kontrolliert biologischem Anbau gewonnen. Es werden weder Pestizide noch Insektizide verwendet.
Und so wird die Therapie durchgeführt: Wenn man gesund, aber von vielen erkälteten Menschen umgeben ist, oder wenn man bereits eine Erkältung hat, dann nimmt man – wenn der Arzt nicht anders entscheidet – 3-mal täglich 5 bis 15 Tropfen. Bei einem akuten, starken Krankheitsbild kann man auch alle 2 bis 3 Stunden 5 Tropfen nehmen.
Für die Einnahme gibt es verschiedene Möglichkeiten:

- Entweder man tropft die homöopathische Lösung direkt auf die Zunge und lässt sie da langsam zergehen.

- Oder man gibt die Tropfen auf einen Teelöffel, nimmt sie ein und lässt sie längere Zeit im Mund.
- Oder man gibt die Tropfen in ein Glas mit etwas Wasser und nimmt sie zu sich.

Auf diese Weise bringt man die natürlichen Abwehrkräfte in Höchstform. Sie können Viren und Bakterien, die uns bedrohen, besser abwehren. Der optimale Immunschutz ist wieder gegeben.

Eine Reihe von Echinaforce-Studien hat die Therapie geprüft. Das Ergebnis: Das Beschwerdebild des grippalen Infektes konnte in kurzer Zeit – nämlich in wenigen Tagen – signifikant gebessert werden. Die Tropfen wurden von allen Patienten gut vertragen. Die betroffenen Probanden der Studie hatten Gliederschmerzen, Kreislaufprobleme, Fieber, Husten, Schnupfen, Halsschmerzen, Schluckbeschwerden, Ohrenschmerzen, Schweißausbrüche und Schwindelanfälle.

Speziell wenn es darum geht, mitten im Winter den natürlichen Abwehrkräften gegen die Gefahr von Erkältungen einen intensiven Impuls zu geben, ist die Kraft des Roten Sonnenhutes eine sinnvolle Hilfe.

Machen Sie eine Vitalkur gegen die Feiertagssünden

Wir befinden uns zwischen den Weihnachts- und Neujahrsfeiertagen. Viele haben bis zum 2. Januar oder noch länger Urlaub. Das alte Jahr geht zu Ende. Es dauert nur mehr wenige Tage. Nach wie vor sind gemütliches Beisammensein und oft hemmungsloses Genießen von kulinarischen Köstlichkeiten angesagt. Die Devise heißt: viel, üppig, fett, knusprig und süß. Kaum einer kann da daheim oder bei Besuchen auf die Verlockungen verzichten.

Doch im Interesse der Gesundheit sollten wir darauf achten, dass wir nicht täglich bis ins neue Jahr nonstop mit dem Essen und Trinken „sündigen". Das würden uns Magen, Darm, Leber, Galle, Herz und Kreislauf zweifelsohne übel nehmen. Es gibt einen ganz einfachen Trick: Schaffen Sie sich zwischen den Feiertagen eine kurze Vital- und Gesundheitsinsel. Machen Sie zwischendurch eine Vitalkur für 24 Stunden.

Der Vorteil: Sie trennen dann das tagelange Feiern und übermäßige Genießen von Kalorienbomben in zwei Zeiträume. Wenn Sie also zu den Weihnachtsfeiertagen über die Stränge geschlagen haben und kurz aus der Schlemmerei aussteigen, dann können Sie zum Jahreswechsel in der Silvesternacht dem Organismus wieder einige kulinarische Belastungen zumuten.

So eine Vitalinsel zwischen den Feiertagen kann richtig Spaß machen. Schalten Sie doch in den nächsten drei Tagen einen Obsttag ein. Holen Sie sich aus dem nächsten Laden köstliche Früchte: Äpfel, Birnen, Trauben, Ananas, Grapefruits, Orangen, Melonen, Mandarinen, Kiwis, Papayas. Essen Sie an diesem einen Tag ausschließlich von diesem Obst, bis Sie satt sind. Trinken Sie dazu – über den Tag verteilt –

2 bis 3 Liter stilles Mineralwasser oder ungesüßten Kräutertee. Nach den Fleischgenüssen, fetten Torten und dem Alkohol der ersten Feiertage wird Ihnen das gut tun. Sie werden sich bereits nach diesem einen Tag wieder besonders wohl fühlen. Das unangenehme Völlegefühl verschwindet.

Sollten Sie nach diesem einen Tag bereits wieder „rückfällig" werden und sich den üppigen Genüssen hingeben, dann ist das keine Katastrophe. Allerdings: Noch besser ist Ihr Organismus für das Fest zum Jahreswechsel gerüstet, wenn Sie an so einen Obsttag gleich einen Gemüsetag oder Rohkosttag anschließen.

Holen Sie sich aus dem nächsten Gemüseladen knackige vegetarische Leckerbissen: Möhren, Gurken, Paprikaschoten in allen Farben, Rettich und Lauch. Essen Sie morgens eine Schnitte Vollkornbrot mit wenig Butter, belegt mit rohem Gemüse. Genießen Sie mittags einen großen Salatteller und abends eine Rohkostplatte. Dazu wieder – über den Tag verteilt – 2 bis 3 Liter Wasser oder Kräutertees.

Wenn Sie diese beiden Tage geschafft haben, dann sind Sie wieder mit reichlich Vitaminen, Mineralstoffen, Spurenelementen, Enzymen und Ballaststoffen versorgt, haben dem Organismus zum Fleisch und den Süßigkeiten der Festtage ein gesundes Gegengewicht geboten. Damit haben Sie dann die Weihnachtssünden minimiert und sich Kraft für die Silvestergenüsse geholt.

Viele fühlen sich zwischen den Feiertagen nicht gut, weil sie einfach zu wenig Bewegung machen, zu wenig Sauerstoff tanken. Gehen Sie die nächsten zwei Tage – jeweils für 2 Stunden – in die Natur hinaus.

Wenn Sie daheim sind und wenn Ihnen durch schlechte Luft im Raum und durch Mangel an Bewegung übel wird: Lutschen Sie 1 Eiswürfel aus dem Tiefkühlfach und öffnen Sie kurz ein Fenster.

Abnehmen mit Flachs, Holz und Baumwolle

Gerade jetzt – mitten in der Zeit der Feiertage – denken viele daran: Wie werde ich den Festtagsspeck danach wieder los? Die meisten wissen: Einseitige, extrem fanatische Diäten, obskure Abnehmpillen bringen in den meisten Fällen keinen oder nur sehr geringen Erfolg und stellen häufig eine enorme gesundheitliche Gefahr dar.

Internationale Ernährungswissenschaftler, Ärzte und Biochemiker sind daher seit Jahren auf der Suche nach einem Programm, das Erfolg bringt und für den Betroffenen nicht mit Hungerqualen verbunden ist. Nun scheint die Lösung gefunden. Mit der CM-3-Methode.

Die zündende Idee hatte der deutsche Mediziner Prof. Dr. Hans-Rainer Willems. In den Magenwänden des Menschen sitzen Sättigungsrezeptoren. Wenn genügend Nahrung im Magen ist, werden sie stimuliert und geben ans Gehirn die Meldung: „Ich bin satt!"

Prof. Dr. Willems überlegte: Was kann man tun, um diese Sättigungsrezeptoren auch ohne Nahrung zufrieden zu stellen?
So konzipierte er eine Sättigungskapsel, so klein wie eine ganz normale Arzneikapsel. In dieser Kapsel ist ein Schwämmchen aus Zellulose. Und dieses wird aus drei hochwertigen pflanzlichen Stoffen hergestellt: aus Holz, Flachs und Baumwolle. Drei Komponenten, die sich besonders für eine stabile, magenfreundliche Zellulose eignen.
Und so funktioniert die CM-3-Methode. Sobald jemand so eine Kapsel geschluckt hat, quillt das Schwämmchen auf und bewegt sich im Magen hin und her. Dabei berührt es die Sättigungsrezeptoren an den Magenwänden. Sie reagieren, wie wenn genügend Nahrung im Magen wäre. Der Betreffende hat noch nicht viel gegessen und fühlt sich satt. Er hört rechtzeitig zu essen auf. Die gefürchteten Hungerattacken bleiben aus.
Viele namhafte Ernährungswissenschaftler begrüßen diese Therapie. So meint Prof. Dr. Volker Pudel aus Göttingen: „Eine ausreichende Sättigung ist die wichtigste Voraussetzung während der Gewichtsabnahme. Man kann nur langfristig mit einer ausreichenden Sättigung durchhalten. Die Zellulosekapseln verstärken die Sättigung rechtzeitig und erleichtern die Ernährungsumstellung zu weniger Fett und mehr Kohlenhydraten."
Und der bekannte Ernährungswissenschaftler Prof. Dr. Walter Feldheim aus Kiel betont: „Grundsätzlich ist alles zu begrüßen, womit man Übergewicht reduzieren kann. Die CM-3-Methode ist besonders zu befürworten, da sie helfen kann, die Ernährung langfristig umzustellen. Außerdem gibt es keine Nebenwirkungen."
Aus chemischer Sicht ist das Material aus Holz, Flachs und Baumwolle ein so genanntes Biopolymer. Es ist magensäurestabil, bleibt lange im Magen – nämlich sechs bis acht Stunden – und verlässt den Körper über den Darm auf ganz natürlichem Weg.
Und so einfach wird die CM-3-Methode in der Praxis durchgeführt: Man nimmt über einen längeren Zeitraum 30 Minuten vor jeder Mahlzeit 2 bis 3 Kapseln mit reichlich Flüssigkeit. Am besten Wasser.
Die Schwämmchen aus den Kapseln tricksen die Sättigungsrezeptoren des Magens aus und verlassen nach Stunden unverändert den Darm. Die menschlichen Verdauungsenzyme können die Zellulose nicht aufspalten.
Es ist allerdings wichtig, dass der Betreffende parallel dazu seine Ernährung umstellt, einen neuen Lebensstil beginnt. Dazu haben Mediziner, Biologen, Psychologen, Ernährungsexperten und Sportwissenschaftler der deutschen Easyway-Forschung ein spezielles Ernährungs- und ein Bewegungsprogramm ausgearbeitet. Entsprechende Broschüren mit einem 7-Tage-Ernährungsprogramm, einem 14-Tage-Ernährungsprogramm sowie mit einem Walkingprogramm gibt es in der

Apotheke. Wer ein 4-Wochen-Programm zur CM-3-Methode haben möchte, muss sich an seinen Arzt wenden.
Im Rahmen von wissenschaftlichen Studien verloren übergewichtige Probanden mit der neuen Methode innerhalb von neun Wochen durchschnittlich 9 Kilo.

So machen Sie sich „krisenfest" für die Silvesternacht

Im Grunde genommen betrifft es jeden von uns: Wer den Jahreswechsel im Kreise von Freunden und Verwandten feiert und in der Silvesternacht wach bleibt, der greift doch irgendwann zu einem Glas Sekt, Champagner, Wein oder zu irgendeinem anderen alkoholischen Getränk. Man will einander ja zum Jahreswechsel zuprosten. Wer sonst übers Jahr mit dem Alkohol mäßig umgeht, der braucht dabei kein schlechtes Gewissen zu haben. Ein, zwei Gläschen können nicht schaden. Sie dürfen sie ruhig genießen.
Die Weltgesundheitsorganisation (WHO) hat eine Studie veröffentlicht die besagt: Sekt und Champagner, in kleinen Mengen genossen, sind ein interessantes Hausmittel: Der Kreislauf wird angeregt, die Durchblutung in Händen, Beinen und im Muskelbereich wird gefördert, Verspannungen der Rücken- und Nackenmuskulatur werden gelöst. Stoffwechsel und Verdauung werden beschleunigt. Eine französische Studie hat nachgewiesen: Rotwein in kleinen Mengen bremst die Adernverkalkung in unseren Gefäßen und schützt vor Herzinfarkt. Prof. Dr. Charles Hennekens, Leiter der Medizinischen Schule an der Harvard-Universität in Boston, USA, kommt zu einem ähnlichen Schluss: Jeder Alkohol – in kleinsten Mengen – wirkt im Organismus wie Medizin für Herz und Kreislauf.
Zu dieser guten Silvester-Nachricht sollten wir aber sonst einiges über den Alkohol zum Jahreswechsel wissen:

- Frauen vertragen grundsätzlich weniger Alkohol und sind auch mehr gefährdet, gesundheitlichen Schaden davonzutragen. Der Grund: Frauen haben nicht so viel von dem Enzym Dehydrogenase im Körper wie Männer. Das Enzym hilft Alkohol abbauen. Zusätzlich bremst das Hormon Östrogen in der Leber den Alkohol-Abbau. Das alles führt zu einer höheren Blut-Alkohol-Konzentration bei der Frau, zu einer größeren Belastung der Leber.
- Doch auch nicht alle Männer vertragen gleich viel Alkohol. Mehr gefährdet sind jene, die keine Haare auf der Brust haben. Das ist kein Scherz. Eine Untersuchung von Prof. Dr. Siegfried E. Miederer, Chefarzt des Johannes-Krankenhauses in Bielefeld, hat ergeben: Männer mit reichlich Brusthaaren vertragen mehr Alkohol. Sie haben einen höheren Androgenhormonspiegel. Dadurch sind die Leberzellen besser geschützt.

- ❖ Und so können alle zum Jahreswechsel unangenehme Alkoholfolgen vermeiden: Trinken Sie nicht zu viel. Mischen Sie niemals Sekt, Wein, Bier und Schnaps. Besonders gefährlich: Bier nach Wein, meiden Sie harte Cocktails. Bleiben Sie immer bei derselben Wein- oder Sektmarke. Vermeiden Sie kohlensäurehaltige Mineralwässer dazu. Kohlensäure fördert die Wirkung und Aufnahme des Alkohols. Essen Sie etwas, ehe Sie trinken.
- ❖ Sehr wichtig ist eine vorbeugende Kräuterteekur zum Stärken der Leber. Trinken Sie einige Tage lang täglich 1 Liter Mariendisteltee (Apotheke) ungesüßt. Die Bitterstoffe des Kräutertees helfen der Leber, den Alkohol abzubauen.
- ❖ Ein altes Hausmittel, ehe man in die Silvesternacht startet: Schälen Sie ein hartes Ei und schneiden Sie es in 2 Hälften. Nehmen Sie das Eigelb heraus und geben Sie in die Eiweißmulde ein paar Tropfen Apfelessig, ein paar Tropfen Olivenöl und einen Klacks Senf. Dann legen Sie das Eigelb wieder an seinen Platz und essen – unter gutem Kauen – das ganze Ei. Das ist eine gute Grundlage, damit man den Alkohol besser abbauen kann.
- ❖ Alkohol treibt den Mineralstoff Magnesium aus dem Organismus. Bei vielen Menschen ist der Kater nichts anderes als das Symptom eines Magnesiummangels. Es macht Sinn, vorbeugend ein Magnesiumpräparat aus der Apotheke zu nehmen. Etwa 2 Magnesiumkautabletten.
- ❖ Alkohol verursacht im Körper auch einen Mangel an B-Vitaminen. Es ist daher sinnvoll, vor der Silvesternacht eine Vital-Plus-Therapie zu machen: Mineralstoffe, Vitamine und Spurenelemente aus der Apotheke aufzunehmen.
- ❖ Trinken Sie mehrmals am Tag zu Hause 1 Glas Rote-Bete-Saft. Der Eiweißbaustein Betain in der Roten Bete beeinflusst positiv den Fettstoffwechsel und entlastet die Leber bei ihrer Entgiftungsarbeit. Eine ähnliche Aufgabe erfüllt Selleriesaft.
- ❖ Der Supertrick: Ehe Sie sich in die Silvesternacht stürzen, kauen Sie 3-mal im Stundentakt ein Stück Vollkornbrot, auf das Sie 5 Tropfen Nux vomica geträufelt haben. Das ist die flüssige homöopathische Tinktur aus der Brechnuss.

Gute Vorsätze für Gesundheit im neuen Jahr

Das alte Jahr neigt sich dem Ende zu. Ein guter Anlass, rechtzeitig gute Vorsätze für das neue Jahr aufzustellen, was das gesunde Leben betrifft. Ganz ehrlich: Die meisten von uns nehmen sich dafür keine Zeit. Denn sie haben so viele Verpflichtungen zur Jahreswende, dass sie an sich selbst als Letztes denken. Sie sollten sich aber immer vor Augen führen: Man kann nur erfolgreich ins neue Jahr starten, wenn man gesund und vital ist. Und dafür muss man einfach etwas tun. Mitunter sind es so lächerlich einfache Maßnahmen. Hier die wichtigsten Grundsätze und Vorsätze:

- Regelmäßiger Schlaf ist eine wichtige Grundvoraussetzung fürs Fitbleiben. Im Schlaf fährt unser Organismus auf „Sparflamme“ und kann sich wieder für den nächsten Tag regenerieren. Das kann nur erfolgreich funktionieren, wenn wir eine bestimmte Anzahl von Tiefschlafphasen in einer Nacht durchmachen. Diese sind nur dann gewährleistet, wenn wir 8 Stunden Schlaf haben. Bei älteren Menschen kann's auch weniger sein.
- Positive Gedanken, schöne Erlebnisse, Fröhlichkeit halten uns vital und sorgen auch dafür, dass unsere natürlichen Abwehrkräfte gegen Krankheiten und Alterungsprozesse stark sind. Sprich einmal am Tag mit einem Menschen, den du besonders magst. Mache es möglich, dass du einmal am Tag vom Herzen lachen kannst.
- Vermeide Übergewicht. Jedes Kilo zu viel treibt den Blutdruck und die Cholesterinwerte hoch, gefährdet Herz und Kreislauf, belastet die Gelenke und die Atemwege. Auch die Gefahr für Diabetes steigt. Übergewicht verkürzt das Leben.
- Der Mensch besteht zu 2 Dritteln aus Flüssigkeit. Daher kann er ohne Flüssigkeitszufuhr nicht leben. Wer gesund und fit bleiben möchte, muss täglich mindestens 2 Liter Wasser oder ungesüßte Kräutertees trinken.
- Ein altes Sprichwort sagt: „Leben ist Bewegung, und Bewegung ist Leben.“ Unser Körper ist nicht zur Trägheit geboren. Unser Stoffwechsel, Herz und Kreislauf bleiben nur jung und gesund, wenn du jeden Tag mindestens 20 Minuten körperliche Bewegung machst. In der Freizeit: wandern, laufen, Rad fahren, schwimmen, Ball spielen, Gymnastik, Gartenarbeiten und – tanzen. Im Alltag: Treppensteigen statt Liftfahren, kurze Wegstrecken zu Fuß gehen, die Mittagspause zu einem Spaziergang nützen.
- Genieße in erster Linie frisches Obst, rohes und schonend zubereitetes Gemüse, Fisch. Meide tierische Fette. Verwende Pflanzenöle. Das Fleisch sollte auf dem Teller immer nur die – Beilage sein. Also nur kleine Mengen.
- Frühes Altern und viele Kankheiten werden durch falsches Atmen ausgelöst, weil dann der Organismus nicht genügend mit Sauerstoff versorgt werden kann. Einmal am Tag solltest du dich hinstellen oder hinlegen und richtig aus- und einatmen: Beim Ausatmen den Bauch einziehen, damit alle schlechte Luft aus dem Körper gepresst wird. Beim Einatmen den Bauch herausstrecken, damit genügend Platz in den Bronchien für die frische Luft ist. Am Wochenende 10 Minuten in der Natur durchatmen.
- In Mitteleuropa sterben jährlich 100.000 Menschen an den Folgen des Rauchens. Das sind 300 Tote pro Tag. Dabei spielt Krebs eine wesentliche Rolle. Wer ab dem 15. Lebensjahr immer raucht, verkürzt sein Leben um 15 Jahre. Wer mit 40 aufhört, gewinnt sieben Jahre dazu. Wer raucht, hat mehr Falten, sieht älter aus, als er ist.

Die kleine Sprechstunde aus dem Bücherregal

Ein Nachwort

Sie haben dieses Buch zu Ende gelesen. Ich hoffe, es waren Ratschläge und Rezepte dabei, die Sie interessiert haben. Damit ist aber das Thema der „365 Gesundheitstipps" noch lange nicht für Sie erledigt. Es ist nicht der Sinn, dass Sie dieses Buch jetzt ins Bücherregal stellen und dort im Laufe der Zeit wieder vergessen. Im Gegenteil: Es ist gedacht, dass Sie es jeden Tag zur Hand nehmen und darin das ganze Jahr über immer wieder blättern. Irgendwie soll dieses Buch zu Ihrer kleinen ganz persönlichen Sprechstunde aus dem Bücherregal werden. Es soll Ihnen eine Anregung geben, dass Sie jeden Tag etwas für Ihre Gesundheit, Fitness, Vitalität und für Ihr Wohlbefinden tun. Und dass Sie wetter- und jahreszeitlich bedingte gesundheitliche Gefahren rechtzeitig erkennen und vielleicht auch abwenden können.
Das Buch soll Sie dazu anregen, dass Sie mit viel Freude und Weitsicht selbst aktiv für Ihre Gesundheit im Einsatz sind. Ganz bestimmt ist aus der Fülle der Tipps und Rezepte auch für Sie das Passende dabei.

TV-Gesundheitsexperte Prof. Bankhofer: Es kann Spaß machen, gesund zu leben

Millionen Menschen kennen ihn als TV-Gesundheitsexperten im ARD-Morgenmagazin. Er hat ein treues Publikum, wenn er jede Woche im ORF-Vorabendmagazin „Willkommen Österreich" seine Tipps gibt. Und Millionen Menschen lesen seit Jahren mit Begeisterung seine Ratgeberbücher und seine diesbezüglichen Kolumnen in Zeitungen, Magazinen oder Illustrierten.
Prof. Hademar Bankhofer, Jahrgang 1941, hat nach seinem Abitur vorerst Jura, dann Publizistik, Germanistik und Philosophie an der Universität Wien studiert. Dann wurde er Zeitungsreporter, Berichterstatter, schließlich stellvertretender Chefredakteur einer Wochenzeitung. Er war nicht immer gesundheitsbewusst. Sein Alltag war das Gegenteil: Stress, hastiges Essen – hauptsächlich Wurststullen und eiskalte Getränke –, Zigaretten, Pfeife. Eines Tages musste er die Rechnung dafür bezahlen: Gastritis, Kopfschmerzen, Nierensteine.
In dieser Zeit lernte er den Radrenn-Champion Ferry Dusika kennen, der damals bereits Aufsehen erregende ernährungswissenschaftliche Studien über die Zusammenhänge von Gesundheit und Ernährung sowie Ernährung und Sport durchführte. Er wurde zum Lehrer Bankhofers, führte ihn in das Wissen der sinnvollen Vollwerternährung ein, machte ihm die Bedeutung von Vitaminen, Mineralstoffen, Spurenelementen, Enzymen und Ballaststoffen klar. Und Bankhofer erlebte es plötzlich an

sich selbst: Mit Kräutertees, Vollkornprodukten, viel frischem Obst und rohem Gemüse sowie mit Mineralwasser als Hauptgetränk, ohne Nikotin wurde er gesund, leistungsfähiger, fit und vital. Er war von der Kraft des naturnahen Lebens überzeugt.
Er stellte spontan sein Leben um, tapfer unterstützt von seiner Frau Lizzy. Und dann kam der Tag, an dem er beschloss, all diese Vorteile eines gesünderen Lebens auch anderen mitzuteilen. Sein Weg als Medizinjournalist war bestimmt. Er begann Bücher zum Thema Gesundheit zu schreiben. Längst ist er nicht bloß Medizinjournalist. Er hat inzwischen selbst begonnen, wissenschaftlich zu arbeiten, sich ununterbrochen auf dem Gebiet der Medizin und der gesunden Ernährung weiterzubilden. Er arbeitet eng mit führenden Ärzten, Naturheilexperten und Ernährungsfachleuten in aller Welt zusammen, besonders intensiv mit dem Institut für Sozialmedizin an der Universität Wien, aber auch mit dem Linus-Pauling-Institut, dem größten Ernährungsforschungsinstitut der Welt. Er war Dozent an der Akademie für Ganzheitsmedizin auf Schloss Freyenthurn in Klagenfurt, Dozent an der Donau-Universität Krems. Er ist Mitarbeiter des deutschen Institutes für medizinische Vitamin- und Mineralstoff-Forschung in München, sitzt im Vorstand der deutschen Gesellschaft Medizin und Gesundheit für risikofreie Therapie in Oldenburg und gehört der internationalen Kommission zur Wahl der Arzneipflanze des Jahres in Bonn an. Er sitzt auch im Kuratorium des Vereins zur Förderung der gesunden Ernährung und Diätetik in Aachen. Und er ist ehrenamtlicher Mitarbeiter der gesundheitspolitischen Konferenz am Europa-Parlament in Straßburg.
Im Jahr 1991 verlieh ihm der österreichische Wissenschaftsminister Dr. Erhard Busek für seine medizinisch-wissenschaftliche Arbeit mit Zustimmung der Universität Wien den Berufstitel „Professor“. Seit seiner erfolgreichen Vorlesung im Jahr 1990 an der Ruhr-Universität Bochum befasst er sich auch intensiv mit dem Thema „Medizinische Kommunikation in den Massenmedien“.
Er folgte bereits mehrmals einer Einladung an die Medizinische Schule der weltberühmten Harvard-Universität und an die Universität von North Carolina. Immer wieder unternimmt er Studienreisen in die USA, um die neuesten wissenschaftlichen Erkenntnisse mit in seine Arbeit einbeziehen zu können.
Privat steht Hademar Bankhofer auf dem Standpunkt: Man kann nur überzeugen, wenn man so lebt, wie man schreibt und redet. Daher: Rund ums Haus im eigenen Garten am Stadtrand von Wien baut das Ehepaar Bankhofer nach biologischen Grundsätzen sein eigenes Obst, Gemüse und viele Kräuter. Ehefrau Lizzy, eifrig für ihren Mann am Schreibcomputer an der Arbeit, bäckt regelmäßig das hauseigene Vollkornbrot und sorgt dafür, dass jeder Morgen mit einem Müsli beginnt.
Es ist für einen Verleger eine Ehre und ein Vergnügen, solch einen Autor betreuen zu dürfen.

Prof. Leo Mazakarini
Verleger

Register: Hausmittel und Inhaltsstoffe

Register: Krankheiten und Symptome